Rolf Eicke

Repatriierungsstrategien für U.S.-Investoren in Deutschland

Steuerplanung mit Holdinggesellschaften

Nomos

C.H. Beck

Die Deutsche Nationalbibliothek verzeichnet diese Publikat
der Deutschen Nationalbibliografie; detaillierte bibliogr
sind im Internet über http://www.d-nb.de abrufbar

Zugl.: Freiburg, Univ., Diss., 2008

ISBN 978-3-8329-4010-2

1. Auflage 2009

Steuerwissenschaftliche Schriften

Herausgegeben von

Prof. Dr. Ekkehart Reimer, Universität Heidelberg
Prof. Dr. Christian Waldhoff, Universität Bonn

Band 14

Für Vivien und Leenie-Marie
»Forever and a Day«

und

meine lieben Eltern
in großer Dankbarkeit.

Vorwort

Zu den faszinierendsten Aspekten des Steuerrechts zählt die internationale Steuerplanung mit Holdinggesellschaften. Sie behandelt allerlei interessante Fragestellungen und verknüpft diverse Rechtsordnungen miteinander zu einem neuen Ganzen. Die konkrete Ausgestaltung dieser Planung entscheidet nicht selten über das Schicksal eines Investitionsstandortes. Das vorliegende Werk, welches im Sommersemester 2008 von der Rechtswissenschaftlichen Fakultät der Albert-Ludwigs-Universität Freiburg als Dissertationsschrift angenommen wurde, versucht nicht nur grundlegende Elemente des Holdingbegriffs und der internationalen Steuerplanung darzustellen, sondern präsentiert auch Systeme und Strukturen, um dieses sehr komplexe und weite Feld sowohl dem Praktiker als auch dem Wissenschaftler zugänglich zu machen. Auch wenn Steuerrecht ständig im Wandel begriffen ist, wurde das Werk so konzipiert, dass einzelne Kapitel möglichst lange Bestand haben sollen.

Am Ende einer langen Reise möchte ich »Danke« sagen. Besonderer Dank gilt vor allem meiner lieben Ehefrau Vivien Eicke und unserer kleinen Tochter Leenie-Marie, die mir immer vor Augen führen, dass es noch wichtigere Dinge als Anti-Treaty-Shopping-Regeln gibt, meinen Eltern Dr. Wulff und Vera Eicke, die mich mit viel Liebe und großer Anteilnahme gefördert haben, meiner Schwester Cornelia Eicke, meinen Schwiegereltern Detlef und Annegret Beate sowie meinem besten Freund Stephan Kroll.

Dieses wunderbare Projekt wäre nicht möglich gewesen, ohne die beständige Unterstützung und hervorragende Förderung meines verehrten Doktorvaters und Mentors Herrn Prof. Dr. Wolfgang Kessler, der mich mit seinen frischen Ideen stets inspiriert und motiviert. Herrn Prof. Dr. Hanno Merkt danke ich für die sehr zügige Erstellung des Zweitgutachtens.

Der von Herrn Professor Dr. Wolfgang Kessler aufgebaute und geführte Lehrstuhl für Betriebswirtschaftliche Steuerlehre bietet nicht nur traumhafte Forschungsbedingungen, sondern auch Kollegen, die für eine exzellente Arbeitsatmosphäre sorgen, ohne die der Arbeitsalltag nicht so bunt und facettenreich wäre. Namentlich sei gedankt Herrn Georgios Filioussis (Attorney-at-Law, Athen), Frau Rebecca Gramm, Frau Dipl.-Vw. Melanie Jehl, Herrn Dipl.-Vw. Daniel Knörzer, Herrn Dipl.-Vw. Torben Petersen, dem ich insbesondere für das sehr wertvolle Korrekturlesen danke, Herrn Dipl.-Vw./Dipl.-Fw. (FH) Andreas Pfuhl, Herrn Dipl.-Vw. Bastian Schmidt, Herrn Dipl.-Vw. Ulrich Scholz-Görlach, Frau cand. iur. Britta Tilgner sowie Frau Dipl.-Vw. Lemme Treufeldt-Kis.

Herrn Professor Peter L. Murray sowie dem freundlichen Bibliothekspersonal der Harvard Law School in Cambridge/Massachusetts/USA danke ich für die dort vorgefundenen ausgezeichneten Recherchemöglichkeiten. Ganz herzlich bedanke ich mich auch bei Herrn Prof. Dr. Ekkehard Reimer und Herrn Prof. Dr. Christian Waldhoff für die freundliche Aufnahme in die Reihe »Steuerwissenschaftliche Schriften« und den Verlagen Nomos und C.H. Beck für die angenehme verlegerische Betreuung.

Für die großzügigen Druckkostenzuschüsse darf ich mich bei der Wissenschaftlichen Gesellschaft, Freiburg im Breisgau, sowie bei der Deutschen Vereinigung für Internationales Steuerrecht (Deutsche Landesgruppe der IFA) bedanken. Bei dem Präsidenten der deutschen IFA, Herrn Professor Dr. Detlev Jürgen Piltz, bedanke ich mich zudem für die wertvollen Hinweise bei der Betitelung dieses Werkes. Die Arbeit wird mit dem Förderpreis der ESC Esche Schümann Commichau Stiftung, Hamburg, ausgezeichnet, wofür ich mich ebenfalls ganz herzlich bedanke.

Freiburg, 18. August 2008 *Dr. Rolf Eicke*

Abkürzungsverzeichnis

$	U.S.-Dollar
£	Britisches Pfund
€	Euro
ACT	Advance Corporation Tax (U.K.)
AG	Aktiengesellschaft
AO	Abgabenordnung
Art.	Artikel
Artt.	Artikel (Plural)
ASA	Archiv für Schweizerisches Abgaberecht (Schweiz)
AStG	Außensteuergesetz
BAO	österreichische Bundesabgabenordnung
BEA	Bureau of Economic Analysis (USA)
BB	Betriebs-Berater
BGBl.	Bundesgesetzblatt
BIFD	Bulletin for International Fiscal Documentation
BMF	Bundesministerium der Finanzen
BMF-Schr.	Schreiben des Bundesministeriums der Finanzen
BStBl.	Bundessteuerblatt
BV	niederländische *Besloten Vennootschap*
CARICOM	Caribbean Community and Common Market
CCCTB	Common Consolidated Corporate Tax Base (EU)
CD	Capital Duty
CGI	*Code Général des Impôts* (Frankreich)
Ch.	Chapter
Com	Document of the Commission of the EC
Corp.	Corporation
DB	Der Betrieb
DBG	Bundesgesetz über die direkte Bundessteuer vom 14. Dezember 1990 (SR 542.11) (Schweiz)
Doc	Document
EAS	Express-Antwort-Service (Österreich)
DStR	Deutsches Steuerrecht
EBITDA	Earnings Before Interest, Taxes, Depreciation and Amortization
ECOFIN	Council of Ministers for Economic affairs and Finance

EGV	Vertrag zur Gründung der Europäischen Gemeinschaft
EStG	Einkommensteuergesetz
ETVE	Entidad de Tenencia de Valores Extranjeras (Spanien)
EU	Europäische Union
EuGH	Europäischer Gerichtshof
EWG	Europäische Wirtschaftsgemeinschaft
F&E	Forschung und Entwicklung
f.	folgende(r)/(s)
ff.	folgende
Fn.	Fußnote
GbR	Gesellschaft bürgerlichen Rechts
GewStG	Gewerbesteuergesetz
GmbH	Gesellschaft mit beschränkter Haftung
HMRC	Her Majesty's Revenue and Customs (U.K.)
IBFD	International Bureau of Fiscal Documentation
ICTA	Income and Corporations Taxes Act 1988 (U.K)
IDA	Industrial Development Act (Malta)
IFRS	International Financial Reporting Standards
IP	Intellectual Property
IRC	United States Internal Revenue Code
IRS	United States Internal Revenue Service
JGTRRA	United States Jobs and Growth Tax Relief Reconciliation Act of 2003
IStR	Internationales Steuerrecht
KG	Kommanditgesellschaft
KGaA	Kommanditgesellschaft auf Aktien
KStG	Körperschaftsteuergesetz
LDA	*Loi sur le droit d'apport* (Luxemburg)
LIR	*Loi impôt sur le revenue des collectivités* (Luxemburg)
LIS	*Ley del Impuesto sobre Sociedades* (Spanien)
LoB	Limitation-on-Benefits
Ltd.	Limited
m.E.	meines Erachtens
MNC	Multinational Corporation
MTRL	Mutter-Tochter-Richtlinie
NV	niederländische *Naamloze Vennootschap*
ÖBGl.	österreichisches Bundesgesetzblatt
OECD	Organisation for Economic Co-operation and Development
öEStG	österreichisches Einkommensteuergesetz
OHG	Offene Handelsgesellschaft

öKStG	österreichisches Körperschaftsteuergesetz
RL	Richtlinie
Rn.	Randnummer
S.	Seite
SOPARFI	Société à Participation Financière (Luxemburg)
StHG	Bundesgesetz vom 14. Dezember 1990 über die Harmonisierung der direkten Steuern der Kantone und Gemeinden (SR 642.14) (Schweiz)
TCA	Tax Consolidation Act of 1997 (Irland)
TIEA	Tax Information Exchange Agreement
TRLIS	Texto refundido de la Ley del Impuesto sobre Sociedades (Spanien)
Tz.	Textziffer
U.K.	United Kingdom of Great Britain and Northern Ireland
U.S.	United States
U.S.-GAAP	United States Generally Accepted Accounting Principles
VO	Verordnung
Vol.	Volume
WiRO	Zeitschrift für Wirtschaft und Recht in Osteuropa
zfbf	Schmalenbachs Zeitschrift für betriebliche Forschung

Abbildungsverzeichnis

Kapitel 1: Problemstellung und Forschungsinteresse

I. Einleitung und Problemstellung

Wenn Investitionen nicht die Erwartungen erfüllen, die sich der Investor versprochen hat, können verschiedene Faktoren dafür verantwortlich sein. In den meisten Fällen ist es eine Kombination aus dem Investitionsstandort,[1] Produkt und der Auswahl nachteiliger bzw. nicht optimaler steuerplanerischer Maßnahmen. Der internationalen Steuerplanung kommt bei multinationalen Unternehmen ein ganz besonderer Stellenwert zu.[2] Wenn »Erwartungen« mit einem bestimmten numerisch messbaren »*Return on Investment*« definiert werden, erweist sich die internationale Steuerplanung als ein ganz wesentlicher Faktor. Dies gilt insbesondere für die Repatriierung von U.S.-Gewinnen aus Deutschland unter Einbeziehung einer Holdinggesellschaft. Die Problematik besteht nicht nur darin, dass das U.S.-Steuerrecht aufgrund des »*Foreign Tax Credit*«-Systems ganz besondere Anforderungen an die internationale Steuerplanung stellt, sondern auch in der Komplexität, die sich durch die Anwendung von drei oder vier Rechtsordnungen ergibt. Diese Herausforderung zu meistern, ist aber entscheidend für den Erfolg einer Investition.

Für U.S.-amerikanische Investoren spielt Deutschland und Europa hierbei eine zweifache Rolle. Zum einen ist Europa im Allgemeinen und Deutschland im Besonderen ein wichtiger Investitionsstandort mit einer sehr guten Infrastruktur und hochqualifiziertem Personal. Zum anderen eignen sich

1 Die Wahl des richtigen Investitions- und Holdingstandortes ist Gegenstand von zahlreichen Abhandlungen. Einen guten Überblick geben *Hoi Ki Ho/Tze Yiu Lau*, Perspectives on Foreign Direct Investment Location Decisions, International Tax Journal 2007, Vol. 33, May/June, 39-48. Über den Einfluss von Steuern auf diese Entscheidungen, *Becker/Fuest*, Tax Competition – Greenfield Investment versus Mergers and Acquisitions, 2007, S. 1-2.

2 *Kessler/Eicke*, Legal, But Unwanted – The German Tax Planning Disclosure Draft, Tax Notes International 2007, Vol. 48, 577, 582; *Flämig*, Der Steuerstaat auf dem Weg in den Überwachungsstaat, DStR 2007, Beihefter zu Heft 44/2007, 1, 7-8; *Lenz/Gerhard*, Das »Grundrecht auf steueroptimale Gestaltung«, DB 2007, 2429, 2434, 2430; *Grotherr*, Grundlagen der internationalen Steuerplanung, in: Grotherr, Handbuch der internationalen Steuerplanung, 2003, S. 3, 26; *Schmidt-Ahrens*, Steuerplanung aus Sicht eines international tätigen Unternehmens, in: Oestreicher, Internationale Steuerplanung, 2005, S. 143, 147; *Dreßler*, Gewinn- und Vermögensverlagerungen in Niedrigsteuerländer und ihre steuerliche Überprüfung, 2007, S. 1.

viele Mitgliedsstaaten der Europäischen Union sowie die Schweiz dafür, eine Holdinggesellschaft zu gründen, um Investitionen im europäischen Raum, aber auch im asiatischen Raum besser koordinieren und realisieren zu können. Ungeachtet des Aufstiegs der asiatischen Staaten, hat Europa in dieser Hinsicht nichts von seinem Reiz eingebüßt. Dies gilt insbesondere in Zeiten, in denen vor allem U.S.-amerikanische *Private Equity*-Investoren Europa als Investitionsstandort entdeckt haben. Eine einfache *Private Equity*-Struktur ist in Abbildung 1 dargestellt.[3]

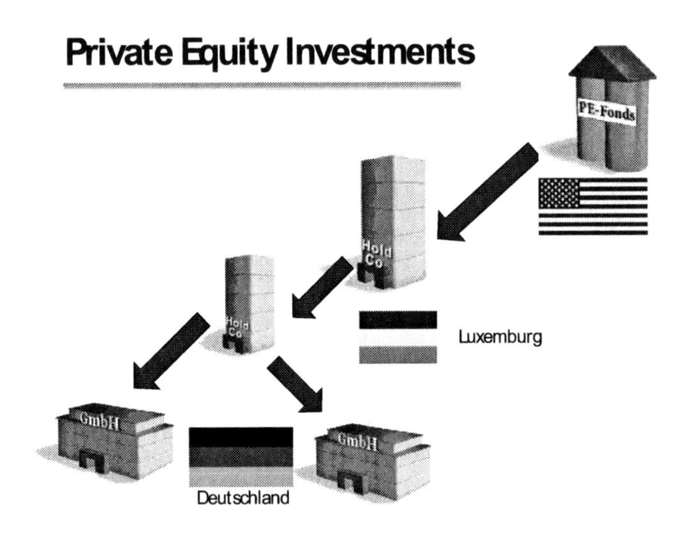

Abbildung 1: Private Equity Investments

Spätestens zu dem Zeitpunkt in dem ein U.S.-amerikanischer Investor einen Gewinn in Deutschland realisiert hat, muss er eine Entscheidung darüber treffen, wie er den Gewinn verwendet. Hierfür gibt es drei Alternativen: Erstens, den Gewinn in Deutschland oder Europa zu reinvestieren, um diesen von der U.S.-amerikanischen Besteuerung abzuschirmen, zweitens, den Gewinn aus Europa heraus in einen Drittstaat zu leiten, um ihn dort zu investieren und von der U.S.-amerikanischen Besteuerung abzuschirmen oder drittens, die Gewinne in die Vereinigten Staaten zu repatriieren. Für die letzte Option gibt es gute Gründe. Zum Beispiel, weil auf der Ebene der Muttergesellschaft Liquidität benötigt wird, um Investitionen in den Vereinigten Staaten zu finanzieren. Ein Grund kann aber auch bilanz-

3 *Gnaedinger,* The Worldwide Explosion of Private Equity Funds, Tax Notes International 2007, Vol. 45, 1174-1177; *Sheppard,* Monetizing Old Europe, Tax Notes International 2006, Vol. 44, 587, 589.

politischer Natur sein, wenn es darum geht, die Eigenkapitalbasis zu stärken.

Empirisch belegt ist, dass multinationale U.S.-amerikanische Unternehmen (MNCs) einen Großteil ihres Einkommens außerhalb der Vereinigten Staaten generieren.[4] Daher ist die Frage nach der Repatriierung dieser Gewinne in die Vereinigten Staaten kein Randproblem, sondern betrifft viele Milliarden US-Dollar. Im Jahre 2006 verbuchten U.S.-amerikanische MNCs $806 Mrd. an akkumulierten Gewinnen in ihren ausländischen Tochtergesellschaften.[5] Der Trend ist, dass diese Zahl stetig ansteigt, denn 1986 waren es »nur« $140 Mrd.[6] Im Jahre 2001 verdienten U.S.-amerikanische Tochtergesellschaften 46% ihrer Umsatzerlöse in Europa.[7] Ebenfalls 2001 stellten U.S.-amerikanisch beherrschte deutsche Unternehmen die größte Gruppe unter den ausländisch beherrschten Unternehmen in Deutschland dar.[8] Ein näherer Blick verrät, dass die U.S.-amerikanischen Direktinvestitionen in Deutschland in den meisten Fällen über U.S.-amerikanisch beherrschte Holdinggesellschaften in den Niederlanden, Luxemburg und der Schweiz vollzogen wurden.[9]

In Abbildung 2 ist die Gewinnentwicklung der von U.S.-amerikanischen Gesellschaften gehaltenen Holdinggesellschaften dargestellt.[10]

4 *Kessler/Eicke,* Closer to Haven? New German Tax Planning Opportunities, Tax Notes International 2006, Vol. 42, 501, 502.

5 *Weiner,* Dividend Repatriation and Domestic Reinvestment, Tax Notes International 2007, Vol. 48, 827.

6 Siehe *Altshuler/Newlon*, The Effects of U.S. Tax Policy (1993), NBER Working Paper No. 3925.

7 Siehe *Zemanek*, Halle Institute for Economic Research: Investitions- und Finanzierungsverhalten multinationaler Unternehmen, 2004, S. 3.

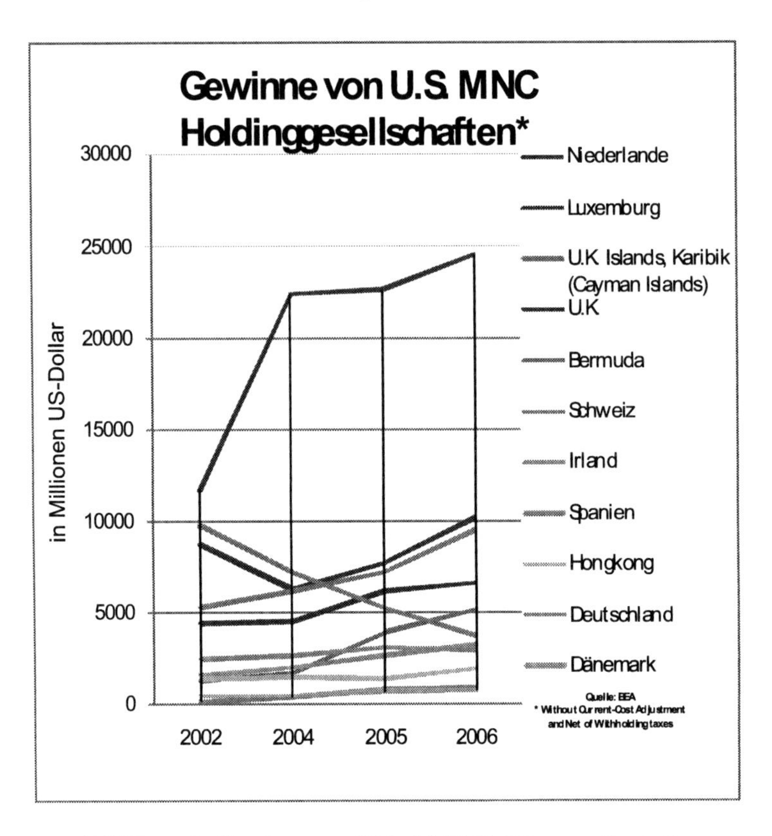

Abbildung 2: Gewinne von U.S. MNC Holdinggesellschaften

Auf jeder Investitionsstufe sind die Verantwortlichen einer in Deutschland investierenden U.S.-amerikanischen Gesellschaft mit der Frage konfrontiert, *wie* die erwirtschafteten Geldmittel steueroptimal in die Vereinigten Staaten geleitet werden können. Dabei stellt die direkte Repatriierung von Deutschland in die Vereinigten Staaten selten die beste Lösung dar.

8 Siehe *Deutsche Bundesbank*, Die Entwicklung der Kapitalverflechtung der Unternehmen in Deutschland mit dem Ausland von Ende 1998 bis Ende 2001, in: Deutsche Bundesbank, Monatsbericht Juni 2003, 2003, 51, 63.

9 Siehe *Deutsche Bundesbank*, Die Entwicklung der Kapitalverflechtung der Unternehmen in Deutschland mit dem Ausland von Ende 1998 bis Ende 2001, in: Deutsche Bundesbank, Monatsbericht Juni 2003, 2003, 51, 62-63.

10 Vgl. auch *Mataloni*, Operations of U.S. Multinational Companies, BEA Survey of Current Business, 2007, S. 56-64; *Clausing/Avi-Yonah,* Reforming Corporate Taxation in a Global Economy, 2007, The Hamilton Project, Discussion Paper 2007-08, S. 8; *Sullivan,* A Challenge to Conventional International Tax Wisdom, Tax Notes International 2006, Vol. 44, 813, 815.

Im Kielwasser der Globalisierung[11] haben sich für die internationale Steuerplanung eine Vielzahl von neuen Steuergestaltungsmöglichkeiten ergeben.[12] Das internationale Steuerrecht durchlebt eine Zeit des ständigen Wandels.[13] Internationale Steuergestaltung und internationale Steuerplanung werden in dieser Schrift als Rechte und Pflichten der für steuerpflichtige Unternehmen Verantwortlichen verstanden, um durch die Anwendung der jeweiligen Steuergesetze, Kosten zu senken. Dies ist nicht nur ein betriebswirtschaftlicher Lehrsatz, sondern ein vom Bundesverfassungsgericht und vom Bundesfinanzhof in ständiger Rechtsprechung verbürgtes Recht.[14]

In einer Welt, in der Unternehmen in einer Vielzahl von nicht oder nur rudimentär aufeinander abgestimmten Steuerrechtsordnungen Standorte betreiben, ist die internationale Steuerplanung in dem oben verstandenen Sinne vor allem eine Pflicht der Unternehmensverantwortlichen gegenüber ihren *Share-* und *Stakeholdern* und nicht zuletzt auch ein Eckpfeiler dafür, die internationale Wettbewerbsfähigkeit zu bewahren. Gerade aus dem letztgenannten Grund muss auch der Staat ein Interesse an der internationalen Steuerplanung deutscher Steuerpflichtiger in dem wie in diesem Buch verstandenen Sinne haben. Denn eine Steuerbelastung, die jenseits des nach den gesetzlichen Vorgaben Notwendigen liegt, führt zu einer Benachteiligung gegenüber den Wettbewerbern und zu einer wirtschaftlichen Schlechterstellung bis hin zu existenziellen Bedrohungen. Ein gutes Beispiel hierfür ist die eingehend zu besprechende *Zinsschranke*, die insbesondere für Unternehmen in Krisenzeiten zu existenzbedrohenden Steuerbelastungen führen kann. Durch Steuerplanung lässt sich die Situation verbessern und eine mögliche Insolvenz abwenden.

Diese Schrift analysiert mögliche Konzepte und Strukturen und stellt eine Art »Baukasten« für gegenwärtige und zukünftige internationale Steuerplanungen dar. Die kombinierte Implementierung der vorgestellten Gestaltungsmittel hilft dabei, den Herausforderungen der sich ständig verändernden globalen steuerlichen Rahmenbedingungen zu begegnen.

Die Planungstechniken sind in den letzten Jahren zugleich anspruchsvoller und einfacher geworden. Während die Strukturen und Mittel kom-

11 Über die Rolle von multinationalen Unternehmen im Rahmen der Globalisierung, *Vernon*, The Troubled Prospects of Multinational Enterprises, 1998, S. 10.

12 *Frotscher*, Über das (steuerliche) Unbehagen an der Europäisierung und Internationalisierung, IStR 2007, 568-573.

13 Vgl. *Pistone*, The Impact of European Law on the Relations with Third Countries, Intertax 2006, Vol. 34, 234, 244.

14 BVerfGE 9, 237, 249; BFH IX R 54/93, BStBl. II 1996, 158; BFH VIII B 40/97, BFH/NV 1998, 23.

plexer wurden,[15] ist die Implementierung in einer digital vernetzten Welt sehr viel einfacher geworden.[16] Dass die Welt in einem übertragenen Sinne zu einem Dorf geworden ist, gilt nicht nur, aber in einem besonderen Maße auch für die internationale Steuerplanung.[17]

Trotz der vielen neuen Planungsmöglichkeiten gibt es auch eine Vielzahl von Risiken. Ein starker Trend im internationalen Steuerrecht ist die Einführung von allgemeinen und speziellen Missbrauchsvorschriften (z.B. Anti-Treaty-Shopping Regelungen; CFC-Regeln). Diese zum Teil sehr weitreichenden Antworten von Steuerrechtsordnungen auf den globalen Steuerwettbewerb erschweren die Befolgung von Steuergesetzen (*tax compliance*) und lassen die Grenzen zwischen legaler und illegaler Steuerplanung verschwimmen. Damit einher geht in jedem Fall ein erhöhtes Maß an steuerlichem Risiko (*tax risk*). Ein Ziel dieser Schrift ist es daher auch, den Missbrauchsvorschriften und ihrer Befolgung einen größeren Raum einzuräumen.

II. Forschungsinteresse

Das Forschungsinteresse besteht darin, die Hintergründe und Konzepte aufzuzeigen, um das Ausgangsszenario eines Gewinntransfers von einer deutschen Enkel- oder Ur-Enkel Gesellschaft einer U.S.-amerikanische Muttergesellschaft strukturiert für steuerplanerische Zwecke darzustellen. Ein Ziel ist es, ein Modell zu entwickeln, das es erlaubt, die einzelnen Schritte der internationalen Steuerplanung zu erfassen und zu realisieren.

Ein gewichtiges Forschungsinteresse gilt auch dem Einsatz von Holdinggesellschaften in der internationalen Steuerplanung. Auf dem ersten Blick scheint die Einschaltung einer Holdinggesellschaft sich jedoch als steuerlicher Nachteil zu erweisen, begründet sie doch eine zusätzliche Besteuerungsebene und damit auch das Risiko einer Doppelbesteuerung ein und desselben wirtschaftlichen Vorgangs.[18] Mit Hilfe der Steuerplanung schafft die Einschaltung der Holdinggesellschaft einen Mehrwert, der über das Steuerrecht hinaus gehen kann. Im Steuerrecht selber kann eine Holding dabei helfen, steueroptimale Strukturen zu implementieren, zu kontrollie-

15 *Owens,* Abusive Tax Shelter: Weapons of Tax Destruction?, Tax Notes International 2005, Vol. 41, 873.

16 *Merks,* Categorizing Corporate Cross-Border Tax Planning Techniques, Tax Notes International 2006, Vol. 44, 55.

17 *Merks,* Corporate Tax and the Global Village, Intertax 2006, Vol. 34, 26, 27.

18 *Kessler*, Die Euro-Holding, 1996, S. 22-36.

ren und zu modifizieren.[19] Ferner eignen sich Holdinggesellschaften dazu, Interessen zu verbinden (*pooling*) und Kapitalflüsse innerhalb des Konzerns zu managen. Diese und weitere Facetten sollen in dieser Schrift näher erforscht werden.

Als ein entscheidendes Scharnier zwischen dem deutschen, und dem sich strukturell und inhaltlich stark unterscheidenden U.S.-amerikanischen Steuerrecht, erweist sich die Auswahl und Anwendung der Holdingrechtsordnung. Daher besteht ein weiteres Forschungsinteresse darin, alle steuerplanerisch sinnvollen Standorte vorzustellen, und konkrete Hindernisse für den Einsatz einer Holdinggesellschaft zu untersuchen. Anhand von einem Dutzend steuerlicher Standortfaktoren zur Ermittlung eines geeigneten Holdingstandortes werden 19 europäische, asiatische und karibische Standorte direkt miteinander verglichen.[20]

Abgerundet werden soll die Untersuchung mit der Darstellung verschiedener Strukturvorschläge, die sich aus der vorstehenden Analyse ableiten.

Das übergeordnete Forschungsziel ist eine ganzheitliche Betrachtung der Repatriierung von U.S.-amerikanischen Gewinnen aus Deutschland. »Ganzheitlich« bedeutet eine umfassende Beschreibung im Kontext der sich durch den internationalen Steuerwettbewerb und die EG-Steuerharmonisierung verändernden Rahmenbedingungen für Repatriierungen von Deutschland in die Vereinigten Staaten von Amerika. Dazu gehört auch, zukünftige Entwicklungen zu antizipieren. Ein notwendiger Aspekt im Rahmen des internationalen Steuerwettbewerbs ist die genauere Beleuchtung der Funktion und der Interessen der sogenannten *Tax Havens*. Diese spielen in der internationalen Steuerplanung eine immer größere Rolle. Nach einer von KPMG im Jahre 2006 durchgeführten Umfrage unter Steuerabteilungsleitern von multinationalen Unternehmen gaben 62% an, Geschäftstätigkeiten in *Tax Havens* zu verlagern.[21]

19 *Endres/Schreiber/Dorfmüller,* Holding companies are key international tax planning tool, International Tax Review 2006, December/January, 46.

20 Allerdings wird im Rahmen dieser Abhandlung nicht in Erwägung gezogen, eine U.S.-amerikanische Holdinggesellschaft zu nutzen. Über U.S.-amerikanische Holdinggesellschaften im Detail, *Flick/Janka,* Steuerliche Charakteristika der U.S. Holdinggesellschaft (Teil I), DStR 1991, 1037-1042; *Flick/Janka,* Steuerliche Charakteristika der U.S. Holdinggesellschaft (Teil II), DStR 1991, 1069-1075.

21 Verglichen mit 55% im Jahre 2005. Die Umfrage aus dem Jahre 2006 beinhaltete die Ansichten von 120 Steuerdirektoren multinationaler Unternehmen. Siehe *Hickley,* Multinational Trend Towards Low Tax Regimes Accelerates, Tax Planning International Review 2006, Vol. 33, May 2006, 15; *Frankfurter Allgemeine Zeitung,* Verlagerung aus Steuergründen, 19.5.2006, 22; *Rubinger/Sherman,* Holding Intangibles Offshore May Produce Tangible U.S. Tax Benefits, Tax Notes International 2005, Vol. 37, 907. Dieselbe Umfrage ergab auch, dass Steuersätze ein entscheidender Faktor bei der Standortwahl sind. Allerdings würden multinationale Unternehmen höhere Steuersätze dann in Kauf nehmen, wenn die Steuerbehörden ihrerseits kooperativer wären und ihre Entscheidungen voraussehbarer

Eine Untersuchung aller beteiligten Akteure bei der Repatriierung von U.S.-amerikanischen Gewinnen aus Deutschland muss sich auch mit Organisationen beschäftigen, die sowohl den internationalen Steuerwettbewerb als auch das Verhalten von *Tax Havens* kontrollieren bzw. regulieren wollen. Dazu gehören die OECD und die EU, wobei die jeweiligen Zielsetzungen teilweise diametral entgegen gesetzt sind. Auch die Rolle des Europäischen Gerichtshofes darf dabei nicht außer Acht gelassen werden,[22] sorgte er doch bislang mit seinen Entscheidungen für bessere steuerliche Rahmenbedingungen auch für U.S.-amerikanische Investoren in Europa.[23] In diesem Zusammenhang gilt es auch, die Schnittstellen und Zielkonflikte zwischen Steuerwettbewerb und Steuerharmonisierung herauszustellen. Beide Begriffe sind integraler Bestandteil des EG-Steuerrechts, welches einen entscheidenden Einfluss auf Steuergestaltungen im deutsch-amerikanischen Kontext hat. Aus diesem Grunde besteht auch ein Forschungsinteresse dahingehend, die Auswirkungen des EG Steuerrechts auf das deutsche Steuerrecht, das Steuerrecht der untersuchten Holdingstandorte und auf den U.S.-amerikanischen Investor zu untersuchen.

III. Stand der Diskussion

Die Repatriierung von U.S.-amerikanischen Gewinnen aus Deutschland wurde weder in der deutschsprachigen noch in der englischsprachigen Literatur bisher eingehend und systematisch untersucht. Es gibt keinen Aufsatz und keine Monographie, welche das komplexe System der Repatriierung von Gewinnen aus Deutschland in die Vereinigten Staaten ganzheitlich dargestellt. Obgleich es zu den Themenkomplexen »internationaler Steuerwettbewerb« und »EG-Steuerharmonisierung« eine Vielzahl von Aufsätzen und Monographien gibt, wurde bislang kein Zusammenhang zur Repatriierung von U.S.-amerikanischen Gewinnen aus Deutschland hergestellt.

Zudem gibt es trotz der hohen Relevanz von Holdinggesellschaften in der internationalen Steuerplanung nur sehr wenige Abhandlungen in deut-

wären. Siehe *Hickley,* Multinational Trend Towards Low Tax Regimes Accelerates, Tax Planning International Review 2006, Vol. 33, May 2006, 15. Ferner beschreibt *Avi-Yonah,* Globalization, Tax Competition, And the Fiscal Crisis of the Welfare State, Harvard Law Review 2000, Vol. 113, May, 1573, 1589 anhand des Beispiels *Intel* auf welche steuerlichen Anreize multinationale Unternehmen reagieren.

22 Siehe *Hey,* German Tax Court Revamps Treaty Shopping Law, Tax Notes International 2005, Vol. 40, 122.

23 Siehe als Überblick über Studien zur Steuersensitivität multinationaler U.S.-amerikanischer Unternehmen, *Avi-Yonah,* Globalization, Tax Competition, And the Fiscal Crisis of the Welfare State, Harvard Law Review 2000, Vol. 113, May, 1573, 1588-1596.

scher,[24] englischer[25] oder französischer[26] Sprache. Weltweit ist »Die Euro-Holding« von *Wolfgang Kessler*[27] das einzige Werk, welches Holdinggesellschaften im steuerlichen Kontext systematisch und umfassend darstellt.

IV. Modularisierung der Darstellung

Dem Umstand Rechnung tragend, dass nicht alle Darstellungen auf dem aktuellsten Stand bleiben können, ist diese Schrift in solche Kapitel unterteilt, deren Inhalt eine hohe Beständigkeit aufweist und in solche, die von Änderungen stärker betroffen sind. Zu letzteren zählen die Kapitel 7 bis 10, die sich mit den konkreten Rahmenbedingungen in den untersuchten Rechtsordnungen befassen. Um eine möglichst lange Nutzbarkeit dieses Werkes zu gewährleisten, empfiehlt sich für die Zukunft ein Abgleich dieser Kapitel mit den einschlägigen Zeitschriften und Monographien, die in Abbildung 3 dargestellt werden.

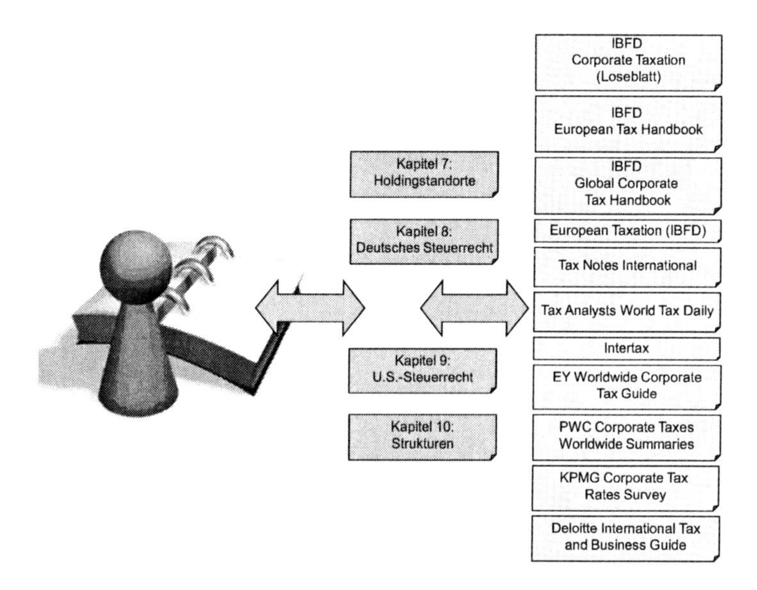

Abbildung 3: Update

24 *Kessler*, Die Euro-Holding, 1996; *Keller*, Die Führung der Holding, in: Lutter, Holding Handbuch, 2004, S. 121; *Bader*, Steuergestaltung mit Holdinggesellschaften, 2007; *Jacobs*, Internationale Unternehmensbesteuerung, 2007, S. 964-1022.

25 *Dorfmüller*, Tax Planning for U.S. MNCs, 2003.

26 *Bardet/Beetschen/Charvériat u.a.*, Les holdings, 2007.

27 *Kessler*, Die Euro-Holding, 1996.

Kapitel 2: Steuerplanung mit Holdinggesellschaften

Die internationale Steuerplanung kombiniert und implementiert unterschiedliche Gestaltungsmittel.[28] Im Zuge der Globalisierung hat die Anzahl der Gestaltungmittel stetig zugenommen.[29] Diese Schrift konzentriert sich auf eine der wichtigsten Gestaltungsmittel, nämlich den Einsatz von Holdinggesellschaften.[30] Typischerweise werden Holdinggesellschaften als unabhängige Einheit, als *Regional Headquarters* bzw. Landesholding oder aber auch als Organisationsform für ein Joint-Venture gegründet.[31]

Der Hauptgrund für den Einsatz von Holdinggesellschaften stellt dabei neben organisatorischen Gründen, die Möglichkeit der Steuerarbitrage und die Erschließung zusätzlicher Finanzquellen dar.[32] Besonders beliebt in der internationalen Steuerplanung sind niederländische und schweizerische Holdinggesellschaften, um die weitreichenden Beteiligungsertragsbefreiungen sowie das große DBA-Netzwerk dieser Länder nutzen zu können.[33]

Dabei bedeutet Steuerplanung mit Holdinggesellschaften im Wesentlichen, einen steueroptimalen Holdingstandort im konkreten Fall zu fin-

28 Ein guter Überblick über die Gestaltungstechniken befindet sich in *Merks,* Categorizing Corporate Cross-Border Tax Planning Techniques, Tax Notes International 2006, Vol. 44, 55.

29 *Owens,* Abusive Tax Shelter: Weapons of Tax Destruction?, Tax Notes International 2005, Vol. 41, 873, 875. Ferner, *Ramos,* A Place in the Sun, The Economist 24.2.2007, A Special Report on Offshore Finance, 3; *U.S.Senate Committee on Finance,* Offshore Tax Evasion: Stashing Cash Overseas, 3.5.2007.

30 *Endres/Schreiber/Dorfmüller,* Holding companies are key international tax planning tool, International Tax Review 2006, December/January, 46, 48; *Autzen*, Die ausländische Holding-Personengesellschaft, 2006, S. 312ff.; *Mongan/Johal,* Tax Planning with European Holding Companies, Journal of International Taxation 2005, Vol. 16, 49; *Pinto*, Tax Competition and EU Law, 2003, S. 245; *Deutsch/ Friezer/Fullerton u.a.*, Australian Tax Handbook 2005, 2005, S. 2039; *Wienke*, Modelle der Steuerplanung – Steuerplanung im Zusammenhang mit der Entstehung von Aventis, in: Oestreicher, Internationale Steuerplanung, 2005, S. 127, 130, 137.

31 *Kessler*, Deutschland als Holdingstandort, in: Herzig/Günkel/Niemann, Steuerberater-Jahrbuch 2000/2001, 2000, S. 339.

32 *Kessler*, Deutschland als Holdingstandort, in: Herzig/Günkel/Niemann, Steuerberater-Jahrbuch 2000/2001, 2000, S. 339, 340; *Endres/Schreiber/Dorfmüller,* Holding companies prove worth, International Tax Review 2007, January, 43; *Schaumburg*, Gestaltungsziele, in: Schaumburg/Piltz, 2002, S. 1, 2.

33 Siehe *Arnold/McIntyre*, International Tax Primer, 2002, S. 138; *Hey,* German Tax Court Revamps Treaty Shopping Law, Tax Notes International 2005, Vol. 40, 122.

den.[34] Dies setzt primär voraus, dass die Holdinggesellschaft für steuerliche Zwecke nicht nur von der Holdingjurisdiktion, sondern auch von allen mit der Holdingsgesellschaft in Kontakt tretenden Rechtsordnungen anerkannt wird.

Diese Disziplin ist in einem besonderem Maße von dem internationalen Steuerwettbewerb tangiert, weil zum einen einige Länder danach streben, attraktiv für Holdinggesellschaften zu sein, und zum anderen Holdinggesellschaften eine hohe Standortelastizität bzw. Standortsensitivität aufweisen.[35] Letzteres ist dadurch bedingt, dass beispielsweise im Vergleich zu einem produzierenden Betrieb die Verlagerung einer Holdinggesellschaft in eine andere Steuerrechtsordnung relativ geringe Transaktionskosten verursacht und somit schnell auf Veränderungen in den steuerlichen Rahmenbedingungen der im Wettbewerb zueinander stehenden Rechtsordnungen reagiert werden kann.[36]

Ein daraus resultierender Nachteil ist jedoch, dass die Steuerplanung mit Holdinggesellschaften zunehmend komplex wird. Erleichterung versprechen Softwareprogramme wie COMTAX[37], die auf der Grundlage einer ständig aktualisierten Datenlage steueroptimierte Dividendenrouten errechnen können. Dennoch entlastet es die Steuerplanung nicht von einer Nachprüfung der Ergebnisse im Detail. Ein solches Programm kann immer nur eine Hilfe dafür sein, den Fokus auf die Stärken und Schwächen einer konkreten Gestaltung zu richten.

Es gibt zwei Kernprobleme in der Steuerplanung mit Holdinggesellschaften:[38]

- Die Schnelllebigkeit der sich verändernden Rahmenbedingungen innerhalb der Holdingrechtordnungen einerseits und aufgrund von externen Einflüssen (OECD, EU) andererseits.
- Die Wichtigkeit und die Gewichtung der für den konkreten Fall entscheidenden Holdingkriterien. In der Praxis helfen hierfür sogenannte »Scoring-Modelle«.[39]

34 *Endres/Schreiber/Dorfmüller,* Holding companies prove worth, International Tax Review 2007, January, 43.

35 *Kessler*, Holdinggesellschaften und Kooperationen in Europa, in: Schaumburg, Steuerrecht und steuerorientierte Gestaltungen im Konzern, 1998, S. 177, 182; *Becker/Fuest*, Tax Competition – Greenfield Investment versus Mergers and Acquisitions, 2007.

36 *Kessler*, Deutschland als Holdingstandort, in: Herzig/Günkel/Niemann, Steuerberater-Jahrbuch 2000/2001, 2000, S. 339, 346; *Becker/Fuest*, Optimal Tax Policy When Firms are Internationally Mobile, 2007 haben eine Steuerpolitik für Staaten entwickelt, um mit der zunehmenden Unternehmensmobilität umzugehen.

37 *Kessler/Petersen,* Steuerplanung mit Comtax, IStR 2007, 815-818.

38 *Kessler*, Deutschland als Holdingstandort, in: Herzig/Günkel/Niemann, Steuerberater-Jahrbuch 2000/2001, 2000, S. 339, 346.

39 *Jacobs*, Internationale Unternehmensbesteuerung, 2007, S. 937; *Kessler*, Deutschland als Holdingstandort, in: Herzig/Günkel/Niemann, Steuerberater-Jahrbuch 2000/2001, 2000, S. 339, 347.

I. Internationale Steuerplanung

Die internationale Steuerplanung ist eine legitime[40] Aktivität für Unternehmen und natürliche Personen.[41] Schon sehr früh hat das Bundesverfassungsgericht festgestellt, dass jeder Steuerpflichtige seine Geschäftstätigkeit gestalten darf, um Steuern zu reduzieren.[42] Der Bundesfinanzhof (BFH) hat in ständiger Rechtsprechung bekundet, dass niemand verpflichtet sei durch Gestaltung eine Steuerbelastung auszulösen. Vielmehr stünde es dem Steuerpflichtigen frei, Steuern zu vermeiden und Gestaltungen zu wählen, die zu einer niedrigeren Steuerlast führen.[43]

Im Allgemeinen umfasst Steuerplanung jede Tätigkeit, die sowohl die Höhe als auch den Zeitpunkt der Steuerzahlungen berücksichtigt.[44] Darüberhinaus erweist sich die internationale Steuerplanung für multinationale Unternehmen als ein entscheidendes Mittel, um die globale Wettbewerbsfähigkeit zu erhalten.

Der Ausgangspunkt für die internationale Steuergestaltung ist stets das Steuergesetz an sich. Es ist der Haupttreiber, denn es schafft Gestaltungsmöglichkeiten durch seinen Wortlaut, seinen Systembrüchen und vor allem seinen Lücken. Ein anderer wichtiger Treiber ist die Tatsache, dass die fiskalische Souveränität eine der vornehmsten Rechte eines jeden souveränen Staates ist und daher unterschiedliche Staaten sehr unterschiedlich von ihrem Recht Gebrauch machen, zu entscheiden ob und in welcher Höhe sie Steuern erheben.[45] Diese Tatsache führte zu einem Steuerwettbewerb mit

40 *Kessler/Eicke,* Legal, But Unwanted – The German Tax Planning Disclosure Draft, Tax Notes International 2007, Vol. 48, 577, 582; *Flämig,* Der Steuerstaat auf dem Weg in den Überwachungsstaat, DStR 2007, Beihefter zu Heft 44/2007, 1, 7-8; *Lenz/Gerhard,* Das »Grundrecht auf steueroptimale Gestaltung«, DB 2007, 2429, 2434, 2430; *Grotherr,* Grundlagen der internationalen Steuerplanung, in: Grotherr, Handbuch der internationalen Steuerplanung, 2003, S. 3, 26; *Schmidt-Ahrens*, Steuerplanung aus Sicht eines international tätigen Unternehmens, in: Oestreicher, Internationale Steuerplanung, 2005, S. 143, 147; *Dreßler,* Gewinn- und Vermögensverlagerungen in Niedrigsteuerländer und ihre steuerliche Überprüfung, 2007, S. 1.

41 *Rohatgi,* Basic International Taxation – Volume 2 – Practice of International Taxation, 2007, S. 1-11.

42 BVerfGE 9, 237, 249; BFH IX R 54/93, BStBl. II 1996, 158; BFH VIII B 40/97, BFH/NV 1998, 23.

43 BFH v. 20. Mai 1997 VIII B 109/96, HFR 1997, 750, 751. Zitiert in *Grotherr,* Grundlagen der internationalen Steuerplanung, in: Grotherr, Handbuch der internationalen Steuerplanung, 2003, S. 3, 7.

44 *Hey,* Steuerplanungssicherheit als Rechtsproblem, 2002, S. 10; *von Wuntsch/Bach/Trabold,* Wertmanagement und Steuerplanung, 2006, S. 130. Über Steuerplanung mit IT, *Schult/Freyer,* Steuerplanung für die Praxis, 2004, S. 9ff.

45 In der Europäischen Union gibt es dazu eine Ausnahme, da die Mitgliedsstaaten einen Teil ihrer fiskalischen Souveränität auf die Europäische Gemeinschaft übertragen haben.

nur wenigen Einschränkungen (u.a. den noch zu behandelnden *peer pressure* durch die OECD)[46].

In dieser Gemengelage wird der Steuerpflichtige auf der einen Seite mit der gleichzeitigen Anwendung von mehreren nicht oder nur wenig miteinander abgestimmten Steuerrechtsordnungen konfrontiert. Auf der anderen Seite betrachtet er die legalen Vorteile, die für ihn daraus resultieren.

Der Zweck der Steuerplanung im internationalen Kontext ist vielschichtig: Primär, verfolgt die Steuerplanung die Eliminierung von Doppelbesteuerungen, die zu wirtschaftlichen und wettbewerblichen Verzerrungen führen können. Die Doppelbesteuerung ist eines der größten Hindernisse für den internationalen Handel.[47] Die Gefahr einer Doppelbesteuerung ist aufgrund der divergierenden Steuersysteme und steuerlichen Zielsetzungen der einzelnen Staaten besonders groß. Dies erstreckt sich von der Definition des Begriffs »Einkommen«[48], über die unterschiedliche Berechnung des steuerlichen Einkommens, bis hin zu dem Umstand, dass zwei oder mehr Steuerrechtsordnungen ein und denselben wirtschaftlichen Vorgang jeweils und gleichzeitig besteuern.

Darüber hinaus kann mit Hilfe der internationalen Steuergestaltung die Gesamtsteuerbelastung der Gesellschaft oder des ganzen Konzerns gesenkt werden, um Gewinne zu maximieren.[49] Der Haupttreiber hierfür ist der Nachsteuergewinn, da dieser entscheidend ist für den Gewinn pro Anteil, den *Shareholder Value* sowie den Aktienkurs.[50] Steuern spielen hierfür eine besondere Rolle, weil sie in aller Regel zu den drei größten Kosten-

46 *Owens*, International Taxation: Meeting the Challenges – The Role of the OECD, European Taxation 2006, Vol. 46, 555-558.

47 *Doernberg*, International Taxation in a Nutshell, 2007, § 1.04. Über die Rolle und den Zweck von Doppelbesteuerungsabkommen zur Vermeidung von Doppelbesteuerungen *Lang*, Vermeidung der Doppelbesteuerung und der doppelten Nichtbesteuerung als Auslegungsmaxime für Doppelbesteuerungsabkommen?, in: Haarmann, Auslegung und Anwendung von Doppelbesteuerungsabkommen, 2004, S. 83-92.

48 Beispielsweise werden Einkünfte im U.S.-amerikanischen Steuersystem definiert als *»all total income from whatever source derived«*, was sich von dem deutschen System der sieben Einkunftsarten unterscheidet. Siehe *Titgemeyer/Risken*, Einkommensbegriff und Einkommensermittlung gemäß IRC, Recht der Internationalen Wirtschaft 2007, 497, 499, 503; *Zschiegner*, Das Einkommensteuerrecht der USA (III), Internationale Wirtschaftsbriefe 2002, Gruppe 2, 1195, 1146.

49 *Clarke*, 2002, S. 5; *Tooma*, When is Aggressive Too Aggressive?, Tax Notes International 2006, Vol. 42, 427; *Corabi/Giavolucci*, Tax Planning and Business Internationalisation, Tax Planning International Review 2001, Vol. 27, November, 7; *Grotherr*, Grundlagen der internationalen Steuerplanung, in: Grotherr, Handbuch der internationalen Steuerplanung, 2003, S. 3, 11; *Lüdemann*, Die Steuerplanung der multinationalen Unternehmung, 2005, S. 13, 15.

50 *Merks*, Categorizing Corporate Cross-Border Tax Planning Techniques, Tax Notes International 2006, Vol. 44, 55, 56; *Karayan/Swenson/Neff*, Strategic Corporate Tax Planning, 2002, S. xvi.

faktoren gehören.[51] Eine Reduzierung der Konzernsteuerquote (*effective tax rate, ETR*) ist daher eine der wichtigsten Maßnahmen zur Kostensenkung.[52] Letztlich hängt auch die Vergütung der Manager zumindest teilweise von der Steuerbelastung des Unternehmens ab. Daraus folgt, dass die Steuerplanung ein integraler Bestandteil von wichtigen unternehmerischen Entscheidungen ist.[53] Es gibt eine Korrelation zwischen Belangen der Steuerplanung und Belangen, die nichts mit der Steuerplanung zu tun haben (z.B. Investitionen in Mitarbeiter oder Bau neuer Fabriken), da letztere u.U. nicht realisiert werden können, wenn die Steuerplanung ineffizient ist.

Allerdings darf die Steuerplanung sich nicht allein auf eine Reduzierung der Konzernsteuerquote konzentrieren, weil Steuern nur *ein* wichtiger Faktor für die Ermittlung des Nachsteuergewinnes eines Unternehmens sind (»*business drives, taxes follow*«).[54] Darüberhinaus gebietet schon allein der Umstand, dass die Konzernsteuerquote äußerst volatil und oft nur schwer beeinflussbar ist, eine differenzierte Betrachtung der Konzernsteuerquote. Letztlich wäre auch dann die Konzernsteuerquote optimal, wenn ein Unternehmen überhaupt keine unternehmerische Tätigkeit mehr entfaltet. Daher sollte im Zusammenhang mit der Konzernsteuerquote weniger von »Reduzierung« als vielmehr von »Optimierung« gesprochen werden, weil »Optimierung« viel besser die zerbrechliche Balance zwischen steuerinduzierten und nicht-steuerinduzierten Unternehmenszielen zum Ausdruck bringt. Letztlich beinhaltet eine *effiziente* Steuerplanung eine *opti-*

51 *Owens,* Abusive Tax Shelter: Weapons of Tax Destruction?, Tax Notes International 2005, Vol. 41, 873.

52 *Becker/Fuest/Spengel,* Konzernsteuerquote und Investitionsverhalten, zfbf 2006, 730-742 beweisen dass sich Geschäftsentscheidungen ändern, wenn sie im Hinblick auf die Konzernsteuerquote getroffen wurden. Des Weiteren, *Corabi/Giavolucci,* Tax Planning and Business Internationalisation, Tax Planning International Review 2001, Vol. 27, November, 7; *Herzig/Dempfle,* Konzernsteuerquote, betriebliche Steuerpolitik und Steuerwettbewerb, DB 2002, 1-8; *Loose/Hölscher/Althaus,* Anwendungsbereich und Auswirkungen der Einschränkung der Freistellungsmethode, BB 2006, 2724, 2726; *Endres*, Reduktion der Konzernsteuerquote durch internationale Steuerplanung, in: Oestreicher, Internationale Steuerplanung, 2005, S. 163, 164; *Kessler/Dorfmüller,* Gestaltungsstrategien bei internationaler Steuerplanung mit Holdinggesellschaften, Praxis Internationale Steuerberatung 2001, 177; *Spengel,* Konzernsteuerquoten im internationalen Vergleich, in: Oestreicher, Internationale Steuerplanung, 2005, S. 89, 92; *Zielke,* Internationale Steuerplanung zur Optimierung der Konzernsteuerquote, DB 2006, 2585, 2586.

53 *Oestreicher*, Einfluss der Besteuerung auf betriebswirtschaftliche Entscheidungen international tätiger Unternehmen, in: Oestreicher, Internationale Steuerplanung, 2005, S. 59, 61.

54 Über die Aussagekraft der Konzernsteuerquote, *Spengel*, Konzernsteuerquoten im internationalen Vergleich, in: Oestreicher, Internationale Steuerplanung, 2005, S. 89, 92; *Zielke,* Internationale Steuerplanung zur Optimierung der Konzernsteuerquote, DB 2006, 2585, 2586.

mierte Konzernsteuerquote, ohne dabei in den Geschäftsablauf exzessiv einzugreifen.

Eine Strategie, wie die Steuerplanung in Geschäftsentscheidungen integriert werden kann, haben *Karayan*, *Swenson* und *Neff* anhand des Akronyms SAVANT[55] dargestellt. Dieses steht für: *Strategy*, *Anticipation*, *Value-Adding*, *Negotiating* und *Transforming*. Um eine Gewinnmaximierung bei jeder Transaktion zu realisieren, müssten sich die Führungsverantwortlichen an einen übergeordneten Strategieplan des Unternehmens halten und dabei die steuerlichen Auswirkungen für alle Beteiligten antizipieren. Dies berücksichtigend, könnten die Führungsverantwortlichen einen Mehrwert für das Unternehmen schon während der Vertragsverhandlungen einer jeden Transaktion schaffen. Am Ende stehe die Transformation der originären steuerlichen Gegebenheiten in die steueroptimale Form für jeden Geschäftsgegenstand.[56]

Corabi und *Giavolucci* weisen darauf hin, dass »Steuerplanung« früher ein Synonym für Aktivitäten allein in sog. *Tax Havens* gewesen sei. Heute sei es jedoch ein wichtiges Mittel bei der Internationalisierung von Unternehmen, welches neue geschäftliche Entwicklungen einleite.[57] Die internationale Steuerplanung sei heutzutage vielmehr ein legitimes Bestreben sowie ein essentieller Plan der Geschäftspolitik.

Der Unterscheidungsgrad zwischen Steuerplanung, Steuervermeidung, Steuerflucht[58] und Steuerbetrug ist oft sehr schmal und unterscheidet sich je nach Sichtweise der beteiligten Parteien. Laut OECD ist die Steuerplanung das einzige Mittel zur Reduzierung von Steuern, welches die Staaten (mehr oder weniger) akzeptieren.[59]

Die OECD versteht »Steuerplanung« als die Auswahl der vorteilhaftesten Möglichkeit aus einer Vielzahl von steuerlichen Alternativen, die allersamt im Einklang mit der Geschäftstätigkeit stehen.[60] Darin spiegelt sich auch der international anerkannte Grundsatz wider, dass jeder Steuerpflichtige das Recht hat, seine Geschäftstätigkeit so zu gestalten, dass er weniger Steuern zahlen muss. Gemäß dem eingangs Beschriebenen ist es legal, nicht nur zwischen mehreren Möglichkeiten und deren steuerlichen Konsequenzen zu wählen, sondern auch neue Möglichkeiten zu erschaffen,

55 Ein »Savant« ist eine Person mit einer äußerst großen Allgemeinbildung.
56 *Karayan/Swenson/Neff*, Strategic Corporate Tax Planning, 2002, S. 49ff.
57 *Corabi/Giavolucci*, Tax Planning and Business Internationalisation, Tax Planning International Review 2001, Vol. 27, November, 7.
58 Über die vielfältigen Arten der »*offshore evasion*«, *Sullivan*, Tax Analysts Offshore Project, Tax Notes International 2007, Vol. 48, 235, 236.
59 *OECD*, International tax avoidance and evasion, 1987, S. 11; *Bracewell-Milnes*, Is Tax Avoidance Harmful?, Intertax 2003, Vol. 31, 96.
60 *OECD*, International tax avoidance and evasion, 1987, S. 11.

um Steuern zu reduzieren.[61] Gemeinhin wird diese Form der Steuerplanung als (legale) Steuervermeidung angesehen.[62]

A. Konzepte

Es gibt eine Reihe von unterschiedlichen Konzepten, die sich in der Steuerplanung seit vielen Jahrzehnten als Standardmaßnahmen bewährt haben. Die Implementierung von Steuerplanungskonzepten geht stets mit dem Risiko einher, dass eine Maßnahme zwar für sich genommen einen positiven Effekt bewirken kann, im Gesamtkontext aber nachteilige Folgen für das Unternehmen haben könnte. Insbesondere bei Kombinationen von Konzepten besteht das Risiko, dass die Gesamtstruktur von den Finanzbehörden nicht anerkannt wird.[63]

a. Einkunftsverlagerung (Income Shifting)

Eine der einfacheren Maßnahmen im Rahmen der internationalen Steuerplanung besteht darin, Einkünfte von Hochsteuerländern in Niedrigsteuerländer zu verlagern.[64] Dabei ist aber zu beachten, dass Hochsteuerländer sich mit vielerlei Mitteln gegen die Erosion ihrer steuerlichen Bemessungsgrundlage wehren, in dem sie Wegzugsteuern (*Exit Taxes*), Unter-

61 Siehe *Merks,* Tax Evasion, Tax Avoidance and Tax Planning, Intertax 2006, Vol. 34, 272, 274; *OECD,* International tax avoidance and evasion, 1987, S. 11, 17; *Langer,* Why Tax Havens Exist, in: Langer, Langer on International Tax Planning, 2008, 1:2, 1:3.2. Im Detail, *Barnard,* Former Tax Havens Prepared to Lift Bank Secrecy, IBFD Bulletin – Tax Treaty Monitor 2003, January, 9, 10.

62 *Langer,* Why Tax Havens Exist, in: Langer, Langer on International Tax Planning, 2008, 1:2, 1:3.2. »*Tax avoidance*« ist in den meisten Fällen legal, wird aber oft als an der Grenze des rechtlich zulässigen wahrgenommen. Siehe *Baron,* Compliance and Avoidance in the United Kingdom, Tax Planning International Review 2006, Vol. 33, October, 16, 16.

63 *Kessler/Dorfmüller,* Gestaltungsstrategien bei internationaler Steuerplanung mit Holdinggesellschaften, Praxis Internationale Steuerberatung 2001, 177; *Dreßler,* Gewinn- und Vermögensverlagerungen in Niedrigsteuerländer und ihre steuerliche Überprüfung, 2007, S. 23-26.

64 Beispiele hierfür werden dargestellt in *Sullivan,* U.S. High-Tech Companies' Tax Rates Falling, Tax Notes International 2006, Vol. 43, 1033; *Sullivan,* Drug Firms Move Profits To Save Billions, Tax Notes International 2006, Vol. 43, 539; *Sullivan,* U.S. Multinationals move more profits to Tax Havens, Tax Notes International 2004, Vol. 33, 690; *Sullivan,* U.S. Companies Shifting Profits to Tax Havens, Tax Notes International 2004, Vol. 35, 1035. Über empirische Beweise von Einkunftsverlagerungen von multinationalen U.S.-amerikanischen Unternehmen, *Grubert/Mutti,* Taxes, Tariffs and Transfer Pricing in Multinational Corporate Decision Making, Review of Economics and Statistics 1991, Vol. 73, 285; *Harris/Slemrod/*

kapitalisierungsvorschriften (*Thin Cap*-Regeln), Hinzurechnungsregeln (*CFC*-Regeln) anwenden und die Gewährung grenzüberschreitender Steuervorteile ablehnen oder zumindest einschränken.[65]

Trotz dieser Gegenmaßnahmen ist die Einkunftsverlagerung eine der Hauptgründe warum das U.S.-amerikanische Körperschaftsteuersystem relativ wenige Steuereinnahmen generiert.[66] *Clausing* und *Avi-Yonah* behaupten, dass das U.S.-amerikanische Steuersystem einen künstlichen Anreiz dafür liefert, gelegentlich auch aggressiv,[67] Einkunftsverlagerungen in Niedrigsteuerländer durchzuführen.[68] Sie schlagen daher ein System des *Formulary Apportionments* vor, in dem die U.S.-amerikanische Steuerbemessungsgrundlage als ein Bruchteil des weltweiten Einkommens eines Unternehmens ermittelt wird.[69] Das bedeutet, dass multinationale Unternehmen nach dem Ort ihrer Geschäftsumsätze besteuert werden und nicht danach, wo die Gewinne verdient wurden. Die Folge seien Körperschaftsteuermehreinnahmen in Höhe von 35%.[70]

Eine Alternative zu dem System des *Formulary Apportionments* ist die Einführung oder Verschärfung von Anti-Missbrauchsregelungen. *Becker* und *Fuest* haben jedoch empirisch belegt, dass die Rolle von Anti-Miss-

Morck u.a., Income Shifting in U.S. Multinational Corporations, NBER Working Paper Series 2006, No. 3924, 1. Des Weiteren, *Yilmaz,* Tax Havens, Tax Competition, and Economic Performance, Tax Notes International 2006, Vol. 43, 587; *Dreßler*, Gewinn- und Vermögensverlagerungen in Niedrigsteuerländer und ihre steuerliche Überprüfung, 2007, S. 22-25.

65 *Spengel,* Common corporate consolidated tax base – don't forget the tax rates!, EC Tax Review 2007, Vol. 16, 118.

66 *Clausing/Avi-Yonah,* Reforming Corporate Taxation in a Global Economy, 2007, The Hamilton Project, Discussion Paper 2007-08, S. 5.

67 *Steiner,* Aggressive Steuerplanung – oder wo das Geld hinfließt, Steuer und Wirtschaft International 2007, 308-313.

68 *Clausing/Avi-Yonah,* Reforming Corporate Taxation in a Global Economy, 2007, The Hamilton Project, Discussion Paper 2007-08, S. 5.

69 *Clausing/Avi-Yonah,* Reforming Corporate Taxation in a Global Economy, 2007, The Hamilton Project, Discussion Paper 2007-08, S. 12-18. Des Weiteren, *Weiner,* Redirecting the Debate on Formulary Apportionment, Tax Notes International 2007, Vol. 46, 1213, mit weiteren Nachweisen auf S. 1215. Darüber hinaus, *Avi-Yonah's* Replik, *Avi-Yonah,* Formulary Apportionment, Tax Notes International 2007, Vol. 47, 49. Ferner, *Nadal,* Progressivity Should Be Priority, Tax Notes International 2007, Vol. 46, 1210; *Spengel,* Common corporate consolidated tax base – don't forget the tax rates!, EC Tax Review 2007, Vol. 16, 118, 120.

70 Vgl. *Clausing/Avi-Yonah,* Reforming Corporate Taxation in a Global Economy, 2007, The Hamilton Project, Discussion Paper 2007-08, S. 6. Kritisch, *Weiner,* Redirecting the Debate on Formulary Apportionment, Tax Notes International 2007, Vol. 46, 1213. Ferner, *Gattegno/Yesnowitz,* Comparison of U.S. Critical Multistate and International Tax Topics: Part I, Tax Planning International Review 2005, Vol. 32, March, 3, 5.

brauchsregelungen als Mittel gegen Einkunftsverlagerungen überschätzt wird.[71]

Nach Angaben der deutschen Finanzverwaltung, verliert Deutschland zwischen €30 Mrd. und €100 Mrd. jedes Jahr an Steueraufkommen durch Einkunftsverlagerungen.[72] Dies ist einer der Hauptgründe warum Deutschland, im Gegensatz zu Irland und den Niederlanden, die Einführung einer *Common Consolidated Corporate Tax Base* (CCCTB) befürwortet.[73] Die CCCTB basiert auf dem Konzept des *Formulary Apportionments*[74] und sieht vor, dass eine konsolidierte Bemessungsgrundlage aufgrund bestimmter Verteilungsschlüssel auf die einzelnen Mitgliedsstaaten verteilt wird. *Spengel* behauptet, dass die CCCTB helfen würde, Steuerhindernisse abzubauen, und verlangt die Einführung eines körperschaftsteuerlichen Mindeststeuersatzes, damit die Maßnahme erfolgreich wird.[75] *Becker* und *Fuest* meinen, dass die Einführung eines solchen Systems innerhalb der EU dazu führen würde, dass erstens die Anreize für die Staaten abnehmen würden, Maßnahmen gegen Einkunftsverlagerungen zu ergreifen, und zweitens, die Staaten weniger Druck ausgesetzt seien, ihre Steuersätze zu senken.[76] Ein solches System sei darüber hinaus ein Schlüsselelement im Rahmen des Steuerwettbewerbs, weil es voraussetze, dass die Bemessungsgrundlage innerhalb der EU harmonisiert werden würde.[77]

Zusammenfassend bleibt festzuhalten, dass die Steuerplanungstechnik »Einkunftsverlagerung« sehr reizvoll ist, aber auch vielerlei Risiken, insbesondere hinsichtlich der Erfüllung von Verrechnungspreisnormen, in sich bürgt.[78]

71 *Becker/Fuest,* Quality versus Quantity, CESifo Working Paper 2007, No. 2126, S. 21.

72 *Sheppard/Weiner,* Kovács and Steinbrück Promote EU Tax Reform, Tax Notes International 2007, Vol. 46, 766, 767.

73 Weitere Details siehe unten in Kapitel 6(II)(B)(e). Ferner, *Rhode,* The state of the art, Tax Planning International Review 2007, Vol. 34, November, 9-14; *Sheppard,* Government Officials Try to Save Corporate Tax Base, Tax Notes International 2007, Vol. 46, 647. Zur CCCTB im Detail, *Spengel,* Common corporate consolidated tax base – don't forget the tax rates!, EC Tax Review 2007, Vol. 16, 118-120; *Schön,* Group Taxation and the CCCTB, Tax Notes International 2007, Vol. 48, 1063-1080.

74 Siehe *Spengel,* Common corporate consolidated tax base – don't forget the tax rates!, EC Tax Review 2007, Vol. 16, 118 und unten Kapitel 6(II)(B)(e).

75 *Spengel,* Common corporate consolidated tax base – don't forget the tax rates!, EC Tax Review 2007, Vol. 16, 118-120.

76 *Becker/Fuest,* Tax Enforcement and Tax Havens under Formula Apportionment, FiFo-CPE Discussion Papers 2007, No. 07-8, S. 21-22.

77 *Becker/Fuest,* Tax Enforcement and Tax Havens under Formula Apportionment, FiFo-CPE Discussion Papers 2007, No. 07-8, S. 22.

78 *Merks,* Categorizing Corporate Cross-Border Tax Planning Techniques, Tax Notes International 2006, Vol. 44, 55, 60.

b. *Steuerliche Abschirmung (Tax Deferral)*

Der Prozess, der am Ende in eine Repatriierung von Gewinnen mündet, beginnt zunächst mit der Abschirmung dieser Gewinne von der U.S.-amerikanischen Besteuerung (*tax deferral*). Technisch gesehen unterliegen alle weltweiten Einkünfte eines U.S.-amerikanischen Unternehmens einem Steuersatz von 35%.[79] Um eine Doppelbesteuerung zu verhindern, sieht das U.S.-amerikanische Steuersystem ein Anrechnungsverfahren (*Foreign Tax Credit System*) vor, welches es ermöglicht, im Ausland bezahlte Steuern mit der inländischen Steuer zu verrechnen.[80]

Das Besteuerungsrecht der Vereinigten Staaten ist jedoch begrenzt und erstreckt sich beispielsweise nicht auf ausländische Tochtergesellschaften von U.S.-amerikanischen Unternehmen.[81] Folglich entsteht das Besteuerungsrecht der Vereinigten Staaten erst in dem Moment, in dem Gewinne ausländischer Tochtergesellschaften an die U.S.-amerikanische Muttergesellschaft repatriiert werden.[82] Daraus leitet sich eines der Hauptcharakteristika des U.S-amerikanischen Steuerrechts ab, nämlich die Möglichkeit, ausländische Gewinne von der U.S.-amerikanischen Besteuerung abzuschirmen und somit zumindest eine Steuerstundung zu bewirken.[83] Hierfür haben sich die Fachtermini »*deferral principle*«, »*deferral privilege*« oder »*deferral*« herausgebildet.[84]

79 Kritisch zum gesetzlichen U.S.-amerikanischen Körperschaftsteuersatz, *Edwards*, Is the U.S. Corporate Tax in the Laffer Zone, Tax Notes International 2007, Vol. 48, 1243-1246.

80 Siehe *Desai/Foley/Hines*, Repatriation Taxes and Dividend Distortions, National Tax Journal 2001, Vol. 54, No. 4, 829, 830.

81 Außer wenn es sich um *Subpart F*-Einkommen handelt, welches im Detail in Kapitel 9 (I.) erklärt wird.

82 Über die Abschirmung von Einkünften in der Praxis, *Hines*, The Case against Deferral, National Tax Journal 1999, Vol. 52, No. 3, 385, 388; *Clausing/Avi-Yonah*, Reforming Corporate Taxation in a Global Economy, 2007, The Hamilton Project, Discussion Paper 2007-08, S. 6.

83 Das U.S.-amerikanische Steuersystem ist nicht das einzige Steuersystem, welches die Abschirmung von Einkünften zulässt. Andere Staaten sind Kanada, Dänemark, Frankreich, Deutschland, Japan, Norwegen, Pakistan und das Vereinigte Königreich.

84 Vgl. vor allem *Pollack/Marwick*, Economics of Avoiding Double Taxation of Foreign Source Income, U.S. Taxation of International Operations, 1996, 5051, 5052; *Kessler*, Die Euro-Holding, 1996, S. 89 ff.; *Hines*, The Case against Deferral, National Tax Journal 1999, Vol. 52, No. 3, 385, 387. Über die Steuerplanung mit der Abschirmung von Einkünften, *Merks*, Categorizing Corporate Cross-Border Tax Planning Techniques, Tax Notes International 2006, Vol. 44, 55, 61; *Avi-Yonah*, Globalization, Tax Competition, And the Fiscal Crisis of the Welfare State, Harvard Law Review 2000, Vol. 113, May, 1573, 1593, 1594; *von Uckermann*, Besteuerung von Basisgesellschaften in den USA und in Deutschland, 2005, S. 3; *Sheppard*, Ending Deferral Without Repatriating Losses, Tax Notes International

Obwohl die Gewährung dieser Abschirmung für das U.S.-amerikanische Steueraufkommen sehr nachteilig ist,[85] wäre es vom U.S.-amerikanischen Gesetzgeber kontraproduktiv dies zu ändern. Die Folge wäre nämlich, dass Unternehmen es vermeiden würden, sich in den Vereinigten Staaten niederzulassen, und stattdessen versuchen würden, vom Ausland heraus auf dem U.S.-amerikanischen Markt zu agieren.[86]

Tatsächlich wird die Möglichkeit der Abschirmung von Auslandsgewinnen außerhalb des Anwendungsbereichs der U.S.-amerikanischen Hinzurechnungsbesteuerung (*Subpart F*) als Steuervergünstigung ausgewiesen, die nach Berechnungen des U.S.-amerikanischen Finanzministeriums einen Wert von $120 Mrd. zwischen den Jahren 2008 und 2017 hat.[87]

Nach *Clausing* und *Avi-Yonnah* ist das Abschirmen von ausländischen Gewinnen von der U.S.-amerikanischen Besteuerung eines der populärsten Planungstechniken multinationaler U.S.-amerikanischer Unternehmen.[88] Als Hauptgründe hierfür sehen sie das gegenwärtige U.S.-amerikanische Anrechnungssystem und den im OECD-Vergleich relativ hohen gesetzlichen Körperschaftssteuersatz in den Vereinigten Staaten.[89]

Die Abschirmwirkung kann theoretisch beliebig lang aufrecht erhalten werden, solange diese Gewinne stets im Ausland reinvestiert werden.[90] Während manche Autoren behaupten, dass die Abschirmwirkung Aus-

2007, Vol. 48, 996-1001, und die Replik zu diesem Artikel in *Tittle,* International Tax Reform: Response to Sheppard, Tax Notes International 2007, Vol. 48, 1261-1262; *Dagan,* National Interest in the International Tax Game, Virginia Tax Review 1998, Vol. 18, Fall, 363, 409-413; *Hoffmann*, Steueroptimales Ausschüttungsverhalten und Repatriierungsstrategien, in: Grotherr, Handbuch der internationalen Steuerplanung, 2003, S. 503, 518.

85 Über Steueraufkommensminderungen durch die Abschirmung von Einkünften, *Avi-Yonah,* Globalization, Tax Competition, And the Fiscal Crisis of the Welfare State, Harvard Law Review 2000, Vol. 113, May, 1573, 1597-1603.

86 Vgl. *Avi-Yonah,* Globalization, Tax Competition, And the Fiscal Crisis of the Welfare State, Harvard Law Review 2000, Vol. 113, May, 1573, 1594.

87 U.S. Department of the Treasury, Office of Tax Analysis, Table 2.1 in background paper, »Treasury Conference on Business Taxation and Global Competitiveness«, July 2007, zitiert in *Weiner,* U.S. Corporate Tax Reform: All Talk, No Action, Tax Notes International 2007, Vol. 47, 800, 804.

88 *Clausing/Avi-Yonah,* Reforming Corporate Taxation in a Global Economy, 2007, The Hamilton Project, Discussion Paper 2007-08, S. 6.

89 Siehe auch *Weiner,* How the OECD and the U.S. Learned to Get Along with the Tax Havens, Tax Notes International 2007, Vol. 46, 229-239; *Weiner,* U.S. Corporate Tax Reform: All Talk, No Action, Tax Notes International 2007, Vol. 47, 800, 802; *Edwards,* Is the U.S. Corporate Tax in the Laffer Zone, Tax Notes International 2007, Vol. 48, 1243-1246.

90 Vgl. *Graetz*, Foundations of International Income Taxation, 2003, S. 217; *Merks,* Categorizing Corporate Cross-Border Tax Planning Techniques, Tax Notes International 2006, Vol. 44, 55, 60; *Schaumburg/Jesse*, Die internationale Holding aus steuerrechtlicher Sicht, in: Lutter, Holding Handbuch, 2004, S. 847, 885 ff.

landsinvestitionen stimuliert,[91] argumentiert *Hines*, dass durch die Abschirmwirkung die U.S.-amerikanische Volkswirtschaft Effizienzsteigerungen erfährt.[92]

Nichtsdestotrotz ist das Zueigen machen der Abschirmwirkung unter steuerplanerischen Gesichtspunkten nicht risikolos, weil es zu einem »*lock-out-effect*«[93] führen kann. Dies bedeutet, dass ausländische Gewinne U.S.-amerikanischer Muttergesellschaften faktisch von der Repatriierung aufgrund der daraus resultierenden nachteiligen steuerlichen Konsequenzen ausgeschlossen sind.

Auch auf die Rechtsformwahl hat die Abschirmwirkung einen großen Einfluss. Sollte die Abschirmwirkung genutzt werden, muss zwingend die Rechtsform der Körperschaft gewählt werden.[94] Denn trotz der häufig vorteilhaften Wahl einer Betriebsstätten oder Personengesellschaft aufgrund der Abzugsfähigkeit von Auslandsverlusten oder der weniger strenger Regulierung[95], greift die Abschirmwirkung nicht. Dies bedeutet, dass ausländische Betriebsstättengewinne und Gewinne ausländischer Personengesellschaften von U.S.-amerikanischen Muttergesellschaften grundsätzlich der sofortigen Besteuerung in den Vereinigten Staaten unterliegen.

Aber auch eine Holdinggesellschaft, die in Form einer Körperschaft geführt wird, kann nicht immer die Abschirmwirkung nutzen. Aufgrund der unterschiedlichen Auslegung des Anknüpfungsmerkmales »Ort der Geschäftsleitung« (»*place of management*«) kann es passieren, dass Tochtergesellschaften einer Holdinggesellschaft einer unbeschränkten Steuerpflicht in den Vereinigten Staaten unterliegen.[96]

91 Vgl. unten Kapitel 9 (II.)

92 *Hines,* The Case against Deferral, National Tax Journal 1999, Vol. 52, No. 3, 385, 399-400.

93 Ein Terminus, der gebraucht wird von *Sullivan,* U.S. Relief for Prodigal Profits, Tax Notes International 2003, Vol. 30, 742, 743, der eine Analogie zum Widerwillen U.S.-amerikanischer Anteilseigner zieht, ihre liebgewonnen Anteile zu kaufen, weil sie keine Steuern auf die Gewinne zahlen wollen.

94 Siehe *Desai/Foley/Hines,* Repatriation Taxes and Dividend Distortions, National Tax Journal 2001, Vol. 54, No. 4, 829, 832. *Hines* meint, dass es sich für zwei Typen von Firmen lohnt, eine Betriebsstätte anstelle einer Tochtergesellschaft zu wählen. Dies seien Ölfirmen, um Explorationsverluste geltend zu machen, und Banken, um Regularien für die Gründung einer ausländischen Tochtergesellschaft zu umgehen. Vgl. *Hines/Hubbard,* Dividend Repatriations by U.S. Multinationals, NBER Working Paper Series 1989, Working Paper No. 2931, S. 4, 19, 20.

95 Siehe *Hines/Hubbard,* Dividend Repatriations by U.S. Multinationals, NBER Working Paper Series 1989, Working Paper No. 2931, S. 5; *Altshuler/Newlon*, The Effects of U.S. Tax Policy (1993), NBER Working Paper No. 3925, S. 4-5;

96 *Ebert,* Der Ort der Geschäftsleitung in internationalen Holding-Konzernstrukturen, IStR 2005, 534ff.; *Schaumburg/Jesse*, Die internationale Holding aus steuerrechtlicher Sicht, in: Lutter, Holding Handbuch, 2004, S. 847, 926 (Rn. 155); *Storckmeijer,* Effective Place of Management of Foreign Companies in Switzerland, Tax Planning International Review 2004, Vol. 31, August, 13-14.

c. *Vermeidung der Doppelbesteuerung*

Eine Doppelbesteuerung ist nicht nur kostspielig, sondern führt aus ökonomischer Sicht zu Ineffizienzen.[97] Sie ist das Resultat einer Überlappung zweier oder mehrerer Steuerrechtsordnungen die jeweils den gleichen Lebenssachverhalt besteuern.[98] Daher führt die Doppelbesteuerung im Rahmen von grenzüberschreitenden Investitionen zu Effizienzverlusten.[99] Es wurden einige Bemühungen unternommen, Doppelbesteuerungen abzumildern oder gar zu eliminieren. Der prominenteste Versuch ist das OECD-Musterabkommen.[100] Andere sind das U.N.-Musterabkommen[101] und das U.S.-Musterabkommen[102]. Die allermeisten Doppelbesteuerungsabkommen basieren auf dem OECD-Musterabkommen, wobei der Begriff »Musterabkommen« unsauber ist, weil es sich gerade nicht um ein Abkommen handelt. Auch der englische Terminus »*Model Convention*« ist nicht genauer. Hingegen sind die Doppelbesteuerungsabkommen, die in den allermeisten Fällen bilateral abgeschlossen werden, völkerrechtliche Verträge, deren Abschluss und Auslegung sich nach der Wiener Vertragsrechtskonvention (WVK) aus dem Jahre 1969 richtet. Der Hauptzweck von Doppelbesteuerungsverträgen ist die Reduzierung oder Vermeidung von Doppelbesteuerungen.[103]

Fuest und *Huber* haben gezeigt, dass viele europäische Staaten in ihren Doppelbesteuerungsabkommen die Freistellungsmethode für die Besteue-

97 *Rohatgi*, Basic International Taxation – Volume 1 – Principles of International Taxation, 2005, S. 14-16; *Pollack/Marwick*, Economics of Avoiding Double Taxation of Foreign Source Income, U.S. Taxation of International Operations, 1996, 5051, 5052-5054; *Loncarevic*, Economic relevance of Double Taxation Conventions, in: Stefaner/Züger, Tax Treaty Policy and Development, 2005, S. 17, 37; *Chown*, Eliminating Tax Obstacles for Cross-Border Operations, Tax Notes International 2007, Vol. 46, 563, 564; *Lederman*, Understanding Corporate Taxation, 2006, S. 5.

98 *Brinker/Sherman*, Relief from International double taxation: the basics, Journal of International Taxation 2005, Vol. 16, March, 16.

99 *Fuest/Huber*, Why do countries combine the exemption system for taxation of foreign profits with domestic double taxation relief?, Journal of International Economics 2004, Vol. 62, 219.

100 *Rohatgi*, Basic International Taxation – Volume 1 – Principles of International Taxation, 2005, S. 97-108. Das aktuellste ist das OECD Musterabkommen aus dem Jahre 2005, was den Abkommen der Jahre 2003, 2000, 1977 und 1963 folgte. Vgl. insbesondere *Russo*, The 2005 OECD Model Convention and Commentary, European Taxation 2005, 560ff.

101 *Wijnen*, Towards a new UN Model?, IBFD Bulletin for International Taxation 1998, Vol. 52, 135-143; *Wijnen/Magenta*, Hybrid entities and the U.S. model income tax treaty, IBFD Bulletin for International Taxation 1997, Vol. 51, 574-585.

102 Siehe im Detail weiter unten Kapitel 9(V.).

103 Über Wohlfahrtsgewinne durch Doppelbesteuerungsabkommen in Zeiten eines globalen Steuerwettbewerbs, *Fuest/Huber/Mintz*, Capital Mobility and Tax Competition, 2005, S. 7-8.

rung ausländischer Gewinne mit der Anrechnungsmethode für Dividendeneinkünfte kombinieren. In diesem Zusammenhang haben *Fuest* und *Huber* belegt, dass eine solche Steuerpolitik wohlfahrtsmaximierend wirkt,[104] wenngleich sie von einer globalen Betrachtung her nicht sehr effizient ist, weil internationale Investitionen gegenüber rein nationalen Investitionen diskriminiert werden.[105]

Des Weiteren ist die Vermeidung der Doppelbesteuerung im Einklang mit dem EG-Steuerrecht, da Art. 293 des EG-Vertrages (EGV) die Mitgliedsstaaten dazu auffordert in Verhandlungen zur Beseitigung von Doppelbesteuerungen innerhalb der Europäischen Union zu treten.[106]

Die Steuerpflichtigen können Doppelbesteuerungen vermeiden, in dem sie die DBA- oder EG-Richtlinienvorschriften innerhalb der Grenzen eventuell einschlägiger nationaler Missbrauchsvorschriften anwenden. Alle Steuerrechtsordnungen gewähren darüber hinaus unilateral Maßnahmen zur Vermeidung der Doppelbesteuerung.[107]

d. Steuerarbitrage

Eine weitere Maßnahme ist die sog. Steuerarbitrage.[108] Dabei nutzen Steuerpflichtige die Steuersatzdifferenzen zwischen den einzelnen Ländern sowie die Tatsache, dass Konzernunternehmen in der Form der Körperschaft (steuer)rechtlich unabhängig voneinander sind (Trennungstheorie).[109]

Außerdem profitieren Steuerpflichtige von dem Umstand, dass die verschiedenen Steuerrechtsordnungen nicht oder nur rudimentär harmonisiert

104 *Fuest/Huber,* Why do countries combine the exemption system for taxation of foreign profits with domestic double taxation relief?, Journal of International Economics 2004, Vol. 62, 219, 224-227.

105 *Fuest/Huber,* Why do countries combine the exemption system for taxation of foreign profits with domestic double taxation relief?, Journal of International Economics 2004, Vol. 62, 219, 227, 229.

106 *Douma,* The Three Ds of Direct Tax Jurisdiction, European Taxation 2006, Vol. 46, 522, 531.

107 *Bierlaagh,* Unilateral relief from double taxation revised, Intertax 1989, 245-251.

108 *Kessler/Dorfmüller,* Gestaltungsstrategien bei internationaler Steuerplanung mit Holdinggesellschaften, Praxis Internationale Steuerberatung 2001, 177; *Dreßler*, Gewinn- und Vermögensverlagerungen in Niedrigsteuerländer und ihre steuerliche Überprüfung, 2007, S. 29-32.

109 *Larking*, IBFD International Tax Glossary, 4th ed., 2001, S. 20: »[...] arbitrage generally refers to a transaction or arrangement which exploits differences in tax rules, such as those relating to tax rates, income qualification, or timing. For example, obtaining a tax deduction on borrowings in a high tax country and arranging for the proceeds to be invested by a related party in a low tax country at a correspondingly lower rate of tax, effects an arbitrage between the two countries' respective tax systems.«

sind, und deshalb unterschiedliche Systeme ein und dieselbe Situation unterschiedlich auslegen.[110] Eine anspruchsvollere Anwendung ist die Steuerarbitrage hinsichtlich der Rechtsformqualifikation,[111] Einkunftsqualifikation[112] und der Einsatz hybrider Finanzinstrumente.[113]

Kürzlich hat der deutsche Gesetzgeber mit einem Gesetzesvorschlag zur Anzeigepflicht von Steuergestaltungen versucht, bestimmte Formen der Steuerarbitrage zu unterbinden.[114] Jedoch wurde der Vorschlag nicht in das Jahressteuergesetz 2008 integriert und es muss darüberhinaus bezweifelt werden, ob mit einer solchen Anzeigepflicht die internationale Steuerarbitrage effektiv eingedämmt werden kann. Vergleichbar der Tektonik der Kontinentalplatten werden sich durch die ständigen fiskalischen Änderungen innerhalb der Steuerrechtsordnungen und deren Abgrenzung untereinander, immer wieder willkürlich neue Lücken ergeben, die auch in Zu-

110 *Kessler*, Holdinggesellschaften und Kooperationen in Europa, in: Schaumburg, Steuerrecht und steuerorientierte Gestaltungen im Konzern, 1998, S. 177, 181.

111 »The process of determining whether an entity is transparent for tax purposes or treated as a separate taxable entity. Two basic approaches may be distinguished in practice: one involves the application of definitional rules against which the characteristics of the entity concerned are measured, while the other allows a taxpayer to choose the desired classification.« *Larking*, IBFD International Tax Glossary, 4th ed., 2001, S. 129.

112 »[...] In a cross-border context, the classification of income generally refers to the different categories of income (e.g. dividends, interest, and royalties) found in most income tax treaties. [...] It can happen that a country classifies a particular item of income differently for treaty purposes than under its domestic law.« *Larking*, IBFD International Tax Glossary, 4th ed., 2001, S. 188, 189.

113 Der Einsatz hybrider Finanzinstrumente gehört zu den größten Herausforderungen der internationalen Steuerplanung. »It is an instrument with economic characteristics that are inconsistent, in whole or in part, with the classification implied by their legal form. Hybrid financial instruments normally contain elements from equity, debt and/or derivatives, the advantages of which they seek to combine in the same instrument. In a cross-border situation, this normally creates a mismatch in the tax characterization and treatment of the income by the various tax jurisdictions involved.« *Larking*, IBFD International Tax Glossary, 4th ed., 2001, S. 182. Die Bandbreite erstreckt sich von klassischen hybriden Instrumenten wie Wandelanleihen (*convertible debt obligations*) und Vorzugsaktien (*preferred shares*) zu exotischen indexierten Instrumenten, die Vereinbarungen ähnlich derer in Forward-Verträgen oder Optionsscheinen enthalten. Siehe *Duncan*, General Report, in: International Fiscal Association, Tax treatment of hybrid financial instruments in cross-border transactions, 2000, 21, 24; *Hoffman/Amacher,* The Evolution of Tax-Advantaged Intercompany Lending Programs, Tax Notes International 2007, Vol. 46, 513; *Köhler*, Hybride Finanzierungen über die Grenze, in: Piltz/Schaumburg, Internationale Unternehmensfinanzierung, 2006, S. 137ff.; *Haun*, Hybride Finanzierungsinstrumente im deutschen und US-amerikanischen Steuerrecht, 1996, S. 7-13.

114 *Kessler/Eicke,* Legal, But Unwanted – The German Tax Planning Disclosure Draft, Tax Notes International 2007, Vol. 48, 577-582; *Kessler/Eicke,* Transparente Perspektiven für die Finanzverwaltung, BB 2007, 2370-2379.

kunft die Lebensader der Steuerarbitrage darstellen werden. Die tektonischen Schwankungen sind nichts anderes als gelebte Gestaltungsfreiheiten souveräner Steuerrechtsordnungen. Dabei beinhaltet die Entstehung von sog. »weißen Einkünften« in den allermeisten Fällen die Entscheidung einer anderen Rechtsordnung, ihr Besteuerungsrecht nicht ausüben zu wollen. Dies gilt es zu respektieren. Durch die Implementierung eines Art »Frühwarnsystems« mit Hilfe einer Flut von Informationen dem entgegenzuwirken, stellt den ohnmächtigen Versuch dar, diese Realität zu negieren. Stattdessen sollten sog. Hochsteuerstaaten dazu übergehen, sich einem fairen globalen Steuerwettbewerb zu stellen.

e. *Umformung von Einkünften*

International werden die verschiedenen Einkunftsarten unterschiedlich besteuert. Das prominenteste Beispiel hierfür ist die unterschiedliche Besteuerung von Dividenden im Vergleich zu Zinsen. Um von dieser unterschiedlichen Behandlung profitieren zu können, leiten Unternehmen Zinsgewinne in (niedrigbesteuerte) Gesellschaften, um diese Zinsen später steuerfrei ausschütten zu können. Die unterschiedliche Behandlung erstreckt sich nicht nur auf den Steuersatz bzw. auf die Besteuerung an sich, sondern auch auf die Quellenbesteuerung. Typischerweise unterliegen Dividendeneinkünfte der Quellenbesteuerung, während dies für Zinseinkünfte meist nicht der Fall ist.

Holdinggesellschaften sind ein wesentliches Element, um die Finanzflüsse sowie die Eigen- und Fremdkapitalrelation innerhalb eines Konzerns zu strukturieren.[115] Häufig verleihen Holdinggesellschaften Darlehen an Tochtergesellschaften oder andere Konzernunternehmen und leiten die Zinsgewinne als Dividenden an die Muttergesellschaft weiter. Folglich empfiehlt es sich für die Holdinggesellschaft an einem Standort zu agieren, in dem Zinseinkünfte meist nicht oder nur gering besteuert werden. Die Umformung von Einkünften ist vor allem für multinationale U.S.-amerikanische Unternehmen ein wichtiges Gestaltungsinstrument, welches jedoch von der U.S.-amerikanischen Finanzverwaltung mit Argusaugen beobachtet wird.[116] Die Grenzen der Steuerplanung mit Umformung von Einkünften sind dort erreicht, wenn Anti-Missbrauchsregelungen, insbeson-

115 *Kessler*, Die Euro-Holding, 1996, S. 86ff.; *Schaumburg/Jesse*, Die internationale Holding aus steuerrechtlicher Sicht, in: Lutter, Holding Handbuch, 2004, S. 847, 857 (Rn. 18); *Hoffmann*, Steueroptimales Ausschüttungsverhalten und Repatriierungsstrategien, in: Grotherr, Handbuch der internationalen Steuerplanung, 2003, S. 503, 515-518.

116 *Weiner*, U.S. Corporate Tax Reform: All Talk, No Action, Tax Notes International 2007, Vol. 47, 800, 810, 811.

dere Unterkapitalisierungsvorschriften (*Thin Cap*-Regeln) tangiert werden.[117]

f. Doppelte Nichtbesteuerung (Double non-taxation)

Ein in der internationalen Steuerplanung erstrebenswerter Zustand ist die Herstellung einer doppelten Nichtbesteuerung. Weder die Europäische Union noch die OECD begrüßen die doppelte Nichtbesteuerung.[118] Nichtsdestotrotz gibt es Länder, die eine doppelte Nichtbesteuerung unilateral[119] oder bilateral in Doppelbesteuerungsabkommen[120] (DBA) herbeiführen. *Lang* hat die doppelte Nichtbesteuerung in vier Gruppen aufgeteilt:[121]

- DBA-Vorschriften, die gezielt eine doppelte Nichtbesteuerung bewirken (*tax sparing* oder *matching credit*);[122]
- DBA-Vorschriften, die eine doppelte Nichtbesteuerung erlauben z.B. die Freistellungsmethode);[123]
- DBA-Vorschriften, die eine doppelte Nichtbesteuerung nicht vermeiden, aber die Vertragspartner darauf vertrauen, dass der andere von seinem Besteuerungsrecht Gebrauch macht (z.B. Einkünfte von Wissenschaftlern, Studenten und Lehrern);[124]

117 *Schaumburg/Jesse*, Die internationale Holding aus steuerrechtlicher Sicht, in: Lutter, Holding Handbuch, 2004, S. 847, 857 (Rn. 20).

118 Vgl. *Merks,* Categorizing Corporate Cross-Border Tax Planning Techniques, Tax Notes International 2006, Vol. 44, 55, 57. Ferner, *Steiner/Jirousek*, Index IStR – Betriebsstätten, 2006, S. 233-242.

119 *Kessler/Eicke,* Legal, But Unwanted – The German Tax Planning Disclosure Draft, Tax Notes International 2007, Vol. 48, 577, 582; *Flämig,* Der Steuerstaat auf dem Weg in den Überwachungsstaat, DStR 2007, Beihefter zu Heft 44/2007, 1, 6-7

120 *Lang*, Vermeidung der Doppelbesteuerung und der doppelten Nichtbesteuerung als Auslegungsmaxime für Doppelbesteuerungsabkommen?, in: Haarmann, Auslegung und Anwendung von Doppelbesteuerungsabkommen, 2004, S. 83, 92-99. Ferner, *Kessler/Eicke,* Legal, But Unwanted – The German Tax Planning Disclosure Draft, Tax Notes International 2007, Vol. 48, 577, 582; *Flämig,* Der Steuerstaat auf dem Weg in den Überwachungsstaat, DStR 2007, Beihefter zu Heft 44/2007, 1, 6.

121 *Lang*, General Report, in: International Fiscal Association, Double non-taxation, 2004, S. 73ff.

122 Der Zweck dieser Vorschriften ist die Schaffung von Investitionsanreizen, vor allem in Entwicklungsländern. Dabei gilt das Hauptaugenmerk dem ökonomisch-politischen Charakter dieser Vorschriften. Siehe *Lang*, General Report, in: International Fiscal Association, Double non-taxation, 2004, S. 73, 82.

123 *Lang*, General Report, in: International Fiscal Association, Double non-taxation, 2004, S. 73, 83.

124 *Lang*, General Report, in: International Fiscal Association, Double non-taxation, 2004, S. 73, 84.

- DBA-Vorschriften, die eine doppelte Nichtbesteuerung explizit unterbinden (z.B. Anrechnungsmethode, *Switch-over* oder *Subject-to-Tax*-Klauseln).[125]

In den letzten Jahren hat sich als weitverbreite Methode zur Unterbindung von doppelter Nichtbesteuerung die Anwendung und Einführung von *Switch-over* oder *Subject-to-Tax*-Klauseln[126] herauskristallisiert.[127] Erst kürzlich ist in Deutschland eine *Subject-to-Tax*-Klauseln in § 50d Abs. 9 EStG eingeführt worden, um unilateral eine doppelte Nichtbesteuerung zu unterbinden. Nach dieser Norm wird die bilateral ausgehandelte Freistellungsmethode außer Acht gelassen, wenn der Vertragspartner die Einkünfte nicht besteuert (erste Alternative), bzw. wenn der Vertragspartner deshalb keine Steuern erhebt, weil der Steuerpflichtige nicht unbeschränkt steuerpflichtig in diesem Land ist (zweite Alternative).[128] Solche Vorschriften verursachen häufig einen *Treaty Override*. Im Falle des neuen § 50d Abs. 9 EStG ist höchst umstritten, ob ein *Treaty Override* vorliegt und wenn ja, ob dieser gerechtfertigt ist. Eine Rechtfertigung kommt in Betracht, wenn ein Zweck des Doppelbesteuerungsabkommens die Vermeidung einer doppelten Nichtbesteuerung ist.[129] Für *Vogel* kommt daher eine Rechtfertigung unter dem Gesichtspunkt der Vermeidung einer doppelten Nichtbesteuerung nur dann in Betracht, wenn der *Treaty Override* das Ergebnis einer methodisch sauberen Auslegung des jeweiligen Dop-

125 *Lang*, General Report, in: International Fiscal Association, Double non-taxation, 2004, S. 73, 86; *Valová/Bodenloher/Koch,* Die Rückfallklausel in Doppelbesteuerungsabkommen, IStR 2002, 405-407.

126 *Subject-to-Tax* Klauseln bewirken, dass die Erlangung von unilateralen oder bilateralen Vergünstigungen davon abhängig gemacht wird, ob das in Frage stehende Einkommen bereits einer Besteuerung unterlag. Siehe *Burgstaller/Schilcher,* Subject-to-Tax Clauses in Tax Treaties, European Taxation 2004, Vol.44, 266, 267 m.w.N. in Fn. 14; *Gupta*, Subject-to-Tax Clauses in Tax Treaties, in: Stefaner/Züger, Tax Treaty Policy and Development, 2005, S. 177, 180; *Valová/Bodenloher/Koch,* Die Rückfallklausel in Doppelbesteuerungsabkommen, IStR 2002, 405.

127 Siehe *Lang*, General Report, in: International Fiscal Association, Double non-taxation, 2004, S. 73, 118; *Lang*, Preface, in: Lang, Avoidance of Double Non-Taxation, 2003, S. 5.

128 *Resch,* The New German Unilateral Switch-Over and Subject-to-Tax Rule, European Taxation 2007, 480-483; *Grotherr,* Außensteuerrechtliche Bezüge im Jahressteuergesetz 2007, Recht der Internationalen Wirtschaft 2006, S. 898, 909; *Grotherr,* International relevante Änderungen durch das JStG 2007 anhand von Fallbeispielen, Internationale Wirtschaftsbriefe 2006, Gruppe 3, Fach 3, 1445, 1459-1464; *Loose/Hölscher/Althaus,* Anwendungsbereich und Auswirkungen der Einschränkung der Freistellungsmethode, BB 2006, 2724, 2726- 2726; *Kollruss,* Gesellschafter-Fremdfinanzierung über nachgeschaltete ausländische Personengesellschaften im DBA-Fall, IStR 2007, 131, 135; *Kollruss,* Weiße und graue Einkünfte bei Outbound-Finanzierung, BB 2007, 467, 472; *Kahle,* Ertragsbesteuerung ausländischer Betriebsstätten, IStR 2007, 757, 760-761.

129 Siehe im Detail, *Vogel,* Neue Gesetzgebung zur DBA-Freistellung, IStR 2007, 225-228.

pelbesteuerungsabkommens ist.[130] Im Falle des § 50d Abs. 9 EStG sagt *Vogel*, dass hinsichtlich der ersten Alternative kein *Treaty Override* vorläge, weil diese Vorschrift mit dem OECD-Musterkommentar vereinbar sei.[131] Jedoch läge ein nicht gerechtfertigter und somit verfassungswidriger *Treaty Override* bei der zweiten Alternative vor.[132]

g. *Inversion (Corporate Inversion)*

Ein ehemals sehr beliebtes Mittel der Steuerplanung für multinationale U.S.-amerikanische Unternehmen ist die Inversion (*corporate inversion*). Dies bezeichnet den Prozess die Inkorporation einer U.S.-amerikanischen Muttergesellschaft einem Niedrigsteuerland bei gleichzeitiger Aufgabe der unbeschränkten Steuerpflicht in den Vereinigten Staaten.[133] Die bekanntesten Inversionen von multinationalen U.S.-amerikanischen Unternehmen wurden auf Bermuda vollzogen.[134] Technisch betrachtet, werden die Rollen von Mutter- und Tochtergesellschaft getauscht.[135] Oft handelt es sich hierbei nur um eine formale Umorganisation. Der Hauptbeweggrund ist die Vermeidung der U.S.-amerikanischen CFC-Regelung, indem ausländische Tochtergesellschaften aus der Beteiligungskette eliminiert werden. Prominente Beispiele sind der Festplattenhersteller *Seagate* der sich in eine Cayman Island Gesellschaft umwandelte, *Copper Industries*, die sich auf Bermuda ansiedelte sowie *Carnival Cruise Lines*, die nach Panama zog.

Der U.S.-amerikanische Gesetzgeber betrachtet seit längerem diese Entwicklung mit Argusaugen und versucht durch gesetzgeberische Maßnahmen dem entgegen zu wirken (z.B. § 7874 IRC[136]). Durch diese Normen wird sichergestellt, dass die invertierte Gesellschaft hinsichtlich ihrer im Zeitpunkt der Inversion vorhandenen Gewinne der U.S.-amerikanischen

130 *Vogel,* Neue Gesetzgebung zur DBA-Freistellung, IStR 2007, 225, 226.

131 *Vogel,* Neue Gesetzgebung zur DBA-Freistellung, IStR 2007, 225, 227; *Grotherr,* Zum Anwendungsbereich der unilateralen Rückfallklausel gemäß § 50d Abs. 9 EStG, IStR 2007, 265, 266.

132 *Resch,* The New German Unilateral Switch-Over and Subject-to-Tax Rule, European Taxation 2007, 480-483; *Vogel,* Neue Gesetzgebung zur DBA-Freistellung, IStR 2007, 225, 228; *Grotherr,* Zum Anwendungsbereich der unilateralen Rückfallklausel gemäß § 50d Abs. 9 EStG, IStR 2007, 265, 267.

133 o.V., Drawing Lines around Corporate Inversion, Harvard Law Review 2005, Vol. 118, 2270.

134 *Walsh,* Ireland climbs rankings or holding company locations, International Tax Review 2006, June, 70, 72.

135 *Merks,* Categorizing Corporate Cross-Border Tax Planning Techniques, Tax Notes International 2006, Vol. 44, 55, 62.

136 Kritisch zu § 7874 IRC, *Rowe,* Anti-inversion rule threatens foreign tax structuring plans, International Tax Review 2006, December/January, 63-65.

Besteuerung unterliegt. Hinzu kommt, dass die Substanzvoraussetzungen in den Vertragsprotokollen mit den Niederlanden und dem Vereinigten Königreich für Inversionen erhöht wurden.[137] Auch für die Zukunft muss der Steuerpflichtige mit Maßnahmen rechnen, die die Vorteilhaftigkeit von Inversionen weiter einschränken.[138]

h. Basisgesellschaften (Base Companies)

Ein weiteres wichtiges Planungsinstrument ist der Einsatz einer Basisgesellschaft (*base companies*) in einem Niedrigsteuerland, welche dazu eingesetzt wird, Einkünfte zu generieren, anstatt diese direkt, d.h. ohne Transfer über eine Basisgesellschaft, an die Muttergesellschaft auszuschütten.[139] Das Ergebnis ist eine Abschirmung (*deferral*) von Besteuerungssubstrat[140] und die Möglichkeit Einkünfte umzuwandeln (sog. *secondary sheltering*)[141]. Beides ist solange steuerlich vorteilhaft bis die Gewinne an die Muttergesellschaft repatriiert werden. Die meisten Basisgesellschaften

137 *Walsh,* Ireland climbs rankings or holding company locations, International Tax Review 2006, June, 70, 72.

138 Siehe o.V., Drawing Lines around Corporate Inversion, Harvard Law Review 2005, Vol. 118, 2270, 2282; *VanderWolk,* The US anti-inversion legislation and regulations, IBFD Bulletin for International Taxation 2006, Vol. 60, 377ff.; *Lowell,* Inversion Transactions: Tax Revision Yes, Tax Evasion No, U.S. Taxation of International Operations, 26.12.2002, 9415-9426; *Hartmann,* USA überdenkt Grundsätze ihres internationalen Steuerrechts, DB 2002, 2130, 2131; *Boidman/Adrion,* The Anarchy of Mechnical Antiavoidance Law, Tax Notes International 2005, Vol. 38, 131ff.; *Dubert,* Accidental Inversions, Journal of International Taxation 2005, Vol. 16, 22ff.; *Blöchle/Dendorfer/Kresge,* Risiken für internationale Umstrukturierungen, IStR 2005, 700ff.; *Desai/Hines,* Tracing the Causes and Consequences of Corporate Inversions, National Tax Journal 2002, Vol. 55, 409ff.; *Hicks,* Overview of Inversion Transactions, Tax Notes International 2003, Vol. 30, 899-925; *Boidman,* Inversions, Earnings Stripping – Thin Capitalization and Related Matters – An International Perspective, Tax Notes International 2003, Vol. 29, 879, 882, 883; *Desai/Hines,* Tracing the Causes and Consequences of Corporate Inversions, National Tax Journal 2002, Vol. 55, 409-440; *Bravenec,* Connecting the Dots in U.S. International Taxation, Tax Notes International 2002, Vol. 27, 845, 845; *Blöchle/Dendorfer/Kresge,* Risiken für internationale Umstrukturierungen, IStR 2005, 700, 702, 703.

139 *Merks,* Categorizing Corporate Cross-Border Tax Planning Techniques, Tax Notes International 2006, Vol. 44, 55, 66.

140 Siehe Kapitel 3.

141 Siehe oben Kapitel 2 (I.)(A.)(b.).

sind Holding- und Finanzierungsgesellschaften.[142] *Merks* behauptet, dass der Einsatz von Basisgesellschaften bedeutsamer ist als die Steuerplanung mit der Abschirmungswirkung.[143] Dies schließt freilich eine Kombination beider Elemente nicht aus.

Allerdings geht die Steuerplanung mit Basisgesellschaften mit dem großen Risiko einher, Anti-Missbrauchsregelungen oder CFC-Regelungen auszulösen, wenn nicht sichergestellt wird, dass die Basisgesellschaft über hinreichende Substanz in Form von Geschäftsausstattung und Mitarbeitern verfügt.

i. Double Dipping

Ein weiteres Gestaltungsmittel nutzt Qualifikationskonflikte zwischen zwei oder mehreren Steuerrechtsordnungen,[144] indem beispielsweise hybride Strukturen implementiert werden.[145] Die Steuerrechtsordnungen versuchen diese Qualifikationskonflikte in Doppelbesteuerungsabkommen zu lösen.[146]

Wenn es durch Gestaltungen dem Steuerpflichtigen ermöglicht wird, einen Steuervorteil in mehr als nur einer Steuerrechtsordnung zu nutzen, sei

142 Für eine rechtsvergleichende Analyse der Besteuerung von Basisgesellschaften in Deutschland und den Vereinigten Staaten siehe *von Uckermann*, Besteuerung von Basisgesellschaften in den USA und in Deutschland, 2005, S. 305ff. Des Weiteren, *Dreßler*, Gewinn- und Vermögensverlagerungen in Niedrigsteuerländer und ihre steuerliche Überprüfung, 2007, S. 237-241.

143 *Merks,* Categorizing Corporate Cross-Border Tax Planning Techniques, Tax Notes International 2006, Vol. 44, 55, 67.

144 *Djanani/Brähler,* Internationale Steuerplanung durch Ausnutzung von Qualifikationskonflikten, Steuer und Wirtschaft 2007, 53-57 und 62-63; *Lang,* Doppelte Verlustberücksichtigung und Gemeinschaftsrecht, IStR 2006, 550-554.

145 Eine (umgekehrt) hybride Struktur setzt voraus, dass eine Gesellschaft in einer Rechtsordnung als Personengesellschaft eingeordnet wird und in einer anderen Rechtsordnung für steuerliche Zwecke wie eine Kapitalgesellschaft behandelt wird. Siehe Strukturen mit U.S.-amerikanischen und deutschen Gesellschaften in *Djanani/Brähler,* Internationale Steuerplanung durch Ausnutzung von Qualifikationskonflikten, Steuer und Wirtschaft 2007, 53-56; *Rubinger/Sherman,* Holding Intagibles Offshore May Produe Tangible U.S. Tax Benefits, Tax Notes International 2005, Vol. 37, 907, 910; *Doernberg/van Raad,* Hybrid Entities and the U.S. Model Income Tax Treaty, Tax Notes 1999, Vol. 19, 1651-1662. Ferner der Rechtsvergleich in *Buzanich,* A Comparison Between the U.S. and OECD Approaches to Hybrid Entities, Tax Notes International 2004, Vol. 36, 71-93.

146 *Djanani/Brähler,* Internationale Steuerplanung durch Ausnutzung von Qualifikationskonflikten, Steuer und Wirtschaft 2007, 53, 56. Ferner, *VanderWolk*, How to Use Tax Treaties in International Tax Planning, U.S. Taxation of International Operations, 19.4.2000, 5279, 5293.

es durch den Einsatz unterschiedlicher Rechtsformen[147] oder Einkunftsqualifikationen, wird dies als »*double dipping*« bezeichnet.[148]

Ein klassisches Beispiel hierfür ist der Abzug von Betriebsausgaben oder Abschreibungen in zwei unterschiedlichen Rechtsordnungen. Oft werden hierfür hybride Finanzinstrumente eingesetzt.[149] Eine deutsche Personengesellschaft kann beispielsweise dazu genutzt werden, um Finanzierungskosten eines U.S.-amerikanischen Gesellschafters zweifach zu nutzen.[150] Der deutsche Gesetzgeber versucht gegenwärtig diese Art der Steuerplanung einzuschränken.[151]

j. Case Study: Microsoft

Die größten Nutznießer der Steuerplanung mit Holdinggesellschaften sind U.S.-amerikanische Unternehmen, vor allem Pharma- und Technologiefirmen,[152] die viele Immaterialgüter im Ausland halten.[153] Ein Vorteil besteht darin, dass für immaterielle Wirtschaftsgüter ein verhältnismäßiger »*arm's length price*« schwer zu bestimmen ist. Dadurch besteht bei der Bestimmung eines Verrechnungspreises ein großes Ermessen, was den multinationalen U.S.-amerikanischen Unternehmen hilft, Patente und andere immateriellen Wirtschaftsgüter Holdinggesellschaften in steuergünstigen

147 Siehe vor allem *Djanani/Brähler*, Internationale Steuerplanung durch Ausnutzung von Qualifikationskonflikten, Steuer und Wirtschaft 2007, 53, 54.

148 Vgl. *Larking*, IBFD International Tax Glossary, 4th ed., 2001, S. 114. Ferner, *Staringer*, Where Does Foreign Loss Utilization Go in Europe?, Steuer und Wirtschaft International 2007, 5, 9. Außerdem die Strukturen in *Dorfmüller*, Tax Planning for U.S. MNCs, 2003, S. 141-146;

149 *Bryant*, Using Hybrid Entities in International Business Arrangements, U.S. Taxation of International Operations, 7.10.1998, 7667-7679.

150 *Müller*, Double-Dip-Modelle bei deutschen Personengesellschaften, IStR 2005, 181, 182; *Müller*, Die GmbH & Co. KG als Europa-Holding, 2004, S. 269-276; *Djanani/Brähler*, Internationale Steuerplanung durch Ausnutzung von Qualifikationskonflikten, Steuer und Wirtschaft 2007, 53, 55.

151 *Plewka/Beck*, German Tax Issues for Hybrid Forms of Financing, Tax Notes International 2006, Vol. 44, 375; *Müller*, Double-Dip-Modelle bei deutschen Personengesellschaften, IStR 2005, 181-187; *Müller*, Die GmbH & Co. KG als Europa-Holding, 2004, S. 249ff.

152 *Yilmaz*, Tax Havens, Tax Competition, and Economic Performance, Tax Notes International 2006, Vol. 43, 587.

153 *Rubinger/Sherman*, Holding Intagibles Offshore May Produe Tangible U.S. Tax Benefits, Tax Notes International 2005b, Vol. 37, 907, 910.

Rechtsordnungen zuzuordnen.[154] Im Laufe der Zeit hat sich Irland einen guten Ruf in diesem Bereich aufgebaut. Die bekanntesten Beispiele sind *Intel, Microsoft, Dell, Apple, Pfizer, Oracle, Merck, AOL, Abbott Laboratories, IBM* und *Lucent Technologies.*[155] Die Hauptvorteile, die diese Firmen durch die Steuerplanung in Irland erhalten, lassen sich am bestem mit dem Beispiel *Microsoft* erklären.

Nach einem viel zitierten Bericht des *Wall Street Journals* hat *Microsoft* durch den Ersatz einer irischen Tochtergesellschaft, seine weltweite Steuerlast in wenigen Jahren um mehrere Milliarden US-Dollar reduziert.[156] Allein $500 Millionen soll die im Folgenden beschriebene Tochtergesellschaft an der Steuerreduzierung beitragen.[157]

Die irische Tochtergesellschaft »*Round Island One Ltd.*«[158] hielt im Jahre 2004 Vermögensgegenstände von *Microsoft* im Werte von mehr als $16 Mrd. und generierte mit 1.100 Mitarbeitern[159] einen Bruttogewinn von etwa $9 Mrd.

Der Großteil der Einkünfte besteht aus Lizenzeinnahmen aus Softwareprodukten wie »*Windows*«. Diese Software wurde in den Vereinigten Staa-

154 *Hines,* Do Tax Havens Flourish?, NBER / Tax Policy & the Economy 2005, Vol. 19, Issue 1, 65, 68; *Desai/Foley/Hines,* The demand for tax haven operations, Journal of Public Economics 2006, Vol. 90, 513, 514; *Markham,* Tax in a Changing World: The Transfer Pricing of Intangible Assets, Tax Notes International 2005, Vol. 40, 895, 897; *Almond/Sullivan,* Increasing Share of Profits in Low-Tax Countries, Tax Notes International 2004, Vol. 35, 1143, 1144; *Sullivan,* Shifting of Profits Offshore, Tax Notes International 2004, Vol. 36, 13, 14; *Sullivan,* Jump in Tax Haven Profits, Tax Notes International 2004, Vol. 36, 202, 203, 204.

155 *Sullivan,* The IRS Multibillion-Dollar Subsidy for Ireland, Tax Notes International 2005, Vol. 39, 296; *Verbeek,* GlaxoSmithKline and the IRS: Will $8 Billion Change Hands?, Tax Notes International 2005, Vol. 40, 330, 331; *Sullivan,* Democratic Senators Eye Offshore Profits, Tax Notes International 2006, Vol. 41, 517, 518.

156 Einige Erkenntnisse über die Steuerplanung von multinationalen U.S.-amerikanischen Unternehmen können gezogen werden aus *Simpson,* Irish subsidiary lets Microsoft slash taxes in U.S. and Europe; Tech and drug firms move key intellectual property to low-levy island haven, Wall Street Journal Europe 7.11.2005, A1. Ferner, *New York Times,* American Ingenuity, Irish Residence, 17.11.2005, S. 30.

157 *Simpson,* Irish subsidiary lets Microsoft slash taxes in U.S. and Europe; Tech and drug firms move key intellectual property to low-levy island haven, Wall Street Journal Europe 7.11.2005, A1; *New York Times,* American Ingenuity, Irish Residence, 17.11.2005, S. 30. Siehe auch *Markham,* Tax in a Changing World: The Transfer Pricing of Intangible Assets, Tax Notes International 2005, Vol. 40, 895, 897; *Sullivan,* Democratic Senators Eye Offshore Profits, Tax Notes International 2006, Vol. 41, 517.

158 Der Name war ursprünglich ein Platzhalter, der niemals geändert wurde. Vgl. *Simpson,* Irish subsidiary lets Microsoft slash taxes in U.S. and Europe; Tech and drug firms move key intellectual property to low-levy island haven, Wall Street Journal Europe 7.11.2005, A1, A7.

159 Compared with 40,000 in the United States. Siehe *New York Times,* American Ingenuity, Irish Residence, 17.11.2005, S. 30.

ten entwickelt und die Rechte daran nach Irland transferiert, wo diese nur sehr gering besteuert werden. Wie in Abbildung 4 zu erkennen ist, ist »*Round Island One Ltd.*« die Muttergesellschaft einer Holdinggesellschaft (»*Flat Island Co.*«), die Softwareprodukte für Europa, den Nahen Osten und Afrika lizensiert. Die Muttergesellschaft von »*Round Island One Ltd.*« ist eine Tochtergesellschaft von *Microsoft*, die im U.S.-Bundesstaat Nevada angesiedelt ist und Lizenzeinkünfte aus den Softwarenverkäufen auf dem U.S.-amerikanischen Markt erwirtschaftet.

Der U.S.-Bundesstaat Nevada erhebt keine Steuern auf Lizenzeinkünfte. All diese Maßnahmen haben dazu beigetragen, dass *Microsoft* seine weltweite Konzernsteuerquote im Jahre 2003 von 33% auf 26% senken konnte.[160]

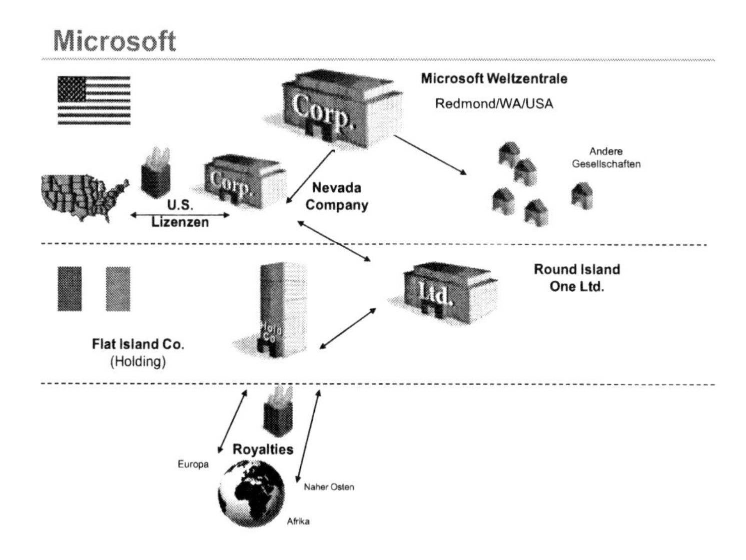

Abbildung 4: Microsoft Case Study

Jedoch würde diese Struktur ohne Genehmigung der U.S.-amerikanischen Steuerbehörde (*Internal Revenue Service* oder IRS) nicht funktionieren. Um den IRS-Regeln zu entsprechen, muss der Steuerpflichtige darlegen, dass die Auslandsgesellschaft zumindest teilweise an den Entwicklungen des Softwareprogramms mitgewirkt hat. Die Unternehmen entsprechen dieser Voraussetzung, indem sie Forschungs- und Entwicklungszentren in

160 *Simpson,* Irish subsidiary lets Microsoft slash taxes in U.S. and Europe; Tech and drug firms move key intellectual property to low-levy island haven, Wall Street Journal Europe 7.11.2005, A1

Irland gründen, um dort einen Teil der Software oder andere hochwertige Produkte zu entwickeln.[161]

Dabei führt gerade diese IRS-Bestimmung zu einem zweifach nachteiligen Effekt für die U.S.-amerikanische Volkswirtschaft. Erstens, wird durch diese Bestimmung gar kein oder nur wenig Steueraufkommen für den U.S.-amerikanischen Fiskus erzeugt und zweitens werden multinationale U.S.-amerikanische Unternehmen dazu gezwungen, hochwertige Arbeitsplätze außerhalb der Vereinigten Staaten von Amerika zu schaffen.

Ein solches Modell funktioniert allerdings auch nur, wenn ein Holdingstandort mit einer sehr guten Infrastruktur und einem hochqualifizierten, möglichst englischsprachigem Personalangebot gewählt wird. Vor allem die letzte Voraussetzung ist einer der Gründe, warum sich Irland in den vergangenen Jahrzehnten so gut entwickelt hat. In den Vereinigten Staaten hingegen, ist diese Art der Steuerplanung Gegenstand von politischen und wissenschaftlichen Debatten.[162]

B. Risiken der Steuerplanung

Aufgrund der Tatsache, dass die internationale Steuerplanung sehr komplex ist und ständigen Veränderungen unterliegt, stellt die Beschaffung hinreichender und aktueller Informationen eine nicht zu unterschätzende Herausforderung dar. Aus steuerlichen Gründen ein Unternehmen oder einen Konzern umzustrukturieren, geht immer mit dem Risiko einher, dass dadurch Geschäftschancen nicht genutzt werden und/oder die Gesamtsteuerlast steigt, weil die steuerlichen Folgen nicht immer hinreichend vorhersehbar sind. Das liegt vor allem daran, dass Steuergesetze sehr veränderungsanfällig sind und Änderungen manchmal sogar rückwirkend bewirkt

161 Technisch betrachtet, entwickeln die irischen Gesellschaften neue Versionen der Software oder anderer Produkte. Um die Entwicklungskosten zwischen der U.S.-amerikanischen Muttergesellschaft und den irischen Tochtergesellschaften aufzuteilen, und um diese für die IRS zu dokumentieren, wurden »*Cost Sharing Agreements*« abgeschlossen. Siehe *Sullivan,* Democratic Senators Eye Offshore Profits, Tax Notes International 2006, Vol. 41, 517; *Simpson,* Irish subsidiary lets Microsoft slash taxes in U.S. and Europe; Tech and drug firms move key intellectual property to low-levy island haven, Wall Street Journal Europe 7.11.2005, A1, A7.

162 Kritiker geben zu bedenken, dass den Vereinigten Staaten das Recht zusteht, eine Kompensation für die teilweise staatlich finanzierte qualitativ hochwertige Ausbildung der Mitarbeiter und die Nutzung der steuerfinanzierten Infrastrukturmaßnahmen einzufordern, auf die Microsoft zurückgreift. Siehe *New York State Bar Association Tax Section,* The U.S. Temporary Dividends Received Deduction, Tax Notes International 2005, Vol. 39, 53; *Simpson,* Irish subsidiary lets Microsoft slash taxes in U.S. and Europe; Tech and drug firms move key intellectual property to low-levy island haven, Wall Street Journal Europe 7.11.2005, A1, A7; *Sullivan,* Democratic Senators Eye Offshore Profits, Tax Notes International 2006, Vol. 41, 517, 518.

werden. Aus rein steuerlicher Sicht stellen die allgemeinen Anti-Missbrauchsregelungen, die speziellen Anti-Missbrauchsregelungen (z.B. Anti-Treaty-Shopping Regelungen, Unterkapitalisierungs- bzw. Gesellschafter-Fremdfinanzierungsregelungen) sowie die Regelungen zur Hinzurechnungsbesteuerung (*CFC*-Regeln) die größten Risiken dar. All diese Regelungen sind Gegenstand einer ausführlichen Analyse in den Kapiteln 7 bis 9.

C. *Grenzen der Steuerplanung*

Aufgrund der Komplexität der zu beachtenden Rechtsnormen und untergesetzlichen Regularien, besteht in der internationalen Steuerplanung die Hauptherausforderung darin, den richtigen Weg zwischen legaler Steuervermeidung[163] und illegaler Steuerhinterziehung[164] zu finden.

Ein Problem besteht nicht zuletzt auch darin, dass zwischen den Steuerrechtsordnungen sehr unterschiedliche Ansichten über die Merkmale einer (legalen) Steuervermeidung und (illegalen) Steuerhinterziehung vorherrschen.[165] Selbst innerhalb mancher Steuerrechtsordnungen ist die Grenzziehung nicht immer einfach. Auch der Europäische Gerichtshof (EuGH) unterscheidet nicht klar zwischen diesen Begrifflichkeiten.[166] In der

163 *Clarke*, 2002, S. 6, 7; *Merks,* Tax Evasion, Tax Avoidance and Tax Planning, Intertax 2006, Vol. 34, 272; *Nadal/Parillo,* Socially Responsible Taxation – Much Ado About Nothing?, Tax Notes International 2007, Vol. 47, 791, 792; *Tooma,* When is Aggressive Too Aggressive?, Tax Notes International 2006, Vol. 42, 427; *Sullivan,* Tax Analysts Offshore Project, Tax Notes International 2007, Vol. 48, 235, 236; *Grotherr*, Grundlagen der internationalen Steuerplanung, in: Grotherr, Handbuch der internationalen Steuerplanung, 2003, S. 3, 7; *Joecks*, Steuerhinterziehung bei Auslandsgeschäften, in: Strunk/Wassermeyer/Kaminski, Gedächtnisschrift für Dirk Krüger, 2006, S. 69, 70; *Renner*, Briefkastenfirmen und internationaler Gestaltungsmissbrauch, in: Lang/Jirousek, Praxis des Internationalen Steuerrechts, 2005, S. 399, 418; *Böing*, Steuerlicher Gestaltungsmissbrauch in Europa, 2006, S. 205-212.

164 Über die Abgrenzung zwischen Steuerflucht und Steuervermeidung auf Jersey, *Powell,* The Jersey Government Responds, Tax Notes International 2007, Vol. 48, 785-786.

165 Einen rechtsvergleichenden Überblick über die Definition dieser Begriffe geben *Uckmar*, General Report, in: International Fiscal Association, Tax avoidance / Tax evasion, Cahiers de Droit Fiscal International, Vol. LXVIIIa, 1983, S. 15ff. Des Weiteren, *Merks,* Tax Evasion, Tax Avoidance and Tax Planning, Intertax 2006, Vol. 34, 272, 273; *Sheppard,* Offshore Investments: Don't Ask, Don't Tell, Tax Notes International 2005, Vol. 39, 209, 214; *Grotherr*, Grundlagen der internationalen Steuerplanung, in: Grotherr, Handbuch der internationalen Steuerplanung, 2003, S. 3, 7; *Flick,* Ins Steuerparadies, Zeitschrift für Steuer- und Erbrechtspraxis 2004, 4, 6; *Flore,* Online ins Steuerparadies?, Kommunikation & Recht 1999, 163.

166 *Merks,* Tax Evasion, Tax Avoidance and Tax Planning, Intertax 2006, Vol. 34, 272, 280.

Schweiz gibt es zusätzlich noch die Unterscheidung zwischen Steuerhinterziehung und Steuerbetrug.[167]

Der Versuch, einen gemeinsamen Nenner zu finden, ist nicht einfach [Abbildung 5]. Dennoch wird die Steuervermeidung (*tax avoidance*) weitgehend als akzeptierte Form der Steuerplanung angesehen, die sich innerhalb des Wortlautes des Gesetzes bewegt, aber u.U. den Geist des Gesetzes verletzt.[168] Demgegenüber wird Steuerhinterziehung (*tax evasion*) einhellig als Steuerplanung angesehen, die nicht im Einklang mit dem Gesetz ist.[169]

Viele unter den Tatbestand der Steuerhinterziehung subsumierbaren Handlungen werden als »Produkt« unter dem euphemistischen Namen »*Tax Shelter*« verkauft.[170] Alle »*Tax Shelters*« verbindet, dass Sie in aller

167 *Merks,* Tax Evasion, Tax Avoidance and Tax Planning, Intertax 2006, Vol. 34, 272, 273. Beispielsweise gewähren die Schweizer Steuerbehörden nur dann Rechtshilfe in Strafsachen für den Fall, dass es sich um »Steuerbetrug« (»*tax fraud*«) und nicht »lediglich« um »Steuerflucht« (»*tax evasion*«) handelt. Siehe Art. 3 Abs. 3 des Schweizer Bundesgesetzes zur Gewährung von internationaler Rechtshilfe in Strafsachen (IRSG, 20. März 1981, Reg. Nr. 351.1). Für U.S.-amerikanische Investoren ist ferner zu beachten, dass Art. 26 DBA USA-Schweiz einen Informationsaustausch in Fällen von »*tax fraud or the like*« vorsieht. Die Vereinbarung zwischen der Europäische Union und der Schweiz beinhaltet denselben Wortlaut.

168 Eine gebräuchliche Unterscheidung zwischen Steuervermeidung und Steuerflucht ist:«[...] tax avoidance is a term to describe taxpayer behavior aimed at reducing tax liability which falls short of tax evasion.« *Larking*, IBFD International Tax Glossary, 4th ed., 2001, S. 27.

169 *Uckmar*, General Report, in: International Fiscal Association, Tax avoidance / Tax evasion, Cahiers de Droit Fiscal International, Vol. LXVIIIa, 1983, S. 15, 20; *Sullivan,* Tax Analysts Offshore Project, Tax Notes International 2007, Vol. 48, 235, 236; *Merks,* Tax Evasion, Tax Avoidance and Tax Planning, Intertax 2006, Vol. 34, 272, 273; *Sheppard,* Offshore Investments: Don't Ask, Don't Tell, Tax Notes International 2005, Vol. 39, 209, 214. Ferner im Detail, *U.S.Senate Committee on Finance,* Offshore Tax Evasion: Stashing Cash Overseas, 3.5.2007. Über eine von mehreren U.S.-amerikanischen Senatoren initiierte Untersuchung in einem Gebäude auf den Cayman Islands, welches als Adresse für 12.748 Gesellschaften fungierte, *Baucus/Grassley,* Tax Analysts 2007, Doc 2007-13469.

170 Die Hauptcharakteristika von Tax Havens sind laut *Owens,* Abusive Tax Shelter: Weapons of Tax Destruction?, Tax Notes International 2005, Vol. 41, 873, 874.: »1. Little or no economic substance or business justification. 2. Generally involve a tax-indifferent party (e.g. a tax-exempt entity or a foreign entity). 3. Frequently involve offshore financial centers. 4. Highly complex. 5. Exploit asymmetries between national tax systems and financial and tax accounting treatment. 6. Promoter insists on the client maintaining the promoter's confidentiality. 7. Promotion remuneration is based on a percentage of tax saved.«

Regel nicht von den Hochsteuerländern akzeptiert, sondern gemeinsam bekämpft werden.[171]

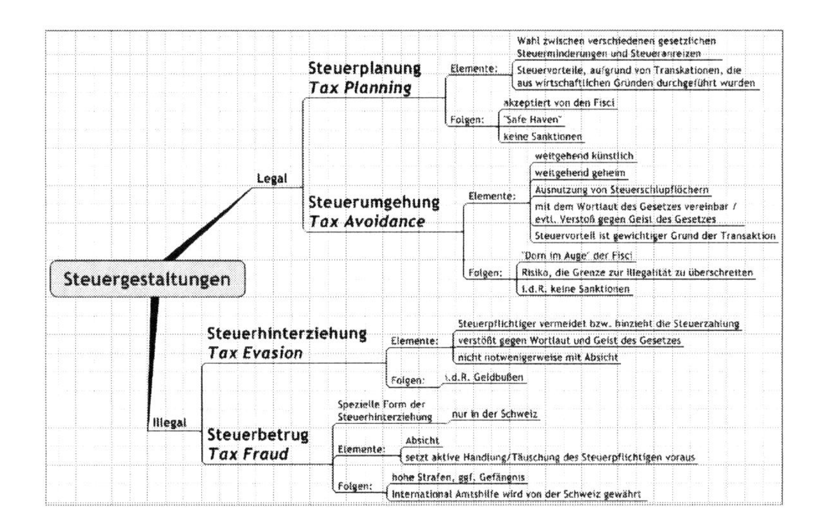

Abbildung 5: Grenzen der Steuerplanung

D. *Vorstellung des BASIC-Modells für die internationalen Steuerplanung*

In der internationalen Steuerplanung gibt es viele Unwägbarkeiten.[172] Um das Ziel der Planung sowie deren Ablauf stets im Auge zu behalten, bietet sich ein chronologisch an dem Akronym BASIC ausgerichtetes Modell an, so wie es in Abbildung 6 dargestellt ist.

171 Über die sog. »Seoul Declaration«, *Morgan,* Cross-Border Regulation of Tax Shelters, Tax Notes International 2007, Vol. 48, 387, 392; *Wilks/Arenstein/Greenfield,* Do UK Tax Planning Disclosure Developments Imply a General Change of Approach by Tax Authorities?, European Taxation 2007, 47. Über die Anzeigepflichten in den Vereinigten Staaten und im Vereinigten Königreich, *Kessler/Eicke,* Transparente Perspektiven für die Finanzverwaltung, BB 2007, 2370-2379; *Kessler/Eicke,* Legal, But Unwanted – The German Tax Planning Disclosure Draft, Tax Notes International 2007, Vol. 48, 577-582; *Flämig,* Der Steuerstaat auf dem Weg in den Überwachungsstaat, DStR 2007, Beihefter zu Heft 44/2007, 1-11. Über die kürzlich eingeführte Anzeigepflicht in Portugal, *de Sousa da Câmara/Santiago,* Thoughts on Portugal's New Disclosure Rules, Tax Notes International 2007, Vol. 48, 757-759.

172 Über die Rolle internationaler Sturplaner, *Rohatgi,* Basic International Taxation – Volume 2 – Practice of International Taxation, 2007, S. 10-11.

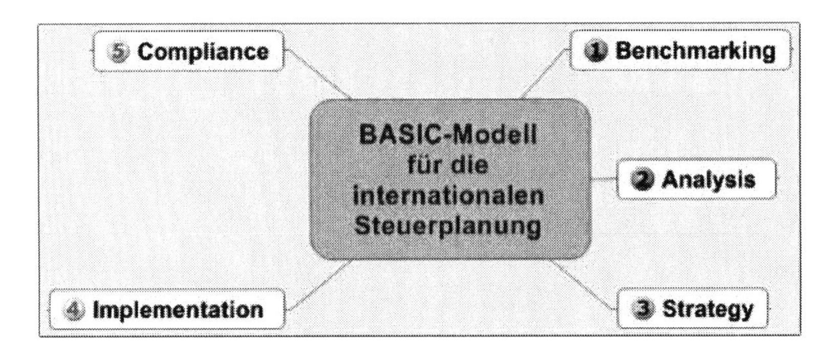

Abbildung 6: BASIC-Modell

Das Modell sieht vor, zunächst ein ***Benchmarking*** des Status quo durchzuführen, bevor mögliche Optionen analysiert werden (***Analyzing***). Auf Basis der Analyse sollte eine Strategie (***Strategy***) entwickelt werden, die nach ihrer Umsetzung (***Implementation***) fortan Gegenstand von Rechtmäßigkeitsprüfungen (***Compliance***) ist.

Der Charme dieses Modells besteht darin, dass es sowohl Anfängern als auch langjährigen Berufsträgern nutzbar gemacht werden kann.[173] Es bietet sich an, die Gliederungspunkte im Einzelnen weiter zu untergliedern. In jedem Fall eignet sich das Modell als Checkliste zur Begleitung einer jeden steuerplanerischen Maßnahme.

a. Nutzung des BASIC-Modells

Das BASIC-Modell ist nicht nur von akademischem Wert, sondern lässt sich auch leicht in der Praxis umsetzen.[174]

aa. Benchmarking

Um sich einer neuen steuerplanerischen Idee anzunähern, ist es ratsam, den Status quo zu erfassen. Dafür sollte ein *Benchmarking* der gegenwärtigen steuerlichen Situation hinsichtlich dreier Fragestellungen erfolgen.

173 Zur steuerliche Expertise in Tax Havens, *Parillo,* Professional Enablers and The Offshore Sector, Tax Notes International 2007, Vol. 48, 331-333.

174 Zusätzlich siehe das *Tax Planning Framework* von *Merks,* Categorizing Corporate Cross-Border Tax Planning Techniques, Tax Notes International 2006, Vol. 44, 55, 69.

Erstens sollte der Steuerpflichtige seine gegenwärtige und seine historische Konzernsteuerquote (*Effective Tax Rate* oder ETR) mit der seiner Mitbewerber (*peer group*), soweit zugänglich, vergleichen.[175] Von übergeordneter Bedeutung ist hierbei der Vergleich der Konzernsteuerquoten im Zeitablauf, um aperiodische Sonderereignisse zu eliminieren. Obwohl der Vergleich der Konzernsteuerquote immer die oben beschriebenen Gefahren in sich birgt, lassen sich für Zwecke des BASIC-Modells einige Schlussfolgerungen über die gegenwärtige steuerliche Situation eines Unternehmens ableiten. Insbesondere ist zu bedenken, dass die Haupttreiber der Konzernsteuerquote strukturelle und kulturelle Faktoren sind.[176] Während die strukturellen Faktoren sich auf die Fähigkeit beziehen, Steuerplanung global durchzuführen und dadurch mehr Gestaltungsmöglichkeiten zu genießen, hängen kulturelle Faktoren von der Einstellung des Unternehmens zu einer (aktiven) Steuerplanung ab. Nach einer Umfrage von *PricewaterhouseCoopers*, gibt es eine starke Korrelation zwischen einer aktiven Steuerplanung und einer unterdurchschnittlichen Konzernsteuerquote.[177] Daher ist bei einem Vergleich der Konzernsteuerquote im Rahmen des *Benchmarking* vor allem auf diese beiden Faktoren zu achten.

Zweitens muss die Steuerabteilung eines Unternehmens ständig einen Überblick über die Geschäftstransaktionen und die Organisationsstruktur des Unternehmens haben, um Optimierungspotential zu erkunden. Diese nichtendende und zeitaufwändige Aufgabe ist eine Notwendigkeit in einer sich ständig ändernden Geschäftsumgebung mit sich ständig ändernden steuerlichen Vorschriften.

Schließlich helfen die gewonnenen Informationen über die Strukturen der Wettbewerber, neue Ideen zu entwickeln. In der Praxis kann häufig beobachtet werden, dass aus Wettbewerbsgründen, Unternehmen aus der gleichen Vergleichsgruppe (*peer group*) (un)freiwillig *Cluster* von Tochtergesellschaften oder Betriebstätten in derselben Region bilden.

bb. Analysis

Hinter jeder der folgenden Analysen steht der Gedanke, potentiellen Steueroptimierungsbedarf zu erkunden.

175 *Bolton,* The Role of Tax Benchmarking, Tax Planning International Review 2004, June, Vol. 31, 21, der ein Tax-Benchmark von 211 Unternehmen beschreibt. Eine der Ergebnisse war, dass die durchschnittliche ETR um 0,9% zwischen 2000 und 2003 fiel. Ferner, *Nadal,* Global Tax Rates Lower, U.S. Rates Still High, KPMG Reports, Tax Notes International 2006, Vol. 44, 511, 512.

176 *Bolton,* The Role of Tax Benchmarking, Tax Planning International Review 2004, June, Vol. 31, 21, 22.

177 Siehe *Bolton,* The Role of Tax Benchmarking, Tax Planning International Review 2004, June, Vol. 31, 21, 22.

Zunächst muss der Steuerplaner die Ziele analysieren, die mit der Steuerplanung verfolgt werden sollen. Dabei muss er sich der Reichweite (*scope*, entweder eine Einzeltransaktion oder mehrere Transaktionen), der betroffenen Beteiligungsebenen (*levels*, Muttergesellschaft, Tochtergesellschaften, Anteilseigner) und der Haupttreiber (*key drivers*, Vermeidung oder Eliminierung der Doppelbesteuerung und/oder Reduzierung der Gesamtsteuerlast) seiner Ziele bewusst sein.

Sodann gilt es, die Interdependenzen und *Trade-Offs* zwischen rein nationalen steuerlichen Vorgaben und internationalen steuerlichen Vorgaben für alle gegenwärtigen und zukünftigen grenzüberschreitenden Geschäftsbeziehungen zu sammeln, um potentielle Quellen von Doppelbesteuerungen oder Steuereinsparpotential zu erkunden. Dabei gilt das Hauptaugenmerk den gewählten Rechtsformen und der Finanzstruktur.

Die Steuerplanung ist ein integraler Bestandteil von Finanzierungs- und Investitionsentscheidungen.[178] Daher müssen sowohl die Interdependenzen als auch die *Trade-Offs* zwischen steuerlichen und nicht-steuerlichen Faktoren sorgsam für gegenwärtige und zukünftige Gestaltungen untersucht werden.

Zum Schluss sollten auch die Geschäftsabschlüsse, vor allem solche die nach HGB, IFRS und US-GAAP erstellt wurden, untersucht werden, um Zusammenhänge zwischen latenten Steuern und deren Einfluss auf die Konzernsteuerquote im konkreten Fall zu hinterfragen.[179]

cc. Strategy

Eines der Kernelemente der internationalen Steuerplanung ist die Entwicklung einer geeigneten Strategie. Dabei muss zwischen Typus, Reichweite und Konzept unterschieden werden.

1. Typus

In der internationalen Steuerplanung gibt es zwei Hauptstrategien; die Repatriierungsstrategien und die Allokationsstrategien. In der Praxis werden diese häufig miteinander kombiniert.[180] Beide werden näher in Kapitel 3 behandelt.

178 *Grotherr*, Grundlagen der internationalen Steuerplanung, in: Grotherr, Handbuch der internationalen Steuerplanung, 2003, S. 3.

179 *Kröner/Benzel*, Konzernsteuerquote, in: Kessler/Kröner/Köhler, Konzernsteuerrecht, 2004, § 15, Rn. 10ff.

180 *Kessler*, Die Euro-Holding, 1996, S. 95.

2. Reichweite

Zudem muss die Reichweite der Steuerplanung samt zeitlichen Vorgaben und dem konkreten Gegenstand so genau wie möglich im Vorfeld festgelegt werden. Eine Unterscheidung kann beispielsweise darin liegen, ob eine dauerhafte oder eine zeitlich begrenzte Abschirmung von Einkünften angestrebt wird.[181]

Darüber hinaus muss der Steuerplaner entscheiden, ob eine rein formale oder eine substanzielle Gestaltung durchführt werden soll. Während die rein formale Steuerplanung mehr oder weniger eine reine Papiertransaktion umfasst, verändern substanzielle Gestaltungen das Muster der Geschäftstätigkeit des Unternehmens.[182]

Da Steuerplanungsstrategien Hand in Hand mit den zugrundeliegenden Geschäftsstrategien gehen, wird die Reichweite häufig von den geschäftlichen Vorgaben abhängig sein.[183]

3. Konzept

Die potentiellen Konzepte können in folgende Gruppen untergliedert werden.

- Eliminierung von Doppel- oder Mehrfachbesteuerungen;
- Realisierung einer doppelten Nichtbesteuerung.[184]

Um effektiv eine Doppelbesteuerung zu vermeiden, gilt es für die internationale Steuerplanung alle Möglichkeiten auszuloten, die die einschlägigen Doppelbesteuerungsabkommen anbieten. Der Einsatz von Holdinggesellschaften verfolgt u.a. das Ziel, Doppelbesteuerung zu vermeiden. Andere Konzepte sind die bereits dargestellten[185] Steuerarbitrage, Einkunftsverlagerungen, Umformung von Einkünften sowie die Inversion. Allen Konzepten gemeinsam ist, dass sie mehr oder weniger *Tax Havens* in die Strukturen einbinden.[186]

181 Siehe *Graetz*, Foundations of International Income Taxation, 2003, S. 217

182 Siehe im Detail *Merks*, Categorizing Corporate Cross-Border Tax Planning Techniques, Tax Notes International 2006, Vol. 44, 55, 61, 63.

183 Wie betriebswirtschaftliche und steuerliche Strategien miteinander verbunden werden können, erklären *Karayan/Swenson/Neff*, Strategic Corporate Tax Planning, 2002, S. 51.

184 *Merks*, Categorizing Corporate Cross-Border Tax Planning Techniques, Tax Notes International 2006, Vol. 44, 55, 57.

185 Siehe oben Kapitel 2(I.)(A.)(d.).

186 *Yilmaz*, Tax Havens, Tax Competition, and Economic Performance, Tax Notes International 2006, Vol. 43, 587; *Orlov*, The Concept of Tax Haven, Intertax 2004, Vol. 32, 95; *Moerman*, The Main Characteristics of Tax Havens, Intertax 1999, Vol. 27, Issue 10, 368.

Auch die Realisation einer doppelten Nichtbesteuerung gehört zu den Zielen der internationalen Steuerplanung. Wie oben beschrieben,[187] muss aber zwischen verschiedenen Gruppen der doppelten Nichtbesteuerung unterschieden werden, wobei eine Gruppe Maßnahmen von Hochsteuerländern (*Switch-Over* oder *Subject-to-Tax*-Klauseln)[188] enthält, die genau diese Steuerplanung verhindern sollen.

dd. Umsetzung (Implementation)

Sowohl Strategie als auch Konzept materialisieren sich im Prozess der Umsetzung. Abhängig von der Natur der Transaktion kann dies relativ mühelos vonstatten gehen (rein formale Papiertransaktionen) oder physische und substantielle Umstrukturierungen erfordern. Im Prozess der Umsetzung wird der Steuerplaner stets mit der Aufgabe konfrontiert, die Ziele der Steuerplanung möglichst minimalinvasiv im Hinblick auf die zu Grunde liegende Geschäftstätigkeit des Unternehmens zu verfolgen.

ff. Rechtmäßigkeitsprüfung (Compliance)

Schließlich unterliegt die umgesetzte Struktur einer ständigen Rechtsmäßigkeitsprüfung.[189] Besonders Anti-Missbrauchsregelungen[190] und CFC-Regelungen müssen gründlich untersucht werden.

Es ist eine wichtige Aufgabe der Steuerplanung, das steuerliche Risiko (*tax compliance risk*) zu managen. Dies schließt die Vorbereitung, Durchführung und Nachkontrolle der Steuererklärungen und aller anderen damit zusammenhängenden Risiken ein.[191]

187 Vgl. Kapitel 2(I.)(A.)(f.).

188 Siehe *Lang*, General Report, in: International Fiscal Association, Double non-taxation, 2004, S. 73, 118; *Lang*, Preface, in: Lang, Avoidance of Double Non-Taxation, 2003, S. 5; *Subject-to-tax* Klausel setzen für die Anwendung von DBA-Begünstigungen eine Besteuerung im Quellenstaat voraus. Siehe *Burgstaller/ Schilcher,* Subject-to-Tax Clauses in Tax Treaties, European Taxation 2004, Vol.44, 266, 267 m.w.N. in Fn. 14; *Gupta*, Subject-to-Tax Clauses in Tax Treaties, in: Stefaner/Züger, Tax Treaty Policy and Development, 2005, S. 177, 180; *Merks,* Categorizing Corporate Cross-Border Tax Planning Techniques, Tax Notes International 2006, Vol. 44, 55, 57.

189 Siehe oben Kapitel 2. (I.)(C.)

190 *Kessler/Eicke,* Closer to Haven? New German Tax Planning Opportunities, Tax Notes International 2006, Vol. 42, 501ff. Ferner, *Kessler/Eicke,* Treaty-Shopping – Quo vadis?, IStR 2006, 577ff.

191 *Hasseldine/Hite,* Key Determinants of Compliance and Noncompliance, Tax Notes International 2007, Vol. 48, 771-781; *Elgood,* What is Tax Risk?, Tax Planning

Abhängig davon, welches Risiko der Steuerpflichtige eingehen möchte, können verschiedene Ansätze gewählt werden. Je aggressiver die Steuergestaltung ist, desto höher ist das Rechtsrisiko.[192]

b. Zwischenergebnis

Dieses relativ einfache und zugängliche BASIC-Modell mit Leben zu füllen, stellt eine lohnenswerte Aufgabe in der internationalen Steuerplanung dar. Am Ende des Tages ist das BASIC-Modell nicht mehr und nicht weniger als ein zuverlässiger Führer in dem von vielerlei Herausforderungen geprägten Gebiet der internationalen Steuerplanung.

II. Holdinggesellschaften: Charakteristika und Konzepte

Holdinggesellschaften sind ein gutes Vehikel um Gruppeninteressen zu bündeln (*pooling*) und Kapitalflüsse zu managen, indem Konzerngesellschaften finanziert und deren Ausschüttungen optimiert werden.[193]

Dennoch gibt es nur wenige Begriffe im internationalen Steuerrecht, die so unterschiedliche Emotionen hervorrufen, wie der Begriff »Holding«. Für Teile der Gesellschaft werden Holdinggesellschaften im Zusammenhang mit Steuerhinterziehung und Machtmissbrauch gesehen.[194] In Geschäftskreisen werden Holdinggesellschaften dagegen als Instrument zur effektiven Strukturierung von Konzernen und zur Kostensenkung wahrgenommen. Aufgrund der Bandbreite an Konnotationen befürchtet *Kessler*, dass Entscheidungsträger in Unternehmen, Gerichten und der Finanzver-

International Review 2004, June, Vol. 31, 3, 4, die die Inhalte des Rechtsbefolgungsrisikos (*compliance risk*) näher beschreiben. Ferner, *Hickley,* Tax Risk Management – The Tolerance Factor, Tax Notes International 2006, Vol. 44, 609, 610.

192 *Steiner,* Aggressive Steuerplanung – oder wo das Geld hinfließt, Steuer und Wirtschaft International 2007, 308, 309; Im Detail, *Uckmar*, General Report, in: International Fiscal Association, Tax avoidance / Tax evasion, Cahiers de Droit Fiscal International, Vol. LXVIIIa, 1983, S. 15, 20; *Merks,* Tax Evasion, Tax Avoidance and Tax Planning, Intertax 2006, Vol. 34, 272, 273; *Sheppard,* Offshore Investments: Don't Ask, Don't Tell, Tax Notes International 2005, Vol. 39, 209, 214; *Grotherr*, Grundlagen der internationalen Steuerplanung, in: Grotherr, Handbuch der internationalen Steuerplanung, 2003, S. 3, 7.

193 *Feteris/Gimbrère/van Muijen*, Holdingstructuren, 1991, S. 37-46; *Bardet/Beetschen/Charvériat u.a.*, Les holdings, 2007, S. 15-19.

194 *Kessler*, Deutschland als Holdingstandort, in: Herzig/Günkel/Niemann, Steuerberater-Jahrbuch 2000/2001, 2000, S. 339, 340; *Jacobs*, Internationale Unternehmensbesteuerung, 2007, S. 917.

waltung irregeführt werden könnten.[195] Daher wirbt *Kessler* für eine »Entmystifizierung« des Begriffs »Holding«.

Eine neue Studie von *Desai*, *Foley* und *Hines* hat die Existenz von Holdinggesellschaften in Niedrigsteuerländern (*Tax Havens*) und den verbleibenden Staaten (*Non-Tax-Havens*)[196] für die Jahre 1982-1999 dargestellt.[197] Aktuellere Daten waren im Zeitpunkt der Veröffentlichung der Studie im Jahre 2006 nicht verfügbar. Das Ergebnis ist in Abbildung 7 dargestellt.

	Zahl der Tochtergesellschaften				*Zahl der Holdinggesellschaften*			
	1982	*1989*	*1994*	*1999*	*1982*	*1989*	*1994*	*1999*
Tax Havens	2.859	2.650	2.599	3.053	276	219	194	369
Non-Tax-Havens	15.819	16.018	18.299	19.867	446	586	689	1.156
»Big 7 Havens«	1.592	1.722	1.877	2.042	165	111	105	148

Abbildung 7: Zahl der Tochtergesellschaften von U.S. MNCs

Die »Big 7 Havens« beziehen sich auf eine Studie von *Hines* und *Rice*[198] die 1994 veröffentlicht wurde und Hongkong, Irland, Panama, Singapur, die Schweiz, Liberia und den Libanon einbezog.

Aus der obigen Tabelle können ein paar Aussagen abgeleitet werden. Erstens steigt sowohl in den *Tax Havens* als auch in den *Non-Tax-Havens* die Zahl der Holdinggesellschaften. Zweitens, die Steigerung war größer in den *Non-Tax-Havens* und drittens, die prozentuale Steigerung der Holdinggesellschaften war höher als die der sonstigen Konzerngesellschaften.

Hinsichtlich der Existenz von Holdinggesellschaften in Europa, ergeben sich aus der Analyse der Daten des *Bureau of Economic Analysis* (BEA) einige interessante Erkenntnisse. Die Abbildung 8 zeigt die Direktinvestitionen U.S.-amerikanischer Muttergesellschaften in ihren europäischen Tochter-Holdinggesellschaften. Dabei wurde nur der Zahlungsverkehr zwischen den beiden Körperschaften berücksichtigt, so dass nicht auszuschließen ist, dass darin indirekte Ansprüche anderer Konzerngesellschaften eingerechnet wurden, was das Ergebnis ein wenig verzerren

195 *Kessler*, Deutschland als Holdingstandort, in: Herzig/Günkel/Niemann, Steuerberater-Jahrbuch 2000/2001, 2000, S. 339, 341.

196 Dazu zählen nicht nur die sog. Hochsteuerländer, sondern auch die Staaten, die ein durchschnittliches Steuerniveau aufweisen.

197 *Desai/Foley/Hines*, The demand for tax haven operations, Journal of Public Economics 2006, Vol. 90, 513, 517.

198 *Hines/Rice*, Fiscal Paradise: Foreign Tax Havens and American Business (1990), Anhang, Tabelle 2.

könnte. Dennoch lassen sich ein paar Aussagen anhand von Abbildung 8 treffen:

- Die vier führenden Holdingstandorte Niederlande, Vereinigtes Königreich, Luxemburg und die Schweiz haben ihre Position behauptet und die Rangfolge von 2003 bis 2006 beibehalten.
- Die Zahlungen sind eher volatil, was der Einbruch (insbesondere in den Niederlanden) im Jahre 2005 zeigt.
- Trotz des speziellen Holdingregimes in Spanien (EVTE) konnte Deutschland an Spanien vorbei auf den fünften Platz vorstoßen.
- Die Zahlungen zwischen irischen und dänischen Holdinggesellschaften an die jeweilige Muttergesellschaft sind nicht so hoch, wie man nach der Lektüre internationaler Steuerartikel in den letzten Jahren erwartet hätte.
- Die Zahlungen an österreichische Holdinggesellschaften erhöhten sich um das Vierfache zwischen 2003 und 2005 und um das 16-fache zwischen 2003 und 2006. Dies lässt Rückschlüsse zu, dass U.S.-amerikanische Investoren das im Jahre 2005 reformierte österreichische Steuersystem in ihre Planungen verstärkt einbeziehen.

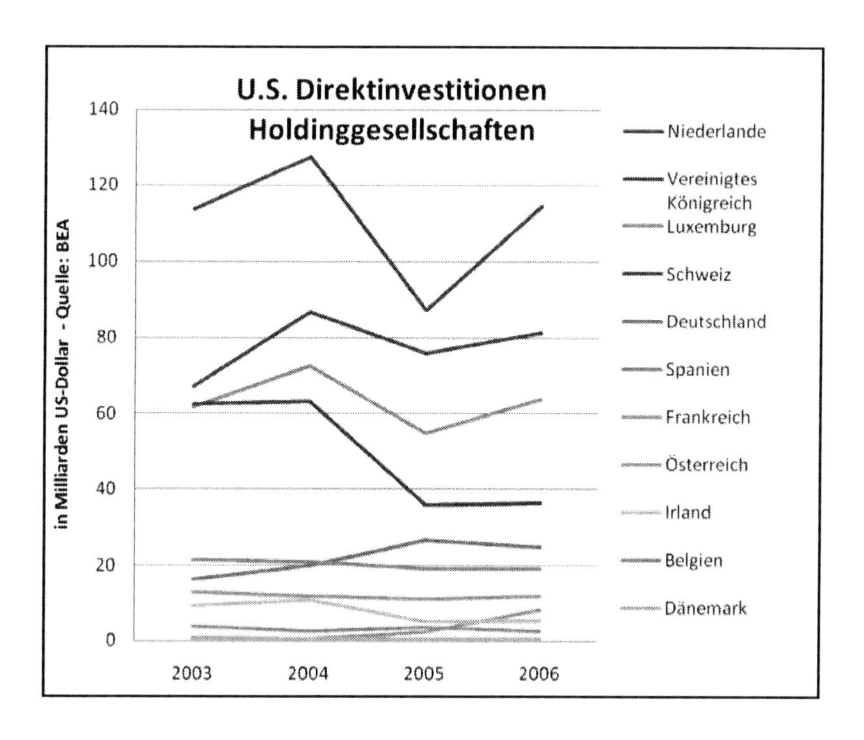

Abbildung 8: U.S. Direktinvestitionen in Holdinggesellschaften

A. *Charakteristika*

Eine Holdinggesellschaft ist ein Unternehmen, dessen Hauptzweck im langfristigen Halten von einer oder mehrerer rechtlich unabhängiger Einheiten besteht.[199] Eine Legaldefinition gibt es hierfür nicht. Es ist eine praktische Organisationform und keine Rechtsfigur.[200] Jedoch spielen Holdinggesellschaften in der steuerrechtlichen Realität eine übergeordnete Rolle. Viele Steuerrechtsordnungen akzeptieren nicht nur Holdinggesellschaften, sondern schaffen Anreize dafür, dass Holdinggesellschaften ihrer Rolle als Organisationsform zur Vermeidung von Doppelbesteuerungen gerecht werden können.

Nach *Keller* gilt es folgende Hauptcharakteristika von Holdinggesellschaften zu unterscheiden:[201]

Rechtsfähigkeit und Rechtsgegenständlichkeit: Die rechtliche Unabhängigkeit von Holdinggesellschaften dient dazu, Verträge mit Tochter- oder anderen Konzerngesellschaften abschließen zu können, um effektiv Rechte und Pflichten als Anteilseigner wahrnehmen zu können.

Zentralität: Um die Effizienz der Konzernorganisation zu erhöhen, ist die Holdinggesellschaft verantwortlich für zentrale Aufgaben wie die Finanzierung und das Management von Anteilsrechten (z.B. Beteiligungscontrolling). Dadurch können Konzernentscheidungen einheitlich ausgeübt werden (*multiplier effect*).

Neutralität: Reine Holdinggesellschaften führen keine operativen Aktivitäten aus und verfolgen daher keinerlei Geschäftsinteressen. Dies kann zu einer Verbesserung des Entscheidungsfindungsprozesses führen.

Stabilität: Die Bündelung aller Konzernbeteiligungen in einer Holdinggesellschaft führt zu einer höheren Stabilität aufgrund der dauerhaften finanziellen Verflechtung mit den Beteiligungen. Daraus resultiert, dass Änderungen in der Struktur der Anteilseigner allein Auswirkungen auf die

199 *Bardet/Beetschen/Charvériat u.a.*, Les holdings, 2007, S. 13, 14; *Keller*, Unternehmensführung mit Holdingkonzepten, 1993, S. 32; *Kessler*, Die Euro-Holding, 1996, S. 10; *Jacobs*, Internationale Unternehmensbesteuerung, 2007, S. 917; *Endres/Dorfmüller*, Holdingstrukturen in Europa, Praxis Internationale Steuerberatung 2001, 94; *Lutter*, Begriff und Erscheinungsformen der Holding, in: Lutter, Holding Handbuch, 2004, S. 1, 9 (Rn. 11); *Müller*, Die GmbH & Co. KG als Europa-Holding, 2004, S. 25; *Autzen*, Die ausländische Holding-Personengesellschaft, 2006, S. 8; *Dreßler*, Gewinn- und Vermögensverlagerungen in Niedrigsteuerländer und ihre steuerliche Überprüfung, 2007, S. 548-554; *Bader*, Steuergestaltung mit Holdinggesellschaften, 2007, S. 11-12.

200 *Lutter*, Begriff und Erscheinungsformen der Holding, in: Lutter, Holding Handbuch, 2004, S. 1, 2, 9 (Rn. 11); *Endres/Dorfmüller*, Holdingstrukturen in Europa, Praxis Internationale Steuerberatung 2001, S. 94.

201 Vgl. *Keller*, Die Führung der Holding, in: Lutter, Holding Handbuch, 2004, S. 121, 124 (Rn. 4ff.).

Holdinggesellschaft und nicht auf die operativen Konzerngesellschaften haben.

Flexibilität und Elastizität: Im Großen und Ganzen schaffen Holdinggesellschaften mehr strategische, strukturelle und prozessuale Flexibilität. Während die operativen Gesellschaften sich auf das Tagesgeschäft konzentrieren können, kümmern sich Holdinggesellschaften um den Gesamtrahmen. Das Konzernmanagement in der Hand der Holdinggesellschaft stellt sicher, dass der Konzern schneller auf Veränderungen reagieren kann.

Ferner besitzt die Holdinggesellschaft eine hohe Standortelastizität, weil deren Geschäftsausstattungen relativ mühelos transferiert werden können. Dadurch können Holdinggesellschaften schnell auf Änderungen in den rechtlichen oder politischen Rahmenbedingungen in den jeweiligen Holdingstandorten reagieren und gegebenenfalls in ein anderes Land umziehen.[202]

Dezentralität der Holdingstruktur: Letztlich führt der Einsatz einer Holdinggesellschaft auch zu einer dezentralisierten Struktur.[203]

B. Rechtsformwahl bei Holdinggesellschaften

Eine Holding kann zwischen verschiedenen »Rechtskleidern« wählen. Sie kann sowohl als Kapital- oder Personengesellschaft oder Stiftung geführt werden als auch eine Betriebsstätte oder natürliche Person sein.[204] Die Wahl der geeigneten Rechtsform hängt vor allem von den Funktionen ab, die die Holding innehaben soll. Ferner spielen Kriterien wie die Kapital- und Führungsstruktur, Stabilität und Flexibilität,[205] die Haftung,[206] die Rechnungslegung und das Steuerrecht sowohl auf der Ebene der Gesell-

202 *Kessler*, Holdinggesellschaften und Kooperationen in Europa, in: Schaumburg, Steuerrecht und steuerorientierte Gestaltungen im Konzern, 1998, S. 177, 182.

203 *Endres/Schreiber/Dorfmüller*, Holding companies are key international tax planning tool, International Tax Review 2006, December/January, 46,

204 *Lutter*, Begriff und Erscheinungsformen der Holding, in: Lutter, Holding Handbuch, 2004, S. 1, 3 (Rn. 2); *Schaumburg*, Gestaltungsziele, in: Schaumburg/Piltz, 2002, S. 1, 18 ff.; *Haarmann*, Holding und Außensteuerrecht, Wirtschaftsprüfung 2003, S 67, S 75; *Weimar/Grote*, Rechtsfragen zur GbR als Holding, Informationen über Steuern und Wirtschaft (INF) 2003, 233, 233, 234 ff.

205 *Keller*, Die Führung der Holding, in: Lutter, Holding Handbuch, 2004, S. 121, 124 ff.

206 Im Detail, *Lutter/Trölitzsch*, Haftungsfragen in der Holding, in: Lutter, Holding Handbuch, 2004, S. 267ff.; *Merks*, Categorizing Corporate Cross-Border Tax Planning Techniques, Tax Notes International 2006, Vol. 44, 55, 58.

schaft als auch auf der Ebene der Anteilseigner eine wichtige Rolle.[207] Nicht zu unterschätzen ist auch die gebotene Neutralität einer Holdinggesellschaft. Denn um ihre Geschäftsleitungsfunktion erfüllen zu können, bedarf das Management einer gewissen Unabhängigkeit, um ggf. unterschiedliche Interessen der Anteilseigner austarieren zu können.[208]

Als Entscheidungshilfe für die Wahl der richtigen Rechtsform bietet sich eine zweistufige Prüfung an.[209] Zunächst wird die richtige Rechtsform isoliert aus nationaler Sicht ermittelt bevor ausländische Beteiligungen in die Betrachtung mit einbezogen werden. Anschließend werden alle unilateralen und bilateralen Maßnahmen zur Vermeidung der Doppelbesteuerung sowohl des Holdingstandortes als auch der Steuerrechtsordnungen der Tochtergesellschaften ermittelt und bewertet.[210]

a. Kapitalgesellschafts-Holding

Typischerweise werden internationale Holdingstrukturen von Kapitalgesellschaften dominiert.[211] Dafür kommen aus deutscher Sicht die Rechtsformen der AG, GmbH und KGaA[212] in Betracht. Der Hauptgrund für diese Präferenz ist, dass das Steuer- und Gesellschaftsrecht für Kapitalgesellschaften international betrachtet deutlich homogener ist als das von Personengesellschaften. Daher sind Kapitalgesellschaften aus Sicht eines internationalen Steuerplaners leichter zu handhaben.[213]

207 *Bardet/Beetschen/Charvériat u.a.*, Les holdings, 2007, S. 27-37; *Karayan/Swenson/Neff*, Strategic Corporate Tax Planning, 2002, S. 77ff.; *Schaumburg/Jesse*, Die nationale Holding aus steuerrechtlicher Sicht, in: Lutter, Holding Handbuch, 2004, S. 637, 647ff.; *Kraft*, Entstehung der Holding, in: Lutter, Holding Handbuch, 2004, S. 43, 48 (Rn. 6).

208 *Keller*, Unternehmensführung mit Holdingkonzepten, 1993, S. 152 ff.

209 Vgl. *Schaumburg/Jesse*, Die internationale Holding aus steuerrechtlicher Sicht, in: Lutter, Holding Handbuch, 2004, S. 847, 851 (Rn. 8).

210 *Schaumburg/Jesse*, Die internationale Holding aus steuerrechtlicher Sicht, in: Lutter, Holding Handbuch, 2004, S. 847, 851 (Rn. 8).

211 *Schaumburg/Jesse*, Die internationale Holding aus steuerrechtlicher Sicht, in: Lutter, Holding Handbuch, 2004, S. 847, 848 (Rn. 2). *Kraft*, Entstehung der Holding, in: Lutter, Holding Handbuch, 2004, S. 43, 60 (Rn. 33); *Scheffler*, Vor- und Nachteile der Holding, in: Lutter, Holding Handbuch, 2004, S. 30, 32 (Rn. 8); *Grotherr,* Besteuerungsfragen Teil 1, BB 1995, 1510.

212 Vgl. vor allem *Bauschatz,* Die Einpersonen-GmbH & Co. KGaA als Holdinggesellschaft, Deutsche Steuerzeitung 2007, 39, 40.

213 *Schaumburg/Jesse*, Die internationale Holding aus steuerrechtlicher Sicht, in: Lutter, Holding Handbuch, 2004, S. 847, 848 (Rn. 2); *Lang/Reich/Schmidt,* Personengesellschaften im Verhältnis Deutschland-Österreich-Schweiz, IStR 2007, 1.

b. Personengesellschafts-Holding

Der Hauptvorteil der Personengesellschafts-Holding ist ihre flexible, an nur wenige Restriktionen gebundene innere Ausgestaltung, wodurch schneller auf Änderungen in der Konzernstruktur reagiert werden kann.[214] Dies geht jedoch zu Lasten der Stabilität, da der Einfluss der Anteilseigner auf die Geschäftspolitik und Organisation deutlich höher ist als bei der Kapitalgesellschaft.[215] Aufgrund dieser Dispositivität der Ausgestaltung einer Personengesellschaft, obliegt es den gesellschaftsvertraglichen Regelungen hinreichend Stabilität zu gewährleisten.

Ein entscheidender Nachteil des Einsatzes von Personengesellschaften als Holding ist, dass sie viele doppelbesteuerungsvermeidenden Maßnahmen sowohl in DBA als auch im EG-Recht nicht nutzen können.[216] Darüber hinaus gelingt es einer Personengesellschafts-Holding nach deutschem Rechtsverständnis nicht, das steuerplanerische Instrument der Abschirmwirkung zu implementieren, da sie steuerlich transparent ist. Mit einem BMF-Schreiben möchte der deutsche Gesetzgeber für mehr Rechtssicherheit und Klarheit bei der Anwendung der Doppelbesteuerungsabkommen auf Personengesellschaften sorgen.[217]

Andererseits bieten die hybriden Eigenschaften von Personengesellschaften sehr interessante Ansätze für die internationale Steuerplanung.[218] Die Bandbreite der unterschiedlichen Einordnungsmöglichkeiten reicht von der Besteuerung als Körperschaft (Belgien,[219] Spanien, Portugal, Ungarn, Griechenland) über eine Wahlmöglichkeit (USA, Frankreich) bis hin

214 *Russo,* Partnerships and Other Hybrid Entities and the EC Corporate Direct Tax Directives, European Taxation 2006, 478; *Kahle,* Steuergestaltung bei international tätigen Personengesellschaften, Steuer und Wirtschaft 2005, 61.

215 Im Detail, *Autzen*, Die ausländische Holding-Personengesellschaft, 2006, S. 25 ff. und S. 96 ff.

216 Z.B. eine Reduzierung der Quellensteuer. Vgl. *Schaumburg/Jesse*, Die internationale Holding aus steuerrechtlicher Sicht, in: Lutter, Holding Handbuch, 2004, S. 847, 849 (Rn. 3). Ferner, *Wassermeyer,* Die Anwendung der Doppelbesteuerungsabkommen auf Personengesellschaften, IStR 2007, 413; *Haun/Reiser,* Anwendung der Doppelbesteuerungsabkommen auf Personengesellschaften, GmbH-Rundschau 2007, 915, 921.

217 Siehe auch die Analysen zum Entwurf des BMF-Schreibens in *Wassermeyer,* Die Anwendung der Doppelbesteuerungsabkommen auf Personengesellschaften, IStR 2007, 413-417; *Haun/Reiser,* Anwendung der Doppelbesteuerungsabkommen auf Personengesellschaften, GmbH-Rundschau 2007, 915-922; *Lang,* DBA und Personengesellschaften, IStR 2007, 606-609.

218 *Russo,* Partnerships and Other Hybrid Entities and the EC Corporate Direct Tax Directives, European Taxation 2006, 478; *Kahle,* Steuergestaltung bei international tätigen Personengesellschaften, Steuer und Wirtschaft 2005, 61.

219 Eine Option kleinerer Personengesellschaften zur Einkommensteuer ist seit dem VZ 1987 nicht mehr möglich. Vgl. *Hey/Bauersfeld,* Besteuerung der Personenhandelsgesellschaften, IStR 2005, 649, 650.

zu Steuerrechtsordnungen, die zwischen Körperschafts- und Einkommenssteuersphäre unterscheiden, dafür aber einen Ausgleichsmechanismus vorsehen (Luxemburg, Niederlande,[220] Dänemark, Schweden, Finnland, Deutschland) oder aber eine strikte Trennung vollziehen (Irland, Österreich, Schweiz, Vereinigtes Königreich, Italien).[221]

Für Zwecke der internationalen Steuergestaltung können auftretende Qualifikationskonflikte dazu genutzt werden, um die Steuerlast zu senken. Interessant sind beispielsweise »Double-Dip« Konstellationen, die Vermeidung von Quellensteuer oder Schachtelstrafen sowie Strukturen zur Erzielung sog. »weißer Einkünfte«[222]; wobei *Vogel* zu Recht die Sinnhaftigkeit dieses Terminus in Frage stellt.[223]

Diese Möglichkeiten sind ein wichtiger Grund dafür, warum in der deutschen Konzernsteuerpraxis Personengesellschafts-Holding (KG, GmbH & Co KG, OHG, GbR) eingesetzt werden, was insbesondere für U.S.-amerikanische Investoren im Rahmen der *Check-the-Box*-Planung von Vorteil sein kann.[224] Eine wichtige Voraussetzung dafür ist allerdings, dass die Personengesellschafts-Holding einer *originär gewerblichen Betätigung* (z.B.

220 Zwar wird neuerdings Personengesellschaften zivilrechtlich auf Antrag Rechtspersönlichkeit verliehen, doch gilt steuerlich weiterhin das Transparenzprinzip. Eine Durchbrechung erfolgt jedoch, wenn der Gesellschaftsvertrag vorsieht, dass die Gesellschafter der Personengesellschaft über ihre Gesellschaftsanteile ohne Zustimmung ihrer Mitgesellschafter verfügen können. Vgl. *Hey/Bauersfeld,* Besteuerung der Personenhandelsgesellschaften, IStR 2005, 649, 652; *Stevens/Lamers,* Classification conflicts : the cross-border tax treatment of the profit share of limited partners, European Taxation 2004, Vol. 44, 155-164.

221 *Hey/Bauersfeld,* Besteuerung der Personenhandelsgesellschaften, IStR 2005, 649-657; *Russo,* Partnerships and Other Hybrid Entities and the EC Corporate Direct Tax Directives, European Taxation 2006, 478; *Kahle,* Steuergestaltung bei international tätigen Personengesellschaften, Steuer und Wirtschaft 2005, 61, 63.

222 Über die verschiendenen Gestaltungsmöglichkeiten, *Russo,* Partnerships and Other Hybrid Entities and the EC Corporate Direct Tax Directives, European Taxation 2006, 478-486. Des Weiteren, *Kahle,* Steuergestaltung bei international tätigen Personengesellschaften, Steuer und Wirtschaft 2005, 61, 63-69. Aus deutscher Sicht, *Müller,* Double-Dip-Modelle bei deutschen Personengesellschaften, IStR 2005, 181-187; *Lang/Lüdicke/Riedweg,* Steueranrechnung und Betriebsstättendiskriminierungsverbot der DBA bei Dreieckssachverhalten, IStR 2006, 73-78. Aus U.S.-amerikanischer Sicht, *Sedemund,* Qualifikationskonflikte bei Ausschüttungen von in den USA ansässigen Kapitalgesellschaften, Recht der Internationalen Wirtschaft 2006, 533-540.

223 Vogel stellt die Sinnhaftigkeit dieses Begriffes in Frage. Vgl. *Vogel,* Neue Gesetzgebung zur DBA-Freistellung, IStR 2007, 225, 226 (Fn. 7) folgert, dass man dann konsequent einfach besteuerte Einkünfte als »schwarze Einkünfte« und doppelt besteuerte Einkünfte als »bunte Einkünfte« bezeichnen müsse.

224 *Bünning,* Use of Partnership and Other Hybrid Instruments in Cross-Border Transactions, Intertax 2003, Vol. 31, 401ff. Zur Nutzung einer GmbH & Co KG als Euro-Holding, *Kessler/Schmidt/Teufel,* GmbH & Co. KG als attraktive Rechtsformalternative für eine deutsche Euro-Holding, IStR 2001, 265; *Müller,* Die GmbH & Co. KG als Europa-Holding, 2004, S. 45. Siehe auch *Endres/Schreiber/Dorfmüller,*

Geschäftsleitung)[225] nachgeht, um damit als Organträger einer Organschaft zu fungieren. Damit einher geht jedoch stets das Risiko einer Doppelbesteuerung.

In letzter Zeit werden Personengesellschafts-Holdinggesellschaften häufig von U.S.-amerikanischen Venture Capital und U.S.-amerikanischen Private Equity Investoren verwendet.[226] Dafür steht auch die dieser Investorengruppe vertrauten Rechtsform der *Limited Liability Company* (LLC) zur Verfügung, was jedoch sehr stark von der Ausgestaltung der *Bylaws* abhängt. Je mehr Haftung, Risiko und Initiative die Gesellschafter innehaben (§ 15 EStG), desto eher wird die deutsche Finanzverwaltung sie als Personengesellschafts-Holding anerkennen.[227]

Holding companies are key international tax planning tool, International Tax Review 2006, December/January, 46, 49. Ähnliche Vorteile weist die Gesellschaft bürgerlichen Rechts auf. Vgl. hierzu *Weimar/Grote,* Rechtsfragen zur GbR als Holding, Informationen über Steuern und Wirtschaft (INF) 2003, 233, 236; *Ismer/Kost,* Sondervergütungen unter dem DBA-USA, IStR 2007, 120-124.

225 Zur geschäftsleitenden Holding, *Kessler*, Typologie der Betriebsaufspaltung, 1989, S. 132 ff. Der BFH hat verschiedene Ansätze entwickelt, um eine geschäftsleitende Holding zu identifizieren (u.a. BFH v. 17. Dezember 1969, I-252/64, BStBl. II 1970, S. 257; BFH v. 15. April 1970, I-R-122/66, BStBl. II 1970, S. 554; BFH v. 31. Januar 1973, I-R-166/71, BStBl. II 1973, S. 420). Im Rahmen der Organschaft erkennt die Finanzverwaltung eine gewerbliche Tätigkeit der Obergesellschaft an, wenn diese eine einheitliche Leitung von mindestens zwei Unternehmen im Konzern ausübt (BGH v. 16.9.1985, II-Z-R, II-Z-R 275/84, BGHZ 95, 330; BGH v. 20.2.1989, II-Z-B 10/88, BGHZ 107, 1). Ein bloßes Halten und Verwalten reicht nicht. Vielmehr ist eine aktive Leitung erforderlich.

226 *Autzen*, Die ausländische Holding-Personengesellschaft, 2006, S. 11 ff.

227 Siehe das BMF-Schreiben zur LLC in v. 19. März 2004, Limited Liability Company: Körperschaft oder Personengesellschaft, IV B 4 – S 1301 USA – 22/04, DB 2004, 902 ; *Herrmann,* Die Einordnung ausländischer Gesellschaften im Ertragssteuerrecht am Beispiel der US-amerikanischen Limited Liability Company, Recht der Internationalen Wirtschaft 2004, 445-451; *Hey*, Stellung der US (Delaware) Limited Liability Company im internationalen Steuerecht, in: Burmester/Endres, Festschrift für Helmut Debatin, 1997, S. 121, 151; *Sinewe,* Recognition of US. Corporations in Germany, Tax Notes International 2005, Vol. 37, 313-15; *Kahle,* Steuergestaltung bei international tätigen Personengesellschaften, Steuer und Wirtschaft 2005, 61, 64; *Schnittker,* Steuersubjektqualifikation ausländischer hybrider Rechtsgebilde, Steuer und Wirtschaft 2004, 39, 42-45. *Jörißen,* Die US-amerikanische Limited Liability Company (LLC) und ihre steuerrechtliche Einordnung für die Zwecke der deutschen Besteuerung, Internationale Wirtschaftsbriefe 2004, Fach 3, Gruppe 2, 1109-1118; *Henke/Lang,* Qualifizierung ausländischer Rechtsgebilde am Beispiel der Delaware LLC, IStR 2001, 514-520; *Djanani/Brähler/Hartmann,* Die Finanzverwaltung und die autonome Abkommensauslegung, IStR 2004, 481-485. Über U.S.-amerikanische Rechtsformen aus deutscher Sicht, *Heidmeier,* Die Gesellschaftsformen des US-amerikanischen Rechts, Internationale Wirtschaftsbriefe 2003, Fach 8, Gruppe 3, 341-358; *Zschiegner,* Das Einkommensteuerrecht der USA (IV), Internationale Wirtschaftsbriefe 2003, Gruppe 2, 1225, 1238.

Problematisch ist, dass es nur wenige internationale Regelungen gibt, die die Besteuerung von Personengesellschaften vereinheitlichen und ihr weitgehende Abkommensberechtigung zugestehen. Eine der wenigen ist das neue U.S.-Musterabkommen 2006[228] und das DBA Deutschland-USA 2006.[229] Die Abkommensberechtigung lässt sich aus deutscher Sicht mit dem Einsatz einer GmbH & atypisch Still als Personengesellschafts-Holding erlangen. Die OECD versucht Doppelbesteuerungskonflikte mit dem sog. »*Partnership Report*«[230] zu lösen, der zu Veränderungen des OECD-Musterabkommens und des OECD-Musterkommentars geführt hat.[231]

c. *Betriebsstätten-Holding*

Das Konzept der Betriebsstätte ist der wichtigste Anknüpfungspunkt für eine unternehmerische Steuerpflicht. Erfunden wurde es in Preußen in der zweiten Hälfte des 19. Jahrhunderts, wobei es zunächst keinen steuerlichen Bezug hatte. Vielmehr wurde es zur Ermittlung der Größe und des Umfanges einer Unternehmung herangezogen.[232] Die Transformation zu einem steuerrechtlichen Begriff erfolgte im preußischen Gewerbesteuerrecht, wo er dazu diente, eine Doppelbesteuerung zwischen preußischen Gemeinden zu vermeiden.[233] Später trat das Konzept seinen Siegeszug in Steuerrechtsordnungen auf der ganzen Welt an. Diese gemeinsame globale Basis ermöglicht es auch, eine (reine) Betriebsstätte unter bestimmten Voraussetzungen als Holding fungieren zu lassen.[234] Gelingt dies, eröffnen sich für die Steuerplanung weitreichende Gestaltungschancen. Im Rahmen von Doppelbesteuerungsabkommen ermöglicht es die Umformung von Dividendeneinkünften (Art. 10 OECD-MA) in Unternehmensgewinne (Art. 7 OECD-MA), was als sog. *Rule Shopping* bezeichnet wird.[235] Ein

228 Art. 1 Abs. 6 und 3 Abs. 1 lit. c U.S. Model Convention 2006. Vgl. ferner, *Kessler/Eicke,* Hinter dem Horizont – Das neue US-Musterabkommen und die Zukunft der US-Steuerpolitik, IStR 2007, 159-162.

229 Art. 1 Abs. 7 DBA USA 2006.

230 OECD, The Application of the OECD Model Tax Convention to Partnerships, 1999.

231 *Russo,* The OECD Approach to Partnerships – Some Critical Remarks, European Taxation 2003, Vol. 43, 123-128; *Schmidt,* Personengesellschaften im internationalen Steuerrecht, IStR 2001, 489, 496.

232 *Skkar,* Permanent Establishment, 1991, S. 72.

233 *Skkar,* Permanent Establishment, 1991, S. 72-73.

234 *Kessler/Schmidt/Teufel,* GmbH & Co. KG als attraktive Rechtsformalternative für eine deutsche Euro-Holding, IStR 2001, 265, 270.

235 *Kessler,* Die Euro-Holding, 1996,S. 99; *Lang,* Betriebsstättenvorbehalt und Ansässigkeitsstaat, in: Kirchhof/Schmidt/Schön/Vogel, Festschrift für Arndt Raupach, 2006, S. 601ff.; BFH v. 30. August 1995, I R 112/94, IStR 1996, 81; BFH v. 29.11.2000, I R 84/99, IStR 2001, 185; BFH v. 17. Dezember 2003, I R 47/02, IStR 2004, 692; BFH v. 7. August 2002 – I R 10/01, IStR 2002, 775; *Wassermeyer,* Die

großer Vorteil besteht darin, dass i.d.R. keine Quellensteuer erhoben wird. Außerdem können die Gewinne der von der Betriebsstätte gehaltenen Beteiligungen vom Stammhaus abgeschirmt werden, wenn das entsprechende Doppelbesteuerungsabkommen für Betriebsstättengewinne die Freistellungsmethode vorsieht. Daher ist es entscheidend für eine Betriebsstätten-Holdingstruktur, dass uni- oder bilateral die Freistellungsmethode für Betriebsstättengewinne angewendet werden kann.[236] In einem solchen Fall kann die Betriebsstätten-Holding als Vehikel eingesetzt werden, um zusätzliche Steuerbelastungen aufgrund grenzüberschreitender Unternehmungen zu vermeiden. Ein weiterer Vorteil einer Betriebsstätten-Holding ist, dass sie nicht in den Anwendungsbereich der seit dem VZ 2007 verschärften Anti-Treaty-Shopping Regelung des § 50d Abs. 3 EStG fällt.[237]

Das Problem ist jedoch, die Voraussetzungen für eine solche Struktur zu erfüllen und so die Rechtsfolgenkonkurrenz zwischen Dividenden und Betriebsstättengewinnen im jeweiligen Einzelfall steuerschonend zu lösen.[238] Dafür reichen das bloße Halten und die bloße Vermögensverwaltung nach ständiger deutscher Rechtsprechung nicht aus.[239] Nach der Rechtsprechung des BFH genügen auch die Koordination des Arbeitsprozesses und die Nutzung von Synergieeffekten genauso wenig wie die Ausführung von PR-Maßnahmen.[240]

Erzielung von Drittstaateneinkünften über eine schweizerische Personengesellschaft, IStR 2007, 211, 212; *Blumers,* Zur möglichen Holdingfunktion einer ausländischen Tochter-Personengesellschaft, DB 2007, 312-314; *Kinzl,* Zuordnung von Kapitalgesellschaftsbeteiligungen zu ausländischen Betriebsstätten und Grundfreiheiten, IStR 2005, 693, 694, 695; *Strunk/Kaminski,* Aktuelle Entwicklungen bei der Besteuerung von ausländischen Betriebsstätten, IStR 2003, 181, 185 f.; *Kleineidam,* Die abkommensrechtliche Behandlung von Erträgen aus Beteiligungen im ausländischen Betriebsstättenvermögen, IStR 2004, 1ff.

236 Z.B. § 8b Abs. 1 KStG, der Betriebsstätten-Holdings erfasst.

237 Siehe unten Kapitel 8(VIII.)(B.).

238 Weitere Details in, *Kessler/Huck,* Der (zwangsweise) Weg in den Betriebsstättenkonzern am Beispiel der Hinausverschmelzung von Holdinggesellschaften, IStR 2006, 433, 437-440.

239 *Kessler/Huck,* Der (zwangsweise) Weg in den Betriebsstättenkonzern am Beispiel der Hinausverschmelzung von Holdinggesellschaften, IStR 2006, 433, 436, 437, 441.

240 Vgl. BFH v. 17. Dezember 2003, I R 47/02, BFH/NV 2004, 771. Ferner, BFH v. 30. August 1995, I R 112/94, IStR 1996, 81; BFH v. 29. November 2000, I R 84/99, IStR 2001, 185. Eine Analyse befindet sich in *Kinzl,* Zuordnung von Kapitalgesellschaftsbeteiligungen zu ausländischen Betriebsstätten und Grundfreiheiten, IStR 2005, 693, 694, 695. Kritisch, Müller, IStR 2005, 181, 437. Diese Ansicht führt zu einer doppelten Verletzung des Gemeinschaftsrechts. Erstens, eine Diskriminierung der Betriebsstätte im Vergleich zu einer Tochtergesellschaft, und zweitens, zu einer Beschränkung der Grundfreiheiten. Es darf bezweifelt werden, ob dies mit der Erosion des Steuersubstrats gerechtfertigt werden kann. Vgl. *Kinzl,* Zuordnung von Kapitalgesellschaftsbeteiligungen zu ausländischen Betriebsstätten und Grundfreiheiten, IStR 2005, 693, 695-699.

Vielmehr muss eine Holdingfunktion i. S. eines funktionalen Zusammenhanges zwischen den Betriebsstättenaktivitäten und den Beteiligungen bestehen (z.B. Controlling- oder Marketingaktivitäten für die Beteiligungen oder die Aufteilung Herstellung und Vertrieb eines Produktes).[241] Dabei kommt es auf die tatsächliche Zuordnung der Funktion und die Risikoverteilung an.[242] Dies gilt nicht nur unilateral, sondern auch bilateral (Art. 10 Abs. 4 OECD-MA und Art. 11 Abs. 4 OECD-MA). Einen Anhaltspunkt dafür, welche Funktionen dafür in Frage kommen, liefert das BMF-Anwendungsschreiben zu § 50d Abs. 3 EStG.[243] Dass die Zuordnung eines Wirtschaftsgutes und dessen Funktion zu der Betriebsstätte im Einzelfall kein leichtes Unterfangen ist, hat *Wassermeyer* sehr anschaulich am Beispiel der Zuordnung von Lizenzeinnahmen aus einem Drittstaat zugunsten einer schweizerischen Geschäftsleitungsbetriebsstätte gezeigt.[244]

Weitere Fallstricke sind die »*Switch-Over*-Klausel« des § 20 Abs. 2 AStG[245] sowie die in vielen DBAs vereinbarten Aktivitätsklauseln[246] (z.B. Art. 24 Abs. 1 Nr. 1 lit. a DBA-Schweiz). Letztere war von großer Bedeutung im BFH-Urteil vom 7. August 2002, in dem der BFH zwar die Betriebsstättenzugehörigkeit einer Beteiligung an einer schweizerischen AG anerkannte, aber die Einkünfte als passive, dem Aktivitätsvorbehalt nicht

241 Vgl. FG Münster, 2.6.2006, IStR 2006, 711. Dazu *Blumers,* Zur möglichen Holdingfunktion einer ausländischen Tochter-Personengesellschaft, DB 2007, 312-314. Ferner, *Kessler/Huck,* Der (zwangsweise) Weg in den Betriebsstättenkonzern am Beispiel der Hinausverschmelzung von Holdinggesellschaften, IStR 2006, 433, 438; *Kessler/Schmidt/Teufel,* GmbH & Co. KG als attraktive Rechtsformalternative für eine deutsche Euro-Holding, IStR 2001, 265, 270-272. Ferner, *Wheeler,* The attribution of income to a person for tax treaty purposes, IBFD Bulletin for International Taxation 2005, Vol. 59, 477-488; *Wheeler*, Conflicts in the attribution of income to a person – General Report, in: International Fiscal Association, Cahiers de Droit Fiscal International, 2007, S. 17-58.

242 Vgl. *Blumers,* Zur möglichen Holdingfunktion einer ausländischen Tochter-Personengesellschaft, DB 2007, 312, 313. Ferner, *Görl,* Art. 5, in: Vogel/Lehner, DBA, 2003, Rz. 25 ff.

243 Anwendung des § 50d Abs. 3 EStG i.d.F. des JStG 2007, BMF v. 3. April 2007, IV B 1 – S 2411/07/0002, DStR 2007, 719.

244 *Wassermeyer,* Die Erzielung von Drittstaateneinkünften über eine schweizerische Personengesellschaft, IStR 2007, 211, 212.

245 Hierzu ausführlich, *Wassermeyer*, Kapitel 9: Einzelfragen, in: Wassermeyer/Andresen/Ditz, Betriebsstätten-Handbuch, 2006, S. 389, 405-417.

246 Knapp 80% der von Deutschland abgeschlossenen DBA enthalten eine solche Aktivitätsklausel. Vgl. *Wassermeyer*, Kapitel 9: Einzelfragen, in: Wassermeyer/Andresen/Ditz, Betriebsstätten-Handbuch, 2006, 389, 404.

genügende, Einkünfte ansah.[247] Letztlich stimmen aber sowohl *Wassermeyer* als auch der BFH darüber überein, dass dem Betriebsstättenvorbehalt nur die Wirtschaftsgüter, d.h. in diesem Falle Beteiligungen unterliegen, die von der Betriebsstätte genutzt werden und zu ihrem Ergebnis beigetragen haben.[248]

Eine damit korrespondierende Problematik ist die vor allem von der deutschen Finanzverwaltung vertretene Auffassung der »Zentralfunktion des Stammhauses«,[249] welche sich allerdings im Lichte des *Separate Entity Approach* in den OECD Betriebsstättengrundsätze[250] und im Lichte der EG-Fusionsrichtlinie[251] in dieser Form nicht aufrecht erhalten lässt.[252] Insbesondere ist zu bedenken, dass sich die »Zentralfunktion des Stammhauses« als Hemmschuh für Umwandlungen in eine SE erweist, da eine solche Umstrukturierung in Zukunft zwangsläufig zu mehr Betriebsstätten-Holdinggesellschaften führen wird.

247 BFH v. 7. August 2002 – I R 10/01, IStR 2002, 775. Siehe vor allem, Lang, in FS Raupach, 2006, S. 601 ff. und *Kinzl,* Zuordnung von Kapitalgesellschaftsbeteiligungen zu ausländischen Betriebsstätten und Grundfreiheiten, IStR 2005, 693, 695. Ferner, *Strunk/Kaminski,* Aktuelle Entwicklungen bei der Besteuerung von ausländischen Betriebsstätten, IStR 2003, 181, 185 f.; *Kleineidam,* Die abkommensrechtliche Behandlung von Erträgen aus Beteiligungen im ausländischen Betriebsstättenvermögen, IStR 2004, 1ff.

248 So auch *Kinzl,* Zuordnung von Kapitalgesellschaftsbeteiligungen zu ausländischen Betriebsstätten und Grundfreiheiten, IStR 2005, 693, 695.

249 Betriebsstätten-Verwaltungsgrundsätze, Tz. 4.4.3. Ferner, *Kessler/Jehl,* Kritische Analyse der Zentralfunktion des Stammhauses, Internationale Wirtschaftsbriefe 2007, Gruppe 2, Fach 10, 1977, 1979, 1980; *Strunk/Bös,* German Tax Authority's View of PE Taxation, Tax Notes International 2003, Vol. 32, 351, 352; *Blumers,* Zur möglichen Holdingfunktion einer ausländischen Tochter-Personengesellschaft, DB 2007, 312, 313.

250 *OECD*, Report on the Attribution of Profits to Permanent Establishments, 2006, S. 12; *Schön,* Attribution of Profits to PEs and the OECD 2006 Report, Tax Notes International 2007, Vol. 46, 1059, 1060; *OECD*, Discussion Draft of the Report on the Attribution of Profits to Permanent Establishments, 2005, Part IV, n. 242; *Bierlaagh,* Permanent establishments, the separate enterprise fiction, Intertax 1992, 156-160; *Förster,* Der OECD-Bericht zur Ermittlung des Betriebsstätten-Gewinns (Teil I), Internationale Wirtschaftsbriefe 2007, Gruppe 2, Fach 10, 1929, 1930-1938.

251 *Kessler/Huck,* Der (zwangsweise) Weg in den Betriebsstättenkonzern am Beispiel der Hinausverschmelzung von Holdinggesellschaften, IStR 2006, 433; *Blumers,* Zur möglichen Holdingfunktion einer ausländischen Tochter-Personengesellschaft, DB 2007, 312, 314.

252 *Kessler/Jehl,* Kritische Analyse der Zentralfunktion des Stammhauses, Internationale Wirtschaftsbriefe 2007, Gruppe 2, Fach 10, 1977, 1983-1987.

So ist auch nur konsequent, dass Art. 4 des DBA Deutschland-USA 2006 dem OECD-Ansatz folgt und gerade nicht das Konzept der »Zentralfunktion des Stammhauses« anwendet.[253]

Trotz der einer solchen Struktur zugrunde liegenden erhöhten Komplexität, werden Betriebsstätten-Holdinggesellschaften in Zukunft im Rahmen der Gründung von Europäischen Aktiengesellschaften vermehrt eingesetzt werden.[254]

Bei der Implementierung von Betriebsstätten-Holdinggesellschaften gilt es mehrere Klippen zu beachten. Dazu gehören vor allem die *Switch-Over*-Klausel des § 20 Abs. 2 AStG[255] und die aktuelle EuGH Rechtsprechung in der Rechtssache Columbus Container[256] sowie die Frage, inwieweit Verluste zwischen Stammhaus und Betriebsstätte grenzüberschreitend konsolidiert werden. Zu letzterem ist insbesondere die EuGH Rechtsprechung in den Rechtssachen *Lidl Belgium* [257] und *SEW* [258] zu beachten.

d. *Europäische Aktiengesellschaft (SE)-Holding*

Eine spezielle Ausprägung einer Kapitalgesellschaft ist die europäische Aktiengesellschaft (SE). Sie eignet sich ebenfalls als Holdinggesellschaft. Ausweislich der SE-Statuten wird sie steuerlich so behandelt wie eine inländische Aktiengesellschaft.[259] Für U.S.-amerikanische Steuerzwecke wird sie zwingend als Kapitalgesellschaft eingestuft und hat damit kein Wahlrecht i.S.d. *Check-the-Box* Regimes.[260]

253 *Portner,* The U.S. Model Treaty From a German Perspective, Tax Notes International 2007, Vol. 47, 359, 360; *Suchanek/Herbst,* Auslegungsfragen zum DBA-USA: Die Zuordnung von Beteiligungen zum Betriebsstättenvermögen, IStR 2007, 620-627.

254 *Kessler/Huck,* Der (zwangsweise) Weg in den Betriebsstättenkonzern am Beispiel der Hinausverschmelzung von Holdinggesellschaften, IStR 2006, 433.

255 Siehe unten Kapitel 8 (VII.)

256 *Schnitger,* German CFC legislation pending before the European Court of Justice, EC Tax Review 2006, Vol. 15, Issue 3, 151, 155; *Wassermeyer,* Columbus Container, Schlussantrag, Anmerkung I, IStR 2007, 299; *Franck,* § 20 Abs. 2 AStG auf dem Prüfstand der Grundfreiheiten, IStR 2007, 489-497; *Rainer,* Columbus Container, Schlussantrag, Anmerkung II, IStR 2007, 299.

257 Siehe unten Kapitel 7 (III.)(D.).

258 Siehe unten Kapitel 7 (III.)(D.).

259 Im Detail, *Soler Roch,* Tax residence of the SE, European Taxation 2004, Vol. 44, 11-15; *Binder/Jünemann/Merz u.a.*, Die Europäische Aktiengesellschaft (SE), 2007, S. 308-313; *Erkis*, Die Besteuerung der Europäischen (Aktien-) Gesellschaft, 2006, S. 285-334; *Schäfer-Elmayer*, Besteuerung einer in Deutschland ansässigen Holding in der Rechtsform SE, 2007, S. 296-301.

260 Vgl. *Ehlermann/Kowallik/Luthra u.a.,* Advantages and Pitfalls of the Societas Europaea in Germany and Beyond, Tax Notes International 2006, Vol. 41, 357, 362.

Der größte Vorteil einer SE-Holdinggesellschaft ist, dass ihr rechtlicher Status in allen EU-Mitgliedsstaaten anerkannt wird und sie damit zentral ihre Geschäftsaktivitäten im EU-Ausland meist in Form von Betriebsstätten steuern kann. Eine Sitzverlagerung ist viel einfacher als mit einer AG oder GmbH und beinhaltet keine Aufdeckung stiller Reserven oder sonstige steuerrechtlichen Nachteilen.[261] Daher kann sie regelmäßig zwischen den für die Holdinggesellschaft attraktivsten europäischen Steuerrechtsordnungen wählen.[262]

Als erstes deutsches DAX-Unternehmen hat die Allianz sich für eine Umwandlung in eine SE entschieden, um damit ihre Auslandstöchter leichter steuern zu können.[263] Der Allianz folgte u.a. auch die Porsche AG, deren Hauptmotivation für die Umwandlung neben einer Verkleinerung des Aufsichtsrates und der Vereinfachung grenzüberschreitender Fusionen in der Bündelung des Beteiligungsbesitzes in der Porsche SE Holding bestand.[264] Es ist davon auszugehen, dass sich diese Rechtsform in der Ausprägung als Holdinggesellschaft immer größerer Beliebtheit erfreuen wird.[265]

In Abbildung 9 werden zusammenfassend nochmals die verschiedenen Rechtsformen anhand der vier besprochenen Kriterien dargestellt.

261 *Gutmann,* The Transfer of the Registered Office of a European Company, Intertax 2006, Vol. 34, 255, 255; *Russo/Offermanns,* The 2005 Amendments to the EC Merger Directive, European Taxation 2006, Vol. 46, 250, 252.

262 *Binder/Jünemann/Merz u.a.*, Die Europäische Aktiengesellschaft (SE), 2007, S. 308-313; *Ehlermann/Kowallik/Luthra u.a.*, Advantages and Pitfalls of the Societas Europaea in Germany and Beyond, Tax Notes International 2006, Vol. 41, 357, 360; *Miller,* Taxpayers should take notice of new EU company structure, International Tax Review 2006, December/January, 84; *Scheffler*, Vor- und Nachteile der Holding, in: Lutter, Holding Handbuch, 2004, S. 30; *Thömmes,* The European Company – Will it Succeed or Will it Fail?, Intertax 2003, Vol. 31, 388, 389; *Marsch-Barner*, Die Holding-SE, in: Lutter, Holding Handbuch, 2004, S. 933, 936 (Rn. 5ff.). Zur Gründung einer SE-Holding in Deutschland siehe *Kessler/Huck,* Steuerliche Aspekte der Gründung und Sitzverlegung der Europäischen Aktiengesellschaft, Der Konzern 2006, 352, 358ff.; *Cerioni,* The Introduction of Comprehensive Approaches to Business Taxation – Part 2, European Taxation 2006, 13, 28, 14; *Schumacher*, Die Europäische Aktiengesellschaft – Perspektiven der grenzüberschreitenden Umstrukturierung, in: Oestreicher, Internationale Steuerplanung, 2005, S. 257, 259.

263 Einem Pressebericht zufolge soll dies der Allianz im Jahre 2006 eine Kostenersparnis von €1 Mrd. eingebracht haben. Vgl. Financial Times Deutschland v. 23.04.2007, S. 17.

	Stabilität	Flexibilität	Neutralität	Zentralität
Körperschaft (SE)	★★★	★	★★★	★★★
PersG	★	★★★	★	★
Holding-Betriebsstätte	★	★★★	★	★

Abbildung 9: Vergleich der Rechtsformen

C. *Strategien für die Steuerplanung mit Holdinggesellschaften*

Es gibt zwei Arten von Strategien für den Einsatz von Holdinggesellschaften:

- Repatriierungsstrategien und
- Allokationsstrategien.

Beide Strategien sind miteinander kombinierbar, was in der Praxis häufig geschieht.[266] In Repatriierungsstrategien werden Holdinggesellschaften als Vehikel eingesetzt, um Gewinne zur Muttergesellschaft zur repatriieren, indem Einkünfte umgeleitet, umgeformt oder temporär abgeschirmt werden. In Repatriierungsstrategien werden Holdinggesellschaften als eine *zusätzliche* Einheit zur Einkunftsgewinnung genutzt.[267] Repatriierungsstrategien sind ein Kernelement dieser Dissertation und werden im Detail in Kapitel 3 erklärt.

Dem hingegen verfolgen Allokationsstrategien das Ziel, Gewinnausschüttungen auf der Ebene der Holdinggesellschaft möglichst steueroptimal zu gestalten.[268] Folglich werden Holdinggesellschaften als *primäre*

264 *Buchenau/Fröndhoff*, Trickreiche Umwandlung, Handelsblatt v. 26.6.2007, S. 2.

265 Eine Liste der existierenden und geplanten SEs befindet sich unter: http://www.seeurope-network.org/homepages/seeurope/secompanies.html

266 *Kessler*, Die Euro-Holding, 1996, S. 95.

267 *Kessler/Dorfmüller*, Gestaltungsstrategien bei internationaler Steuerplanung mit Holdinggesellschaften, Praxis Internationale Steuerberatung 2001, S. 177, 182.

268 *Kessler/Dorfmüller*, Gestaltungsstrategien bei internationaler Steuerplanung mit Holdinggesellschaften, Praxis Internationale Steuerberatung 2001, S. 177, 182.

Einkunftsquelle genutzt. Mögliche Techniken sind der *Top-Down Approach* und der *Bottom-Up Approach*,[269] je nachdem in welche Beteiligungsrichtung die Einkünfte transferiert werden.

Beispiele für einen *Top-Down* Transfer von Einkünften auf eine niedrigere Beteiligungsebene sind:

- die Realisierung von Veräußerungsgewinnen und Veräußerungsverlusten sowie die Realisierung von Liquidationsgewinnen und Liquidationsverlusten;
- eine Beteiligungsabschreibung und
- der Transfer von Ausgaben, die mit dem Erwerb oder dem Halten von Beteiligungen im Zusammenhang stehen.[270]

Der *Bottom-Up Approach*, d.h. die Verlagerung von Einkünften auf eine höhere Beteiligungsstufe, kann beispielsweise in einem *Cross-Border Group Relief Shopping* bestehen.[271]

D. Gestaltungsmittel der Steuerplanung mit Holdinggesellschaften

Für die verschiedenen Gestaltungsmittel der Steuerplanung mit Holdinggesellschaften hat *Kessler* einige Schlagwörter erfunden.[272]

269 *Kessler*, Die Euro-Holding, 1996, S. 91ff.

270 *Kessler*, Die Euro-Holding, 1996, S. 91.

271 Gegenwärtig ist das österreichische Gruppenbesteuerungssystem besonders attraktiv, welches eine grenzüberschreitende Verrechnung von Gewinnen und Verlusten zulässt. Dies könnte ein Argument dafür sein, eine Zwischenholdinggesellschaft in Österreich zu nutzen. Siehe *Kessler/Daller*, Die österreichische Gruppenbesteuerung aus der Sicht ausländischer Gruppenmitglieder, IStR 2006, 289, 295, 296. Ähnlich attraktiv war lange Zeit das dänische Gruppenbesteuerungssystem. Aufgrund später hinzugefügter Restriktionen hat das dänische System viel von seiner Attraktivität eingebüßt. Siehe *Emmeluth*, Host Country Denmark, Tax Planning International Forum 2005, Vol. 26, September 2005, 11, 13; *Kessler/Daller*, Dänemark: Verschärfung der Gruppenbesteuerung, IStR 2005, Länderbericht, Heft 15, S. 2; *Kessler/Daller*, Gruppenbesteuerungssysteme im internationalen Vergleich, taxlex 2005, 218, 219, 220.

272 *Kessler*, Die Euro-Holding, 1996, S. 279ff. Ferner, *Dorfmüller*, Tax Planning for U.S. MNCs, 2003, S. 68-81. Siehe auch die tabellarische Auflistung der Maßnahmen in *Kessler*, Die Euro-Holding, 1996, S. 98ff.; *Kessler*, Holdinggesellschaften und Kooperationen in Europa, in: Schaumburg, Steuerrecht und steuerorientierte Gestaltungen im Konzern, 1998, S. 177, 194ff.; *Bader*, Steuergestaltung mit Holdinggesellschaften, 2007, S. 95-118.

a. Participation Exemption Shopping

Diese Methode beschreibt das Umleiten von Einkünften über eine Holdinggesellschaft in einer Steuerrechtsordnung mit einer vorteilhaften Beteiligungsertragsbefreiung. Das ist eine Rechtsordnung, die Dividendeneinkünfte freistellt oder nicht besteuert. In vielen Regimen hängt die Befreiung von einer Mindestbeteiligungshöhe und einer Mindestbeteiligungsdauer ab. Der Steuerplaner muss hierfür nicht nur die unilateralen Befreiungsnormen im Auge behalten, sondern auch die einschlägigen Vorschriften in dem jeweiligen Doppelbesteuerungsabkommen (internationale Schachtelbefreiung).

b. Capital Gains Exemption Shopping

Ähnlich dem *Participation Exemption Shopping*, beschreibt das *Capital Gains Exemption Shopping* den Transfer von Veräußerungsgewinnen zu einer Holdinggesellschaft, die diese Gewinne steuerbefreit vereinnahmt. Auch hier hängt die Steuerbefreiung sowohl unilateral als auch bilateral von einer Mindestbeteiligungshöhe und einer Mindestbeteiligungsdauer ab.

c. Treaty Shopping / Directive-Shopping

Treaty Shopping beinhaltet die Wahl einer steueroptimalen Dividendenroute, um Gewinne zu repatriieren.[273] Durch die Mutter-Tochter-Richtlinie ist *Treaty Shopping* oder *Directive Shopping* ein sehr beliebtes Gestaltungsmittel für U.S.-amerikanische Investoren in Europa geworden. Meist können Gewinne aus Europa nicht steueroptimal in die Vereinigten Staaten repatriiert werden können.[274]

Dies liegt entweder an den Quellensteuern, die zu Anrechnungsüberhängen (*excess tax credits*) in den Vereinigten Staaten führen können, oder an den Mindestbeteiligungsvoraussetzungen (Höhe und Dauer) für die Anwendung der Beteiligungsertragsbefreiung in den jeweiligen Mitgliedsstaaten.

273 *Kessler/Eicke,* Germany: Treaty Shop Until You Drop, Tax Notes International 2007, Vol. 46, 377; *Bendlinger,* Die Holdinggesellschaft im Fadenkreuz der Finanzverwaltung, Österreichische Steuerzeitung 2007, 593-597.

274 Über Treaty-Shopping durch U.S.-amerikanischen Investoren, *Panayi,* Treaty Shopping and Other Tax Arbitrage – Part 2, European Taxation 2006, Vol. 46, 139, 149. Ferner, *Moerman,* The Main Characteristics of Tax Havens, Intertax 1999, Vol. 27, 368, 374, 375; *Dreßler*, Gewinn- und Vermögensverlagerungen in Niedrigsteuerländer und ihre steuerliche Überprüfung, 2007, S. 271-276.

In der Praxis werden leistungsfähige Datenbanken wie beispielsweise COMTAX[275] dazu genutzt, steueroptimale Dividendenrouten für das *Treaty Shopping* zu erkunden. Durch die ständige Aktualisierung der Kerndaten hat der Steuerplaner die Möglichkeit, Gestaltungsansätze anhand der Datenbankergebnisse zu entwickeln.[276]

In der Abbildung 10 gibt es für eine *Hongkong Corp.* zwei alternative Möglichkeiten, Gewinne aus Deutschland zu repatriieren. Im Falle einer direkten Beteiligung würden von der deutschen Finanzverwaltung 15% Quellensteuern zzgl. Solidaritätszuschlag einbehalten (§ 44a Abs. 9 EStG). Wenn sich aber der Steuerpflichtige entscheidet, eine Holdinggesellschaft im Vereinigten Königreich zwischenzuschalten, könnten die Gewinne unter den Voraussetzungen der Mutter-Tochterrichtlinie im Vereinigten Königreich steuerbefreit vereinnahmt werden. Da nach nationalem Steuerrecht des Vereinigten Königreichs keinerlei Quellensteuern erhoben werden, ist die Weiterausschüttung steuerfrei. Schließlich kann die *Hongkong Corp.* aufgrund des territorialen Steuersystems in Hongkong diese Gewinne steuerfrei vereinnahmen.

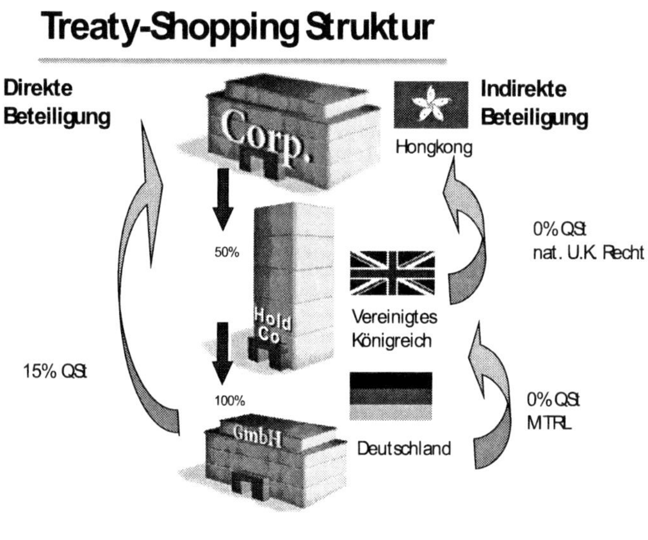

Abbildung 10: Treaty Shopping

Ob *Treaty Shopping* bzw. *Directive Shopping* für den Einsatz einer Zwischenholdinggesellschaft die beste Option ist, hängt stets von einem Ver-

275 *Kessler/Petersen,* Steuerplanung mit Comtax, IStR 2007, 815-818.
276 *Kessler/Petersen,* Steuerplanung mit Comtax, IStR 2007, 815, 816.

gleich mit den Steuerfolgen einer direkten Ausschüttung an die Muttergesellschaft ab.

Manchmal stehen *Treaty Shopping* bzw. *Directive Shopping* Strukturen im Widerspruch zu dem Geist der einschlägigen nationalen und internationalen Vorschriften. Diese Vorschriften werden aber solange nicht verletzt, solange die Holdinggesellschaft hinreichend Substanz i.S. von Geschäftsausstattung und Personal aufweist.[277]

Hingegen kann das *Treaty Shopping* bzw. *Directive Shopping* auch in einem positiven Licht gesehen werden, ist es doch Teil der vollen Entfaltung der europäischen Grundfreiheiten.[278] Die Behauptung, dass *Treaty Shopping* bzw. *Directive Shopping* daher von der Europäischen Union[279] oder sogar von den Vereinigten Staaten[280] begrüßt werden, würde aber zu weit gehen. *Panayi* schlussfolgert sogar, dass der europäische Binnenmarkt aufgrund des weiten Anwendungsbereichs der Niederlassungsfreiheit und der Kapitalverkehrsfreiheit zu einem Steuerparadies für aggressive Steuerplanung geworden ist.[281]

277 *Kessler/Eicke,* Closer to Haven? New German Tax Planning Opportunities, Tax Notes International 2006, Vol. 42, 501, 503. Siehe einen Vergleich von U.S.-amerikanischen und deutschen Anti-Treaty-Shopping Maßnahmen in Doppelbesteuerungsabkommen in *Haug,* The United States Policy of Stringent Anti-Treaty-Shopping Provisions: A comparative Analysis, Vanderbilt Journal of Transnational Law 1996, Vol. 29, 191, 238, 262. Des Weiteren, *Kessler/Eicke,* Treaty-Shopping mit Holding in Luxemburg, Praxis Internationale Steuerberatung 2006, 167ff.; *Kessler/Eicke,* Treaty-Shopping – Quo vadis?, IStR 2006, 577; *Kessler/Eicke,* Neue Gestaltungsmöglichkeiten im Lichte des Treaty-Shoppings, Praxis Internationale Steuerberatung 2006, 23; *Kessler*, Grundlagen der Steuerplanung mit Holdinggesellschaften, in: Grotherr, Handbuch der internationalen Steuerplanung, 2003, S. 159, 180-182; *Corabi/Giavolucci,* Tax Planning and Business Internationalisation, Tax Planning International Review 2001, Vol. 27, November, 7, 9; *von Wuntsch/Bach/Trabold*, Wertmanagement und Steuerplanung, 2006, S. 224; *Renner*, Briefkastenfirmen und internationaler Gestaltungsmissbrauch, in: Lang/Jirousek, Praxis des Internationalen Steuerrechts, 2005, S. 399, 419-422; *Streu*, Der Einsatz einer inländischen Zwischenholding in der internationalen Konzernsteuerplanung, in: Grotherr, Handbuch der internationalen Steuerplanung, 2003, S. 139, 143.

278 Vgl. *Panayi,* Treaty Shopping and Other Tax Arbitrage – Part 1, European Taxation 2006, Vol. 46, 104.

279 *Panayi,* Treaty Shopping and Other Tax Arbitrage – Part 2, European Taxation 2006, Vol. 46, 139, 155.

280 »The U.S. is a leader in setting policies to prevent treaty shopping, not only in substantive treaty provisions, but also in domestic law.« *Haug,* The United States Policy of Stringent Anti-Treaty-Shopping Provisions: A comparative Analysis, Vanderbilt Journal of Transnational Law 1996, Vol. 29, 191.

281 *Panayi,* Treaty Shopping and Other Tax Arbitrage – Part 2, European Taxation 2006, Vol. 46, 139, 155. Ferner zur aggressiven Steuerplanung, *Steiner,* Aggressive Steuerplanung – oder wo das Geld hinfließt, Steuer und Wirtschaft International 2007, 308-313.

Inwieweit das *Treaty* bzw. *Directive Shopping* im Einklang mit europäischen Vorgaben steht, ist eine Debatte, die erst begonnen hat.

d. Treaty Exemption Shopping / Deferral Shopping

Das *Treaty Exemption Shopping* bedeutet die Transformation von nicht-steuerbefreiten Gewinnen in steuerbefreite Gewinne, in dem die Gewinne in einen anderen Vertragsstaat geleitet werden. Dieses Gestaltungsmittel kann jedoch nicht für die Repatriierung von Gewinnen empfohlen werden, wenn die Muttergesellschaft in einem Land unbeschränkt steuerpflichtig ist, welches die Anrechnungsmethode anwendet (z.B. die Vereinigten Staaten).

Daher ist für U.S.-amerikanische Investoren das *Deferral Shopping* attraktiver. *Deferral Shopping* bedeutet die zumindest vorübergehende Übertragung von Gewinnen auf eine Zwischenholdinggesellschaft. Die steuerliche Wirkung ist dabei solange positiv, solange die steuerliche Belastung der ausgeschütteten Gewinne unterhalb dem U.S.-amerikanischen Steuersatz liegt, der für die Kalkulation des maximalen Anrechnungsbetrages nach § 904(a) IRC heranzuziehen ist.[282] Es ist jedoch zu beachten, dass *Deferral Shopping* nur bis zu den Grenzen des Anwendungsbereichs der U.S.-amerikanischen *Subpart F*-Regeln funktioniert.

e. Credit Mix Shopping

Anstelle des *Deferral Shoppings* können U.S.-amerikanische Investoren auch das Gestaltungsmittel des *Credit Mix Shoppings* nutzen.[283] Um Anrechnungsüberhänge zu vermeiden, schüttet eine Zwischenholdinggesellschaft sowohl Gewinne, welche einer niedrigen steuerlichen Vorbelastung unterlagen, als auch Gewinne mit einer hohen steuerlichen Vorbelastung an die U.S.-amerikanische Muttergesellschaft aus. Für Zwecke dieses Gestaltungsmittels darf die Zwischenholdinggesellschaft nicht in einem Land angesiedelt sein, welches für Dividendeneinkünfte die Anrechnungsmethode anwendet (z.B. Vereinigtes Königreich). Ein Beispiel für eine solche Struktur befindet sich in Kapital 10.

282 *Kessler*, Holdinggesellschaften und Kooperationen in Europa, in: Schaumburg, Steuerrecht und steuerorientierte Gestaltungen im Konzern, 1998, S. 177, 208.

283 Vgl. *Streu*, Der Einsatz einer inländischen Zwischenholding in der internationalen Konzernsteuerplanung, in: Grotherr, Handbuch der internationalen Steuerplanung, 2003, S. 139, 147, 148.

f. Rule Shopping

Das *Rule Shopping* beinhaltet die Umformung von Einkünften.[284] Als Beispiele hierfür dienen die Umformung von Dividendeneinkünften in Betriebsstättengewinne oder Zinseinkünfte in Dividendeneinkünfte *et vice versa*. Für die erste Variante liegt der Einsatz einer Holdingbetriebsstätte nahe. Der Vorteil einer solchen Struktur ist zum einen die Vermeidung der Quellensteuer und zum anderen eine Reduzierung der Gesamtsteuerbelastung, falls das einschlägige Doppelbesteuerungsabkommen oder eine unilaterale Vorschrift die Befreiung von Betriebsstättengewinnen vorsieht. Eine mögliche Struktur wird in Kapitel 10 beschrieben.

g. Deduction Shopping

Mit diesem Gestaltungsmittel wird beabsichtigt, Veräußerungs-, Liquidations- und Abschreibungsverluste auf eine Zwischenholdinggesellschaft zu übertragen. Damit die Holdinggesellschaft diese Verluste auch nutzbar machen kann, ist es entscheidend, dass sie nicht-steuerbefreite Einkünfte generiert.[285]

h. Cross-Border Group Relief Shopping

Hinter diesem Schlagwort steht, dass eine Holdinggesellschaft in einem Land errichtet wird, welches die grenzüberschreitende Verlustverrechnung innerhalb einer Gruppe zulässt. Momentan sehen nur Österreich, Frankreich und Dänemark eine solche Möglichkeit vor. Im Nachgang der EuGH-Entscheidung in *Marks & Spencer*[286] könnten sich weitere Gestaltungsmöglichkeiten für die Zukunft ergeben.

Ebenfalls interessant ist das rein nationale *Group Relief Shopping*. Einige Länder wie Deutschland mit der Organschaft oder die Niederlande mit der *fiscale eenheid*[287] erlauben im nicht-grenzüberschreitenden Fall die Verrechnung von Gewinnen und Verlusten innerhalb eines Organkreises bzw. einer fiskalischen Einheit.

284 *Wassermeyer* in: Debatin/Wassermeyer, DBA, Rn. 68.
285 *Kessler*, Holdinggesellschaften und Kooperationen in Europa, in: Schaumburg, Steuerrecht und steuerorientierte Gestaltungen im Konzern, 1998, S. 177, 206.
286 Ausführlich in Kapitel 6(II.)(B.)(b.)(aa.).
287 *Feteris/Gimbrère/van Muijen*, Holdingstructuren, 1991, S. 33-35.

i. *Tax Rate Shopping*

Ein weiteres Gestaltungsmittel ist das *Tax Rate Shopping*. Um die weltweite Konzernsteuerquote zu reduzieren, werden Einkünfte möglichst Niedrigsteuerländern zugeordnet, was gleichzeitig zu einer Verringerung von Einkünften in Hochsteuerländern führt. Dieses Gestaltungsmittel kann jedoch nur innerhalb der immer enger werdenden Grenzen der Verrechnungspreisregeln und der CFC-Regeln angewendet werden.

E. *Historischer Hintergrund*

Aus historischer U.S.-amerikanischer Sicht ist die Organisationsform, welche heutzutage als »Holding« bezeichnet wird, ein Nachkomme der Frühformen von *Trusts*, die zuerst um 1870 herum gegründet wurden.

Trusts wurden als Rechtsform gewählt, weil Holdinggesellschaften damals verboten waren.[288] Große Monopolisten wie John D. Rockefeller nutzten *Trusts*, um die Aktivitäten seiner Ölfirmen effektiv zu kontrollieren und zu koordinieren.[289] Dieses Geschäftsgebaren führte schließlich zu der Einführung der *Anti-Trust*-Gesetzgebung in den Vereinigten Staaten, beginnend mit dem *Sherman Act* aus dem Jahre 1890. Diese Gesetzgebung verhinderte einen Holding- oder *Trust*-Boom, doch umgingen die Unternehmen die *Anti-Trust*-Gesetze, indem sie fusionierten. Eine Fusion fiel nicht in den Anwendungsbereich dieser Gesetze.[290] Heutzutage erlaubt das U.S.-amerikanische Recht die Gründung von Gesellschaften, die Beteiligungen an anderen Gesellschaften halten, selbst wenn dies der einzige Geschäftszweck ist.[291]

Im Gegensatz zu den Vereinigten Staaten konzentrierte sich die Entwicklung von Holdinggesellschaften in Europa nicht auf *Trusts* oder auf Monopolbildung. Vielmehr wurden Lösungen für die Handhabung finanzieller Defizite gesucht. Dies führte zu der von *Robert Liefmann* beschriebenen *Effektensubstitution*.[292] In der Mitte des 19. Jahrhunderts begannen *Effektenübernahmegesellschaften* damit, Tochtergesellschaften gegen Ge-

288 *Liefmann*, Beteiligungs- und Finanzierungsgesellschaften, 1921, S. 153; *Merkt/Göthel*, US-amerikanisches Gesellschaftsrecht, 2006, Rn. 16 und 17.

289 *Lutter*, Begriff und Erscheinungsformen der Holding, in: Lutter, Holding Handbuch, 2004, S. 1; *Merkt/Göthel*, US-amerikanisches Gesellschaftsrecht, 2006, Rn. 17.

290 *Merkt/Göthel*, US-amerikanisches Gesellschaftsrecht, 2006, Rn. 17.

291 *Flick/Janka,* Steuerliche Charakteristika der U.S. Holdinggesellschaft (Teil I), DStR 1991, 1037-1042; *Flick/Janka,* Steuerliche Charakteristika der U.S. Holdinggesellschaft (Teil II), DStR 1991, 1069-1075.

292 *Liefmann*, Beteiligungs- und Finanzierungsgesellschaften, 1931, S. 73ff. Siehe auch *Kessler*, Die Euro-Holding, 1996, S. 17ff.; *Lutter*, Begriff und Erscheinungsformen der Holding, in: Lutter, Holding Handbuch, 2004, S. 1, 8 (Rn. 10).

währung von Beteiligungsrechten zu finanzieren.[293] Letztlich wurden bilanzielle Verbindlichkeitspositionen von Tochtergesellschaften durch bilanzielle Vermögenspositionen der Holding- oder Muttergesellschaft substituiert.[294] Tatsächlich ist dies heute noch ein Merkmal einer modernen Holdinggesellschaft. Die frühen Holdinggesellschaften refinanzierten sich durch die Ausgabe von Anleihen und Aktien.

III. Nutzen von Holdinggesellschaften

Holdinggesellschaften werden sowohl aus betriebswirtschaftlichen als auch aus rechtlichen, vor allem steuerrechtlichen Gründen eingesetzt.[295] Ein wichtiger rein rechtlicher Grund ist die Haftungs- und Risikoabgrenzung.[296] Ein anderer Grund für den Einsatz von Holdinggesellschaften ist die Familienvermögensplanung (*Estate Planning*), um die Einheitlichkeit in einem Familienunternehmen über mehrere Generationen hinweg sicherzustellen.[297] Schließlich wird eine Holdinggesellschaft auch als ein Akquisitionsvehikel[298] und als Organisationsform für *Joint Ventures*[299] genutzt.

293 In der Praxis hatten vor allem Anteilseigner kleinerer Unternehmen die Holdinggesellschaft dazu genutzt, ihre Anteile gegen Anteile von der Holdinggesellschaft zu tauschen. Siehe *Lutter*, Begriff und Erscheinungsformen der Holding, in: Lutter, Holding Handbuch, 2004, S. 1, 8 (Rn.10).

294 *Kessler*, Die Euro-Holding, 1996, S. 20.

295 Vgl. *Mongan/Johal,* Tax Planning with European Holding Companies, Journal of International Taxation 2005, Vol. 16, 49; *Ruchelman/van Asbeck/Canalejo u.a.,* A Guide to European Holding Companies Part 1, Journal of International Taxation 2000, August, 38, 41; *Ruchelman/van Asbeck/Canalejo u.a.,* A Guide to European Holding Companies Part 2, Journal of International Taxation 2001, January, 22.

296 *Scheffler*, Vor- und Nachteile der Holding, in: Lutter, Holding Handbuch, 2004, S. 30, 35 (Rn. 24); *Lutter*, Begriff und Erscheinungsformen der Holding, in: Lutter, Holding Handbuch, 2004, S. 1, 6 (Rn. 7).

297 *Scheffler*, Vor- und Nachteile der Holding, in: Lutter, Holding Handbuch, 2004, S. 30, 36 (Rn. 29). Aufgrund der grundsätzlichen Neutralität einer Holdinggesellschaft kann sie als Führungsinstrument für Manager eingesetzt werden, die nicht Familienmitglieder sind. Siehe *Scheffler*, Vor- und Nachteile der Holding, in: Lutter, Holding Handbuch, 2004, S. 30, 33 (Rn. 17).

298 *Mongan/Johal,* Tax Planning with European Holding Companies, Journal of International Taxation 2005, Vol. 16, 49; *Ruchelman/van Asbeck/Canalejo u.a.,* A Guide to European Holding Companies Part 1, Journal of International Taxation 2000, August, 38; *Ruchelman/van Asbeck/Canalejo u.a.,* A Guide to European Holding Companies Part 2, Journal of International Taxation 2001, January, 22.

299 *Schaumburg*, Hinzurechnungsbesteuerung und Abkommensberechtigung als Probleme internationaler Joint Ventures, in: Schaumburg, Internationale Joint Ventures, 1999, S. 357, 378; *Endres*, Steueraspekte internationaler Joint Ventures, in: Grotherr, Handbuch der internationalen Steuerplanung, 2003, S. 193, 204-206; *Wilde,* Rechtliche Erwägungen für und wider die Errichtung eines Gemeinschaftsunternehmens, DB 2007, 269, 274.

Dennoch sind steuerliche Erwägungen meist ein Hauptfaktor für den Einsatz von Holdinggesellschaften.[300] Im Rechtsgefüge des nationalen und internationalen Steuerrechts werden Holdinggesellschaften hauptsächlich dazu gebraucht, funktionale steuerliche Nachteile zu kompensieren, welche einerseits durch die zivilrechtliche Trennungstheorie und andererseits durch die nicht oder nur rudimentär aufeinander abgestimmten Steuersysteme entstehen.[301]

Da Konzerne aus rechtlich selbständigen Einheiten bestehen, wird jede Einheit unabhängig von der anderen der Besteuerung unterworfen. Dies widerspricht der wirtschaftlichen Betrachtungsweise, die einen Konzern als eine wirtschaftliche Einheit ansieht.[302] Die rechtliche Fiktion der Selbständigkeit führt jedoch dazu, dass die Summe aller von den Konzerngesellschaften gezahlten Steuern höher ist, als wenn die Konzerngesellschaften als ein Unternehmen besteuert werden würden. Der Grund hierfür ist die mehrfache steuerliche Berücksichtigung ein und desselben wirtschaftlichen Sachverhalts.[303]

Demnach folgt aus der steuerlichen Relevanz der Trennungstheorie auch, dass die wirtschaftliche Benachteiligung umso größer ist, desto mehr rechtliche selbständige Einheiten zu einem Konzern gehören. Der Einsatz einer Holdinggesellschaft ist daher ein wichtiges Gestaltungsmittel, diese Nachteile zu vermindern oder gar zu eliminieren. Dies mag zunächst als ein Widerspruch in sich wirken, da die Schaffung einer weiteren Besteuerungsebene durch den Einsatz einer Holdinggesellschaft mit der Gefahr einhergeht, eine höhere Gesamtsteuerbelastung des Konzerns zu verursachen.[304] Ein einfaches Modell ist in Abbildung 11 zu sehen.

300 *Kessler/Dorfmüller*, Gestaltungsstrategien bei internationaler Steuerplanung mit Holdinggesellschaften, Praxis Internationale Steuerberatung 2001, 177, 178; *Arthur*, Holding Companies; Effective Use of Finance; Harmful Tax Competition, Tax Planning International Review 2000, Vol. 27, September, 20ff.

301 *Kessler*, Holdinggesellschaften und Kooperationen in Europa, in: Schaumburg, Steuerrecht und steucrorientierte Gestaltungen im Konzern, 1998, S. 177, 178.

302 *Kessler*, Die Euro-Holding, 1996, S. 17.

303 Im Detail, *Kessler*, Die Euro-Holding, 1996, S. 18.

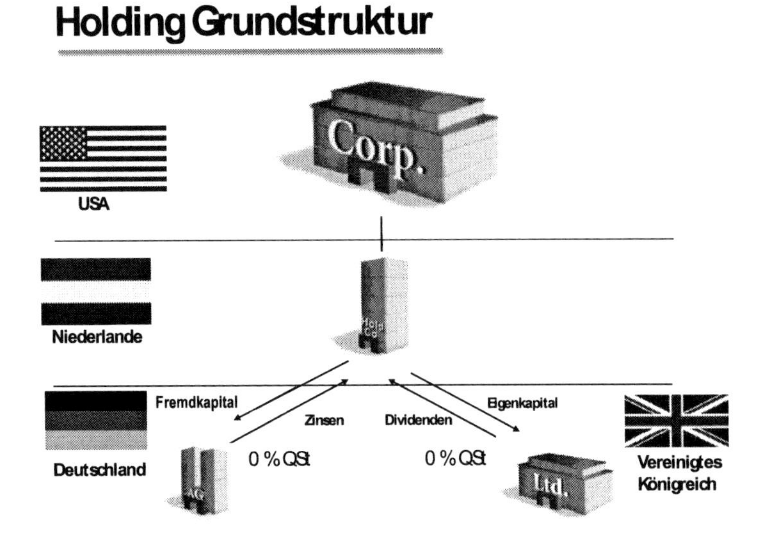

Abbildung 11: Holding Grundstruktur

A. Steuerliche Vorteile

Die steuerlichen Vorteile sind nicht beschränkt auf die Holdinggesellschaft an sich, da diese keine eigene Rechtsform ist. Vielmehr bestehen die steuerlichen Vorteile meist darin, dass die Holdinggesellschaft als Organisationsform es am besten vermag, möglichst viele dieser steuerlichen Vorteile nutzbar zu machen. Dies sind im Einzelnen vor allem:[305]

- Steuerbefreiung sowohl für die von Tochtergesellschaften an die Holdinggesellschaft ausgeschütteten Dividenden, als auch für die durch

304 *Kessler*, Die Euro-Holding, 1996, S. 19.

305 Vgl. *Ruchelman/van Asbeck/Canalejo u.a.*, A Guide to European Holding Companies Part 2, Journal of International Taxation 2001, January, 22; *Pinto*, Tax Competition and EU Law, 2003, S. 245; *Endres/Dorfmüller*, Holdingstrukturen in Europa, Praxis Internationale Steuerberatung 2001, 94; *Hoffman/Amacher*, The Evolution of Tax-Advantaged Intercompany Lending Programs, Tax Notes International 2007, Vol. 46, 513-516; *Romano*, Holding Company Regimes in Europe: A Comparative Survey, European Taxation 1999, 257, 258; *Schaumburg*, Gestaltungsziele, in: Schaumburg/Piltz, 2002, S. 1, 28ff.; *von Wuntsch/Bach/Trabold*, Wertmanagement und Steuerplanung, 2006, S. 214; *Streu*, Der Einsatz einer inländischen Zwischenholding in der internationalen Konzernsteuerplanung, in: Grotherr, Handbuch der internationalen Steuerplanung, 2003, S. 139, 141.

den Verkauf von Beteiligungen realisierten Veräußerungsgewinne (nationale Schachtelbefreiung);
- Reduzierung von Quellensteuern auf Dividenden, Zinsen und Lizenzeinkünften;
- Nutzung von Vorschriften einschlägiger Doppelbesteuerungsabkommen (z.B. internationale Schachtelbefreiung);
- steueroptimale Finanzierung von Beteiligungen;
- Umformung von Einkünften (*secondary sheltering*);
- Vermeidung von Anrechnungsüberhängen (*excess tax credits*);
- Nutzbarmachung von Anrechnungspotential (*tax credits*);
- Verrechnung von Gewinnen und Verlusten innerhalb einer Gruppe.

Eine Folge des Einsatzes von Holdinggesellschaften ist, dass der Steuerpflichtige steueroptimierende Vorschriften oder sogar Privilegien anderer Rechtsordnungen nutzbar machen kann. Trotz der vielfältigen Steueroptimierungsmöglichkeiten durch den Einsatz von Holdinggesellschaften ist es nicht ratsam eine Holdingstruktur allein für steuerliche Zwecke zu errichten.[306]

B. Betriebswirtschaftliche Vorteile

Meistens gehen die Gründe für den Einsatz einer Holdinggesellschaft weit über rein steuerliche Erwägungen hinaus. Das Hauptaugenmerk aus betriebswirtschaftlicher Sicht richtet sich hierbei auf die Zentralisierung des Managements der verschiedenen Beteiligungen in einer einzigen Gesellschaft (*Beteiligungscontrolling*).[307] Dadurch wird gleichermaßen eine Dezentralisierung der (operativen) Managementstruktur bewirkt, was u.a. folgende Vorteile erzeugt:[308]
- Synergien aufgrund des höheren Angebot- und Nachfragepotentials (»*economies of scale*«);[309]

306 *Rosenbach*, Steuerliche Parameter für die internationale Standortwahl und ausländische Holdingstandorte, in: Lutter, Holding Handbuch, 2004, S. 968, 976 (Rn. 10).

307 *Pinto*, Tax Competition and EU Law, 2003, S. 245; *Bader*, Steuergestaltung mit Holdinggesellschaften, 2007, S.23-25.

308 *Lutter*, Begriff und Erscheinungsformen der Holding, in: Lutter, Holding Handbuch, 2004, S. 1, 3 (Rn. 2); *Autzen*, Die ausländische Holding-Personengesellschaft, 2006, S. 23; *Streu*, Der Einsatz einer inländischen Zwischenholding in der internationalen Konzernsteuerplanung, in: Grotherr, Handbuch der internationalen Steuerplanung, 2003, S. 139, 141.

309 *Scheffler*, Vor- und Nachteile der Holding, in: Lutter, Holding Handbuch, 2004, S. 30, 34 (Rn. 21), 36 (Rn. 30), 41 (Rn. 54).

- Zugang zu (neuen) Finanzierungsquellen;[310]
- mehr Transparenz in der Unternehmensstruktur;[311]
- mehr Flexibilität und Neutralität verglichen mit einer reinen Mutter-Tochtergesellschaftsstruktur;[312]
- flachere Hierarchien und eine höhere Motivation der Mitarbeiter;[313]
- Reduzierung der Kontrollkosten;
- mehr Flexibilität des Konzerns hinsichtlich zukünftiger Strukturen.[314]

Aus historischer Sicht ist die Organisation als Holdinggesellschaft ein folgerichtiger Fortschritt. Zunächst wurden Unternehmen unter funktionalen Aspekten wie Produktion, Finanzierung, Forschung- und Entwicklung sowie Vertrieb strukturiert. Allerdings führte eine solche Strukturierung zu Verantwortungsdiffusion und Führungsunsicherheiten. Daher wurden später *Profit Center* eingerichtet. Eine Holdinggesellschaft ist eine Kombination aus der Idee, Skaleneffekte (»*economies of scale*«) und die Vorteile dezentral organisierter Einheiten (z.B. Flexibilität, Nähe zum Zielmarkt) nutzbar zu machen.[315]

C. Grenzen und Risiken des Einsatzes von Holdinggesellschaften

Der Einsatz einer Holdinggesellschaft schafft eine zusätzliche Besteuerungsebene, was mit einem potentiellen Risiko einer Doppelbesteuerung einhergeht.[316] Da Unternehmensgruppen nicht als eine Einheit besteuert werden, besteht die Gefahr, dass die Holdinggesellschaft zusätzliche Körperschaftsteuer auslöst, sei es im Rahmen der Veranlagung oder im Rah-

310 Eine Finanzierungsholdinggesellschaft kann dazu genutzt werden, um am Kapitalmarkt Eigenkapital zu generieren. Siehe *Scheffler*, Vor- und Nachteile der Holding, in: Lutter, Holding Handbuch, 2004, S. 30, 36 (Rn. 31).

311 Aufgrund der Dezentralität einer Holdingstruktur können operative Aktivitäten leichter in Märkte, Regionen und Funktionen eingeteilt werden. Siehe *Scheffler*, Vor- und Nachteile der Holding, in: Lutter, Holding Handbuch, 2004, S. 30, 35 (Rn. 22), 41 (Rn. 49)

312 Da eine Holdinggesellschaft keine Waren produziert, hat sie keinerlei eigenen produkt- oder marktbezogenen Interessen. Siehe *Scheffler*, Vor- und Nachteile der Holding, in: Lutter, Holding Handbuch, 2004, S. 30, 38 (Rn. 40).

313 *Scheffler*, Vor- und Nachteile der Holding, in: Lutter, Holding Handbuch, 2004, S. 30, 39 (Rn. 43).

314 *Schaumburg*, Gestaltungsziele, in: Schaumburg/Piltz, 2002, S. 1, 5.

315 *Lutter*, Begriff und Erscheinungsformen der Holding, in: Lutter, Holding Handbuch, 2004, S. 1, 6 (Rn. 7); *Scheffler*, Vor- und Nachteile der Holding, in: Lutter, Holding Handbuch, 2004, S. 30, 34 (Rn. 21).

316 *Kessler/Dorfmüller*, Gestaltungsstrategien bei internationaler Steuerplanung mit Holdinggesellschaften, Praxis Internationale Steuerberatung 2001, 177, 178; *Kessler*, Internationale Holdingstandorte, in: Schaumburg/Piltz, 2002, S. 67, 69.

men einer Quellenbesteuerung.[317] Innerhalb einer Unternehmensgruppe können daher, wie in Abbildung 12 dargestellt, »Kaskadeneffekte«[318] entstehen die zu einer Gewinnminderung führen. Daher muss es das primäre Ziel der internationalen Steuerplanung mit Holdinggesellschaften sein, sämtliche zusätzliche Quellensteuern oder sonstige Körperschaftsteuern zu vermeiden.

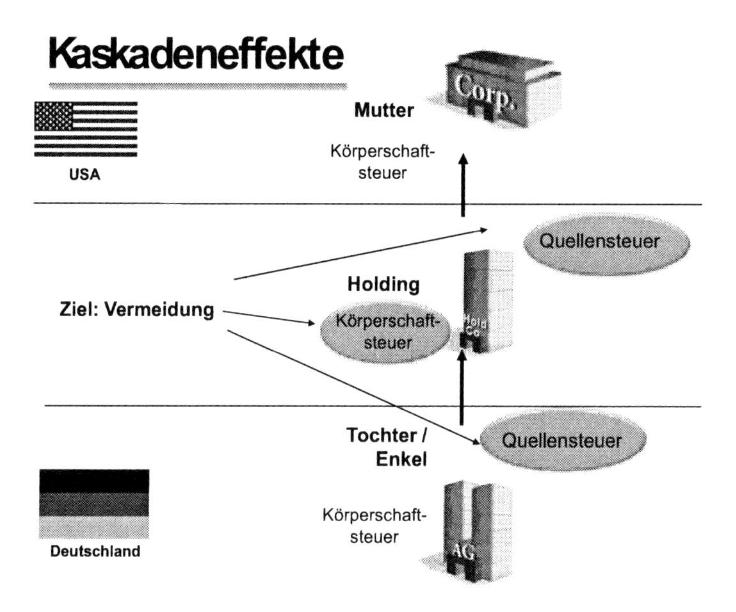

Abbildung 12: Kaskadeneffekte

Außerdem erhöht der Einsatz einer Holdinggesellschaft das Risiko, in den Anwendungsbereich von Anti-Missbrauchsnormen oder CFC-Regelungen zu gelangen.[319]

317 *Kessler*, Überlegungen zur Standortwahl einer Euro-Holding aus steuerlicher Sicht, in: Fischer, Grenzüberschreitende Aktivitäten deutscher Unternehmen und EU-Recht, 1997, S. 130.

318 *Joseph,* European holding companies in a changing tax environment, International Tax Journal, Vol. 18, No. 4 (Fall 1992), 1, S. 4; *Kessler*, Holdinggesellschaften und Kooperationen in Europa, in: Schaumburg, Steuerrecht und steuerorientierte Gestaltungen im Konzern, 1998, S. 177, 191; *Bader*, Steuergestaltung mit Holdinggesellschaften, 2007, S. 131-132.

319 *Bader*, Steuergestaltung mit Holdinggesellschaften, 2007, S. 118-131.

Jedoch kann die Zwischenschaltung einer Holdinggesellschaft eine nachteilige Wirkung auf Beteiligungsabschreibungen auslösen.[320] Eine effektive Holdingstruktur setzt nicht nur eine steueroptimale Dividendenroute voraus, sondern auch die Fähigkeit grenzüberschreitend Gewinne und Verluste zu verrechnen. Eine Beschränkung der Verlustverrechnung hat eine nachteilige Wirkung auf die Konzernsteuerquote.

Nicht zuletzt hängt eine steueroptimale Holdingstruktur sehr stark von den anwendbaren Doppelbesteuerungsabkommen ab. Die Kündigung eines Abkommens, so wie es kürzlich beim DBA Deutschland-Brasilien[321] geschehen ist, erfordert eine grundlegende Überarbeitung der Struktur.

Der Einsatz von Holdinggesellschaften geht auch immer mit dem Risiko einher, dass die Manager der Holdinggesellschaft falsche Entscheidungen treffen, weil sie zu weit weg von dem relevanten Markt sind.

Schließlich darf der Einsatz einer Holdinggesellschaft nicht allein aus steuerlichen Gründen vollzogen werden, da eine zu starke Inkongruenz zwischen steuerlichen und betriebswirtschaftlichen Interessen in jedem Falle nachteilig ist.

IV. Typen

Es gibt verschiedene Möglichkeiten, Holdinggesellschaften einzusetzen.[322] Für die Zwecke dieser Analyse soll es genügen, die Typen von Holdinggesellschaften einerseits nach ihren Aufgaben und Funktionen und andererseits nach ihrer Hierarchiestufe innerhalb der Gruppe zu klassifizieren. An die Klassifizierung an sich sind keinerlei Rechtsfolgen geknüpft. Um die Funktionen und Hierarchieebenen der einzelnen Typen

320 *Kessler*, Überlegungen zur Standortwahl einer Euro-Holding aus steuerlicher Sicht, in: Fischer, Grenzüberschreitende Aktivitäten deutscher Unternehmen und EU-Recht, 1997, S. 130, 132 und *Kessler*, Holdinggesellschaften und Kooperationen in Europa, in: Schaumburg, Steuerrecht und steuerorientierte Gestaltungen im Konzern, 1998, S. 177, 180.

321 *Dagnese,* Is Brazil 'developed'? : termination of the Brazil-Germany tax treaty, Intertax 2006, 195-198; *Hensel,* Die Kündigung des DBA-Brasilien und die Folgen, Internationale Wirtschaftsbriefe 2006, Gruppe 2, Fach 8, 493-496.

322 *Bardet/Beetschen/Charvériat u.a.*, Les holdings, 2007, S. 22-26; *Endres/Schreiber/Dorfmüller,* Holding companies prove worth, International Tax Review 2007, January, 43; *Keller* hat Holdinggesellschaften hinsichtlich ihrer Funktionen, ihrer Hierarchiestufe innerhalb einer Gruppe und ihrem geografischen Standort klassifiziert. Siehe *Keller*, Unternehmensführung mit Holdingkonzepten, 1993, S. 35ff. Eine typologische Auflistung von Holdinggesellschaften ist dargestellt in *Kessler*, Die Euro-Holding, 1996, S. 11 und *Kessler*, Deutschland als Holdingstandort, in: Herzig/Günkel/ Niemann, Steuerberater-Jahrbuch 2000/2001, 2000, 339, 341; *Autzen*, Die ausländische Holding-Personengesellschaft, 2006, S. 9ff.; *Grotherr,* Besteuerungsfragen Teil 1, BB 1995, 1510, 1511; *Bader*, Steuergestaltung mit Holdinggesellschaften, 2007, S. 28-59.

von Holdinggesellschaften zu umschreiben, haben sich im Laufe der Zeit einige Schlagwörter etabliert. In der Praxis sind häufig Holdinggesellschaften anzutreffen, die mehrere Funktionen oder Zwecke erfüllen (*dual purpose*).[323]

A. Funktionale Klassifizierung

a. Geschäftsführungsholding (Management Holding Company)

Eine Geschäftsführungsholding ist primär für strategische Entscheidungen zuständig und bis zu einem gewissen Grad für operative Entscheidungen.[324] Sie koordiniert aktiv alle für den Konzern relevanten Angelegenheiten und beeinflusst die Managemententscheidungen der Tochtergesellschaften.[325] Außerdem definiert die Geschäftsführungsholding die Geschäftsbereiche des Konzerns, wählt die Führungsverantwortlichen aus und kontrolliert den Kapitalfluss innerhalb des Konzerns.

b. Finanzierungsholding (Finance Holding Company)

Häufig werden Holdinggesellschaften dazu gebraucht, Finanzdienstleistungen für sämtliche Konzernunternehmen durchzuführen.[326] Dadurch spart die Finanzierungsholding dem Konzern Finanzierungskosten und Verwaltungskosten und schafft einen Zugang zu den internationalen Kapitalmärkten. In den meisten Fällen geht die Implementierung einer Finanzierungsholding mit einer Reduzierung der Konzernsteuerquote einher.

323 *Endres/Schreiber/Dorfmüller*, Holding companies are key international tax planning tool, International Tax Review 2006, December/January, 46.

324 *Theisen*, Der Konzern, 2000, S. 181; *Scheffler*, Vor- und Nachteile der Holding, in: Lutter, Holding Handbuch, 2004, S. 30; *Lutter*, Begriff und Erscheinungsformen der Holding, in: Lutter, Holding Handbuch, 2004, S. 1, 12 (Rn. 18); *Bader*, Steuergestaltung mit Holdinggesellschaften, 2007, S. 34-39; *Autzen*, Die ausländische Holding-Personengesellschaft, 2006, S. 14ff. Über Familienholdinggesellschaften, *Mutter*, Die Holdinggesellschaft als reziproker Familienpool, DStR 2007, 2013.

325 Manche Autoren unterscheiden weiter zwischen strategischen und operativen Holdinggesellschaften. Siehe *Scheffler*, Vor- und Nachteile der Holding, in: Lutter, Holding Handbuch, 2004, S. 30, 31 (Rn. 4).

326 Über die Finanzierung von Holdinggesellschaften, *Theisen*, Der Konzern, 2000, S. 177; *Jonas*, Finanzierung von Holdinggesellschaften, in: Schaumburg/Piltz, Holdinggesellschaften im Internationalen Steuerrecht, 2002, S. 179, 181ff.; *Schaumburg*, Gestaltungsziele, in: Schaumburg/Piltz, 2002, S. 1, 16; *Haas*, Konzernfinanzierung, in: Piltz/Schaumburg, Internationale Unternehmensfinanzierung, 2006, S. 179, 188.

Dieser Typus von Holdinggesellschaft funktioniert als eine Art »Finanzkarussell«, weil es für das gesamte *Cash-Flow Management* des Konzerns zuständig ist.[327] Dieses beinhaltet nicht nur die Festlegung der Kapitalstrukturen, sondern auch das gesamte Finanzierungsmanagement.[328] Aufgrund der höheren Marktmacht erhält die Finanzierungsholding bessere Konditionen als wenn jede Konzerngesellschaft für sich eine Finanzierung organisiert.[329] Des Weiteren übt die Finanzierungsholding ihre Stimmrechte in den Hauptversammlungen der Tochtergesellschaften aus und kontrolliert deren Management.[330] In den meisten Fällen übt die Finanzierungsholding jedoch keine aktive Führungsfunktion wie beispielsweise Strategieplanung aus.

Ein guter Standort für eine Finanzierungsholding zeichnet sich durch die Abwesenheit von CFC-Regelungen und von Beschränkungen hinsichtlich der Abzugsfähigkeit von Finanzierungsaufwendungen sowie dem Vorhandensein eines professionellen Banksektors aus. In Europa verdienen daher die Schweiz, die Niederlande (*Dutch Financing Company*, DFC), Irland und Belgien (*Belgium Co-ordination Center*, BCC) eine nähere Betrachtung.[331]

Darüberhinaus ist diese Art von Holdinggesellschaft typischerweise in Niedrigsteuerländern wie Bermuda, den Cayman Islands, Bahamas oder den Niederländischen Antillen angesiedelt, weil diese Rechtsordnungen keinerlei Steuern auf Zinseinkünfte oder jede andere Form von Einkünften

327 *Vetter*, Konzernweites Cash Management, in: Lutter, Holding Handbuch, 2004, S. 310, 311 (Rn. 1), S. 339 (Rn. 55); *Hoffman/Amacher*, The Evolution of Tax-Advantaged Intercompany Lending Programs, Tax Notes International 2007, Vol. 46, 513-516; *Theisen*, Finanzwirtschaft der Holding, in: Lutter, Holding Handbuch, 2004, S. 468, 485 (Rn. 32ff.); *Günkel*, Standortwahl für Konzernfinanzierungsgesellschaften, Wirtschaftsprüfung 2003, S186, S187; *Ammelung/Ruhser*, Aktuelle Steueraspekte bei der Implementierung von Cash-Management-Systemen, DStR 2003, 1999-2005; *Ammelung* in: Piltz/Schaumburg, Internationale Unternehmensfinanzierung, 2006, S. 71ff.; *Schaumburg*, Gestaltungsziele, in: Schaumburg/Piltz, 2002, S. 1, 9; *Wassermeyer*, Investitionen inländischer Kapitalgesellschaften im Ausland, in: Streck, Grenzüberschreitende Steuerplanung, 1999, S. 41, 48; *Krawitz/Büttgen-Pöhland*, Zwischenschaltung von EU-Auslandsholdinggesellschaften, Finanz-Rundschau 2003, 877.

328 Finanzierungsholdinggesellschaften gibt es ausweislich der frühen Darstellungen von *Liefmann* schon sehr lange. Vgl. *Liefmann*, Beteiligungs- und Finanzierungsgesellschaften, 1921, S. 94 und S. 370ff.

329 *Schaumburg/Jesse*, Die internationale Holding aus steuerrechtlicher Sicht, in: Lutter, Holding Handbuch, 2004, S. 847, 889 (Rn. 86); *Scheffler*, Vor- und Nachteile der Holding, in: Lutter, Holding Handbuch, 2004, S. 30, 37 (Rn. 32ff.); *Gundel*, Einschaltung internationaler Finanzierungsgesellschaften, in: Schaumburg, Steuerrecht und steuerorientierte Gestaltungen im Konzern, 1998, S. 131.

330 *Scheffler*, Vor- und Nachteile der Holding, in: Lutter, Holding Handbuch, 2004, S. 30, 31 (Rn. 2); *Lutter*, Begriff und Erscheinungsformen der Holding, in: Lutter, Holding Handbuch, 2004, S. 1, 14 (Rn. 22)

331 Siehe unten Kapitel 6(III.)(E.).

erheben.[332] Allerdings geht der Einsatz einer Holdinggesellschaft in diesen Rechtsordnungen stets mit dem Risiko einher, in den Anwendungsbereich von CFC-Regelungen anderer Länder zu geraten.

Im Hinblick auf die Rechtsordnungen der EU-Mitgliedsstaaten gilt es nach der EuGH-Entscheidung in *Cadbury Schweppes* abzuwarten, wie viel Spielraum Finanzierungsholdings im Lichte europarechtskonform ausgestalteter CFC-Regelungen zusteht.[333]

Eine Bedrohung für Finanzierungsholdings würde die Einführung einer gemeinsamen körperschaftsteuerlichen Bemessungsgrundlage (*Common Consolidated Corporate Tax Base* (CCCTB)) darstellen.[334] Eine Konsolidierung der Finanzierungsholding würde für diese alle steuerlichen Vorteile in Europa eliminieren.

Die Errichtung einer Finanzierungsholding macht aber steuerlich nur dann Sinn, wenn die Steuerbelastung in dem Staat, in dem die Finanzierungsholding einer unbeschränkten Steuerpflicht unterliegt, geringer ist als die Steuerbelastungen in den Staaten, in denen die Mutter- und die Tochtergesellschaft der unbeschränkten Steuerpflicht unterliegen. In diesem Falle bestimmt die Finanzierungsholding die Gesamtsteuerbelastung der Transaktion. Hingegen ist der Einsatz der Finanzierungsholding nicht steueroptimal, wenn die Muttergesellschaft in einem Land unbeschränkt steuerpflichtig ist, welches die Anrechnungsmethode anwendet (z.B. die Vereinigten Staaten). Daher macht ein unmittelbarer Einsatz einer Finanzierungsholding für einen U.S.-amerikanischen Investor wenig Sinn, um Gewinne zu repatriieren. Vielmehr sollte der U.S.-amerikanische Investor eine synthetische Finanzierungsstruktur aufbauen, indem beispielsweise, wie in Kapitel 10 beschrieben, eine Mixer-Holdinggesellschaft eingesetzt wird.[335]

c. Euro-Holding (Euro-Holding Company)

Diese Art von Holdinggesellschaft ist die erste Wahl für U.S.-amerikanische Investoren oder andere Drittstaateninvestoren in Europa.[336] Sie ist unbeschränkt steuerpflichtig in einem Mitgliedsstaat der Europäischen Union und wird zwischen die Nicht-EU-Muttergesellschaft und der bzw.

332 *Merks,* Categorizing Corporate Cross-Border Tax Planning Techniques, Tax Notes International 2006, Vol. 44, 55, 62; *Cavalier,* Redesigning Heaven, Tax Notes International 2005, Vol. 38, 1009, 1012.

333 Die mögliche Wirkung auf die CFC-Regeln in anderen EU-Mitgliedsstaaten ist beschrieben in *Lovells's International Tax Team,* Impact of Cadbury Schweppes on CFC Legislation, Tax Planning International Review 2007, Vol. 34, January, 7-10.

334 Vgl. auch Kapitel 6(II.)(B.)(e.).

335 Siehe unten Kapitel 10(III.) und (IV.)

336 Im Detail, *Kessler*, Die Euro-Holding, 1996, S. 71ff.

den EU Tochtergesellschaft(en) geschaltet.[337] Eine solche Struktur macht sich das Verbot der Erhebung von Quellensteuern auf Dividenden-, Zins- und Lizenzeinkünfte aufgrund der einschlägigen EU-Richtlinien (Mutter-Tochterrichtlinie[338] bzw. Zins- und Lizenzrichtlinie[339]) zunutze.

Um diese Richtlinie in der Steuerplanung optimal nutzen zu können, muss neben der Erfüllung bestimmter Mindestvoraussetzungen (Beteiligungshöhe und Haltefrist) sichergestellt werden, dass die Substanzerfordernisse erfüllt werden. Eine rein aus steuerlichen Gründen zwischengeschaltete Euro-Holding läuft Gefahr in den Anwendungsbereich von Anti-Missbrauchsregelungen, insbesondere *Anti-Treaty-Shopping*-Regelungen (z.B. § 50d Abs. 3 EStG) zu geraten.[340]

d. Landesholding (Country Holding Company)

Eine Landesholding sammelt die Einkünfte der Tochtergesellschaften in einem bestimmten Land. Falls möglich, wird versucht eine steuerliche Konsolidierung mittels einer Organschaft oder eines anderen Gruppenbesteuerungssystems herbeizuführen.

e. gemischte Holding (Mixed Holding Company)

Im Gegensatz zu einer reinen Holdinggesellschaft, die nur passiv Beteiligungen hält, führt die gemischte Holding auch eigene Geschäftstätigkeiten durch und ähnelt unter einer funktionalen Betrachtung der Geschäftsführungsholding.[341]

337 Die einzelnen Standortfaktoren für Holdinggesellschaften werden ausführlich beschrieben in *Kessler*, Die Euro-Holding, 1996, S. 97ff. Ferner in *Dorfmüller*, Tax Planning for U.S. MNCs, 2003, S. 22ff.

338 Council Directive 90/435 of 23 July, 1990, on the common system of taxation in the case of parent companies and subsidiaries of different Member States in OJ L 225 of 20 August, 1990.

339 Council Directive 2003/49/EC of 3 June 2003 on a common system of taxation applicable to interest and royalty payments made between associated companies of different Member States.

340 *Kessler/Eicke,* Closer to Haven? New German Tax Planning Opportunities, Tax Notes International 2006, Vol. 42, 501ff.

341 *Lutter*, Begriff und Erscheinungsformen der Holding, in: Lutter, Holding Handbuch, 2004, S. 1, 13 (Rn. 21).

B. Hierarchische Klassifizierung

a. Führungsholding (Ultimate Holding Company)

Diese Holding steht auf der höchsten Beteiligungsebene und kann ein Unternehmen, natürliche Person oder Stiftung sein. Sie führt und koordiniert den Konzern.[342]

b. Zwischenholding (Intermediate Holding Company)

Typischerweise werden Holdinggesellschaften aber in einer Struktur zwischen die Muttergesellschaft auf der einen und Tochter- bzw. Enkelgesellschaften auf der anderen Seite geschaltet. Meist führt sie Geschäftsführungsfunktionen für ihre Tochtergesellschaften oder für andere Konzerngesellschaften aus.

V. Zwischenergebnis

Im Lichte der typischen Funktionen einer Holdinggesellschaft als stabiler, flexibler Hüter und Manager der Konzerninteressen bietet sich primär die Körperschaft für die Wahl einer geeigneten Rechtsform an.[343] Außerdem sichert die Körperschaft eine steueroptimale Nutzung von Vorschriften in EU-Richtlinien und Doppelbesteuerungsabkommen. Dennoch kann auch die Personengesellschaft eine geeignete Rechtsform sein, was abhängig ist von den Gesellschafterbeziehungen, dem Gesellschaftsvertrag und der Unternehmensstruktur.

Der Einsatz von Holdinggesellschaften zusammen mit den vorgestellten Konzepten und Strategien birgt sowohl Chancen als auch Risiken. Wenngleich die Risiken sorgfältig erforscht, bewertet und beobachtet werden müssen, überwiegen in den meisten Fällen die Vorteile, was die hohe Relevanz von Holdinggesellschaften in der Praxis erklärt.[344]

342 *Lutter*, Begriff und Erscheinungsformen der Holding, in: Lutter, Holding Handbuch, 2004, S. 1, 15 (Rn. 25).

343 *Schaumburg/Jesse*, Die internationale Holding aus steuerrechtlicher Sicht, in: Lutter, Holding Handbuch, 2004, S. 847, 848 (Rn. 2ff.).

344 *Scheffler*, Vor- und Nachteile der Holding, in: Lutter, Holding Handbuch, 2004, S. 30, 42 (Rn. 57).

Kapitel 3: Repatriierungsstrategien

I. Repatriierung

Wenn in der internationalen Steuerrechtsliteratur von »*Bringing it all back home*«[345] oder »*Coming home to America*«[346] die Rede ist, geht es um die Fragestellung der Repatriierung von U.S.-amerikanischen Gewinnen aus dem Ausland.[347] Das Thema ist u.a. deswegen kontrovers, weil Repatriierungen zu U.S.-amerikanischen Muttergesellschaften aufgrund der nach U.S.-amerikanischem Steuerrecht anzuwendenden Anrechnungsmethode einen höheren steuerlichen Aufwand verursachen als Repatriierungen in Länder, die der Freistellungsmethode folgen.

Daher spielen Repatriierungsüberlegungen eine ganz entscheidende Rolle in der Steuerplanung multinationaler U.S.-amerikanischer Unternehmen. Sie sind auch wichtig für die U.S.-amerikanische Steuerverwaltung, kann sie doch in aller Regel Gewinne ausländischer Tochterkapitalgesellschaften erst im Moment der Repatriierung besteuern.

Nicht zuletzt hängen auch die einzelnen Volkswirtschaften von repatriiertem Kapital ab, welches Wachstums- und Wohlfahrt erhöhen kann.

Insgesamt sind Repatriierungen aus Sicht eines multinationalen U.S.-amerikanischen Unternehmens daher zweischneidig. Auf der einen Seite verschaffen sie der Muttergesellschaft in den Vereinigten Staaten Liquidität, Investitionsmöglichkeiten und Macht. Auf der anderen Seite wird vormals von der U.S.-amerikanischen Besteuerung abgeschirmtes Einkommen durch die Repatriierung zum ersten Male der Besteuerung in den Vereinigten Staaten unterworfen.

Oft ist jedoch eine direkte Repatriierung von Einkünften aus einem europäischen Land nicht der steueroptimale Weg. Dies gilt insbesondere dann, wenn kein Doppelbesteuerungsabkommen vorhanden ist, oder die Mindestanforderungen für eine Quellensteuerreduktion in einem einschlägigen Doppelbesteuerungsabkommen nicht erfüllt werden. Aus diesem Grunde bietet sich die Repatriierung von Gewinnen unter Einbeziehung von Holdinggesellschaften an.

Obwohl es zwischen Deutschland und den Vereinigten Staaten ein Doppelbesteuerungsabkommen gibt, welches sogar seit kurzem einen

345 *Blessing,* Earnings Repatriations Under the U.S. Jobs Act, Tax Notes International 2004, Vol. 36, 625.

346 *Hines/Hubbard*, Dividend Repatriations by U.S. Multinationals (1989).

347 Das Wort »Repatriierung« entstammt dem lateinischen Word »*repatriare*«, welches bedeutet »etwas nach Hause zurückführen«.

Nullquellensteuersatz für Dividendeneinkünfte ermöglicht, gelten diese Überlegungen auch für die Repatriierung von U.S.-amerikanischen Gewinnen aus Deutschland, denn der Nullquellensteuersatz für Dividendeneinkünfte ist gem. Art. 10 Nr. 3(a) DBA Deutschland-USA an hohe Hürden geknüpft (80%ige Beteiligung, 12-monatige Haltefrist und Erfüllung der LoB-Klausel).[348] Die möglichen Repatriierungsrouten werden schematisch in Abbildung 13 dargestellt.

Repatriierung von U.S. Gewinnen aus Deutschland

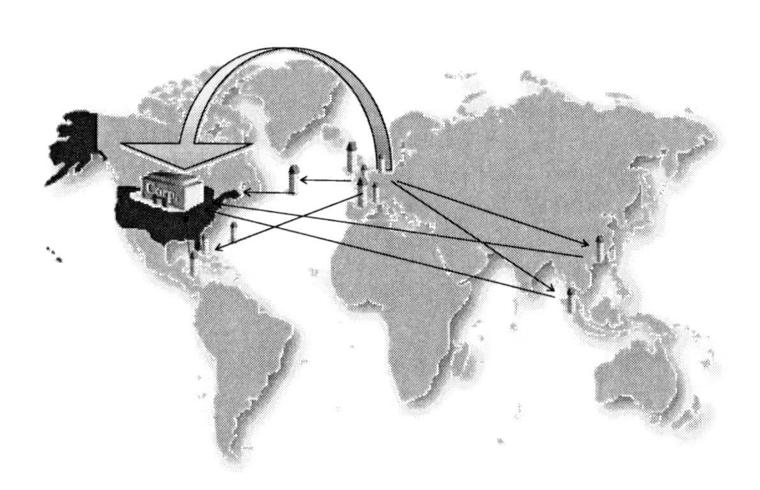

Abbildung 13: Repatriierung aus Deutschland

Eine Analyse von *PricewaterhouseCoopers* kam im Jahre 2003 zu dem Ergebnis, dass der durchschnittliche Repatriierungssteuersatz von multinationalen U.S.-amerikanischen Unternehmen bei lediglich 3,7% lag.[349] Da das U.S.-amerikanische Anrechnungssystem für Gewinnrepatriierungen aus Niedrigsteuerländern eher abschreckend wirkt, spricht Einiges dafür, dass dieser niedrige Steuersatz damit im Zusammenhang steht, dass die repatriierten ausländischen Gewinne meist aus Hochsteuerländern stammen.

Zudem kommt, dass in den letzten Jahren Anreize für die Repatriierung von ausländischen Gewinnen geschaffen wurden. Der stärkste Impuls

348 Siehe eine ausführliche Darstellung in Kapitel 9(V.)(3.).

349 Unveröffentlichte Analyse von *PriceWaterhouseCoopers* auf der Basis von Daten des IRS aus dem Jahre 1999 zitiert in: *Kostenbauder*, Statement Before the Senate Finance Committee on July 15, 2003, S. 10; *Ensign*, Testimony Before the Senate Finance Committee on July 15, 2003, S. 4.

wurde durch das »*Sunset Law*« in § 965 IRC geschaffen, welches noch im Detail beschrieben wird.[350]

A. Formen der Repatriierung

Es gibt einen starken empirischen Beweis dafür, dass Dividendenzahlungen von ausländischen Tochtergesellschaften an ihre Muttergesellschaft als Repatriierungsmittel weit verbreitet, umfangreich und beständig sind.[351]

Wenngleich Dividendenrepatriierungen die üblichste Form der Repatriierung sind, sind sie nicht der einzige Weg. Vielmehr sind Zins- und Lizenzzahlungen ebenfalls wichtige Repatriierungsformen.[352] Vor allem beinhaltet die Zinszahlung einer Tochter- an eine Muttergesellschaft den Vorteil, dass diese als Betriebsaufwendung bei der Tochtergesellschaft abzugsfähig ist.[353] Auch Lizenzzahlungen als Repatriierungsmittel können vorteilhaft sein, wenn es im Rahmen der einschlägigen Verrechnungspreisregelungen gelingt, Gewinne zur Muttergesellschaft zu verlagern.[354] Zudem sind die ausländischen Quellensteuern auf Zins- und Lizenzzahlungen eher moderat und können daher häufig vollständig in den Vereinigten Staa-

350 Siehe Kapitel 3(I.)(G.).

351 Allerdings gibt es gegenwärtig einen Trend, weniger Dividenden auszuschütten. Siehe *Desai/Foley/Hines*, Dividend Policy inside the Multinational Firm (2003), EFA 2002 Berlin Meetings Presented Paper, S. 12-13. Im Jahre 1994 schütteten 30% der ausländischen U.S.-amerikanischen Tochtergesellschaften Dividenden an die Spitzeneinheit aus, verglichen mit 40% im Jahre 1982. Siehe *Desai/Foley/Hines*, Dividend Policy inside the Multinational Firm (2003), EFA 2002 Berlin Meetings Presented Paper, Abbildung 3. Damit einher geht der Trend, dass viele Unternehmen weniger Dividenden an ihre Anteilseinger ausschütten. Siehe *Fama/French*, Disappearing Dividends (2000), CRSP Working Paper No. 509, S. 26-28, deren Studie ergab, dass Dividendenausschüttungen von 55% im Jahre 1982 auf 30% im Jahre 1994 sanken. Eine Übersicht über empirische Beobachtungen hinsichtlich des Ausschüttungsverhaltens ausländischer Tochtergesellschaften zur U.S.-amerikanischen Spitzeneinheit geben *Hartzell/Titman/Twite*, Why do forms hold so much cash ? (2005), AFA 2006 Boston Meetings Paper, S. 7. Ferner, *Hines,* The Case against Deferral, National Tax Journal 1999, Vol. 52, No. 3, 385, 389.

352 Empirische Beobachtungen zeigen, dass es fundamentale Unterschiede zwischen den Branchen bei der Frage gibt, wie Gewinne repatriiert werden. Während Repatriierungen via Zins- und Lizenzzahlungen im Handel wenig verbreitet sind, sind diese sehr wichtig im Dienstleistungssektor. Siehe *Hines/Hubbard*, Dividend Repatriations by U.S. Multinationals (1989), S. 16, 17; *Hines,* The Case against Deferral, National Tax Journal 1999, Vol. 52, No. 3, 385, 389, 390.

353 Vgl. *Altshuler,* Recent Developments in the Debate of Deferral, Tax Notes 2000, 255, 261.

354 Siehe *Hines/Hubbard*, Dividend Repatriations by U.S. Multinationals (1989), S. 6.

ten angerechnet werden.[355] Daher bietet sich diese Form der Repatriierung vor allem für die U.S.-amerikanischen Muttergesellschaften an, die Anrechnungsüberhänge erzeugt haben.

Trotz der Tatsache, dass Dividendenausschüttungen oft nicht das steueroptimale Repatriierungsmittel sind,[356] repatriieren multinationale U.S.-amerikanische Unternehmen einen großen Teil ihrer ausländischen Gewinne mittels Dividendenausschüttungen.[357] Diese Phänomen ist unter dem Begriff »*Dividend Puzzle*« bekannt und Gegenstand umfangreicher wissenschaftlicher Forschung.[358]

B. *Gründe für die Repatriierung*

Die Hauptgründe für die Repatriierung ausländischer Gewinne sind:

- Finanzierung von Investitionen und
- Liquiditätsbedarf (z.B. für Dividendenausschüttungen an Anteilseigner).[359]
- Wie bereits mit dem Phänomen des »*Dividend Puzzle*« beschrieben,[360] liegt die Hauptmotivation im Zusammenhang mit Repatriierungen nicht notwendigerweise in der Reduzierung der Steuerlast. Tatsächlich gibt es empirische Beweise dafür, das Unternehmen eine Vielfalt an steuererhöhenden Transaktionen durchführen, um andere Ziele zu verfolgen. Eines dieser anderen Ziele ist die Kontrolle und Beobach-

355 Dies gilt so lange wie der ausländische Körperschaftsteuersatz höher ist als die Quellensteuersätze. Siehe *Hines/Hubbard*, Dividend Repatriations by U.S. Multinationals (1989), S. 7.

356 *Altshuler/Grubert*, Repatriation Taxes, Repatriation Strategies and Multinational Financial Policy, Journal of Public Economics 2003, Vol. 87, 73, 74.

357 Im Jahre 1989 repatriierten multinationale U.S.-amerikanische Unternehmen 60% ihrer ausländischen Gewinne in Form von Dividenden. Siehe *Hines/Hubbard*, Dividend Repatriations by U.S. Multinationals (1989), S. 8.

358 Siehe *Auerbach*, Wealth Maximization and the Cost of Capital, Quarterly Journal of Economics 1979, Vol. 93, 433ff.; *Hartman*, Tax Policy and Foreign Direct Investment, National Tax Journal 1984, Vol. 37, No. 4, 475, S. 4-7; *Bradford*, The Incidence and Allocation Effects of a Tax on Corporate Distributions, Journal of Public Economics 1981, Vol. 15, 1-6. Nach einer Ansicht ist das sog. »Dividend Puzzle« auch damit zu erklären, dass von Dividendenausschüttungen ein Signal der Profitabilität ausgeht. Siehe *Bhattacharya*, Imperfect Information, Dividend Policy, Bell Journal of Economics 1979, Vol. 10, 259, 260ff.; *Bratton*, The New Dividend-Puzzle, Georgetown Law Journal 2005, Vol. 93, 845-896.

359 Vgl. *Brumbaugh*, Tax Exemption for Repatriated Foreign Earnings (2003), Summary.

360 Im Detail oben Kapitel 3(I.)(A.).

tung der Manager der ausländischen Tochtergesellschaften, um deren Zuverlässigkeit zu untersuchen.[361]

- Ein anderer, wenngleich seltener Grund für die Repatriierung mittels Dividendenausschüttungen ist, ein Signal an die Kapitalmärkte zu senden, um die Profitabilität sowohl der U.S.-amerikanischen Muttergesellschaft als auch der ausländischen Tochtergesellschaften zu untermauern.[362]
- Beide dieser Gründe erklären auch das steuererhöhende Verhalten mancher Unternehmen, deren Tochtergesellschaft Dividenden ausschüttet und die Muttergesellschaft gleichzeitig diese Tochtergesellschaft mit neuem Eigenkapital versorgt.[363]

C. Empirische Daten und Repatriierungspotential

Hines und *Hubbard* fanden heraus, dass ausländische Tochtergesellschaften im Jahre 1984 durchschnittlich 42,1% ihrer Gewinne als Dividenden an die U.S.-amerikanische Muttergesellschaft ausschütteten. Zusammen mit Zins- und Lizenzzahlungen betrug der transferierte Gewinnanteil 60%.[364]

Das Repatriierungspotential lässt sich daran ablesen, dass multinationale U.S.-amerikanische Unternehmen im Jahre 2007 akkumulierte Gewinne in ausländischen Tochtergesellschaften in Höhe von $804 Milliarden ausgewiesen haben.[365] Aufgrund des repatriierungsfeindlichen U.S.-amerikanischen Anrechnungssystems[366] muss jedoch davon ausgegangen werden, dass einige dieser in ausländischen Tochtergesellschaften ausgewiesenen Gewinne nicht ohne erheblichen Restrukturierungsaufwand

361 Siehe *Desai/Foley/Hines*, Dividend Policy inside the Multinational Firm (2003), EFA 2002 Berlin Meetings Presented Paper, S. 2-3, die zu dem Schluss kommen, dass »[...] the evidence implies that control problems inside firms contribute substantially to the nature of cash transfer policies and capital allocation inside multinational firms.« (S. 27).

362 Siehe, *Desai/Foley/Hines*, Dividend Policy inside the Firm (2002), NBER Working Paper No. 8698, S. 2-6; *Desai/Foley/Hines*, Dividend Policy inside the Multinational Firm (2003), EFA 2002 Berlin Meetings Presented Paper, S. 28.

363 Wissenschaftlich fundierte Belege für die Existenz und die Häufigkeit dieser Handlungen geben *Desai/Foley/Hines*, Dividend Policy inside the Multinational Firm (2003), EFA 2002 Berlin Meetings Presented Paper, S. 2 und Tabelle X.

364 *Hines/Hubbard*, Dividend Repatriations by U.S. Multinationals (1989), S. 22.

365 *Weiner*, Dividend Repatriation and Domestic Reinvestment, Tax Notes International 2007, Vol. 48, 827.

366 Siehe unten Kapitel 9(II.).

steueroptimal in die Vereinigten Staaten repatriiert werden können.[367] Das größte Repatriierungspotential besitzen Unternehmen im Technologie- und Pharmasektor, da sie viele immaterielle Wirtschaftsgüter besitzen, die samt ihrem Gewinnpotential leichter ins Ausland verschoben werden können als andere Wirtschaftsgüter.[368]

Ein Bereich des U.S.-amerikanischen *Congressional Research Service* schätzte im Jahre 2003, dass ca. $639 Milliarden akkumulierter Gewinne im Ausland ausgewiesen wurden, um eine Repatriierungssteuer zu vermeiden.[369]

Aufgrund der großen Aufmerksamkeit, die Repatriierungen durch den *American Jobs Creation Act* (AJCA) in den Jahren 2004 und 2005 erfahren haben, konnten die oben genannten Daten bestätigt werden. Aufgrund der zeitlich begrenzten Privilegierung von repatriierten Gewinnen in § 965 IRC wurden am Ende über $300 Milliarden repatriiert.[370] Auf die Einzelheiten wird noch einzugehen sein.[371]

D. Repatriierungskosten, Repatriierungssteuern und Repatriierungsentscheidungen

Aus U.S.-amerikanischer Sicht sind die Kosten einer Repatriierung umso geringer je höher die Anrechnungsüberhänge sind.[372] Daher verursachen multinationale U.S.-amerikanische Unternehmen vor allem Repatriierungskosten dann, wenn sie nur gering besteuerte Gewinne ausländischer Tochtergesellschaften repatriieren, weil dies zu einer Reduktion der

367 Eine Auflistung der »permanently reinvested earnings« von 117 großen multinationalen Unternehmen befindet sich in *Albring/Dzuranin/Mills,* Tax Savings on Repatriations of Foreign Earnings, Tax Notes International 2005, Vol. 39, 933, 942-945.

368 *Grubert/Slemrod,* The Effects of Taxes on Investment, The Review of Economics and Statistics 1998, Vol. 80, 365; *Albring/Dzuranin/Mills,* Tax Savings on Repatriations of Foreign Earnings, Tax Notes International 2005, Vol. 39, 933, 934.

369 *Brumbaugh,* Tax Exemption for Repatriated Foreign Earnings (2003), CRS-8; *Fleming/Peroni,* Eviscerating the U.S. Foreign Tax Credit Limitations and Cutting the Repatriation Tax, Tax Notes 2004, 1393, 1410.

370 *Weiner,* Dividend Repatriation and Domestic Reinvestment, Tax Notes International 2007, Vol. 48, 827. Compared to the $425 billion forecast of *JP Morgan,* Update on Repatriation legislation on June 5 2004.

371 Siehe oben Kapitel 3(I.)(G.).

372 *Hines,* The Case against Deferral, National Tax Journal 1999, Vol. 52, No. 3, 385, 389 (Fn. 10). »Firms with excess foreign tax credits have significantly lower repatriation costs than do firms with deficit foreign tax credits, but nevertheless incur some costs in repatriating dividends from lightly taxed subsidiaries, because doing so reduces foreign tax credit carryforwards and may trigger additional costs due to the way that home country laws allocate income and expenses for tax purposes.«

Anrechnungsvorträge führt und daher zusätzliche Steueraufwendungen verursacht.[373]

Aufgrund des Prinzips der Abschnittsbesteuerung hat auch der Zeitpunkt der Repatriierung einen großen Einfluss auf die Optimierung der Repatriierungspolitik und ihrer Kosten.[374]

Die Steuern, die im Laufe der Repatriierung ausländischer Gewinne anfallen heißen »Repatriierungssteuern«. Der Steuersatz der Repatriierungssteuer ist das Ergebnis einer Interaktion zwischen dem Steuersatz im Heimatstaat, dem Steuersatz im Ausland, dem Quellensteuersatz im Ausland und einer Vielzahl von Steueranrechnungs- bzw. Steuerabzugsregelungen.[375]

Gewinne ausländischer Tochtergesellschaften, die nicht den *Subpart F*-Regeln unterliegen, werden im Repatriierungszeitpunkt dem gesetzlichen U.S.-amerikanischen Steuersatz von 35% unterworfen. Dividendenausschüttungen sind in einem hohen Maße von Repatriierungssteuern betroffen.[376]

Bei der Repatriierungssteuer besteht eine inverse Abhängigkeit zu den ausländischen Steuern sowie der Organisationsform der ausländischen Einheit (Tochterkapitalgesellschaft, Personengesellschaft, Betriebsstätte). Im Gegensatz zu einer ausländischen Tochterkapitalgesellschaft verursachen ausländische Personengesellschaften und ausländische Betriebsstätten keine zusätzlichen Steuern durch eine Repatriierung der Gewinne, weil diese transparent besteuert und damit unmittelbar dem U.S.-amerikanischen Gesellschafter zugerechnet werden.[377]

Wenn der U.S.-amerikanische Steuersatz höher ist als der ausländische Steuersatz, ergibt sich der effektive Repatriierungssteuersatz aus der Differenz dieser beiden Steuersätze.[378] Keinerlei Repatriierungssteuer wird allerdings verursacht, wenn der U.S.-amerikanische Steuersatz geringer ist als der ausländische Steuersatz. Daher werden Unternehmen von einer Re-

373 »The potential additional tax costs depend on the the way the home country allocates income and expenses for tax purposes.« *Hines,* The Case against Deferral, National Tax Journal 1999, Vol. 52, No. 3, 385, 389 (Fn. 10).

374 *Niemann,* Wirkungen der Abschnittsbesteuerung auf internationale Investitions- und Repatriierungsentscheidungen, zfbf 2006, Vol. 58, 928, 938, 952, 953.

375 *Sinn*, Taxation and the Birth of Foreign Subsidiaries (1990), NBER Working Paper No. 3519, S. 4; *Desai/Foley/Hines,* Repatriation Taxes and Dividend Distortions, National Tax Journal 2001, Vol. 54, No. 4, 829ff.; *Altshuler/Newlon*, The Effects of U.S. Tax Policy (1993), NBER Working Paper No. 3925, 10;

376 *Desai/Foley/Hines*, Taxation and Multinational Activity: New Evidence, New Interpretations, BEA Survey of Current Business, 2006, S. 20.

377 *Desai/Foley/Hines*, Taxation and Multinational Activity: New Evidence, New Interpretations, BEA Survey of Current Business, 2006, S. 20.

378 Siehe *Desai/Foley/Hines*, Dividend Policy inside the Multinational Firm (2003), EFA 2002 Berlin Meetings Presented Paper, S. 8.

patriierung umso weniger zu einer Repatriierung bereit sein, je geringer der ausländische Steuersatz ist *et vice versa*.

Seit Jahrzehnten werden wissenschaftliche Analysen über die Wirkung der Repatriierungssteuer auf Repatriierungsentscheidungen verfasst.[379] *Hartman* hat in diesem Zusammenhang einen Meilenstein im Jahre 1985 gesetzt.[380]

Alle Studien beschreiben zwei in sich widersprüchliche Beobachtungen. Zum einen gibt es empirische Belege dafür, dass Investitionsentscheidungen multinationaler U.S.-amerikanischer Unternehmen sehr steuersensitiv sind.[381]

Auf der einen Seite fanden *Hines* und *Hubbard* heraus, dass eine um 1% geringere Repatriierungssteuer eine 4% höhere Dividendenausschüttung zur Folge hat.[382] *Grubert* und *Mutti* errechneten eine 1% zu 3% Relation

379 Frühere Studien von *Barlow/Wender*, Foreign Investment and Taxation, 1955, bemerkten, dass multinationale U.S.-amerikanische Unternehmen lediglich einmalig anfänglich Eigenkapital in ihre ausländischen Tochtergesellschaften einlegten. *Stevens*, Capital Mobility and the International Firm, in: Machlup/Salant/Tarshis, The International Mobility and Movement of Capital, 1972, stellten dagegen die Wichtigkeit von regelmäßigen Eigenkapitaleinlagen heraus. *Mauer/Scaperlanda*, Remittances from U.S. Direct Foreign Investment in the European Community, Economia Internazionale 1972, Vol. 25, 33-43 fanden heraus, dass sich im Laufe der Zeit die Struktur der Dividendenausschüttungen immer häufiger verändert hat.

380 *Hartman*, Tax Policy and Foreign Direct Investment, National Tax Journal 1984, Vol. 37, No. 4, 475-487; *Hartman*, Tax Policy and Foreign Direct Investment, Journal of Public Economics 1985, Vol. 26, 107-121. *Hartmans* Studien basierten auf *King*, Public Policy and the Corporation, 1977; *Auerbach*, Wealth Maximization and the Cost of Capital, Quarterly Journal of Economics 1979, Vol. 93, 433-446 sowie *Bradford*, The Incidence and Allocation Effects of a Tax on Corporate Distributions, Journal of Public Economics 1981, Vol. 15, 1-22. *Hartmans* Ansatz ist bekannt unter den Begriffen »new view of dividends« und »trapped equity«. *Hartman*, Tax Policy and Foreign Direct Investment, Journal of Public Economics 1985, Vol. 26, 107-121.

381 Siehe aktuelle empirische Erkenntnisse in Altshuler/Grubert, Taxpayer Response to Competitive Tax Policies and Tax Policy Responses to Competitive Taxpayers, Tax Notes International 2004, Vol. 34, 1349, 1360, 1361. Ferner Altshuler/Grubert/Newlon, U.S. Investment Abroad (1998), NBER Working Paper No. 6383, S. 21-22; Hines, Tax Policy and the Activities of Multinational Corporations (1996), NBER Working Paper No. 5589, S. 2, 41-43; Hines, No Place Like Home (1994), NBER Working Paper No. 4574, S. 34-35; Nov, Tax Competition: An Analysis of the Fundamental Arguments, Tax Notes International 2005, Vol. 37, 323, 325.

382 *Hines/Hubbard*, Dividend Repatriations by U.S. Multinationals (1989), S. 32ff.; *Grubert/Mutti*, Do Taxes Influence Where U.S. Corporations Invest ?, National Tax Journal 2000, Vol. 53 No. 4, 825-839, bewerteten Daten aus dem Jahre 1992 von 500 multinationalen U.S.-amerikanischen Unternehmen. Sie bewiesen, dass der durchschnittliche effektive Steuersatz einen erheblichen Einfluss auf die Standortwahl und auf die Höhe der Direktinvestition hat. Zu einem ähnlichen Ergebnis kamen im Jahre 1989 bereits *Hines/Hubbard*, Dividend Repatriations by

zwischen Steuern und Dividendenausschüttungen und behaupten ferner, dass ca. 19% des im Ausland befindlichen U.S.-amerikanischen Kapitals in anderen Ländern wäre, wenn Steuern keine Rolle spielen würden.[383]

Auf der anderen Seite haben theoretisch Modelle stets gezeigt, dass Steuern keinen Einfluss auf Repatriierungsentscheidungen haben, solange der Steuerpflichtige nicht mit Änderungen der steuerlichen Rahmenbedingungen rechnet.[384] In einem solchen Falle wird oft davon ausgegangen, dass eine steuerliche Belastung unvermeidlich ist, sobald die Abschirmung der ausländischen Gewinne aufgegeben wird.[385] Jedoch werden diese theoretischen Ansätze in der Praxis nicht bestätigt, weil Steuerpflichtige stets mit einer Änderung der Rahmenbedingungen rechnen. Diese Erwartung begründet sich auf einige steuerliche Anreize, die in der Vergangenheit zumindest temporär gesetzt wurden, um Gewinne zu repatriieren.[386]

Um die theoretischen mit den praktischen Ansätzen in Einklang zu bringen, schlagen *Altshuler, Newlon* und *Randolph* vor, dass Repatriierungssteuern zwar grundsätzlich keinen Einfluss auf das Dividendenrepatriierungsverhalten haben, aber nur unter der Voraussetzung, dass die Belastung durch Repatriierungssteuern sich im Laufe der Zeit immer wieder ändert.[387]

E. Repatriierungsstrategien

Im Rahmen der Steuerplanung mit Holdinggesellschaften konzentrieren sich Repatriierungsstrategien zum einen auf den Transfer bereits versteuerten Einkommens zur Muttergesellschaft und zum anderen auf das tem-

U.S. Multinationals, NBER Working Paper Series 1989, Working Paper No. 2931, S. 4, 19, 20. Sie errechneten, dass ein geringerer Steuersatz der zu einer 1% höheren Rendite nach Steuern führt, mit einer um 3% höheren Direktinvestition im Zusammenhang steht.

383 *Grubert/Mutti,* Do Taxes Influence Where U.S. Corporations Invest?, National Tax Journal 2000, Vol. 53 No. 4, 825, 835. Desai/Foley/Hines, Repatriation Taxes and Dividend Distortions, National Tax Journal 2001, Vol. 54, No. 4, 829, 830 zeigen, dass ein Anstieg der Repatriierungsteuer um 10% zu einer Verringerung von Dividendenausschüttungen um 10% führt.

384 Einen Überblick über die theoretischen Modelle geben *Desai/Foley/Hines,* Repatriation Taxes and Dividend Distortions, National Tax Journal 2001, Vol. 54, No. 4, 829, 834; *Altshuler,* Recent Developments in the Debate of Deferral, Tax Notes 2000, 255-268; *Sinn*, Taxation and the Birth of Foreign Subsidiaries (1990), NBER Working Paper No. 3519, 11.

385 *Hartman*, Tax Policy and Foreign Direct Investment (1981), NBER Working Paper No. 689, S. 23ff.

386 Siehe Kapitel 3(I.)(G.).

387 *Altshuler/Newlon/Randolph*, Do Repatriation Taxes Matter? (1994), NBER Working Paper No. 4667, 1994, S. 1 und S. 24. Eine Beschreibung der theoretischen Modelle befindet sich auf S. 4ff.

poräre Verwahren der ausländischen Gewinne auf der Ebene der Holdinggesellschaft.[388]

Um dieses Ziel zu erreichen, gibt es drei verschiedene Methoden:[389]
- Umleitung von Einkünften (*direct conduit*);
- Umformung von Einkünften (*secondary sheltering / stepping stone conduit / rule shopping*);
- zeitliches Abschirmen von Einkünften (*deferral / primary sheltering*).[390]

F. Alternativen zur Repatriierung

Obwohl Repatriierungsstrategien sehr weit verbreitet sind, gibt es auch noch andere Mittel in der internationalen Steuerplanung. Manche dieser Alternativen sind aus steuerlicher Sicht vorteilhafter.

Alternativ oder kumulativ eignen sich die oben[391] beschriebenen Allokationsstrategien.

Außerdem ist ein direkter Kapitalfluss zwischen der Muttergesellschaft und den Tochtergesellschaften nicht zwingend, falls die Vergabe von Darlehen eine Option ist.[392] Tochtergesellschaften können ein Darlehen an ihre Muttergesellschaft vergeben, um deren Investitionen zu finanzieren. Die Zinsgewinne dieser Transaktion sollten allerdings in einem Niedrigsteuerland unter Abschirmung von der U.S.-amerikanischen Besteuerung realisiert werden.[393]

Eine weitere Alternative wäre eine »Dreiecksstrategie«, indem niedrigbesteuerte Konzernunternehmen an ein anderes Konzernunternehmen Eigen- oder Fremdkapital vergeben. Letzteres Konzernunternehmen könnte

388 *Kessler*, Überlegungen zur Standortwahl einer Euro-Holding aus steuerlicher Sicht, in: Fischer, Grenzüberschreitende Aktivitäten deutscher Unternehmen und EU-Recht, 1997, S. 130, 136.

389 *Kessler*, Überlegungen zur Standortwahl einer Euro-Holding aus steuerlicher Sicht, in: Fischer, Grenzüberschreitende Aktivitäten deutscher Unternehmen und EU-Recht, 1997, S. 130, 138; *Hoffmann*, Steueroptimales Ausschüttungsverhalten und Repatriierungsstrategien, in: Grotherr, Handbuch der internationalen Steuerplanung, 2003, S. 503, 509-510.

390 Siehe oben Kapitel 2(I.)(A.).

391 Siehe oben Kapitel 2(II.)(C.).

392 Siehe auch den Beispielsfall in *Endres,* Zur steueroptimalen Vergabe von Eigen- oder Fremdkapital ins Ausland, Praxis Internationale Steuerberatung 2006, 255-258.

393 *Altshuler/Grubert,* Repatriation Taxes, Repatriation Strategies and Multinational Financial Policy, Journal of Public Economics 2003, Vol. 87, 73ff. Eine Studie über empirische Belege zu den Alternativen von Repatriierungen veröffentlichten *Altshuler/Grubert,* Repatriation Taxes, Repatriation Strategies and Multinational Financial Policy, Journal of Public Economics 2003, Vol. 87, 73, 95.

sodann als ein Vehikel zur steuerfreien Repatriierung genutzt werden, indem es der Muttergesellschaft ermöglicht, niedrigbesteuerte Einkünfte zusammen mit hochbesteuerten Einkünften zu repatriieren. Schließlich können diese Einkünfte an die Muttergesellschaft ohne nennenswerte zusätzliche Repatriierungskosten repatriiert werden.[394]

G. *Gesetzliche Anreize zur Repatriierung*

Kritische Stimmen behaupten, dass das derzeitige U.S.-amerikanische Steuersystem Unternehmen von der Repatriierung ausländischer Gewinne abschreckt und fordern daher eine Steuersatzsenkung.[395] Einschlägige Studien besagen, dass eine dauerhafte Steuersenkung keinerlei Einfluss auf die Repatriierung von ausländischen Gewinnen habe. Vielmehr würden Unternehmen sogar dazu verleitet werden, ihren Kapitalfluss aus den Vereinigten Staaten ins Ausland zu erhöhen.[396] Bestenfalls wären zeitlich begrenzte Steueranreize dazu geeignet, den Repatriierungsumfang zu erhöhen.[397]

Folglich sind (zeitlich begrenzte) Steueranreize das Mittel der Wahl für Staaten, die den Repatriierungsumfang ihrer Steuerpflichtigen erhöhen

394 Siehe *Altshuler/Grubert,* Repatriation Taxes, Repatriation Strategies and Multinational Financial Policy, Journal of Public Economics 2003, Vol. 87, 73ff.

395 Befürworter einer Steuersatzsenkung waren *Ensign*, Testimony Before the Senate Finance Committee on July 15, 2003, der die Grundlagen für die Rahmenbedingungen des späteren § 965 IRC lag. *Allen*, Testimony Before the Senate Finance Committee on July 15, 2003. *Hines* und andere sagten vor dem Senate Finance Committee im Jahre 2003 aus, dass die gegenwärtige U.S.-amerikanische Steuerpolitik möglicherweise die Produktivität der Weltwirtschaft und den Wohlstand der Vereinigten Staaten reduziere. Siehe *Hines*, Statement Before the Senate Finance Committee on July 15, 2003, S. 2.

396 Gegner einer Steuersatzsenkung waren *Sheppard,* U.S. Repatriation Amnesty And Other Bad Ideas, Tax Notes International 2003, Vol. 31, 860-866; *Bennett/Stimmel,* Finance Approves 19-2 Export Tax Bill with More Manufacturing, Daily Tax Report (BNA), Vol. 191, October 2 2003, GG 1 und 2. Eine Gegenüberstellung der Vor- und Nachteile einer Steuersatzsenkung befindet sich in *U.S. Congress,* Background and Selected Issues Relating to the Competitiveness of U.S. Businesses Abroad, JCX-68-03, July 14, 2003, 39-42. Die Bevorzugung multinationaler U.S.-amerikanischer Unternehmen gegenüber rein national agierenden U.S.-amerikanischen Unternehmen beklagend *Sullivan,* U.S. Relief for Prodigal Profits, Tax Notes International 2003, Vol. 30, 742-747. Allerdings gesteht *Sullivan* ein, dass ohne steuerliche Anreize für multinationale U.S.-amerikanische Unternehmen weniger Repatriierungen durchgeführt werden würden und infolgedessen ein notwendiger stimulierender Effekt für die U.S.-amerikanische Wirtschaft ausbleiben würde (S. 744). Ferner *Brumbaugh*, Tax Exemption for Repatriated Foreign Earnings (2003), S. CRS-7.

397 *Hartman,* Tax Policy and Foreign Direct Investment, National Tax Journal 1984, Vol. 37, No. 4, 475, 486.

wollen.[398] Ungeachtet der Berichte internationaler Organisationen und wissenschaftlicher Studien, die besagen, dass steuerliche Anreize nur die zweitbeste Lösung seien,[399] gibt es in der neueren Gesetzgebungsgeschichte der Vereinigten Staaten vielerlei Vorschläge für solche Anreize.[400]

Zwei Vorschläge haben sich in den Gesetzgebungsprozessen schließlich durchgesetzt. Der *Jobs and Growth Tax Relief Reconciliation Act* aus dem Jahre 2003 (JGTRRA)[401] und der *American Jobs Creation Act* aus dem Jahre 2004 (AJCA).[402]

398 Siehe auch die jüngste kontrovers geführte Diskussion über Steueranreize in *Sullivan,* Tax Incentives and Economists, Tax Notes International 2006, Vol. 42, 96ff.; *Tittle,* Toward a Negative Definition of Tax Incentives, Tax Notes International 2006, Vol. 42, 403ff.; *Nov,* Tax Incentives for Foreign Direct Investment, Tax Notes International 2005, Vol. 38, 263ff.

399 *Nov,* Tax Incentives for Foreign Direct Investment, Tax Notes International 2005, Vol. 38, 263, 269ff.

400 Allein im Jahre 2003: Homeland Investment Act, H.R. 767 (English); Invest in America Act, H.R. 1162 (Smith); Invest in the U.S.A. Act of 2003, S. 596 (Ensign); H.R. 2896 (Thomas); S. 1475 (Hatch); S. 1637 (Grassley). Ferner, *Hufbauer/Grieco*, Right Diagnosis, Wrong Prescription, in: Institute for International Economics, Policy Brief April, 2004, S. 1, 9, 11.

401 (P.L. 108-27, 2003), 117 Stat. 752. *Lady,* Qualified Foreign Corporations: Taxing Foreign Corporation Dividends At Net Capital Gains Rates, Tax Management International Journal, Vol. 33, 339-357; *Harty/Sheppard,* Repatriating Subpart F Income, Tax Notes International 2005, Vol. 38, 173-178; *Rubinger,* Converting Low-Taxed Income into »Qualified Dividend Income« for U.S. Taxpayers, Tax Notes International 2004, Vol. 35, 91-105; *Sheppard,* U.S. Repatriation Amnesty And Other Bad Ideas, Tax Notes International 2003, Vol. 31, 860, 862; *Rubinger/Sherman,* Dividends received from qualified foreign corporations, Tax Management International Journal, Vol. 34, 97-104; *Sheppard/Harty,* The Evolving Treatment of Qualified Foreign Dividends, Journal of International Taxation 2005, Vol. 16, 28; *Teunissen/Nauheim/Arora,* How to reduce US tax on qualified dividends, International Tax Review, Vol. 15, 26-29; *Rojas,* U.S. Treasury Fleshes Out Earnings Repatriation Framework, Tax Notes International 2005, Vol. 39, 291, 292. Des Weiteren zum JGTRRA, *Tolin*, International Aspects of Dividend Rate Reduction Under 2003 Jobs Act, U.S. Taxation of International Operations, 24.3.2004, 9498-F; *Sheppard*, Reduced Tax Rates on Foreign Dividends Under JGTRRA: Ambiguities and Opportunities (Part 1), U.S. Taxation of International Operations, 29.12.2004, 9498-G-9498-H.15; *Sheppard/Harty*, Reduced Tax Rates on Foreign Dividends Under JGTRRA: Ambiguities and Opportunities (Part 2), U.S. Taxation of International Operations, 29.12.2004, 9498-I-9498-J.6; *Hines*, Statement Before the Senate Finance Committee on July 15, 2003, S.1.

402 (P.L. 108-357, 22, 2004) H.R. 4520. Siehe auch die Analyse von *Kessler/Eicke,* Arbeitsplätze aus dem Steuerparadies: Neue US-Subpart F-Regel schafft Anreize zur Repatriierung von Gewinnen aus Tax Havens in die USA – Ein Vorbild für Deutschland ?, IStR 2006, 1ff.; *Wiedermann-Ondrej,* Voraussetzungen für die begünstigte Repatriierung ausländischer Gewinne in die USA, Österreichische Steuerzeitung 2005, 174-176.

Durch den AJCA wurde § 965 IRC eingefügt, der es einem *U.S. Corporate Shareholder* (USSH) erlaubte, Gewinne ausländischer Tochtergesellschaften mit einem effektiven Steuersatz von 5,25% zu repatriieren.[403]

Der niedrige effektive Steuersatz war das Ergebnis eines 85%igen Abschlages auf die Dividendeneinkünfte (*Dividend Received Deduction*),[404] die über den durchschnittlichen Repatriierungsbetrag der vorangegangenen Jahre hinaus repatriiert wurden. Eine der Auflagen war jedoch, die Mittel in bestimmte (inländische) Projekte zu reinvestieren.[405] Als »*Sunset Law*«[406] war die Nutzung dieses Steueranreizes zeitlich begrenzt. Die Er-

403 *Blessing,* Earnings Repatriations Under the U.S. Jobs Act, Tax Notes International 2004, Vol. 36, 625; *Blessing,* Earnings Repatriations Under the U.S. Jobs Act, Tax Notes International 2004, Vol. 36, 625ff.; *Bittker/Eustice*, Federal Income Taxation of Corporations and Shareholders, 2005, 2005, 15.62 [8][c]; *Giegerich,* Repatriations Under the American Jobs Creation Act: The Clock's Ticking, Tax Notes International 2005, Vol. 39, 733; *Tobin,* An Analysis of the Low Tax Repatriation Provision Enacted by the American Jobs Creation Act of 2004 and of Notice 2005-10, Tax Management International Journal 2005, Vol. 34, 211, 214; *Weiner,* Dividend Repatriation and Domestic Reinvestment, Tax Notes International 2007, Vol. 48, 827-828; *Clemons*, The Who, Why and What of the One-Time Tax Holiday for Repatriations, 2007. Zu den Doumentationsverpflichtungen, *New York State Bar Association Tax Section,* The U.S. Temporary Dividends Received Deduction, Tax Notes International 2005, Vol. 39, 53, 64ff. Ferner, *Tuerff/Morrison/Cohen,* Retroactive Technical Corrections to AJCA, Intertax 2005, Vol. 33, 98, 99; § 965 (c)(5)(A); Notice 2005-38, May 10 2005, Tz. 2.01, 2.02, Department of the Treasury: Second Notice Providing Guidance on Repatriation of Foreign Earnings under the American Jobs Creation Act, Westlaw Citation: 2005 WL 1119358. Über die spezielle Behandlung von europäischen und asiatischen Dividenden unter dem AJCA, *Landau/Sommerhalder,* U.S. Jobs Act Repatriations: European and Asian Considerations, Tax Notes International 2005, Vol. 40, 259ff. Zu den Auswirkungen auf Bundesstaats- und Kommunalebene, *Lippmann/Amitay,* How will the American Jobs Creation Act of 2004 affect State and Local Taxes ?, Journal of Taxation 2005, Vol. 102, 161ff.

404 Siehe *Bittker/Eustice*, Federal Income Taxation of Corporations and Shareholders, 2005, 2005, 15.62[8][d]; *Lederman/Hirsh,* ACJA replaces tax incentive for exports with a domestic production tax break and a one-time DRD, Journal of Taxation 2005, Vol. 102, 6, 20; *New York State Bar Association Tax Section,* The U.S. Temporary Dividends Received Deduction, Tax Notes International 2005, Vol. 39, 53, 61; *Kaufmann,* Effect of Foreign Currency Translation On U.S. Repatriations of Foreign Income, Tax Notes International 2005, Vol.38, 607, 610; *Netram,* Earnings Repatriation Guidance Praised, but Questions Remain, Tax Notes International 2005, 306, 307; *Urse/Fowler/Collins*, PriceWaterhouseCoopers: Utilizing the Homeland Investment Act in 2005, S. 8-9.

405 *Kessler/Eicke,* Arbeitsplätze aus dem Steuerparadies: Neue US-Subpart F-Regel schafft Anreize zur Repatriierung von Gewinnen aus Tax Havens in die USA – Ein Vorbild für Deutschland ?, IStR 2006, 1-6.

wartungen waren anfänglich sehr unterschiedlich.[407] Am Ende des Tages war das Gesetz ein Erfolg.[408] Mehr als $300 Milliarden wurden repatriiert, wobei die meisten Mittel aus Singapur, Malaysia, den Niederlanden, Hongkong, Irland, den Cayman Islands, Luxemburg, Bermuda, der Schweiz und Schweden repatriiert wurden.[409] Aus den Niederlanden wurden 25% dieses Gesamtbetrages repatriiert. Vor allem Pharmaunternehmen profitierten von dieser Repatriierungsmöglichkeit. Die neun größten Pharmaunternehmen haben allein $98 Milliarden repatriiert.[410]

Es wird jedoch bezweifelt, dass die gesamten Mittel entsprechend der gesetzlichen Vorgaben reinvestiert wurden.[411] *Clemons* behauptet, dass

406 Nach *Black's Law Dictionary*, 9. Aufl. ist ein »Sunset Law«: »a statute under which a governmental agency or program automatically terminates at the end of a fixed period unless it is formally renewed«.

407 *Kessler/Eicke,* Arbeitsplätze aus dem Steuerparadies: Neue US-Subpart F-Regel schafft Anreize zur Repatriierung von Gewinnen aus Tax Havens in die USA – Ein Vorbild für Deutschland ?, IStR 2006, 1, 5-6; *Brumbaugh*, Tax Exemption for Repatriated Foreign Earnings (2003), ; *Brumbaugh*, Tax Exemption for Repatriated Foreign Earnings (2003), ; *Fleming/Peroni,* Eviscerating the U.S. Foreign Tax Credit Limitations and Cutting the Repatriation Tax, Tax Notes 2004, 1393, 1409; *Willens,* Repatriating Earnings Accumulated Outside of U.S, Daily Tax Report (BNA) 16.5.2005, 93, 1; *Wiedermann-Ondrej,* Beteiligungsertragsbefreiung für ausländische Dividenden, Zeitschrift für österreichisches Steuerrecht 2005, 149, Fn. 10. Ferner *Kostenbauder*, Statement Before the Senate Finance Committee on July 15, 2003, S. 11. Im *House Ways and Means Committee Report* on H.R. 4520 heißt es »Committee believes that a temporary reduction in the U.S. tax on repatriated dividends will stimulate the U.S. domestic economy by triggering the repatriation of foreign earnings that otherwise would have remained abroad«, H.R. ReS. No. 108-548, pt. 1, Rn. 146 (2004). Davor vertrat der Senate Finance Committee Report auf S. 1637 die gleiche Meinung, S. ReS. No. 108-192, Rn. 51 (2003). Außerdem *Bittker/Eustice*, Federal Income Taxation of Corporations and Shareholders, 2005, 15.62[8][d] »There is every indication that § 965 will serve as a »super attractor« in stimulating the repatriation of embedded foreign earnings.« Eine vorsichtigere Prognose gab *Willens,* AJCA Includes Eclectic Mix of Provisions Impacting Investors, Daily Tax Report (BNA) 14.10.2004, J 1.

408 *Sullivan,* U.S. High-Tech Companies' Tax Rates Falling, Tax Notes International 2006, Vol. 43, 1033, 1034. Ferner, *Sheppard,* Ending Deferral Without Repatriating Losses, Tax Notes International 2007, Vol. 48, 996, 997.

409 *Weiner,* Dividend Repatriation and Domestic Reinvestment, Tax Notes International 2007, Vol. 48, 827. Nur 10% der repatriierten Dividenden stammten aus Japan, dem einzigen Industrieland mit einem höheren gesetzlichen Körperschaftsteuersatz als die Vereinigten Staaten.

410 *Sullivan,* U.S. Drug Firms Bring Home $98 Billion, Tax Notes International 2006, Vol. 42, 321.

411 *Weiner,* Dividend Repatriation and Domestic Reinvestment, Tax Notes International 2007, Vol. 48, 827.

statt in die gesetzlich vorgegebenen Verwendungszwecke zu investieren, die meisten Mittel für (zweckfremde) Aktienrückkäufe genutzt wurden.[412]

II. Zwischenergebnis

In diesem Kapitel wurde dargelegt, dass ein Bedarf sowohl für die Repatriierung ausländischer Gewinne als auch für steueroptimale Methoden zur Umsetzung von Repatriierungen besteht. Wenngleich die Beweggründe für eine Repatriierung sehr unterschiedlich sein können, besteht kein Zweifel an deren Notwendigkeit. Allerdings ist auch deutlich geworden, dass der Repatriierungsprozess sehr komplex ist. Die Abbildung 14[413] zeigt die einbehaltenen Gewinne ausländischer Holdinggesellschaften von U.S.-amerikanischen Muttergesellschaften. Dabei wird vor allem der Repatriierungsstrom im Jahre 2005 deutlich, der durch das »*Sunset Law*« in § 965 IRC ausgelöst wurde.

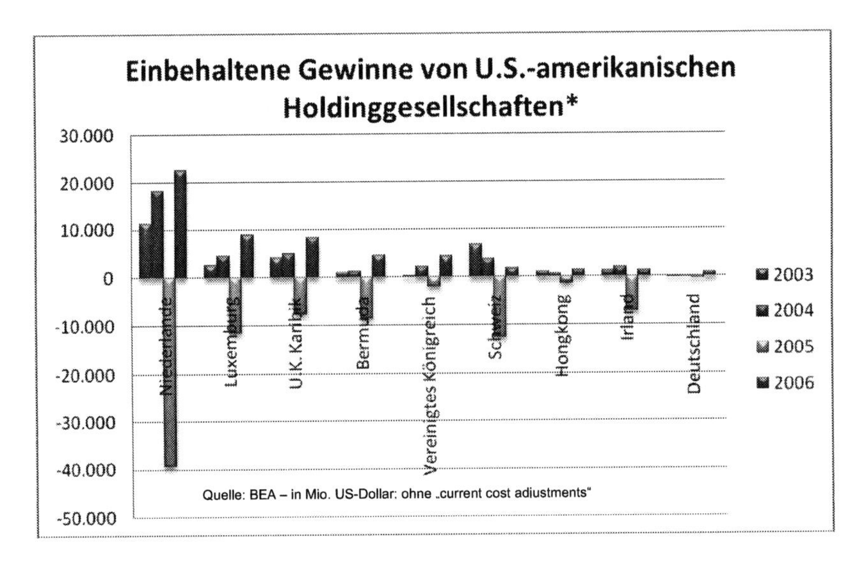

Abbildung 14: Einbehaltene Holdinggewinne

412 *Clemons*, The Who, Why and What of the One-Time Tax Holiday for Repatriations, 2007.

413 *Ibarra/Koncz*, Direct Investment Positions for 2006, BEA Survey of Current Business, 2007, S. 29.

Kapitel 4: U.S.-amerikanische Direktinvestitionen im Ausland

Ausländische Direktinvestitionen multinationaler U.S.-amerikanischer Unternehmen (*U.S. Direct Investment Abroad*) werden vom *Bureau of Economic Analysis* (BEA) definiert als direkte oder indirekte Beteiligung oder Kontrolle einer U.S.-amerikanischen Einheit, die mindestens 10% der Stimmrechte an einer ausländischen Gesellschaft oder ein gleichwertiges Interesse an dieser besitzt.[414] Die Entwicklung der U.S.-Direktinvestitionen in Europa zeigt Abbildung 15. Ein multinationales U.S.-amerikanisches Unternehmen[415] ist eine Kombination aus einer U.S.-amerikanischen Rechtseinheit, der Muttergesellschaft, und mindestens eines ausländischen Unternehmens (Tochtergesellschaft).[416] Die große Mehrheit dieser Unternehmen sind Tochterkapitalgesellschaften.[417]

414 Über die BEA Daten zu multinationalen U.S.-amerikanischen Unternehmen, *Mataloni,* A Guide to BEA Statistics on U.S. Multinational Companies, Survey of Current Business 1995, S. 38-55.

415 In manchen Zusammenhängen ist auch von »U.S. multinational entities (MNE)« die Rede.

416 Siehe *Desai/Foley/Hines*, Dividend Policy inside the Multinational Firm (2003), EFA 2002 Berlin Meetings Presented Paper, Anhang II.

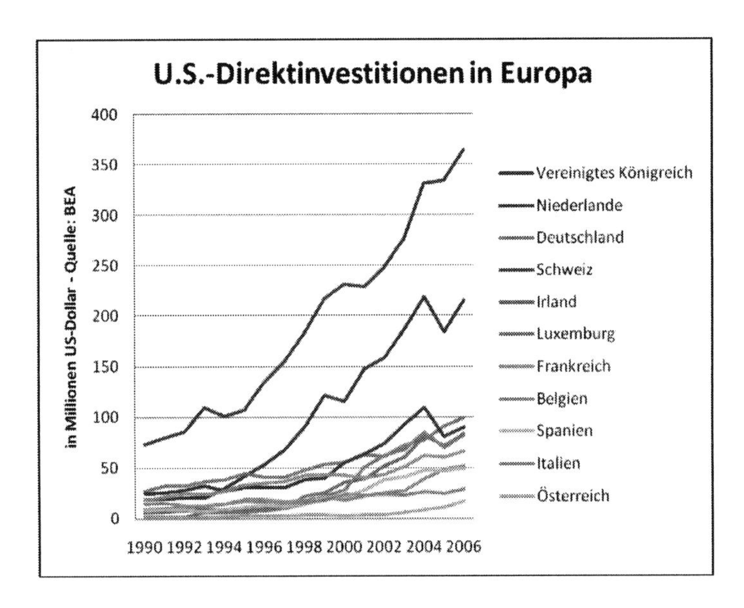

Abbildung 15: U.S.-Direktinvestitionen in Europa

Eine Analyse der Daten des *Bureau of Economic Analysis* (BEA) verdeutlicht, in welchen Ländern multinationale U.S.-amerikanische Unternehmen bevorzugt Holdinggesellschaften gründen. Seit dem Jahre 2003 veröffentlicht das BEA umfangreiche Daten zu Holdinggesellschaften.[418] Allerdings gibt es keine Daten über Singapur. Aus der Abbildung 16 über die Direktinvestitionen von Holdinggesellschaften, die zu multinationalen U.S.-amerikanischen Unternehmen gehören,[419] lassen sich folgende Erkenntnisse ableiten:

- Die Niederlande, Luxemburg, die karibische Inseln des Vereinigten Königreiches (vor allem die Cayman Islands) sowie Bermuda werden

417 Im Jahre 1997 waren 86% der U.S.-amerikanischen Tochtergesellschaften und Betriebsstätten »majority owned incorporated subsidiaries«, 9% waren »minority owned incorporated subsidiaries« und 4% waren Betriebsstätten. Den drei Branchen Groß- und Einzelhandel, Chemie und Produktion von Transportmitteln, konnte fast die Hälfte aller U.S.-amerikanischen Tochtergesellschaften und Betriebsstätten zugerechnet werden. Siehe *Desai/Foley/Hines*, Dividend Policy inside the Multinational Firm (2003), EFA 2002 Berlin Meetings Presented Paper, S. 12.

418 *Ibarra/Koncz*, Direct Investment Positions for 2006, BEA Survey of Current Business, 2007, S. 25.

419 Zu den einzelnen Positionen der Direktinvestitionen i.S.d. BEA Erhebungen, *Ibarra/Koncz*, Direct Investment Positions for 2006, BEA Survey of Current Business, 2007, S. 28.

von multinationalen U.S.-amerikanischen Unternehmen bevorzugt als Holdingstandort ausgewählt.

- Überraschenderweise ist die irische Position nicht so stark, wie aus den bisherigen Darstellungen vermutet werden könnte (z.B. aus der *Microsoft* Studie)[420].
- Die Position Österreichs hat sich von 2003 bis 2006 verzehnfacht, was vor allem auf die verbesserten Rahmenbedingungen für Holdinggesellschaften zurückzuführen sein könnte.
- Trotz der großen Anstrengungen Dänemarks, ein vor allem für U.S.-amerikanische Investoren attraktiven Holdingstandort zu sein, war die Investmentposition von nur $647 Millionen im Jahre zu gering, um in dem Diagramm sichtbar zu sein.

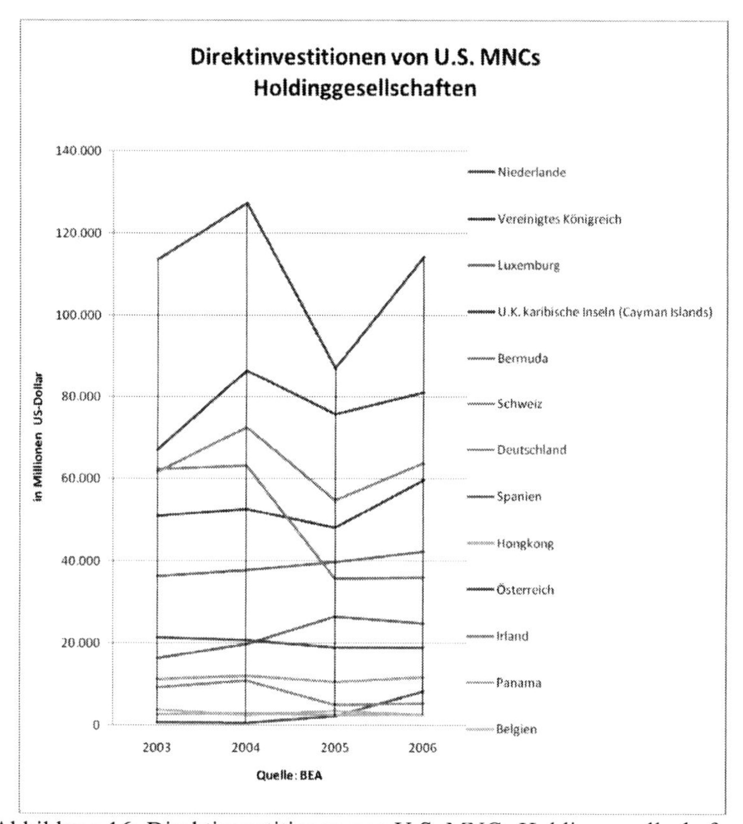

Abbildung 16: Direktinvestitionen von U.S. MNCs Holdinggesellschaften

420 Siehe oben Kapitel 2(I.)(A.)(j.).

Kapitel 5: Tax Havens

Nur wenige Begriffe im internationalen Steuerrecht rufen so widersprüchliche Konnotationen hervor wie der Begriff des *Tax Haven* [Abbildung 18].

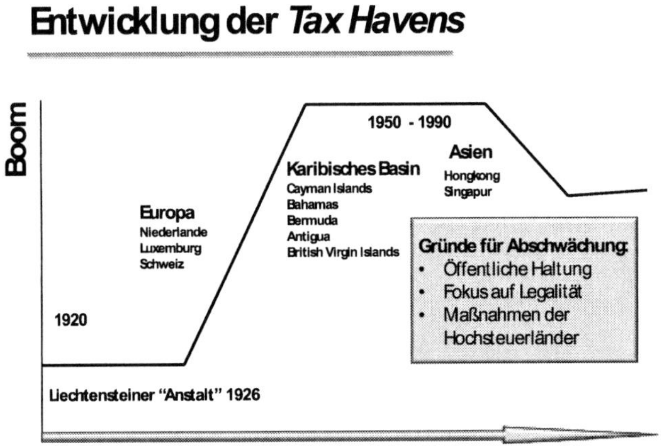

Abbildung 17: Entwicklung der Tax Havens

Für die einen eng verbunden mit Geldwäsche[421] und illegalen Geschäftsgebaren,[422] ist es für die anderen ein Ausdruck fiskalischer Souveränität eines Staates und notwendiges Mittel, um durch Steuerplanung mit den Unwägbarkeiten in Hochsteuerländern zurecht zu kommen. Empirisch belegt ist inzwischen, dass große Kapitalströme in sog. *Offshore Centers* fließen.[423] Dennoch sind *Tax Havens* kein modernes Phänomen, sondern fester Bestandteil der globalen Steuerplanung seit über 80 Jahren, begin-

421 *Sheppard/Sullivan,* Caribbean Hedge Funds, Part 1, Tax Notes International 2008, Vol. 49, 108, 115-116; *Mitchell,* The Moral Case for Tax Havens, Liberales Institute 2006, Occasional Paper 24, S. 1, 31. Ferner, *Cavalier,* Redesigning Heaven, Tax Notes International 2005, Vol. 38, 1009, 1011.

422 Sehr kritisch zu illegalen Aktivitäten in Tax Havens, *Rojas,* Globalization Foes Claim Unbridled Capitalism Breeds Tax Cheats, Tax Notes International 2005, Vol. 40, 148; *Tax Justice Network International,* Tax Us If You Can, 2005, *Christian Aid,* How Tax Policies Fleece the Poor, 2005, S. 10, 14. *Robert M. Morgenthau,* zitiert in *Rosembuj,* Harmful Tax Competition, Intertax 1999, Vol. 27, Issue 10, 316, 333, gibt zu Bedenken, dass das Verhalten von Offshore Tax Havens ehrlichen Marktteilnehmer zum Nachteil gereiche.

423 *Cavalier,* Redesigning Heaven, Tax Notes International 2005, Vol. 38, 1009, 1011

nend mit der Liechtensteiner »Anstalt« im Jahre 1926.[424] Die Abbildung 17 zeigt die Entwicklung der Tax Havens seit 1920.

Erst kürzlich haben die U.S.-Senatoren *Levin, Coleman* und *Obama* den Gesetzesvorschlag »*Stop Tax Haven Abuse Act*« vorgestellt.[425] Der Vorschlag bekämpft steuerliche Anreize für Hedge Fonds in *Tax Havens* wie den U.S. Virgin Islands.[426]

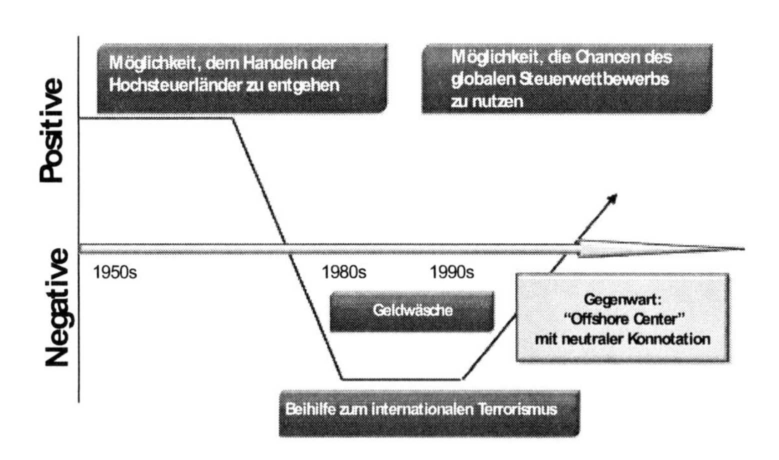

Abbildung 18: Reputation der Tax Havens

Oft wird der Terminus »*Offshore*« anstelle von »*Tax Haven*« genutzt. Es gibt aber auch für diesen Begriff keine klare Definition.[427] *Couch* behauptet

424 Genaugenommen gab es Tax Havens schon im Alten Griechenland, wo Stadt- und Inselstaaten um die Gunst von Investoren kämpften. Siehe *Orlov,* The Concept of Tax Haven, Intertax 2004, Vol. 32, 95, 97.

425 *Levin/Coleman/Obama,* Levin, Coleman, Obama Introduce Stop Tax Haven Abuse Act, Tax Analysts 2007, Doc 2007-4365. Über die Rolle von professionellen Beratern im Bereich des Offshore Investments, *Parillo,* Professional Enablers and The Offshore Sector, Tax Notes International 2007, Vol. 48, 331-333.

426 *Nadal,* Hedge Funds Hindered by Change in U.S. Tax Law, War Against Tax Havens, Tax Analysts 2007, Doc 2007-7762; *Jeffers/Yang/Kleinfeld u.a.,* New Requirements for Tax Incentives in U.S. Possessions, International Tax Journal 2006, Fall, 29-37.

427 *Couch,* Cross-Border Tax Cooperation, Tax Notes International 2007, Vol. 45, 237, 240 präsentiert ein paar Definitionen wie »every other country«, »situation involving a coastline and a sea« oder »a cluster of activities in the financial services world that occur only in the countries listed as tax havens by the OECD in 2000«.

aber, einen Wechsel von *Tax Haven* zu *Offshore* in der Sprache der OECD erkannt zu haben.[428]

Trotz des manchmal negativen Rufs von *Tax Havens* ist unumstritten, dass sie eine wichtige Rolle bei der internationalen Steuerplanung mit Holdinggesellschaften spielen. Nach einer Datenquelle werden in *Tax Havens* zwischen $5-7 Billionen verwaltet.[429] Einem U.S.-Senatsbericht zufolge, sollen allein $1 Billion der in *Tax Havens* angesammelten Gelder im Besitz von amerikanischen natürlichen und juristischen Personen sein.[430] Ferner ist empirisch verbürgt, dass multinationale U.S.-amerikanische Unternehmen die Nutzung von *Tax Havens* in den letzten Jahren ausgeweitet haben. Während im Jahre 1999 $88 Billionen an Gewinnen in 18 *Tax Havens* ausgewiesen wurden, waren es im Jahre 2002 bereits $150 Milliarden.[431]

Ferner gibt es Indizien dafür, dass in *Tax Havens* ein Umfeld entsteht, in dem Menschenrechte mehr beachtet werden und eine höhere politische Stabilität vorherrscht als in der Gruppe der Länder, die nicht als *Tax Havens* angesehen werden.[432]

Das Phänomen »*Tax Haven*« ist komplex aufgrund der Diversität und der Disparität zwischen den einzelnen *Tax Havens*. Hinzu kommt, dass der Begriff subjektiv unterschiedlich verstanden wird (»*one man's tax haven is another man's tax system*«).[433]

In vielen Hochsteuerländern wird häufig über das Verhalten von *Tax Havens* geklagt. Dabei ist aber eine gewisse Doppelmoral nicht zu übersehen. Denn manche heutigen Hochsteuerländer begannen als *Tax Havens*.[434] Zudem wären bestimmte *Tax Havens* heute nicht so beliebt, wenn sie nicht die Unterstützung von Hochsteuerländern gehabt hätten bzw. immer noch

428 *Couch,* Cross-Border Tax Cooperation, Tax Notes International 2007, Vol. 45, 237, 240.

429 *Owens,* The Global Forum on Taxation's 2006 Progress Report: An Overview, Tax Notes International 2006, Vol. 42, 869. Des Weiteren, *Avi-Yonah,* Globalization, Tax Competition, And the Fiscal Crisis of the Welfare State, Harvard Law Review 2000, Vol. 113, May, 1573, 1597-1603; *Kudrle/Eden,* The Campaign Against Tax Havens: Will It Last? Will It Work?, Stanford Journal of Law, Business and Finance 2003, Vol. 9, Autumn, 44, 45.

430 *United States Senate*, Tax Haven Abuses, 1.8.2006, S. 1.

431 *United States Senate*, Tax Haven Abuses, 1.8.2006, S. 2.

432 *Mitchell,* The Moral Case for Tax Havens, Liberales Institute 2006, Occasional Paper 24, 1, 19, 24.

433 Mit Hilfe des Syllogismus von Aristoteles beschreibt *Ngoy,* The Paradox of Tax Havens: Consequences of the Subjective Approach, Journal of International Taxation 2001, Vol. 12, 34, 39, 40 die subjektive Natur der Tax Havens.

434 Zum Beispiel die amerikanischen Kolonien. Vgl. *Orlov,* The Concept of Tax Haven, Intertax 2004, Vol. 32, 95, 98.

haben.[435] Während das Vereinigte Königreich die Cayman Islands, Bahamas und Bermuda[436] und die Niederlande die Niederländischen Antillen unterstützten bzw. dies teilweise bis heute fortgesetzt haben, stehen Puerto Rico und die U.S. Virgin Islands als Teil ihres Territoriums unter dem besonderen Schutz der Vereinigten Staaten.[437]

Nach Verlautbarung der OECD[438] gibt es keine klare, objektive Definition anhand derer ein *Tax Haven* identifiziert werden kann.[439] Es gibt aber meist übereinstimmende Merkmale wie beispielsweise keine oder nur eine geringe Besteuerung von mobilen Aktivitäten.[440] Für die OECD ist aber nicht die niedrige Besteuerung der ausschlaggebende Faktor, sondern die exzessiven Geheimhaltungsvorschriften in den *Tax Havens*.[441]

Desai, *Foley* und *Hines* definieren Tax Havens als »low tax countries that offer advanced communication facilities, promote themselves as offshore financial centers, and frequently feature legislation promoting business and bank secrecy«[442].

Tax Havens können in vier Gruppen klassifiziert werden:[443]

- klassische *Tax Havens*, die keinerlei Steuern auf Einkommen erheben (z.B. Cayman Islands);

435 Siehe *Rosembuj*, Harmful Tax Competition, Intertax 1999, Vol. 27, 316, 329. Ferner, *Dharmapala/Hines*, Which Countries Become Tax Havens?, NBER Working Paper Series 2006, Working Paper No. 12802; http://www.nber.org/papers/w12802.pdf, S. 1-48; *Sheppard*, U.S. Withholding Tax Policy: Don't Ask, Don't, Part 2, Tax Notes International 2006, Vol. 42, 554.

436 Dieser Liste können die Isle of Man, Jersey, Guernsey und Gibraltar hinzugefügt werden.

437 *Levine* weist darauf hin, dass bis zu einem bestimmten Grad die meisten entwickelten Länder (z.B. Niederlande, Irland, Dänemark, Frankreich, Vereinigte Staaten, Deutschland) spezielle begünstigende Steuervorschriften anwenden. *Levine*, La lutte contre l'evasion fiscale des caratére international, 1988, S. 72.

438 OECD bedeutet Organisation for Economic Corporation and Development.

439 *OECD*, International tax avoidance and evasion, 1987, S. 21.

440 Siehe *OECD*, Harmful Tax Competition – An Emerging Global Issue, 1998, S. 19. Dies ähnelt der Definition in *Black's Law Dictionary*, 7th Aufl.: »A Tax Haven is [...] a country that imposes little or no tax on the profits from transactions carried on in that country.« Ferner, *Peter-Szerenyi*, The OECD's Artificial Approach to Tax Havens – Part 1, Journal of International Taxation 2003, Vol. 14, February, 14, 46, 47; *Yilmaz*, Tax Havens, Tax Competition, and Economic Performance, Tax Notes International 2006, Vol. 43, 587.

441 *Barnard*, Former Tax Havens Prepared to Lift Bank Secrecy, IBFD Bulletin – Tax Treaty Monitor 2003, January, 9-13; *Nadal*, OECD's Owens Addresses Economic Effects of Tax Havens, Tax Notes International 2006, Vol. 44, 931.

442 *Barnard*, Former Tax Havens Prepared to Lift Bank Secrecy, IBFD Bulletin – Tax Treaty Monitor 2003, January, 9-13; *Desai/Foley/Hines*, The demand for tax haven operations, Journal of Public Economics 2006, Vol. 90, 513, 519.

443 Vgl. *Orlov*, The Concept of Tax Haven, Intertax 2004, Vol. 32, 95, 97; *Moerman*, The Main Characteristics of Tax Havens, Intertax 1999, Vol. 27, 368, 369.

- *Tax Havens* die ausländische Einkünfte im Rahmen eines territorialen Steuersystems nicht besteuern (z.B. Hongkong und Panama);
- *Tax Havens* mit speziellen Rahmenbedingungen für Holdinggesellschaften (z.B. Luxemburg, Schweiz);
- DBA-*Tax Havens*, die ein großes DBA-Netzwerk anbieten (z.B. Niederlande).

Hansen und *Kessler* erkennen eine Korrelation zwischen geographischer Größe und Status eines klassischen *Tax Haven*.[444] Klassische *Tax Havens* sind eher kleine Staaten.

I. Charakteristika von Tax Havens

Es gibt keine abschließende Definition, aber ein »*Tax Haven*« ist im Allgemeinen ein Land oder Teil eines Landes, in dem natürliche Personen und Unternehmen entweder gar nicht oder nur gering besteuert werden und dessen Rechtssystem sich durch ein strenges Bankgeheimnis sowie ein liberales Wirtschaftsrecht auszeichnet.[445] Manche Länder wurden zu *Tax Havens* mit Absicht und andere durch Zufall. Erstere beabsichtigten ihre Volkswirtschaft zu stimulieren und einen Wettbewerbsvorteil gegenüber anderen Ländern zu erzeugen. Letztere unterließen es, den heutigen sog. Hochsteuerländern zu folgen, als diese die Ertragsbesteuerung zu einer wesentlichen Einnahmequelle flankiert von vielerlei Regularien ausbauten.[446] Dadurch wurden diese Länder zu *Tax Havens*. Ein Phänomen, welches insbesondere bei karibischen und pazifischen Inselstaaten zu beobachten war.

Tax Havens können über die oben beschriebene Einteilung hinaus, wie folgt klassifiziert werden:

444 *Hansen/Kessler,* The Political Geography of Tax H(e)avens and Tax Hells, American Economic Review 2001, Vol. 91, Issue 4, 1103, 1112.

445 *Dharmapala/Hines,* Which Countries Become Tax Havens?, NBER Working Paper Series 2006, Working Paper No. 12802; http://www.nber.org/papers/w12802.pdf, S. 11-24; *Uckmar,* General Report, in: International Fiscal Association, Tax avoidance / Tax evasion, Cahiers de Droit Fiscal International, Vol. LXVIIIa, 1983, S. 15, 41; *Ngoy,* The Paradox of Tax Havens: Consequences of the Subjective Approach, Journal of International Taxation 2001, Vol. 12, 34, 39, 40; *Dreßler,* Gewinn- und Vermögensverlagerungen in Niedrigsteuerländer und ihre steuerliche Überprüfung, 2007, S. 36-44.

446 *Hines,* Do Tax Havens Flourish?, NBER / Tax Policy & the Economy 2005, Vol. 19, Issue 1, 65, S. 79; *Yilmaz,* Tax Havens, Tax Competition, and Economic Performance, Tax Notes International 2006, Vol. 43, 587.

- »Production Haven«[447]
  Zu dieser Kategorie gehören alle Niedrigsteuerländer, die Anreize für Produktionsaktivitäten schaffen und dadurch eine signifikante Erhöhung der Wertschöpfung erzeugen. Typischerweise gewähren diese Steuerrechtsordnungen eine Steuerfreistellung für ausländische Produktionseinheiten, besteuern hingegen aber heimische Unternehmen und natürliche Personen. Dieser Typus von *Tax Havens* verbreitet sich weiter. Unter den mehr als 100 Steuerrechtsordnungen, die solche steuerlichen Zugeständnisse machen, befinden sich beispielsweise Irland wie an dem Beispiel *Microsoft*[448] verdeutlicht wurde.

- »Headquarters Haven«[449]
  Dieser Typus gewährt den Unternehmen Steuervorteile, die ihre regionale Verwaltungszentrale oder gar ihre Weltverwaltungszentrale im Anwendungsbereich der Steuerrechtsordnung ansiedeln. Prominente Beispiele hierfür sind Belgien und Singapur.

- »Sham Haven«[450]
  In dieser Art von *Tax Haven* wird Finanzintermediären Steuervorteile gewährt. Sie heißen »*Sham Haven*« (*sham* = vorgetäuscht, falsch), weil viele dieser Aktivitäten über Briefkastenfirmen in der Steuerrechtsordnung abgewickelt werden, während die Wertschöpfung meist anderenorts erzeugt wird. Viele karibische und pazifische Inseln sowie liberianische und panamanesische Schiffregisterregime und das Versicherungsregime in Bermuda fallen in diese Kategorie.

- »Secrecy Haven«[451]
  Manche *Tax Havens* sind auf die Geheimhaltung von Daten spezialisiert, und ermöglichen Steuerpflichtigen, Mittel ohne das Wissen ihrer Heimatsteuerverwaltung zu investieren. Klassische Beispiele sind Liechtenstein,[452] die Schweiz,[453] Luxemburg, Cayman Islands und Österreich.

447 *Avi-Yonah,* Globalization, Tax Competition, And the Fiscal Crisis of the Welfare State, Harvard Law Review 2000, Vol. 113, May, 1573, 1588, 1601; *Kudrle/Eden,* The Campaign Against Tax Havens: Will It Last? Will It Work?, Stanford Journal of Law, Business and Finance 2003, Vol. 9, Autumn, 40, 41, 55, 56.

448 Siehe oben Kapitel 2(I.)(A.)(j.).

449 *Avi-Yonah,* Globalization, Tax Competition, And the Fiscal Crisis of the Welfare State, Harvard Law Review 2000, Vol. 113, May, 1573, 1595, 1666; *Kudrle/Eden,* The Campaign Against Tax Havens: Will It Last? Will It Work?, Stanford Journal of Law, Business and Finance 2003, Vol. 9, Autumn, 40, 41, 58.

450 *Kudrle/Eden,* The Campaign Against Tax Havens: Will It Last? Will It Work?, Stanford Journal of Law, Business and Finance 2003, Vol. 9, Autumn, 40, 41, 60.

- »Quality Tax Haven«
  Um jedoch in die weltweit von Investoren nachgefragte Kategorie der »*Quality Tax Havens*« zu fallen, muss eine Rechtsordnung folgende Eigenschaften aufweisen.[454]
  - entwickelte Infrastruktur, insbesondere Telekommunikation;
  - Investitionsanreize;
  - hohe Finanzstandards, insbesondere Bank- und Geschäftsgeheimnisse;
  - Verfügbarkeit von professionaler Expertise (Anwälte, Berater etc.);
  - Arbeitsmarkt mit hochqualifizierten Arbeitnehmern;
  - stabile Regierungsverhältnisse;
  - gerechte Behandlung von ausländischen Investoren;
  - Existenz von Freihandelszonen bzw. Sonderwirtschaftszonen;
  - (geringe) Regulierungen für Finanzinstitutionen;
  - keine oder liberale Währungskontrolle;
  - Selbstvermarktung als *Tax Haven*.

Obwohl mehr als 40 Steuerrechtsordnungen als *Tax Haven* bezeichnet werden, gibt es nur wenige Rechtsordnungen in denen der Großteil der Transaktionen stattfindet. Im Jahre 1994 habe *Hines* und *Rice* die »*Big 7 Havens*« identifiziert.[455] Im Einzelnen gehörten dazu Hongkong, Irland, Libanon, Liberia, Panama, Singapur und die Schweiz. *Hines* hat in einer Folgestudie im Jahre 2005 gezeigt, dass diese Gruppe sehr beständig ist. Nur der Libanon und Liberia wurden zugunsten von Luxemburg und Bermuda ausgetauscht. Darüber hinaus hat sich das typische Strukturmuster, welches einen *Tax Haven* auszeichnet, nicht verändert. Die folgende Abbildung 19, die auf den Daten von *Hines* beruht,[456] zeigt dieses Muster. Daraus lassen sich folgende Schlüsse ziehen:

451 *Kudrle/Eden,* The Campaign Against Tax Havens: Will It Last? Will It Work?, Stanford Journal of Law, Business and Finance 2003, Vol. 9, Autumn, 40, 41, 62; *Yilmaz,* Tax Havens, Tax Competition, and Economic Performance, Tax Notes International 2006, Vol. 43, 587.

452 *Kessler/Eicke,* Germany's Fruit of Liechtenstein's Poisonous Tree, Tax Notes International 2008, Vol. 49, 871-874.

453 Seit 1934 bestimmt in der Schweiz ein Gesetz, dass die Verletzung des Bankgeheimnisses ein Verbrechen darstellt.

454 Vgl. *Moerman,* The Main Characteristics of Tax Havens, Intertax 1999, Vol. 27, 368, 373; *Orlov,* The Concept of Tax Haven, Intertax 2004, Vol. 32, 95, 101.

455 *Hines/Rice*, Fiscal Paradise: Foreign Tax Havens and American Business (1990), Anhang, Tabelle 2.

456 *Hines,* Do Tax Havens Flourish?, NBER / Tax Policy & the Economy 2005, Vol. 19, Issue 1, 65, 76.

- Das relativ größere Bruttosozialprodukt (BSP) in den *Tax Havens* von 2,3% im Vergleich zu 0,8% in allen Ländern spiegelt den Wohlstand der *Tax Havens* wider.
- Es gibt eine Disproportionalität zwischen Gesamtvermögen, Eigentum, Gesamtumsätzen und Netto-Einkommen von multinationalen U.S.-amerikanischen Unternehmen in *Tax Havens* im Vergleich zu der volkswirtschaftlichen Stärke diese *Tax Havens*.
- Die Eigentumsposition von multinationalen U.S.-amerikanischen Unternehmen in *Tax Havens* ist unverhältnismäßig hoch im Vergleich zum Anteil der von diesen Unternehmen beschäftigten Arbeitnehmer.
- Die Daten zeigen auch eine hohe Konzentration von Finanzaktivitäten in *Tax Havens*. Zu sehen ist dies am Differenzbetrages zwischen dem Gesamtvermögen (Finanz- und physisches Produktivvermögen) und den rein physischen Vermögenswerten Grundbesitz, Fabriken und Ausstattung.
- Besonders augenfällig ist das Verhältnis zwischen Grundbesitz, Umsätzen und Netto-Einkommen, was zeigt, dass die ausgewiesene Profitabilität um ein Vielfaches die physische Präsenz in *Tax Havens* übersteigt. Auch das Verhältnis zwischen den gesamten ausländischen Umsatzes und dem Bruttosozialprodukt (BSP) in den einzelnen *Tax Havens* verdient eine genauere Betrachtung. Im Falle von Bermuda übersteigen die Gesamtumsätze das Bruttosozialprodukt um den Faktor 237,5.
- Schließlich ist festzuhalten, dass dieses Muster noch deutlicher zutage treten würde, wenn nicht U.S.-amerikanische MNCs betrachtet worden wären, sondern MNCs mit Sitz in einem Land, welches die Freistellungsmethode auf Dividendeneinkünfte anwendet.[457]

			U.S. MNCs Anteil am ...				
	Bevölkerung	BSP	Gesamt-vermögen	Grundbesitz Fabriken, Ausrüstung	Gesamt ausländ. Umsätze	Netto-Einkommen	Zahl der Arbeit-nehmer
Alle *Tax Havens*	**0,8%**	**2,3%**	**15,7%**	**8,4%**	**13,4%**	**30,0%**	**5,7%**
			TYPISCHES MUSTER VON TAX HAVENS				
Hongkong	**0,136%**	**0,575%**	**1,85%**	**1,61%**	**2,2%**	**2,72%**	**1,26%**
Irland	**0,08%**	**0,31%**	**2,25%**	**1,44%**	**2,66%**	**7,57%**	**1,11%**
Panama	**0,06%**	**0,06%**	**1,03%**	**0,87%**	**0,22%**	**2,27%**	**0,48%**
Singapur	**0,08%**	**0,34%**	**1,89%**	**1,85%**	**3,67%**	**2,55%**	**1,55%**
Schweiz	**0,15%**	**0,64%**	**3,11%**	**0,92%**	**3,31%**	**6,77%**	**0,78%**
Bermuda	**0,001%**	**0,004%**	**3,93%**	**0,98%**	**0,95%**	**5,2%**	**0,09%**
Luxemburg	**0,009%**	**0,06%**	**1,34%**	**0,12%**	**0,21%**	**2,39%**	**0,12%**

Quelle:
Hines, Do Tax Havens Flourish?, NBER / Tax Policy & the Economy 2005, Vol. 19, Issue 1, 65, 76. Er benutzte Daten aus dem Jahr 1999 vom Bureau of Economic Analysis (BEA).

Abbildung 19: Tax Haven Muster

II. Nutzen von Tax Havens

Eine der Haupteigenschaften von *Tax Havens* ist, dass sie die Möglichkeit bieten, Unternehmensgewinne aus einem Land in andere Länder »durchfließen« zu lassen, ohne die Gewinne dabei signifikant zu besteuern.[458] Dabei ermöglichen es *Tax Havens* multinationalen Unternehmen, ihr Kapital international zu »*poolen*«, was aufgrund der vorherrschenden Inkongruenz der einzelnen nationalen Steuersysteme zueinander, ansonsten nicht möglich wäre.[459] Dieses »*Pooling*« steht häufig im Zusammenhang mit dem Einsatz von bestimmten Investmentvehikeln (*collective investment vehicles*), die einerseits die Dividenden einsammeln und andererseits an den Investor ausschütten. Das wichtigste Vehikel hierfür sind Holdinggesellschaften, die die Einbehaltung und Allokation des Kapitels steueroptimal organisieren können.

457 *Hines,* Do Tax Havens Flourish?, NBER / Tax Policy & the Economy 2005, Vol. 19, Issue 1, 65, 79.

458 *Abery,* The OECD and Harmful Tax Practices, Tax Notes International 2007, Vol. 46, 823, 834.

459 *Abery,* The OECD and Harmful Tax Practices, Tax Notes International 2007, Vol. 46, 823, 835.

Bracewell-Mines beschreibt drei Nutzen von *Tax Havens*:

- Stiftung von Interesse für Steuersysteme an sich;
- Schaffung von Wohlfahrt durch die Ermöglichung von Transaktionen, die aufgrund fiskalischer Restriktionen sonst nicht durchgeführt worden wären;
- »shine a searchlight of economic truth on the high-tax economies of the West«.[460]

Für die Vereinigten Staaten wird ein Nutzen von *Tax Havens* vor allem darin gesehen, dass die U.S.-amerikanische Volkswirtschaft nicht zuletzt auch durch Investitionen aus dem karibischen Becken stimuliert wird, deren Mittel aus Steuerersparnissen stammen.[461]

A. Nutzen für U.S.-amerikanische Unternehmen

Jedem Unternehmen steht es frei, sich die Rechtsordnungen von *Tax Havens* zunutze zu machen.[462] Dieses Verhalten ist weit verbreitet.[463] Tatsächlich hatten im Jahre 1999 59% der U.S.-amerikanischen Unternehmen mit signifikanten Auslandsgeschäft Tochtergesellschaften in *Tax Havens*.[464]

Der Kreis der *Tax Havens*, die von multinationalen U.S.-amerikanischen Unternehmen häufig als Standort für Tochtergesellschaften genutzt werden, ist relativ übersichtlich. In der Abbildung 20 sind mehrere Datenquellen des *Bureau of Economic Research* (BEA) zusammengefasst. Sie zeigt die Anzahl von Tochtergesellschaften multinationaler U.S.-amerikanischen Unternehmen in ausgewählten Holdingstandorten.

460 *Bracewell-Milnes,* Uses of Tax Havens, Intertax 2000, Vol. 28, 406, 407; *Abery,* The OECD and Harmful Tax Practices, Tax Notes International 2007, Vol. 46, 823, 834.

461 *Yilmaz,* Tax Havens, Tax Competition, and Economic Performance, Tax Notes International 2006, Vol. 43, 587, 593.

Anzahl der Tochtergesellschaften von U.S.-amerikanischen Unternehmen in ausgewählten Holdingstandorten								
	1982	1989	1994	1999	2000	2001	2002	2003
Niederlande				1.178	1.216	1.290	1.355	1.406
Belgien				566	562	565	580	591
Hongkong	323	452	525	526	536	537	531	543
Schweiz	532	521	504	484	492	496	522	540
Singapur	240	333	436	468	483	494	504	514
Irland	216	250	282	407	424	436	459	494
Bermuda	356	302	299	314	316	330	351	371
U.K. Inseln in der Karibik	157	159	118	258	265	298	318	340
Luxemburg	63	53	50	82	100	115	146	176
Bahamas	180	129	48	48	53	57	62	63
Quelle: Bureau of Economic Research (BEA). „Tochtergesellschaften" umfasst nicht solche im Bankensektor.								

Abbildung 20: U.S.-Tochtergesellschaften in Holdingstandorten

U.S.-amerikanische Unternehmen benutzen *Tax Havens* insbesondere zur Reallokation von steuerbarem Einkommen und zur Abschirmung ausländischer Einkünfte von der U.S.-amerikanischen Besteuerung.[465]

Es gibt einen empirischen Nachweis dafür, dass, wenn eine U.S.-amerikanische Muttergesellschaft eine Tochtergesellschaft in einem *Tax Haven* unterhält, sich die Steuerlast einer anderen, nicht in einem *Tax Haven* unbeschränkt steuerpflichtige Tochtergesellschaft um 20,8% reduziert.[466] *Desai*, *Foley* und *Hines Jr.* behaupten, dass die Aktivitäten einer Tochter-

462 *Uckmar*, General Report, in: International Fiscal Association, Tax avoidance / Tax evasion, Cahiers de Droit Fiscal International, Vol. LXVIIIa, 1983, S. 15, 41.

463 *Sullivan*, Drug Firms Move Profits To Save Billions, Tax Notes International 2006, Vol. 43, 539 ff.

464 *Desai/Foley/Hines*, The demand for tax haven operations, Journal of Public Economics 2006, Vol. 90, 513, 514.

465 *Desai/Foley/Hines*, Economic Effects of Regional Tax Havens (2004), NBER Working Paper No. 10806, S. 2-3.

466 Siehe *Desai/Foley/Hines*, Economic Effects of Regional Tax Havens (2004), NBER Working Paper No. 10806, S. 2. Ferner, *Yilmaz*, Tax Havens, Tax Competition, and Economic Performance, Tax Notes International 2006, Vol. 43, 587, 588, 589, der die Absenkung der Einkommensteuersätze in den großen Industriestaaten darstellt.

gesellschaft in einem *Tax Haven* die Geschäftstätigkeit einer anderen Tochtergesellschaft erleichtet, die nicht in einem *Tax Haven* unbeschränkt steuerpflichtig ist, so dass auch diese Tochtergesellschaft von der Nutzung eines *Tax Havens* profitiert.[467]

U.S.-amerikanische Unternehmen haben eine Vielzahl von Möglichkeiten, durch den Einsatz einer Tochtergesellschaft in *Tax Havens* Einkommen legal zu verlagern. Dies beinhaltet vor allem die Darlehensvergabe, die Bestimmung von Transferpreisen sowie die Verlagerung von immateriellen Wirtschaftsgütern.[468]

Tax Havens sind für multinationale Unternehmen vor allem aus folgenden Gründen attraktiv:

- Die Standortwahl für ausländische Direktinvestitionen hängt stark von den lokalen steuerlichen Rahmenbedingungen ab (Steuersensitivität).[469] Es gibt Forschungsergebnisse, die belegen, dass die Steuersensitivität noch höher ist bei multinationalen Unternehmen, die in Ländern unbeschränkt steuerpflichtig sind, welche die Freistellungsmethode anwenden,[470] als in Ländern, welche die Anrechnungsmethode anwenden[471] (z.B. die Vereinigten Staaten[472]).
- *Tax Havens* bieten die Möglichkeit, Repatriierungssteuern zu vermeiden oder zumindest zeitlich aufzuschieben.[473]

Tax Haven Aktivitäten von multinationalen U.S.-amerikanischen Unternehmen können auch anhand der Finanzstruktur erkannt werden, da *Tax Havens* normalerweise Eigen- und Fremdkapital gleich behandeln.[474] Aus diesem Grunde operieren U.S.-amerikanische Tochtergesellschaften in *Tax*

467 *Desai/Foley/Hines*, Economic Effects of Regional Tax Havens (2004), NBER Working Paper No. 10806, S. 22-23, die zu Bedenken geben, dass es keine empirischen Belege für die Befürchtung gibt, dass multinationale U.S.-amerikanische Unternehmen ihre wirtschaftlichen Aktivitäten in Hochsteuerländer mit solchen in Tax Havens substituieren würden.

468 *Hines*, Do Tax Havens Flourish?, NBER / Tax Policy & the Economy 2005, Vol. 19, Issue 1, 65, 68; *Desai/Foley/Hines*, The demand for tax haven operations, Journal of Public Economics 2006, Vol. 90, 513, 514.

469 *Altshuler/Grubert/Newlon*, U.S. Investment Abroad (1998), NBER Working Paper No. 6383, 21; *Hines*, Tax Policy and the Activities of Multinational Corporations (1996), NBER Working Paper No. 5589, 41-43.

470 Z.B. in Australien, Belgien, Kanada, Frankreich, Detuschland, Italien und den Niederlanden.

471 Bspw. Griechenland, Japan, Norwegen und dem Vereinigten Königreich.

472 *Desai/Foley/Hines*, The demand for tax haven operations, Journal of Public Economics 2006, Vol. 90, 513, 514; *Hines*, Do Tax Havens Flourish?, NBER / Tax Policy & the Economy 2005, Vol. 19, Issue 1, 65, 74, 79.

473 *Nadal*, OECD's Owens Addresses Economic Effects of Tax Havens, Tax Notes International 2006, Vol. 44, 931, 932.

474 *Yilmaz*, Tax Havens, Tax Competition, and Economic Performance, Tax Notes International 2006, Vol. 43, 587, 589.

Havens vermehrt mit Eigenkapital und in Hochsteuerländer eher mit steuerlich abzugsfähigem Fremdkapital.[475]

Erst kürzlich haben *Desai*, *Foley* und *Hines* nachgewiesen, dass der primäre Nutzen von U.S.-amerikanischen Tochtergesellschaften in großen *Tax Havens* die Reallokation von Einkünften ist, während der primäre Nutzen in kleinen *Tax Havens* die Erleichterung der Abschirmung ausländischer Einkünfte ist.[476] Dieselbe Studie ergab auch, dass eine Erhöhung der Umsätze und Investitionsausgaben von multinationalen U.S.-amerikanischen Unternehmen in Ländern, die in der Nähe eines *Tax Havens* liegen mit einer 1,5% bis 2% größeren Wahrscheinlichkeit einhergeht, eine Aktivität in *Tax Havens* zu begründen.[477]

Schließlich behauptet *Teather*, dass Aktivitäten in *Tax Havens* für multinationale Unternehmen in einer Welt inkongruenter Steuersysteme die einzige Möglichkeit sind, Doppelbesteuerungen zu vermeiden.[478]

Wichtig ist es aber dennoch festzuhalten, dass Aktivitäten in einem *Tax Haven* nicht automatisch mit einer niedrigeren Konzernsteuerquote einhergehen. Es kann mehrere Gründe dafür geben, dass multinationale U.S.-amerikanische Unternehmen von Aktivitäten in *Tax Havens* nicht profitieren. Der wichtigste Grund ist das U.S.-amerikanische Steuersystem, welches viele der Anreize eliminiert, um niedrig besteuertes Einkommen zu generieren. Dies gilt umso mehr für Einkünfte, die zur Repatriierung bestimmt sind.[479] Ein anderer Grund könnte das Unvermögen des Unternehmens sein, hinreichende Gewinne in einem *Tax Haven* zu erwirtschaften, was aber eine Grundvoraussetzung dafür ist, von den niedrigen Steuersätzen zu profitieren.[480]

B. Nutzen für Tax Havens

Vielerlei Studien belegen, dass *Tax Havens* mit ihrem Konzept sehr erfolgreich sind. Die Einwohner von Bermuda, den Cayman Island und Jersey sind im Durchschnitt reicher als solche in Kanada, den Vereinigten Staaten oder Deutschland.[481]

475 *Desai/Foley/Hines,* A Multinational Perspective on Capital Structure Choice and Internal Capital Markets, Journal of Finance 2004, Vol. 59, 2457, 2462.

476 *Desai/Foley/Hines,* The demand for tax haven operations, Journal of Public Economics 2006, Vol. 90, 513, 514.

477 *Desai/Foley/Hines,* The demand for tax haven operations, Journal of Public Economics 2006, Vol. 90, 513, 529.

478 *Teather*, The Benefits of Tax Competition, S. 31.

479 Siehe Kapitel 9(II.) über das U.S.-amerikanische Foreign Tax Credit System.

480 *Hines,* Do Tax Havens Flourish?, NBER / Tax Policy & the Economy 2005, Vol. 19, Issue 1, 65, 68, 69.

481 *The Economist*, A Place in the Sun, 24.2.2007, S. 4.

Zudem hat sich der Anteil der Aktivitäten in *Tax Havens* zwischen 1982 und 1999 um das Achtfache erhöht.[482] Nach einer anderen Studie wuchs das Bruttosozialprodukt in den 17 von multinationalen U.S.-amerikanischen Unternehmen favorisierten *Tax Havens* durchschnittlich um 3,3% zwischen 1982 und 1999, während es im weltweiten Durchschnitt nur um 1,4% wuchs.[483]

Der wirtschaftliche Erfolg von *Tax Havens* ist zudem dauerhaft. Alle 41 *Tax Havens*, die als solche im Jahre 1982 in der *Diamond & Diamond's* Liste aufgenommen wurden, waren auch noch auf der Liste im Jahre 2002. Bemerkenswert ist hierbei, dass die *Tax Havens*, die lediglich einfache Steueranreize und von Hochsteuerländern gefürchtete »*beggar-thy-neighbor-policies*«[484] anboten, ihre Wettbewerbsfähigkeit mittel- und langfristig nicht verbessern konnten.[485] Um als *Tax Haven* erfolgreich zu sein, ist mehr erforderlich als einfache Steueranreize. Dies lässt sich gut an dem Beispiel Irland zeigen, wo Steueranreize nur ein Bestandteil einer investorenfreundlichen Rechtsordnung sind. Die Einführung dieser Anreize ging einher mit Bildungsmaßnahmen, Arbeitsmarktreformen und einer Veränderung der makroökonomischen Politik.[486] Ein weiterer Nutzen für *Tax Havens* ist, dass diese effizientere Regierungsapparate haben.[487] *Dharmapala* und *Hines* fanden heraus, dass die Qualität der Führung eines Staates (*governance quality*) statistisch einen signifikanten und quantitativ großen Einfluss auf die Wahrscheinlichkeit hat, ein *Tax Haven* zu sein.[488]

482 *Hines,* Corporation Taxation and International Competition, Ross School of Law Business Paper 2005, No. 1026, 1, 20.

483 *Hines,* Do Tax Havens Flourish?, NBER / Tax Policy & the Economy 2005, Vol. 19, Issue 1, 65, 66, 82.

484 *Beggar-thy-neighbour*-Situationen treten innerhalb der EU im Rahmen eines exzessiven Steuerwettbewerbs auf, in dem Mitgliedsstaaten sich gegenseitig zugunsten multinationaler Unternehmen und zuungunsten der Staatseinnahmen überbieten. Siehe *Terra/Wattel,* European Tax Law, 2005, Ch. 4.2.1; *Cerioni,* Harmful Tax Competition Revisited, European Taxation 2005, Vol. 45, 267. Kritisch zur steuerlichen Harmonisierung in Europa, *Bracewell-Milnes,* The Cost of Harmony, Intertax 2004, Vol. 32, 458; *Dagan,* National Interest in the International Tax Game, Virginia Tax Review 1998, Vol. 18, Fall, 363, 378.

485 *Arnold/McIntyre,* International Tax Primer, 2002, S. 5.

486 *Hines,* Do Tax Havens Flourish?, NBER / Tax Policy & the Economy 2005, Vol. 19, Issue 1, 65, 80.

487 *Dharmapala/Hines,* Which Countries Become Tax Havens?, NBER Working Paper Series 2006, Working Paper No. 12802; http://www.nber.org/papers/w12802.pdf, S. 21-24; *Nadal,* OECD's Owens Addresses Economic Effects of Tax Havens, Tax Notes International 2006, Vol. 44, 931, 932.

488 *Dharmapala/Hines,* Which Countries Become Tax Havens?, NBER Working Paper Series 2006, Working Paper No. 12802; http://www.nber.org/papers/w12802.pdf, S. 23.

C. *Nutzen für Non-Tax Havens*

Neuere Studien besagen, dass *Non-Tax Havens* von in der Nähe liegenden *Tax Havens* profitieren.[489] Das bedeutet, dass *Tax Havens* wirtschaftliche Aktivitäten in *Non-Tax Havens* durch einen positiven *Spillover*-Effekt stimulieren, und damit wirtschaftliches Wachstum fördern. Die Möglichkeit Einkünfte in *Tax Havens* zu verlagern, könne die Wahrscheinlichkeit einer Investition in Hochsteuerländern erhöhen.[490] *Desai*, *Foley* und *Hines* haben herausgefunden, dass eine 1% höhere Wahrscheinlichkeit, eine Tochtergesellschaft in einem *Tax Haven* zu begründen, mit 0,5% bis 0,7% höheren Investitionen und Umsätzen in geographisch nahegelegenen regionalen *Non-Tax Havens* verbunden ist.[491]

Dennoch kann keine Studie beweisen oder behaupten, dass durch die Aktivitäten von *Tax Havens* stets ein Gesamtvorteil für *Non-Tax Havens* entsteht. Oft kann die Erosion der steuerlichen Bemessungsgrundlage nicht durch etwaige positive Effekte kompensiert werden.[492]

Nichtsdestotrotz profitieren Hochsteuerländer wie Deutschland unter reinen Investitionsgesichtspunkten vom Steuerwettbewerb durch *Tax Havens*. Die Tatsache, dass ein Investor in Deutschland etwaige Nachteile des deutschen Steuersystems durch die Einschaltung von Holdinggesellschaften in nahegelegene *Tax Havens* »gestalten« kann, egalisiert den steuerlichen Standortnachteil Deutschlands. Das führt dazu, dass bei Standortentscheidungen, Steuerfragen weniger relevant sind und stattdessen mehr die (mit Steuergeldern finanzierte) Infrastruktur, Ausbildung der Arbeitnehmer sowie die Nähe zu den Absatzmärkten in den Vordergrund treten.

D. *Nutzen für die Steuergestaltung*

Die Nutzung von *Tax Havens* ist ein wichtiges Gestaltungsmittel in der internationalen Steuerplanung. Sowohl der Ansatz als auch ein mögliches damit einhergehendes Risiko hängt von dem gewählten Konzept ab.[493] Die

489 *Hines,* Do Tax Havens Flourish?, NBER / Tax Policy & the Economy 2005, Vol. 19, Issue 1, 65, 93.

490 *Hines,* Do Tax Havens Flourish?, NBER / Tax Policy & the Economy 2005, Vol. 19, Issue 1, 65, 92-94.

491 *Desai/Foley/Hines,* Do tax havens divert economic activity?, Economic Letters 2006, Vol. 90, 219, 223; *Desai/Foley/Hines*, Economic Effects of Regional Tax Havens (2004), NBER Working Paper No. 10806, 22; *Nadal,* OECD's Owens Addresses Economic Effects of Tax Havens, Tax Notes International 2006, Vol. 44, 931, 932.

492 *Hines,* Do Tax Havens Flourish?, NBER / Tax Policy & the Economy 2005, Vol. 19, Issue 1, 65, 94.

493 Vgl. *Arnold/McIntyre*, International Tax Primer, 2002, S. 5, 12.

von der Öffentlichkeit wahrgenommenen aggressiven Gestaltungen funktionieren dabei meist nur in *Tax Havens* mit einem schlechten Ruf.

III. Ausuferung der Tax Havens

Die Ausuferung[494] der *Tax Havens* in den letzten 50 Jahren ist hauptsächlich begründet durch die Liberalisierung der Weltmärkte und die signifikanten Infrastrukturverbesserungen, vor allem im Telekommunikationsbereich.[495] Die Ausbreitung von *Tax Havens* ist zudem ein Teil des Globalisierungsprozesses.[496] *Tax Havens* machen sich einen entscheidenden Faktor der Globalisierung zunutze, nämlich die stark erhöhte Kapitalmobilität aufgrund der neuen technologischen Möglichkeiten.[497]

Aus volkswirtschaftlicher Sicht dienen *Tax Havens* der effizienten Allokation des Kapitals, und die Nachfrage danach spiegelt sich in der Ausuferung der *Tax Havens* wider. Diese Ausuferung von *Tax Havens* ist Gegenstand mehrerer Studien gewesen.[498] Vereinzelt wird behauptet, dass die Steuerrechtsordnungen von *Tax Havens* einer »*State Strategy*« folgen, deren Zweck es ist, Wirtschaftswachstum und Wohlfahrt zu generieren.[499]

IV. Zwischenergebnis

Die Aktivitäten von multinationalen U.S.-amerikanischen Unternehmen in *Tax Havens* haben sich in den letzten Jahrzehnten stetig erhöht. Die Gründe hierfür erstrecken sich von der Vermeidung von Doppelbesteuerungen bis zu einer darüberhinaus gehenden Reduzierung der Konzernsteuerquote. Es

494 Über das Wachstum von Tax Havens, *Kudrle/Eden,* The Campaign Against Tax Havens: Will It Last? Will It Work?, Stanford Journal of Law, Business and Finance 2003, Vol. 9, Autumn, 42, 43.

495 Siehe *Arnold/McIntyre*, International Tax Primer, 2002, S.137.

496 *The Economist*, A Place in the Sun, 24.2.2007, S. 4; *Kudrle/Eden,* The Campaign Against Tax Havens: Will It Last? Will It Work?, Stanford Journal of Law, Business and Finance 2003, Vol. 9, Autumn, 43.

497 Über die Erfolgsfaktoren für Tax Havens, *Ramos,* A Place in the Sun, The Economist 24.2.2007, A Special Report on Offshore Finance, 3, 5-8. Ferner, *Dreßler*, Gewinn- und Vermögensverlagerungen in Niedrigsteuerländer und ihre steuerliche Überprüfung, 2007, S. 27-29.

498 *Dharmapala/Hines,* Which Countries Become Tax Havens?, NBER Working Paper Series 2006, Working Paper No. 12802; http://www.nber.org/papers/w12802.pdf, S. 23-24; *Kudrle/Eden,* The Campaign Against Tax Havens: Will It Last? Will It Work?, Stanford Journal of Law, Business and Finance 2003, Vol. 9, Autumn, 42, 43.

499 *Palan/Abbott/Deans*, State Strategies in the global Political Economy, 1996, S. 174ff.

gibt einige wissenschaftlich fundierte Belege dafür, dass *Tax Havens* überall nutzen stiften können. Die *Tax Havens* selber steigern ihren Wohlstand, multinationale Unternehmen können steueroptimierte Strukturen zur Investition in Hochsteuerländern erschaffen, wovon die Hochsteuerländer wiederum profitieren, was nicht bedeutet muss, dass Hochsteuerländer insgesamt von *Tax Havens* profitieren.

Kapitel 6: Steuerwettbewerb und Steuerharmonisierung

Die Begriffe Steuerwettbewerb und Steuerharmonisierung werden häufig als Gegenteile betrachtet.[500] Aus Sicht der Europäischen Union sind die Beteiligten in diesem »*Tax Game*« dieselben, nämlich die EU-Mitgliedsstaaten. Hinsichtlich von Steuerfragen gibt es häufig unterschiedliche Meinungen und manchmal Konsens. Ersteres ist Teil des Steuerwettbewerbs, letzteres führt zur Steuerharmonisierung.[501]

I. Steuerwettbewerb

Der globale Steuerwettbewerb[502] wird durch die zunehmende Mobilität von Kapital gefördert. Dies wird vor allem durch die modernen Kommunikationsmöglichkeiten und die Abschaffung von Restriktionen ermöglicht.[503] Ob der globale Steuerwettbewerb ein Segen oder ein Fluch ist, ist bereits Gegenstand von vielen wissenschaftlichen Abhandlungen gewesen.[504] Die Antwort kann sehr unterschiedlich ausfallen. Einerseits führt der globale Steuerwettbewerb zu einer geringeren Konzernsteuerquote bei Unternehmen und andererseits stellt der Steuerwettbewerb einen Teufelskreis für viele Länder dar. Der Teufelskreis beginnt damit, dass Hochsteu-

500 *O'Shea,* Tax Harmonization vs. Tax Coordination in Europe: Different Views, Tax Notes International 2007, Vol. 46, 811-814; *Schön,* Tax Competition in Europe – General Report, in: Schön, Tax Competition in Europe, 2003, S. 1, 5ff. Ferner, *von Wuntsch/Bach/Trabold*, Wertmanagement und Steuerplanung, 2006, S. 283ff.

501 Siehe *Schön,* Tax Competition in Europe – The National Perspective, European Taxation 2002, Vol. 42, 490, 500; *Schön*, Tax Competition in Europe – General Report, in: Schön, Tax Competition in Europe, 2003, S. 1, 41, 42; *Hey*, Harmonisierung der Unternehmensbesteuerung in Europa, 1997, S. 101.

502 Der moderne Steuerwettbewerb startete im Jahre 1984 mit der Abschaffung der Quellenbesteuerung von Zinsen durch die Vereinigten Staaten. Siehe *Nov,* Tax Competition: An Analysis of the Fundamental Arguments, Tax Notes International 2005, Vol. 37, 323, 324, Fn. 6.

503 *Ault,* Tax Competition, International and comparative taxation: essays in honour of Klaus Vogel 2002, S. 1-8; *Avi-Yonah,* Globalization, Tax Competition, And the Fiscal Crisis of the Welfare State, Harvard Law Review 2000, Vol. 113, May, 1573, 1575.

504 Vgl. *OECD*, Tax Co-operation: Towards a Level Playing Field – 2006 Assessment by the Global Forum on Taxation, 2006 sowie die OECD-kritische Gegenposition, *Mitchell,* OECD Funding: Setting the Record Straight, Tax Notes International 2006, Vol. 44, 285; *Owens,* International Taxation: Meeting the Challenges – The Role of the OECD, European Taxation 2006, Vol. 46, 555, 557.

erländer nicht mehr in der Lage sind, bestimmte Kapitaleinkünfte zu besteuern. Die dadurch verursachten Steuermindereinnahmen führen meist zu einer Kürzung in den sozialen Sicherungssystemen, die in Zeiten der Globalisierung erst recht gebraucht werden. Die Globalisierung wiederum verstärkt den Steuerwettbewerb noch mehr und steht damit am Anfang und Ende dieses Teufelskreises.[505]

Der globale Steuerwettbewerb ist aber zugleich auch eine der Lebensadern der internationalen Steuerplanung.[506] In einer Welt mit über 200 souveränen Staaten und nicht oder nur wenig aufeinander abgestimmten Steuerrechtsordnungen beinhaltet der globale Steuerwettbewerb für die internationale Steuerplanung Rechte und Pflichten zugleich. Das Recht die steuerlichen Angelegenheit so zu gestalten, dass es zu keinerlei Doppelbesteuerungen kommt und das Recht die Möglichkeiten des globalen Steuerwettbewerbs zu nutzen, gehen mit der Pflicht einher, sich stets innerhalb der Grenzen dieses sehr heterogenen Rechtsordnungsgefüges zu bewegen (*compliance*).

Der globale Steuerwettbewerb existiert seit Jahrzehnten und wird überwiegend als legitimes Mittel von Staaten bei der Ausübung ihrer Souveränität betrachtet.[507] Viele OECD-Länder haben kontinuierlich ihre Steuersätze in den letzten Jahren gesenkt, aber dabei gleichzeitig die Bemessungsgrundlagen verbreitert.[508] *Wunder* konnte zeigen, dass Länder, die ihre Steuersätze gesenkt haben, sich infolgedessen wirtschaftlich positiv entwickelt haben.[509]

Im Gegensatz zum allgemeinen Trend sind die Vereinigten Staaten eine der wenigen OECD-Länder, die sich dem Steuerwettbewerb in Form von Steuersatzsenkungen bislang entzogen haben.[510] Gleichzeitig ist zu beobachten, dass multinationale U.S.-amerikanische Unternehmen nicht besonders stark auf eine Senkung der Steuersätze hinwirken. Eine Erklärung hierfür mag sein, dass multinationale U.S.-amerikanische Unternehmen

505 Vgl. *Avi-Yonah,* Globalization, Tax Competition, And the Fiscal Crisis of the Welfare State, Harvard Law Review 2000, Vol. 113, May, 1573, 1578.

506 Eine sehr gute Übersicht über Steuerplanungstechniken bietet *Merks,* Categorizing Corporate Cross-Border Tax Planning Techniques, Tax Notes International 2006, Vol. 44, 55ff.

507 *Degrève/Molitor,* Tax Notes International 2006, Vol. 41, 299.

508 Detaillierte Daten präsentiert *Wunder,* International Corporate Tax Reform or »Race to the Bottom«?, Tax Notes International 2007, Vol. 47, 465, 467-477; *Fuest/Huber,* Why do countries combine the exemption system for taxation of foreign profits with domestic double taxation relief?, Journal of International Economics 2004, Vol. 62, 219, 228.

509 *Wunder,* International Corporate Tax Reform or »Race to the Bottom«?, Tax Notes International 2007, Vol. 47, 465, 478.

510 *Weiner,* How the OECD and the U.S. Learned to Get Along with the Tax Havens, Tax Notes International 2007, Vol. 46, 229, 230 und die Diagramme auf S. 233, 234; *Weiner,* U.S. Corporate Tax Reform: All Talk, No Action, Tax Notes International 2007, Vol. 47, 800, 802.

vielerlei andere Möglichkeiten nutzen, um ihre Gesamtsteuerbelastung zu senken.[511] Eine dieser Möglichkeiten ist das beschriebene »*Sunset Law*« in § 965 IRC,[512] welches es U.S.-amerikanischen Unternehmen für eine kurze Zeit ermöglichte, Dividenden zu einem effektiven Steuersatz von 5,25% zu repatriieren.[513]

Während aufgrund des globalen Steuerwettbewerbs multinationalen Unternehmen einige Wege offenstehen, ihre Steuerbelastungen zu planen, fürchten die Staaten um ihren Einfluss («*the power to tax is the power to govern*«)[514]. Der Steuerwettbewerb besteht aber nicht nur zwischen den einzelnen Staaten, sondern kann – wie der kantonale Steuerwettbewerb in der Schweiz zeigt – auch innerhalb eines Staates stattfinden.[515]

Die Vor- und Nachteile des globalen Steuerwettbewerbs wurden in vielen Forschungsprojekten beleuchtet.[516] Zusammenfassend fällt auf, dass es sehr zweideutige empirische Ergebnisse gibt. Während die *Public Choice Theory* den Steuerwettbewerb als ein Mittel befürwortet, um Regierungen dazu zu zwingen, effizienter mit den Staatseinnahmen umzugehen,[517]

511 *Weiner,* U.S. Corporate Tax Reform: All Talk, No Action, Tax Notes International 2007, Vol. 47, 800, 801.

512 Siehe oben Kapitel 3(I.)(G.).

513 *Kessler/Eicke,* Arbeitsplätze aus dem Steuerparadies: Neue US-Subpart F-Regel schafft Anreize zur Repatriierung von Gewinnen aus Tax Havens in die USA – Ein Vorbild für Deutschland ?, IStR 2006, 1-6.

514 *Abery,* The OECD and Harmful Tax Practices, Tax Notes International 2007, Vol. 46, 823, 826-828; *Knobbe-Keuk,* Die Einwirkung der Freizügigkeit und der Niederlassungsfreiheit auf die beschränkte Steuerpflicht, Europäische Zeitschrift für Wirtschaftsrecht 1991, 649, 650.

515 Siehe *Waldburger,* Switzerland, in: Schön, Tax Competition in Europe, 2003, S. 471; *Schön,* Tax Competition in Europe – General Report, in: Schön, Tax Competition in Europe, 2003, S. 1, 15.

516 Konkret für Deutschland, *Jackstein,* Das deutsche Steuerrecht im Wettbewerb mit ausländischen Steuersystemen, in: Burmeister/Endres, Festschrift für Helmut Debatin, 1997, S. 179ff.

517 Mit anderen Worten: Der internationale Steuerwettbewerb behindere die natürliche Versuchung des Staates, exzessiv zu besteuern, und die öffentliche Verwaltung daran, sich ineffizient zu vergrößern. Aus der Sicht der Befürworter führt der Steuerwettbewerb zu Wohlfahrtsgewinnen in den meisten Staaten, da es die Regierungen zwinge, effizienter mit den knappen Ressourcen umzugehen, und der Steuerwettbewerb dabei gleichzeitig eine disziplinierende Wirkung auf die politischen Entscheidungsträger entfalte. Siehe *Brennan/Buchanan,* The Power to Tax, 1980, n. 9.2.3; *Nov,* Tax Competition: An Analysis of the Fundamental Arguments, Tax Notes International 2005, Vol. 37, 323, 328; *Wilson,* Theories of Tax Competition, National Tax Journal 1999, Vol. 52, 269, 296; *Yilmaz,* Tax Havens, Tax Competition, and Economic Performance, Tax Notes International 2006, Vol. 43, 587, 588; *Degrève/Molitor,* Tax Notes International 2006, Vol. 41, 299, 306. Des Weiteren, *Janeba/Schjelderup,* Why Europe Should Love Tax Competition – And The U.S. Even More So (2002), NBER Working Paper No. 9334, S. 16, 29ff. untersuchten den Nutzen des Steuerwettbewerbs sowohl in Präsidialsystemen wie den Vereinigten Staaten als auch in Parlamentssystemen wie Deutschland. Sie kamen zu dem

sehen andere darin ein Gefangenendilemma (*Prisoner's Dilemma*),[518] welches zu einem »*Race to the Bottom*« führe.[519]

Obwohl Länder die den Steuerwettbewerb vorantreiben, mehr Investoren anlocken, gibt es keinerlei Korrelation zwischen der Steuerbelastung in

Ergebnis, dass der Steuerwettbewerb nutzbringend in beiden Systemen sei, wobei Präsidalsysteme noch ein wenig mehr vom Steuerwettbewerb profitierten.

518 Das Modell des »Gefangenendilemmas« oder »*Prisoner's Dilemma*« entstammt der ökonomischen Spieltheorie. Dabei werden zwei Gefangene separat voneinander von Ermittlungsbeamten befragt. Das Ziel der Ermittlungsbeamten ist es, jeden der beiden Gefangenen zu einem Geständnis zu bewegen und gleichzeitig den anderen Gefangenen desselben Verbrechens zu beschuldigen. Für diesen Fall wird dem Gefangenen eine moderate Bestrafung versprochen, während der andere Gefangene eine hohe Strafe erhalten würde. Wenn beide Gefangenen schweigen, würden beide freigelassen. Daher wäre es für beide am Besten, wenn sie schweigen würden. Da jeder Gefangene aber befürchtet, der andere gesteht die Tat, gestehen beide. Am Ende des Tages führt das Verhalten der Gefangenen nicht zu einem optimalen Ergebnis, da beide aufgrund der fehlenden Kommunikation und der daraus resultierenden Unmöglichkeit einer bindenden Vereinbarung nicht ihr Ziel erreichen. Siehe *Mankiw*, Grundzüge der Volkswirtschaftslehre, 2001, S. 379ff.; *Steward,* Environmental Regulation and International Competitiveness, Yale Law Journal 1993, Vol. 102, 2039, 2058 Fn. 84.
Dieses Modell lässt sich auf den Steuerwettbewerb übertragen. In diesem Zusammenhang kann das Gefangenendilemma genutzt werden, den globalen Wettbewerb der Staaten um mobile Investitionen zu erklären, da jeder Staat noch bessere Anreize schaffen möchte als die anderen Staaten. Es kann auch erklären, warum Kooperationsbemühungen bislang weitestgehend fehlgeschlagen sind. Siehe *Hallerberg,* Tax Competition in Wilhelmine Germany and Its Implications for the European Union, World Politics 1996, Vol. 48, 324, 328; *Nov,* Tax Competition: An Analysis of the Fundamental Arguments, Tax Notes International 2005, Vol. 37, 323, 330; *Steinmo,* International Pressures and Domestic Tax Policy Choices, Challenge 1994, Vol. 37, 3; *Bernauer/Styrsky,* Corporate Responses to International Tax Competition, European Journal of International Relations 2004, Vol. 10, 61, 63, Fn. 4.
Die Anwendung des Gefangenendilemmas auf die Kooperationsprobleme beim internationalen Steuerwettbewerb ablehnend, *Dehjia/Genschel*, Tax Competition in the European Union, MPIfG Discussion Paper 98/3, 1998, S. 33, die Verteilungsprobleme dafür verantwortlich machen, warum Kooperationen bislang fehlgeschlagen sind. Des Weiteren behaupten sie, dass beim internationalen Steuerwettbwerb regelmäßig kleinere Staaten gewinnen und größere Staaten verlieren. Dieser Konflikt ähnele eher einem Spiel, bei dem ein Spieler mit den Vorlieben eines Gefangenen im Gefangenendilemma (großer Staat) mit einem Spieler konfroniert wird, der an seiner Situation nichts ändern möchte (kleiner Staat). Daher resultiere die fehlende Kooperation vor allem aus dem Umstand, dass die kleinen Staaten keinerlei Anreize hätten, um im Wege der Kooperation ein perfektes Ergebnis für alle Staaten zu erzielen.

519 Das *Race to the Bottom*-Modell besagt, dass Staaten in einem Wettbewerb um (Direkt)investitionen stehen, und im Zuge dessen anders besteuern als ohne den Steuerwettbewerb. Der Terminius wurde zuerst eingeführt von *Cary,* Reflections Upon Delaware, Yale Law Journal 1974, Vol. 83, 663-705. Das Ergebnis sei ein

einem Land und der wirtschaftlichen Wettbewerbsfähigkeit dieses Landes.[520]

Es gibt jedoch Belege dafür, dass Länder, die aufgrund der Internationalisierung ihre Steuersätze gesenkt haben, keinerlei Minderung ihres Steueraufkommens hinnehmen mussten.[521] *Becker* und *Fuest* haben gezeigt, dass die Internationalisierung eine positive Wirkung auf das deut-

Verlust von Wohlfahrt, da Ressourcen im Rahmen der Steuerarbitrage verschwendet werden würden. Siehe *Aujean,* Steuerkoordination in Wirtschaftsunionen und gemeinsamen Märkten, IStR 2005, 561, 562.
Manche Studien behaupten, dass das *Race to the Bottom*-Modell vom Gefangenendilemma abgeleitet werden kann, indem es die im Wettbewerb zueinander stehenden Staaten dazu zwingt, immer mehr Anreize (vor allem direkte und indirekte Subventionen) für die Gewinnung ausländischer Investoren zu erzeugen. Siehe *Petrov,* Prisoners No More, Case W.Res.Journal of International Law 2001, Vol. 33, 71, 109; *Nov,* Tax Competition: An Analysis of the Fundamental Arguments, Tax Notes International 2005, Vol. 37, 323, 330, fn. 55; *Aujean,* Steuerkoordination in Wirtschaftsunionen und gemeinsamen Märkten, IStR 2005, 561, 562.
Kritisch zu der *Race to the Bottom*-Argumentation, *Baldwin/Krugman*, Agglomeration, Integration and Tax Harmonization (2002), NBER Working Paper No. 9290, denen zufolge der internationale Steuerwettbewerb wesentlich komplexer ist als es das *Race to the Bottom*-Modell suggeriere (S. 7). Auf der Grundlage empirischer Daten behaupten sie daher, dass der internationale Steuerwettbewerb genausogut zu einem *Race to the Top* führen könne. *Baldwin/Krugman* argumentieren daher, dass aufgrund von Agglomerationskräften Industrien bzw. Branchen dazu tendieren, sich entweder gemeinsam in einem oder gemeinsam in dem anderen Land aufzuhalten. Daher machten sich Industriestaaten (*core nations*) diese Tatsache zu eigen und besteuerten höher als weniger industrialisierte Länder (*periphery*)(S. 21). Dieser Ansatz stimmt mit den Beobachtungen von *Griffith/Klemm* überein, die feststellten, dass trotz intensiven Steuerwettbewerbs zwischen den Staaten in den letzten 20 Jahren, die Körperschaftsteuersätze nicht auf 0% oder in die Nähe von 0% sanken. Sie behaupten, dass die Körperschaftsteuersätze zwar in den vergangenen 25 Jahren gefallen seien, dies aber durch eine Verbreiterung der Bemessungsgrundlage in den meisten Fällen kompensiert wurde. Daher sei die Sorge einer Steuersatzsenkung auf 0% auf Grundlage der Erkenntnisse empirischer Forschung unbegründet. Siehe *Griffith/Klemm,* Tax Competition Experience of the Last 20 Years, Tax Notes International 2004, Vol. 34, 1299, 1306, 1311, 1333. Ebenfalls Zweifel an einem *Race to the Bottom* hat *Hines,* International Tax Policy Forum – Introduction, Tax Notes International 2004, Vol. 34, 1295, 1296.

520 Nach Einschätzung des *World Economic Forum*, Global Competitiveness Report 2005-2006, 2005, S. 7, ist das Hochsteuerland Finnland die wettbewerbfähigste Volkswirtschaft. Die Vereinigten Staaten belegen den zweiten Rang gefolgt von Schweden und Dänemark. Die starke Stellung der nordischen Länder, die allesamt keine Niedrigsteuerländer sind, wird vor allem mit den makroökonomischen Rahmenbedingungen und den hochtransparenten und effizienten öffentlichen Einrichtungen und Institutionen erklärt.

521 *Weiner,* How the OECD and the U.S. Learned to Get Along with the Tax Havens, Tax Notes International 2007, Vol. 46, 229, 234, 235.

sche Steueraufkommen hatte.[522] *Becker* und *Fuest* belegen, dass ein 10%iger Anstieg des Internationalisierungsgrades[523] mit einer 4,4%igen Zunahme des Steueraufkommens einhergeht.[524]

Jedoch behauptet *Avi-Yonah*, dass sich die Aufkommenssituation sowohl für entwickelte als auch für sich entwickelnde Länder im Falle eines unbegrenzten globalen Steuerwettbewerbs verschlechtern würde.[525] *Avi-Yonah* schlägt zwei Lösungsansätze vor, die beide ohne die Zustimmung oder Mitarbeit der *Production* und *Headquarter Tax Havens*[526] durchgesetzt werden könnten. Um die »Unterbesteuerung« von grenzüberschreitenden Portfolioinvestitionen zu verhindern, schlägt er den OECD-Ländern die (Wieder)einführung einer einheitlichen Quellensteuer auf Portfolioinvestitionen vor.[527] Um die »Unterbesteuerung« von grenzüberschreitenden Direktinvestitionen zu verhindern, rät er den OECD-Ländern, ein Regime einzuführen, welches multinationale Unternehmen in dem Land besteuert, in dem die Güter und Dienstleistungen des jeweiligen Unternehmens konsumiert werden (*formulary apportionment*).[528]

Am Ende des Tages liegen die Vor- und Nachteile des globalen Steuerwettbewerbs aber stets immer im Auge des Betrachters. Wenn der Betrachter auf der unternehmerischen Seite steht, wird er diese Entwicklung sowohl als Mittel der Steuerplanung als auch als Förderung des internationalen Handels befürworten.[529]

II. Steuerharmonisierung

Jeder Investor in Europa muss sich die Harmonisierungsbestrebungen vergegenwärtigen und daraus resultierende zukünftige materielle Änderungen in den einzelnen Steuerrechtsordnungen antizipieren.[530] Steuerharmonisie-

522 *Becker/Fuest*, Internationalization and Business Tax Revenue – Evidence from Germany, 2007, S. 10-15.

523 Der Grad der Internationalisierung wird sowohl auf der Grundlage der gesamten ausländischen Direktinvestitionen als auch der gesamten Handelsaktivitäten bemessen. Siehe *Becker/Fuest*, Internationalization and Business Tax Revenue – Evidence from Germany, 2007, S. 7.

524 *Becker/Fuest*, Internationalization and Business Tax Revenue – Evidence from Germany, 2007, S. 13.

525 *Avi-Yonah*, Globalization, Tax Competition, And the Fiscal Crisis of the Welfare State, Harvard Law Review 2000, Vol. 113, May, 1573, 1675, 1631-1648.

526 Zu diesen Begriffen siehe oben Kapitel 5(I.).

527 *Avi-Yonah*, Globalization, Tax Competition, And the Fiscal Crisis of the Welfare State, Harvard Law Review 2000, Vol. 113, May, 1573, 1667-1670.

528 *Avi-Yonah*, Globalization, Tax Competition, And the Fiscal Crisis of the Welfare State, Harvard Law Review 2000, Vol. 113, May, 1573, 1670-1674.

529 Siehe *Endres*, Zahlreiche Gestaltungschancen durch den verschärften Steuerwettbewerb, Recht der Internationalen Wirtschaft 2004, Beilage 1, 1.

530 *Degrève/Molitor*, Tax Notes International 2006, Vol. 41, 299, 305.

rung ist nicht das Gegenteil von Steuerwettbewerb und es bedeutet auch nicht, dass es weniger vorteilhaft für die internationale Steuerplanung ist. Vielmehr verfolgen beide das gleiche übergeordnete Ziel: Die Ermöglichung eines grenzenlosen Kapitalverkehrs.[531] Insbesondere die Harmonisierungserfolge innerhalb der EU, z.B. durch die Mutter-Tochter-Richtlinie, die Zins- und Lizenz-Richtlinie sowie die Fusionsrichtlinie, zeigen, wie vorteilhaft eine Steuerharmonisierung für multinationale Unternehmen sein kann.[532]

Im Zuge der Globalisierung wächst die Notwendigkeit für die Harmonisierung der unterschiedlichen nationalen Steuersysteme.[533] Gefördert von internationalen und supranationalen Organisationen, wird das Ziel verfolgt, steuerliche Unterschiede zu verringern und schädlichen Steuerwettbewerb zu bekämpfen (*Harmful Tax Competition*).[534] Schädlicher Steuerwettbewerb gehe vor allem von Rechtsordnungen aus, die Gewinne niedrig oder gar nicht besteuern und dabei ein sog. »*Ring Fencing*« betreiben. Im Laufe der Zeit ist »*Ring Fencing*« zu einem Synonym für schädlichen Steuerwettbewerb geworden. Es beschreibt Teile von Steuerrechtsordnungen (*Harmful Preferential Tax Regimes*), die von den heimischen Märkten des jeweiligen Landes abgetrennt sind, und daher nur für ausländische Investitionen gelten.[535] Als Indiz für die Schädlichkeit wird hierbei vor allem der Umstand angesehen, dass ein Staat es für notwendig erachtet, die heimische Wirtschaft von den Vorteilen dieses Teilbereichs der Steuerrechtsordnung auszuschließen.

A. OECD-Ansatz

Besorgt über das Verhalten von *Tax Havens*, wehren sich Hochsteuerländer mit folgenden Mitteln:[536]

531 Siehe *Griffith/Klemm*, Tax Competition Experience of the Last 20 Years, Tax Notes International 2004, Vol. 34, 1299, 1309.

532 Die drei Richtlinien werden im Detail beschrieben in Kapitel 6(II.)(B.)(a.)

533 Über Konzept und Fragestellungen zur Steuerharmonisierung, *Steichen*, Tax Competition in Europe or Taming of Leviathan, in: Schön, Tax Competition in Europe, 2003, S. 43, 47, 51.

534 Über »harmful tax competition« in den Vereinigten Staaten, *Stewart*, Harmful Tax Competition in the United States, Tax Notes International 2007, Vol. 48, 824-826.

535 Beispielsweise durch Gewährung von Steuervorteilen für beschränkt Steuerpflichtige. Siehe *Degrève/Molitor*, Tax Notes International 2006, Vol. 41, 299, 300; *Cavalier*, Redesigning Heaven, Tax Notes International 2005, Vol. 38, 1009, 1014.

536 *OECD*, Harmful Tax Competition – An Emerging Global Issue, 1998, Tz. 88ff.; *Peter-Szerenyi*, The OECD's Artificial Approach to Tax Havens – Part 1, Journal of International Taxation 2003, Vol. 14, February, 14, 22. Siehe auch *Kudrle/Eden*, The Campaign Against Tax Havens: Will It Last? Will It Work?, Stanford Journal of Law, Business and Finance 2003, Vol. 9, Autumn, 55.

- Einführung von niedrigbesteuerten Spezialtatbeständen;
- Einführung oder Verschärfung von CFC-Regeln und anderen Anti-Missbrauchsnormen;[537] und
- Stigmatisierung von sehr aggressiven *Tax Havens.*

Letzteres wird vor allem unter der Ägide der OECD durchgeführt.[538] Dabei stellt die OECD ein weiteres Mal ihren großen Einfluss bei Fragen des internationalen Steuerrechts unter Beweis.[539] *Cavalier* sieht diese Einmischung der OECD in die Angelegenheit bestimmter Steuerrechtsordnung kritisch und nennt es »*OECD's conquest of paradise through economic reprisals*«[540].

Im Jahre 1996 startete die OECD ihre Initiative gegen schädlichen Steuerwettbewerb und veröffentlichte im April 1998 erste Ergebnisse im »*Report on Harmful Tax Competition*«.[541] Kommentiert wurde dies u.a. auch als »*the most specific collective attack ever made on tax havens*«[542].

Im Jahre 2000 hat die OECD eine Liste mit 47 »*potentially harmful preferential tax regimes*«[543] in OECD-Ländern sowie eine Liste mit 35 *Tax*

537 *Reimer* sagt voraus, dass Deutschland seine Maßnahmen gegen Steuerwettbewerb in Zukunft weiter verschärfen wird. Siehe *Reimer,* Quelle und Ansässigkeit – Neusausrichtung der Prinzipien, IStR 2004, 816, 817. Allerdings gilt es, die Beschränkungen aufgrund der europarechtlichen Vorgaben zu beachten.

538 Eine sehr gute Übersicht bietet *Abery,* The OECD and Harmful Tax Practices, Tax Notes International 2007, Vol. 46, 823-851. Ferner, *Weiner,* How the OECD and the U.S. Learned to Get Along with the Tax Havens, Tax Notes International 2007, Vol. 46, 229-239. Eine andere internationale Initiative ist die »Ad hoc Group of Experts on International Cooperation in Tax matters«, eine ständige Kommission der Vereinten Nationen (UN), die versucht, die Rolle der sich entwickelnden Staaten und der Schwellenländer im internationalen Steuerrecht zu stärken. Des Weiteren, die Welthandelsorganisation (WTO), die mit ihren Entscheidungen Wettbewerbsverzerrungen aufzulösen versuchen (historisch siehe z.B. die U.S.-amerikanischen »Foreign Sales Corporations« (FSC). Vgl. *Economie Suisse,* Wettbewerb und Dynamik in der Steuerpolitik, 2005, S. 50ff.

539 Über den Einfluss der OECD, *Lang,* Wer hat das Sagen im Steuerrecht?, Österreichische Steuerzeitung 2006, 203-210.

540 *Cavalier,* Redesigning Heaven, Tax Notes International 2005, Vol. 38, 1009, 1012 und 1014.

541 *OECD,* Harmful Tax Competition – An Emerging Global Issue, 1998. Ferner, *Weiner/Ault,* The OECD's report on harmful tax competition, National Tax Journal 1998, Vol. LI, 601-608; *Peter-Szerenyi,* The OECD's Artificial Approach to Tax Havens – Part 1, Journal of International Taxation 2003, Vol. 14, February, 14, 17.

542 *Kudrle/Eden,* The Campaign Against Tax Havens: Will It Last? Will It Work?, Stanford Journal of Law, Business and Finance 2003, Vol. 9, Autumn, 38.

543 »Harmful preferencial tax regimes« beinhalten keinen oder nur einen geringen Steuersatz sowie »Ring Fencing« und zeichnen sich durch das Fehlen von Transparenz und einem effektiven Informationsaustausch aus. Hierzu, *OECD,* Harmful Tax Competition – An Emerging Global Issue, 1998, paras. 59, 60. Siehe *Peter-Szerenyi,* The OECD's Artificial Approach to Tax Havens – Part 1, Journal of International Taxation 2003, Vol. 14, February, 14, 19.

Havens veröffentlicht.[544] Diesen Publikationen folgten mehrere *Progress Reports*.[545]

In erster Linie widmen sich diese Berichte der Bekämpfung von Steuerpraktiken, die Anreize für geographisch mobile Einkünfte schaffen, und die nicht im Einklang mit der traditionellen Besteuerungspraxis derjenigen Staaten stehen, die Steuern als primäre Einnahmequelle zur Bereitstellung öffentlicher Güter betrachten.[546]

Stattdessen machen sich manche *Tax Havens* die Schwächen, Systembrüche und Inflexibilität dieser Staaten zunutze und praktizieren das eingangs erwähnte »*Ring Fencing*«.[547] Vereinfacht ausgedrückt, liegt ein schädlicher Steuerwettbewerb dann vor, wenn ein Staat in dem Steuersubstrat eines anderen Staates (unrechtmäßig) eingreift.[548]

Die OECD hält den schädlichen Steuerwettbewerb deshalb für gefährlich, weil er einerseits den weltweiten Handel verzerre und anderseits insbesondere Hochsteuerländer zwinge, Besteuerungsmuster in der Weise abzuändern, dass Arbeitseinkünfte höher und (mobile) Kapitaleinkünfte ge-

544 *OECD*, 2000 Report, 2000.

545 *OECD*, 2004 Progress Report, 2004. Im Detail, *Spencer*, Harmful Tax Practices: 2004 OECD Progress Report, Journal of International Taxation 2004, Vol. 15, September, 38, 41; *OECD*, Tax Co-operation: Towards a Level Playing Field – 2006 Assessment by the Global Forum on Taxation, 2006. Siehe auch die Tabelle in *Weiner*, How the OECD and the U.S. Learned to Get Along with the Tax Havens, Tax Notes International 2007, Vol. 46, 229, 232; *Weiner/Ault*, The OECD's report on harmful tax competition, National Tax Journal 1998, Vol. LI, 601-608.

546 Siehe *Owens*, The Global Forum on Taxation's 2006 Progress Report: An Overview, Tax Notes International 2006, Vol. 42, 869; *Nov*, Tax Competition: An Analysis of the Fundamental Arguments, Tax Notes International 2005, Vol. 37, 323; *Arnold/McIntyre*, International Tax Primer, 2002, S. 138. *Rosembuj* erachtet den Steuerwettbewerb mit *Tax Havens* per se als »schädlich«, da er auf einem institutionellen Schutz für in anderen Staaten verschleierte Einkünfte beruhe, die der Steuerrechtsordnung des Tax Havens eigentlich nicht zugerechnet werden dürften. Siehe *Rosembuj*, Harmful Tax Competition, Intertax 1999, Vol. 27, 316, 330; *Ambrosanio/Caroppo*, Eliminating Harmful Tax Practices in Tax Havens, Canadian Tax Journal 2005, Vol. 53, 685, 688.

547 *Peter-Szerenyi*, The OECD's Artificial Approach to Tax Havens – Part 1, Journal of International Taxation 2003, Vol. 14, February, 14, 19.

548 Siehe *Arnold/McIntyre*, International Tax Primer, 2002, S. 139. Oder wie *Rosembuj*, Harmful Tax Competition, Intertax 1999, Vol. 27, 316, 319 sagt: »Harmful tax competition [...] exhibits features of unfriendly or downright illicit or almost illicit behaviour on the part of some states, going against the tax interests of others.«

ringer besteuert werden. Letzteres unterminiere die Gerechtigkeit innerhalb eines Steuersystems.[549]

Hinsichtlich der Begrifflichkeiten unterscheidet die OECD zwischen *Tax Havens*[550] und *Harmful Preferential Tax Regimes.*[551] Aus der Zusammenschau wird ersichtlich, welche beiden Kriterien die OECD für besonders schädlich hält:

- Fehlen eines effektiven Informationsaustausches;[552]
- Fehlen von Transparenz.[553]

549 *Avi-Yonah,* Globalization, Tax Competition, And the Fiscal Crisis of the Welfare State, Harvard Law Review 2000, Vol. 113, May, 1573, 1576-1578; *OECD*, Harmful Tax Competition – An Emerging Global Issue, 1998, Tz. 8; *Peter-Szerenyi,* The OECD's Artificial Approach to Tax Havens – Part 2, Journal of International Taxation 2003, Vol. 14, March, 10, 21, 22.

550 Siehe *OECD*, Harmful Tax Competition – An Emerging Global Issue, 1998, S. 23. Ferner, *Abery,* The OECD and Harmful Tax Practices, Tax Notes International 2007, Vol. 46, 823, 833.

551 Während Tax Havens keinerlei Veranlassung verspüren, einen *Race to the Bottom* zu verhindern, haben »Harmful Preferential Tax Regimes« durchaus ein Interesse daran, schädlichen Steuerwettbewerb abzuschaffen; vorausgesetzt alle anderen »Harmful Preferential Tax Regimes« haben das gleiche Ziel. Charakteristisch für »Harmful Preferential Tax Regimes« ist, dass ein 0% oder ein niedriger Körperschaftsteuersatz existiert, kein Informationsaustausch mit anderen Staaten stattfindet und Ring Fencing betrieben wird, d.h. die steuerliche Isolierung der rein nationalen Wirtschaft von international agierenden Unternehmen. »Ring Fencing« ist das Hauptabgrenzungsmerkmal zwischen einem Tax Haven und einem »Harmful Preferential Tax Regime«. Siehe *Arnold/McIntyre*, International Tax Primer, 2002, S. 139; *OECD*, 2004 Progress Report, 2004, S. 5, fn. 2; *Spencer,* Harmful Tax Practices: 2004 OECD Progress Report, Journal of International Taxation 2004, Vol. 15, September, 38, 42ff.; *Abery,* The OECD and Harmful Tax Practices, Tax Notes International 2007, Vol. 46, 823, 828-834; *Hay,* OECD Global Forum on Tax Information Exchange, Tax Planning International Review 2004, July, Vol. 31, 11; *Avi-Yonah,* Globalization, Tax Competition, And the Fiscal Crisis of the Welfare State, Harvard Law Review 2000, Vol. 113, May, 1573, 1659. Siehe ferner wie Spanien mit einigen Tax Havens Vereinbarungen zum Informationsaustausch abgeschlossen hat in *García Heredia,* »The Bermuda Triangle Approach«, European Taxation 2007, 529-536

552 *Oberson,* The OECD Model Agreement on Exchange of Information, IBFD Bulletin – Tax Treaty Monitor 2003, 14.

553 Siehe *Hay,* OECD Global Forum on Tax Information Exchange, Tax Planning International Review 2004, July, Vol. 31, 11; *Orlov,* The Concept of Tax Haven, Intertax 2004, Vol. 32, 95, 105, 106; *OECD*, 2004 Progress Report, 2004, S. 14; *Hofbauer,* Der 2004-Progress Report, Steuern und Wirtschaft International 2004, 238, 239; *Griffith/Klemm,* Tax Competition Experience of the Last 20 Years, Tax Notes International 2004, Vol. 34, 1299, 1308; *Eimermann,* Konferenz zum schädlichen Steuerwettbewerb, IStR 2005, Länderbericht, Heft 1, 1; *OECD*, 2004 Progress Report, 2004, S. 5, Fn. 2; *OECD*, A Process for Achieving a Global Level Playing Field, 2004, S. 3.

Im Jahre 2002 veröffentlichte die OECD eine Liste der unkooperativen *Tax Havens*.[554] Damals umfasste die Liste Andorra,[555] Liberia, Liechtenstein, Nauru,[556] Vanuatu, die Marshall Inseln und Monaco.[557] Gegenwärtig gelten nur noch Liechtenstein,[558] Andorra und Monaco als unkooperative *Tax Havens*.

Im OECD *Progress Report 2004* wurden zum ersten Mal auch Holdingregime bewertet. Aufgrund der Komplexität von Holdingregimen, sah sich die OECD nicht in der Lage, potentiell schädliche von nicht-schädlichen Regimen zu trennen. Die OECD plant aber, eine solche Analyse in der Zukunft durchzuführen.[559] Für die Zwecke dieser Schrift ist es wichtig festzuhalten, dass die OECD anerkennt, dass Holdinggesellschaften einen legitimen Zweck verfolgen, indem sie die Repatriierung von ausländischen Einkünften ermöglicht, ohne dadurch weitere steuerliche Belastungen zu bewirken.[560]

Jedoch hat die OECD im Lichte des schädlichen Steuerwettbewerbs mit Blick auf reine Holdinggesellschaften einige Modifikationen in dem OECD-Musterabkommen bzw. OECD-Musterkommentar vorgenommen:

- Verweigerung der Vertragsanwendung für Basisgesellschaften (Art. 1 OECD-Musterabkommen);
- Bestimmung, dass nationale Anti-Missbrauchsregelungen, insbesondere CFC-Regelungen nicht durch Doppelbesteuerungsabkommen verdrängt werden;
- Bestimmung, dass unilaterale *switch-over* Klauseln erlaubt sind.

554 Siehe *Peter-Szerenyi,* The OECD's Artificial Approach to Tax Havens – Part 1, Journal of International Taxation 2003, Vol. 14, February, 14, 46, 47.

555 Allerdings gibt es auch in Andorra Reformbewegungen, um dem negativen Ruf entgegen zu wirken. Siehe *Domingo Pérez/Albert Farré,* World Tax Daily 2007, 2007 WTD 99-7.

556 Nauru und Vanuatu wurden von der Liste entfernt, nachdem sie versprochen hatten, für mehr Transparenz und eine Verbesserung des Informationsaustausches zu sorgen. Vgl. ferner, o.V., Paradise well and truly lost, Economist v. 22.12.2001, Vol. 361, 39.

557 Siehe *Owens*, The OECD Work on Tax Havens, 8.7.2002, S. 2.

558 *Kessler/Eicke,* Germany's Fruit of Liechtenstein's Poisonous Tree, Tax Notes International 2008, Vol. 49, 871, 872.

559 Unter anderem wurden die steuerlichen Rahmenbedingungen für Holdinggesellschaften in Belgien, Deutschland, Irland, Luxemburg, den Niederlanden und der Schweiz untersucht. Als vorläufiges Ergebnis gab die OECD bekannt, dass diese Holdingrechtsordnungen nicht schädlich seien. Siehe *OECD*, 2004 Progress Report, 2004, S. 5, 10; *Eimermann,* Konferenz zum schädlichen Steuerwettbewerb, IStR 2005, Länderbericht, Heft 1, 1, 239. Aus europäischer Sicht, *Pinto*, Tax Competition and EU Law, 2003, S. 244, 245.

560 Siehe *OECD*, 2004 Progress Report, 2004, S. 10.

Das der OECD-Initiative zu Grunde liegende Ziel ist die Schaffung eines »*Global Level Playing Fields*« in den Bereichen Transparenz und Informationsaustausch.[561] Ein solches »*Global Level Playing Field*« würde dann existieren, wenn alle großen *Tax Havens* die OECD-Standards befolgen.[562]

Obwohl die OECD-Vorgaben nicht rechtlich bindend sind und lediglich politischen Druck (*peer pressure*) aufbauen können,[563] und obwohl die OECD für ihre Initiative erheblich kritisiert[564] wurde, konnte sie auf dem Weg zu einem »*Global Level Playing Field*« den Erfolg vermelden, dass bereits 33 *Tax Havens* Zugeständnisse für mehr Transparenz und einen hö-

561 Siehe *OECD*, A Process for Achieving a Global Level Playing Field, 2004, S. 2-4; *Hay*, OECD Level Playing Field Report Released: Consensus or Conflict?, Tax Planning International Review 2006, Vol. 33, June, 3; *Eimermann*, Konferenz zum schädlichen Steuerwettbewerb, IStR 2005, Länderbereicht, Heft 1, 1; *Scott*, OECD Targets Additional Financial Centers in Tax Haven Crackdown, World Tax Daily 2004, Doc 2004-11848, 1102, 1103; *Hay*, U.S. Destabilises Assault on Offshore Centres, Tax Planning International Review, Vol. 28, September, 3-12.

562 Siehe *Eimermann*, Konferenz zum schädlichen Steuerwettbewerb, IStR 2005, Länderbericht, Heft 1, 1; *Hofbauer*, Der 2004-Progress Report, Steuern und Wirtschaft International 2004, 238.

563 Auf dem Weg zur Schaffung eines »Global Level Playing Fields« droht die OECD den Staaten, die den Empfehlungen nicht folgen mit verschiedenen Sanktionen. Die Bandbreite der Sanktionen umfasst steuerliche Hindernisse für grenzüberschreitende Zahlungen und die Empfehlung an die Mitgliedsstaaten finanzielle Hilfen für unkooperative Tax Havens einzustellen oder zu kürzen. Siehe *Economie Suisse*, Wettbewerb und Dynamik in der Steuerpolitik, 2005, S. 50. Vor allem *Peer Pressure* ist das wichtigste Druckmittel der OECD bei der Durchsetzung ihrer Ziele. Siehe *Houde*, OECD Investment Policy Reviews, UNCTAD Expert Meeting 2003, S. 1-2, *Radaelli*, The code of conduct against harmful tax competition, Public Administration 2003, Vol. 81, 513, 528; *Cavalier*, Redesigning Heaven, Tax Notes International 2005, Vol. 38, 1009-1019; *Couch*, Cross-Border Tax Cooperation, Tax Notes International 2007, Vol. 45, 237, 238. Siehe ferner zu dem Druck den Luxemburg durch die Europäische Union ausgesetzt war, bevor Luxemburg diesem nachgab. Siehe *Economie Suisse*, Wettbewerb und Dynamik in der Steuerpolitik, 2005, S. 50; *Economie Suisse*, Wettbewerb und Dynamik in der Steuerpolitik, 2005, S. 50; *van den Brank-van Agtmaal*, Proposed and Enacted Amendments to Netherlands Antilles Tax Law, European Taxation 2007, 82.

564 *Milton Friedman* und über 200 andere Wirtschaftswissenschaftler hatten den U.S.-amerikanischen Präsidenten George H. Bush Senior dazu aufgefordert, sich nicht an der »Harmful Tax Competition« Initiative der OECD zu beteiligen. »Tax competition is a liberalizing force in the world economy, something that should be celebrated rather than persecuted. It forces governments to be more fiscally responsible lest they drive economic activity to lower-tax environment.« *Friedman/et al*, Economists Urge U.S. President to Reject OECD Initiative, World Tax Daily 2001, 2001 WTD 107-31; *Peter-Szerenyi*, The OECD's Artificial Approach to Tax Havens – Part 2, Journal of International Taxation 2003, Vol. 14, March, 10, 19; *Friedman/et al*, Economists Urge U.S. President to Reject OECD Initiative, World Tax Daily 2001, 2001 WTD 107-31; Letter to Center fo Freedom and Prosperity, 2001; *Mitchell*, OECD Funding: Setting the Record Straight, Tax Notes Interna-

heren Grad an Informationsaustausch gemacht haben.[565] Diese Jurisdiktionen haben Vereinbarungen zum Informationsaustausch (*tax information exchange agreements* (TIEAs)) abgeschlossen,[566] die weitestgehend Art. 26 OECD-Musterabkommen entsprechen.[567]

B. EU-Ansatz

Verglichen mit der OECD[568] oder der WTO, haben die Maßnahmen der Europäischen Union zur Harmonisierung[569] der nationalen Steuersysteme[570] eine größere Rechtswirkung und daher eine höhere Durchsetzungskraft, obwohl die EU keine originäre Kompetenz auf dem Gebiet der

tional 2006, Vol. 44, 285, 286; *Marseden*, Is Tax Competition Harmful ?, 1998, S. 51; *Nov,* Tax Competition: An Analysis of the Fundamental Arguments, Tax Notes International 2005, Vol. 37, 323, 328. *Paul O'Neill* hat als U.S.-amerikanischer Finanzminister im Jahre 2001 gesagt, dass die Vereinigten Staaten keinerlei Bemühungen unterstützten, die darauf hinausliefen, irgendeinem Land vorzuschreiben, wie hoch die Körperschaftsteuersätze zu sein hätten oder wie die Struktur des Steuersystems auszusehen habe. Vgl. auf der Seite des U.S.-amerikanischen Finanzministeriums http://www.treas.gov/press/releases/po366.htm. Zitiert in *Mitchell,* OECD Funding: Setting the Record Straight, Tax Notes International 2006, Vol. 44, 285, 286.

565 *Hay,* OECD Global Forum on Tax Information Exchange, Tax Planning International Review 2004, July, Vol. 31, 11.

566 Zum Beispiel die Vereinbarung zum Informationsaustausch (TIEA) zwischen den Vereinigten Staaten und Barbados, dem Vereinigten Königreich und Gibraltar sowie den Niederlanden und der Isle of Man. Siehe *Couch,* Cross-Border Tax Cooperation, Tax Notes International 2007, Vol. 45, 237, 241-242; *Goulder/ Weiner,* OECD Official Promotes Benefits of Information Exchange, Tax Notes International 2007, Vol. 45, 1194-1195; *Abery,* The OECD and Harmful Tax Practices, Tax Notes International 2007, Vol. 46, 823, 846-848; *Weiner,* How the OECD and the U.S. Learned to Get Along with the Tax Havens, Tax Notes International 2007, Vol. 46, 229, 230.

567 Siehe *OECD*, 2004 Progress Report, 2004, S. 13; *Eimermann,* Konferenz zum schädlichen Steuerwettbewerb, IStR 2005, Länderbericht, Heft 1, 1, 239.

568 Einen kurzen Vergleich zwischen der OECD und den EU Initiativen bietet *Degrève/Molitor,* Tax Notes International 2006, Vol. 41, 299, 305, 306.

569 Über den Status der Harmonisierung des EU Unternehmensteuerrechts vergleiche die Tabelle in *Spengel,* Common corporate consolidated tax base – don't forget the tax rates!, EC Tax Review 2007, Vol. 16, 118, 119.

570 Siehe *Gosch,* Steuerrecht im Spannungsfeld, DStR 2007, 1553, 1554; *O'Shea,* Tax Harmonization vs. Tax Coordination in Europe: Different Views, Tax Notes International 2007, Vol. 46, 811-814; *Schön*, Tax Competition in Europe – General Report, in: Schön, Tax Competition in Europe, 2003, 1, S. 3; *Hrehorovska,* Tax Harmonization in the European Union, Intertax 2006, 158; *Terra/Wattel*, European Tax Law, 2005, S. 164ff. und Kapitel 4; *Merks,* Corporate Tax and the Global Village, Intertax 2006, Vol. 34, 26, 30, 31; *Niznik,* EU Corporate Tax Harmonization: Road to Nowhere?, Tax Notes International 2006, Vol. 44, 975ff.; *Hey*, Wettbewerb

direkten Steuern besitzt.[571] Dieser Mangel lässt sich damit erklären, dass die Mitgliedsstaaten versuchen, möglichst wenig von ihrer fiskalischen Souveränität aufzugeben.[572]

Im Vergleich zum OECD-Ansatz sind die Ziele der EU im Bereich der Harmonisierung des Steuerrechts grundlegend andere. Während die OECD den schädlichen Steuerwettbewerb bekämpft, folgt die EU der »Lissabon Strategie«, die bezweckt, ein »*Level Playing Field*« für den wettbewerbsfähigsten Markt auf der Welt zu schaffen.[573] Statt des »*peer pressures*« der OECD, nutzt die EU ein Rechtsgefüge bestehend aus EU-Grundfreiheiten,[574] Diskriminierungsverbot[575] und den Beihilfevor-

der Rechtsordnungen oder Europäisierung des Steuerrechts?, in: Reimer/u.a., Europäisches Gesellschafts- und Steuerrecht, 2007, S. 295, 305; *Hey*, Harmonisierung der Unternehmensbesteuerung in Europa, 1997, S. 77ff.; *Lammel/Reimer*, Europäisches Unternehmenssteuerrecht, in: Reimer/u.a., Europäisches Gesellschafts- und Steuerrecht, 2007, S. 165-191; *Kube*, EuGH und Steuerrecht, in: Reimer/u.a., Europäisches Gesellschafts- und Steuerrecht, 2007, 225.

571 *Pistone*, Expected and Unexpected Developments of European Integration in the Field of Direct Taxes, Intertax 2007, Vol. 35, 70-74.

572 Vertiefend, *Weber*, In Search of a (New) Equilibrium Between Tax Sovereignty and the Freedom of Movement Within the EC, Intertax 2006, 585-616; *Kofler*, Wer hat das Sagen im Steuerrecht – EuGH (Teil 1), Österreichische Steuerzeitung 2006, 106, 107. Über die Kompetenz der Mitgliedsstaaten im Bereich der direkten Steuern, *Douma*, The Three Ds of Direct Tax Jurisdiction, European Taxation 2006, Vol. 46, 522, 523. Siehe auch *Panayi*, Treaty Shopping and Other Tax Arbitrage – Part 1, European Taxation 2006, Vol. 46, 104; *Lehner*, Das Territorialitätsprinzip im Licht des Europarechts, in: Gocke/Gosch/Lang, Festschrift für Franz Wassermeyer, 2005, S. 241, 245; Council Conclusions on Co-ordinating Member States' direct tax systems in the Internal Market, 2792nd Economic and Financial Affairs Council Meeting,27/3/2007. Ferner, *Hey*, Wettbewerb der Rechtsordnungen oder Europäisierung des Steuerrechts?, in: Reimer/u.a., Europäisches Gesellschafts- und Steuerrecht, 2007, S. 295, 296.

573 *Kovács*, The Future of EU Tax Policy, in: Lüdicke, Europarecht – Ende der nationalen Steuersouveranität, 2006, S. 1, 3.

574 *van Raad*, The impact of the EC Treaty's fundamental freedoms provisions, EC Tax Review 1995, Vol. 4, 190-201.

575 *Vanistendael*, A comparative and economic approach to equality in European Taxation, in: Gocke/Gosch/Lang, Festschrift für Franz Wassermeyer, 2005, S. 523, 529-533; *Vanistendael*, Tax revolution in Europe, European Taxation 2000, Vol. 40, 3-7; *van Raad*, Nondiscrimination from the perspective of the OECD Model and the EC Treaty, Comparative Fiscal Federalism: comparing the European Court of Justice and the US Supreme Court's tax jurisprudence 2007, S. 55-66; *van Raad*, Revisiting a 1981 perspective on EC non-discrimination rules in income tax matters, British Tax Review 2006, 318-321. Über das Diskriminierungsverbot im Kontext der OECD, *Bruns*, Fragen im Bereich der Diskriminierungsverbote, IStR 2007, 579-582.

schriften.[576] Daher wird das Steuerrecht der Mitgliedsstaaten immer mehr von der EU beeinflusst.[577] Diese Erkenntnis gilt auch und insbesondere für die Besteuerung von Holdinggesellschaften. Mit den Richtlinien, insbesondere der Mutter-Tochter-Richtlinie, formt das EG-Recht die Rahmenbedingungen für die Besteuerung von Holdinggesellschaften in den Mitgliedsstaaten.[578] Zudem werden EU Holdinggesellschaften von den Grundfreiheiten geschützt.

Ferner fordert Art. 293 EGV die Mitgliedsstaaten dazu auf, in Verhandlungen zu treten, um Doppelbesteuerungen innerhalb der EU zu vermeiden.[579] Allerdings ist es nur ein Ziel ohne Rechtsverbindlichkeit.[580] Der EuGH hat in der Entscheidung *Gilly*[581] klargestellt, dass die Kompetenz zur

576 *Teixeira,* Tax Systems and Non-Discrimination in the European Union, Intertax 2006, 34, 50, 51; *Cerioni,* The Introduction of Comprehensive Approaches to Business Taxation – Part 1, European Taxation 2005, 541, 546, 547; *Terra/Wattel*, European Tax Law, 2005, S. 38ff.; *Douma,* The Three Ds of Direct Tax Jurisdiction, European Taxation 2006, Vol. 46, 522, 526. Eine gute Übersicht zu dem schädlichen Steuerwettbewerb im Rahmen der EU bietet *Pinto*, Tax Competition and EU Law, 2003, S. 53ff.

577 Siehe *Rädler,* Recent Trends in European and International Taxation, Intertax 2004, Vol. 32, 365, 366; *Prinz zu Hohenlohe/Heurung/Oblau,* Änderungen des Unternehmenssteuerrechts, Recht der Internationalen Wirtschaft 2005, 433, 436. Eine Übersicht über die Harmonisierungsbemühungen befindet sich in *Menck*, Grundlagen, in: Mössner/u.a., Steuerrecht international tätiger Unternehmen, 2005, 1, S. 36, 37; *Neumann*, Rückwirkungen des Binnenmarktes auf die nationale und supranationale Gesetzgebung, in: Oestreicher, Internationale Steuerplanung, 2005, S. 225, 232ff.; *Selling,* Steuerharmonisierung im europäischen Binnenmarkt, IStR 2000, 417ff.; *Laule,* Die Harmonisierung des europäischen Steuerrechts, IStR 2001, 297, 300ff.; *Selling,* Deutschland im Steuerwettbewerb der Staaten, IStR 2000, 225, 228ff.; *Knobbe-Keuk,* The EC corporate tax directives, Intertax 1992, 485ff. Vgl. auch *Cnossen*, der die derzeitigen und zukünftigen Entwicklungen zu diesem Thema in der EU beleuchtet. *Cnossen,* Reform and Coordination of Corporation Taxes in the European Union, Tax Notes International 2003, Vol. 34, 1327-1347. Des Weiteren, *Nolz/Kuttin/Tumpel,* The Influence of EU Tax Law on Austria, IBFD Bulletin for International Taxation 2004, Vol. 58, Number 8/9, 382-391.

578 Vgl. die Übersicht in *Autzen*, Die ausländische Holding-Personengesellschaft, 2006, S. 278 ff. und S. 294ff.

579 Im Detail, *Kofler*, Doppelbesteuerungsabkommen und Europäisches Gemeinschaftsrecht, 2007, S. 265ff. Zum Verhältnis zwischen EU-Recht und das Recht der Doppelbesteuerungsabkommen, *Loukota/Jirousek,* Doppelbesteuerung und Gemeinschaftsrecht, Steuer und Wirtschaft International 2007, 295, 296.

580 *Terra/Wattel*, European Tax Law, 2005, S. 100; *Vogel/Gutmann/Dourado,* Tax treaties between Member States and Third States, EC Tax Review 2006, Vol. 15, 83, 87; *Douma,* The Three Ds of Direct Tax Jurisdiction, European Taxation 2006, Vol. 46, 522, 531; *Lehner*, Einl. Art. 1, in: Vogel/Lehner, DBA-Kommentar, 2003, S. 188, 195, (Rn. 264); *Scherer*, Doppelbesteuerung und Europäisches Gemeinschaftsrecht, 1995, S. 47ff.

581 EuGH v. 12 Mai 1998, C-336/96 (*Gilly*), S. 30.

Bestimmung der Aufteilung der Besteuerungsrechte und der Methode zur Vermeidung der Doppelbesteuerung bei den Mitgliedsstaaten verbleibt.[582]

Trotz dieser Restriktionen formt das EU-Recht die nationalen Steuersysteme, denn potentielle Doppelbesteuerungen aufgrund von grenzüberschreitenden Transaktionen gehen stets mit der Gefahr einer Verletzung der Grundfreiheiten[583] und des Diskriminierungsverbotes[584] einher.[585]

Das EG-Steuerrecht beeinflusst nicht nur die Mitgliedsstaaten, sondern direkt und indirekt auch Drittstaaten[586] und somit auch solche *Tax Havens*[587], die nicht EU-Mitgliedsstaaten sind. Einige der weltweit größten Holdingstandorte sind allerdings Mitgliedsstaaten der EU (z.B. Niederlande und Luxemburg).[588]

Die Harmonisierungsbemühungen innerhalb der Europäischen Union werden vor allem seit der Osterweiterung im Jahre 2004 durch einen ver-

582 Siehe auch *Vogel/Gutmann/Dourado,* Tax treaties between Member States and Third States, EC Tax Review 2006, Vol. 15, 83, 85 und *Terra/Wattel*, European Tax Law, 2005, S. 101. Ferner, *Loukota/Jirousek,* Doppelbesteuerung und Gemeinschaftsrecht, Steuer und Wirtschaft International 2007, 295, 297, 301; *Douma,* The Three Ds of Direct Tax Jurisdiction, European Taxation 2006, Vol. 46, 522, 525; *O'Shea,* Dividend Taxation Post-Manninen, Tax Notes International 2007, Vol. 45, 887, 891; *Rehm/Feyerabend/Nagler,* Die Renaissance der grenzüberschreitenden Verlustverrechnung, IStR 2007, 7, 11. Außerdem, *Panayi,* Recent Developments regarding the OECD Model Convention and EC Law, European Taxation 2007, 452-465.

583 *Fortuin,* The Influence of European Law on Direct Taxation, European Taxation 2007, Vol. 47, 144-147; *Terra/Wattel*, European Tax Law, 2005, S. 37; *Cordewener/ Schnitger,* Steuer und Wirtschaft 2006, 50, 51ff.; *Kofler,* Wer hat das Sagen im Steuerrecht – EuGH (Teil 1), Österreichische Steuerzeitung 2006, 106, 108; *Cordewener*, Europäische Grundfreiheiten und nationales Steuerrecht, 2002, 4.

584 *Douma,* The Three Ds of Direct Tax Jurisdiction, European Taxation 2006, Vol. 46, 522, 526; *Spengel/Braunagel,* Steuer und Wirtschaft 2006, 34, 35; *Cordewener/ Schnitger,* Steuer und Wirtschaft 2006, 50, 52ff.; *Kofler,* Wer hat das Sagen im Steuerrecht – EuGH (Teil 1), Österreichische Steuerzeitung 2006, 106, 109.

585 *Douma,* The Three Ds of Direct Tax Jurisdiction, European Taxation 2006, Vol. 46, 522, 531; *Cordewener/Schnitger,* Steuer und Wirtschaft 2006, 50ff.; *Schönfeld,* Steuer und Wirtschaft 2006, 79ff.; *Lehner,* Einl. Art. 1, in: Vogel/Lehner, DBA-Kommentar, 2003, S. 188, 190 (Rn. 252).

586 Nach der Definition von *Michael Lang* sind »Drittstaaten« solche Staaten und Rechtsordnungen, die geografisch und politisch außerhalb der Europäischen Union liegen, aber nicht notwendigerweise außerhalb des Einflussbereichs des EU-Rechtssystems liegen. Zitiert in *Goulder,* Bad Law From the ECJ, Tax Notes International 2006, Vol. 44, 247.

587 Vor allem im Hinblick auf die Überseeterritorien von EU-Mitgliedsstaaten siehe *Pistone,* The Impact of European Law on the Relations with Third Countries, Intertax 2006, Vol. 34, 234, 243; *Johnson,* No Hinding Place, Tax Notes International 2005, Vol. 38, 29.

588 Über EU-Recht im Bezug auf EU-Tax Havens, *Wartenburger,* Die Bedeutung des Gemeinschaftsrechts für innergemeinschaftliche Steueroasen, IStR 2001, 397, 399.

stärkten Steuerwettbewerb der neuen Mitgliedsstaaten konterkariert.[589] Die Slowakei hat beispielsweise aufgrund ihres attraktiven »Flat-Tax«-Systems viel Aufmerksamkeit erhalten.[590]

Obwohl in Folge des verstärkten Steuerwettbewerbs die Gefahr eines »*Race to the Bottom*« innerhalb der Europäischen Union als eher gering eingestuft wird,[591] gibt es vielerlei Ansätze zur Bekämpfung von schädlichem[592] Steuerwettbewerb.

Im Jahre 1992 stellte der *Ruding Report*[593] fest, dass die steuerlichen Unterschiede zwischen den Mitgliedsstaaten die Standortentscheidungen multinationaler Unternehmen verzerrten. Es wurde daher eine Harmonisierung der Körperschaftsteuersätze vorgeschlagen,[594] was aber von der Eu-

589 *Merks,* Corporate Tax and the Global Village, Intertax 2006, Vol. 34, 26, 31.

590 Siehe *Gibbins/Blazejová,* Recent Changes to the Slovak Tax System, European Taxation 2005, Vol. 46, 262ff.; *Kleyboldt/Fricova,* Slowakei: Steuersystem mit einer »Flat-Rate«, Recht der Internationalen Wirtschaft 2004, S. 1, 11, 12; *Finkenzeller/Spengel,* Company Taxation in the New Member States: Impact on Location Decisions by Multinationals, European Taxation 2004, Vol. 44, 343ff.

591 Es herrscht weitestgehend Einigkeit darüber, dass der Steuerwettbewerb innerhalb der Europäischen Union überwiegend gerecht ist, und dass es keinerlei empirischen Belege für ein *Race to the Bottom* innerhalb der EU gibt. Siehe *European Commission Staff*, Company Taxation in the Internal Market, 2001, S. 22; *Steichen*, Tax Competition in Europe or Taming of Leviathan, in: Schön, Tax Competition in Europe, 2003, 43, der behauptet, dass es niemals zu einem *Race to the Bottom* kommen werde, da Steuern lediglich einer von mehreren Faktoren sei, die über die Standortwahl von Investoren entschieden und daher durch andere Faktoren kompensiert werden könnten. Ferner, *Cerioni,* Harmful Tax Competition Revisited, European Taxation 2005, Vol. 45, 267, 268. Über die Rolle von Steuern bei der Standortwahl, *Fuest/Huber*, Steuern als Standortfaktor im internationalen Wettbewerb, 1999, S. 7ff.

592 Nach Einschätzung der EU-Mitgliedsstaaten ist der Steuerwettbewerb schädlich und inakzeptabel wemn eine Maßnahme darauf ausgerichtet ist, ausländische Bemessungsgrundlagen anzugreifen und gleichzeitig die nationale Bemessungsgrundlage verschont (»Ring Fencing«). Siehe *Kovács*, Tax Harmonisation versus tax competition in Europe, 2005, S. 3; *Pinto*, Tax Competition and EU Law, 2003, S. 30ff.; *Genschel*, Steuerharmonisierung und Steuerwettbewerb in der Europäischen Union, 2002, S. 128ff. Außerdem zur Unterscheidung von »gerechtem« und »ungerechtem« Steuerwettbewerb in Europa aus Sicht verschiedener EU-Mitgliedsstaaten. *Hey*, Germany, in: Schön, Tax Competition in Europe, 2003, 253, 258ff.; *Steichen*, Luxembourg, in: Schön, Tax Competition in Europe, 2003, S. 313, 324ff.; *Meussen*, Netherlands, in: Schön, Tax Competition in Europe, 2003, S. 337, 341ff.; *Kovács*, The Future of EU Tax Policy, in: Lüdicke, Europarecht – Ende der nationalen Steuersouveranität, 2006, S. 1, 3.

593 »Conclusions and Recommendations of the Committee of Independent Expert on Company Taxation,« Office for Official Publications of the European Communities, March 1992, S. 10.

594 »Conclusions and Recommendations of the Committee of Independent Expert on Company Taxation,« Office for Official Publications of the European Communities, 1992, S. 26.

ropäischen Kommission abgelehnt wurde. Stattdessen zielte die Europäische Kommission gegen sog. »*Beggar-thy-neighbor*«[595] Praktiken von einzelnen Steuerrechtsordnungen.[596] Es folgten der *EC Code of Conduct for Business Taxation* im Jahre 1997, der eine freiwillige Verpflichtung der Mitgliedsstaaten vorsah, Steueranreize abzuschaffen, die mit einem gutem fiskalischen Verhalten nicht vereinbar sind (»*rollback*«) und keine von diesen Steueranreizen neu einzuführen (»*standstill*«).[597] Der Einfluss des *Code of Conduct* reicht über die Grenzen der Europäischen Union hinaus,

595 *Beggar-thy-neighbour*-Situationen treten innerhalb der EU im Rahmen eines exzessiven Steuerwettbewerbs auf, in dem Mitgliedsstaaten sich gegenseitig zugunsten multinationaler Unternehmen und zuungunsten der Staatseinnahmen überbieten. Siehe *Terra/Wattel*, European Tax Law, 2005, Ch. 4.2.1; *Cerioni,* Harmful Tax Competition Revisited, European Taxation 2005, Vol. 45, 267. Kritisch zur steuerlichen Harmonisierung in Europa, *Bracewell-Milnes,* The Cost of Harmony, Intertax 2004, Vol. 32, 458.

596 Siehe *Cerioni,* Harmful Tax Competition Revisited, European Taxation 2005, Vol. 45, 267. Die Europäische Union befürchtet negative Auswirkungen auf die Beschäftigung durch die Verzerrung der steuerlichen Strukturen, insbesondere hinsichtlich der Besteuerung von mobilen Einkünften. Siehe *Schön*, Tax Competition in Europe – General Report, in: Schön, Tax Competition in Europe, 2003, S. 1; *Kovács*, Tax policy coordination for more growth and employment the EU agenda, 2005, S. 3; *Kovács*, Tax Harmonisation versus tax competition in Europe, 2005, S. 3; *Zee,* World Trends in Tax Policy, Intertax 2004, Vol. 32, 352, 357.

597 Siehe *Steichen*, Tax Competition in Europe or Taming of Leviathan, in: Schön, Tax Competition in Europe, 2003, S. 43, 84ff.; *Mors*, Tax Competition in Europe – An EU Perspective, in: Schön, Tax Competition in Europe, 2003, S. 141, 139; *Fantozzi*, The Applicability of State Aid Rules to Tax Competition Measures, in: Schön, Tax Competition in Europe, 2003, S. 121, 123, 124; *Pinto*, Tax Competition and EU Law, 2003, S. 199.
Die Umsatzsteuersysteme werden innerhalb der EU stark von der 6. EU-Umsatzsteuerrichtline beinflusst, die sowohl Verzerrungen verhindert als auch Steuerwettbewerb auf dem Gebiet der Umsatzbesteuerung unterbindet. Siehe *Terra/Wattel*, European Tax Law, 2005, Ch. 6.
Seit dem Jahre 2003 ist die EU-Zinsrichtlinie in Kraft. Ihr Ziel ist es, eine Mindestbesteuerung für grenzüberschreitende Zinszahlungen an natürliche Personen sicherzustellen, die außerhalb der Europäischen Union ihren Wohnsitz haben. Sie beinhaltet einen automatischen Informationsaustausch, wobei Ausnahmetatbestände für Österreich, Belgien und Luxemburg gelten.
Die EU-Schiedskonvention (Convention 90/463/EEC of 23 July 1990, OJ L 225, 20 August 1990, Tz. 10) wurde erschaffen, um Streitigkeiten im Bereich der Verrechnungspreise beizulegen. Siehe *Adonnino,* EC Arbitration Convention, European Taxation 2003, Vol. 43, 403ff.; *Terra/Wattel*, European Tax Law, 2005, Ch. 11.
Seit 2004 ist es möglich, eine »*Societas Europaea*« (SE) zu gründen. Eine SE ermöglicht es, als einheitliche Rechtsform innerhalb der Europäischen Union aufzutreten und erleichtert Fusionen und Übernahmen. Siehe *Kessler/Achilles/Huck,*

da er auch u.a. für Unternehmen auf den Niederländischen Antillen,[598] den Cayman Islands und Jersey[599] relevant ist.

a. *Legislative Meilensteine für Holdinggesellschaften*

Auf dem Weg der Harmonisierung konnten schon einige Meilensteine erreicht werden. Alle basieren auf der Anwendung und Interpretation der Grundfreiheiten.[600] Für die Besteuerung von Holdinggesellschaften sind die wichtigsten Grundfreiheiten die Niederlassungsfreiheit[601] sowie die Kapitalverkehrsfreiheit.[602] Diese Freiheiten sind eine der wichtigsten Stüt-

Europäische Aktiengesellschaft, IStR 2003, 715ff. Zu den Möglichkeiten für die Steuerplanung siehe *Kessler*, Steuerliche Besonderheiten von SE-Holdinggesellschaften, in: Herzig, Besteuerung der Europäischen Aktiengesellschaft, 2004, 119ff.; *Köhler*, Aktuelles Beratungs-Know-how IStR, DStR 2005, 227, 231. Schließlich bietet die EU-Amtshilferichtline den nationalen Steuerbehörden die Möglichkeit, Steuerbehörden in anderen EU-Mitgliedsstaaten um Mithilfe zu bitten. Dies beinhaltet sowohl einen Informationsaustausch als auch eine Kooperation in den Bereichen des Steuerprüfung und der Steuervereinnahmung.

598 *Cavalier*, Redesigning Heaven, Tax Notes International 2005, Vol. 38, 1009, 1012-1014; *van den Brank-van Agtmaal*, Proposed and Enacted Amendments to Netherlands Antilles Tax Law, European Taxation 2007, 82, 83.

599 *Johnson*, Tax Haven No More?, Tax Notes International 2007, Vol. 45, 1089-1091.

600 Siehe in particular *Panayi*, Treaty Shopping and Other Tax Arbitrage – Part 1, European Taxation 2006, Vol. 46, 104, 105.

601 Die Grundfreiheiten gewährleisten eine gleiche Behandlung für alle Unternehmen, die innerhalb der Europäischen Union ansässig sind. Im Detail, *Terra/Wattel*, European Tax Law, 2005, Ch. 3.2.1. und 3.2.2.3; *Cerioni*, Harmful Tax Competition Revisited, European Taxation 2005, Vol. 45, 267, 276; *Sánchez/Fluxà*, Transfer of the Seat of and the Freedom of Establishment, European Taxation 2005, Vol. 45, 219, 222; *Rädler*, Recent Trends in European and International Taxation, Intertax 2004, Vol. 32, 365, 366. Ferner, *Weber*, The Bosal Holding Case: Analysis and Critique, EC Tax Review 2003, 220ff.; *Ernst & Young*, EuGH – Rechtsprechung Ertragsteuerrecht, 2005; *Panayi*, Treaty Shopping and Other Tax Arbitrage – Part 1, European Taxation 2006, Vol. 46, 104, 107.

602 Die Kapitalverkehrsfreiheit gewährleistet die grenzenlose Zirkulation von Kapital, da es den Mitgliedsstaaten grundsätzlich untersagt ist, den Kapitalverkehr zu beschränken. Im Detail, *Terra/Wattel*, European Tax Law, 2005, S. 38ff.; *Panayi*, Treaty Shopping and Other Tax Arbitrage – Part 1, European Taxation 2006, Vol. 46, 104, 108; *Smit*, Capital movement and direct taxation, EC Tax Review 2005, Vol. 14, 128ff., *Wathelet*, Refus d'harmonisation fiscale et condamnations de la Cour de justice, Revue de Jurisprudence Fiscale 2005, 469ff.; *Englisch*, The European Treaties' implications for Direct Taxes, Intertax 2005, Vol. 33, 310, 312ff.

zen zur Verwirklichung des übergeordneten Zieles der Europäischen Union; die Verwirklichung des Binnenmarktes.[603]

Für Holdinggesellschaften ist es besonders wichtig, dass bloße Portfoliobeteiligungen nicht von der Niederlassungsfreiheit, sondern nur von der Kapitalverkehrsfreiheit erfasst werden.[604]

Grundsätzlich erstreckt sich der Anwendungsbereich der Grundfreiheiten nur auf den grenzüberschreitenden, innergemeinschaftlichen Verkehr. Eine wichtige Ausnahme von diesem Grundsatz stellt die Kapitalverkehrsfreiheit dar, die auch auf Drittstaatensituationen wie beispielsweise im Verhältnis zu den Vereinigten Staaten anwendbar ist (Art. 56 EGV).[605] Die Anwendung der Kapitalverkehrsfreiheit wird jedoch durch die Fortbe-

Wichtige EuGH-Entscheidungen hierzu sind *Manninen* und *Keller Holding*. Zusammenfassend, *Ernst & Young*, EuGH – Rechtsprechung Ertragsteuerrecht, 2005; *Cordewener/Schnitger,* Steuer und Wirtschaft 2006, 50, 52, 53. Zu den Auswirkungen der Kapitalverkehrsfreiheit auf die Schweiz, *Peters/Gooijer,* The Free Movement of Capital and Third Countries, European Taxation 2005, Vol. 45, 475, 479 und *Kessler/Eicker/Obser,* Die Schweiz und das Europäische Steuerrecht, IStR 2005, 658, 660.

603 Siehe *Bolkestein,* The future of European tax policy, EC Tax Review 2002, Vol. 11, 19, 20;*Cerioni,* Harmful Tax Competition Revisited, European Taxation 2005, Vol. 45, 267, 276.

604 Im Gegensatz zu einer (steuerbefreiten) Schachteldividende ist eine Portfoliodividende eine solche Dividende, die eine Gesellschaft erhält, die keinen bestimmten Einfluss auf die operativen Aktivitäten der Beteiligung ausübt. Vgl. EuGH v. 12. September 2006 – C-196/04, (*Cadbury Schweppes*), Tz. 31; EuGH v. 12. Dezember 2006 – C-374/04 (*Test Claimants in the ACT Group Litigation*), Tz. 39; EuGH v. 13. April 2000 – C-251/98 (*Baars*), Tz. 21 und 22; EuGH v. 21. November 2002 – C-436/00, (*X und Y*), Tz. 37 und 66-68.

605 *Panayi,* The Protection of Third-Country Rights in Recent EC Case Law, Tax Notes International 2007, Vol. 45, 659-666; *Peters/Gooijer,* The Free Movement of Capital and Third Countries, European Taxation 2005, 475, 478; *Weber,* »Bosal Holding« with third countries, in: Lang/Schuch/ Staringer, ECJ – Recent Developments in Direct Taxation, 2006, S. 261, 271; *Terra/Wattel*, European Tax Law, 2005, S. 50; *Schön*, Der Kapitalverkehr mit Drittstaaten und das internationale Steuerrecht, in: Gocke/Gosch/Lang, Festschrift für Franz Wassermeyer, 2005, S. 489, 491. Siehe auch unten Kapitel 6(II.)(B.)(c).;

standsgarantie[606] in Art. 57 Abs. 1 EGV[607] begrenzt.[608] Ferner gibt es momentan einen Trend, den Schutzbereich für Drittstaateninvestoren zu verringern.[609]

Das Verhältnis zwischen der Niederlassungs- und der Kapitalverkehrsfreiheit zueinander, insbesondere hinsichtlich des Anwendungsbereichs und der Rechtsfertigungsgründe,[610] ist höchst umstritten.[611] Der EuGH hat in seiner Entscheidung *Fidium Finanz* festgestellt, dass die Kapitalverkehrsfreiheit nicht anwendbar ist, wenn die Beschränkung der Kapitalverkehrsfreiheit eine unvermeidbare Folge einer Beschränkung der Niederlas-

606 Für weitere Details siehe *Weber*, »Bosal Holding« with third countries, in: Lang/Schuch/Staringer, ECJ – Recent Developments in Direct Taxation, 2006, S. 261, 273ff.; *Kiekebeld/Smit,* The Free Movement of Capital and the Taxation of Third-Country Investments, Tax Notes International 2007, Vol. 47, 761, 762; *Schwenke,* Die Kapitalverkehrsfreiheit im Wandel?, IStR 2006, 748, 753; *Schönfeld,* Die Fortbestandsgarantie des Art. 57 Abs. 1 EG im Steuerrecht, IStR 2005, 410, 412; *Schwenke,* Die Kapitalverkehrsfreiheit im Wandel?, IStR 2006, 748, 751.

607 Art. 57 Abs. 1 EGV lautet: »Artikel 56 berührt nicht die Anwendung derjenigen Beschränkungen auf dritte Länder, die am 31. Dezember 1993 aufgrund einzelstaatlicher oder gemeinschaftlicher Rechtsvorschriften für den Kapitalverkehr mit dritten Ländern im Zusammenhang mit Direktinvestitionen einschließlich Anlagen in Immobilien, mit der Niederlassung, der Erbringung von Finanzdienstleistungen oder der Zulassung von Wertpapieren zu den Kapitalmärkten bestehen. Für in Bulgarien, Estland und Ungarn bestehende Beschränkungen nach innerstaatlichem Recht ist der maßgebliche Zeitpunkt der 31. Dezember 1999.«

608 *Schön*, Der Kapitalverkehr mit Drittstaaten und das internationale Steuerrecht, in: Gocke/Gosch/Lang, Festschrift für Franz Wassermeyer, 2005, S. 489, 493.

609 Siehe auch *O'Shea,* Third Country Not Entitled to Freedom of Establishment Rights Under EC Treaty, World Tax Daily 2007, 2007 WTD 102-1.

610 *Piltz,* Wirtschaftliche oder sonst beachtliche Gründe in § 50d Abs. 3 EStG, IStR 2007, 793, 796-799; *Borgsmidt,* EuGH-Rechtsprechung zu den Grundfreiheiten in Steuerfällen, IStR 2007, 802-809.

611 *Köhler/Tippelhofer,* Kapitalverkehrsfreiheit auch in Drittstaatenfällen?, IStR 2007, 645; *Cordewener/Kofler/Schindler,* Free Movement of Capital, Third Country Relationships and National Tax Law, European Taxation 2007, Vol. 47, 107-119; *Peters/Gooijer,* The Free Movement of Capital and Third Countries, European Taxation 2005, 475-481; *O'Shea,* Thin Cap GLO and Third-Country Rights, Tax Notes International 2007, Vol. 46, 371; *Meussen,* Most-Favoured-Nation Treatment and the Free Movement of Capital, European Taxation 2005, 52-55; *Smit,* Capital movement and direct taxation, EC Tax Review 2005, Vol. 14, 128-139; *Schnitger,* Die Kapitalverkehrsfreiheit im Verhältnis zu Drittstaaten, IStR 2005, 493-504.

sungsfreiheit sei.[612] In den Entscheidungen *Lasertec*[613] und *Holböck*[614] hat der EuGH klargestellt, dass die Niederlassungsfreiheit die einzige einschlägige Grundfreiheit in den Fällen ist, bei denen die (beschränkende) nationale Vorschrift einen beherrschenden Einfluss auf ein Unternehmen voraussetzt.[615] Sollte die nationale Vorschrift einen solchen beherrschenden Einfluss nicht voraussetzen, sind sowohl Niederlassungs- als auch Kapitalverkehrsfreiheit anwendbar.

Daraus ergibt sich ein Widerspruch, denn je kleiner die Investition ist, desto größer ist der Schutz durch die Grundfreiheiten. Folglich werden nach derzeitiger Rechtsprechung des EuGH Portfoliobeteiligungen besser gestellt als (substanzielle) Schachtelbeteiligungen. Ferner ist bislang offen, ab welcher prozentualen Beteiligungshöhe eine »beherrschender Einfluss« vorliegt. Schließlich ergibt sich aus der Abgrenzung des Europäischen Gerichtshofes das Folgeproblem, dass es die Mitgliedsstaaten bei der Gesetzgebung in der Hand haben, welche Grundfreiheiten darauf Anwendung finden, da es im Ermessen des nationalen Gesetzgebers liegt, ob ein beherrschender Einfluss als geschriebenes oder ungeschriebenes Tatbestandsmerkmal vorausgesetzt wird.

aa. Mutter-Tochter-Richtlinie

Die Einführung der Mutter-Tochter-Richtlinie[616] war der bisher wichtigste Meilenstein auf dem Weg zur Harmonisierung des Steuerrechts in der

612 EuGH v. 3. Oktober 2006, C-452/04 (*Fidium Finanz*), Tz. 48, IStR 2006, 754.

613 EuGH v. 10. Mai 2007, C-492/04 (*Lasertec*). Siehe *O'Shea,* Third Country Not Entitled to Freedom of Establishment Rights Under EC Treaty, World Tax Daily 2007, 2007 WTD 102-1; *Köhler/Tippelhofer,* Kapitalverkehrsfreiheit auch in Drittstaatenfällen?, IStR 2007, 645, 646; *Dölker/Ribbrock,* Die Kapitalverkehrsfreiheit im Verhältnis zu Drittstaaten, BB 2007, 1928, 1930.

614 EuGH v. 24. Mai 2007, C-157/05 (*Holböck*). Kritisch, *Fontana,* Direct Investments and Third Countries, European Taxation 2007, 431, 433. Siehe ferner *Köhler/Tippelhofer,* Kapitalverkehrsfreiheit auch in Drittstaatenfällen?, IStR 2007, 645, 647, 648; *O'Shea,* Austrian Dividend Tax Rules Found Compatible With the EC Treaty, Tax Notes International 2007, Vol. 46, 1131-1134; *Wilke,* Tücken der Kapitalverkehrsfreiheit und Niederlassungsfreiheit bei der Stillhalteklausel, Praxis Internationale Steuerberatung 2007, 195, 196; *Dölker/Ribbrock,* Die Kapitalverkehrsfreiheit im Verhältnis zu Drittstaaten, BB 2007, 1928, 1930.

615 EuGH v. 10. Mai 2007, C-492/04 (*Lasertec*), Tz. 22. Ferner, *Fontana,* Direct Investments and Third Countries, European Taxation 2007, 431, 432; *Köhler/Tippelhofer,* Kapitalverkehrsfreiheit auch in Drittstaatenfällen?, IStR 2007, 645, 649.

616 Council Directive 90/435 of 23 July, 1990, on the common system of taxation in the case of parent companies and subsidiaries of different Member States in OJ L 225 of 20 August, 1990.

Europäischen Union.[617] In Deutschland wurde die Richtlinie in § 43b EStG sowie § 8b KStG umgesetzt.[618]

Die Richtlinie hat den Einsatz von Holdinggesellschaften innerhalb der Europäischen Union noch attraktiver gemacht, weil durch die Richtlinie zwei große Hindernisse für Holdinggesellschaften beseitigt wurden.[619]

Seit 1990 verhindert die Richtlinie eine Doppelbesteuerung von Dividendenausschüttungen zwischen Mutter- und Tochtergesellschaften, die ihren Sitz in unterschiedlichen Mitgliedsstaaten haben.[620] Die Doppelbesteuerung wird in zweifacher Hinsicht verhindert. Zum einen wird die Erhebung von Quellensteuern auf ausgeschüttete Dividenden untersagt (Art. 5) und zum anderen dürfen Dividendeneinkünfte nicht besteuert werden (Art. 4).[621] Allerdings gestattet es die Richtlinie den Mitgliedsstaaten bei der Umsetzung in nationales Recht, bestimmte Mindestvoraussetzungen (Mindestbeteiligung, Mindesthaltedauer[622]) für die Anwendung festzu-

617 Siehe *Maisto,* Amendments to the EC parent Subsidiary Directive, EC Tax Review 2004, Vol. 13, 164. Ein kritischer Rückblick nach 10 Jahren Anwendung der Richtlinie in *Brokelind,* Ten years of application of the Parent-Subsidiary Directive, EC Tax Review 2003, Vol. 12, 158; *Brokelind,* Proposed Amendments to the Parent-Subsidiary Directive, European Taxation 2003, Vol. 43, 451; *Romano,* Holding Company Regimes in Europe: A Comparative Survey, European Taxation 1999, 257.

618 Nach § 43 b Abs. 2 Satz 4 EStG bedarf es einer Mindesthaltedauer von 12 Monaten. Im Falle einer geringeren Haltedauer genügt eine 10%ige Mindestbeteiligungshöhe, falls das Land, in das ausgeschüttet wird, dies ebenfalls so handhabt (Reziprozitätsprinzip in § 43b Abs. 3 EStG). Vgl. auch *Djanani/Brähler*, IStR, 2007, S. 143. Siehe ferner die zukünftigen Absenkungen der Voraussetzungen in § 52(55b)(55c) EStG und § 44a Abs. 9 EStG. *Englisch/Schütze,* The Implementation of the EC Parent-Subsidiary Directive in Germany, European Taxation 2005, Vol. 45, 488; *Prinz zu Hohenlohe/Heurung/Oblau,* Änderungen des Unternehmenssteuerrechts, Recht der Internationalen Wirtschaft 2005, 433, 489ff.

619 *Kessler*, Die Euro-Holding, 1996, S. 6.

620 Zu den Veränderungen der Richtlinie im Jahre 2005, *Englisch,* The European Treaties' implications for Direct Taxes, Intertax 2005, Vol. 33, 310ff.; *Dautzenberg,* Mutter-Tochter-Richtlinie in der geänderten Form, Steuern- und Bilanzpraxis 2005, 254ff.; *Maisto,* Amendments to the EC parent Subsidiary Directive, EC Tax Review 2004, Vol. 13, 164ff.; *Brokelind,* Proposed Amendments to the Parent-Subsidiary Directive, European Taxation 2003, Vol. 43, 451ff.; *Bullinger,* Änderung der Mutter-Tochter-Richtlinie ab 2005, IStR 2004, 406ff.

621 Dazu auch EuGH v. 8. November 2007, C-279/05 (*Amurta*) über die Besteuerung von Dividenden, *O'Shea,* ECJ Strikes Down Dutch Taxation of Dividends, Tax Notes International 2008, Vol. 49, 103-107.

622 In der Entscheidung *Denkavit* (17. Oktober 1996, C-283/94, C-291/94, C-292/94) stellte der EuGH heraus, dass die Vorteile der Mutter-Tochter-Richtlinie nicht vollständig versagt werden können, wenn die Mindesthaltefrist nicht erfüllt ist. Siehe

schreiben.[623] Der Anwendungsbereich der Richtlinie erstreckt sich auch auf Betriebsstätten von Tochtergesellschaften in anderen Mitgliedstaaten (Art. 4 Abs. 1 und Art. 2 Abs. 2).

Die Mutter-Tochter-Richtlinie beinhaltet keine spezifische *Anti-Treaty-Shopping* Regelung. Allerdings gibt es eine allgemeine Missbrauchsvorschrift in Art. 1 Abs. 2 MTRL.[624] Diese sieht vor, dass die Richtlinie nicht die Anwendung von unilateralen oder bilateralen Anti-Missbrauchsvorschriften einschränkt. Damit sind in erster Linie allgemeine Missbrauchsnormen (z.B. § 42 AO) und spezielle Missbrauchsnormen (z.B. § 50d Abs. 3 EStG[625]) gemeint.[626]

Eine zu weite Auslegung von Art. 1 Abs. 2 der Mutter-Tochter-Richtlinie würde jedoch den Zweck der Richtlinie und der Grundfreiheiten konterkarieren.[627] Nach der Rechtsprechung des EuGH darf eine missbräuchliche Steuerplanung nur durch Anti-Missbrauchsvorschriften bekämpft werden, die sich gezielt gegen das konkrete Verhalten richten.[628] Daher erlaubt es der EuGH nicht, wenn ausländische Gesellschaften lediglich auf-

Bouzoraa, Denkavit's lessons, European Taxation 1997, 14-19; *Thömmes,* European Court of Justice decides case regarding implementation of Parent-Subsidiary Directive, Intertax 1997, 32-33; *Haarmann/Schüppen,* Ein »historisches Ereignis« wirft Schatten, DB 1996, 2569-25; *Eicker/Obser,* The impact of the Swiss-EC Agreement on intra-group dividend, interest and royalty payments, EC Tax Review 2006, Vol. 15, Issue 3, 134, 138; *Romano,* Holding Company Regimes in Europe: A Comparative Survey, European Taxation 1999, 257.

623 *Ferris,* The Substantial Shareholdings Exemption: International Context and Comparisons, Tax Planning International Review 2006, Vol. 33, October, 10, 12. Einen vollumfänglichen Überblick über die Richtlinie geben *Terra/Wattel,* European Tax Law, 2005, Ch. 9.

624 Zur Steuermeidung im Lichte des EG-Rechts, *Almendral,* Tax Avoidance and the European Court of Justice: What is at Stake for European General Anti-Avoidance Rules ?, Intertax 2005, Vol. 33, 562, 569.

625 Siehe auch Kapitel 8(VIII.)(B.) und *Kessler/Eicke,* Treaty-Shopping – Quo vadis?, IStR 2006, 577-582; *Kessler/Eicke,* Germany: Treaty Shop Until You Drop, Tax Notes International 2007, Vol. 46, 377-380; *Kessler/Eicke,* Neue Gestaltungshürden in der Anti-Treaty-Shopping-Regelung des § 50d Abs. 3 EStG, DStR 2007, 781-786; *Hey,* German Tax Court Revamps Treaty Shopping Law, Tax Notes International 2005, Vol. 40, 122.

626 *Kessler/Eicke,* Closer to Haven? New German Tax Planning Opportunities, Tax Notes International 2006, Vol. 42, 501, 515.

627 *Thömmes/Nakhai,* New Case Law on Anti-Abuse Provisions in Germany, Intertax 2005, Vol. 33, 74, 78; *Thömmes/Eicker,* Limitiation of Benefits: The German View – Sec. 50d(1a) Individual Income Tax Act and EC Law Issues, European Taxation 1999, Vol. 39, 9, 12.

628 EuGH v. 17 Oktober 1996, (*Denkavit*), *Finanz-Rundschau* (1996), S. 821; *Eilers,* Substanzerfordernis an ausländische Finanzierungsgesellschaften, in: Gocke/Gosch/Lang, Festschrift für Franz Wassermeyer, 2005, S. 323, 330; *Borgsmidt,* EuGH-Rechtsprechung zu den Grundfreiheiten in Steuerfällen, IStR 2007, 802, 807. Siehe auch Thömmes in: Commentary on the Parent/Subsidiary Directive,

grund abstrakter Kriterien (z.B. Personal, Geschäftsadresse, Kommunikationsmittel) für steuerliche Zwecke ignoriert werden.[629]

Für U.S.-amerikanische Investoren in Europa bietet sich seit der Einführung der Mutter-Tochter-Richtlinie der Einsatz einer »Euro-Holding« an, durch die sie die Dividenden ihrer europäischen Tochtergesellschaften steueroptimal vereinnahmen.[630] Durch die Richtlinie ist somit auch ein Standortwettbewerb zur Anlockung von multinationalen U.S.-amerikanischen Unternehmen zwischen den Mitgliedsstaaten ausgelöst worden.[631]

bb. Zins- und Lizenzrichtlinie

Ähnlich der Mutter-Tochter-Richtlinie verbietet die Zins- und Lizenzrichtlinie[632] die Erhebung von Quellensteuern auf Zins- und Lizenzzahlungen[633] zwischen verbundenen Unternehmen in unterschiedlichen EU-Mitgliedsstaaten.[634] Allerdings gilt dies grundsätzlich nur im Falle einer Mindestbeteiligung von 25% und nur für direkte Beteiligungen. D.h. Zahlungen zwischen der Mutter- und der (Ur-)Enkelgesellschaft werden nicht erfasst. Die Richtlinie wurde im deutschen Recht in § 50g EStG umgesetzt. Da U.S.-amerikanische Muttergesellschaften mit ihren Zinseinkünften in Deutschland nur dann beschränkt steuerpflichtig sind, wenn das Kapitalvermögen durch Grundbesitz gesichert ist, ist die Quellenbesteuerung in dieser Beziehung von untergeordneter Relevanz.[635]

Art. 1, Tz. 2.1; *Niedrig,* Substanzerfordernisse bei ausländischen Gesellschaften, IStR 2003, 474, 481; *Hahn-Joecks* in: Kirchhof/Söhn/Mellinghoff, Einkommensteuergesetz – Kommentar, § 50d EStG, § 50d, Rn. A 32; *Roser,* GmbH-Rundschau 2002, 869, 871.

629 Dieser Gedanke wurde auch in der *Bosal*-Entscheidung des EuGH v. 18 September 2003 (C-168/01) verwendet, *GmbH-Rundschau* (2003), S. 1286.

630 *Kessler,* Die Euro-Holding, 1996, S. 6.

631 Vgl. *Terra/Wattel,* European Tax Law, 2005, S. 531.

632 Council Directive 2003/49/EC of 3 June 2003 on a common system of taxation applicable to interest and royalty payments made between associated companies of different Member States.

633 Zu den europarechtlichen Vorgaben für Lizenzeinkünfte, *Greggi,* Taxation of Royalties in an EU Framework, Tax Notes International 2007, Vol. 46, 1149-1164; *Dörr/Krauß/Schreiber,* Quellensteuerbefreiung bei Lizenzgebühren auf Grund EG-Richtlinie, IStR 2004, 469, 470.

634 Einen Überblick geben *Distaso/Russo,* The EC Interest and Royalties Directive, European Taxation 2004, Vol. 44, 143ff. und *Terra/Wattel,* European Tax Law, 2005, Ch. 13.

635 Eine beschränkte Steuerpflicht für Zinseinkünfte existiert in Deutschland nur dann, wenn das Kapitalvermögen durch inländischen Grundbesitz besichert ist. (§ 49 Abs. 1 Nr. 5c EStG). Siehe auch *Köhler,* Aktuelles Beratungs-Know-how IStR, DStR 2005, 227, 231. Allerdings ist die Hinzurechnungsnorm in § 8 Nr. 1 GewStG zu beachten. Dazu *Kessler/Eicker/Schindler,* Hinzurechnung von Dauer-

cc. Fusionsrichtlinie

Für Holdinggesellschaften von großer Wichtigkeit ist die Fusionsrichtlinie,[636] da die Richtlinie vielerlei Hindernisse bei der Reorganisation von Beteiligungen ausräumt. Sie macht den Anteilswechsel, die Integration einer Gesellschaft sowie die Fusion von Unternehmen innerhalb der EU einfacher.[637] Durch die Richtlinie ist es möglich, dass zwei EU-Gesellschaften fusionieren, ohne eine Besteuerung der stillen Reserven auszulösen.[638] Allerdings widmet sich die Richtlinie nur kurzfristigen steuerlichen Fragestellungen,[639] während langfristige steuerliche Probleme nicht gelöst werden.[640] Letzteres betrifft steuerliche Verluste und die administrativen Hürden bei grenzüberschreitenden Dividenden.[641]

b. Der Einfluss des Europäischen Gerichtshofes

Der Europäische Gerichtshof (EuGH) spielt eine sehr entscheidende Rolle bei der Harmonisierung der nationalen Steuersysteme.[642] Die Arbeit des EuGH wird auch als »indirekte Harmonisierung« oder »Harmonisierung durch die Hintertür« umschrieben.[643] Der EuGH prüft die Konformität ein-

schuldzinsen nach § 8 Nr. 1 GewStG verstößt gegen die Zins-/Lizenzgebühren Richtlinie, IStR 2004, 678ff.

636 Council Directive 90/434/EEC v. 23. Juli 1990.

637 Vgl. *Russo/Offermanns,* The 2005 Amendments to the EC Merger Directive, European Taxation 2006, Vol. 46, 250, 251.

638 Vertiefend, *Aurelio,* An Analysis of the 2005 Amendments to the Merger Directive, Intertax 2006, Vol. 34, 333ff.; *Terra/Wattel*, European Tax Law, 2005, Ch. 10; *Russo/Offermanns,* The 2005 Amendments to the EC Merger Directive, European Taxation 2006, Vol. 46, 250, 251ff.; *van den Brande,* The Merger Directive amended, EC Tax Review 2005, Vol. 14, 119ff.; *Maisto,* Amending the Tax Directives, European Taxation 2002, Vol. 42, 287, 293ff.; *Romano,* Holding Company Regimes in Europe: A Comparative Survey, European Taxation 1999, 257.

639 Beispielsweise die Frage nach der Besteuerung steuerbefreiter Rücklagen sowie die Übertragung von Gewinnen einer übernommenen Gesellschaft. Siehe *Terra/Wattel*, European Tax Law, 2005, S. 538.

640 *Terra/Wattel*, European Tax Law, 2005, S. 536.

641 *Terra/Wattel*, European Tax Law, 2005, S. 539.

642 Siehe *Hey,* German Tax Court Revamps Treaty Shopping Law, Tax Notes International 2005, Vol. 40, 122. Ferner zum irischen Steuerrecht, *O'Connor,* The Current Tax Environment: Impact for Irish Business, Tax Planning International Review 2006, Vol. 33, June, 17, 19, 20.

643 Siehe *Soler Roch,* Corporate tax in the EU: a never-ending story ?, EC Tax Review 2005, Vol. 14, 116, 117. Ferner, *Kokott/Henze,* Ist der EuGH -noch- ein Motor für die Konvergenz der Steuersysteme?, BB 2007, 913-918; *Seer/Kahler/Rüing u.a.,* Die Rechtsprechung des EuGH 2003 und 2004, Europäisches Wirtschafts- und Steuerrecht 2005, 289, 10; *Hey*, Wettbewerb der Rechtsordnungen oder Europäi-

zelner Vorschriften der nationalen Steuersysteme mit dem EG-Vertrag (EGV). Neben den Grundfreiheiten ist das Diskriminierungsverbot der wichtigste Maßstab.[644]

Die Erfolgsquote für die Kläger ist sehr hoch,[645] was vor allem dadurch erklärt werden kann, dass die nationalen Steuerrechtsordnungen der Mitgliedsstaaten noch sehr viele europarechtswidrige Normen beinhalten. *Kessler* und *Spengel* veröffentlichen jährlich eine Liste der potentiell europarechtswidrigen Normen im deutschen Steuerrecht.[646] Die Zusammenschau dieser Listen lehrt, dass die Zahl der europarechtswidrigen Normen im Laufe der Jahre ansteigt anstatt sinkt.

sierung des Steuerrechts?, in: Reimer/u.a., Europäisches Gesellschafts- und Steuerrecht, 2007, S. 295, 309, 309; *Kofler,* Wer hat das Sagen im Steuerrecht – EuGH (Teil 2), Österreichische Steuerzeitung 2006, 154-158.

644 Siehe *Douma,* The Three Ds of Direct Tax Jurisdiction, European Taxation 2006, Vol. 46, 522, 526; *Gosch,* Steuerrecht im Spannungsfeld, DStR 2007, 1553, 1557, 1558; *de Hosson,* On the Controversial Role of the European Court in Corporate Tax Cases, Intertax 2006, Vol. 34, 294, 296; *O'Shea,* From Avoir Fiscal to Marks & Spencer, Tax Notes International 2006, Vol. 42, 587, 589ff.; *O'Shea,* Dividend Taxation Post-Manninen, Tax Notes International 2007, Vol. 45, 887-918; *Kofler,* Wer hat das Sagen im Steuerrecht – EuGH (Teil 1), Österreichische Steuerzeitung 2006, 106-114; *Kofler,* Wer hat das Sagen im Steuerrecht – EuGH (Teil 2), Österreichische Steuerzeitung 2006, 154-165; *Eicker/Obser,* Highlights 2006 der EuGH-Rechtsprechung im Bereich der direkten Steuern, Internationale Wirtschaftsbriefe 2007, Gruppe 2, Fach 11, 761-768; *Cordewener/Schnitger,* Steuer und Wirtschaft 2006, 50, 377; *Seer/Thulfaut/Müller,* Die Rechtsprechung des EuGH auf dem Gebiet der direkten Besteuerung in den Jahren 2005 und 2006, Europäisches Wirtschafts- und Steuerrecht 2007, 289, 290; *Saß,* Zur Begrenzung der nationalen Ausgestaltung der Körperschaftsteuersysteme durch den EuGH, DB 2007, 1327-1331; *Alber,* Auswirkungen des europäischen Rechts auf das mitgliedstaatliche Steuerecht, in: Ernst & Young, EuGH-Rechtsprechung Ertragsteuerrecht, 2005, S. 35, 38, 39; *Rödder,* Deutsche Unternehmensbesteuerung im Visier des EuGH, in: Gocke/Gosch/Lang, Festschrift für Franz Wassermeyer, 2005, S. 163, 165; *Borgsmidt,* EuGH-Rechtsprechung zu den Grundfreiheiten in Steuerfällen, IStR 2007, 802-809. Kritisch zur Auslegung des EG-Rechts durch den EuGH, *Forsthoff,* EuGH versus Europäischer Gesetzgeber – oder Freiheiten über alles?, IStR 2006, 222, 224. Ferner, die Besteuerung von Dividenden aus österreichischer Sicht, *Haslinger,* Die Besteuerung von Dividenden – EuGH bestätigt Kritik an geltender Rechtslage, Steuer und Wirtschaft International 2007, 175-186; *Kube,* EuGH und Steuerrecht, in: Reimer/u.a., Europäisches Gesellschafts- und Steuerrecht, 2007, 225, 226.

645 In den Jahren 2003 und 2004 folgte der EuGH in 18 Fällen der Ansicht der beteiligten Steuerbehörde nicht und entschied nur in 2 Fällen zugunsten der teilnehmenden Steuerbehörde. Siehe *Seer/Kahler/Rüing u.a.,* Die Rechtsprechung des EuGH 2003 und 2004, Europäisches Wirtschafts- und Steuerrecht 2005, 289.

646 *Kessler/Spengel,* Checkliste potenziell EG-rechtswidriger Normen des deutschen direkten Steuerrechts – Update 2008, DB 2008, Beilage 2, 1ff. Siehe auch *Cordewener/Schnitger,* Steuer und Wirtschaft 2006, 50, 64ff.

Wenn der EuGH eine Norm für nicht vereinbar mit dem Europarecht erklärt hat, gibt es für die Mitgliedsstaaten zwei Möglichkeiten eine Konformität herzustellen. Entweder die Anwendung einer Norm wird auf grenzüberschreitende Situationen ausgedehnt oder die Norm wird auch auf reine Inlandsfälle angewendet.[647]

Im Steuerrecht ist zudem die Frage nach der zeitlichen Begrenzung der Wirkung der EuGH-Entscheidungen von besonderer Bedeutung[648] und war Gegenstand der EuGH-Entscheidungen *Manninen*,[649] *Test Claimants in the FII Group Litigation*[650] und *Meilicke*[651]. In den ersten beiden Fällen wurde eine zeitliche Begrenzung der Wirkung von EuGH-Entscheidungen vom EuGH abgelehnt. [652] In *Meilicke* entschied der EuGH, dass das Gericht grundsätzlich die zeitliche Wirkung einer Auslegung nicht begrenzen könne. Jedoch sei eine Begrenzung ausnahmsweise möglich, wenn der betroffene Mitgliedsstaat darlegen könne, dass eine zeitlich unbegrenzte Wirkung schwerwiegende fiskalische Folgen hätte.[653]

647 *Griffith/Klemm,* Tax Competition Experience of the Last 20 Years, Tax Notes International 2004, Vol. 34, 1299, 1310.

648 *Kofler,* Wer hat das Sagen im Steuerrecht – EuGH (Teil 1), Österreichische Steuerzeitung 2006, 106, 113-114; *Kofler,* Überlegungen zur steuerlichen Kohärenz, Österreichische Steuerzeitung 2005, 26-30.

649 EuGH v. 7. September 2004, C-319/02 (*Manninen*). Im Detail, *O'Shea,* Dividend Taxation Post-Manninen, Tax Notes International 2007, Vol. 45, 887-918; *Kofler,* Manninen, Österreichische Steuerzeitung 2004, 582-586; *Hintsanen/Pettersson,* The implications of the ECJ holding the denial of Finnish imputation credits in cross-border situations to be incompatible with the EC Treaty in the Manninen case, European Taxation 2007, 130-137.

650 EuGH v. 12. Dezember 2006 – C-446/04 (*Test Claimants*). Siehe, *Denys,* The ECJ Case Law on Cross-Border Dividends Revisited, European Taxation 2007, Vol. 47, 221, 223-226; *Vanistendael,* Denkavit Internationaal, European Taxation 2007, Vol. 47, 210, 212-213.

651 EuGH v. 6. März 2007 – C-292/04 (*Meilicke*). Dazu *Lang,* Die Beschränkung der zeitlichen Wirkung von EuGH-Urteilen im Lichte des Urteils Meilicke, IStR 2007, 235-244; *Meilicke,* Nachlese zum EuGH-Urteil vom 6.3.2007 – Rs. C-292/04, Meilicke, DB 2007, 650, 651; *Thömmes,* Verpflichtung zur Anrechnung ausländischer Körperschaftsteuer, Internationale Wirtschaftsbriefe 2007, Fach 11A, 1131-1136.

652 EuGH v. 12. Dezember 2006 – C-446/04 (*Test Claimants in the FII Group Litigation*), Tz. 129-133; EuGH v. 6. März 2007 – C-292/04 (*Meilicke*), Tz. 32-38.

653 EuGH v. 6. März 2007 – C-292/04 (*Meilicke*), Tz. 37: »Indeed, there must necessarily be a single occasion when a decision is made on the temporal effects of the requested interpretation, which the Court gives of a provision of Community law. In that regard, the principle that a restriction may be allowed only in the actual judgment ruling upon that interpretation guarantees the equal treatment of the Member States and of other persons subject to Community law, under that law, fulfilling, at the same time, the requirements arising from the principle of legal certainty.«

aa. Marks & Spencer (grenzüberschreitende Gruppenbesteuerung)

Eine der wichtigsten EuGH-Entscheidungen der jüngeren Vergangenheit ist die Rechtssache *Marks & Spencer.*[654] Eine Muttergesellschaft aus dem Vereinigten Königreich verlangte die Verrechnung von Verlusten ihrer ausländischen Tochtergesellschaften mit den Gewinnen der Muttergesellschaft. Der EuGH entschied, dass dies grundsätzlich nicht möglich sei. Kann der Steuerpflichtige jedoch belegen, dass es für ihn keine Möglichkeiten gibt, die Verluste in dem Land zu nutzen, in dem diese entstanden sind, muss das nationale Steuersystem der Muttergesellschaft die Möglichkeit einer grenzüberschreitenden Verlustverrechnung zulassen.

Beispiele für Fälle, in denen eine Verlustnutzung unmöglich ist, sind:

- Unternehmenskäufe, die eine Mantelkauf-Regelung (*change-of-control rule*) auslösen;[655]
- Liquidation;
- Umwandlung;
- keine oder nur begrenzte Verlustvortragsmöglichkeiten.[656]

Die Entscheidung hat Auswirkungen für die Steuerplanung U.S.-amerikanischer Investoren in Europa.[657] Wenngleich im Nachgang der Entschei-

654 EuGH v. 23. Dezember 2005, C-470/04 (*Marks & Spencer*). Im Detail dazu *Lang,* Is the ECJ Heading in a New Direction?, European Taxation 2006, 421-430; *Lang,* The Marks & Spencer Case – The Open Issues Following the ECJ's Final Word, European Taxation 2006, 54-67; *Lang,* Marks & Spencer und die Auswirkungen auf das Steuerrecht der Mitgliedsstaaten, Steuer und Wirtschaft International 2005, 255-260; *Confédération Fiscale Européenne,* Opinion Statement of the CFE Task Force on ECJ Cases on the Judgment in the Case of Marks & Spencer, European Taxation 2007, Vol. 47, 51-54; *Whitehead,* Cross-Border Group Relief: The Next Generation, Tax Notes International 2006, Vol. 43, 1063ff.. Die Auswirkung auf Drittstaaten wird diskutiert in *Wimpissinger,* EC Law and the Cross-Border Transfer of Third-Country Losses, Tax Notes International 2006, Vol. 44, 955ff.; *Rehm/Feyerabend/Nagler,* Die Renaissance der grenzüberschreitenden Verlustverrechnung, IStR 2007, 7, 8; *Staringer,* Where Does Foreign Loss Utilization Go in Europe?, Steuer und Wirtschaft International 2007, 5, 7, 8; *Witt,* Die Konzernbesteuerung, 2006, S. 65-134; *Kofler,* Marks & Spencer, Österreichische Steuerzeitung 2006, 48-56; *Kofler,* Wer hat das Sagen im Steuerrecht – EuGH (Teil 2), Österreichische Steuerzeitung 2006, 154, 163-164; *Pache/Englert,* Kein positives Signal des EuGH für ein binnenmarkt-orientiertes Konzernbesteuerungsrecht, IStR 2007, 844, 845.

655 Vgl. beispielsweise die verschärfte Mantelkaufregelung in § 8c KStG. Dazu im Detail Kapitel 8(VIII.)(D.).

656 Einen Rechtsvergleich zwischen den Verlustvortrags, -rücktrags und Mantelkaufregelungen verschiedener Länder bietet *Saïac,* Deduction of Losses Incurred in Another Member State, European Taxation 2007, 550, 556-561.

657 *Gammie,* The impact of the Marks & Spencer case on US-European planning, Intertax 2005, 485-489.

dung die nationalen Gruppenbesteuerungssysteme nicht fundamental verändert wurden, sind viele modifiziert worden.[658]

Dem Fall *Marks & Spencer* folgte die EuGH-Entscheidung *Oy AA*.[659] Dort erklärte der EuGH, dass bestimmte Beschränkungen im finnischen Gruppenbesteuerungssystem im Einklang mit dem Europarecht sind.

bb. Cadbury Schweppes (CFC-Regeln)

Das Pendant zu *Marks & Spencer* im Hinblick auf die CFC-Regelungen in Europa ist *Cadbury Schweppes*[660]. Auch diese Entscheidung führte zu vielerlei Modifikationen in den nationalen Steuersystemen[661] und schaffte neue Steuerplanungsmöglichkeiten, z.B. für Prinzipalstrukturen[662].

Der EuGH entschied, dass die britischen CFC-Regelungen grundsätzlich im Einklang mit den europarechtlichen Vorgaben stehen, da sie den legitimen Zweck der Bekämpfung des Steuermissbrauchs verfolgen.[663] Ferner seien die Mitgliedsstaaten berechtigt, diesen Steuermissbrauch aufgrund typisierter Tatbestandsmerkmale zu bekämpfen. Jedoch sind solche Normen nur dann europarechtskonform, wenn sie sich allein auf die Bekämpfung »rein künstlicher Gestaltungen« beziehen (*wholly artificial ar-*

658 Siehe die detaillierte Analyse in *Saïac,* Deduction of Losses Incurred in Another Member State, European Taxation 2007, 550-561.

659 EuGH v. 18. Juli 2007, C-231/05 *(Oy AA)*. Im Detail, *Helminen,* Freedom of Establishment and Oy AA, European Taxation 2007, 490-498; *Kiekebeld/Smit,* Cross-Border Loss Relief in the EU: Uncertainty Remains After Oy AA, Tax Notes International 2007, Vol. 48, 1149-1151; *Rainer,* ECJ Rules on Finnish Intragroup Transfers, Intertax 2007, 598-599; *Cloer/Lavrelashvili,* Erneute Bestätigung der Marks & Spencer – Rechtsprechung bei finnischer Konzernbesteuerung, Recht der Internationalen Wirtschaft 2007, 777-781; *Pache/Englert,* Kein positives Signal des EuGH für ein binnenmarkt-orientiertes Konzernbesteuerungsrecht, IStR 2007, 844, 846-847.

660 EuGH v. 12. September 2006, C-196/04 (*Cadbury Schweppes*).

661 *Lovells's International Tax Team,* Impact of Cadbury Schweppes on CFC Legislation, Tax Planning International Review 2007, Vol. 34, January, 7-10; *Ronfeldt/Werlauff,* CFC Rules Go Up in Smoke – with Retroactive Effect, Intertax 2007, Vol. 35, 45-48; *Schönfeld,* Reaktion der britischen Regierung auf »Cadbury Schweppes«, IStR 2007, 199-202; *Becker/Hölscher/Loose,* Impact of ECJ's Cadbury Schweppes Decision on German Tax Planning, Tax Notes International 2007, Vol. 45, 879-880.

662 *Waldens/Sedemund,* Steuern steuern durch Prinzipalstrukturen, IStR 2007, 450, 452, 457.

663 Siehe auch die Analyse der »Abuse of Law Principle« im europäischen Kontext in *Rousselle/Liebman,* The Doctrine of the Abuse of Community Law, European Taxation 2006, Vol. 46, 559, 562-563.

rangements).[664] Der EuGH verlangt für das Vorliegen einer »rein künstlichen Gestaltung« zum einen die subjektive Absicht des Strebens nach Steuervorteilen und zum anderen das Fehlen objektiver Substanzmerkmale.[665] Eine solche Substanz setzt voraus die

- tatsächliche Geschäftstätigkeit,
- in einer physischen Geschäftsausstattung,
- in dem konkreten Land unter Teilnahme an dessen Wirtschaftsverkehr,
- für eine unbestimmte Zeit.

Damit die Beschränkung durch die Norm verhältnismäßig ist,[666] muss die Vorschrift ein Gegenbeweisrecht für den Fall beinhalten, dass ein typisiertes Tatbestandsmerkmal erfüllt ist.[667]

cc. »D« (Most-Favoured-Nation Treatment)

Ein immer wiederkehrendes Thema ist das Zusammenspiel zwischen Europarecht und den Doppelbesteuerungsabkommen.[668] Es ist unstrittig, dass ein bilaterales Doppelbesteuerungsabkommen zwischen einem EU-Mitgliedsstaat und einem Drittland, welches gegen europarechtliche Vorgaben

664 *Vanistendael,* Halifax and Cadbury Schweppes, EC Tax Review 2006, Vol. 15, 192-195; *Meussen,* Cadbury Schweppes: The ECJ Significantly Limits the Application of CFC Rules in the Member States, European Taxation 2007, Vol. 47, 13-18; *Evans/Delahunty,* Cadbury Schweppes and the U.K. CFC Rules, Tax Planning International Review 2006, September, 11, 12; *Schnitger,* German CFC legislation pending before the European Court of Justice, EC Tax Review 2006, Vol. 15, Issue 3, 151, 154; *Wassermeyer/Schönfeld,* »Cadbury Schweppes« und deren Auswirkungen auf die deutsche Hinzurechnungsbesteuerung, GmbH-Rundschau 2006, 1065, 672; *Moss/Gillham,* Controlled Foreign Companies Legislation and the Abuse of Law, Tax Planning International Review 2006, December, 3, 5, 6; *Rainer/Roels/Thömmes u.a.,* ECJ Rejects Scope of CFC Legislation, Intertax 2006, 636, 637;*Thömmes/Nakhai,* Ende der Hinzurechnungsbesteuerung in Europa, Internationale Wirtschaftsbriefe 2006, Fach 11a, 1065; *Degrève/Molitor,* Tax Notes International 2006, Vol. 41, 299, 305.

665 *Evans/Delahunty,* E.U. perspective on U.K. CFC Rules, Tax Planning International Review 2007, Vol. 34, September, 15, 16.

666 Über die aktuellen Entwicklungen, *Zalasinski,* Case-Law-Based Anti-Avoidance Measures in Conflict with Proportionality Test, European Taxation 2007, 571-576.

667 Im Detail, *Moss/Gillham,* Controlled Foreign Companies Legislation and the Abuse of Law, Tax Planning International Review 2006, December, 3-7.

668 *Degrève/Molitor,* Tax Notes International 2006, Vol. 41, 299, 304.

verstößt, trotzdem von dem Drittland angewendet werden kann.[669] Eine andere Frage ist jedoch, ob die europarechtlichen Vorgaben es gebieten, dass sich ein EU-Steuerpflichtiger auf die für ihn vorteilhafteste Bestimmung aus allen Doppelbesteuerungsverträgen zwischen den beiden EU-Vertragspartnern und anderen EU-Vertragspartnern berufen kann (*Most-Favoured-Nation Principle*[670]).[671] Aufgeworfen wurde die Frage in den EuGH-Entscheidungen *Saint-Gobain*[672] und *Metallgesellschaft*[673]. In die-

669 *Vogel/Gutmann/Dourado,* Tax treaties between Member States and Third States, EC Tax Review 2006, Vol. 15, 83; *Hinnekens,* Compatibility of bilateral tax treaties with European Community Law, EC Tax Review 1994, Vol. 3, 146, 162; *Vanistendael,* Impact of European tax law on tax treaties with third countries, EC Tax Review 1999, Vol. 8, 163, 166; *Terra/Wattel*, European Tax Law, 2005, S. 194.

670 Die »International Law Commission« definiert diesen Begriff wie folgt: «A treatment accorded by the granting State to the beneficiary State, or to persons or things in a determined relationship with that State, not less favourable than treatment extended by the granting State or to a third State or to persons or things in the same relationship with that third state.« In: *International Law Commission*, Yearbook of the International Law Commission, 1978, S. 21. Zu den Ursprüngen dieses Begriffs, für den heutzutage in den Vereinigten Staaten der Begriff »Normal Trade Relations« gewählt wird, siehe *Weber,* Most-Favoured-Nation Treatment under Tax Treaties Rejected, Intertax 2005, 429, 430; *van Thiel,* Right to Intra-Community Most-Favoured-Nation Treatment – Part 1, European Taxation 2007, 263-269; *Hofbauer,* Intertax 2005, 445, 446; *Pimentel,* »D«istortion of the Common Market?, Intertax 2006, Vol. 34, 485, 494; *Schnitger,* German CFC legislation pending before the European Court of Justice, EC Tax Review 2006, Vol. 15, Issue 3, 151, 158; *Petritz*, Most-Favoured-Nation Treatment, in: Stefaner/Züger, Tax Treaty Policy and Development, 2005, S. 127, 150; *Kemmeren*, Pending Cases by Dutch Courts I: The Van Dijk and Bujura Cases, in: Lang/Schuch/Staringer, ECJ – Recent Developments in Direct Taxation, 2006, S. 219, 257; *Zalasinski,* OECD Model Convention and the Exclusion of MFN Treatment, Intertax 2007, 460-472.

671 Die Steuerplanungsmöglichkeiten beschreibend und empfehlend, diese nicht *a posteriori* zu bekämpfen, *Vogel/Gutmann/Dourado,* Tax treaties between Member States and Third States, EC Tax Review 2006, Vol. 15, 83, 89. Ferner, *Fuchs,* Status quo der Meistbegünstigung im Europäischen Steuerrecht, Österreichische Steuerzeitung 2007, 32-37; *Kofler,* Wer hat das Sagen im Steuerrecht – EuGH (Teil 2), Österreichische Steuerzeitung 2006, 154, 159-160. *Enchelmaier*, Meistbegünstigung im EG-Recht, in: Cordewener/Enchelmaier/Schindler, Meistbegünstigung im Steuerrecht der EU-Staaten, 2006, S. 93, 103; *Cordewener*, EG-rechtliche Meistbegünstigungspflicht im Steuerrecht, in: Cordewener/Enchelmaier/Schindler, Meistbegünstigung im Steuerrecht der EU-Staaten, 2006, S. 123-126; *Englisch*, Meistbegünstigung im EG-Steuerrecht, in: Cordewener/Enchelmaier/Schindler, Meistbegünstigung im Steuerrecht der EU-Staaten, 2006, S. 163, 164; *Kofler,* Das Ende vom Anfang der gemeinschaftsrechtlichen Meistbegünstigung, Österreichische Steuerzeitung 2005, 432, 435-437; *Kofler,* Kapitalverkehrsfreiheit und Meistbegünstigung bei DBA-Anwendung, Österreichische Steuerzeitung 2004, 558-563.

672 EuGH v. 21. September 1999, C-307/97 (*Saint Gobain*).

673 EuGH v. 8. März 2001, C-397/98 und C-410/98 (*Metallgesellschaft*). Siehe auch *Terra/Wattel*, European Tax Law, 2005, S. 142.

sen Fällen wurde die Problematik unter dem Gesichtspunkt des Diskriminierungsverbotes diskutiert.[674]

In der neueren Entscheidung in der Rechtssache »*D*«[675] erklärte der EuGH, dass die Mitgliedsstaaten nicht durch das Europarecht daran gehindert seien, unterschiedliche Bestimmungen in ihren Doppelbesteuerungsabkommen mit anderen EU-Mitgliedsstaaten zu vereinbaren.[676] Im Fall »*D*« wurde hinterfragt, ob eine solche steuerliche Behandlung aufgrund des Ziels und des Zwecks des Europarechts geboten sei.[677] Jedoch hat der EuGH dies abgelehnt und erklärt, dass die reziproken Rechte und Pflichten in Doppelbesteuerungsabkommen nur für die Personen im Anwendungsbereich des jeweiligen Abkommens gelten würden.[678] Die Entscheidung wurde kritisch kommentiert und es wurde befürchtet, dass der Harmonisierungsprozess innerhalb der Europäischen Union in Gefahr gerate.[679]

Außerdem wurde diskutiert, inwieweit die Erkenntnisse aus der Rechtssache »*D*« für die Doppelbesteuerungsabkommen von EU-Mitgliedsstaaten mit Drittstaaten gelten.[680] *Vogel*, *Gutmann* und *Dourado* bejahen dies

674 *Dourado,* From the Saint-Gobain to the Metallgesellschaft case, EC Tax Review 2002, Vol. 11, 147, 151

675 EuGH v. 5. Juli 2005, C-376/03 (*D*). Dazu *Ernst & Young*, EuGH – Rechtsprechung Ertragsteuerrecht, 2005, S. 453ff.

676 Vertiefend *Weber,* Most-Favoured-Nation Treatment under Tax Treaties Rejected, Intertax 2005, 429ff.; *Lang,* Rechtssache D. – Gerät der Motor der Steuerharmonisierung ins Stottern?, Steuer und Wirtschaft International 2007, 365-375; *Kofler,* Das Ende vom Anfang der gemeinschaftsrechtlichen Meistbegünstigung, Österreichische Steuerzeitung 2005, 432-438. Über die Schlussanträge des Generalanwaltes, *Kofler,* Kapitalverkehrsfreiheit und Meistbegünstigung bei DBA-Anwendung, Österreichische Steuerzeitung 2004, 558-563.

677 *Weber,* Most-Favoured-Nation Treatment under Tax Treaties Rejected, Intertax 2005, 429; *Pistone,* Intertax 2005, 412, 413; *van Thiel,* Intertax 2005, 454, 455; *Degrève/Molitor,* Tax Notes International 2006, Vol. 41, 299, 304: *Pimentel,* »D«istortion of the Common Market?, Intertax 2006, Vol. 34, 485, 487; *Meussen,* Most-Favoured-Nation Treatment and the Free Movement of Capital, European Taxation 2005, 52, 54; *Rädler*, Meistbegünstigung im Binnenmarkt, in: Cordewener/Enchelmaier/Schindler, Meistbegünstigung im Steuerrecht der EU-Staaten, 2006, S. 213, 216.

678 *Weber,* Most-Favoured-Nation Treatment under Tax Treaties Rejected, Intertax 2005, 429, 440; *Ernst & Young*, EuGH – Rechtsprechung Ertragsteuerrecht, 2005, S. 455, 475.

679 Vor allem *Weber,* Most-Favoured-Nation Treatment under Tax Treaties Rejected, Intertax 2005, 429, der persönlich in dem Fall involviert war. Ferner, *Kofler/Schindler,* The ECJ's Denial of Most-Favoured-Nation Treatment in the »D« case, European Taxation 2005, 530, 539; *Lang,* Gerät der Motor der Steuerharmonisierung ins Stottern?, Steuern und Wirtschaft International 2005, 365, 375; *Hofbauer*, Das Prinzip der Meistbegünstigung im grenzüberschreitenden Ertragsteuerecht, 2005, 196; *Rödder/Schönfeld,* Meistbegünstigung und EG-Recht, IStR 2005, 523, 527.

680 Im Detail, *Vogel/Gutmann/Dourado,* Tax treaties between Member States and Third States, EC Tax Review 2006, Vol. 15, 83, 86, 89ff.

und lehnten ein *Most-Favoured-Nation Treatment* in diesen Verträgen mit einem *a majore ad minus*-Argument ab.[681] Stattdessen verfechten *Vogel*, *Gutmann* und *Dourado* die Idee eines »*Multinational Framework Treaty*« zwischen den EU-Mitgliedsstaaten und Drittländern.[682]

Schließlich lehnen *Vogel*, *Gutmann* und *Dourado* eine Unterscheidung zwischen einem *Most-Favoured-Nation Treatment* hinsichtlich der Regeln zur Verteilung der Besteuerungsrechte[683] und den Regeln ab, die in Abkommen Steuervorteile gewähren.[684] Damit entgegnen sie *Weber*, der die Position vertritt, dass Regelungen, die in Abkommen Steuervorteile gewähren, einem *Most-Favoured-Nation Treatment* zugänglich seien.[685] Trotz der momentan klaren Rechtslage durch die EuGH-Entscheidung in »*D*« wird die Diskussion weitergehen.[686]

c. Auswirkung des EG-Steuerrechts auf U.S.-Investoren

Als einzige Grundfreiheit ist die Kapitalverkehrsfreiheit auch auf Drittstaatenfälle anwendbar (Art. 56 EGV).[687] Im Gegensatz zu den anderen Grundfreiheiten liegt der Kapitalverkehrsfreiheit ein sogenanntes *in rem* Konzept zu Grunde. Dies bedeutet, dass die Anwendbarkeit der Grundfreiheit nur von der Natur der wirtschaftlichen Investition abhängig ist und

681 *Vogel/Gutmann/Dourado,* Tax treaties between Member States and Third States, EC Tax Review 2006, Vol. 15, 83, 89, 90.

682 *Vogel/Gutmann/Dourado,* Tax treaties between Member States and Third States, EC Tax Review 2006, Vol. 15, 83, 90, 92.

683 Welche im Kompetenzbereich der Mitgliedsstaaten liegen, was der EuGH in der Entscheidung in der Rechtssache *Gilly* nochmals betont hat (EuGH v. 12. May 1998, C-336/96 (*Gilly*), S. 30).

684 *Vogel/Gutmann/Dourado,* Tax treaties between Member States and Third States, EC Tax Review 2006, Vol. 15, 83, 86.

685 *Weber,* Most-Favoured-Nation Treatment under Tax Treaties Rejected, Intertax 2005, 429, 442, 443.

686 Beispielweise der *Bujura*-Fall, *Kemmeren*, Pending Cases by Dutch Courts I: The Van Dijk and Bujura Cases, in: Lang/Schuch/Staringer, ECJ – Recent Developments in Direct Taxation, 2006, S. 219, 244ff.

687 *Fontana,* Direct Investments and Third Countries, European Taxation 2007, 431-436; *Pistone*, General Report, in: Lang/Pistone, The EU and Third Countries: Direct Taxation, 2007, S. 15-38; *Kiekebeld/Smit,* The Free Movement of Capital and the Taxation of Third-Country Investments, Tax Notes International 2007, Vol. 47, 761-763. Über die Entwicklung der Kapitalverkehrsfreiheit, *Schwenke,* Die Kapitalverkehrsfreiheit im Wandel?, IStR 2006, 748; *Metzler,* Einfluss der Doppelbesteuerungsabkommen auf das Rangverhältnis der Grundfreiheiten des EG-Vertrags, Österreichische Steuerzeitung 2007, 441-444. Ferner, *O'Shea,* Thin Cap GLO and Third-Country Rights, Tax Notes International 2007, Vol. 46, 371-375; *Dölker/Ribbrock,* Die Kapitalverkehrsfreiheit im Verhältnis zu Drittstaaten, BB 2007, 1928, 1929; *Fontana,* Conference Report: The EU and Third Countries, Intertax 2007, 589-597.

nicht von dem Standort des Investors.[688] Es gibt auch noch andere Aspekte, die ein besonderes Merkmal der Kapitalverkehrsfreiheit sind:

- es ist die jüngste Grundfreiheit (seit 1994);
- mit einem sehr weiten Anwendungsbereich, aber mit einer Ausnahmeregelung in Form der Fortbestandgarantie (Art. 57 EGV).

Die Natur der Grundfreiheit und deren Anwendung auf Drittstaaten sind jedoch nicht unumstritten. Im Nachgang der EuGH-Entscheidung *Fidium Finanz*[689], in der sich ein Schweizer Investor auf die Kapitalverkehrsfreiheit berufen hat, wurde Kritik laut, dass die Kapitalverkehrsfreiheit die Bedeutung der Niederlassungsfreiheit unterminiere und damit gegen den Geist der Gründungsväter des EG Vertrages verstieße.[690]

Zusammenfassend lässt sich sagen, dass der Anwendungsbereich der Kapitalverkehrsfreiheit auf Drittstaateninvestoren wie beispielsweise multinationale U.S.-amerikanische Unternehmen derzeit unklar ist und weiterer Erforschung bedarf.[691] *Pistone* widmet sich im Rahmen eines Fünfjahresprojekts dem Thema der EU-Besteuerung von Drittstaaten.[692] Die Ergebnisse werden im Jahre 2011 veröffentlicht.

Ein anderer Themenkomplex sind die *Limitation-on-Benefits*-Klauseln[693] (LoB-Klauseln) in Doppelbesteuerungsabkommen zwischen EU-

688 Siehe *Goulder*, Bad Law From the ECJ, Tax Notes International 2006, Vol. 44, 247, 248.

689 EuGH v. 3. Oktober 2006, C-452/04 (*Fidium Finanz*), IStR 2006, 754. *Dölker/Ribbrock*, Die Kapitalverkehrsfreiheit im Verhältnis zu Drittstaaten, BB 2007, 1928, 1929.

690 Vgl. *Goulder*, Bad Law From the ECJ, Tax Notes International 2006, Vol. 44, 247, 250; *Schwenke*, Die Kapitalverkehrsfreiheit im Wandel?, IStR 2006, 748, 751, 754; *Dölker/Ribbrock*, Die Kapitalverkehrsfreiheit im Verhältnis zu Drittstaaten, BB 2007, 1928, 1932.

691 *Kiekebeld/Smit*, The Free Movement of Capital and the Taxation of Third-Country Investments, Tax Notes International 2007, Vol. 47, 761, 762.

692 *Pistone*, The Impact of European Law on the Relations with Third Countries, Intertax 2006, Vol. 34, 234ff.

693 LoB-Klauseln sind eines der letzten Mittel für Staaten, um *Treaty Shopping* zu vermeiden. Siehe *Sasseville*, Tax Avoidance involving Tax Treaties, in: Lang/Jirousek, Praxis des Internationalen Steuerrechts, 2005, S. 451, 456; *Streng*, Treaty Shopping: Tax Treaty »Limitation of Benefits« Issues, Houston Journal of International Law 1992, Vol. 15, 1, 23; *Berman/Hynes*, Limitation on Benefits Clauses in U.S. Income Tax Treaties, Tax Management International Journal 2000, Vol. 29, 692, 700. Zu den LoB-Klauseln in den Doppelbesteuerungsverträgen der Vereinigten Staaten und Deutschlands, *Haug*, The United States Policy of Stringent Anti-Treaty-Shopping Provisions: A comparative Analysis, Vanderbilt Journal of Transnational Law 1996, Vol. 29, 191, 238, 262; *Eilers/Watkins*, September, Article 28 of the German-U.S. double taxation treaty of 1989: an appropriate solution to the treaty shopping problem?, Tax Planning International 1993, Vol. 20, 15, 16; *Polster*, Limitation-on-Benefits-Clauses, in: Stefancr/Züger, Tax Treaty Policy and Development, 2005, S. 303, 307.

Mitgliedsstaaten und den Vereinigten Staaten.[694] Diese Vorschriften verweigern die Berufung auf Vertragsbestimmungen, wenn kein hinreichender Anknüpfungspunkt (*Nexus*) zu einem der beiden Vertragspartner besteht.[695] Es ist umstritten, ob diese LoB-Klauseln im Einklang mit den Grundfreiheiten des EG-Vertrages stehen.[696] Wenngleich aus dem EG-Recht keinerlei Verpflichtungen der Vereinigten Staaten erwachsen können,[697] gibt es Stimmen in der Literatur, die eine Analogie zur europarechtlichen Inkompatibilität der Nationalitätsklauseln in den *Open Sky* Luftfahrtverträgen herleiten.[698]

d. *Auswirkung des EG-Rechts auf Tax Havens*

Hinsichtlich der Auswirkungen des EG-Rechts auf *Tax Havens* muss zwischen drei Gruppen unterschieden werden. Die erste Gruppe enthält *Tax Havens*, die Mitgliedsstaaten der EU sind (z.B. Niederlande, Luxemburg, Irland, Belgien). Diese Gruppe ist originär und vollumfänglich von den europarechtlichen Vorgaben betroffen.

Die zweite Gruppe besteht allein aus der Schweiz. Diese ist zwar kein EU-Mitgliedsstaat, hat aber mehrere Vereinbarungen mit der EU abgeschlossen (z.B. *Bilaterale I, Bilaterale II*).[699] Mit diesen Vereinbarungen ist es den Schweizer Verhandlungsführern gelungen, faktisch die Mutter-Tochter-Richtlinie auf die Schweiz zu erweitern.

694 Einen Überblick über die LoB-Klauseln zwischen den Vereinigten Staaten und Mitgliedssstaaten der Europäischen Union gibt *Kofler*, European Taxation Under an »Open«Sky: LoB Clauses in Tax Treaties Between the U.S. and EU Member States, Tax Notes International 2004, Vol. 35, 45, 84.

695 *Larking*, IBFD International Tax Glossary, 4. Aufl., 2001, S. 218; *Kofler*, European Taxation Under an »Open«Sky: LoB Clauses in Tax Treaties Between the U.S. and EU Member States, Tax Notes International 2004, Vol. 35, 45, 46.

696 Es wird argumentiert, dass eine ungerechtfertigte Beschränkung einer Grundfreiheit dadurch entstehe, dass Unternehmen, deren Anteilseigner in einem Mitgliedsstaat der Europäischen Union ansässig sind, sich nicht die spezielle LoB-Klausel in einem Doppelbesteuerungsabkommen zwischen den Vereinigten Staaten und einem anderen EU-Mitgliedsstaat zunutze machen könnten. Siehe *Thömmes*, US-German tax treaty under examination by the EC Commission, Intertax 1990, 605.

697 *Kofler*, European Taxation Under an »Open«Sky: LoB Clauses in Tax Treaties Between the U.S. and EU Member States, Tax Notes International 2004, Vol. 35, 45, 46.

698 *Pistone*, The Impact of European Law on the Relations with Third Countries, Intertax 2006, Vol. 34, 234; *Kofler*, European Taxation Under an »Open«Sky: LoB Clauses in Tax Treaties Between the U.S. and EU Member States, Tax Notes International 2004, Vol. 35, 45, 80.

699 *Pistone*, The Impact of European Law on the Relations with Third Countries, Intertax 2006, Vol. 34, 234, 241.

Die dritte Gruppe enthält alle außereuropäischen *Tax Havens*. Viele davon sind ehemalige Kolonien des Vereinigten Königreiches oder gegenwärtige Überseegebiete. Diese sind in der Regel nur indirekt betroffen von europarechtlichen Vorgaben.[700] Einige von Ihnen müssen sich an den *Code of Conduct* halten.[701]

e. *Zukünftige Harmonisierungsentwicklungen in der EU*

Gegenwärtig besteht das größte Problem im EG-Steuerrecht darin, dass wirkliche Fortschritte auf dem Weg der Harmonisierung nur mit Einstimmigkeit aller Mitgliedsstaaten entschieden werden können. Mit inzwischen 27 Mitgliedsstaaten wird sich dieses Problem in der Zukunft sogar noch verschärfen.[702] Nicht zu verkennen ist, dass dieser Zwang zur Einstimmigkeit politisch missbrauchsanfällig ist, insbesondere dann, wenn in einem Mitgliedsstaat Wahlen anstehen.

Das Resultat könnte ein Europa der zwei Geschwindigkeiten im Bereich des Steuerrechts sein. Manche Mitgliedsstaaten werden den Harmonisierungsprozess vorantreiben wollen, andere nicht.

Als »*the last resort*« wird gegenwärtig das Institut der »verstärkten Zusammenarbeit« in den Artt. 43-45 EGV gesehen. Hierbei müssen mindestens 8 Mitgliedsstaaten sich darauf verständigen, bestimmte Maßnahmen in ihren nationalen Steuersystemen umzusetzen.

Darüber hinaus fördern gegenwärtig der Europäische Rat und die Europäische Kommission folgende steuerrechtliche Anliegen:

- die Koordination der Steuerpolitiken der Mitgliedsstaaten;
- Vereinheitlichung der Wegzugsbesteuerung;
- steuerliche Behandlung von grenzüberschreitenden Verlusten.[703]

Des Weiteren versuchen die Mitgliedsstaaten der EU sich auf steuerliche Maßnahmen in folgenden Bereichen zu einigen:

- einheitliches Körpersteuersystem;
- einheitliche Bandbreite an Steuersätzen;

700 *Pistone,* The Impact of European Law on the Relations with Third Countries, Intertax 2006, Vol. 34, 234, 243.

701 *Sommerhalder/Rienks,* Netherlands Antilles Tax Regime Amended to Comply with European Code of Conduct, Journal of International Taxation 2005, Vol. 16, January, 15.

702 Ferner, *Gnaedinger,* EU Officials Address Direct Tax Coordination Initiative, Tax Notes International 2007, Vol. 46, 426-430; *Hey,* Wettbewerb der Rechtsordnungen oder Europäisierung des Steuerrechts?, in: Reimer/u.a., Europäisches Gesellschafts- und Steuerrecht, 2007, S. 295, 310.

703 Council Conclusions on Co-ordinating Member States' direct tax systems in the Internal Market, 2792nd Economic and Financial Affairs Council Meeting, v. 27. März 2007.

- Anti-Missbrauchsregelungen;
- CFC-Regelungen.

Gegenwärtig am intensivsten wird darüber diskutiert, ob eine einheitliche körperschaftsteuerliche Bemessungsgrundlage (*Common Consolidated Corporate Tax Base*, CCCTB) eingeführt werden soll.[704] Das Ziel dieses Projekts ist nicht nur eine Vereinheitlichung der körperschaftsteuerlichen Bemessungsgrundlagen in den einzelnen Mitgliedsstaaten, sondern auch die Schaffung von mehr Transparenz hinsichtlich der steuerlichen Belastungen in den Mitgliedsstaaten. Dies würde bei Unternehmen sowohl Transaktions- als auch Rechtsbefolgungskosten (*compliance costs*) senken.[705] Daher soll eine einheitliche Bemessungsgrundlage geschaffen werden, die nach einem bestimmten Schlüssel und nach bestimmten Kriterien auf die Mitgliedsstaaten aufgeteilt wird (z.B. Umsätze, Vermögenswerte,

704 Vertiefend, *Panayi,* The Common Consolidated Corporate Tax Base, European Taxation 2008, 114, 123-123; *Rhode,* The state of the art, Tax Planning International Review 2007, Vol. 34, November, 9-14; *Schön,* Group Taxation and the CCCTB, Tax Notes International 2007, Vol. 48, 1063-1080; *Oestreicher/Spengel,* The Determination of Corporate Taxable Income in the Member States, European Taxation 2007, 437-451; *Spengel,* Common corporate consolidated tax base – don't forget the tax rates!, EC Tax Review 2007, Vol. 16, 118-120; *Cerioni,* The Introduction of Comprehensive Approaches to Business Taxation – Part 1, European Taxation 2005, 541, 542; *Cerioni,* The Introduction of Comprehensive Approaches to Business Taxation – Part 2, European Taxation 2006, 13, 28, 21; *Hrehorovska,* Tax Harmonization in the European Union, Intertax 2006, 158, 159; *Cerioni,* The Possible Introduction of Common Consolidated Base Taxation via Enhanced Cooperation: Some Open Issues, European Taxation 2006, Vol. 46, 187ff.; *Osterweil,* Reform of Company Taxation in the EU Internal Market, European Taxation 2002, Vol. 42, 271, 273; *Staringer,* Where Does Foreign Loss Utilization Go in Europe?, Steuer und Wirtschaft International 2007, 5, 10, 11; *Schön,* The European Commission's Report on Company Taxation, European Taxation 2002, Vol. 42, 276, 279; *Westberg,* Consolidated Corporate Tax Bases for EU-Wide Acitivities, European Taxation 2002, Vol. 42, 321, 323ff.; *Jacobs/Spengel/Stetter u.a.,* EU Company Taxation in Case of a Common Tax Base, Intertax 2005, Vol. 33, 414ff.; *Plasschaert,* European Union Company Income Tax, European Taxation 2002, Vol. 42, 336, 338; *Ruding,* The past and the future of EU corporate tax, EC Tax Review 2005, Vol. 14, 2; *Gassner,* Company Taxation in the Internal Market, European Taxation 2002, Vol. 42, 317, 319ff.; *Herzig,* Harmonisierung der steuerlichen Gewinnermittlung in der Europäischen Union, Steuer und Wirtschaft 2006, 156ff.; *Morton,* Challenges for a listed multinational enterprise doing business in Europe, EC Tax Review 2006, Vol. 15, Issue 3, 132, 133; *O'Connor,* The Current Tax Environment: Impact for Irish Business, Tax Planning International Review 2006, Vol. 33, June, 17, 19; *Spengel*, Gewinnermittlung und Bemessungsgrundlage, in: Reimer/u.a., Europäisches Gesellschafts- und Steuerrecht, 2007, 253-290; *Weiner,* Formulary Apportionment: The Way to Tax Profits In the EU, Tax Notes International 2007, Vol. 47, 322, 326.

705 *Herzig,* Harmonisierung der steuerlichen Gewinnermittlung in der Europäischen Union, Steuer und Wirtschaft 2006, 156, 163.

Gehälter).[706] Ein großes Hindernis ist die Einigung auf einen gemeinsamen Aufteilungsschlüssel. Was die Bewertung des steuerlichen Einkommens angelangt, würden die IFRS-Vorschriften[707] eine Rolle spielen und als Ausgangspunkt fungieren.[708] *Spengel* meint, dass die CCCTB helfen würden, die gegenwärtigen steuerlichen Hindernisse in Europa zu reduzieren. Allerdings setze dies voraus, dass es eine feste Bandbreite an Körperschaftsteuersätzen gebe.[709]

Problematisch an diesem Projekt ist auch hier das Erfordernis der Einstimmigkeit. Die EU-Mitgliedsstaaten, die Einnahmeminderungen befürchten, werden eher nicht zustimmen.[710] Insbesondere Irland hat sich bislang als Gegner dieses Projektes hervorgetan.[711] Dennoch hat eine KPMG-Umfrage ergeben, dass 78% der befragten Steuerabteilungsleiter großer europäischer Unternehmen sich für eine CCCTB aussprechen.[712] Obwohl Deutschland das Projekt befürwortet, wäre ein solches System wenig kompatibel zum deutschen Gewerbesteuersystem sowie dem Maßgeblichkeitsprinzip zwischen Handels- und Steuerbilanz.[713]

706 Siehe *Plasschaert,* European Union Company Income Tax, European Taxation 2002, Vol. 42, 336.

707 «International Financial Reporting Standards« (IFRS) vormals bekannt als »International Accounting Standards« (IAS).

708 *Herzig,* Steuerliche Gewinnermittlung und handelsrechtliche Rechnungslegung, IStR 2006, 557, 560; *Spengel,* IFRS als Ausgangspunkt der steuerlichen Gewinnermittlung in der Europäischen Union, DB 2006, 681-687; *Oestreicher/Spengel,* The Determination of Corporate Taxable Income in the Member States, European Taxation 2007, 437, 439.

709 *Spengel,* Common corporate consolidated tax base – don't forget the tax rates!, EC Tax Review 2007, Vol. 16, 118-120; *Degrève/Molitor,* Tax Notes International 2006, Vol. 41, 299, 305.

710 Zu den Auswirkungen auf die verschiedenen Mitgliedsstaaten der Europäischen Union, *Jacobs/Spengel/Stetter u.a.,* EU Company Taxation in Case of a Common Tax Base, Intertax 2005, 414-428.

711 *Parillo,* Steinbrück Accuses Ireland of Unfair Tax Practices, Tax Notes International 2007, Vol. 46, 1197. Ferner, *Sheppard,* Technical Problems With The CCCTB, Tax Notes International 2007, Vol. 46, 978, 976.

712 *Gnaedinger/Weiner,* EU Businesses Want Common Tax Base, Tax Notes International 2007, Vol. 48, 7-11; *Riedel,* Konzerne fordern einheitliche EU-Steuern, Handelsblatt v. 24.9.2007, S. 4; *Tartler,* Unternehmen für europaweit einheitliche Steuern, Financial Times Deutschland v. 25.9.2007, S. 14. Der höchste Zuspruch kam aus der Tschechischen Republik, Dänemark und Spainen und der geringste Zuspruch kam aus Malta und der Slowakei.

713 Vgl. *Spengel/Braunagel,* Steuer und Wirtschaft 2006, 34, 45-49.

Viel vager ist hingegen die Idee einer gemeinsamen Politik bezüglich Doppelbesteuerungsabkommen inklusive des Abschlusses von multinationalen Doppelbesteuerungsabkommen.[714]

Nach wie vor nicht in Sicht ist die Harmonisierung der Regelungen zur Besteuerung von Personengesellschaften.[715]

Strittig bleibt letztlich auch, inwieweit eine Doppelbesteuerung die Grundfreiheiten oder das Diskriminierungsverbot verletzt.[716]

III. Zwischenergebnis

Letztlich sind der Harmonisierungsprozess innerhalb der Europäischen Union sowie der globale Steuerwettbewerb ein Segen für multinationale Unternehmen.[717] Vor allem die Mutter-Tochter-Richtlinie, die Zins- und Lizenzrichtlinie sowie die Fusionsrichtlinie haben künstliche Steuerhürden abgebaut und tragen dazu bei, dass Kapital effizient innerhalb eines Konzerns verteilt wird.

Dennoch sind noch einige steuerliche Hürden verblieben.[718] Dazu zählen u.a. die Verlustverrechnung über die Grenze in Form von grenzüberschreitenden Gruppenbesteuerungssystemen, eine einheitliche körperschaftsteuerliche Bemessungsgrundlage sowie harmonisierte Anti-Missbrauchsregelungen.

714 *Pistone,* Tax Treaties and the Internal Market in the New European Scenario, Intertax 2007, Vol. 35, 75-81; *De Ceulaer,* Community Most-Favoured-Nation Treatment: One Step Closer to the Multilateralization of Income Tax Treaties in the European Union ?, IBFD Bulletin for International Taxation 2003, 493ff.; *Vogel/Gutmann/Dourado,* Tax treaties between Member States and Third States, EC Tax Review 2006, Vol. 15, 83, 90; *Waters,* A Tax Treaty for Europe?, European Taxation 2005, 347ff.

715 *Kahle,* Steuergestaltung bei international tätigen Personengesellschaften, Steuer und Wirtschaft 2005, 61, 69.

716 *Loukota/Jirousek,* Doppelbesteuerung und Gemeinschaftsrecht, Steuer und Wirtschaft International 2007, 295-301, die behaupten, dass eine Doppelbesteuerung eine Verletzung des EG-Rechts darstellen könnte.

717 Ein sehr guter Überblick über die Entwicklung der Körperschaftsteuersätze in den Mitgliedsstaaten der Europäischen Union und den Vereinigten Staaten befindet sich in *Sullivan,* On Corporate Tax Reform, Europe Surpasses the U.S., Tax Notes International 2006, Vol. 42, 855, 856.

718 So sagte *McCreevy* in seiner Funktion als EU-Kommissar für den Europäischen Binnenmarkt auf einer KPMG-Steuerkonferenz am 4. November 2005: »There is perhaps no more controversial issue in a European context than taxation. […] It is a subject, which touches closely on issues of national sovereignty. But that's just one reason why Member States, including Ireland, insist that all measures in this area be subject to unanimity and why there has been strong resistance to qualified majority voting. That situation will not change.« Siehe *McCreevy,* Tax and Competitiveness in an EU Context, 2005, S. 2.

Allerdings stehen dem weiteren Harmonisierungsprozess seinerseits Hürden gegenüber.[719] Erstens die schwache Kompetenz der Europäischen Union bei der Harmonisierung der direkten Steuern, zweitens das EG-rechtliche Prinzip der Subsidiarität sowie drittens das Erfordernis der Einstimmigkeit beim Erlass von Richtlinien.[720]

Schließlich wird auch die Frage eines *Most Favoured-Nation Treatment* weiter in der Zukunft diskutiert werden, auch wenn eine solche steuerliche Behandlung vom EuGH jüngst in der Rechtssache »*D*« abgelehnt wurde. Nicht nur die EU-Mitgliedsstaaten werden sich gegen ein solches Prinzip wehren, sondern auch Drittstaaten wie die Vereinigten Staaten werden jeglichen Versuch unterbinden, die Vertragsbestimmung der U.S.-amerikanischen Doppelbesteuerungsabkommen mit denen anderer Abkommen gegeneinander auszuspielen.[721]

719 *Spengel/Braunagel,* Steuer und Wirtschaft 2006, 34, 35ff.

720 Siehe *Soler Roch,* Corporate tax in the EU: a never-ending story ?, EC Tax Review 2005, Vol. 14, 116.

721 Vgl. *Vogel/Gutmann/Dourado,* Tax treaties between Member States and Third States, EC Tax Review 2006, Vol. 15, 83, 84.

Kapitel 7: Holdingstandorte

Einer der wichtigsten Teilbereiche der internationalen Steuerplanung ist die Standortentscheidung.[722] Die Standortentscheidungsfindung bei einer Direktinvestition im Allgemeinen und für eine Holdinggesellschaft im Besonderen hat in der Literatur einen Niederschlag gefunden.[723]

Jüngst schlugen *Ho* und *Tze Yiu Lau* einen »*Two-Step Decision-Making Process*« für Direktinvestitionen und Standortentscheidungen vor:[724]

- Stufe 1: Hinterfragung ob eine Direktinvestition in einem bestimmten Land Sinn macht?
- Nachdem ein bestimmtes Land gewählt wurde, folgt Stufe 2:
- Analyse, wo genau die Direktinvestition in diesem Land getätigt werden soll?

Auf beiden Stufen müssen sowohl steuerliche als auch nicht-steuerliche Faktoren bewertet werden. Als steuerliche Faktoren für die Entscheidungsfindung benennen *Ho* und *Tze Yiu Lau*:[725]

- Steuersätze;
- Steueranreize;
- Doppelbesteuerungsabkommen;
- steuerliche Abschreibungen und
- sonstige steuerliche Faktoren.

Als nicht-steuerliche Faktoren kommen in Betracht:[726]

- Investitionsklima;
- Infrastruktur;
- Qualifikation der Arbeitnehmerschaft;
- wirtschaftliches Umfeld;
- politisches Risiko und
- Umweltvorschriften.

Diese allgemeinen Faktoren können für den konkreten Fall der Entscheidungsfindung für Holdingstandorte wie folgt verfeinert werden:

722 *Merks,* Categorizing Corporate Cross-Border Tax Planning Techniques, Tax Notes International 2006, Vol. 44, 55, 58; *Bader*, Steuergestaltung mit Holdinggesellschaften, 2007, S. 61-76.

723 Als Überblick, *Hoi Ki Ho/Tze Yiu Lau,* Perspectives on Foreign Direct Investment Location Decisions, International Tax Journal 2007, Vol. 33, May/June, 39, 45.

724 *Hoi Ki Ho/Tze Yiu Lau,* Perspectives on Foreign Direct Investment Location Decisions, International Tax Journal 2007, Vol. 33, May/June, 39, 42-43, 45.

725 *Hoi Ki Ho/Tze Yiu Lau,* Perspectives on Foreign Direct Investment Location Decisions, International Tax Journal 2007, Vol. 33, May/June, 39, 43-44.

726 *Hoi Ki Ho/Tze Yiu Lau,* Perspectives on Foreign Direct Investment Location Decisions, International Tax Journal 2007, Vol. 33, May/June, 39, 44-46.

I. Anforderungen an einen Holdingstandort – »Balanced Scorecard«-Modell

Ob bzw. in welchem Umfang die steuerlichen Zusatzbelastungen vermieden werden können, hängt primär von den Rahmenbedingungen im Sitzstaat der Holding ab.[727] Darüber hinaus kommt es entscheidend darauf an, ob die Zwischenschaltung einer Holding in dem betreffenden Land durch den Heimatstaat der Spitzeneinheit bzw. in dem Staat, in dem (denen) die Tochtergesellschaft(en) unbeschränkt steuerpflichtig ist (sind), steuerlich anerkannt wird (werden). Die Frage nach den Steuerwirkungen einer Zwischenholding ist daher in erster Linie eine Frage nach dem Holdingstandort.[728] Die Bedeutung der standortabhängigen Besteuerung wird dabei zusätzlich durch den Umstand verstärkt, dass Holdinggesellschaften eine besonders hohe steuerliche Standortelastizität aufweisen, weil der Kreis der als Standort in Betracht zu ziehenden Länder durch außersteuerliche Einflussfaktoren nur wenig beschränkt wird und die Transaktionskosten eines Standortwechsels regelmäßig nicht ins Gewicht fallen.

Das zentrale Problem der grenzüberschreitenden Steuerplanung mit Holdinggesellschaften besteht somit darin, einen geeigneten Standort für die Zwischeneinheit zu finden. Diese Aufgabe bereitet in der Praxis allerdings erhebliche Schwierigkeiten, weil es sich um ein komplexes und schlecht strukturiertes Entscheidungsproblem handelt. Obwohl die Betriebswirtschaftliche Steuerlehre in den letzten Jahren deutliche Fortschritte auf diesem Gebiet erzielt hat, kämpft die Steuerplanung mit Holdinggesellschaften trotz der Unterstützung durch leistungsfähige EDV-

727 Vgl. *Eynatten,* European Holding Company Tax Regimes: A Comparative Study, European Taxation 2007, 562; *Kessler,* Die Euro-Holding, 1996, S. 97-100.

728 *Endres/Schreiber/Dorfmüller,* Holding companies are key international tax planning tool, International Tax Review 2006, December/January, 46-49; *Kessler/Dorfmüller,* Gestaltungsstrategien bei internationaler Steuerplanung mit Holdinggesellschaften, Praxis Internationale Steuerberatung 2001, 177-185; *Kessler/Dorfmüller,* Holdingstandort Großbritannien – eine attraktive Alternative?, IStR 2003, 228-235; *Merks,* Categorizing Corporate Cross-Border Tax Planning Techniques, Tax Notes International 2006, Vol. 44, 55, 58; *Romano,* Holding Company Regimes in Europe: A Comparative Survey, European Taxation 1999, 257-269; *Kessler,* Internationale Holdingstandorte, in: Schaumburg/Piltz, 2002, S. 67, 72ff.; *von Wuntsch/Bach/Trabold,* Wertmanagement und Steuerplanung, 2006, S. 213; *Mongan/Johal,* Tax Planning with European Holding Companies, Journal of International Taxation 2005, Vol. 16, 49; *Pinto,* Tax Competition and EU Law, 2003, S. 245; *Deutsch/Friezer/Fullerton u.a.*, Australian Tax Handbook 2005, 2005, S. 2039; *Wienke,* Modelle der Steuerplanung – Steuerplanung im Zusammenhang mit der Entstehung von Aventis, in: Oestreicher, Internationale Steuerplanung, 2005, S. 127, 130, 137; *Autzen,* Die ausländische Holding-Personengesellschaft, 2006, S. 312 ff.

Programme[729] vor allem mit zwei grundlegenden Problemen: Zum einen ändern sich die Entscheidungsgrundlagen infolge der hohen Änderungsgeschwindigkeit des Steuerrechts, deren Wirkung sich exponentiell erhöht, je mehr Länder in die Betrachtung einbezogen werden, nahezu permanent. Zum anderen ist die Gewichtung der einzelnen Standortfaktoren von Fall zu Fall sehr unterschiedlich und kann sich zudem im Zeitablauf ändern. Klare Empfehlungen können vor diesem Hintergrund streng genommen nur für den jeweiligen Einzelfall bezogen auf einen konkreten Zeitpunkt gegeben werden. Zur spezifischen Gewichtung der Entscheidungsparameter können dabei Punktesysteme (*Scoring*-Modelle) herangezogen werden, mit denen sich in der Praxis durchaus akzeptable Näherungslösungen ermitteln lassen. Ein spezifisch auf Standortentscheidungen für Holdinggesellschaften zugeschnittenes Model wird weiter unten vorgestellt.

Als Grundlage für die Erstellung einer solchen individualisierten Checkliste bietet sich eine strukturierte tabellarische Darstellung des Anforderungsprofils in Form eines Standortfaktorenkatalogs an. Im einfachsten Fall handelt es sich dabei um eine bloße Auflistung von Holdingkriterien; differenziertere Varianten unterscheiden zusätzlich zwischen den Gestaltungszielen, Gestaltungsmitteln und den jeweils erforderlichen steuerrechtlichen Voraussetzungen.[730] In Abbildung 21 sind exemplarisch die wesentlichen Standortfaktoren aufgelistet.

729 Zu denken ist insbesondere an das Programm COMTAX. Vgl. *Kessler/Petersen,* Steuerplanung mit Comtax, IStR 2007, 815-88.

730 Vgl. *Kessler,* Die Euro-Holding, 1996, S. 97-100. Ferner, *Kessler/Eicke,* Back to BASIC – Stages of International Tax Planning, Intertax 2007, 355-359.

Steuerliche Kriterien	**Außersteuerliche Kriterien**
Behandlung von Gewinnausschüttungen (*participation exemption*)	politische und soziale Stabilität
Behandlung von aperiodischen Beteiligungserträgen (*capital gains exemption*)	wirtschaftliche Rahmenbedingungen
Behandlung von Weiterausschüttungen (Quellensteuer)	Rechtssicherheit
Abzugsfähigkeit von Aufwand und Verlusten	Infrastruktur
Möglichkeit einer Gruppenbesteuerung (national/international)	hohe Qualität von Beratungsdienstleistungen
Regelungen gegen übermäßige Gesellschafterfremdfinanzierung (*Thin Cap*-Regeln)	Währungsrisiken
Vorhandensein von Anti-Missbrauchsregelungen (*GAAR, Anti-Treaty-Shopping, CFC*)	keine Kapital- oder Gewinntransferbeschränkungen
Abkommensnetzwerk	flexibles Gesellschaftsrecht mit geringen Errichtungskosten
Steuerklima	

Abbildung 21: Standortfaktoren

Ein nützliches Hilfsmittel für die Entscheidungsfindung ist eine *»Balanced Scorecard«*. Konkretisiert für Standortentscheidungen bei Holdinggesellschaften können in dieser *»Balanced Scorecard for Holding Company Decision-Making«* alle entscheidungsrelevanten Faktoren gesammelt und bewertet werden: Es empfiehlt sich diesbezüglich wie folgt vorzugehen:

- Festlegung der Ziele die mit der Transaktion, Struktur oder der Investition verfolgt werden.
- Auflistung aller entscheidungsrelevanten Faktoren.
- Gewichtung dieser Faktoren, indem eine Höchstpunktzahl für jeden Faktor festgelegt wird.
- Festlegung von *»Knock-out«*-Kriterien, die der Planung diametral entgegenstehen.
- Auswahl von Ländern, die als Holdingstandort in Frage kommen.
- Analyse, ob ein potentieller Standort ein *»Knock-out«* Kriterium erfüllt; in diesem Falle wird der potentielle Standort von der *»Balanced Scorecard«* gestrichen.

- Vergabe von Punkten für jeden Faktor und jedes Land. Idealerweise sollte jede einzelne Punktzahl kommentiert werden, wenn möglich mit Angabe von einschlägigen Gesetzesvorschriften.
- Addierung der Punkte.
- Interpretation des Ergebnisses; insbesondere die Punktunterschiede zwischen den ersten drei Rängen.
- Auswahl des besten Standortes.

Standort	*Quellensteuer auf Zinszahlungen (10 Punkte)*	*CFC Regeln (5 Punkte)*	*Thin Cap-Regeln (20 Punkte)*	*Gesamtergebnis (35 Punkte)*
Niederlande	**Punkte (Kommentar)**	**Punkte (Kommentar)**	**Punkte (Kommentar)**	**Punkte (Kommentar)**
Schweiz	...	...	...	...
Bermuda	...	...	...	...
Deutschland	...	...	...	...
...	...	...	...	...

Abbildung 22: Balanced Scorecard

II. Motivation der Holdingstandorte

Die Motivation von Ländern, ein attraktives Umfeld für Holdinggesellschaften zu bieten, liegt im Wesentlichen darin begründet, dass durch Holdingsgesellschaften vielerlei hochqualifizierte Arbeitsplätze geschaffen werden. Da Holdinggesellschaften Führungs-, Strategie- und Finanzierungsentscheidungen treffen, sind sie Teil eines hochqualifizierten Umfeldes, welches wiederum weitere Investoren im Dienstleistungssektor anlockt (*Cluster*-Bildung).[731] Damit steigt nicht nur die Wirtschaftskraft eines Landes, sondern auch das Renommee.

III. Standortfaktoren

Eine Reihe von Faktoren sind im Laufe der Zeit identifiziert worden, um einen adäquaten Standort für eine Holdinggesellschaft zu finden. Die ein-

731 Ferner, *Endres/Dorfmüller,* Holdingstrukturen in Europa, Praxis Internationale Steuerberatung 2001, 94, 95.

zelnen Faktoren sind Gegenstand zahlreicher wissenschaftlicher Abhandlungen gewesen.[732]

A. Beteiligungsertragsbefreiung (Participation Exemption)

Ein in den meisten Fällen entscheidender Faktor ist die Beteiligungsertragsbefreiung,[733] d.h. die Nichtberücksichtigung von Dividendeneinkünften in der Bemessungsgrundlage. Der in der deutschen Literatur teilweise hierfür gebrauchte Begriff »*Schachtelprivileg*« ist irreführend, da es sich nicht um ein Privileg handelt. Vielmehr ist die Beteiligungsertragsbefreiung eine zwingend erforderliche Maßnahme zur Vermeidung von Doppelbesteuerungen, denn die Gewinne, die im Zeitpunkt der Ausschüttung zu Dividenden werden, sind bereits auf der Ebene der ausschüttenden Tochtergesellschaft besteuert worden. Außerdem werden durch eine umfassende Beteiligungsertragsbefreiung die oben beschriebenen[734] Kaskadeneffekte vermieden und somit für eine optimale Allokation des Kapitals innerhalb eines Konzerns gesorgt.

Ganz gleich ob eine Holdinggesellschaft einen besonderen Nutzen als »Finanzkarussell« oder als Vehikel zum Weiterleiten von Dividenden stiften soll, ist die Möglichkeit einer Beteiligungsertragsbefreiung entscheidend für den Erfolg beim Einsatz einer Holdinggesellschaft. In der internationalen Steuerplanung gilt ein Hauptaugenmerk daher den Standorten, die eine 100%ige Freistellung von Dividendeneinkünften vorsehen.[735] Aufgrund der Mutter-Tochter-Richtlinie haben viele Mitgliedsstaaten der Europäischen Union eine Freistellung von 95% oder mehr in ihren Rechts-

732 *Kessler*, Die Euro-Holding, 1996, S. 97ff.; *Mongan/Johal*, Tax Planning with European Holding Companies, Journal of International Taxation 2005, Vol. 16, 49; *Kessler*, Überlegungen zur Standortwahl einer Euro-Holding aus steuerlicher Sicht, in: Fischer, Grenzüberschreitende Aktivitäten deutscher Unternehmen und EU-Recht, 1997, S. 130, 139ff.; *Romano*, Holding Company Regimes in Europe: A Comparative Survey, European Taxation 1999, 257, 258ff.; *Günkel*, Standortwahl für die europäische Holdinggesellschaft, Wirtschaftsprüfung 2003, S 40, S41ff.; *Günkel*, Standortwahl für Konzernfinanzierungsgesellschaften, Wirtschaftsprüfung 2003, S186, S187; *Ebert*, Der Ort der Geschäftsleitung in internationalen Holding-Konzernstrukturen, IStR 2005, 534; *Rosenbach*, Steuerliche Parameter für die internationale Standortwahl und ausländische Holdingstandorte, in: Lutter, Holding Handbuch, 2004, S. 968, 973 (Rn. 9) und 1011 (Rn. 106ff.); *Kraft*, Betriebswirtschaftliche und steuerplanerische Gestaltungsüberlegungen bei Implementierung und Beendigung internationaler Holdingstrukturen, DStR 1999, 1540, 1541.

733 *Kessler*, Die Euro-Holding, 1996, S. 43.

734 Siehe oben Kapitel 2(III.)(C.).

735 *Kessler*, Überlegungen zur Standortwahl einer Euro-Holding aus steuerlicher Sicht, in: Fischer, Grenzüberschreitende Aktivitäten deutscher Unternehmen und EU-Recht, 1997, S. 130, 143.

ordnungen verankert. Allerdings ist die Freistellung meist an eine Mindestbeteiligungshöhe und Mindestbeteiligungsdauer geknüpft. Irland und das Vereinigte Königreich optierten für ein Anrechnungssystem zur Vermeidung von Doppelbesteuerungen.

Bezüglich der Beteiligungsertragsbefreiung ist es wichtig zwischen den Vorschriften des nationalen Rechts, der Mutter-Tochter-Richtlinie und der Regelung in Doppelbesteuerungsabkommen zu trennen. Für den Steuerpflichtigen bindend sind lediglich erstere und letztere Vorschriften. Die Mutter-Tochter-Richtlinie hat lediglich die Rahmenbedingungen vorgegeben, welche die Mitgliedsstaaten bei der Ausgestaltung ihrer nationalen Regelungen zur Beteiligungsertragsbefreiung beachten müssen. Die Mitgliedsstaaten haben bei der Umsetzung der Mutter-Tochter-Richtlinie ein Ermessen, was die unterschiedlichen Mindestbeteiligungshöhen und Mindestbeteiligungsfristen erklärt. Falls unilateral keine Beteiligungsertragsbefreiung einschlägig ist, gilt es, die Voraussetzungen für die Beteiligungsertragsbefreiung in Doppelbesteuerungsabkommen zu prüfen, welche oft fälschlicherweise als »internationales Schachtelprivileg« bezeichnet wird. Meist setzen diese eine Mindestbeteiligung von 10% voraus.

B. Veräußerungsgewinnbefreiung (Capital Gains Exemption)

Ähnlich und genauso wichtig wie die Beteiligungsertragsbefreiung ist die Veräußerungsgewinnbefreiung.[736] Grundsätzlich unterliegen Gewinne aus der Veräußerung von Anteilen an einer Beteiligung zum einen im Sitzstaat der veräußernden Gesellschaft der unbeschränkten Steuerpflicht und zum anderen im Sitzstaat der Tochtergesellschaft der beschränkten Steuerpflicht. Allerdings wird in Doppelbesteuerungsabkommen das Recht zur Besteuerung von Gewinnen aus der Veräußerung von Anteilen an Kapitalgesellschaften in aller Regel dem Ansässigkeitsstaat des Veräußerers zugesprochen (Art. 13 Abs. 4 OECD-MA).[737] Im Falle einer unilateralen Veräußerungsgewinnbefreiung (*capital gains exemption*) kann eine Zwischenholding Veräußerungsgewinne steuerfrei vereinnahmen und später als Dividenden an die Muttergesellschaft ausschütten. Sollte im Sitzstaat der Muttergesellschaft wiederum eine Beteiligungsertragsbefreiung greifen, wäre die Vereinnahmung dieser Dividenden auf der Ebene der Muttergesellschaft ebenfalls ohne steuerliche Folgen. Allerdings sind bei solchen Gestaltungen häufig unilaterale Anti-Missbrauchsvorschriften zu beach-

736 *Kessler*, Überlegungen zur Standortwahl einer Euro-Holding aus steuerlicher Sicht, in: Fischer, Grenzüberschreitende Aktivitäten deutscher Unternehmen und EU-Recht, 1997, S. 130, 145.

737 *Kessler*, Die Euro-Holding, 1996, S. 45.

ten.[738] Zudem müssen in einigen Rechtsordnungen Mindesthaltefristen und Mindestbeteiligungshöhen erfüllt werden, um die Befreiung zu erlangen.

C. *Quellenbesteuerung von Dividenden, Zinsen und Lizenzen*

Eines der wichtigsten Gestaltungsziele der internationalen Steuerplanung ist die Vermeidung von Quellensteuern.[739] Der große Nachteil von Quellensteuern ist, dass sie definitiv sind, d.h. sie nicht durch anderweitige Maßnahmen oder Befreiungen wieder zurückerlangt werden können. Innerhalb der Europäischen Union werden Quellensteuern auf Dividenden nach Maßgabe der Mutter-Tochter-Richtlinie[740] und Quellensteuern auf Zinsen und Lizenzen nach Maßgabe der Zins- und Lizenzrichtlinie[741] eliminiert.

Darüberhinaus hat der EuGH in seiner Entscheidung in der Rechtssache *Denkavit Internationaal*[742] die Erhebung von Quellensteuern zwischen EU-Mitgliedsstaaten und Drittstaaten eingeschränkt.[743]

Es entspricht zudem der modernen U.S.-amerikanischen Steuerpolitik, mit Industriestaaten Abkommen abzuschließen bzw. bestehende Abkommen zu revidieren, um die Möglichkeit einer Quellensteuersatzreduzierung

738 *Kessler*, Die Euro-Holding, 1996, S. 68.

739 *Gattegno/Yesnowitz*, Comparison of U.S. Critical Multistate and International Tax Topics: Part II, Tax Planning International Review 2005, Vol. 42, April, 3, 4, 5; *VanderWolk*, How to Use Tax Treaties in International Tax Planning, U.S. Taxation of International Operations, 19.4.2000, 5279, 5289.

740 Siehe Kapitel 6(II.)(B.)(a.)(aa.).

741 Siehe Kapitel 6(II.)(B.)(a.)(bb.).

742 EuGH v. 14. Dezember 2006, C-170/05 (*Denkavit Internationaal*).

743 *Vanistendael*, Denkavit Internationaal, European Taxation 2007, Vol. 47, 210-213; *Thömmes*, Abkommensberechtigung und »Limitation on Benefits«, IStR 2007, 577, 578; *Pons*, The Denkavit Internationaal Case and Its Consequences, European Taxation 2007, Vol. 47, 214-220; *Denys*, The ECJ Case Law on Cross-Border Dividends Revisited, European Taxation 2007, Vol. 47, 221, 229; *Fortuin*, Denkavit Internationaal: The Procedural Issues, European Taxation 2007, Vol. 47, 239-243; *Meussen*, Denkavit Internationaal: The Practical Issues, European Taxation 2007, Vol. 47, 244-247; *Delputte*, Impact of the Second Denkavit Case, Tax Planning International Review 2007, Vol. 34, 8, 9; *O'Shea*, Dividend Taxation Post-Manninen, Tax Notes International 2007, Vol. 45, 887, 911-913; *Delaurière*, Does Denkavit Signal the End of Withholding Tax?, Tax Notes International 2007, Vol. 45, 303ff.; *Röhrbein*, Bedeutung für die deutsche Kapitalertragsteuer und für deutsche Unternehmen mit Auslandsbeteiligungen, Recht der Internationalen Wirtschaft 2007, 194, 198.

auf 0% zu eröffnen.[744] Die entsprechenden Voraussetzungen befinden sich in Art. 10 Abs. 3 des jeweiligen U.S.-amerikanischen Doppelbesteuerungsabkommens. Allerdings steht die Quellensteuerbefreiung bzw. -reduzierung in U.S.-amerikanischen Abkommen stets unter dem Vorbehalt, dass die *Limitation-on-Benefits*-Klausel erfüllt ist.[745] Die *Limitation-on-Benefits*-Klauseln in U.S.-amerikanischen Abkommen fungieren als Zugangshürde für die Inanspruchnahme bestimmter Vorteile aus dem Abkommen.[746]

D. Abzugsfähigkeit von Aufwendungen, Veräußerungsverlusten und Teilwertabschreibungen auf Beteiligungen

Die Aktivitäten einer Holdinggesellschaft verursachen Kosten wie beispielsweise für die Geschäftsführung oder die Darlehen, welche sie für den Kauf oder die Finanzierung von Beteiligungen aufnimmt. Ein steueroptimaler Holdingstandort erlaubt den Abzug dieser Aufwendungen von der steuerlichen Bemessungsgrundlage, obwohl die aus den Beteiligungen generierten Erträge (Dividenden, Veräußerungsgewinne) später steuerbefreit sind. Einige Steuerrechtsordnungen erlauben daher keinen Abzug von Beteiligungsaufwendungen und berufen sich auf die Spiegelbildlichkeit bzw. Symmetrie zwischen steuerbefreiten Einkünften und die Nichtabzugsfähigkeit der Kosten im Zusammenhang mit diesen steuerbefreiten Einkünften.[747] Diese Ansicht verkennt jedoch den Unterschied zwischen »steuerbefreit« und »steuerfrei«. Der Grund für eine Steuerbefreiung ist die Vermeidung einer Doppelbesteuerung. Eine Nichtabzugsfähigkeit von Aufwendungen im Zusammenhang mit steuerbefreiten Einkünften würde

744 *Kessler/Eicke,* Hinter dem Horizont – Das neue US-Musterabkommen und die Zukunft der US-Steuerpolitik, IStR 2007, 159-162; *Kessler/Eicke,* Das neue U.S.-Musterabkommen zur Vermeidung der Doppelbesteuerung, Praxis Internationale Steuerberatung 2007, 7-10. Erklärungen siehe unter www.ustreas.gov/offices/tax-policy/treaties.shtml.

745 Siehe unten Kapitel 8(VI.).

746 Über mögliche Verletzungen des EG-Rechts falls durch die LoB-Klausel Anteilseignern aus Mitgliedsstaaten der Europäischen Union Begünstigungen vorenthalten werden, *Vogel/Gutmann/ Dourado,* Tax treaties between Member States and Third States, EC Tax Review 2006, Vol. 15, 83, 91. Siehe ferner »the sage of limitation-on-benefits clauses« in *Pistone,* Tax Treaties and the Internal Market in the New European Scenario, Intertax 2007, Vol. 35, 75, 78-80.

747 Zur Symmetriethese vor allem die Rechtsprechung des BFH v. 11. März 1970 – I B 50/68, BStBl. II 1970, 569; BFH v. 23. März 1972 – I R 128/70, BStBl. II 1972, 948; BFH Urt. v. 25. Februar 1976 – I R 150/73, BStBl. II 1976, 454, BB 1976, 774; BFH Vorlage v. 28. Juni 2006, I R 84/04 (beim EuGH als Rs. C-414/06 *Lidl Belgium*).

die Doppelbesteuerung wieder aufleben lassen, welche eigentlich durch die Steuerbefreiung vermieden werden sollte.

Die Nichtabzugsfähigkeit von Finanzierungskosten ist Gegenstand mehrerer EuGH-Entscheidungen gewesen. Die wichtigsten Entscheidungen sind *Keller Holding*[748] und *Bosal* [749]. In *Keller Holding* hat der EuGH eine ehemalige deutsche Regelung, nach der ein Abzugsverbot für Finanzierungsaufwendungen nur für grenzüberschreitende Fälle galt, für europarechtswidrig erklärt. Diese Entscheidung lässt sich auf Drittstaatenfälle übertragen.[750]

In der *Bosal*-Entscheidung hat der EuGH eine niederländische Regelung für europarechtswidrig erklärt, die die Abzugsfähigkeit von Beteiligungsaufwendungen auf solche beschränkte, die direkt oder indirekt mit Gewinnen im Zusammenhang stehen. Dabei lehnte der EuGH eine Verknüpfung zwischen Steuerbefreiung und Abzugsfähigkeit von Beteiligungsaufwendungen ab.[751] Es ist jedoch unklar, ob diese Rechtsprechung auf Drittstaatenfälle übertragbar ist.[752] Sowohl die niederländischen Steuerbehörden[753] und das niederländische Verfassungsgericht[754] als auch ein niederländisches Berufungsgericht[755] lehnen eine solche Ausweitung auf Drittstaatenfälle ab.[756]

Der Symmetriegedanke gilt jedoch nicht nur bei Beteiligungsaufwendungen wie Finanzierungskosten. Vielmehr wird die Symmetriethese in

748 EuGH v. 23. Februar 2006, C-471/04 (*Keller Holding*); IStR 2006, 235.

749 EuGH v. 18. September 2003, C-168/01 *(Bosal)*.

750 *Müller,* Keller Holdings GmbH (Case C-471/04), Tax Planning International Review 2006, Vol. 33, March, 24; *Friedrich/Nagler,* Das Urteil Keller-Holding und seine Auswirkungen auf die Abzugsbeschränkungen des § 8b KStG, IStR 2006, 217ff.; *Rehm/Nagler,* Anmerkung zu Keller Holding, DB 2006, 591ff.; *Forsthoff,* EuGH versus Europäischer Gesetzgeber – oder Freiheiten über alles?, IStR 2006, 222; *Körner,* Europarecht und Beteiligungsaufwendungen, IStR 2006, 376.

751 Im Detail, *Weber,* The Bosal Holding Case: Analysis and Critique, EC Tax Review 2003, 220ff. Ferner, *Smits,* Deductibility of Costs in Connection with a Participation in the Capital of a Subsidiary, European Taxation 2005, 359ff.; *Elsweier,* Dutch Experience with European Developments, Intertax 2006, Vol. 34, 186, 188, 193.

752 *Smits,* Deductibility of Costs in Connection with a Participation in the Capital of a Subsidiary, European Taxation 2005, 359; *Elsweier,* Dutch Experience with European Developments, Intertax 2006, Vol. 34, 186, 189.

753 Schreiben des niederländischen Finanzministeriums v. 9. Februar 2004, CPP2003/2240M, veröffentlicht in BNB 1004/146.

754 Niederländischer Supreme Court v. 1. April 2005, Case 37.032, V-N 2005/20.14.

755 Niederländischer Court of Appeals of Amsterdam v. 2. März 2005, Case 04/2310, V-N 2005/16.9.

756 Siehe *Weber,* »Bosal Holding« with third countries, in: Lang/Schuch/Staringer, ECJ – Recent Developments in Direct Taxation, 2006, S. 261, 265 und *Smits,* Deductibility of Costs in Connection with a Participation in the Capital of a Subsidiary, European Taxation 2005, 359, 360.

vielen Steuerrechtsordnungen auch auf Veräußerungsverluste und Teilwertabschreibungen[757] angewendet.

In jedem Falle ist es für die steueroptimale Nutzung der Abzugsfähigkeit von Aufwendungen entscheidend, dass die Holdinggesellschaft steuerpflichtige Einkünfte generiert, von denen die Aufwendungen abgezogen werden können. (»*tax capacity*«).[758] Gegenwärtig strittig ist die Abzugsfähigkeit von Verlusten ausländischer Betriebsstätten trotz Freistellung der Betriebsstättengewinne durch ein einschlägiges Doppelbesteuerungsabkommen.[759] Diese Frage wurde zuletzt sowohl in einer Drittstaatenkonstellation vom EuGH in der Rechtssache *SEW*[760] als auch in einer innereuropäischen Konstellation in der Rechtssache *Lidl Belgium*[761] behandelt. Die aktuelle Rechtsprechung impliziert, dass ein komplettes Abzugsverbot in einem innergemeinschaftlichen Fall nicht europarechtswidrig ist und in einem Drittstaatenfall zunächst primär der Anwendungsbereich der Kapitalverkehrsfreiheit von der Beschränkung betroffen sein muss, damit ein solcher Fall einer weiteren gerichtlichen Prüfung zugänglich ist.

757 Vgl. hierzu die Rechtsprechung des EuGH in der Entscheidung vom 29. März 2007, C- 347/04 (*Rewe Zentralfinanz*). Dazu, *O'Shea,* Further Thoughts on Rewe Zentralfinanz, Tax Notes International 2007, Vol. 46, 134-137; *Rainer,* ECJ Nixes German Restriction on Foreign Subs' Losses, Tax Notes International 2007, Vol. 46, 132-133; *Kramer,* German Tax Provisions at Odds With EC Treaty, Tax Notes International 2007, Vol. 46, 1108; *Röhrbein,* Steuerliche Berücksichtigung von Teilwertabschreibungen, Internationale Wirtschaftsbriefe 2007, Fach 11A, 1141-1150. Ferner, über die Konsolidierung von *Goodwill* in Deutschland, *Küting,* Der Geschäfts- und Firmenwert in der deutschen Konsolidierungspraxis 2006, DStR 2007, 2025-2031.

758 *Günkel,* Standortwahl für die europäische Holdinggesellschaft, Wirtschaftsprüfung 2003, S 40, S42.

759 *Kessler*, Ausländische Betriebstättenverluste, in: Lehner, Verluste im nationalen und Internationalen Steuerrecht, 2004, 83, 85.

760 EuGH v. 4. November 2007, C-415/06 (*Stahlwerk Ergste Westig*). Der EuGH entschied, dass der Fall primär die Niederlassungsfreiheit tangiere, und daher der Schutzbereich nicht auf Drittstaateninvestoren erstrecke. Ferner, *Kramer,* Is the Nondeductibility of Foreign Losses Compatible With the EC Convention?, Tax Notes International 2007, Vol. 45, 1221, 1223.

761 EuGH v. 15. Mai 2008, C-414/06 (*Lidl Belgium*). *Kessler/Eicke,* Lidl Belgium – Revisiting Marks & Spencer on the Branch Level, Tax Notes International 2008, Vol. 49, 1131; *Rehm/Nagler,* Neues von der grenzüberschreitenden Verlustverrechnung, IStR 2008, 129-139; *Dörfler/Ribbrock,* Grenzüberschreitende Verluste, BB 2008, 304-309; *Kramer,* Is the Nondeductibility of Foreign Losses Compatible With the EC Convention?, Tax Notes International 2007, Vol. 45, 1221, 1223.

E. Thin Cap-Regeln

Eine Gegenmaßnahme, um einen exzessiven Abzug von Zinsaufwendungen zu verhindern, sind die *Thin Cap*-Regeln.[762] Die Ausgestaltung dieser Regeln ist von Land zu Land sehr unterschiedlich. Manche Rechtsordnungen verlangen die Einhaltung des Erfordernisses der Fremdüblichkeit (*arm's length*) oder eines bestimmten Fremdkapital/Eigenkapital Verhältnisses. Andere koppeln die Abzugsfähigkeit von Zinsaufwendungen an einen prozentualen Teil einer Gewinnkennzahl (z.B. Deutschland mit der Zinsschranke).

Thin Cap-Regeln sind oft sehr komplex und schwer zu handhaben. Jedoch gibt es zu ihnen nur wenige Alternativen. Die vielversprechendste Alternative wäre eine Wiedereinführung von Quellensteuern auf Zinszahlungen,[763] nach dem die Vereinigten Staaten im Jahre 1984 eine solche abgeschafft haben und viele andere Länder diesem Beispiel gefolgt sind.[764] Allerdings wäre eine solche Maßnahme nur dann effektiv, wenn alle großen OECD-Länder einen solchen Schritt gleichzeitig wagen würden.

Die *Thin Cap*-Regeln vieler EU-Mitgliedsstaaten wie Österreich, Dänemark, Griechenland, Italien, Luxemburg, Niederlande und Portugal sowie die alte Regelung in Deutschland wurden mehr oder weniger stark von der EuGH-Rechtsprechung in *Lankhorst-Hohorst*[765], *Bosal*[766] und *Test Claimants Test Claimants in the Thin Cap Group Litigation*[767] geprägt.

In der jüngsten EuGH-Entscheidung *Test Claimants in the Thin Cap Group Litigation* hat der EuGH erklärt, dass ein voller Zinsabzug dann möglich sein muss, wenn hinter den Zinszahlungen wirtschaftliche Gründe stehen oder dargelegt werden kann, dass die Zahlung einem Fremdvergleich standhält.[768]

762 *Kessler/Köhler/Knörzer,* Die Zinsschranke im Rechtsvergleich, IStR 2007, 418-422; *Steiner,* Aggressive Steuerplanung – oder wo das Geld hinfließt, Steuer und Wirtschaft International 2007, 308, 311-313.

763 Wie vorgeschlagen von *Avi-Yonah,* Globalization, Tax Competition, And the Fiscal Crisis of the Welfare State, Harvard Law Review 2000, Vol. 113, May, 1573, 1667-1670; *Mamut/Plansky,* »Zinsschranke« auch für Österreich? Teil 2, Österreichische Steuerzeitung 2007, 425, 430.

764 *Avi-Yonah,* Globalization, Tax Competition, And the Fiscal Crisis of the Welfare State, Harvard Law Review 2000, Vol. 113, May, 1573, 1579-1581.

765 EuGH v. 12. Dezember 2002, C-324/00 (*Lankhorst-Hohorst*).

766 EuGH v. 18. September 2003, C-168/01 (*Bosal*).

767 EuGH v. 13. März 2007 – C-524/04 (*Test Claimants in the Thin Cap Group Litigation*). Siehe ferner, *Rainer,* Anmerkung I: Test Claimants in the Thin Cap Group Litigation, IStR 2007, 259-260; *Schönfeld,* Anmerkung II: Test Claimants in the Thin Cap Group Litigation, IStR 2007, 260-261.

768 *Aitken,* The »Thin Cap« End of the Wedge?, Tax Planning International Review 2006, Vol. 33, August, 12.

Aufgrund der Existenz von *Thin Cap*-Regeln besteht eine sehr wichtige Aufgabe der internationalen Steuerplanung darin, die passende Finanzierungsmethode im konkreten Fall zu wählen.[769]

F. Gruppenbesteuerung

Nach Schätzungen werden 70% des weltweiten grenzüberschreitenden Handels innerhalb eines Konzerns durchgeführt.[770]

Aufgrund dieses Handelsgeflechts ist es sehr wichtig, dass innerhalb eines Konzerns keinerlei Doppelbesteuerungen auftreten. Manche Rechtsordnungen erlauben es den Steuerpflichtigen, eine Gruppe zu bilden, um Gewinne und Verluste innerhalb der Gruppe miteinander verrechnen zu können (*group relief*). Die meisten dieser Systeme erlauben jedoch nur eine Gruppenbesteuerung im Inlandsfall. Eine grenzüberschreitende Gruppenbesteuerung ist nur in Österreich und sehr eingeschränkt in Dänemark, Italien sowie Frankreich möglich.

Der EuGH hat jüngst in den oben beschriebenen[771] Entscheidungen *Marks & Spencer* und *Oy AA* Vorgaben für die europarechtskonforme Ausgestaltung von Gruppenbesteuerungssystemen konkretisiert. Ferner fördern der Europäische Rat und die Europäische Kommission eine Koordination von grenzüberschreitenden Verlustverrechnungen zwischen den Mitgliedsstaaten.[772] Momentan gibt es zwischen den verschiedenen Systemen große Unterschiede.[773] Sollte eine *Common Consolidated Corporate Tax Base* (CCCTB) innerhalb der Europäischen Union eingeführt werden,[774] hätte auch diese Maßnahme große Auswirkungen auf die Gruppenbesteuerungssysteme.[775]

769 *Merks,* Categorizing Corporate Cross-Border Tax Planning Techniques, Tax Notes International 2006, Vol. 44, 55, 58, 59.

770 *Wehnert,* Verrechnungspreise und immaterielle Wirtschaftsgüter, IStR 2007, 558.

771 Siehe Ch. 6(II.)(B.)(b.)(aa.).

772 Council Conclusions on Co-ordinating Member States' direct tax systems in the Internal Market, 2792nd Economic and Financial Affairs Council Meeting v. 27. März 2007.

773 *Terra/Wattel*, European Tax Law, 2005, Ch. 15; *Schmidt/Heinz,* Gruppenbesteuerung im internationalen Vergleich – Teil 1, Die Steuerberatung 2006, 60; *Schmidt/ Heinz,* Gruppenbesteuerung im internationalen Vergleich – Teil 2, Die Steuerberatung 2006, 141; *Endres,* Internationaler Vergleich von Konsolidierungs- und Organschaftsvorschriften, Wirtschaftsprüfung 2003, Sonderheft, S35, S37; *Kessler*, Gruppenbesteuerungssysteme im internationalen Vergleich, in: Strunk/Wassermeyer/ Kaminski, Gedächtnisschrift für Dirk Krüger, 2006, S. 235ff.; *Witt*, Die Konzernbesteuerung, 2006, S. 85-109.

774 Siehe oben Kapitel 6(II.)(B.)(e.).

775 *Schön,* Group Taxation and the CCCTB, Tax Notes International 2007, Vol. 48, 1063-1080.

Eine wichtige Eigenschaft eines Gruppenbesteuerungssystems ist die Möglichkeit einer Zwischengewinneliminierung bei gruppeninternen Transaktionen. Eine solche Möglichkeit wird allerdings nur von wenigen Rechtsordnungen (z.B. Vereinigte Staaten, Niederlande) vorgesehen. Andere erlauben eine teilweise Zwischengewinneliminierung (z.B. Vereinigtes Königreich, Italien, Frankreich).

Da eine grenzüberschreitende Verlustverrechnung zwischen Kapitalgesellschaften nur sehr selten möglich ist, stellt sich die Frage, ob der Aufbau einer Holdingstruktur mit Kapitalgesellschaften im Einzelfall die beste Wahl ist.

Eine Alternative wäre der Aufbau einer Stammhausstruktur mit einer inländischen Muttergesellschaft und ausländischen Betriebsstätten, welche eine grenzüberschreitende Verlustverrechnung dann ermöglicht, wenn keine Freistellungsmethode eines einschlägigen Doppelbesteuerungsabkommens angewendet wird.

G. DBA-Netzwerk

Der Nutzen von Doppelbesteuerungsabkommen besteht in der (teilweisen) Vermeidung von Doppelbesteuerungen. Hinsichtlich einer steueroptimalen Holdingstruktur sind zwei Faktoren entscheidend:

Zum einen sollte ein günstiges DBA zwischen dem Holdingstandort und den Vereinigten Staaten vorliegen, um eine Reduzierung der Doppelbesteuerung auch für den Fall zu gewährleisten, dass es das unilaterale U.S.-amerikanische Anrechnungssystem nicht vermag, eine (teilweise) Vermeidung der Doppelbesteuerung herbeizuführen.[776]

Zum anderen ist es wichtig, dass der Holdingstandort selber ein weites DBA-Netzwerk besitzt,[777] um *Treaty-Shopping*-Strukturen zu ermöglichen und Quellensteuern zu reduzieren. In Europa bietet sich für U.S.-amerikanische Investoren im Lichte der Mutter-Tochter-Richtlinie und der Zins- und Lizenzrichtlinie die Errichtung einer Euro-Holding an.[778] Aber nicht nur ein weites DBA-Netzwerk ist wichtig, sondern auch, ob die anwend-

776 *VanderWolk*, How to Use Tax Treaties in International Tax Planning, U.S. Taxation of International Operations, 19.4.2000, 5279. Ferner, *van Raad,* In a world where classical and integration systems coexist, Intertax 1995, 15-21.

777 Über die Entwicklung und die Rolle von Doppelbesteuerungsabkommen, *Köhler*, Doppelbesteuerungsabkommen gestern, heute, morgen, in: Strunk/Wassermeyer/Kaminski, Gedächtnisschrift für Dirk Krüger, 2006, S. 3, 8ff.; *Harrison/Moetell*, United States Anti-Avoidance Rules, in: Spitz/Clarke, Offshore Service, 2006, 1, 13; *Postlewaite/Donaldson*, International Taxation – Corporate and Individual, 2003, Ch. 5, S. 130, 131.

778 Im Detail, *Kessler*, Die Euro-Holding, 1996, 296; *Dorfmüller*, Tax Planning for U.S. MNCs, 2003, 22.

baren Doppelbesteuerungsabkommen zur Vermeidung der Doppelbesteuerung die Anrechnungs- oder die Freistellungsmethode vorsehen. Aus Sicht der internationalen Steuerplanung ist die Anrechnungsmethode weniger vorteilhaft als die Freistellungsmethode, da erstere vielerlei Vorzüge des globalen Steuerwettbewerbs eliminiert. Letztlich kommt es auch darauf an, wie die entsprechende DBA-Vorschrift im konkreten Fall ausgelegt wird.[779]

Da Holdingstrukturen eine Verflechtung verschiedener DBA-Netzwerke nutzen, kann die Kündigung eines Doppelbesteuerungsabkommens, so wie kürzlich beim DBA Deutschland-Brasilien,[780] die gesamte Struktur gefährden.

Aber auch die Anwendbarkeit einer vorteilhaften DBA-Vorschrift gewährleistet noch keine vollständige Planungssicherheit, denn (andere) inländische Rechtsvorschriften konterkarieren zuweilen bestimmte DBA-Vorschriften (*treaty overriding*).[781]

H. CFC-Regeln

Die CFC- (*Controlled Foreign Corporation*) Regeln sind eine der stärksten Gegenmaßnahmen von sog. Hochsteuerländern zur Verhinderung der Erosion ihrer Bemessungsgrundlagen durch Aktivitäten von multinationalen Unternehmen in *Tax Havens*.[782]

Zwar sind die CFC-Regeln des Holdingstandortes von manchmal großer Bedeutung, aber für die Repatriierung von U.S.-Gewinnen aus Deutschland sind vor allem die U.S.-amerikanischen CFC-Regeln (*Subpart F*) zu beachten, welche weiter unten näher erläutert werden.[783] Das liegt vor

779 *van Raad,* International coordination of tax treaty interpretation and application, International and comparative taxation: essays in honour of Klaus Vogel 2002, S. 217-230; *van Raad,* Interpretation and application of tax treaties by Tax Courts, European Taxation 1996, Vol. 36, 3-7.

780 *Dagnese,* Is Brazil 'developed'? : termination of the Brazil-Germany tax treaty, Intertax 2006, 195-198; *Hensel,* Die Kündigung des DBA-Brasilien und die Folgen, Internationale Wirtschaftsbriefe 2006, Gruppe 2, Fach 8, 493-496.

781 *Vogel,* Völkerrechtliche Verträge und innerstaatliche Gesetzgebung, IStR 2005, 29, 30; *Vogel,* Neue Gesetzgebung zur DBA-Freistellung, IStR 2007, 225-228; *Eilers,* Override of tax treaties under the domestic legislation of the U.S. and Germany, Tax Management International Journal 1990, Vol. 19, 295-304; *Rust/Reimer,* Treaty Override im deutschen internationalen Steuerrecht, IStR 2005, 843, 844; *Kempf/Bandl,* Hat Treaty Override in Deutschland eine Zukunft?, DB 2007, 1377, 1380; *von Wuntsch/Bach/Trabold*, Wertmanagement und Steuerplanung, 2006, S. 230, 231.

782 Aus deutscher Sicht, *Lehner*, Germany, in: International Fiscal Association, Tax avoidance / Tax evasion, 1983, S. 193, 202-206.

783 Siehe unten Kapitel 9(I.).

allem daran, dass klassische Holdingstandorte keine oder nur schwache CFC-Regeln haben, die i.d.R. kein Planungshindernis darstellen.

Die Implementierung von CFC-Regeln wurde von der OECD ausdrücklich empfohlen. Gleichgültig wie die CFC-Regeln im Einzelnen ausgestaltet sind, vermögen sie es nicht, jede die Bemessungsgrundlage erodierende Aktivität zu erfassen. Manche Rechtsordnungen behelfen sich damit, regelmäßig aktualisierte *Black, White* oder *Grey Lists* zu veröffentlichen, um bestimmte missliebige *Tax Havens* und/oder Planungsstrukturen zu kategorisieren und steuerlich zu sanktionieren.

Im Laufe der Zeit haben sich zwei unterschiedliche Typen von CFC-Regeln herausgebildet. Der *Transactional Approach* und der *Defined Jurisdiction Approach.* Der *Transactional Approach,* so wie er von den Vereinigten Staaten und Kanada angewendet wird, bietet keine Definition von »*Tax Haven*«, sondern zielt direkt auf bestimmte Transaktionen, insbesondere solche im Zusammenhang mit passiven Aktivitäten und niedrigen Steuersätzen.[784]

Demgegenüber zeichnet sich der *Defined Jurisdiction Approach*, so wie er von Frankreich,[785] dem Vereinigten Königreich[786] und Japan angewendet wird, dadurch aus, Steuersätze zu vergleichen, um einen *Tax Haven* zu indizieren.[787] In den meisten Fällen setzt dieser Ansatz eine Mindestbesteuerung von 25% voraus.

Die oben beschriebene EuGH-Entscheidung in der Rechtssache *Cadbury Schweppes*[788] setzt den Maßstab für die europarechtskonforme Ausgestaltung von CFC-Regeln.[789]

I. Anti-Missbrauchsregelungen

In der Steuergesetzgebung ist vielerorts der Trend zu beobachten, dass Anti-Missbrauchsvorschriften verschärft werden. Diese Vorschriften zielen vor allem auf Transaktionen, Aktivitäten oder Strukturen ohne wirtschaftliche Substanz, d.h. solche die (fast) ausschließlich aus steuerlichen Gründen durchgeführt bzw. implementiert werden.

784 Vgl. *Orlov,* The Concept of Tax Haven, Intertax 2004, Vol. 32, 95, 103.

785 *Schönfeld*, Hinzurechnungsbesteuerung und Europäisches Gemeinschaftsrecht, 2005, S. 567-573.

786 *Schönfeld*, Hinzurechnungsbesteuerung und Europäisches Gemeinschaftsrecht, 2005, S. 575-586.

787 Vgl. *Orlov,* The Concept of Tax Haven, Intertax 2004, Vol. 32, 95, 103; *Fontana,* The Uncertain Future of CFC Regimes in the Member States of the European Union – Part 1, European Taxation 2006, Vol. 46, 256-267.

788 Siehe Kapitel 6(II.)(B.)(b.)(bb.).

789 *Wassermeyer/Schönfeld,* »Cadbury Schweppes« und deren Auswirkungen auf die deutsche Hinzurechnungsbesteuerung, GmbH-Rundschau 2006, 1065, 1069.

Bei den Anti-Missbrauchsvorschriften ist zwischen allgemeinen, in ihren Tatbeständen sehr vagen Missbrauchsvorschriften (z.B. § 42 AO) und speziellen, konkrete Lebenssachverhalte in Tatbeständen abbildenden Missbrauchsvorschriften (z.B. zur Verhinderung von *Treaty-Shopping*[790]) zu unterscheiden. Im bilateralen Kontext werden missbräuchliche Strukturen und Transaktionen durch *Limitation-on-Benefits*-Klauseln[791] beschränkt.[792]

Für die internationale Steuerplanung relevante Anti-Missbrauchsvorschriften befinden sich jedoch nicht nur in allgemeinen oder speziellen Anti-Missbrauchsregeln oder Verwaltungsvorschriften, sondern können auch aus der Rechtsprechung abgeleitet werden. Ein Beispiel hierfür ist das Vereinigte Königreich, dessen Steuerrechtsordnung keine allgemeine gesetzliche Missbrauchsvorschrift (*General Antiabuse Rule* oder GAAR) kennt. Auch die Vereinigten Staaten und Kanada kennen keine Vorschrift, die vergleichbar mit dem deutschen § 42 AO ist. *Cullinane* hat kürzlich in der *Financial Times* erklärt, dass eine solche Vorschrift im Vereinigten Königreich gar nicht gebraucht wird.[793] Vielmehr reiche das *Case Law* aus, welches verschiedene Varianten des »*Substance over Form*«-Prinzips ausgeprägt hat.[794] Demgegenüber konzentrieren sich kontinentaleuropäisch geprägte Steuerrechtsordnungen wie in Deutschland, Italien[795] oder Fran-

790 *Kessler/Eicke,* Closer to Haven? New German Tax Planning Opportunities, Tax Notes International 2006, Vol. 42, 501; *Haug,* The United States Policy of Stringent Anti-Treaty-Shopping Provisions: A comparative Analysis, Vanderbilt Journal of Transnational Law 1996, Vol. 29, 191, 198; *Lenz/Gerhard,* Das »Grundrecht auf steueroptimale Gestaltung«, DB 2007, 2429, 2434-2434; *Kessler*, Grundlagen der Steuerplanung mit Holdinggesellschaften, in: Grotherr, Handbuch der internationalen Steuerplanung, 2003, S. 159, 177; *Dreßler*, Gewinn- und Vermögensverlagerungen in Niedrigsteuerländer und ihre steuerliche Überprüfung, 2007, S. 288; *Füger*, Probleme und Zweifelsfragen der Missbrauchsvorschriften bei beschränkter Steuerpflicht, in: Grotherr, Handbuch der internationalen Steuerplanung, 2003, 785, 787; *Frotscher*, Internationales Steuerrecht, 2005, S. 49; *Hahn-Joecks* in: Kirchhof/Söhn/Mellinghoff, Einkommensteuergesetz – Kommentar, § 50d EStG, § 50d, Rn. A 30; *Reith*, Internationales Steuerrecht, 2004, S. 168; *Strunk,* Erstattung der Kapitalertragssteuer bei zwischengeschalteter ausländischer Basisgesellschaft, Internationale Wirtschaftsbriefe 2005, Gruppe 2, 1253, zeigt welchen Nutzen diese Rechtsfolgen stiften können und wie Anti-Missbrauchsvorschriften absichtlich als steuerplanerisches Mittel eingesetzt werden können. Ferner ein kurzer Rechtsvergleich in *Bader*, Steuergestaltung mit Holdinggesellschaften, 2007, S. 181-187.

791 Vgl. *Bernstein,* GAAR and Treaty Shopping – An International Perspective, Tax Notes International 2005, Vol. 37, 1107-1110.

792 Wassermeyer in: Debatin/Wassermeyer, DBA, Art. 1 MA Rn. 65.

793 *Cullinane,* Better ways for lawmakers to tackle tax avoidance, Financial Times 25.1.2007, S. 12.

794 *Lederman*, Understanding Corporate Taxation, 2006, S. 1518.

795 Im Detail, *Rossi,* An Italian Perspective on the Beneficial Ownership Concept, Tax Notes International 2007, Vol. 45, 1117, 1131-1133.

kreich[796] auf eine gesetzliche Verankerung der Verhinderung von Missbrauch.[797]

Die Verschärfung der Anti-Missbrauchsvorschriften ist für die internationale Steuerplanung ein Signal, dass es mehr noch als zuvor auf eine substanzielle Ausgestaltung jeder Struktur und Transaktion ankommt.

Jedoch sind der Verschärfung der Anti-Missbrauchsvorschriften innerhalb der Europäischen Union im Lichte der Niederlassungs- und der Kapitalverkehrsfreiheit Grenzen gesetzt.[798] Wo diese Grenze liegt, ist Gegenstand einer Debatte, die erst kürzlich begonnen hat. Der EuGH hat durch seine Entscheidungen in den Rechtssachen *Kofoed*,[799] *Cadbury Schweppes,*[800] *Test Claimants in the Thin Cap Group Litigation,*[801] *Halifax,*[802] und *Leur-Bloem*[803] diese Debatte vorangetrieben.

796 Hinsichtlich des Treaty Shoppings vor allem, *Benard,* Fraude à la loi et Treaty Shopping: que penser de la décision Bank of Scotland?, Revue de Jurisprudence Fiscale 2007, 319-327; *Legendre/Kabbaj,* Substance Over Form in France and the Bank of Scotland Decision, Tax Notes International 2007, Vol. 46, 171-174; *Gouthière,* French Anti-Abuse Rules International Tax Legislation, European Taxation 2006, Vol. 46, 514, 519.

797 *Haug,* The United States Policy of Stringent Anti-Treaty-Shopping Provisions: A comparative Analysis, Vanderbilt Journal of Transnational Law 1996, Vol. 29, 191; *Hundt,* Entwicklung des deutschen Mißbrauchsverständnisses bei grenzüberschreitenden Gestaltungen, in: Gocke/Gosch/Lang, Festschrift für Franz Wassermeyer, 2005, S. 153; *Streng,* Treaty Shopping: Tax Treaty »Limitation of Benefits« Issues, Houston Journal of International Law 1992, Vol. 15, 1; *Panayi,* Limitation on Benefits and State Aid, European Taxation 2004, 83, 84; *Rousselle/Liebman,* The Doctrine of the Abuse of Community Law, European Taxation 2006, Vol. 46, 559-564.

798 *Panayi,* Treaty Shopping and Other Tax Arbitrage – Part 2, European Taxation 2006, Vol. 46, 139, 155; *Staringer,* Where Does Foreign Loss Utilization Go in Europe?, Steuer und Wirtschaft International 2007, 5, 10. Ferner, über »Missbrauch« im EG-Recht, *Hahn,* Gestaltungsmissbrauch und europäisches Steuerrecht, Österreichische Steuerzeitung 2006, 399-404.

799 EuGH v. 5 Juli 2007, C- 321/05 (*Kofoed*).

800 EuGH v. 12. September 2006 – C-196/04 (*Cadbury Schweppes*).

801 EuGH v. 13. März 2007 – C-524/04 (*Test Claimants in the Thin Cap Group Litigation*). Siehe auch, *Rainer,* Anmerkung I: Test Claimants in the Thin Cap Group Litigation, IStR 2007, 259-260; *Schönfeld,* Anmerkung II: Test Claimants in the Thin Cap Group Litigation, IStR 2007, 260-261.

802 EuGH v. 21. Februar 2006, C-255/02 (*Halifax*). Siehe *Vanistendael,* Halifax and Cadbury Schweppes, EC Tax Review 2006, Vol. 15, 192-195; *Hahn,* Gestaltungsmissbrauch und europäisches Steuerrecht, Österreichische Steuerzeitung 2006, 399-404; *Rousselle/Liebman,* The Doctrine of the Abuse of Community Law, European Taxation 2006, Vol. 46, 559-564; *List,* Der Missbrauch von Gestaltungsmöglichkeiten des Rechts aus der Sicht des § 42 AO und des Gemeinschaftsrechts, DB 2007, 131, 133.

803 EuGH v. 17. Juli 1997, C-28/95 (*Leur-Bloem*).

Aus der Zusammenschau dieser Fälle lassen sich folgende Lehren ableiten. Nationale Anti-Missbrauchsvorschriften sind nur im Einklang mit europarechtlichen Vorgaben, wenn

- sie eine Prüfung von Fall zu Fall zulassen;[804]
- sich auf die Bekämpfung rein künstlicher Gestaltungen beschränken und
- dem Steuerpflichtigen ein Gegenbeweisrecht einräumen,[805] weil ansonsten die Verhältnismäßigkeit der Beschränkung nicht gewahrt ist.[806]

Darüberhinaus dürfen Anti-Missbrauchsvorschriften nicht die Vorgaben in

- Art. 1 Abs. 2 Mutter-Tochter-Richtlinie[807] und
- Art. 11 Abs. 1a Fusionsrichtlinie[808]

überschreiten.

J. Körperschaftsteuersätze, Gesellschaft- bzw. Stempelsteuer

Durch das sog. *Tax Rate Shopping* [809] wird es dem Steuerpflichtigen ermöglicht, in den Grenzen der CFC-Regeln[810] und anderer Anti-Missbrauchsvorschriften, die Vorzüge des globalen Steuerwettbewerbs zu nutzen. Aus Sicht eines multinationalen U.S.-amerikanischen Unternehmens gibt es jedoch das Problem, dass der Vorteil niedrigbesteuerter ausländischer Einkünfte im Zeitpunkt der Repatriierung durch das Anrechnungssystem egalisiert wird. Daher spielen die Körperschaftsteuersätze in den Holdingstandorten im Rahmen der Repatriierung nur dann eine Rolle, wenn diese höher als 35% sind und daher Anrechnungsüberhänge geschaffen werden. Allerdings wendet keiner der vorgestellten Holdingstandorte einen höheren Körperschaftsteuersatz als die Vereinigten Staaten an. Ein weiterer Grund, warum der Körperschaftsteuersatz des Holdingstandortes kein vorrangiges Kriterium bildet, ist die grundsätzlich weitgehende Frei-

804 Vgl. EuGH v. 17. Juli 1997, C-28/95 (*Leur-Bloem*), Tz. 40-45.

805 EuGH v. 12. September 2006 – C-196/04 (*Cadbury Schweppes*), Tz. 51; EuGH v. 1. März 2007 – C-524/04 (*Test Claimants in the Thin Cap Group Litigation*), Tz. 72, 74. Ferner, *Aitken,* The »Thin Cap« End of the Wedge?, Tax Planning International Review 2006, Vol. 33, August, 12.

806 Im Detail, *Zalasinski,* Case-Law-Based Anti-Avoidance Measures in Conflict with Proportionality Test, European Taxation 2007, 571-576.

807 Siehe Kapitel 6(II.)(B)(a.)(aa.).

808 Siehe Kapitel 6(II.)(B)(a.)(cc.) und *Gille,* Missbrauchstypisierungen im neuen Umwandungssteuerrecht, IStR 2007, 194, 195.

809 *Kessler,* Überlegungen zur Standortwahl einer Euro-Holding aus steuerlicher Sicht, in: Fischer, Grenzüberschreitende Aktivitäten deutscher Unternehmen und EU-Recht, 1997, S. 130, 152.

810 Im deutsch-amerikanischen Kontext vor allem. §§ 951-964 IRC und §§ 7-14 AStG.

stellung typischer Holdingeinkünfte wie Dividenden und Veräußerungsgewinne.

Relevanter als der Körperschaftsteuersatz ist daher die Tatsache, ob der jeweilige Holdingstandort eine Gesellschaft- bzw. Stempelsteuer (*capital duty/stamp duty*) erhebt, d.h. den Erwerb von Gesellschaftsanteilen und die Einlage von Kapital besteuert (z.B. Österreich, Schweiz, Luxemburg). Meist ist es durch bestimmte Strukturen möglich, diese Steuer zu vermeiden[811] Allerdings haben diese Maßnahmen Einfluss auf die Gesamtstruktur, so dass Gesellschaftsteuern im Voraus in die Planung der Strukturen einbezogen werden müssen. Die europarechtlichen Rahmenbedingungen bestimmt die Richtlinie 69/335 EEC vom 17. Juli 1969. In Deutschland wurde die Gesellschaftsteuer im Jahre 1992 abgeschafft.

K. Besteuerung der Arbeitnehmer sowie Steuerklima

Ein untergeordnetes Kriterium für die Wahl eines geeigneten Holdingstandortes ist die Besteuerung der Arbeitnehmer.[812] Von besonderer Relevanz ist dieser Faktor nur, wenn die Holdinggesellschaft ihr Personal auch aus hochqualifizierten *Expatriates* aus dem Ausland rekrutiert.[813] Eine zu hohe Steuerlast wirkt für diese entweder abschreckend oder muss durch höhere Gehaltsvereinbarungen kompensiert werden. Eine besondere Attraktivität entfaltet die günstige Besteuerung von Arbeitnehmern in Irland.[814] Die Besteuerung von Arbeitnehmern ist nicht der einzige Anreiz für Mitarbeiter. Vielmehr spielen auch die Lebensqualität und das Arbeitsumfeld eine gewichtige Rolle. Diese Faktoren hatten einen Einfluss darauf, dass *Kraft Foods* und *Google* ihre Europazentralen jüngst von Wien nach Zürich verlegt haben.[815]

811 Z.B. in Österreich, *Schindler,* Austrian Grandparent Contributions and Capital Duty, Tax Notes International 2007, Vol. 48, 385-386.

812 Siehe *Elschner/Overesch,* Die steuerliche Standortattraktivität für Investitionen und hochqualifizierte Arbeitskräfte im internationalen Vergleich, DB 2006, 1017ff.; *Elschner/Lammersen/Overesch u.a.*, The Effective Tax Burden of Companies and on Highly Skilled Manpower, 2005, S. 5, 7, 9, 15;

813 Einen umfassenden Überblick gibt die Studie von *PriceWaterhouseCoopers/Zentrum für Europäische Wirtschaftsforschung*, International Taxation of Expatriates, 2005, S. 3 ff.

814 *Mutscher/Power,* Steuerliche Konsequenzen und Gestaltungsüberlegungen bei der Entsendung von Mitarbeitern nach Irland, IStR 2002, 411-416; *Fischer-Zernin/Medlar*, Irland, in: Mennel/Förster, Steuern in Europa, Amerika und Asien, 2003, Rn. 18-53; *Alberts,* Das Steuerrecht Irlands 2005/2006, Internationale Wirtschaftsbriefe 2006, Gruppe 2, Fach 5, 87; *Haccius*, Ireland in International Tax Planning, 2004, Ch. 14.;

815 *Höller,* Der Steuermagnet verliert seine Kraft, Financial Times Deutschland v. 31.1.2007, S. 12. Zur selben Zeit hat IBM seine europäischen Angelegenheiten auf Zürich und Madrid konzentriert.

Das Pendant für die Lebensqualität der Mitarbeiter ist für die Unternehmen das Steuerklima. Ein gutes Steuerklima zeichnet sich dadurch aus, dass Investoren stets neue Anreize geschaffen werden und bestehende Anreize beständig sind. Die obersten Gebote für einen Standort, der ein gutes Steuerklima pflegt, sind Verlässlichkeit und Kooperationswille.

L. *Wegzugsbesteuerung und Umsatzsteuer*

Auch die Besteuerung beim Wegzug oder bei der Liquidation eines Unternehmens kann einen Einfluss auf die Standortwahl haben. Dies gilt vor allem für *Private Equity*-Investoren, die den Wegzug bzw. die Liquidation in ihre Repatriierungsstrategien einbauen. Die Besteuerung unterscheidet sich zwischen den einzelnen Standorten deutlich (z.B. Luxemburg,[816] Österreich,[817] Irland[818]).[819]

Manche Länder stellen den Liquidationsgewinn mit einer Gewinnausschüttung gleich, was die Erhebung von Quellensteuern nach sich zieht. Andere sehen Staaten werten den Liquidationsgewinn als Veräußerungsgewinn, was nicht immer die Erhebung einer Quellensteuer nach sich zieht. In Deutschland[820] werden beide Elemente angewendet. Der Europäische Rat und die Europäische Union bemühen sich um eine Vereinheitlichung der Regeln zur Wegzugsbesteuerung.[821]

In letzter Zeit hat sich der EuGH verstärkt dieser Problematik angenommen und die Mitgliedsstaaten bei der Ausgestaltung ihrer Regelungen zur

816 Im Detail, *Warner*, Luxembourg in International Tax Planning, 2004, Ch. 3.2.3.3. und 10.1.3.

817 *Bergmann/Hirschler/Rödler u.a.*, Tax Treatment of Holding Companies in Austria, IBFD Bulletin for International Taxation 2004, Vol. 58, Number 8/9, 418, 425.

818 Vgl. *PriceWaterhouseCoopers*, Holding Companies in Ireland, 2006, S. 6; *Haccius*, Ireland in International Tax Planning, 2004, Ch. 12.42.

819 *Carramschi,* Exit Taxes and the OECD Model Convention, Tax Notes International 2008, Vol. 49, 283-293.

820 Vgl. *Führich,* Exit Taxation and ECJ Case Law, European Taxation 2008, 10, 11; *Haase,* German Corporate Exit Taxes, Tax Planning International Review 2006, Vol. 33, March, 7, 8; *Kramer,* Finance Ministry Publishes Exit Tax Proposals, Tax Notes International 2006, Vol. 42, 1108; *Köhler/Eicker,* Hinzurechnungsbesteuerung- und Wegzugsbesteuerung, DStR 2006, 1871, 1875.

821 Council Conclusions on Co-ordinating Member States' direct tax systems in the Internal Market, 2792nd Economic and Financial Affairs Council Meeting v. 27. März 2007.

Wegzugsbesteuerung unter Druck gesetzt[822] (z.B. in der Rechtssache *N,*[823] in der es um die Wegzugsbesteuerung in den Niederlanden ging).[824]

Ein häufig unterschätztes Kriterium ist die Umsatzbesteuerung von Holdinggesellschaften. Dabei geht es vor allem um die Frage, ob die Holdinggesellschaft zum Vorsteuerabzug berechtigt ist, so dass sowohl die Dienstleistungen der Holdinggesellschaft als auch die von der Holdinggesellschaft eingekauften Produkte und Dienstleistungen umsatzsteuerneutral sind. Die EuGH-Rechtsprechung weist darauf hin, dass eine reine Holdinggesellschaft keine wirtschaftliche Tätigkeit i.S.d. 6. EG-Umsatzsteuerrichtlinie[825] entfaltet und daher nicht zum Vorsteuerabzug berechtigt ist.[826] Umgekehrt ist eine Geschäftsführungsholding zum Vorsteuerabzug im Zusammenhang mit den Beteiligungen berechtigt, denen gegenüber sie eine Dienstleistung erbracht hat.[827]

IV. Vor- und Nachteile der Holdingstandorte

Der Kreis der von multinationalen U.S.-amerikanischen Unternehmen häufig genutzten Holdingstandorte ist überschaubar. Dies liegt zum einen an den soeben beschriebenen Anforderungen, die an einen Holdingstandort gestellt werden und zum anderen daran, dass der Aufbau eines guten Rufs als Holdingstandort mehrere Jahrzehnte in Anspruch nimmt. Ein guter Ruf und die Verlässlichkeit des Standortes sind aber von zentraler Bedeutung für die Akzeptanz der Holdinggesellschaft sowohl auf unternehmerischer Seite als auch bei der Finanzverwaltung.

Obwohl die meisten von multinationalen U.S.-amerikanischen Unternehmen genutzten Holdingstandorte in Europa liegen,[828] werden auch außereuropäische Standorte von multinationalen U.S.-amerikanischen Un-

822 *Führich,* Exit Taxation and ECJ Case Law, European Taxation 2008, 10.

823 EuGH v. 7. September 2006, C-470/04 (*N*).

824 Ferner, *Lang,* The community law framework for »Exit Taxes« in light of the opinion of advocate general Kokott in the N. case, Steuer und Wirtschaft International 2006, 213; *Köhler/Eicker,* Hinzurechnungsbesteuerung- und Wegzugsbesteuerung, DStR 2006, 1871, 1874.

825 Sixth Council Directive of 17 May 1977 on the harmonization of the laws of the Member States relating to turnover taxes – Common system of value added tax: uniform basis of assessment (77/388/EEC). Siehe auch, *Terra/Kajus*, European VAT Directives – Volume 4, 2005.

826 EuGH v. 20. Juli 1991, C-60/90 (*Polysar*).

827 EuGH v. 27. September 2001, C-16/00 (*Cibo Participations*), Tz. 41-45 und EuGH v. 14. November 2000, C-142/99 (*Floridienne und Berginvest*) Tz. 23, 32.

828 Rechtsvergleichende Studien verschiedener europäischer Holdingstandorte bieten *Romano,* Holding Company Regimes in Europe: A Comparative Survey, European Taxation 1999, 257ff. und *Kessler*, Internationale Holdingstandorte, in: Schaumburg/Piltz, 2002, S. 67, 72ff.

ternehmen nicht nur genutzt, sondern auch (z.B. Hongkong und Singapur) attraktiver.

Letztlich wird es in den allermeisten Fällen jedoch keinen »perfekten« Holdingstandort geben. Vielmehr müssen die Vor- und Nachteile jedes Holdingstandortes im Einzelfall gegeneinander abgewogen werden. Die folgende Darstellung der Vor- und Nachteile der einzelnen Holdingstandorte sollte eine gute Basis für die Entscheidungsfindung schaffen.

Dabei wird auch deutlich, dass die klassischen europäischen Holdingstandorte nicht nur neue Konkurrenz aufgrund der EU-Osterweiterung bekommen haben (z.B. durch Zypern und Malta)[829], sondern auch durch Hongkong und Singapur.[830]

A. Niederlande

Die Niederlande blicken auf eine lange Tradition als attraktiver Holdingstandort zurück.[831] Schon in der Kolonialzeit haben die Niederländer eine weitreichende Beteiligungsertragsbefreiung in ihrem Steuersystem verankert, um den Handel mit den Kolonien zu fördern.[832]

Oft noch wichtiger für Investoren ist die Kooperationsbereitschaft der Finanzverwaltung. In den Niederlanden wird schon seit Jahrhunderten dem Wahlspruch gefolgt: »Was gut für unsere Volkswirtschaft ist, ist gut für unser Land und ist gut für unser Steueraufkommen«. Auf dieses traditionell

829 *Finkenzeller/Spengel,* Company Taxation in the New Member States, European Taxation 2004, 342-354.

830 Siehe auch, *Desai/Foley/Hines,* The demand for tax haven operations, Journal of Public Economics 2006, Vol. 90, 513, S. 517.

831 Als Überblick, *Lambooij/Peelen,* The Netherlands Holding Company, IBFD Bulletin for International Taxation 2006, August/September, 335, 336; *Rosmalen,* The Netherlands: The Preferred Country to Establish an Intermediate Holding Company, Tax Planning International Review 2006, Vol. 32, 21, 22. Des Weiteren, *van Haaren/van Haaren-Nieboer*, Netherlands, in: IBFD, Europe – Corporate Taxation, 2007, Ch. 8.3.3.3.1.; *Müller*, The Netherlands in International Tax Planning, 2005, Ch. 9*Bardet/Beetschen/Charvériat u.a.*, Les holdings, 2007, S. 345-353; *Langer*, Netherlands, in: Langer, Langer on International Tax Planning, 2008, § 138:1.1.; *Diamond/Diamond*, Tax Havens of the World – The Netherlands, 2004, S. 1; *Graham*, The Netherlands, in: Spitz/Clarke, Offshore Service, 2005, NTH/1, 21-23; *Langer*, Tax Havens Used For Offshore Companies, in: Langer, Langer on International Tax Planning, 2008, § 40:2.5.; *Dreßler*, Gewinn- und Vermögensverlagerungen in Niedrigsteuerländer und ihre steuerliche Überprüfung, 2007, S. 132-142.

832 Aus historischer Sicht, *Lambooij/Peelen,* The Netherlands Holding Company, IBFD Bulletin for International Taxation 2006, August/September, 335, 336.

investorenfreundliche Klima können Investoren auch in der Zukunft vertrauen.[833]

Seit vielen Jahrzehnten organisieren multinationale U.S.-amerikanische Investoren ihre Investitionen in Deutschland über die Niederlande.[834] Viele große multinationale Unternehmen wie *Coca-Cola*, *Nike*, *IKEA* oder *Sun Microsystems* unterhalten Holdinggesellschaften in den Niederlanden.[835] Viele dieser Holdinggesellschaften erfüllen eine Finanzierungsfunktion.[836] Einem Bericht zufolge, unterhalten mehr als 1.100 multinationale Unternehmen Tochtergesellschaften in den Niederlanden, die auch Heimat von 20.000 Briefkastengesellschaften sein sollen.[837]

Eine der Vorzüge der Niederlande ist deren Besteuerung von Lizenzeinkünften, welche nicht nur Unternehmen aus dem Unterhaltungssektor (*U2* oder die *Rolling Stones*) sondern auch Firmen wie *EADS* und *Prada* angelockt hat.[838]

Eine weitere Besonderheit ist die enge Verbindung zu den Niederländischen Antillen, die eine Fülle von Steuerplanungsmöglichkeiten eröffnet.[839]

Vor dem Jahre 2007 hat sich die starke Position der Niederlande als Holdingstandort aufgrund der zunehmenden Konkurrenz kontinuierlich verschlechtert. Dieser Umstand war der Hauptgrund dafür, dass die niederlän-

833 Vgl. *Groen/van der Linden/Stalenhoef u.a.*, Government Discusses Pending Bill that will Strengthen the Dutch Investment Climate, Tax Planning International Review 2006, Vol. 33, September, 3-6.

834 Siehe *Hey*, German Tax Court Revamps Treaty Shopping Law, Tax Notes International 2005, Vol. 40, 122, 125. Ferner, *Mongan/Johal*, Tax Planning with European Holding Companies, Journal of International Taxation 2005, Vol. 16, 49, 50; *Ruchelman/van Asbeck/Canalejo u.a.*, A Guide to European Holding Companies Part 2, Journal of International Taxation 2001, January, 22, 28.

835 *Tartler*, Und ewig lockt die Steueroase, Financial Times Deutschland v. 20.2.2007, S. 14. Über die Holdingsstrukturen von IKEA, *Grosse-Halbuer*, Gelb-blaues Wunder, Wirtschaftswoche v. 8.5.2006, S. 72, 86.

836 *Tartler*, Und ewig lockt die Steueroase, Financial Times Deutschland v. 20.2.2007, S. 14.

837 *Tartler*, Und ewig lockt die Steueroase, Financial Times Deutschland v. 20.2.2007, S. 14.

838 *Scott*, World Tax Daily 3.8.2006, Doc 2006-14547; *Rickman*, World Tax Daily 9.8.2006, Doc 2006-14972; *Rickman*, World Tax Daily 22.9.2006, Doc 2006-19807; *Wallbraun*, Fluchtpunkt Amsterdam, Der Spiegel 26.2.2007, S. 107. So zahlten die Rolling Stones in den letzten 20 Jahren auf ihre Gesamteinkünfte von $450 Mio. nur $7,2 Mio. an Steuern in den Niederlanden, was zu einem durchschnittlichen Steuersatz von 1,6% führte. Ferner, *Nadal*, Report Sheds Light on Netherlands' Tax Haven Problems, Tax Notes International 2007, Vol. 46, 1192.

839 Aufgrund der engen Verbindungen zwischen den Niederländischen Antillen und den Niederlanden drohte sogar das deutsche Finanzministerium, das Doppelbesteuerungsabkommen zwischen Deutschland und den Niederlanden revidieren zu wollen. Dazu, *Afhüppe*, Steinbrück prüft alle Steuerabkommen, Handelsblatt v. 10.9.2007, S. 3.

dische Regierung mit der *»Working on Profit Bill«* das Körperschaftsteuergesetz (*Wet op de vennootschapsbelasting*) reformierte.[840] Die Reform wurde allerdings nicht allein aus Wettbewerbsgründen, sondern auch als Antwort auf EuGH-Entscheidungen durchgeführt.[841] Die Hauptmerkmale der Steuerreform 2007 lassen sich wie folgt zusammenfassen:[842]

- Reduzierung des Körperschaftsteuersatzes auf 25,5%;[843]
- qualifizierende EU-Tochtergesellschaften können Bestandteil einer niederländischen Gruppenbesteuerung (*fiscale eenheid*) sein;

840 *Elsweier,* Dutch Experience with European Developments, Intertax 2006, Vol. 34, 186.

841 *Weber,* CTA 2007. Removing EU law problem areas, in: Loyens & Loeff, Dutch Corporation Tax Act 2007 in focus, 2005, S. 38ff.; *Elsweier,* Dutch Experience with European Developments, Intertax 2006, Vol. 34, 186ff.

842 *van Wettum/Beversm/van Minnen,* The Netherlands: Corporate Income Tax Reform 2007, Tax Planning International Review 2006, Vol. 33, June, 12-14; *Peter/Schutz,* Dutch reforms can deliver for investors, International Tax Review 2006, Vol. 18, December/January, 28-31;; *Lor,* Dutch Corporate Tax Income Tax 2007, Tax Planning International Review 2007, Vol. 34, January, 14; *van Dijk/Wurzer/Greeven,* Participation Exemption, Tax Planning International Review 2007, Vol. 34, April, 25-26; *van den Tillaart/Behnes,* Steuerreform 2007, IStR 2007, Länderbericht 1/2007, S. 5; *Groen/van der Linden/Stalenhoef u.a.,* Government Discusses Pending Bill that will Strengthen the Dutch Investment Climate, Tax Planning International Review 2006, Vol. 33, September, 3-6; *Bakker/van de Rijt,* Netherlands corporate income tax reform 2007, Bulletin for International Taxation 2006, Vol. 60, 308ff.; *van Haaren/van Haaren-Nieboer,* Netherlands, in: IBFD, Europe – Corporate Taxation, 2007; *Habers,* How the 2007 corporate tax reforms will work, International Tax Review 2006, Vol. 17, 62-94; *van der Donk/Hemels,* Dutch Parliament Approves Corporate Tax Package, Tax Notes International 2006, Vol. 44, 727-733; *Müller,* 2007 Taxplan Discussed in Parliament, Tax Planning International Review 2007, Vol. 33, January, 20; *Spierts,* Steueränderungen in den Niederlanden, Internationale Wirtschaftsbriefe 2007, Gruppe 2, Fach 5, 461-466; *Foddanu,* Geplante Steuerreform in den Niederlanden, Praxis Internationale Steuerberatung 2006, 268-270.

843 *Swagers,* The Netherlands – Government presents tax measures for 2008, Tax Planning International Review 2007, Vol. 34, October, 31, 32; *Dikmans,* New Netherlands Corporate Income Tax Provisions for 2007, European Taxation 2007, 158, 159; *Lor,* Dutch Corporate Tax Income Tax 2007, Tax Planning International Review 2007, Vol. 34, January, 14; *van Dijk/Wurzer/Greeven,* Participation Exemption, Tax Planning International Review 2007, Vol. 34, April, 25; *van Wettum/Beversm/van Minnen,* The Netherlands: Corporate Income Tax Reform 2007, Tax Planning International Review 2006, Vol. 33, June, 12; *van den Tillaart/Behnes,* Steuerreform 2007, IStR 2007, Länderbericht 1/2007, 5, 6; *Peter/Schutz,* Dutch reforms can deliver for investors, International Tax Review 2006, Vol. 18, December/January, 28; *van der Donk/Hemels,* Dutch Parliament Approves Corporate Tax Package, Tax Notes International 2006, Vol. 44, 727; *Habers,* How the 2007 corporate tax reforms will work, International Tax Review 2006, Vol. 17, 62; *Müller,* 2007 Taxplan Discussed in Parliament, Tax Planning International Review 2007, Vol. 33, January, 20.

- geringere Anforderungen für ausländische Tochtergesellschaften[844] zur Erlangung der Beteiligungsertragsbefreiung;[845] allerdings ist diese an ein neues *Subject-to-Tax*-Erfordernis geknüpft;[846]
- Abschaffung der zeitlich begrenzten Abschreibung innerhalb der Regeln zur Beteiligungsertragsbefreiung;
- Vereinfachung der Anti-Missbrauchsvorschriften hinsichtlich der Abzugsfähigkeit von Zinsaufwand;[847]

844 Zur Klassifizierung ausländischer Tochtergesellschaften im Rahmen der niederländischen Beteiligungsertragsbefreiung, insbesondere im Zusammenhang mit hybriden Rechtsformen, vgl. *Müller,* Supreme Court Misses Opportunity in Foreign Entity Classification, Tax Planning International Review 2006, Vol. 33, July, 19-20; *Lamers/Stevens,* Classification of Foreign Entities and Classification Conflicts: Netherlands' Developments, Intertax 2005, 240-248; *Rademakers/Swets,* New Degree on the Classification and Tax Treatment of Foreign (Hybrid) Entities in the Netherlands, European Taxation 2005, 171-180; *Rademakers/Swets,* New Degree on the Classification and Tax Treatment of Foreign (Hybrid) Entities in the Netherlands, European Taxation 2005, 171-180; *de Wit,* Dutch Hybrid Entity Provision Relaxed for U.S. Investors, Tax Notes International 2005, Vol. 39, 207-209; *Spierts,* Die niederländische Besteuerung hybrider Tochtergesellschaften, Internationale Wirtschaftsbriefe 2005, Gruppe 2, 409, 410.

845 *Martens* in: Loyens & Loeff, Dutch Corporation Tax Act 2007 in focus, 2005, S. 29ff.; *Lambooij/Peelen,* The Netherlands Holding Company, IBFD Bulletin for International Taxation 2006, August/September, 335, 336; *Rosmalen,* The Netherlands: The Preferred Country to Establish an Intermediate Holding Company, Tax Planning International Review 2006, Vol. 32, 21, 22. Ferner, *van Haaren/van Haaren-Nieboer,* Netherlands, in: IBFD, Europe – Corporate Taxation, 2007, Ch. 8.3.3.3.1.; *Müller,* The Netherlands in International Tax Planning, 2005, Ch. 9; *Peter/Schutz,* Dutch reforms can deliver for investors, International Tax Review 2006, Vol. 18, December/January, 28; *van der Donk/Hemels,* Dutch Parliament Approves Corporate Tax Package, Tax Notes International 2006, Vol. 44, 727, 729-730; *Habers,* How the 2007 corporate tax reforms will work, International Tax Review 2006, Vol. 17, 62, 63; *Müller,* 2007 Taxplan Discussed in Parliament, Tax Planning International Review 2007, Vol. 33, January, 20; *Spierts,* Steueränderungen in den Niederlanden, Internationale Wirtschaftsbriefe 2007, Gruppe 2, Fach 5, 461, 463; *Lier/Kraan,* Host Country Netherlands, in: Tax Management International Forum, The Definition and Taxation of Dividends, 2007, 47-50; *Dikmans,* New Netherlands Corporate Income Tax Provisions for 2007, European Taxation 2007, 158, 163-166.

846 *Dikmans,* New Netherlands Corporate Income Tax Provisions for 2007, European Taxation 2007, 158, 164-166; *Martens* in: Loyens & Loeff, Dutch Corporation Tax Act 2007 in focus, 2005, 29, 30; *van Dijk/Wurzer/Greeven,* Participation Exemption, Tax Planning International Review 2007, Vol. 34, April, 25; *van Wettum/Beversm/van Minnen,* The Netherlands: Corporate Income Tax Reform 2007, Tax Planning International Review 2006, Vol. 33, June, 12, 13; *van den Tillaart/Behnes,* Steuerreform 2007, IStR 2007, Länderbericht 1/2007, S. 5, 6.

847 *van Wettum/Beversm/van Minnen,* The Netherlands: Corporate Income Tax Reform 2007, Tax Planning International Review 2006, Vol. 33, June, 12, 13; *Dikmans,* New Netherlands Corporate Income Tax Provisions for 2007, European Taxation 2007, 158, 160, 161.

- Einführung von Restriktionen für den Gebrauch hybrider Finanzierungsinstrumente;[848]
- Ersetzung des *International Finance Activity* (IFA)[849] Regimes durch ein neu eingeführtes Boxensystem für Zinseinkünfte;
- Abschaffung der Gesellschaftssteuer (*capital duty*);
- Einführung einer »*Patent Box*«.

In der Zusammenschau der herkömmlichen und den neueingeführten Regelungen weist der Holdingstandort Niederlande folgende Vorteile auf:[850]

- 100%ige Beteiligungsertragsbefreiung und 100%ige Veräußerungsertragsbefreiung bei einer Mindestbeteiligung von 5% und ohne Mindesthaltefrist;[851]
- attraktives System für die Besteuerung von Lizenzeinkünfte (»*Patent Box*«);[852]

848 *van Wettum/Beversm/van Minnen,* The Netherlands: Corporate Income Tax Reform 2007, Tax Planning International Review 2006, Vol. 33, June, 12, 13; *Dikmans,* New Netherlands Corporate Income Tax Provisions for 2007, European Taxation 2007, 158,159, 160.

849 Die Europäische Kommission qualifizierte das IFA-Regime als verbotene Beihilfe im Februar 2003. Einen Vergleich zwischen dem (alten) IFA-Regime und dem neuen Regime bietet *Elsweier,* Dutch Experience with European Developments, Intertax 2006, Vol. 34, 186, 191.

850 *Eynatten,* European Holding Company Tax Regimes: A Comparative Study, European Taxation 2007, 562; *Dikmans,* New Netherlands Corporate Income Tax Provisions for 2007, European Taxation 2007, 158-167; *Lambooij/Peelen,* The Netherlands Holding Company, IBFD Bulletin for International Taxation 2006, August/September, 335-343; *Rosmalen,* The Netherlands: The Preferred Country to Establish an Intermediate Holding Company, Tax Planning International Review 2006, Vol. 32, 21-25. Ferner, *Nadal,* Report Sheds Light on Netherlands' Tax Haven Problems, Tax Notes International 2007, Vol. 46, 1192.

851 *Ferris,* The Substantial Shareholdings Exemption: International Context and Comparisons, Tax Planning International Review 2006, Vol. 33, October, 10, 13.

852 *Groen/van der Linden/Stalenhoef u.a.,* Government Discusses Pending Bill that will Strengthen the Dutch Investment Climate, Tax Planning International Review 2006, Vol. 33, September, 3, 4; *van Wettum/Beversm/van Minnen,* The Netherlands: Corporate Income Tax Reform 2007, Tax Planning International Review 2006, Vol. 33, June, 12, 13; *Groen/van der Linden/Stalenhoef u.a.,* Government Discusses Pending Bill that will Strengthen the Dutch Investment Climate, Tax Planning International Review 2006, Vol. 33, September, 3, 4; *van der Donk/Hemels,* Dutch Parliament Approves Corporate Tax Package, Tax Notes International 2006, Vol. 44, 727, 728; *Habers,* How the 2007 corporate tax reforms will work, International Tax Review 2006, Vol. 17, 62, 63; *Müller,* 2007 Taxplan Discussed in Parliament, Tax Planning International Review 2007, Vol. 33, January, 20; *Spierts,* Steueränderungen in den Niederlanden, Internationale Wirtschaftsbriefe 2007, Gruppe 2, Fach 5, 461, 263; *Foddanu,* Geplante Steuerreform in den

- attraktives System zur Besteuerung von Zinseinkünften (»*Group Interest Box*«);[853]
- attraktives Gruppenbesteuerungssystem (*fiscale eenheid*);[854]

Niederlanden, Praxis Internationale Steuerberatung 2006, 268, 269; *Brassem,* »Patents Box« Now Final, Tax Planning International Review 2007, Vol. 34, February, 27; *Dikmans,* New Netherlands Corporate Income Tax Provisions for 2007, European Taxation 2007, 158, 159, 161; *Paardekooper/Brassem/Gommers,* Patented Intangible Assets, Tax Planning International Review 2006, Vol. 33, October, 4. Zur Genehmigung durch die EU, *Kinnegim,* European Commission Approves Dutch Patent Box Tax Regime, World Tax Daily 2.2.2007, Doc 2007-2620.

853 *Winkeljohann/Weihmann,* Finanzierungseinkünfte in Belgien und den Niederlanden aus Sicht deutscher Unternehmen, Die Unternehmensbesteuerung 2008, 161, 164-165; *Groen/van der Linden/Stalenhoef u.a.,* Government Discusses Pending Bill that will Strengthen the Dutch Investment Climate, Tax Planning International Review 2006, Vol. 33, September, 3; *Groen/van der Linden/Stalenhoef u.a.,* Government Discusses Pending Bill that will Strengthen the Dutch Investment Climate, Tax Planning International Review 2006, Vol. 33, September, 3; *Peter/ Schutz,* Dutch reforms can deliver for investors, International Tax Review 2006, Vol. 18, December/January, 28, 29-30; *van der Donk/Hemels,* Dutch Parliament Approves Corporate Tax Package, Tax Notes International 2006, Vol. 44, 727, 728; *Habers,* How the 2007 corporate tax reforms will work, International Tax Review 2006, Vol. 17, 62, 62; *Müller,* 2007 Taxplan Discussed in Parliament, Tax Planning International Review 2007, Vol. 33, January, 20; *van Wettum/Beversm/van Minnen,* The Netherlands: Corporate Income Tax Reform 2007, Tax Planning International Review 2006, Vol. 33, June, 12, 13; *van den Tillaart/Behnes,* Steuerreform 2007, IStR 2007, Länderbericht 1/2007, 5, 6; *Spierts,* Steueränderungen in den Niederlanden, Internationale Wirtschaftsbriefe 2007, Gruppe 2, Fach 5, 461, 262; *Foddanu,* Geplante Steuerreform in den Niederlanden, Praxis Internationale Steuerberatung 2006, 268, 269. Zu möglichen Konflikten mit dem EG-Recht, *Kinnegim,* European Commission Approves Dutch Patent Box Tax Regime, World Tax Daily 2.2.2007, Doc 2007-2620.

854 *van Haaren/van Haaren-Nieboer,* Netherlands, in: IBFD, Europe – Corporate Taxation, 2007, Ch. 9; *Müller,* The Netherlands in International Tax Planning, 2005, Ch. 10; *Jungnitz,* »Fiscale eenheid« in den Niederlanden, IStR 2006, 266-272; *Spierts,* Steuerreform 2007 in den Niederlanden, Internationale Wirtschaftsbriefe 2005, Fach 5, Gruppe 2, 425, 426; *Sedlaczek,* Verlustbehandlung bei Kapitalgesellschaften und Konzernen in den Niederlanden, Internationale Wirtschaftsbriefe 2006, Gruppe 2, Fach 5, 435, 438-439; *Bon/Mol-Verver,* Set-off of losses, in: Loyens & Loeff, Dutch Corporation Tax Act 2007 in focus, 2005, 33; *Waldens/ Foddanu,* Steuerliche Organschaft in den Niederlanden, Praxis Internationale Steuerberatung 2004, 91-95.

- keine Quellensteuer auf Zinszahlungen;[855]
- attraktive Regelungen für Finanzierungsgesellschaften,[856] die oft mit einer Schweizer Betriebsstätte kombiniert werden;[857]
- sehr attraktives und sicheres Steuerklima mit sehr gut ausgebildeten Finanzbeamten und Beratern;[858]
- keine expliziten CFC-Regelungen, aber *Subject-to-Tax*-Regeln,[859]
- keine Gesellschaftssteuer mehr;[860]
- sehr weites DBA-Netzwerk;[861] inklusive eines DBA mit den USA, das einen Nullquellensteuersatz vorsieht;[862]

855 Zur Quellenbesteuerung in den Niederlanden, *Lambooij/Peelen,* The Netherlands Holding Company, IBFD Bulletin for International Taxation 2006, August/September, 335, 341, 342; *Rosmalen,* The Netherlands: The Preferred Country to Establish an Intermediate Holding Company, Tax Planning International Review 2006, Vol. 32, 21, 22; *van Beers,* New Regulations for Limitation Dutch Dividend Withholding Tax, Intertax 2004, Vol. 32, 250-254; *van Haaren/van Haaren-Nieboer,* Netherlands, in: IBFD, Europe – Corporate Taxation, 2007, Ch. 8.5.; *Müller,* The Netherlands in International Tax Planning, 2005, Ch. 12; *Merks,* Dutch Dividend Withholding Tax in Corporate Cross-border Scenarios, Dividend Stripping and Abuse-of-Law (Part I), Intertax 2003, Vol. 31, 450, 451-452; *van der Stoel,* Year in Review 2005 – The Netherlands, Tax Notes International 2006, Vol. 41, 82; *Loyens & Loeff,* AG Concludes Dividend Withholding Tax Exemption for Intercompany Dividend, Tax Planning International Review 2006, Vol. 33, July, 25.

856 *Winkeljohann/Weihmann,* Finanzierungseinkünfte in Belgien und den Niederlanden aus Sicht deutscher Unternehmen, Die Unternehmensbesteuerung 2008, 161, 164-168.

857 Siehe bspw. das »Dutch-Swiss-Sandwich-Model« in *Dreßler,* Gewinn- und Vermögensverlagerungen in Niedrigsteuerländer und ihre steuerliche Überprüfung, 2007, S. 138-140.

858 *Dikmans,* New Netherlands Corporate Income Tax Provisions for 2007, European Taxation 2007, 158; *Groen/van der Linden/Stalenhoef u.a.,* Government Discusses Pending Bill that will Strengthen the Dutch Investment Climate, Tax Planning International Review 2006, Vol. 33, September, 3.

859 Kritisch bezüglich der Behauptung, die Niederlande hätten keine CFC-Regelungen, *Müller,* The Netherlands in International Tax Planning, 2005, Ch. 13.6.

860 *Dikmans,* New Netherlands Corporate Income Tax Provisions for 2007, European Taxation 2007, 158.

861 *Dutch Ministry of Finance,* Netherlands Updates Treaty Priorities, World Tax Daily 16.3.2007, Doc 2007-6876.

862 *van der Deijl/van Holthuijsen,* New Protocol Between the United States and the Netherlands, Tax Planning International Review 2004, Vol. 31, August, 3-10; *Rienks,* An EU View on the New Protocol to the Tax Treaty between the US and the Netherlands, Intertax 2004, Vol. 32, 567-577; *van Weeghel/van den Berg,* The New US-Netherlands Tax Treaty Protocol, European Taxation 2004, Vol.44, 386-395. Über die Vorgängerversion, *Wijnen,* The new US/Netherlands double taxation convention, IBFD Bulletin for International Taxation 1993, Vol. 47, 74-83; *Kessler/Eicke,* Hinter dem Horizont – Das neue US-Musterabkommen und die Zukunft

- ein »*Ruling System*«, das dem Steuerpflichtigen Rechtssicherheit gewährleistet.[863]

Neben diesen Vorteilen weist der Holdingstandort Niederlande aber auch einige Nachteile auf:

- Beschränkungen bei der Teilwertabschreibung;[864]
- bei der Abzugsfähigkeit von Zinsaufwand ein 1:3 *Debt-to-Equity*-Verhältnis;[865]
- Substanzerfordernisse (u.a. bei der Beteiligungsertragsbefreiung);[866]
- relativ hoher Körperschaftsteuersatz.

der US-Steuerpolitik, IStR 2007, 159, 161; *Mundaca/O'Connor/Murillo*, Treasury's Technical Explanation of Protocol to 1992 U.S.-Netherlands Tax Treaty, U.S. Taxation of International Operations, 15.6.2005, 5485, 5487-5490; *Plansky/Schneeweiss*, Limitation on Benefits: From the US Model 2006 to the ACT Group Litigation, Intertax 2007, 484-493.

863 *van Haaren/van Haaren-Nieboer*, Netherlands, in: IBFD, Europe – Corporate Taxation, 2007, Ch. 2.14.6.2.; *Müller*, The Netherlands in International Tax Planning, 2005, Ch. 14.

864 *van Haaren/van Haaren-Nieboer*, Netherlands, in: IBFD, Europe – Corporate Taxation, 2007, Ch. 2.6.3.

865 *van den Tillaart/van Dijk*, Interest deduction in the Netherlands: Part I, Tax Planning International Review 2007, Vol. 34, September, 3, 4-5; *van den Tillaart/van Dijk*, Interest deduction in the Netherlands: Part II, Tax Planning International Review 2007, Vol. 34, October, 3-6; *Lacroix/Lor*, Level Playing Field of Dutch Interest Deductions, Tax Planning International Review 2007, Vol. 33, July, 7-11; *Dikmans*, New Netherlands Corporate Income Tax Provisions for 2007, European Taxation 2007, 158, 161; *Cornelisse*, Discrimination between debt and equity, in: Loyens & Loeff, Dutch Corporation Tax Act 2007 in focus, 2005, 26, 27; *van Wettum/Beversm/van Minnen*, The Netherlands: Corporate Income Tax Reform 2007, Tax Planning International Review 2006, Vol. 33, June, 12, 14; *Rosmalen*, The Netherlands: The Preferred Country to Establish an Intermediate Holding Company, Tax Planning International Review 2006, Vol. 32, 21, 23; *de Wit/Tilanus*, Dutch Thin Capitalization Rules »EU Proof« ?, Intertax 2004, Vol. 32, 187-192; *Muller*, The Dutch Interest Limitation Rules, Tax Notes International 2005, Vol. 39, 1083-1086; *Bobeldijk/Hofman*, Dutch Thin Capitalization Rules from 2004 Onwards, Intertax 2004, Vol. 32, 254-261.

866 *Dikmans*, New Netherlands Corporate Income Tax Provisions for 2007, European Taxation 2007, 158, 159; *van den Tillaart/van Dijk*, Interest deduction in the Netherlands: Part II, Tax Planning International Review 2007, Vol. 34, October, 3, 4-5; *Lacroix/Lor*, Level Playing Field of Dutch Interest Deductions, Tax Planning International Review 2007, Vol. 33, July, 7, 10; *Peter/Schutz*, Dutch reforms can deliver for investors, International Tax Review 2006, Vol. 18, December/January, 28, 30. Die 10% werden nach niederländischen Gewinnermittlungsregeln ermittelt. Zur Verschärfung der Anti-Base Erosion Rule, *Groen/van der Linden/Stalenhoef u.a.*, Finance Secretary Proposes Change In Antierosion Rules, Tax Notes International 2007, Vol. 48, 659.

In den Niederlanden gibt es kein spezielles Holdingregime. Die meisten Holdinggesellschaften firmieren als BV (*Besloten Vennotschap met beperkte aansprakelijkheid*),[867] die mit einer englischen *Limited*, einer U.S.-amerikanischen LLC, oder einer deutschen GmbH vergleichbar ist. Weniger häufig wird als Holdinggesellschaft eine NV (*Naamloze Vennootschap*) gewählt,[868] die mit einer englischen PLC, einer U.S.-Corporation oder einer deutschen AG vergleichbar ist.

Über Holdinggesellschaften hinaus, haben die Niederlande ein attraktives steuerliches Umfeld für sog. *Special Purpose Vehicles* (SPV) geschaffen.[869]

All diese Eigenschaften zusammengenommen haben das *Center for Research on Multinational Corporations* (SOMO) dazu bewogen, die Niederlande als ein *Tax Haven* zu qualifizieren.[870]

B. Luxemburg

Das Steuerrecht Luxemburgs ist ein Spiegel seiner Vergangenheit. Als ehemaliger Teil Frankreichs und später Deutschlands, ist der Einfluss noch heute sichtbar. Obwohl einige Veränderungen vorgenommen wurden, kann das luxemburgische Steuerrecht als ein Zwilling des deutschen Steuerrechts bezeichnet werden. Dies gilt vor allem im Hinblick auf die Rechtsprechung (*Case Law*), da die luxemburgischen Finanzgerichte Anleihe an den Entscheidungen des deutschen Bundesfinanzhofes nehmen. Die Rechtsformen hingegen sind vom französischen Recht geprägt (z.B. SA, SARL).

Das Fürstentum Luxemburg ist zu einer der wichtigsten Investitionsstandorte für multinationale U.S.-amerikanische Unternehmen geworden.[871] Für die meisten *Private Equity Funds* ist Luxemburg der primäre Holdingstandort.[872]

867 *Lambooij/Peelen,* The Netherlands Holding Company, IBFD Bulletin for International Taxation 2006, August/September, 335, 336.

868 *Dreßler*, Gewinn- und Vermögensverlagerungen in Niedrigsteuerländer und ihre steuerliche Überprüfung, 2007, S. 134, 136.

869 *Graaf/de Vos,* Positive Developments in Law / Tax and the Impact on SPVs, Tax Planning International Review 2007, Vol. 34, January, 19-23; *Reinoud,* Structuring Private Equity Investments In the Netherlands, Tax Notes International 2007, Vol. 47, 67-71.

870 *Nadal,* Report Sheds Light on Netherlands' Tax Haven Problems, Tax Notes International 2007, Vol. 46, 1192.

871 *Mongan/Johal,* Tax Planning with European Holding Companies, Journal of International Taxation 2005, Vol. 16, 49.

872 *Molitor/Mathey,* The growing importance of Luxembourg in the private equity market, International Tax Review 2005, September, 43-46; *Sheppard,* Monetizing Old Europe, Tax Notes International 2006, Vol. 44, 587, 589.

Die wichtigsten Vorteile sind:[873]

- umfassende Beteiligungsertrags- und Veräußerungsgewinnbefreiung;[874]
- etabliertes Holdingregime, in einem politisch und wirtschaftlich sicheren sowie investorenfreundlichen Umfeld;[875]
- weites DBA-Netzwerk,[876] u.a. mit den Vereinigten Staaten und Hongkong[877];
- keine CFC-Regeln;
- Möglichkeit der Gruppenbesteuerung;[878]
- eine 80%ige Befreiung von Patenteinkünften;[879]
- keine Quellensteuer auf Zinszahlungen;
- innovative Finanzprodukte.

873 *Eynatten,* European Holding Company Tax Regimes: A Comparative Study, European Taxation 2007, 562.

874 *Warner*, Luxembourg in International Tax Planning, 2004, Ch. 5. Ferner, *Bogaerts,* Corporate Tax Reform Influences Luxembourg's International Competitiveness as Holding Company Location, European Taxation 2002, Vol. 42, 380, 384; *Schaffner,* Grundzüge des Schachtelprivilegs, Praxis Internationale Steuerberatung 2007, 25-28; *Diamond/Diamond*, Tax Havens of the World – Luxembourg, 2006-11; *Beltjens/Saussoy,* The 2002 Luxembourg Tax Reform, Tax Planning International Review 2002, April, 8, 9; *Kessler,* Holdingstandort Luxemburg, IStR 1995, 11, 12; *Fort*, Luxemburg, in: Mennel/Förster, Steuern in Europa, Amerika und Asien, 2007, n. 262-265; *Ferris,* The Substantial Shareholdings Exemption: International Context and Comparisons, Tax Planning International Review 2006, Vol. 33, October, 10, 13; *O'Donnell,* SOPARFIs take advantage of participation exemption, International Tax Review 2006, June, 74, 76.

875 *O'Donnell/Chambers,* Luxembourg moves to hold place in international tax planning, International Tax Review 2005, September, 29.

876 Ein aktuelle Liste aller Luxemburger Doppelbesteuerungsabkommen ist abrufbar unter: http://www.impotsdirects.public.lu/dossiers/ conventions/index.html.

877 *Moons,* Luxembourg, Hong Kong Sign Tax Agreement, Tax Notes International 2007, Vol. 48, 926-928; *de Witte,* Tax Treaty Signed, Tax Planning International Review 2007, Vol. 34, November, 38, 39; *Moons/Baaijens,* Luxemburg: Änderungen bei der Gesellschaftsteuer, IStR 2007, Länderbericht, Heft 21, 4.

878 *Warner*, Luxembourg in International Tax Planning, 2004, Ch. 2.3.2.6.; *Bogaerts,* Corporate Tax Reform Influences Luxembourg's International Competitiveness as Holding Company Location, European Taxation 2002, Vol. 42, 380, 387; *Beltjens/Saussoy,* The 2002 Luxembourg Tax Reform, Tax Planning International Review 2002, April, 8, 11; *Offermanns*, Luxembourg, in: IBFD, Europe – Corporate Taxation, 2007, Ch. 9.2; *Sedlaczek,* Verlustbehandlung in Luxemburg, Internationale Wirtschaftsbriefe 2006, Fach 5, Gruppe 2, 167, 168-169.

879 *Badot,* Luxembourg Parliament Approves Individual, Corporate Tax Reforms for 2008, World Tax Daily 18.1.2008, Doc 2008-836.

Wesentliche Nachteile sind:

- Erhebung einer Gesellschaftssteuer, die zum 1. Januar 2008 von 1% auf 0,5% abgesenkt wurde und am 31. Dezember 2010 abgeschafft wird.[880] Bis zur endgültigen Abschaffung behilft sich die Steuerplanung mit verschiedenen Gestaltungen.[881]
- die Beteiligungsertrags- und Veräußerungsgewinnbefreiung erfordern den Nachweis einer Aktivität und von Substanz.

Die wichtigste Besonderheit des Holdingstandortes Luxemburg ist das attraktive Holdingregime. Der Investor konnte zwischen einer SOPARFI (*Société de Participation Financière*) und einer »1929 Holding« wählen.[882] Die »1929 Holding« zeichnet sich durch ihre vollständige Befreiung von Einkommens-, Gewerbe- und Vermögensteuer aus.[883] Allerdings ist sie

880 *Badot,* Luxembourg Parliament Approves Individual, Corporate Tax Reforms for 2008, World Tax Daily 18.1.2008, Doc 2008-836.

881 *Feider*, The 2005 Guide to Private Equity and Venture Capital, in: Euromoney, Luxembourg, 2005, 35-37; *Boidman/et al,* Can Stockholders Avoid Target Country Tax on a Cross- Border Share-for-Share Acquisition or Merger?, Tax Notes International 2004, Vol. 34, 1015-1028; *Bogaerts,* Corporate Tax Reform Influences Luxembourg's International Competitiveness as Holding Company Location, European Taxation 2002, Vol. 42, 380, 384; *Warner*, Luxembourg in International Tax Planning, 2004, Ch. 2.6.5.3.

882 *Warner*, Luxembourg in International Tax Planning, 2004, Ch. 8; *Horsburgh*, Luxembourg, in: Spitz/Clarke, Offshore Service, 2005, 1, 11 und 24-26; *Langer*, Luxembourg, Langer on International Tax Planning, 2008, 139-6 – 139-8; *Bardet/ Beetschen/Charvériat u.a.*, Les holdings, 2007, S. 331-344; *O'Donnell,* SOPARFIs take advantage of participation exemption, International Tax Review 2006, June, 74-76; *Sheppard,* Monetizing Old Europe, Tax Notes International 2006, Vol. 44, 587, 589 ; *Bogaerts,* Corporate Tax Reform Influences Luxembourg's International Competitiveness as Holding Company Location, European Taxation 2002, Vol. 42, 380; *Ruchelman/van Asbeck/Canalejo u.a.,* A Guide to European Holding Companies Part 1, Journal of International Taxation 2000, August, 38, 42; *Bonn/ Schmitt/Steichen*, Doing Business in Luxembourg, 2005, S. 17-22; *Winandy,* Luxembourg tailors its tax law to European fashion, EC Tax Review, 2004/1, 7, 8; *Langer*, Luxembourg,Langer on International Tax Planning, 2008, 139-9; *Langer*, Tax Havens Used For Offshore Companies, in: Langer, Langer on International Tax Planning, 2008, § 40:2.6.; *Dreßler*, Gewinn- und Vermögensverlagerungen in Niedrigsteuerländer und ihre steuerliche Überprüfung, 2007, S. 80-96; *Kessler,* Holdingstandort Luxemburg, IStR 1995, 11, 12; *Halla-Villa Jimenez,* Wahl der geeigneten Holdingstruktur, Recht der Internationalen Wirtschaft 2003, 589- 598.

883 Die SOPARFI mit der 1929 Holding vergleichend, *Warner*, Luxembourg in International Tax Planning, 2004, Ch. 11.2.

nicht abkommens-[884] und richtlinienberechtigt und wird gezielt von ausländischen CFC-Regelungen angegriffen.[885] Aufgrund des politischen Drucks von Seiten der EU[886] und der OECD ist das »1929 Holdingregime« abgeschafft worden.[887] Bereits existierende »1929 Holdinggesellschaften« können noch eine Übergangsregelung bis zum 31. Dezember 2010 nutzen.[888]

Daher werden sich alle weiteren Ausführungen auf die SOPARFI (*Société de Participation Financière*) beziehen. Im Gegensatz zum Begriff »1929 Holding« beschreibt der Begriff SOPARFI kein spezielles Holdingregime.[889] Er ist vielmehr eine Art Marketinginstrument für den Holdingstandort Luxemburg, insbesondere in Abgrenzung zu den Niederlanden. Tatsächlich sind alle der luxemburgischen Körperschaftsteuer unterliegenden Steuersubjekte SOPARFIs,[890] die somit die Steuerbefreiungen (vor allem Art. 166 LIR) nutzen können. Eine SOPARFI darf jede Art von Geschäft ausüben. Jedoch wird die Steuerlast nur dann reduziert, wenn sie sich auf das Halten von Beteiligungen beschränkt und die Voraussetzungen der Beteiligungsertrags- bzw. Veräußerungsgewinnbefreiung erfüllt.[891]

Allerdings ist auch die SOPARFI nicht unumstritten. Einige ausländische Steuerrechtsordnungen schließen die SOPARFI von der Nutzung

884 Art. 24 Abs. 10 DBA USA-Luxembourg: »Notwithstanding the other provisions of this Article, Luxembourg holding companies, within the meaning of the Act (loi) of July 31, 1929 and the Decree (arrêté grand-ducal) of December 17, 1938, or any subsequent revision thereof, or such other companies that enjoy a similar special fiscal treatment by virtue of the laws of Luxembourg, are not residents.« Ferner, *Rolfe,* Tax efficiency features in new SICAR structure, International Tax Review 2004, Vol. 15, Issue 7, 25, 27.

885 Über das 1929 Holding Regime, *O'Donnell/Nonnenkamp,* Why Holding 1929 structures must end, International Tax Review 2006, September, 71; *Offermanns,* Luxembourg, in: IBFD, Europe – Corporate Taxation, 2007, Ch. 9.3.1.

886 *Sulkowski/Nonnenkamp*, Luxembourg, in: International Tax Review, World Tax Supplement, 2007, S. 272, 274.

887 *Schaffner,* Luxembourg Replaces 1929 Holding Company Regime, World Tax Daily 2007, Doc 2007-11286; *Brekelmans,* Luxembourg, Tax Notes International 2006, Vol. 44, 1072, 1073; *Rossi,* Luxembourg's Holding Regime Under EC Review, Tax Notes International 2006, Vol. 41, 513; *Rossi,* European Commission Tells Luxembourg to Repeal Exempt Holdings Regime, World Tax Daily 17.8.2006, 2006 WTD 159-4.

888 *Brekelmans,* Luxembourg, Tax Notes International 2006, Vol. 44, 1072, 1073.

889 *Bogaerts,* Corporate Tax Reform Influences Luxembourg's International Competitiveness as Holding Company Location, European Taxation 2002, Vol. 42, 380, 383.

890 Über SOPARFIs im Detail, *Warner,* Luxembourg in International Tax Planning, 2004, Ch. 5; *Bogaerts,* Corporate Tax Reform Influences Luxembourg's International Competitiveness as Holding Company Location, European Taxation 2002, Vol. 42, 380, 383-387.

891 *Bogaerts,* Corporate Tax Reform Influences Luxembourg's International Competitiveness as Holding Company Location, European Taxation 2002, Vol. 42, 380, 384.

von Beteiligungsertrags- bzw. Veräußerungsgewinnbefreiungen aus.[892] Ein gutes Beispiel ist der beim BFH anhängige sog. »Luxemburg Holding Fall« im Zusammenhang mit § 50d Abs. 3 EStG.[893] In Abbildung 23 sind die Unterschiede zwischen einer SOPARFI und einer »1929 Holding« aufgelistet.

Vergleich zwischen SOPARFI und "1929 Holding"

	SOPARFI	„1929 Holding"
Finanzierung		
"Subject to tax" Verpflichtung	☑	☑
Befreiung von Gesellschaftsteuer	☑	☑
Debt/Equity Ratio	85:15	10:1 Anleihen/eingezahlten Kapital 3:1 FK/gezeichneten Kapital
Steuer auf Eigenkapital	Vermögensteuer, aber Befreiung möglich	Subskriptionsteuer 0,2 % pro Jahr
Besteuerung von Gewinnen		
Nutzung von Abkommen und Richtlinien	☑	☒
Beteiligungsertrags- bzw. Veräußerungsgewinnbefreiung	☑ wenn Voraussetzungen erfüllt	☑
Sonstige Besteuerung	☑ wenn Voraussetzungen erfüllt	☒
Sonstige Faktoren		
Quellensteuer auf Dividendenausschüttung	20% falls nicht durch Richtlinie oder Abkommen reduziert	☒
Beschränkung der erlaubten Aktivitäten	☒	☑

Vgl. Walker, Luxembourg in International Tax Planning, 2004, S. 481-482

Abbildung 23: SOPARFI und »1929 Holding«

Der Holdingstandort Luxemburg bietet einige Möglichkeiten, Gewinne aus Deutschland in die Vereinigten Staaten zu repatriieren.[894] Beispielsweise fallen bei einer Repatriierung von Dividenden in die Vereinigten Staaten im Wege der Liquidation nach nationalem Recht keinerlei Quellensteuern an.

Viele luxemburgische Holdinggesellschaften erfüllen eine Finanzierungsfunktion, oft in Kombination mit einer Schweizer Betriebsstätte,[895] da Schweizer Betriebsstätteneinkünfte von der luxemburgischen Holding-

892 *Warner*, Luxembourg in International Tax Planning, 2004, Ch. 5.6.5.
893 *Kessler/Eicke,* Treaty-Shopping mit Holding in Luxemburg, Praxis Internationale Steuerberatung 2006, 167-169.
894 Siehe *Hey,* German Tax Court Revamps Treaty Shopping Law, Tax Notes International 2005, Vol. 40, 122, 125.
895 *Diamond/Diamond*, Tax Havens of the World – Switzerland, 2006, S. 32-34.

gesellschaft aufgrund des DBA Luxemburg-Schweiz steuerfrei vereinnahmt werden können.[896]

Luxemburg ist es in den letzten Jahrzehnten häufig gelungen, investorenfreundliche, innovative (Finanz-)Vehikel zu etablieren, was Luxemburg zur ersten Adresse in Europa für *Investment-*,[897] vor allem *Private Equity* und *Hedge Funds* werden ließ.[898] Durch die von der Mutter-Tochter-Richtlinie geschaffenen Rahmenbedingungen bietet sich der *Private Equity*-Standort Luxemburg für Investitionen innerhalb der Europäischen Union oder der Schweiz eher an als die Standortkonkurrenten im *Private Equity*-Segment Bermuda, Bahamas und Jersey. In diesem Zusammenhang ist für eine SOPARFI-Holdinggesellschaft, die eine Finanzierungsfunktion erfüllt, der Einsatz einer SICAR (*Sociétés d'Investissement en Capital à Risque*) attraktiv.[899] Ein Vorteil der SICAR gegenüber den anderen Standorten ist der Zugang zu dem weiten Netzwerk Luxemburger Doppelbesteuerungsabkommen.[900]

C. *Österreich*

Erst vor kurzem ist Österreich in den Wettbewerb der Holdingstandorte eingetreten. Im Laufe des letzten Jahrzehnts hat es der österreichische

896 *Tartler,* Und ewig lockt die Steueroase, Financial Times Deutschland 20.2.2007, S. 14.

897 In Luxemburger Investmentfonds werden mehr als $2,3 Billionen verwaltet. Siehe *Sullivan,* Tax Analysts Offshore Project, Tax Notes International 2007, Vol. 48, 235.

898 *O'Donnell/Grencon/Nonnenkamp,* The Luxembourg investment fund industry: a continuing success story, European Tax Service 2007, May, 15-19; *Atzler,* Luxemburg lockt Hedge-Fonds, Financial Times Deutschland 20.3.2007, S. 19; *Diamond/Diamond,* Tax Havens of the World – Luxembourg, 2006, 11-13; *Brekelmans,* Luxembourg's Law on Specialized Investment Funds, Tax Notes International 2007, Vol. 46, 1139-1143.

899 *Starita,* The SICAR: a New Luxembourg Vehicle for Private Equity and Venture Capital Investments, Intertax 2006, 418-422; *Sulkowski/Nonnenkamp,* Luxembourg, in: International Tax Review, World Tax Supplement, 2007, 272, 276; *Rolfe,* Tax efficiency features in new SICAR structure, International Tax Review 2004, Vol. 15, Issue 7, 25-28; *Guilloteau,* Luxembourg Passes New Venture Capital Fund Legislation, Tax Planning International Review 2007, June, Vol. 31, 12-13; *Warner,* Luxembourg in International Tax Planning, 2004, Ch. 7.10.

900 *Rolfe,* Tax efficiency features in new SICAR structure, International Tax Review 2004, Vol. 15, Issue 7, 25, 28.

Gesetzgeber vermocht, attraktive Rahmenbedingungen für Holdinggesellschaften zu schaffen. Dazu gehören:[901]

- grenzüberschreitende Gruppenbesteuerung;[902]
- Möglichkeit von steuerwirksamen *Goodwill* Abschreibungen im Rahmen der Gruppenbesteuerung;[903]
- eine umfassende Beteiligungsertrags- bzw. Veräußerungsgewinnbefreiung (für ausländische Beteiligungen) im Falle einer Mindestbeteiligung von 10%;[904]

901 Vgl. *Bergmann/Hirschler/Rödler u.a.*, Tax Treatment of Holding Companies in Austria, IBFD Bulletin for International Taxation 2004, Vol. 58, Number 8/9, 418-425; *Jann/Schuch/Toifl*, Austria, in: IBFD, Europe – Corporate Taxation, 2007, Ch. 14.1.; *Wallner*, New Perspectives for Austrian Holding Companies, Tax Notes International 2007, Vol. 47, 367-371. Ferner, *Romano*, Holding Company Regimes in Europe: A Comparative Survey, European Taxation 1999, 257, 258-259; *Günkel*, Standortwahl für die europäische Holdinggesellschaft, Wirtschaftsprüfung 2003, S 40-S56; *Hauold* in: Thömmes/Lang/Schuch, Investitions- und Steuerstandort Österreich, 2005, S. 39-62; *Halla-Villa Jimenez*, Wahl der geeigneten Holdingstruktur, Recht der Internationalen Wirtschaft 2003, 589- 598.

902 Im Detail, *Gassner/Haidenthaler*, Group Taxation in Austria, Steuer und Wirtschaft International 2004, 434-440; *Achatz/Tumpel*, § 9 Abs. 1 KStG, in: Quantschnigg/Achatz/Haidenthaler u.a., Gruppenbesteuerung, 2005, 1-20; *Kessler/Daller*, Die österreichische Gruppenbesteuerung aus der Sicht ausländischer Gruppenmitglieder, IStR 2006, 289-296; *Pummerer*, Gruppenbesteuerung aus Sicht der Betriebswirtschaftlichen Steuerlehre, Österreichische Steuerzeitung 2004, 456-459; *Staringer*, Der Einfluss der Gruppenbesteuerung auf die Unternehmensorganisation, Österreichische Steuerzeitung 2005, 495-502; *Eberhartinger/Pummerer*, Tochterkapitalgesellschaft, Betriebsstätte und österreichische Gruppenbesteuerung, Steuer und Wirtschaft 2007, 64-77; *Staringer*, Kann die Gruppenbesteuerung wieder abgeschafft werden?, Österreichische Steuerzeitung 2006, 493-498. *Bruckner*, Gruppenbesteuerung – Möglichkeiten der Verlustverwertung, Österreichische Steuerzeitung 2005, 227-231. Ferner, *Sedlaczek*, Verlustbehandlung bei Kapitalgesellschaften und Konzernen in Österreich, Internationale Wirtschaftsbriefe 2007, Gruppe 2, Fach 5, 701, 706-708; *Hauold* in: Thömmes/Lang/Schuch, Investitions- und Steuerstandort Österreich, 2005, S. 39, 48-52; *Pichler/Stockinger*, Ökonomische Wirkungen der Gruppenbildung, in: Quantschnigg/Achatz/Haidenthaler u.a., Gruppenbesteuerung, 2005, 381-409; *Hirschler/Schindler*, Die österreichische Gruppenbesteuerung als Vorbild für Europa?, IStR 2004, 505-512; *Stefaner/Weninger*, Gruppenbesteuerung und Gemeinschaftsrecht, Steuer und Wirtschaft International 2004, 441-443.

903 *Bruckner*, Gruppenbesteuerung – Die neue Firmenwertabschreibung beim Share Deal, Österreichische Steuerzeitung 2005, 257, 259; *Jann/Schuch/Toifl*, Austria, in: IBFD, Europe – Corporate Taxation, 2007, Ch. 9.1.; *Gahleitner/Edthaler*, Holdingbesteuerung in Österreich, Der Konzern 2007, 577, 587-588.

904 *Bergmann/Hirschler/Rödler u.a.*, Tax Treatment of Holding Companies in Austria, IBFD Bulletin for International Taxation 2004, Vol. 58, Number 8/9, 418, 419-421; *Jann/Schuch/Toifl*, Austria, in: IBFD, Europe – Corporate Taxation, 2007, Ch. 8.3.3.3.; *Gahleitner/Edthaler*, Holdingbesteuerung in Österreich, Der Konzern 2007, 577, 579.

- Abzugsfähigkeit von Veräußerungsverlusten und Teilwertabschreibungen für Beteiligungen im Zusammenhang mit inländischen Beteiligungen;[905]
- weitgehende Abzugsfähigkeit von Finanzierungskosten;[906]
- keine CFC-Regelungen;[907]
- liberale Anti-Missbrauchsregelungen (z.B. § 22 BAO);[908]
- weites DBA-Netzwerk;[909]
- investorenfreundliche und kooperative Finanzverwaltung,[910] nicht zuletzt durch das EAS[911] (*Express Antwort Service*), welches dem Investor mehr Rechtssicherheit verschafft.

Ein Nachteil des Holdingstandortes Österreich ist, dass keine Veräußerungsgewinnbefreiung beim Verkauf von inländischen Beteiligungen mög-

905 *Bergmann/Hirschler/Rödler u.a.*, Tax Treatment of Holding Companies in Austria, IBFD Bulletin for International Taxation 2004, Vol. 58, Number 8/9, 418, 420; *Eberhartinger/Quantschnigg/Rief*, Determination of Company Profits in Austria, IBFD Bulletin for International Taxation 2004, Vol. 58, Number 8/9, 408, 412-413; *Heinrich*, Nichtabzugsfähige Aufwendungen und Ausgaben, in: Quantschnigg/Achatz/Haidenthaler u.a., Gruppenbesteuerung, 2005, 361, 364-366.

906 *Mamut/Plansky*, »Zinsschranke« auch für Österreich? Teil 1, Österreichische Steuerzeitung 2007, 396-399; *Mamut/Plansky*, »Zinsschranke« auch für Österreich? Teil 2, Österreichische Steuerzeitung 2007, 425-430; *Nowotny*, Fremdfinanzierung im Konzern nach dem StRefG 2005, in: Quantschnigg/Achatz/Haidenthaler u.a., Gruppenbesteuerung, 2005, 339-359.

907 *Jann/Schuch/Toifl*, Austria, in: IBFD, Europe – Corporate Taxation, 2007, Ch. 13.4.

908 Im Detail, *Mamut/Plansky*, »Zinsschranke« auch für Österreich? Teil 2, Österreichische Steuerzeitung 2007, 425, 427-429; *Gahleitner/Edthaler*, Holdingbesteuerung in Österreich, Der Konzern 2007, 577, 582-583. Ferner, *Mamut/Plansky*, »Zinsschranke« auch für Österreich? Teil 2, Österreichische Steuerzeitung 2007, 425, 428; *Jann/Schuch/Toifl*, Austria, in: IBFD, Europe – Corporate Taxation, 2007, Ch. 13.1.

909 *Jirousek/Schuch/Sutter*, Unilateral Relief from Double Taxation in Austria, IBFD Bulletin for International Taxation 2004, Vol. 58, Number 8/9, 372-381; *Loukota/Seitz/Toifl*, Austria's Tax Treaty Policy, IBFD Bulletin for International Taxation 2004, Vol. 58, Number 8/9, 364-371; *Burgstaller/Schilcher*, Subject-to-Tax Clauses in Tax Treaties, European Taxation 2004, Vol.44, 266-276; *Jann/Schuch/Toifl*, Austria, in: IBFD, Europe – Corporate Taxation, 2007, Ch. 8.6.2.2.; *Jirousek*, Doppelbesteuerungsabkommen Österreich – Barbados, Österreichische Steuerzeitung 2006, 318-320.

910 *Lehner/Bruckner/Quantschnigg u.a.*, Tax Reform Policy in Austria, IBFD Bulletin for International Taxation 2004, Vol. 58, Number 8/9, 354-363; *Gröhs*, Unternehmerische Steuerstrategien bei der Standortwahl und Österreichs Standortpolitik, in: Thömmes/Lang/Schuch, Investitions- und Steuerstandort Österreich, 2005, S. 3, 11-14; *Jabloner/Korinek/Moser u.a.*, Protection of Taxpayers' Rights in the Courts of Austria, IBFD Bulletin for International Taxation 2004, Vol. 58, Number 8/9, 460-466.

911 *Loukota/Jirousek*, Steuerfragen International Band 6, 2004, S. 29.

lich ist. Außerdem erhebt Österreich eine Gesellschaftsteuer auf Einlagen und Fremdkapital.[912]

In der vergleichenden Zusammenschau lässt sich erkennen, dass Österreich für Holdinggesellschaften genauso attraktiv ist wie die Niederlande, Schweiz und Luxemburg.

D. Irland

Irland ist ein prominentes Beispiel dafür, dass der Status als *Tax Haven* zu mehr Wohlstand führen kann.[913] Vor allem multinationale U.S.-amerikanische Unternehmen haben in den letzten Jahren viele Tochtergesellschaften in Irland gegründet.[914]

Verglichen mit den Niederlanden, der Schweiz und Luxemburg, ist Irland als Holdingsstandort relativ jung. Die Vorteile Irlands sind:[915]

912 *Schindler,* Austrian Grandparent Contributions and Capital Duty, Tax Notes International 2007, Vol. 48, 385-386; *Arnold/Fellner/Fraberger,* Transfer Taxes and Stamp Duties in Austria, IBFD Bulletin for International Taxation 2004, Vol. 58, Number 8/9, 442, 447-449; *Frank,* EuGH: Großmutterzuschuss gesellschaftsteuerpflichtig!, Österreichische Steuerzeitung 2006, 63-65. Siehe EuGH v. 17. Oktober 2002, C-339/99 (*Energie Steiermark Holding AG*); EuGH v. 17. Oktober 2002, C-71/00 (*Develop*); EuGH v. 17. Oktober 2002, C-138/00 (*Solida Raiffeisen*); EuGH v. 12. Januar 2006, C-294/03 (*Senior Engineering Investments BV*). Ferner, österreichisches BMF v. 28. März 2006, BMF-010206/0048-VI/10/2006 und österreichisches BMF v. 14. März 2003, GZ 10 5004/1-IV/10/03.

913 Siehe *Hines,* Do Tax Havens Flourish?, NBER / Tax Policy & the Economy 2005, Vol. 19, Issue 1, 65, 79, 80; *Simpson,* Irish subsidiary lets Microsoft slash taxes in U.S. and Europe; Tech and drug firms move key intellectual property to low-levy island haven, Wall Street Journal Europe 7.11.2005, A1, A7. Ferner, *Cunningham,* Ireland's New Holding Company Regime, IBFD Bulletin for International Taxation 2004, December, 542; *Quirke/Walsh,* Ireland as a Holding Company Regime, International Tax Review 1999, June, 46; *O'Reilly/Caroll,* Carroll's Tax Planning in Ireland, 1986, S. 197; *Langer,* Tax Havens Used For Offshore Companies, in: Langer, Langer on International Tax Planning, 2008, § 40:2.4.; *Dreßler,* Gewinn- und Vermögensverlagerungen in Niedrigsteuerländer und ihre steuerliche Überprüfung, 2007, S. 118-129.

914 *Weiner,* U.S. Corporate Tax Reform: All Talk, No Action, Tax Notes International 2007, Vol. 47, 800, 801.

915 *Eynatten,* European Holding Company Tax Regimes: A Comparative Study, European Taxation 2007, 562, 565; *Walsh,* Ireland climbs rankings or holding company locations, International Tax Review 2006, June, 70, 71. *Eynatten,* European Holding Company Tax Regimes: A Comparative Study, European Taxation 2007, 562, 565. Ferner, *Walsh,* Ireland climbs rankings or holding company locations, International Tax Review 2006, June, 70, 71. *Pat Cullen* und *Evelyn Forde* fassten die Vorteile des Holdingstandortes Irland frei nach dem in der Mitte des 19. Jahrhun-

- Möglichkeit des *Onshore Pooling*, welches Holdinggesellschaften (*Mixer-Holding*) in Irland die Implementierung steueroptimaler Repatriierungsstrategien ermöglicht;[916]
- Veräußerungsgewinnbefreiung;[917]
- keine Quellensteuer auf Zins- und Lizenzeinkünfte;[918]
- in vielen Fällen keine Quellensteuer auf Dividendenausschüttungen;
- moderne Steuerpolitik in einem investorenfreundlichen Klima;[919]
- keine CFC-Regelungen;[920]
- weites DBA-Netzwerk;
- liberale Anti-Missbrauchsregelungen;[921]
- Möglichkeit der Gruppenbesteuerung;[922]

derts gelebt habenden Poeten *Walter Savage Landor* zusammen:«*Dividends paid without withholding – No tax on gains, if a 12 month holding – a 5% test for onshore pooling – this true, I say, don't think I'm fooling.*« Siehe *Cullen/Forde*, Ireland moves ahead as a holding company location, International Tax Review 2004, March, 21, 23.

916 *Ernst & Young*, New Tax Treatment of Headquarter and Holding Companies in Ireland, 2004, S. 3.

917 *Ward*, Ireland, in: IBFD, Europe – Corporate Taxation, 2007, Ch. 2.10.; *Walsh*, Ireland climbs rankings or holding company locations, International Tax Review 2006, June, 70; *Cunningham*, Ireland's New Holding Company Regime, IBFD Bulletin for International Taxation 2004, December, 542, 543; *Lenehan*, Tolley's Taxation of the Republic of Ireland, 2004, S. 123-137; *Cullen/Forde*, Ireland moves ahead as a holding company location, International Tax Review 2004, March, 21, 22; *Masterson*, Ireland – Holding Company Regimes, International Tax Review 2005, April, 21, 22; *McGonagle*, Ireland attracts HQs and holding companies, International Tax Review 2004, November, 38, 39; *Pietrek*, Irland – eine interessante Alternative als Holdingstandort?, IStR 2006, 521; *Haccius*, Ireland in International Tax Planning, 2004, Ch. 12; *Fischer-Zernin/Medlar*, Irland, in: Mennel/Förster, Steuern in Europa, Amerika und Asien, 2003, Rn. 85-104; *Kollruss*, Steuergestaltung im Rahmen der Gesellschafter-Fremdfinanzierung, Gewinnrepatriierung und Verlustnutzung, 2007, S. 18-24.

918 *Ward*, Ireland, in: IBFD, Europe – Corporate Taxation, 2007, Ch. 2.15; *Haccius*, Ireland in International Tax Planning, 2004, Ch. 10.11 und Ch. 11.7.1.

919 *Walsh*, Ireland climbs rankings or holding company locations, International Tax Review 2006, June, 70, 72; *Cunningham*, Ireland's New Holding Company Regime, IBFD Bulletin for International Taxation 2004, December, 542, 545.

920 Einen guten Überblick bietet *PriceWaterhouseCoopers*, Holding Companies in Ireland, 2006. Des Weiteren, *Walsh*, Ireland climbs rankings or holding company locations, International Tax Review 2006, June, 70, 71.

921 *Haccius*, Ireland in International Tax Planning, 2004, Ch. 27.2.; *Ward*, The General Anti-Avoidance Rule in Ireland, IBFD Bulletin for International Taxation 2003, 558-566; *Lenehan*, Tolley's Taxation of the Republic of Ireland, 2004, S. 49-61; *Haccius*, Ireland in International Tax Planning, 2004, Ch. 27.5.

922 *Sedlaczek*, Verlustbehandlung bei Kapitalgesellschaften und Konzernen in Irland, Internationale Wirtschaftsbriefe 2006, Gruppe 2, Fach 5, 93, 96; *Lenehan*, Tolley's Taxation of the Republic of Ireland, 2004, S. 185-189; *Ward*, Ireland, in: IBFD, Europe – Corporate Taxation, 2007, Ch. 9;

- Steuervorteile für F&E-Aktivitäten;[923]
- gute Rahmenbedingungen für *Joint Ventures*;[924]
- niedriger Körperschaftsteuersatz für *Trading Income*;[925]
- attraktive Besteuerung von hochqualifizierten *Expatriates*.[926]

Die Nachteile sind:

- das Anrechnungssystem führt zu einer Gesamtsteuerbelastung von 25% selbst bei niedrig vorbesteuerten Einkünften;[927]
- Besteuerung von *Non-Trading Income* mit 25% und Veräußerungsgewinnbesteuerung mit 20%;
- eine Stempelsteuer von 1% bei Anteilsübertragungen.

Der Aufstieg Irlands zum Holdingsstandort begann im Jahre 1986 mit der Gründung des *International Financial Services Centre* (IFSC).[928] Das IFRC-Regime wurde später auf Drängen der EU abgeschafft.[929] Außerdem

923 *Ward*, Ireland, in: IBFD, Europe – Corporate Taxation, 2007, Ch. 2.13.3.2; *McLoughlin*, Ireland's 2007 Finance Bill Offers Corporate Tax Relief, World Tax Daily 5.2.2007, 2007 WTD 24-1.

924 *Haccius*, Ireland in International Tax Planning, 2004, Ch. 16.14.

925 *Haccius*, The Irish Corporation Tax Revolution, IBFD Bulletin for International Taxation 2000, 122-132; *O'Connell*, Ireland, in: Spitz/Clarke, Offshore Service, 2006, S. 12-20; *Ward*, Ireland, in: IBFD, Europe – Corporate Taxation, 2007, Ch. 2.12; *Lenehan*, Tolley's Taxation of the Republic of Ireland, 2004, S. 152-161; *Haccius*, Ireland in International Tax Planning, 2004, Ch. 16.8.

926 *Elschner/Lammersen/Overesch u.a.*, The Effective Tax Burden of Companies and on Highly Skilled Manpower, 2005, S. 5, 7, 9, 15; *PriceWaterhouseCoopers/ Zentrum für Europäische Wirtschaftsforschung*, International Taxation of Expatriates, 2005, S. 3, 5. Ferner, *Alberts*, Das Steuerrecht Irlands 2005/2006, Internationale Wirtschaftsbriefe 2006, Gruppe 2, Fach 5, 87; *Haccius*, Ireland in International Tax Planning, 2004, Ch. 14.; *Mutscher/Power*, Steuerliche Konsequenzen und Gestaltungsüberlegungen bei der Entsendung von Mitarbeitern nach Irland, IStR 2002, 411-416; *Fischer-Zernin/Medlar*, Irland, in: Mennel/Förster, Steuern in Europa, Amerika und Asien, 2003, Rn. 18-53.

927 Vgl. *Ward*, Ireland, in: IBFD, Europe – Corporate Taxation, 2007, Ch. 8.3.3.3..; *Walsh*, Ireland climbs rankings or holding company locations, International Tax Review 2006, June, 70; *Masterson*, Ireland – Holding Company Regimes, International Tax Review 2005, April, 21, 22; *McGonagle*, Ireland attracts HQs and holding companies, International Tax Review 2004, November, 38, 39; *Cullen/ Forde*, Ireland moves ahead as a holding company location, International Tax Review 2004, March, 21, 22; *Cunningham*, Ireland's New Holding Company Regime, IBFD Bulletin for International Taxation 2004, December, 542, 544; *Pietrek*, Irland – eine interessante Alternative als Holdingstandort?, IStR 2006, 521, 523; *Haccius*, Ireland in International Tax Planning, 2004, Ch. 9.13.

928 *Ward*, Ireland, in: IBFD, Europe – Corporate Taxation, 2007, Ch. 2.2.6.; *Diamond/ Diamond*, Tax Havens of the World – Ireland, 2006, S. 1, 3; *Langer*, Ireland, Langer on International Tax Planning, 2008, 137-13.

929 Die ECOFIN stufte das irische Holdingregime als »schädlich« ein. Vgl. *Cunningham*, Ireland's New Holding Company Regime, IBFD Bulletin for International Taxation 2004, December, 542.

wurden die sog. »*Dublin Docks*« Gesellschaften von ausländischen Anti-Missbrauchsregelungen erfasst.[930]

Irland arbeitete fortan an der Schaffung eines attraktiveren Holdingregimes, welches mit den europarechtlichen Vorgaben im Einklang steht. Im Jahre 2004 wurden die Rahmenbedingungen für Holdinggesellschaften reformiert[931] und im Jahre 2005 die Gesellschaftsteuer abgeschafft.[932]

E. Belgien

Ein weiterer klassischer Holdingstandort ist Belgien, das traditionell in Konkurrenz zu den Niederlanden, der Schweiz und Luxemburg steht.[933] Wie die Schweiz, ist Belgien multilingual und multikulturell. Eine Studie im Jahre 2006 ergab, dass das belgische Steuersystem die größte Wettbewerbsfähigkeit unter den 81 untersuchten Rechtsordnungen aufweist.[934]

Belgien ist stets darauf bedacht, neue und innovative Konzepte zu entwickeln, um seine Attraktionskraft für die internationale Steuerplanung zu erhöhen.[935] Ein aktuelles Beispiel ist die *Patent Income Deduction* (PID),

930 Z.B. die verschärfte allgemeine Missbrauchsvorschrift in § 42 AO. Siehe, *Kessler/Eicke,* Closer to Haven? New German Tax Planning Opportunities, Tax Notes International 2006, Vol. 42, 501-521; *Raupach/Burwitz,* Die Versagung des Schachtelprivilegs, IStR 2000, 385-394; *Philipowski,* IFSC-Gesellschaften im Fadenkreuz der Steuerbehörden, IStR 2003, 547-552; *Wiskemann,* Ir(r)land- Die gemeinschaftsrechtlichen Aspekte der Dublin Docks-Fälle, IStR 2003, 647-648. Dazu in Österreich, *Loukota,* Steuer und Wirtschaft International 2005, 205-212.

931 *Ernst & Young*, New Tax Treatment of Headquarter and Holding Companies in Ireland, 2004, S. 2.

932 *Diamond,* EU-Approved Irish Holding Co. Regime, Journal of International Taxation 2005, Vol. 16, January, 14; *Walsh,* Ireland climbs rankings or holding company locations, International Tax Review 2006, June, 70; *McLoughlin,* Ireland – Year in Review, Tax Notes International 2004, Vol. 37, 56; *Masterson,* Ireland – Holding Company Regimes, International Tax Review 2005, April, 21-24.

933 Siehe als Überblick, *Wijnkamp,* Belgium: A tax haven?, Tax Planning International Review 2007, Vol. 34, June, 21-24; *Edition Francis Lefebvre*, Belgique, 2006, Rn. 1360-1363; *Bardet/Beetschen/Charvériat u.a.*, Les holdings, 2007, S. 358-362; *Vanhaute*, Belgium in International Tax Planning, 2004, S. 173-186; *Gnaedinger,* EU Lawyers Discuss Merger Laws, Treaties, and Holding Companies, Tax Notes International 2007, Vol. 45, 1075; *Dreßler*, Gewinn- und Vermögensverlagerungen in Niedrigsteuerländer und ihre steuerliche Überprüfung, 2007, S. 96-100; *Romano,* Holding Company Regimes in Europe: A Comparative Survey, European Taxation 1999, 257, 259-260; *Günkel,* Standortwahl für die europäische Holdinggesellschaft, Wirtschaftsprüfung 2003, S 40-S 56.

934 *Nadal,* Canadian Report Ranks Tax Competitiveness of 81 Countries, World Tax Daily 29.9.2006, Doc 2006-20300.

935 *Krupsky,* Belgium Enhances Its International Tax Attractiveness, Tax Management International Journal 2006, Vol. 35, Issue 9, 461, 462.

die der niederländischen *Patent Box* ähnelt,[936] und Einkünfte aus immateriellen Wirtschaftsgütern privilegiert besteuert. Oft ist fraglich, ob diese Konzepte im Einklang mit den europarechtlichen Vorgaben stehen.[937]

Andere Besonderheiten sind das *Belgian Coordination Centre* (BCC)[938] und die *Notional Interest Deduction* (NID).[939]

Das BCC-Regime bietet Investoren die Möglichkeit, mit einer belgischen Gesellschaft Konzerngesellschaften in Europa steueroptimal zu finanzieren.[940] Klassische Holdinggesellschaften können den BCC-Status allerdings nicht erlangen. Die Vereinbarkeit des BCC-Regime mit dem EG-Recht ist in der Vergangenheit kontrovers diskutiert worden.[941] Diese Diskussion und deren Folgen sind ein Hauptgrund dafür, warum das BCC-Regime im Jahre 2010 ausläuft.[942]

Das NID-Regime erlaubt es Holdinggesellschaften, ca. 4% ihres (Risiko)eigenkapitals steuerwirksam abzuziehen.[943] Entgegen des international üblichen Ansatzes, Fremdkapital gegenüber Eigenkapital steuerlich zu bevorzugen, stellt das belgische NID-Regime eine Ausnahme dar. Deshalb ist Belgien sehr attraktiv für Finanzierungsaktivitäten und Verbriefungsgeschäfte (*securitization*) und ein bevorzugter Standort für *Mixed*

936 *Verbist/Weihmann,* Minderung der steuerlichen Bemessungsgrundlage bei Patenteinkommen, IStR 2007, Länderbericht, Heft 11, S. 2-3; *Springael,* Belgium Proposes Royalty Tax Deduction, Tax Notes International 2007, Vol. 46, 423-424.

937 Siehe z.B., *Quaghebeur,* ECJ to Examine Belgian Withholding Rules, Tax Notes International 2007, Vol. 48, 32-33; *Quaghebeur,* ECJ to Examine Belgian Dividend Tax Regime, Tax Notes International 2007, Vol. 48, 34-35; *Quaghebeur,* ECJ to Examine Belgian Participation Exemption, Tax Notes International 2007, Vol. 45, 1182-1184.

938 *Miles,* Co-ordination Centres, Tax Planning International Review 2006, Vol. 33, March, 23; *Vanhaute,* Belgium in International Tax Planning, 2004, S. 285-291. Jedoch ist dieses Regime nicht auf Holdinggesellschaften anwendbar.

939 *Winkeljohann/Weihmann,* Finanzierungseinkünfte in Belgien und den Niederlanden aus Sicht deutscher Unternehmen, Die Unternehmensbesteuerung 2008, 161-164; *Gnaedinger,* EU Lawyers Discuss Merger Laws, Treaties, and Holding Companies, Tax Notes International 2007, Vol. 45, 1075, 1076.

940 *Winkeljohann/Weihmann,* Finanzierungseinkünfte in Belgien und den Niederlanden aus Sicht deutscher Unternehmen, Die Unternehmensbesteuerung 2008, 161-164.

941 Im Jahre 2003 hat die Europäische Kommission als verbotene staatliche Beihilfe eingestuft und die Genehmigung neuer BCCs verboten.

942 *Miles,* Co-ordination Centres, Tax Planning International Review 2006, Vol. 33, March, 23.

943 Siehe im Detail, *Winkeljohann/Weihmann,* Finanzierungseinkünfte in Belgien und den Niederlanden aus Sicht deutscher Unternehmen, Die Unternehmensbesteuerung 2008, 161-164. *Wijnkamp,* Belgium: A tax haven?, Tax Planning International Review 2007, Vol. 34, June, 21, 23; *Gnaedinger,* EU Lawyers Discuss Merger Laws, Treaties, and Holding Companies, Tax Notes International 2007, Vol. 45, 1075, 1076; *Gérard,* A Closer Look at Belgium's Notional Interest Deduction, Tax Notes International 2006, Vol. 41, 449-453.

Holding Companies, die Finanzierungs- und Managementfunktionen ausführen.[944]

Die wichtigsten Vorteile des Holdingstandortes Belgien sind:[945]

- eine umfassende Befreiung für Veräußerungsgewinne ohne Mindesthaltefrist oder Mindestbeteiligungshöhe;[946]
- Beteiligungsertragsbefreiung i.H.v. 95%;[947]
- keine Quellensteuer auf Dividenden für Empfänger, die in dem Staat eines Vertragspartners ansässig sind;[948]
- keine CFC-Regeln;[949]
- liberale *Thin Cap*-Regeln;[950]

944 *Eynatten,* European Holding Company Tax Regimes: A Comparative Study, European Taxation 2007, 562, 564.

945 Vgl. *Eynatten,* European Holding Company Tax Regimes: A Comparative Study, European Taxation 2007, 562, 563, 564; *Vanpeteghem/Van Hove,* Belgium to End Dividend Withholding for Treaty Parents, Tax Notes International 2006, Vol. 44, 415; *Wijnkamp,* Belgium: A tax haven?, Tax Planning International Review 2007, Vol. 34, June, 21-24; *Vanhaute*, Belgium in International Tax Planning, 2004, S. 173-186.

946 *Quaghebeur,* Capital Gains on Shareholdings: Developments, Tax Notes International 2006, Vol. 42, 251-252; *Vanhaute*, Belgium in International Tax Planning, 2004, S. 180-183; *Peeters,* The Belgian Corporate Tax Reform and the Participation Exemption, Intertax 2003, 287, 297.

947 *Peeters,* The Belgian Corporate Tax Reform and the Participation Exemption, Intertax 2003, 287-298; *Vanhaute*, Belgium in International Tax Planning, 2004, S. 173-180; *Offermanns*, Belgium, in: IBFD, Europe – Corporate Taxation, 2007, Ch. 2.2; *Tahon/Bogaerts,* Amendments to the Participation Exemption Regime, Tax Planning International Review 2002, Vol. 29, December, 15-17; *Ruchelman/van Asbeck/Canalejo u.a.,* A Guide to European Holding Companies Part 2, Journal of International Taxation 2001, January, 22; *Langer*, Belgium, in: Langer, Langer on International Tax Planning, 2008, 140-8. Über die Europarechtskonformität der belgischen Beteiligungsertragsbefreiung, *Quaghebeur,* ECJ to Examine Belgian Participation Exemption, Tax Notes International 2007, Vol. 45, 1182-1184; *Edition Francis Lefebvre*, Belgique, 2006, Rn. 1353; *Wijnkamp,* Belgium: A tax haven?, Tax Planning International Review 2007, Vol. 34, June, 21, 22; *Malherbe*, Host Country Belgium, in: Tax Management International Forum, The Definition and Taxation of Dividends, 2007, 3-9.

948 *Eynatten,* European Holding Company Tax Regimes: A Comparative Study, European Taxation 2007, 562, 563; *Vanhaute*, Belgium in International Tax Planning, 2004, S. 127. Über die Europarechtskonformität, *Quaghebeur,* ECJ to Examine Belgian Withholding Rules, Tax Notes International 2007, Vol. 48, 32-33; *Offermanns*, Belgium, in: IBFD, Europe – Corporate Taxation, 2007, Ch. 6.3.2.; *Chéruy,* Belgium Extends Dividend Withholding Tax Exemption, Tax Notes International 2007, Vol. 45, 217, 218;*Vanpeteghem/Van Hove,* Belgium to End Dividend Withholding for Treaty Parents, Tax Notes International 2006, Vol. 44, 415.

949 *Vanhaute*, Belgium in International Tax Planning, 2004, S. 172.

950 *Vanhaute*, Belgium in International Tax Planning, 2004, S. 186.

- liberale Anti-Missbrauchsvorschriften;[951]
- zweites Abkommensnetzwerk, u.a. mit den Vereinigten Staaten[952] und Hongkong[953]; Eckpfeiler der »*Two Markets Holding Strategy*«;[954]
- Abzugsfähigkeit von allen Aufwendungen, die im Zusammenhang des Kaufs oder Haltens von Beteiligungen getätigt wurden;[955]
- *Ruling*-System.[956]

Jedoch gibt es auch ein paar Nachteile:[957]

- 5%ige Besteuerung von Dividendeneinkünften;
- relativ hoher Körperschaftsteuersatz;
- kein Gruppenbesteuerungssystem.[958]

F. Deutschland

Deutschland übt seit vielen Jahren einen großen Reiz auf U.S.-amerikanische Investoren aus; nicht nur als Produktions- sondern auch als Hol-

951 *Quaghebeur,* Belgian Supreme Court Limits Application of Statutory Antiavoidance Rule, World Tax Daily 22.12.2005, Doc 2005-25677; *Vanhaute*, Belgium in International Tax Planning, 2004, S. 203-255.

952 *Huygen/Moreau/Claes u.a.*, Belgium-U.S. Treaty Introduces Key Changes, Tax Notes International 2008, Vol. 49, 213-215; *Parillo,* U.S. Senate Ratifies German, Belgian Treaties, Tax Notes International 2007, Vol. 48, 1207-1209; *Bax/Claes,* The New Belgium-US Income Tax Treaty, European Taxation 2007, 347, 350-352; *Quaghebeur,* Belgian Parliament Ratifies Belgium-U.S. Tax Treaty, Tax Notes International 2007, Vol. 46, 768, 769, 772-773; *Quaghebeur,* Belgium Use Tax Treaties to Attract Investment, World Tax Daily 2007, Doc 2007-6224; *Goulder,* U.S. Senate Committee Ratifies Pending Treaty Instruments, World Tax Daily 1.11.2007, Doc 2007-24326.

953 *Quaghebeur,* Belgium Clarifies Issues Regarding Repatriation of Profits in Treaty with Hong Kong, World Tax Daily 8.4.2005, Doc 2005-7169; *Wijnkamp,* Belgium: A tax haven?, Tax Planning International Review 2007, Vol. 34, June, 21; *Ysebaert/Bafort,* Belgium Issues Guidance on Dividends Received From Hong Kong, Tax Notes International 2008, Vol. 49, 223-224.

954 Siehe unten Kapitel 10(XII.).

955 *Vanhaute*, Belgium in International Tax Planning, 2004, S. 183.

956 *Quaghebeur,* Advance Tax Rulings in Belgium, Tax Notes International 2007, Vol. 45, 53-55; *Edition Francis Lefebvre*, Belgique, 2006, Rn. 1005; *Vanhaute*, Belgium in International Tax Planning, 2004, S. 187-200; *Offermanns*, Belgium, in: IBFD, Europe – Corporate Taxation, 2007, Ch. 1.8.4.; *Wijnkamp,* Belgium: A tax haven?, Tax Planning International Review 2007, Vol. 34, June, 21.

957 *Eynatten,* European Holding Company Tax Regimes: A Comparative Study, European Taxation 2007, 562, 564.

958 *Offermanns*, Belgium, in: IBFD, Europe – Corporate Taxation, 2007, Ch. 2.1.; *Sedlaczek,* Verlustbehandlung bei Kapitalgesellschaften und Konzernen in Belgien, Internationale Wirtschaftsbriefe 2006, Gruppe 2, Fach 5, 263, 265.

dingstandort. Im Jahre 2006 waren U.S.-amerikanische Investoren mit €130 Milliarden in 800.000 Arbeitsplätzen in Deutschland investiert.[959]

Trotz der starken Konkurrenz insbesondere durch die Osterweiterung der EU, kann sich Deutschland als führender U.S.-Investitionsstandort in Europa behaupten. Das »*AmCham Business Barometer 2008*« gab Deutschland als führender Standort für »Holding Competence Centers« und »Holding Headquarters« aus und als zweitbester Standort für Finanzierungsholdinggesellschaften [Abbildung 24].[960] In die Untersuchung flossen die Meinungen von 86 großen multinationalen U.S.-amerikanischen Unternehmen ein, die einen Umsatz i.H.v. €135 Milliarden in Deutschland generierten.

Ranking der beliebtesten Holdingstandorte von multinationalen U.S.-amerikanischen Unternehmen in Deutschland					
Competence Centers		**Headquarters**		**Finance Holding**	
1. **Deutschland**	37%	1. **Deutschland**	32%	1. Schweiz	21%
2. U.K	27%	2. U.K.	29%	2. **Deutschland**	19%
3. Frankreich	11%	3. Schweiz	16%	3. Niederlande	17%
4. Schweiz	7%	4. Belgien	11%	4. U.K	17%
5. Belgien	6%	5. Frankreich	8%	5. Luxemburg	15%
Quelle: AmCham Germany/Boston Consulting Group, Perspektiven zum Wirtschaftsstandort Deutschland, 2008, S. 14					

Abbildung 24: AmCham Holding-Ranking

Erste Schritte, um die Attraktionskraft des Holdingstandortes Deutschland zu stärken, wurden mit dem Standortsicherungsgesetz im Jahre 1994 unternommen.[961] Die Vorteile für Holdinggesellschaften wurden allerdings konterkariert durch die Verschärfung der Regeln zur Gesellschafter-Fremdfinanzierung (§ 8a KStG), den Hinzurechnungsregeln (§§ 7ff. AStG) und der sog. »Schachtelstrafe« in § 8b Abs. 3 und 5 KStG. Dennoch ist

959 *AmCham Germany/Boston Consulting Group*, Perspektiven zum Wirtschaftsstandort Deutschland, 2008, S. 14. Über die Besteuerung von Inbound-Investitionen in Deutschland, *Haase,* Taxing inbound investments in Germany, Tax Planning International Review 2007, Vol. 34, November, 20-29.

960 *AmCham Germany/Boston Consulting Group*, Perspektiven zum Wirtschaftsstandort Deutschland, 2008, S. 14.

961 Siehe im Detail *Kessler*, Deutschland als Holdingstandort, in: Herzig/Günkel/Niemann, Steuerberater-Jahrbuch 2000/2001, 2000, S. 339, 351ff. und 379ff.

Deutschland, gerade für U.S.-amerikanische Investoren,[962] ein wettbewerbsfähiger Holdingstandort,[963] wenngleich es noch an dem unbedingten politischen Willen fehlt, weitere Verbesserungen der Rahmenbedingungen durchzuführen.[964] In der internationalen Steuerplanung ist der Einsatz von Personengesellschaft, gerade auch bei Repatriierungen,[965] weit verbreitet.[966] Beispielhafte Strukturen werden in Kapitel 10 erklärt.

In den letzten Jahren ist Deutschland verstärkt in den Blickpunkt von *Private Equity* Investoren geraten. Dies führt nicht nur zu einem vermehrten Einsatz von Holdinggesellschaften, sondern auch zu einer Veränderung der rechtlichen Rahmenbedingung durch den Gesetzgeber.[967]

962 Über deutsche Holdingstrukturen als ein wichtiges Planungsinstrument im internationalen Steuerrecht, *Endres/Schreiber/Dorfmüller,* Holding companies are key international tax planning tool, International Tax Review 2006, December/January, 46ff.; *Schaumburg*, Gestaltungsziele, in: Schaumburg/Piltz, 2002, S. 1, 65.

963 Vgl. den Überblick in *Bardet/Beetschen/Charvériat u.a.*, Les holdings, 2007, S. 362-363; *Günkel,* Standortwahl für die europäische Holdinggesellschaft, Wirtschaftsprüfung 2003, S40, S55; *Halla-Villa Jimenez,* Wahl der geeigneten Holdingstruktur, Recht der Internationalen Wirtschaft 2003, 589- 598.

964 *Kröner/Esterer,* Entscheidend sind die Anreize, Handelsblatt 25.8.2006, S. 8.

965 *Endres/Dorfmüller,* Holdingstrukturen in Europa, Praxis Internationale Steuerberatung 2001, 94, 103; *Schaumburg/Jesse*, Die nationale Holding aus steuerrechtlicher Sicht, in: Lutter, Holding Handbuch, 2004, S. 637, 647ff. Ferner, *Bünning,* Use of Partnership and Other Hybrid Instruments in Cross-Border Transactions, Intertax 2003, Vol. 31, 401ff.; *Haase,* Taxing inbound investments in Germany, Tax Planning International Review 2007, Vol. 34, November, 20, 24-26.

966 *Müller*, Die GmbH & Co. KG als Europa-Holding, 2004, S. 249ff.; *Bauschatz,* Die Einpersonen-GmbH & Co. KGaA als Holdinggesellschaft, Deutsche Steuerzeitung 2007, 39, 40; *Kessler*, Die stille Beteiligung als Instrument der Steuergestaltung nach der Unternehmenssteuerreform, in: Herzig/Günkel/Niemann, Steuerberaterjahrbuch 2002/2003, S. 375-415.

967 *Bünning,* Germany: Recent Developments Affecting the Structuring of Private Equity and Venture Capital Funds, Intertax 2005, 35-43; *Bärenz/Veith,* New Developments in Taxation of Venture Capital and Private Equity Funds in Germany, Tax Notes International 2004, Vol. 33, 731-737; *Schwedhelm/Kamps,* Germany's Corporate Interest Limitation Rule, Tax Notes International 2007, Vol. 48, 1061, 1062; *Geerling/Kost,* Deutsche Investments in ausländische Private Equity Fonds bzw. inländische Parallelfonds und die Folgen für die Besteuerung des »Carried Interests«, IStR 2005, 757-762; *Möller,* Förderung von Private Equity und Venture Capital durch geplante Verbesserung der steuerlichen Rahmenbedingungen, BB 2006, 971-974.

Die Unternehmensteuerreform 2008 brachte für Holdinggesellschaften sowohl Vor- als auch Nachteile.[968] Während die Vorteile in der Absenkung des Körperschaftsteuersatzes begründet liegen, sind die Nachteile vor allem die nachteiligen Wirkungen der sog. Zinsschranke, die zu einer Holdingdiskriminierung[969] führt.[970] Allerdings eröffnet die Zinsschranke viele Möglichkeiten für die internationale Steuerplanung, u.a. auch durch die Abschaffung von Hindernissen für Konzernfinanzierungsstrukturen.[971] Einige Strukturen werden in Kapitel 10 näher erläutert.

Außerdem wirkt sich die Verbreiterung der gewerbesteuerlichen Bemessungsgrundlage und die Verschärfung der Regeln zur Funktionsverlage-

968 *Kessler/Eicke,* Germany's Partnership Tax Regime: A Response to U.S. Check-the-Box Regs?, Tax Notes International 2007, Vol. 47, 587-591; *Ley,* Tarifbegünstigung für nicht entnommene Gewinne gemäß § 34a EStG, Die Unternehmensbesteuerung 2008, 13-23; *Resch,* The German Tax Reform 2008 – Part 1, European Taxation 2008, 99-106; *Kessler/Ortmann-Babel/Zipfel,* Unternehmensteuerreform 2008: Die geplanten Änderungen im Überblick, BB 2007, 523-534; *Kessler/Eicke,* Germany's Corporate Tax Reform, Tax Notes International 2007, Vol. 46, 1135-1137; *Zielke,* Internationale Steuerplanung nach der Unternehmensteuerreform 2008, DB 2007, 2781-2791; *Haase,* Taxing inbound investments in Germany, Tax Planning International Review 2007, Vol. 34, November, 20-29; *Tobin/Eckhardt,* The Implications of the 2008 German Business Tax Reform for US- and Other Non-German-Multinationals,Handbuch Unternehmensteuerreform 2008, 2008, S. 37-50; *Herzig,* Eckpunkte der Unternehmensteuerreform 2008,Handbuch Unternehmensteuerreform 2008, 2008, 12-36; *Eckhardt,* German Lower House Passes Business Tax Package, Tax Notes International 2007, Vol. 46, 985-990; *Rödder,* Überblick über die Unternehmensteuerreform 2008, in: Schaumburg/Rödder, Unternehmensteuerreform 2008, 2007, S. 351-392; *Herzig,* Reform der Unternehmensbesteuerung, Wirtschaftsprüfung 2007, 7-14; *Knoll/Wenger,* The New German Reform Act: A Critical Assessment, Tax Notes International 2007, Vol. 47, 353-356; *Bräunig/Welling,* Bewertung aus Sicht der Wirtschaft, in: Ernst & Young/BDI, Unternehmensteuerreform 2008, 2007, 274-306; *Grotherr,* Funktionsweise und Zweifelsfragen der neuen Zinsschranke 2008, Internationale Wirtschaftsbriefe 2007, Gruppe 3, Fach 3, 1489-1508; *Endres/Spengel/Reister,* Auswirkungen der Unternehmensteuerreform 2008, Wirtschaftsprüfung 2007, 478-489; *Schreiber/Overesch,* Reform der Unternehmensbesteuerung, DB 2007, 813-820; *Homburg/Houben/Maiterth,* Rechtsform und Finanzierung nach der Unternehmensteuerreform 2008, Wirtschaftsprüfung 2007, 376-381; *Rödl,* Unternehmenssteuerreform 2008, BB 5.3.2007, Erste Seite. Sehr kritisch und einen Verstoß gegen das Nettoprinzip darlegend, *Hey,* Verletzung fundamentaler Besteuerungsprinzipien, BB 2007, 1303-1309. Aus österreichischer Sicht, *Speidel/Widinski,* Überblick über die Unternehmensteuerreform 2008 in Deutschland, Österreichische Steuerzeitung 2007, 422-424.

rung[972] nachteilig aus. Auch die Einführung der sog. Abgeltungsteuer wird zu einer Veränderung der Rahmenbedingungen und der Investitionsentscheidungen führen.[973]

969 Zur Behandlung von Holdinggesellschaften unter der Vorgängerregelung *Kessler/ Düll,* Kaskadeneffekt, Buchwertkürzung und Holdingregelung bei der Fremdfinanzierung, DB 2005, 462, 465. In depth *Prinz*, Gesellschafterfremdfinanzierung von Kapitalgesellschaften, in: Piltz/Schaumburg, Internationale Unternehmensfinanzierung, 2006, S. 21, 48ff.; *Kraft/Kraft*, Grundlagen der Unternehmensbesteuerung, 2006, 164 sowie BMF v. 15. Juli 2004, BStBl I 593, Rn. 45. Ein weiteres Hindernis war die Regelung in § 8a Abs. 6 KStG zur konzerninternen Finanzierung. Dazu, *Kessler/Gross,* Konzerninterne Anteilsübertragung, WPg 2006, 1548-1555; *Kollruss,* Gesellschafter-Fremdfinanzierung über nachgeschaltete ausländische Personengesellschaften im DBA-Fall, IStR 2007, 131, 135, 136; *Kessler,* Konzerninterne Anteilsübertragung, DB 2005, 2766-2772; *Endres/Schreiber/ Dorfmüller,* Holding companies prove worth, International Tax Review 2007, January, 43, 45; *Kessler,* Konzerninterne Anteilsübertragung, DB 2005, 2766.

970 Siehe beispielsweise, *Kessler/Eicke,* New German Thin Cap Rules – Too Thin the Cap, Tax Notes International 2007, Vol. 47, 263-267; *Herzig,* Reform der Unternehmensbesteuerung, Wirtschaftsprüfung 2007, 7, 12-14.

971 *Kessler/Eicke,* New German Thin Cap Rules – Too Thin the Cap, Tax Notes International 2007, Vol. 47, 263-267; *Scheunemann,* New German Tax Rules on Financing Expenses, Intertax 2007, 518-525.

972 Siehe *Kessler/Eicke,* Out of Germany: The New Function Shifting Regime, Tax Notes International 2007, Vol. 48, 53-56; *Wassermeyer,* Funktionsverlagerung – Statement, FR-Ertragsteuerrecht 2008, 67, 68; *Eckhardt,* German Lower House Passes Business Tax Package, Tax Notes International 2007, Vol. 46, 985, 989; *Frotscher,* Grundfragen der Funktionsverlagerung, FR-Ertragsteuerrecht 2008, 49-57; *Przysuski,* Tax Reform Brings Transfer Pricing Changes, Tax Notes International 2007, Vol. 47, 230; *Blumers*, Funktionsverlagerung,Handbuch Unternehmensteuerreform 2008, 2008, 177-204; *Kroppen/Rasch/Eigelshoven,* Behandlung der Funktionsverlagerungen, Internationale Wirtschaftsbriefe 2007, Gruppe 1, Fach 3, 2201-2229; *Wassermeyer,* Modernes Gesetzgebungsniveau am Beispiel des Entwurfs zu § 1 AStG, DB 2007, 535-539; *Blumers,* Funktionsverlagerung per Transferpaket, BB 2007, 1757-1763; *Frischmuth,* UntStRefG 2008 und Verrechnungspreise, IStR 2007, 485-489; *Greinert*, Verrechnungspreise und Funktionsverlagerungen, in: Schaumburg/Rödder, Unternehmensteuerreform 2008, 2007, S. 541, 558-582; *Wilmanns,* Besteuerung von Funktionsverlagerungen – Ein internationaler Vergleich, DB – Status: Recht 2007, 201; *Waldens,* Fallstricke bei Funktionsverlagerungen, Praxis Internationale Steuerberatung 2007, 209, 211-214; *Jenzen,* Besteuerung von Gewinnpotentialen, Internationale Wirtschaftsbriefe 2007, Fach 2, 9419-9438; *Welling/Tiemann,* Funktionsverlagerung im Widerstreit mit internationalen Grundsätzen, FR-Ertragsteuerrecht 2008, 68-71; *Baumhoff/ Ditz/Greinert,* Ermittlung internationaler Verrechnungspreise, DStR 2007, 1461-1467.

973 Siehe *Kessler/Eicke,* Welcome to the German Dual Income Tax, Tax Notes International 2007, Vol. 47, 837-841; *Englisch,* Verfassungsrechtliche und steuersystematische Kritik der Abgeltungssteuer, Steuer und Wirtschaft 2007, 221-240; *Brandtner/Busch,* Germany Revises Taxation Of Private Capital Investments, Tax

In der Zusammenschau ergeben sich folgende Vorteile des Holdingstandortes Deutschland:

- eine 100%ige körperschaft-[974] bzw. gewerbesteuerrechtliche[975] Beteiligungsertrags- und körperschaftsteuerliche Veräußerungsgewinnbefreiung ohne Mindesthaltefrist und Mindestbeteiligungshöhe für die körperschaftsteuerlichen Schachtelbefreiungen;[976]

Notes International 2007, Vol. 47, 205-207; *Mertes/Hagen*, Einführung einer Abgeltungsteuer, in: Ernst & Young/BDI, Unternehmensteuerreform 2008, 2007, 216-253; *Schönfeld*, Abgeltungsteuer und Kapitalertragsteuer, in: Schaumburg/Rödder, Unternehmensteuerreform 2008, 2007, S. 621-669; *Herzig*, Reform der Unternehmensbesteuerung, Wirtschaftsprüfung 2007, 7, 14; *Melchior*, Unternehmensteuerreform 2008 und Abgeltungsteuer, IStR 2007, 1229-1237; *Wagner*, Die Abgeltungsteuer, Die Steuerberatung 2007, 313-320, 329; *Oho/Hagen/Lenz*, Zur geplanten Einführung einer Abgeltungsteuer im Rahmen der Unternehmensteuerreform 2008, DB 2007, 1322-1326; *Geurts*, Die neue Abgeltungsteuer, Deutsche Steuerzeitung 2007, 341-347; *Kracht*, Gezeitenwechsel bei der Fremdfinanzierung, Praxis Internationale Steuerberatung 2007, 201, 205; *Eckhardt*, German Lower House Passes Business Tax Package, Tax Notes International 2007, Vol. 46, 985, 989, *Ehlermann/Nakhai/Hammerschmitt*, Germany Issues Draft of Tax Reform Plans 2008, Tax Planning International Review 2007, February, Vol. 34, 6; *Knebel/Kunze*, Die Abgeltungsteuer, Internationale Wirtschaftsbriefe 2007, Gruppe 3, Fach 3, 1509-1516.

974 *Kramer*, Host Country Germany, in: Tax Management International Forum, The Definition and Taxation of Dividends, 2007, 34-37; *Djanani/Brähler/Lösel*, German Income Tax, 2007, S. 207, 208. Vertiefend zur deutschen Beteiligungsertragsbefreiung, *Winhard*, Die Funktionen der abkommensrechtlichen Steuerfreistellung und ihre Auswirkungen auf das deutsche Recht, 2007, S. 15-52. Über die kürzlich vorgenommenen Modifikationen im Zusammenhang mit verdeckten Gewinnausschüttungen, *Strnad*, Das Korrespondenzprinzip in § 8, § 8b KStG gemäß JStG 2007, GmbH-Rundschau 2006, 1321-1323; *Grotherr*, Außensteuerrechtliche Bezüge im Jahressteuergesetz 2007, Recht der Internationalen Wirtschaft 2006, 898, 901; *Jesse*, Dividenden- und Hinzurechnungsbesteuerung, in: Schaumburg/Piltz, Holdinggesellschaften im Internationalen Steuerrecht, 2002, S. 109, 110ff.; *Bindl*, Zur Steuerpflicht von Beteiligungserträgen nach § 8b Abs. 7 KStG bei Industrieholdinggesellschaften, DStR 2006, 1817, 1818; *Körner*, Techniken konzerninterner Gewinnverlagerung, 2004, S. 101; *Bader*, Steuergestaltung mit Holdinggesellschaften, 2007, S. 138-142.

975 *Kessler/Eicke*, Life Goes On – The Second Life of the German Trade Tax, Tax Notes International 2007, Vol. 48, 279, 280; *Kessler/Knörzer*, Die Verschärfung der gewerblichen Schachtelstrafe, IStR 2008, 121-124; *Schaumburg/Jesse*, Die internationale Holding aus steuerrechtlicher Sicht, in: Lutter, Holding Handbuch, 2004, S. 847, 852 (Rn. 10); *Ortmann-Babel/Zipfel*, Gewerbesteuerliche Änderungen, in: Ernst & Young/BDI, Unternehmensteuerreform 2008, 2007, S. 199, 212-213; *Schlotter*, Weitere Gegenfinanzierungsmaßnahmen, in: Schaumburg/Rödder, Unternehmensteuerreform 2008, 2007, S. 583, 617-619.

976 Zu europarechtlichen Bedenken, *Körner*, Europarecht und Beteiligungsaufwendungen, IStR 2006, 376, 378; *Friedrich/Nagler*, Das Urteil Keller-Holding und seine Auswirkungen auf die Abzugsbeschränkungen des § 8b KStG, IStR 2006, 217, 221.

- attraktives Gruppenbesteuerungssystem (»Organschaft«);[977]
- Abzugsfähigkeit von Aufwendungen trotz Steuerbefreiung der Einkünfte aus dem Halten von Beteiligungen;
- weites DBA-Netzwerk;[978] u.a. Möglichkeit eines Nullquellensteuersatzes durch das neue DBA mit den Vereinigten Staaten;[979]
- keine Stempel- oder Gesellschaftsteuer.

Die Nachteile sind:

- 5% der Dividendeneinkünfte und der Veräußerungsgewinne gelten als nicht abzugsfähige Betriebsausgaben und erhöhen somit die steuerliche Bemessungsgrundlagen;
- Mindestbeteiligungshöhe und Mindestbeteiligungsdauer für die gewerbesteuerlichen Schachtelbefreiung;
- strenge Beschränkung der Abzugsfähigkeit von Zinsaufwendungen durch die Zinsschranke;[980]

977 *Endres/Schreiber/Dorfmüller,* Holding companies prove worth, International Tax Review 2007, January, 43, 45. Außerdem, *Schaumburg/Jesse*, Die nationale Holding aus steuerrechtlicher Sicht, in: Lutter, Holding Handbuch, 2004, S. 637, 820 (Rn. 268ff.); *Orth,* Verlustnutzung und Organschaft, Wirtschaftsprüfung 2003, Sonderheft, S13ff.; *Göke*, Die ertragsteuerliche Organschaft als Gestaltungsinstrument für Mittelstandskonzerne, 2006, S. 205-232; *Dötsch*, Internationale Organschaft, in: Strunk/Wassermeyer/Kaminski, Gedächtnisschrift für Dirk Krüger, 2006, S. 193, 199; *Grotherr,* Besteuerungsfragen Teil 2, BB 1995, 1561, 1562; *Schaumburg/Jesse*, Die internationale Holding aus steuerrechtlicher Sicht, in: Lutter, Holding Handbuch, 2004, S. 847, 916 (Rn. 136ff.); *Schaumburg/Jesse*, Die internationale Holding aus steuerrechtlicher Sicht, in: Lutter, Holding Handbuch, 2004, S. 847, 852 (Rn. 11). Hinsichtlich der Übereinstimmung mit europarechtlichen Vorgaben, *Pache/Englert,* Grenzüberschreitende Verlustverrechnung deutscher Konzernspitzen, IStR 2007, 47-53; *Kessler/Eicke,* Die Limited – Fluch oder Segen für die Steuerberatung?, DStR 2005, 2101, 2104

978 *Endres/Schreiber/Dorfmüller,* Holding companies prove worth, International Tax Review 2007, January, 43, 45.

979 *Shiller,* An American Perspective on the Germany-U.S. Treaty Protocol, Tax Notes International 2008, Vol. 49, 165-179; *Venuti/Manasuev,* Eligibility for Zero Withholding on Dividends in the New Germany-U.S. Protocol, Tax Notes International 2008, Vol. 49, 181-190; Endres, 2006 780 /id}-264; *Kessler/Eicke,* Hinter dem Horizont – Das neue US-Musterabkommen und die Zukunft der US-Steuerpolitik, IStR 2007, 159-162; *Kessler/Eicke,* Das neue U.S.-Musterabkommen zur Vermeidung der Doppelbesteuerung, Praxis Internationale Steuerberatung 2007, 7-10.

980 Vertiefend, *Kessler/Eicke,* New German Thin Cap Rules – Too Thin the Cap, Tax Notes International 2007, Vol. 47, 263-267; *Möhlenbrock,* Detailfragen der Zinsschranke aus Sicht der Finanzverwaltung, Die Unternehmensbesteuerung 2008, 1-12; *Scheunemann,* New German Tax Rules on Financing Expenses, Intertax 2007, 518-525; *Köhler,* Erste Gedanken zur Zinsschranke nach der Unternehmensteuerreform, IStR 2007, 597-604; *Rödder/Stangl,* Zur geplanten Zinsschranke, DB 2007, 479-486; *Kessler/Köhler/Knörzer,* Die Zinsschranke im Rechtsvergleich, IStR 2007, 418-422; *Köhler*, Zinsschranke – Überblick über die Neuregelung, in:

- strenge Mantelkaufregel in § 8c KStG;[981]

Ernst & Young/BDI, Unternehmensteuerreform 2008, 2007, S. 107-126; *Eisgruber*, Zinsschranke,Handbuch Unternehmensteuerreform 2008, 2008, S. 75-105; *Schaden/Käshammer*, Einführung einer Zinsschranke, in: Ernst & Young/BDI, Unternehmensteuerreform 2008, 2007, S. 127-152; *Töben/Fischer*, Die Zinsschranke – Regelungskonzept und offene Fragen, BB 2007, 974-978; *Schreiber/Overesch*, Reform der Unternehmensbesteuerung, DB 2007, 813, 816-820; *Kessler/Ortmann-Babel/Zipfel*, Unternehmensteuerreform 2008: Die geplanten Änderungen im Überblick, BB 2007, 523, 528-530; *Schaden/Käshammer*, Der Zinsvortrag im Rahmen der Regelungen zur Zinsschranke, BB 2007, 2317-2323; *Herzig/Liekenbrock*, Zinsschranke im Organkreis, DB 2007, 2387-2395; *Hölzl*, Zinsschranke: Fallstricke und Mechanismen,Handbuch Unternehmensteuerreform 2008, 2008, 107-126; *Stangl/Hageböke*, Zinsschranke und gewerbesteuerliche Hinzurechnung von Finanzierungsentgelten, in: Schaumburg/Rödder, Unternehmensteuerreform 2008, 2007, S. 447-513; *Eckhardt*, German Lower House Passes Business Tax Package, Tax Notes International 2007, Vol. 46, 985-988; *BDI/KPMG*, Die Behandlung von Finanzierungsaufwendungen, 2007, S. 8-16; *Ehlermann/Nakhai/ Hammerschmitt*, Germany Issues Draft of Tax Reform Plans 2008, Tax Planning International Review 2007, February, Vol. 34, 6, 7; *Schaden/Käshammer*, Die Neuregelung des § 8a KStG im Rahmen der Zinsschranke, BB 2007, 2259-2266; *Rohrer/Orth*, Zinsschranke: Belastungswirkungen bei der atypisch ausgeprägten KGaA, BB 2007, 2266-2269; *Kracht*, Gezeitenwechsel bei der Fremdfinanzierung, Praxis Internationale Steuerberatung 2007, 201-208; *Jonas*, Regierungsentwurf eines Unternehmenssteuerreformgesetzes, Wirtschaftsprüfung 2007, 407-411; *Endres/Spengel/Reister*, Auswirkungen der Unternehmensteuerreform 2008, Wirtschaftsprüfung 2007, 478, 485, 486; *Homburg/Houben/Maiterth*, Rechtsform und Finanzierung nach der Unternehmensteuerreform 2008, Wirtschaftsprüfung 2007, 376-381; *Hey*, Verletzung fundamentaler Besteuerungsprinzipien, BB 2007, 1303, 1305, 1306; *Rödl*, Unternehmenssteuerreform 2008, BB 5.3.2007, Erste Seite; *Führich*, Ist die geplante Zinsschranke europarechtskonform?, IStR 2007, 341, 342; *Hornig*, Die Zinsschranke – ein europrarechtlicher Irrweg, Praxis Internationale Steuerberatung 2007, 215-220; *Köster*, Zinsschranke: Eigenkapitaltest und Bilanzpolitik, BB 2007, 2278-2284.

981 *Kessler/Eicke*, Losing thc Losses – The New German Change-of-Ownership Rule, Tax Notes International 2007, Vol. 48, 1045-1048; *Rödder*, Überblick über die Unternehmensteuerreform 2008, in: Schaumburg/Rödder, Unternehmensteuerreform 2008, 2007, S. 351, 374; *Hans*, Kritik der Neuregelung über die Nutzung körperschaftsteuerlicher Verluste, Finanz-Rundschau 2007, 775, 777; *Lang*, Die Neuregelung der Verlustabzugsbeschränkung, Deutsche Steuerzeitung 2007, 652, 653; *Suchanek/Herbst*, Wirkungen des neuen § 8c KStG zur Verlustnutzung, Finanz-Rundschau 2007, 863, 864; *von Freeden*, Verlustabzugsbeschränkung bei Körperschaften, in: Schaumburg/Rödder, Unternehmensteuerreform 2008, 2007, S. 521, 529; *Winkler/Dieterlen*, Neuregelung des Mantelkaufs, in: Ernst & Young/BDI, Unternehmensteuerreform 2008, 2007, S. 153, 156-157.

- Gefahr der Doppelbesteuerung bei Anrechnung von ausländischen Steuern auf die deutsche Gewerbesteuer;[982]
- strenge Anti-Treaty-Shopping Vorschrift in § 50d Abs. 3 EStG;[983]

982 Kritisch, *Vogel*, Art. 2, in: Vogel/Lehner, DBA-Kommentar, 2003, S. 303, 334 (Rn. 63) und *Vogel*, Art. 23, in: Vogel/Lehner, DBA-Kommentar, 2003, S. 1627, 1737 (Rn. 129). Ferner, *Kessler/Eicke,* Life Goes On – The Second Life of the German Trade Tax, Tax Notes International 2007, Vol. 48, 279, 282; *Herzig,* Reform der Unternehmensbesteuerung, Wirtschaftsprüfung 2007, 7, 10, der die Gewerbesteuer auf dem Weg weg von einer Objekt- hin zu einer Ertragsteuer sieht. Ferner, *Lang,* Kommunalsteuer und DBA, Steuer und Wirtschaft International 2005, 16-23. Über »Taxes« i.S.v. Art. 20 OECD-MA, *Lang,* »Taxes Covered« – What is a »Tax« according to Article 2 of the OECD Model?, European Taxation 2005, 216-223.

983 *Kessler/Eicke,* Neue Gestaltungshürden in der Anti-Treaty-Shopping-Regelung des § 50d Abs. 3 EStG, DStR 2007, 781-786; *Kessler/Eicke,* Germany: Treaty Shop Until You Drop, Tax Notes International 2007, Vol. 46, 377-380; *Kessler/Eicke,* Treaty-Shopping – Quo vadis?, IStR 2006, 577-582; *Kessler/Eicke,* Doppel-Holdingstruktur als Schutz vor der Anti-Treaty-Shopping-Regelung des § 50d Abs. 3 EStG, IStR 2007, 526-530; *Kessler/Eicke,* Germany's Anti-Treaty-Shopping Rule: Two-tier holding meets two-tier approach, Tax Planning International Review 2007, May, 2, 3; *Kessler/Eicke,* Zur mittelbaren Entlastungsberechtigung in der Anti-Treaty-Shopping Regelung, Praxis Internationale Steuerberatung 2007, 317-319. Ferner, *Jakob/Kubaile,* Schweizerischer Holdingstatuts und Novellierung des Treaty Shoppings in Deutschland, IFF Forum für Steuerrecht 2007, 209-227; *Ehlermann/Nakhai,* EC law aspects of revised German anti-treaty shopping rules – part I, European Tax Service (BNA) 2007, January, 10-13; *Ehlermann/Nakhai,* EC law aspects of revised German anti-treaty shopping rules – part II, European Tax Service (BNA) 2007, Febuary, 4-6; *Plewka/Renger,* Verstößt § 50d Abs. 3 EStG tatsächlich gegen die Grundfreiheiten?, GmbH-Rundschau 2007, 1027-1031; *Korts,* Anmerkungen zur Neuregelung des § 50d Abs. 3 EStG, Die Steuerberatung 2007, 362-367; *Eckl,* Tigtening of the German Anti-Treaty-Shopping Rule, European Taxation 2007, Vol. 47, 120-125; *Bron,* Die Europarechtswidrigkeit des § 50d Abs. 3 EStG, DB 2007, 1273-1276; *Kollruss,* Steueroptimale Gewinnrepatriierung unter der verschärften Anti-Treaty-Shopping-Regelung, IStR 2007, 870-876; *Weiske,* Drohende Rechtsfolgen des »Treaty Shopping«, IStR 2007, 314-316; *Endres,* Zur Quellensteuerentlastung bei ausländischen Gesellschaften, Praxis Internationale Steuerberatung 2007, 279-284; *Beußer,* Der neue § 50d Abs. 3 EStG bei Nutzungsvergütungen, IStR 2007, 316-320; *Grotherr,* Außensteuerrechtliche Bezüge im Jahressteuergesetz 2007, Recht der Internationalen Wirtschaft 2006, 898, 906, 907; *Grotherr,* International relevante Änderungen durch das JStG 2007 anhand von Fallbeispielen, Internationale Wirtschaftsbriefe 2006, Gruppe 3, Fach 3, 1445, *Ehlermann/Selack,* Germany to Tighten Anti-Treaty-Shopping Rules, Tax Notes International 2006, Vol. 43, 282; *Bünning/Mühle,* Änderung des § 50d Abs. 3 EStG, BB 2006, 2159ff.; *Plewka/Beck,* Tax Planning Under Germany´s New Antiavoidance Rule, Tax Notes International 2006, Vol. 44, 617, 618; *Ehlermann/Kowallik,* Germany Tightens Rules for Foreign Holding Companies, Tax Notes International 2007, Vol. 45, 11-17; *Piltz,* Wirtschaftliche

- strenge *Subject-to-Tax*-Bestimmung in § 50d Abs. 9 EStG.[984]

G. Vereinigtes Königreich

Von U.S.-amerikanischen Investoren häufig genutzt werden auch Holdinggesellschaften im Vereinigten Königreich.[985] Das liegt vor allem daran, dass nach nationalem britischem Recht i.d.R. keine Quellensteuern auf Dividendenausschüttungen erhoben werden.[986] Daher ist es auch ohne die Anwendung eines Doppelbesteuerungsabkommens möglich, Dividenden

oder sonst beachtliche Gründe in § 50d Abs. 3 EStG, IStR 2007, 793-799; *Günkel/Lieber,* Braucht Deutschland eine Verschärfung der Holdingregelung in § 50d Abs. 3 EStG?, DB 2006, 2197-2199; *Welbers,* Anti-treaty-shopping rules to get tougher, International Tax Review 2006, September, Issue 8, 70; *Ritzer/Stangl,* Zwischenschaltung ausländischer Kapitalgesellschaften, GmbH-Rundschau 2006, 757-766; *Wiese/Süß,* Verschärfungen bei Kapitalertragsteuer-Entlastung für zwischengeschaltete ausländische Kapitalgesellschaften, GmbH-Rundschau 2006, 972-976; *Kubaile/Buck,* Das Jahressteuergesetz 2007 hat auch internationale Steuergestaltungen erschwert, Praxis Internationale Steuerberatung 2007, 78, 80-82; *Kempf/Meyer,* Der neu gefasste § 50d Abs. 3 EStG in der Praxis, Deutsche Steuerzeitung 2007, 584-589; *Bendlinger,* Die Holdinggesellschaft im Fadenkreuz der Finanzverwaltung, Österreichische Steuerzeitung 2007, 593, 594; *Korts,* Anmerkungen zum BMF-Schreiben vom 3.4.2007, IStR 2007, 663-665.

984 *Resch,* The New German Unilateral Switch-Over and Subject-to-Tax Rule, European Taxation 2007, 480-483; *Grotherr,* Zum Anwendungsbereich der unilateralen Rückfallklausel gemäß § 50d Abs. 9 EStG, IStR 2007, 265-268; *Vogel,* Neue Gesetzgebung zur DBA-Freistellung, IStR 2007, 225-228; *Salzmann,* Abschied vom Verbot der »virtuellen Doppelbesteuerung?, Internationale Wirtschaftsbriefe 2007, 1465, 1478-1478; *Kollruss,* Gesellschafter-Fremdfinanzierung über nachgeschaltete ausländische Personengesellschaften im DBA-Fall, IStR 2007, 131, 135; *Loose/Hölscher/Althaus,* Anwendungsbereich und Auswirkungen der Einschränkung der Freistellungsmethode, BB 2006, 2724, 2726; *Wagner,* Erträge aus einer stillen Gesellschaft an einer luxemburgischen Kapitalgesellschaft, Die Steuerberatung 2007, 21, 34, 35; *Grotherr,* Außensteuerrechtliche Bezüge im Jahressteuergesetz 2007, Recht der Internationalen Wirtschaft 2006, 898, 909; *Grotherr,* International relevante Änderungen durch das JStG 2007 anhand von Fallbeispielen, Internationale Wirtschaftsbriefe 2006, Gruppe 3, Fach 3, 1445, 1459-1464.

985 Eine Auflistung der Vorteile einer Holdinggesellschaft im Vereinigten Königreich befindet sich in *Dean,* New Capital Gains Tax Exemption, Tax Planning International Review 2002, Vol. 29, May, 8, 11.

986 *Eynatten,* European Holding Company Tax Regimes: A Comparative Study, European Taxation 2007, 562, 566; *Ruchelman/van Asbeck/Canalejo u.a.,* A Guide to European Holding Companies Part 3, Journal of International Taxation 2001, Vol. 12, March, 20ff.; *Kessler/Dorfmüller,* Holdingstandort Großbritannien – eine attraktive Alternative?, IStR 2003, 228; *Kessler,* Die Euro-Holding, 1996, 113, 129, 161; *Kessler,* Holdinggesellschaften und Kooperationen in Europa, in: Schaumburg, Steuerrecht und steuerorientierte Gestaltungen im Konzern, 1998, 177, 219; *Dorfmüller,* Tax Planning for U.S. MNCs, 2003, 150.

steuerfrei weiterzuleiten. Ein anderer wichtiger Grund für das Vereinigte Königreich als Holdingstandort für U.S.-amerikanische Investoren ist das britische Rechtssystem, und deren Kompatibilität nicht nur zum U.S.-amerikanischen Recht, sondern auch zu anderen bevorzugten Standorten wie Hongkong, Singapur, Bermuda und den Cayman Islands.
Zusammenfassend sind die Vorteile:

- grundsätzlich keine Quellensteuer auf Weiterausschüttungen von Dividenden;[987]
- Möglichkeit der Gruppenbesteuerung;[988]
- weites DBA-Netzwerk;[989]
- Möglichkeit des »*Onshore Pooling*«; [990]
- britisches Rechtssystem.

Dennoch gibt es auch ein paar Nachteile:

- das Anrechnungssystem, bürgt die Gefahr von Doppelbesteuerungen in sich;[991]

987 *Ruchelman/van Asbeck/Canalejo u.a.,* A Guide to European Holding Companies Part 3, Journal of International Taxation 2001, Vol. 12, March, 20, 25; *Kessler/ Dorfmüller,* Holdingstandort Großbritannien – eine attraktive Alternative?, IStR 2003, 228, 231; *Romano,* Holding Company Regimes in Europe: A Comparative Survey, European Taxation 1999, 257, 268, 269; *Rosenbach*, Steuerliche Parameter für die internationale Standortwahl und ausländische Holdingstandorte, in: Lutter, Holding Handbuch, 2004, S. 968, 1043. Ferner, EuGH v. 25. September 2003, C-58/01 (*Océ van der Grinten*). Siehe *Kofler,* Océ van der Grinten, Österreichische Steuerzeitung 2004, 28-31. *Alberts*, Grossbritannien, in: Mennel/Förster, Steuern in Europa, Amerika und Asien, 2007, 1, 72.

988 *Cleave/Bater/Woodward*, United Kingdom, in: IBFD, Europe – Corporate Taxation, 2007, Ch. 13.3; *Ruchelman/van Asbeck/Canalejo u.a.,* A Guide to European Holding Companies Part 3, Journal of International Taxation 2001, Vol. 12, March, 20, 28; *Alberts*, Grossbritannien, in: Mennel/Förster, Steuern in Europa, Amerika und Asien, 2007, 1, 70; *Weiner,* Exempting Foreign Profits From Taxation in the U.K., Tax Notes International 2007, Vol. 47, 214, 215.

989 *Cleave/Bater/Woodward*, United Kingdom, in: IBFD, Europe – Corporate Taxation, 2007, Ch. 8.3.4.1. Ferner hinsichtlich der LoB-Klausel im U.S.-U.K. DBA, *Clark,* Limitation on Benefits: Changing Forms in the New US-UK Tax Treaty, European Taxation 2003, 97-99.

990 *Goulder,* Ireland's Low Tax Rates Inspire U.K. Pols, Tax Notes International 2007, Vol. 47, 795, 796.

991 *Greenbank*, Host Country United Kingdom, in: Tax Management International Forum, The Definition and Taxation of Dividends, 2007, 61-65; *Dorfmüller*, Tax Planning for U.S. MNCs, 2003, S. 150-152; *Kessler/Dorfmüller,* Holdingstandort Großbritannien – eine attraktive Alternative?, IStR 2003, 228, 233; *Ruchelman/ van Asbeck/Canalejo u.a.,* A Guide to European Holding Companies Part 3, Journal of International Taxation 2001, Vol. 12, March, 20, 24; *Cleave/Bater/Woodward*, United Kingdom, in: IBFD, Europe – Corporate Taxation, 2007, Ch. 8.3.3.3.

- strenge CFC-Regelungen;[992]
- Anti-Missbrauchsregelungen[993] und Anti-Missbrauchs-*Case Law*[994] sowie Anzeigepflicht für Steuergestaltungen[995];
- *Thin Cap*-Regeln;[996]

992 *Evans/Delahunty,* E.U. perspective on U.K. CFC Rules, Tax Planning International Review 2007, Vol. 34, September, 15-18; *Goebel/Palm,* Der Motivtest – Rettungsanker der deutschen Hinzurechnungsbesteuerung?, IStR 2007, 720, 721; *Weiner,* Exempting Foreign Profits From Taxation in the U.K., Tax Notes International 2007, Vol. 47, 214, 218.; *Brinker,* Comparing U.S. and U.K. CFC Rules, Journal of International Taxation 2003, Vol. 14, May, 18-23; *Ruchelman/van Asbeck/Canalejo u.a.,* A Guide to European Holding Companies Part 3, Journal of International Taxation 2001, Vol. 12, March, 20, 28-29.

993 *Ruchelman/van Asbeck/Canalejo u.a.,* A Guide to European Holding Companies Part 3, Journal of International Taxation 2001, Vol. 12, March, 20, 23, 28; *Cleave/Bater/Woodward,* United Kingdom, in: IBFD, Europe – Corporate Taxation, 2007, Ch. 13.1.; *Ferris,* The Substantial Shareholdings Exemption: International Context and Comparisons, Tax Planning International Review 2006, Vol. 33, October, 10, 13; *Kessler/Dorfmüller,* Holdingstandort Großbritannien – eine attraktive Alternative?, IStR 2003, 228, 230-231; *Newey,* Inland Revenue Guidance on the New Substantial Shareholdings Relief, European Taxation 2003, 61, 485. Ferner, *Baron,* Compliance and Avoidance in the United Kingdom, Tax Planning International Review 2006, Vol. 33, October, 16-18.

994 *Cullinane,* Better ways fro lawmakers to tackle tax avoidance, Financial Times 25.1.2007, S. 12; *Morgan,* Cross-Border Regulation of Tax Shelters, Tax Notes International 2007, Vol. 48, 387, 390; *Kessler/Eicke,* Transparente Perspektiven für die Finanzverwaltung, BB 2007, 2370, 2376.

995 *Kessler/Eicke,* Transparente Perspektiven für die Finanzverwaltung, BB 2007, 2370, 2376-2377; *Kessler/Eicke,* Legal, But Unwanted – The German Tax Planning Disclosure Draft, Tax Notes International 2007, Vol. 48, 577, 580-581; *Flämig,* Der Steuerstaat auf dem Weg in den Überwachungsstaat, DStR 2007, Beihefter zu Heft 44/2007, S. 1, 4; *Cleave/Bater/Woodward,* United Kingdom, in: IBFD, Europe – Corporate Taxation, 2007, Ch. 13.1.; *Wilks/Arenstein/Greenfield,* Do UK Tax Planning Disclosure Developments Imply a General Change of Approach by Tax Authorities?, European Taxation 2007, 47-50; *Johnson,* Defining the Elephant, Tax Notes International 2006, Vol. 43, 497; *Wienbracke,* Anzeigepflicht von Steuergestaltungen: Britisches Modell als Vorbild für deutsche Regelungen?, Deutsche Steuerzeitung 2007, 664, 665; *Engel,* Großbritannien: Ausweitung der Anzeigepflicht für Steuergestaltungen, IStR 2006, Länderbericht Heft 17/2006, 1, 2; *Alberts,* Das Steuerrecht Großbritanniens 2006/2007, Internationale Wirtschaftsbriefe 2006, Gruppe 2, Fach 5, 437, 446, 447; *HMRC,* Disclosure of tax avoidance schemes, 29.9.2007, http://www.hmrc.gov.uk/ aiu/summary-disclosure-rules.htm.

996 *Cleave/Bater/Woodward,* United Kingdom, in: IBFD, Europe – Corporate Taxation, 2007, Ch. 13.3; *Ruchelman/van Asbeck/Canalejo u.a.,* A Guide to European Holding Companies Part 3, Journal of International Taxation 2001, Vol. 12, March, 20, 28; *Alberts,* Grossbritannien, in: Mennel/Förster, Steuern in Europa, Amerika und Asien, 2007, 1, 70; *Weiner,* Exempting Foreign Profits From Taxation in the U.K., Tax Notes International 2007, Vol. 47, 214, 215.

- grundsätzliche Besteuerung von Veräußerungsgewinnen; Befreiung nur in Ausnahmefällen.[997]

Das Anrechnungssystem ist ein ganz wesentliches Hindernis für eine Holdinggesellschaft im Vereinigten Königreich. Seit kurzem gibt es daher Bestrebungen seitens der britischen Finanzverwaltung (HMRC), eine Beteiligungsertragsbefreiung für Schachtelbeteiligungen einzuführen.[998]

H. Spanien

Als eine der wenigen Steuerrechtsordnungen hat Spanien ein eigenes Holdingregime.[999] Das ETVE-Regime (*Entidad de Tenencia de Valores Extranjeras*) ist geregelt in Artt. 129-132 LIS (*Ley del Impuesto sobre Sociedades* / spanisches Körperschaftsteuergesetz). Die Voraussetzungen sind:

- der satzungsmäßige Zweck der spanischen Körperschaft, die als EVTE fungiert, muss das Halten und Verwaltungen ausländischer Beteiligungen sein; das Erbringen von Dienstleistungen ist erlaubt;[1000]

997 *Ferris,* The Substantial Shareholdings Exemption: International Context and Comparisons, Tax Planning International Review 2006, Vol. 33, October, 10-13; *Newey,* Inland Revenue Guidance on the New Substantial Shareholdings Relief, European Taxation 2003, 61-63; *Kessler/Dorfmüller,* Holdingstandort Großbritannien – eine attraktive Alternative?, IStR 2003, 228-235; *Newey,* The New UK Relief for Disposals of Substantial Shareholdings, European Taxation 2002, 482-486; *Dean,* New Capital Gains Tax Exemption, Tax Planning International Review 2002, Vol. 29, May, 8-11.

998 *Weiner,* Exempting Foreign Profits From Taxation in the U.K, Tax Notes International 2007, Vol. 47, 214-220; *Nadal,* Proposed Reforms Would Make U.K. an Attractive Holding Location, World Tax Daily 19.7.2007, 2007 WTD 139-1; *Goulder,* U.K. Eyes Participation Exemption, World Tax Daily 12.4.2007, Doc 2007-9361.

999 Als Überblick, *de la Cueva González-Cotera/Pons Gasulla*, Spain, in: IBFD, Europe – Corporate Taxation, 2007, Ch. 8 und Ch. 14.1; *Bardet/Beetschen/Charvériat u.a.*, Les holdings, 2007, S. 355-358; *Halla-Villa Jimenez,* Die spanische Holdinggesellschaft (ETVE), Internationale Wirtschaftsbriefe 2003, Fach 5, Gruppe 2, 283; *Endres/Dorfmüller,* Holdingstrukturen in Europa, Praxis Internationale Steuerberatung 2001, 94, 101-103; *Ruchelman/van Asbeck/Canalejo u.a.*, A Guide to European Holding Companies Part 2, Journal of International Taxation 2001, January, 22, 31; *Dorfmüller*, Tax Planning for U.S. MNCs, 2003, 130, 153; *Halla-Villa Jimenez,* Wahl der geeigneten Holdingstruktur, Recht der Internationalen Wirtschaft 2003, 589, 590; *Courage,* Die Holdingregelung im spanischen Steuerrecht, Recht der Internationalen Wirtschaft 1996, 675-678.

1000 *Halla-Villa Jimenez,* Wahl der geeigneten Holdingstruktur, Recht der Internationalen Wirtschaft 2003, 589, 591.

- die Anteilseigner der ETVE müssen identifiziert oder identifizierbar sein; falls die ETVE börsennotiert ist, müssen die Anteile vinkulierte Namensaktien sein;
- Vorlage einer Erklärung über den Status der ETVE gerichtet an die spanischen Finanzbehörden;
- hinreichend Substanz (z.B. Angestellte, Geschäftsausstattung).

Die wesentlichen Vorteile der ETVE sind:[1001]

- umfassende Beteiligungsertrags- und Veräußerungsgewinnbefreiung ausländische Beteiligungen;[1002]
- weitgehende Quellensteuerbefreiung;[1003]
- Abzugsfähigkeit von Finanzierungsaufwendungen, trotz Freistellung der Beteiligungserträge;[1004]
- Möglichkeit der Gruppenbesteuerung;[1005]
- Abzugsfähigkeit von Veräußerungsverlusten;[1006]
- Teilwertabschreibung auf Beteiligungen;[1007]
- liberale *Thin Cap*-Regeln.[1008]

1001 *Eynatten,* European Holding Company Tax Regimes: A Comparative Study, European Taxation 2007, 562, 564, 565.

1002 *de la Cueva González-Cotera/Pons Gasulla*, Spain, in: IBFD, Europe – Corporate Taxation, 2007, Ch. 8.3.3.3.2.; *Halla-Villa Jimenez,* Wahl der geeigneten Holdingstruktur, Recht der Internationalen Wirtschaft 2003, 589, 591; *Weiner,* Exempting Foreign Profits From Taxation in the U.K., Tax Notes International 2007, Vol. 47, 214-220; *Nadal,* Proposed Reforms Would Make U.K. an Attractive Holding Location, World Tax Daily 19.7.2007, 2007 WTD 139-1; *Goulder,* U.K. Eyes Participation Exemption, World Tax Daily 12.4.2007, Doc 2007-9361. Ferner, *Baron,* Tax Policy-Making in the United Kingdom, Tax Planning International Review 2006, Vol. 33, November, 23-25. On dividends under Spanish tax law, *Briones/García*, Host Country Spain, in: Tax Management International Forum, The Definition and Taxation of Dividends, 2007, 51-56; *Halla-Villa Jimenez,* Die spanische Holdinggesellschaft (ETVE), Internationale Wirtschaftsbriefe 2003, Fach 5, Gruppe 2, 283, 286-287.

1003 *Kessler/Dorfmüller,* Holdingstandort Großbritannien – eine attraktive Alternative?, IStR 2003, 228, 231.

1004 Vgl. *de la Cueva González-Cotera/Pons Gasulla*, Spain, in: IBFD, Europe – Corporate Taxation, 2007, Ch. 2.8.6.

1005 Im Detail, *Stepholt/Bascopé/Hering,* Die Gruppenbesteuerung in Spanien, IStR 2006, 441-447; *de la Cueva González-Cotera/Pons Gasulla*, Spain, in: IBFD, Europe – Corporate Taxation, 2007, Ch. 9;

1006 *de la Cueva González-Cotera/Pons Gasulla*, Spain, in: IBFD, Europe – Corporate Taxation, 2007, Ch. 2.8.6.

1007 *de la Cueva González-Cotera/Pons Gasulla*, Spain, in: IBFD, Europe – Corporate Taxation, 2007, Ch. 2.8.6.

1008 *de la Cueva González-Cotera/Pons Gasulla*, Spain, in: IBFD, Europe – Corporate Taxation, 2007, Ch. 13.3.

- weites DBA-Netzwerk, insbesondere mit lateinamerikanischen Staaten[1009];

Dennoch gibt es auch ein paar Nachteile:

- keine Veräußerungsgewinnbefreiung hinsichtlich spanischer Beteiligungen;
- Befreiungen unterliegen strengen Anti-Missbrauchsregelungen;[1010]
- CFC-Regeln;[1011]
- 1%ige Gesellschaftsteuer;[1012]
- relativ hoher Körperschaftsteuersatz von 30%.

I. Dänemark

Im Jahre 2007 wurde das dänische Körperschaftsteuerrecht reformiert. Die wichtigsten Veränderungen sind:[1013]

- Verschärfung der *Thin Cap*-Regeln;
- Verschärfung der CFC-Regeln; u.a. Einbeziehung von dänischen Tochtergesellschaften in das CFC-Regime, um europarechtlichen Vorgaben zu entsprechen;
- Reduzierung des Körperschaftsteuersatzes von 28% auf 25%;
- Beschränkung der Abzugsfähigkeit von Finanzierungsaufwendungen;
- Beschränkung der Beteiligungsertragsbefreiung.

1009 *Dorfmüller*, Tax Planning for U.S. MNCs, 2003, S. 153; *Halla-Villa Jimenez,* Die spanische Holdinggesellschaft (ETVE), Internationale Wirtschaftsbriefe 2003, Fach 5, Gruppe 2, 283.

1010 *García Heredia,* »The Bermuda Triangle Approach«, European Taxation 2007, 529-536; *Soler Roch,* The reform of a tax code, British Tax Review 2004, 234-247; *Cusi,* Spain focuses on anti-avoidance, International Tax Review 2007, Vol. 18, February, 30, 31; *Halla-Villa Jimenez,* Wahl der geeigneten Holdingstruktur, Recht der Internationalen Wirtschaft 2003, 589, 591.

1011 *Herzig/Wagner,* Besteuerung von Auslandsengagements spanischer Holdinggesellschaften, IStR 2003, 222, 227; *de la Cueva González-Cotera/Pons Gasulla,* Spain, in: IBFD, Europe – Corporate Taxation, 2007, Ch. 13.4.

1012 *Velasco,* ECJ to Rule on Spanish Infringement Of Capital Duty Directive, Tax Notes International 2007, Vol. 48, 454.

1013 *Becker-Christensen/Klemp/Hansen u.a.,* Tax Reform Focuses on Interest Limitations, CFC Rules, Tax Notes International 2007, Vol. 46, 440, 442; *Wittendorff,* Possible Corporate Tax Rate Cuts and Anti-Avoidance Measures, Tax Planning International Review 2007, Vol. 34, February, 25; *Wittendorff,* Parliament Enacts Corporate Tax Reform Bill, Tax Notes International 2007, Vol. 46, 1105; *Fornaes,* Denmark Introduces Revised Corporate Tax Bill, Tax Notes International 2007, Vol. 46, 137-139.

Nach der Reform ergeben sich für die Holdingstandort Dänemark folgende Vorteile:[1014]

- umfassende Beteiligungsertrags- und Veräußerungsgewinnbefreiung;[1015]
- grenzüberschreitendes Gruppenbesteuerungssystem, welches inzwischen aber nur unter größeren Einschränkungen grenzüberschreitend möglich ist;[1016]
- keine Gesellschaftsteuer;
- grundsätzliche Abzugsfähigkeit von Veräußerungsverlusten;
- Abzugsfähigkeit von Finanzierungsaufwendungen, trotz Freistellung der Beteiligungserträge;
- liberale Anti-Missbrauchsrechtsprechung (»*Substance over Form*«);[1017]
- weites DBA-Netzwerk, u.a. ein kürzlich revidiertes Abkommen mit den Vereinigten Staaten.[1018]

1014 *Eynatten,* European Holding Company Tax Regimes: A Comparative Study, European Taxation 2007, 562, 564; *Pedersen,* The Holding Company Regime in Denmark, IBFD Bulletin for International Taxation 2000, 30-33; *Ottosen/Hansen,* Amendments to Denmark's Holding Company, CFC and Captive Insurance Company Regimes, IBFD Bulletin for International Taxation 2001, 361, 362. Über das dänische Holdingregime und Strukturen, *Bjornholm/Hansen*, Denmark in International Tax Planning, 2005, S. 295-315.

1015 *Andersen*, Denmark, in: IBFD, Europe – Corporate Taxation, 2007, Ch. 8.3.3.3.1. und Ch. 7.1.3; *Bjornholm/Hansen*, Denmark in International Tax Planning, 2005, S. 281-290; *Emmeluth*, Host Country Denmark, in: Tax Management International Forum, The Definition and Taxation of Dividends, 2007, 27-29.

1016 *Kessler/Daller,* Dänemark: Verschärfung der Gruppenbesteuerung, IStR 2005, Länderbericht, Heft 15, 2-3; *Hirschler/Schindler,* Die österreichische Gruppenbesteuerung als Vorbild für Europa?, IStR 2004, 505, 506; *Bjornholm/Hansen*, Denmark in International Tax Planning, 2005, S. 181-188; *Andersen*, Denmark, in: IBFD, Europe – Corporate Taxation, 2007, Ch. 9.3.; *Bjornholm/Becker-Christensen,* The New Danish Tax Consolidation Regime, European Taxation 2006, 47; *Ruchelman/van Asbeck/Canalejo u.a.,* A Guide to European Holding Companies Part 1, Journal of International Taxation 2000, August, 38, 46.

1017 *Andersen*, Denmark, in: IBFD, Europe – Corporate Taxation, 2007, Ch. 13; *Bjornholm/Becker-Christensen,* Denmark Extends Scope of Anti-Avoidance Rules, European Taxation 2006, 504-505; *Leegaard,* Taxation of Corporate Shareholders in the Nordic Countries – Part 2, European Taxation 2007, 178-186; *Bader*, Steuergestaltung mit Holdinggesellschaften, 2007, S. 183.

1018 *Mundaca/O'Connor/Schieterman,* New protocol to US-Denmark treaty explained, International Tax Review 2006, Vol. 17, July/August, 45-47; *Goulder,* U.S. Senate Committee Ratifies Pending Treaty Instruments, World Tax Daily 1.11.2007, Doc 2007-24326; *Bjornholm/Klemp,* Denmark Prepares Large-Scale Tax Reforms, Tax Planning International 2007, Vol. 48, 223.

Die Nachteile sind:

- Beteiligungsertragsbefreiung setzt eine 20%ige Mindestbeteiligung und eine 3-jährige Mindesthaltedauer voraus;[1019]
- strenge *Thin Cap*-Regeln;[1020]
- strenge CFC-Regeln;[1021]
- keine Abzugsfähigkeit von Veräußerungsverlusten nach einer 3-jährigen Haltedauer.[1022]

1019 *Bjornholm/Hansen*, Denmark in International Tax Planning, 2005, S. 290-293.

1020 *Bjornholm/Thiersen*, New Danish Limitations on Interest Deductions, European Taxation 2007, 589-592; *Becker-Christensen/Klemp/Hansen u.a.*, Tax Reform Focuses on Interest Limitations, CFC Rules, Tax Notes International 2007, Vol. 46, 440, 442-443. Ferner, *Wittendorff*, Possible Corporate Tax Rate Cuts and Anti-Avoidance Measures, Tax Planning International Review 2007, Vol. 34, February, 25; *Wittendorff*, Parliament Enacts Corporate Tax Reform Bill, Tax Notes International 2007, Vol. 46, 1105; *Fornaes*, Denmark Introduces Revised Corporate Tax Bill, Tax Notes International 2007, Vol. 46, 137-139.

1021 Im Detail, *Schönfeld*, Hinzurechnungsbesteuerung und Europäisches Gemeinschaftsrecht, 2005, S. 545ff.; *Andersen*, Denmark, in: IBFD, Europe – Corporate Taxation, 2007, Ch. 13.4; *Becker-Christensen/Klemp/Hansen u.a.*, Tax Reform Focuses on Interest Limitations, CFC Rules, Tax Notes International 2007, Vol. 46, 440, 443-444; *Wittendorff*, Possible Corporate Tax Rate Cuts and Anti-Avoidance Measures, Tax Planning International Review 2007, Vol. 34, February, 25; *Wittendorff*, Parliament Enacts Corporate Tax Reform Bill, Tax Notes International 2007, Vol. 46, 1105; *Fornaes*, Denmark Introduces Revised Corporate Tax Bill, Tax Notes International 2007, Vol. 46, 137-139.

1022 *Andersen*, Denmark, in: IBFD, Europe – Corporate Taxation, 2007, Ch. 8.3.1.

J. Schweiz

Die Schweiz ist traditionell eine der ersten Adressen für internationale Holdinggesellschaften[1023] und Banken.[1024] Durch den starken interkantonalen Steuerwettbewerb gibt es in der Schweiz 26 unterschiedliche Körperschaftsteuersätze.[1025]

Im Gegensatz zu den *Offshore Tax Havens*, die in dieser Schrift untersucht werden, bietet die Schweiz eine Fülle von Möglichkeiten, um ein Kriterium zu erfüllen, welches in der internationalen Steuerplanung immer wichtiger wird; nämlich Substanz.[1026] Da zu beobachten ist, dass viele Staaten immer mehr Substanzanforderungen in ihre Steuerrechtsordnungen einbauen, ist dies für die Schweiz als Investitionsstandort von Vorteil.[1027]

Schweizer Gesellschaften und Betriebsstätten sind ein integraler Bestandteil der internationalen Steuerplanung. Typischerweise werden diese in Strukturen häufig zusammen mit Gesellschaften aus Luxemburg, Bel-

1023 *Diamond/Diamond*, Tax Havens of the World – Switzerland, 2006, S. 5-6; *Safarik,* Swiss Supreme Court Judgment Facilitates Outbound Transfer of Participations, European Taxation 2005, Vol. 45, 167; *Bessard,* The Swiss Tax System: Key Features and Lessons for Policymakers, Tax Notes International 2007, Vol. 46, 1317, 1327; *Kälin,* Swiss Companies in International Tax Planning, Tax Planning International Review 2005, Vol. 32, September, 7, 8-9; *Langer*, Tax Havens Used For Offshore Companies, in: Langer, Langer on International Tax Planning, 2008, § 40:2.7.; *Eckert,* Tax planning in Switzerland, European Tax Service (BNA) 2007, January, 4-10; *Wüthrich*, Switzerland, in: IBFD, Europe – Corporate Taxation, 2007, Ch. 8; *Rüdisühli,* The Benefits of Swiss Companies in International Tax Planning, Tax Notes International 2006, Vol. 44, 619, 622; *Dreßler*, Gewinn- und Vermögensverlagerungen in Niedrigsteuerländer und ihre steuerliche Überprüfung, 2007, S. 44-60; *Gehriger,* Holding- und Finanzgesellschaften als Instrumente der Internationalen Steuerplanung, Archiv für Schweizerisches Abgabenrecht (ASA) 2003, 433-485; *Lammersen/Schwager,* Die steuerliche Attraktivität der Schweiz als Unternehmensstandort im internationalen und interregionalen Vergleich, IStR 2004, 741; *Baumann,* Corporate Tax Reform Influences Switzerland's International Competitiveness as a Holding Company Location, European Taxation 1999, 62-68; *Burki/Reinarz,* The Taxation of Holding, Domiciliary and Auxilliary Companies in Switzerland, IBFD Bulletin 1996, 351-358; *Brock,* Die Schweiz als Holdingstandort: Auswirkungen der Unternehmenssteuerreform, Praxis Internationale Steuerberatung 2000, 220-222.

1024 *Sullivan,* Offshore Explorations: Switzerland, Tax Notes International 2007, Vol. 48, 1107-1118.

1025 Siehe vor allem, *Economie Suisse*, Wettbewerb und Dynamik in der Steuerpolitik, 2005, S. 104-109.

1026 *Kälin,* Swiss Companies in International Tax Planning, Tax Planning International Review 2005, Vol. 32, September, 7, 10.

1027 *Rüdisühli,* The Benefits of Swiss Companies in International Tax Planning, Tax Notes International 2006, Vol. 44, 619, 622; *Kälin,* Swiss Companies in International Tax Planning, Tax Planning International Review 2005, Vol. 32, September, 7, 10.

gien, dem Vereinigten Königreich und Deutschland[1028] genutzt.[1029] Aber auch Gesellschaften aus den Bahamas und den Cayman Islands werden zusammen mit immaterielle Wirtschaftsgüter haltenden Betriebsstätten von Schweizer Gesellschaften eingesetzt.[1030]

Viele multinationale U.S.-amerikanische Unternehmen haben ihre *Regional Headquarters* in der Schweiz, u.a. *Kraft, Colgate Palmolive, Microsoft, IBM, DuPont, Caterpillar, Philipp Morris, Procter & Gamble, Hewlett Packard, Oracle* und *General Motors.*[1031]

Zwischen dem Steuerstaat Schweiz und den vielen multinationalen Unternehmen hat sich eine Art Koexistenz herausgebildet, da die ca. 20.000 in der Schweiz angesiedelten Holdinggesellschaften etwa SF3 Mrd. an Bundessteuern zahlen, was 5,5% des Bundeshaushaltes darstellt.[1032]

Holdinggesellschaften werden in der Schweiz vor allem für die folgenden Zwecke eingesetzt:

- Finanzierung der Tochtergesellschaften und anderer Konzerngesellschaften;
- Halten und Verwalten von immateriellen Wirtschaftsgütern;
- Durchführung von (begrenzten) Geschäftsführungsleistungen für den Konzern.[1033]

Die wichtigsten Vorteile des Holdingstandortes Schweiz sind: [1034]

1028 *Kolb*, Aktuelle Entwicklungen im schweizerisch-deutschen Verhältnis, in: Gocke/Gosch/Lang, Festschrift für Wassermeyer, 2005, S. 757, 758.

1029 *Diamond/Diamond*, Tax Havens of the World – Switzerland, 2006, S. 9-10 und S. 32-34; *Kälin*, Swiss Companies in International Tax Planning, Tax Planning International Review 2005, Vol. 32, September, 7, 10, 11.

1030 *Kälin*, Swiss Companies in International Tax Planning, Tax Planning International Review 2005, Vol. 32, September, 7, 10, 12.

1031 *Rüdisühli*, The Benefits of Swiss Companies in International Tax Planning, Tax Notes International 2006, Vol. 44, 619; *Höller*, Der Steuermagnet verliert seine Kraft, Financial Times Deutschland v. 31.1.2007, S. 12; *Kälin*, Swiss Companies in International Tax Planning, Tax Planning International Review 2005, Vol. 32, September, 7, 9, 11. *Tartler*, Und ewig lockt die Steueroase, Financial Times Deutschland v. 20.2.2007, S. 14; *Höller*, Der Steuermagnet verliert seine Kraft, Financial Times Deutschland v. 31.1.2007, S. 12.

1032 *Dunisch*, Die Schweiz am Pranger, Frankfurter Allgemeine Zeitung v. 28.2.2007, S. 13.

1033 *Neidhardt*, Swiss Holding Companies, Tax Notes International 2006, Vol. 43, 225, 228; *Gehriger*, Holding- und Finanzgesellschaften als Instrumente der Internationalen Steuerplanung, Archiv für Schweizerisches Abgabenrecht (ASA) 2003, 433-485.

1034 *Eynatten*, European Holding Company Tax Regimes: A Comparative Study, European Taxation 2007, 562, 567, 568; *Rüdisühli*, The Benefits of Swiss Companies in International Tax Planning, Tax Notes International 2006, Vol. 44, 619; *Neidhardt*, Swiss Holding Companies, Tax Notes International 2006, Vol. 43, 225, 228; *Bessard*, The Swiss Tax System: Key Features and Lessons for Policymakers, Tax Notes International 2007, Vol. 46, 1317, 1318; *Mongan/Johal*, Tax Planning with European Holding Companies, Journal of International Taxation 2005, Vol. 16, 49;

- nur geringe Besteuerung aufgrund des auf Bundesebene geltenden sog. »Holdingprivileg«,[1035] was eigentlich nur teilweise ein Privileg ist, weil es primär Doppelbesteuerungen vermeidet; ein Privileg ist es aber insoweit als es eine Besteuerung von Lizenzeinkünften zu einem günstigen Steuersatz von ca. 7,8% ermöglicht;
- umfassende Beteiligungsertragsbefreiung (*Beteiligungsabzug*) sowie Veräußerungsgewinnbefreiung;[1036]
- hochqualifizierte Arbeitskräfte und professionelle Beraterschaft;
- Möglichkeit, eine Prinzipalstruktur aufzubauen;[1037]

Ruchelman/van Asbeck/Canalejo u.a., A Guide to European Holding Companies Part 1, Journal of International Taxation 2000, August, 38, 47ff.; *Rüdisühli*, The Benefits of Swiss Companies in International Tax Planning, Tax Notes International 2006, Vol. 44, 619-623; *Safarik*, Swiss Supreme Court Judgment Facilitates Outbound Transfer of Participations, European Taxation 2005, Vol. 45, 167.

1035 *Oberson/Hull*, Switzerland in International Tax Law, 2006, S. 60-65; *Wüthrich*, Switzerland, in: IBFD, The Taxation of Companies in Europe, 2008, S. 183-187; *Neidhardt*, Swiss Holding Companies, Tax Notes International 2006, Vol. 43, 225, 228; *Rüdisühli*, The Benefits of Swiss Companies in International Tax Planning, Tax Notes International 2006, Vol. 44, 619, 621; *Hull*, New Developments in the Taxation of Holding Companies in Switzerland, Bulletin for International Taxation 2003b, 537, 539; *Kälin*, Swiss Companies in International Tax Planning, Tax Planning International Review 2005, Vol. 32, September, 7, 8; *Kubaile/Suter/Jakob*, Der Steuer- und Investitionsstandort Schweiz, 2006, S. 170ff..; *Höhn/Waldburger*, Steuerrecht I, 2001-504; *Kälin*, Swiss Companies in International Tax Planning, Tax Planning International Review 2005, Vol. 32, September, 7, 8-9; *Kubaile*, Die Schweiz zählt in Europa weiterhin zu den ersten Adressen, Praxis Internationale Steuerberatung 2006, 96, 97-100; *Oberson/Hull*, Switzerland in International Tax Law, 2006, S. 60-65; *Bühlmann*, Besteuerung gewerblicher Tätigkeiten in der Schweiz, in: Weigell/Brand/Safarik, Investitions- und Steuerstandort Schweiz, 2007, S. 31, 49.

1036 *Kubaile/Suter/Jakob*, Der Steuer- und Investitionsstandort Schweiz, 2006, S. 167; *von Ah*, Änderungen im Unternehmensteuerrecht der Schweiz, Internationale Wirtschaftsbriefe 2007, Gruppe 2, Fach 5, 663, 670. *Hull*, New Developments in the Taxation of Holding Companies in Switzerland, Bulletin for International Taxation 2003a, 537, 541; *Wüthrich*, Switzerland, in: IBFD, The Taxation of Companies in Europe, 2008, S. 109-112; *Kubaile*, Steueroptimale Direktinvestitionen am Beispiel Schweiz, Informationen über Steuern und Wirtschaft (INF) 2000, 363; *Kessler*, Die Euro-Holding, 1996, S. 44. Ferner, *Kolb*, Schweiz, in: Mennel/Förster, Steuern in Europa, Amerika und Asien, 2005, Rn. 291-297; *Oberson/Hull*, Switzerland in International Tax Law, 2006, S. 51; *Altenburger*, Host Country Switzerland, in: Tax Management International Forum, The Definition and Taxation of Dividends, 2007, 57-60; EStV Kreisschreiben Nr. 9 v. 9 Juli 1998, Auswirkungen des Bundesgesetzes über die Reform der Unternehmensbesteuerung 1997 auf die Steuerermässigung auf Beteiligungserträgen von Kapitalgesellschaften und Genossenschaften sowie EStV Kreisschreiben Nr. 10 v. 10. Juli 1998, ASA 67, 117 und 206.

1037 *Kälin*, Swiss Companies in International Tax Planning, Tax Planning International Review 2005, Vol. 32, September, 7, 10; *Kubaile/Suter/Jakob*, Der Steuer- und Investitionsstandort Schweiz, 2006, S. 183.

- keine *Subject-to-Tax*-Vorschriften im Hinblick auf die zugrundeliegenden Beteiligungen;[1038]
- keine Quellensteuer auf Lizenzeinkünfte;[1039]
- weites DBA-Netzwerk;[1040]
- keine CFC-Regeln;[1041]
- liberale Anti-Missbrauchsregeln;[1042]
- *Ruling* System;[1043]
- sehr gutes Steuerklima.[1044]

1038 *Ruchelman/van Asbeck/Canalejo u.a.*, A Guide to European Holding Companies Part 1, Journal of International Taxation 2000, August, 38, 49.

1039 *Hull,* The Dividend Withholding Tax and Net Remittance Procedures in Switzerland, IBFD Bulletin for International Taxation 2005, 152-156; *Rüdisühli,* The Benefits of Swiss Companies in International Tax Planning, Tax Notes International 2006, Vol. 44, 619, 620; *Kälin,* Swiss Companies in International Tax Planning, Tax Planning International Review 2005, Vol. 32, September, 7, 8; *Wüthrich*, Switzerland, in: IBFD, The Taxation of Companies in Europe, 2008, S. 72.

1040 *Boitelle,* Recent Swiss Treaty Developments, Tax Notes International 2007, Vol. 46, 1239, 1240; *Wüthrich*, Switzerland, in: IBFD, The Taxation of Companies in Europe, 2008, S. 134-138; *Oberson/Hull*, Switzerland in International Tax Law, 2006, S. 77-94; *Rüdisühli,* The Benefits of Swiss Companies in International Tax Planning, Tax Notes International 2006, Vol. 44, 619, 622; *Lutz*, Schweiz, in: International Fiscal Association (IFA), Limits on the use of low-tax regimes by multinational businesses, 2001, 841, 847-861; *Diamond/Diamond*, Tax Havens of the World – Switzerland, 2006, S. 37-38; *Locher*, Einführung in das internationale Steuerrecht der Schweiz, 2005, S. 76-85. Hinsichtlich des Abkommens mit den Vereinigten Staaten siehe *Huber/Blum,* Limitation on Benefits Under Article 22 of The Switzerland-U.S. Tax Treaty, Tax Notes International 2005, Vol. 39, 547, 564, 565.

1041 *Rüdisühli,* The Benefits of Swiss Companies in International Tax Planning, Tax Notes International 2006, Vol. 44, 619, 623.

1042 *Oberson/Hull*, Switzerland in International Tax Law, 2006, S. 177-222; *Rüdisühli,* The Benefits of Swiss Companies in International Tax Planning, Tax Notes International 2006, Vol. 44, 619, 622; *Bernstein,* GAAR and Treaty Shopping – An International Perspective, Tax Notes International 2005, Vol. 37, 1107, 1108-1109; *Neidhardt,* Swiss Holding Companies, Tax Notes International 2006, Vol. 43, 225, 227; *Hull/Teuscher,* Treaty Relief in Switzerland on Outbound Investment, IBFD Bulletin for International Taxation 2001, February, 52, 56; *Kälin,* Swiss Companies in International Tax Planning, Tax Planning International Review 2005, Vol. 32, September, 7, 9; *Baumann,* Switzerland's Unilateral and International Measures Against Tax Treaty Abuse, Tax Notes International 2003, Vol. 30, 279-283; *Kälin,* Swiss Companies in International Tax Planning, Tax Planning International Review 2005, Vol. 32, September, 7, 9, 10.

1043 *Wüthrich*, Switzerland, in: IBFD, The Taxation of Companies in Europe, 2008, S. 75-76; *Kubaile/Suter/Jakob*, Der Steuer- und Investitionsstandort Schweiz, 2006, S. 165-166; *Neidhardt,* Swiss Holding Companies, Tax Notes International 2006, Vol. 43, 225, 228; *Kubaile,* Die Schweiz zählt in Europa weiterhin zu den ersten Adressen, Praxis Internationale Steuerberatung 2006, 96, 102.

1044 *Diamond/Diamond*, Tax Havens of the World – Switzerland, 2006, S. 16-17; *Langer*, Switzerland,Langer on International Tax Planning, 2008, § 141-3.

Obwohl die Schweiz kein Mitglied der Europäischen Union ist, haben Schweizer Gesellschaften über verschiedene bilaterale und multilaterale Verträge (*Bilaterale I und II*)die Möglichkeit, faktisch steuerlich so behandelt zu werden, als unterlägen sie der Mutter-Tochter-Richtlinie bzw. der Zins- und Lizenzrichtlinie.[1045]

Die Nachteile sind:[1046]

- 35% Quellensteuer auf Dividendenzahlungen einer Holdinggesellschaft; kann reduziert werden durch EU-Schweiz-Vertrag oder Doppelbesteuerungsabkommen;[1047]
- keine Gruppenbesteuerung;[1048]
- 1%ige Stempelsteuer.[1049]

K. Malta

Obwohl Malta kein spezielles Holdingregime besitzt, gilt es nach dem Beitritt zur Europäischen Union im Zuge der Osterweiterung am 1. Mai 2004 als ein bevorzugter Holdingstandort.[1050] Holdinggesellschaften sind normale Malteser Gesellschaften, die mit einem Körperschaftsteuersatz von 35% besteuert werden.

1045 *Jung,* Measures Equivalent to Those in the EC Treaty – A Swiss Income Tax Perspective, European Taxation 2007, 508, 509; *Hinny*, Steuerliche Aspekte der bilateralen Verträge zwischen der Schweiz und der Europäischen Union, in: Lüdicke, Europarecht – Ende der nationalen Steuersouveränität, 2006, S. 46. Im Detail, *Eicker/Obser,* The impact of the Swiss-EC Agreement on intra-group dividend, interest and royalty payments, EC Tax Review 2006, Vol. 15, Issue 3, 134-146; *Kessler/Eicker/Obser,* Die Schweiz und das Europäische Steuerrecht, IStR 2005, 658; *Stoyanov*, Switzerland, in: Spitz/Clarke, Offshore Service, 2006, S. 11.

1046 *Eynatten,* European Holding Company Tax Regimes: A Comparative Study, European Taxation 2007, 562, 568.

1047 *Wüthrich*, Switzerland, in: IBFD, The Taxation of Companies in Europe, 2008, S. 129-134; *Kälin,* Swiss Companies in International Tax Planning, Tax Planning International Review 2005, Vol. 32, September, 7, 8; *Neidhardt,* Swiss Holding Companies, Tax Notes International 2006, Vol. 43, 225, 227. Ferner, *Oberson/Hull*, Switzerland in International Tax Law, 2006, S. 121-139.

1048 *Wüthrich*, Switzerland, in: IBFD, The Taxation of Companies in Europe, 2008, S. 143.

1049 *Rüdisühli,* The Benefits of Swiss Companies in International Tax Planning, Tax Notes International 2006, Vol. 44, 619, 620; *Oberson/Hull*, Switzerland in International Tax Law, 2006, S. 15-16.

1050 *Mongan/Johal,* Tax Planning with European Holding Companies, Journal of International Taxation 2005, Vol. 16, 49; *Torregiani*, Malta, in: IBFD, Europe – Corporate Taxation, 2007, Ch. 14.1.; *Langer*, Tax Havens Used For Offshore Companies, in: Langer, Langer on International Tax Planning, 2008, § 40:2.10.; *Zielke,* Die Unternehmensteuerreform 2007/2008 auf Malta, Internationale Wirtschaftsbriefe 2007, Gruppe 2, Fach 5, 37, 49-51; *Mongan/Johal,* Tax Planning with Euro-

Die Vorteile des Holdingstandortes Malta sind:[1051]

- seit 1. Januar 2007 *Tax Credit* und umfassende Beteiligungsertrags- und Veräußerungsgewinnbefreiung im Falle einer »*Participation Holding*«;[1052] ansonsten Anrechnungssystem;[1053]
- keine Quellensteuer auf Dividenden, die an einen ausländischen Anteilseigner gezahlt werden;[1054]
- keine *Thin Cap*-Regeln;[1055]
- keine CFC-Regeln;[1056]
- gutes DBA-Netzwerk mit 44 Abkommen[1057] (laufende Verhandlungen mit den Vereinigten Staaten[1058]);
- Möglichkeit der Gruppenbesteuerung;[1059]
- hochqualifizierte Arbeitskräfte;

pean Holding Companies, Journal of International Taxation 2005, Vol. 16, 49, 50. *Finkenzeller/Spengel,* Company Taxation in the New Member States, European Taxation 2004, 342-354; *Kratzer,* Steuerliche Holdingregelungen in den zehn neuen EU-Ländern im Überblick, Wirtschaft und Recht in Osteuropa 2005, 174-179; *Dreßler*, Gewinn- und Vermögensverlagerungen in Niedrigsteuerländer und ihre steuerliche Überprüfung, 2007, S. 113-118.

1051 *Zielke,* Die Unternehmensteuerreform 2007/2008 auf Malta, Internationale Wirtschaftsbriefe 2007, Gruppe 2, Fach 5, 37, 49-51; *Eynatten,* European Holding Company Tax Regimes: A Comparative Study, European Taxation 2007, 562, 566.

1052 *Manduca/Booker/Curmi u.a.*, Parliament Approves Tax Reform, Tax Notes International 2007, Vol. 46, 34, 35; *Eynatten,* European Holding Company Tax Regimes: A Comparative Study, European Taxation 2007, 562, 566; *Torregiani,* Malta, the Imputation System and the European Union, European Taxation 2006, 402-404; *Torregiani*, Malta, in: IBFD, Europe – Corporate Taxation, 2007, Ch. 14.1.

1053 Im Detail, *Torregiani,* Malta, the Imputation System and the European Union, European Taxation 2006, 402-405. Die Europäische Kommission hatte Malta dazu aufgefordert wesentliche Elemente des Steuersystems zu modifizieren. Dem ist Malta nachgekommen. Dazu, *Müller,* EC Formally Requests that Spain and Malta Abolish Certain Tax Incentives Under State Aid Rules, Tax Planning International Review 2006, Vol. 33, June, 10, 11; *Rossi,* European Commission Asks Malta to Abolish Preferential Tax Regimes, World Tax Daily 23.3.2006, Doc 2006-5551.

1054 *Valenzia,* Malta, International Tax Review 2007, 2007 World Tax Supplement, 295, 296; *Torregiani*, Malta, in: IBFD, Europe – Corporate Taxation, 2007, Ch. 8.5.

1055 *Torregiani*, Malta, in: IBFD, Europe – Corporate Taxation, 2007, Ch. 13.3; *Zielke,* Die Unternehmensteuerreform 2007/2008 auf Malta, Internationale Wirtschaftsbriefe 2007, Gruppe 2, Fach 5, 37, 52.

1056 *Torregiani*, Malta, in: IBFD, Europe – Corporate Taxation, 2007, Ch. 13.4.

1057 *Zielke,* Die Unternehmensteuerreform 2007/2008 auf Malta, Internationale Wirtschaftsbriefe 2007, Gruppe 2, Fach 5, 37, 52; *Langer*, Malta, in: Langer, Langer on International Tax Planning, 2008, § 147:5.6; *Chetcuti Dimech,* Tax Planning in Malta, Tax Planning International 2006, Special Report: Offshore Tax Planning, 49.

1058 *Hoaglund,* Malta Negotiating Tax Treaty With United States, World Tax Daily 24.1.2007, Doc 2007-1856.

1059 *Valenzia,* Malta, International Tax Review 2007, 2007 World Tax Supplement, 295, 296; *Torregiani*, Malta, in: IBFD, Europe – Corporate Taxation, 2007, Ch. 9.1.

- Englisch als Amtssprache;
- zunehmende Bedeutung von Malta als Finanzzentrum;
- sehr gutes Steuerklima.[1060]

Dennoch gibt es ein paar Nachteile:

- Beteiligungsertrags- und Veräußerungsgewinnbefreiungen werden beschränkt durch spezielle Anti-Missbrauchsregeln;[1061]
- nicht alle Maßnahmen haben in der Vergangenheit den europarechtlichen Vorgaben entsprochen, so dass Malta seine Rahmenbedingungen verändern musste;
- Erhebung einer Stempelsteuer;[1062]
- Wahrnehmungsproblem (»*perception problem*«) bei ausländischen Finanzbehörden und *Stakeholdern* als Land, in dem nicht nur legale Steuerplanung betrieben wird; was vor allem an der fehlenden Tradition als ein *Quality Tax Havens* liegt; daher ist auf die Erfüllung der Substanzerfordernisse ganz besonders zu achten.[1063]

L. Zypern

Seit Zyperns Beitritt zur Europäischen Union hat die zyprische Holdinggesellschaft viel Aufmerksamkeit erhalten.[1064] Das Steuersystem Zyperns basiert auf angelsächsischen Prinzipien und bietet eine Fülle von Steuerplanungsmöglichkeiten.[1065]

1060 *Chetcuti Dimech,* Tax Planning in Malta, Tax Planning International 2006, Special Report: Offshore Tax Planning, 49.

1061 *Manduca/Booker/Curmi u.a.,* Parliament Approves Tax Reform, Tax Notes International 2007, Vol. 46, 34, 35; *Curmi,* Pre-Budget Document 2007 Highlights Proposed Changes, Tax Planning International Review 2006, Vol. 33, September, 25, 26.

1062 *Eynatten,* European Holding Company Tax Regimes: A Comparative Study, European Taxation 2007, 562, 567; *Langer,* Malta, in: Langer, Langer on International Tax Planning, 2008, § 147:5.1; *Valenzia,* Malta, International Tax Review 2007, 2007 World Tax Supplement, 295, 296; *Torregiani,* Malta, in: IBFD, Europe – Corporate Taxation, 2007, Ch. 2.1.1; *Valenzia,* Malta, International Tax Review 2007, 2007 World Tax Supplement, 295, 298; *Chetcuti Dimech,* Tax Planning in Malta, Tax Planning International 2006, Special Report: Offshore Tax Planning, 49.

1063 *Eynatten,* European Holding Company Tax Regimes: A Comparative Study, European Taxation 2007, 562, 566.

1064 *Kratzer,* Steuerliche Holdingregelungen in den zehn neuen EU-Ländern im Überblick, Wirtschaft und Recht in Osteuropa 2005, 174-179.

1065 Zu aktuellen Möglichkeiten für die Steuerplanung mit Zypern, *Kriek,* Tax planning opportunities involving Cypriot companies, Tax Planning International 2007, October, 8-13; *Kriek/Drijer,* Cypriot companies go Dutch for tax planning, International Tax Review 2007, Vol. 18, September, 23-26.

Die wesentlichen Vorteile des Holdingstandortes Zypern sind im Einzelnen:[1066]

- umfassende Beteiligungsertragsbefreiung im Falle einer 1%igen Mindestbeteiligung und keine Mindesthaltefrist; daher ist Zypern insbesondere für Portfolioinvestitionen interessant;[1067]
- umfassende Veräußerungsgewinnbefreiung ohne Mindestbeteiligungshöhe oder Mindesthaltefrist;[1068]
- keine Quellensteuern auf Dividenden, Zinsen oder Lizenzen;[1069]
- keine Besteuerung von aktiven ausländischer Betriebsstättengewinnen;[1070]
- keine Liquidationsbesteuerung;

1066 *Eynatten,* European Holding Company Tax Regimes: A Comparative Study, European Taxation 2007, 562, 566; *Pipinga,* The Continuing advantages of Cyprus in International Tax Planning, European Taxation 2008, 21-30; *Mongan/Johal,* Tax Planning with European Holding Companies, Journal of International Taxation 2005, Vol. 16, 49; *Langer*, Cyprus, in: Langer, Langer on International Tax Planning, 2008, § 144:5:1; *Markou/Taliotis,* Cyprus: a genuine EU contender, International Tax Review 2007, Vol. 18, June, 44-46; *Van Roekel,* Cyprus in International Holding and Group Finance Structures, Journal of International Taxation 2005, Vol. 16, 41; *Mongan/Johal,* Tax Planning with European Holding Companies, Journal of International Taxation 2005, Vol. 16, 49, 50; *Schaapman,* Cyprus after EU Accession: New Int'l Tax Planning Opportunities (Part I), Tax Notes International 2005, Vol. 39, 537-540; *Langer*, Tax Havens Used For Offshore Companies, in: Langer, Langer on International Tax Planning, 2008, § 40:2.9.; *Schaapman,* Cyprus after EU Accession: New Int'l Tax Planning Opportunities (Part II), Tax Notes International 2005, Vol. 39, 615-618; *Kriek,* Cyprus enhances its appeal for investment funds, International Tax Review 2006, Vol. 17, July/August, 28-31; *Finkenzeller/Spengel,* Company Taxation in the New Member States, European Taxation 2004, 342-354.

1067 *Schaapman,* Cyprus after EU Accession: New Int'l Tax Planning Opportunities (Part I), Tax Notes International 2005, Vol. 39, 537, 538; *Taliotis*, Cyprus, in: IBFD, Europe – Corporate Taxation, 2007, Ch. 8.3.2.3; *Eynatten,* European Holding Company Tax Regimes: A Comparative Study, European Taxation 2007, 562, 566; *Kriek,* Cyprus enhances its appeal for investment funds, International Tax Review 2006, Vol. 17, July/August, 28, 29.

1068 *Taliotis*, Cyprus, in: IBFD, Europe – Corporate Taxation, 2007, Ch. 8.3.2.2.; *Kriek,* Cyprus enhances its appeal for investment funds, International Tax Review 2006, Vol. 17, July/August, 28, 29.

1069 *Schaapman,* Cyprus after EU Accession: New Int'l Tax Planning Opportunities (Part I), Tax Notes International 2005, Vol. 39, 537, 538; *Schaapman,* Cyprus after EU Accession: New Int'l Tax Planning Opportunities (Part II), Tax Notes International 2005, Vol. 39, 615, 617.

1070 *Schaapman,* Cyprus after EU Accession: New Int'l Tax Planning Opportunities (Part I), Tax Notes International 2005, Vol. 39, 537, 538.

- weites DBA-Netzwerk[1071] (u.a. Abkommen mit den Vereinigten Staaten); Zypern hat sehr enge Verbindungen zu Russland und ist dort größter Direktinvestor;[1072]
- umfassendes unilaterales Anrechnungssystem unabhängig von Doppelbesteuerungsabkommen;
- sehr geringer Körperschaftsteuersatz von 10%;
- Gruppenbesteuerung hinsichtlich Verlusten, aber keine konsolidierte Besteuerung;[1073]
- geringe Substanzanforderungen;[1074]
- keine CFC-Regeln;
- keine *Thin Cap*-Regeln;
- sehr gutes Steuerklima.

Die Nachteile des Holdingstandortes Zypern sind:

- Gesellschaftsteuer (*capital duty*) i.H.v. 0,6% des genehmigten Kapitals;[1075]
- wie Malta hat Zypern ein »Wahrnehmungsproblem« (»*perception problem*«) vor allem bei den ausländischen Finanzbehörden und *Stakeholdern*.[1076]

M. Hongkong

Hongkong gewinnt als Holdingstandort für multinationale U.S.-amerikanische Unternehmen immer mehr an Bedeutung. Das Steuersystem ist sehr investorenfreundlich und einfach in der Handhabung.[1077] Es ist ein territo-

1071 *Langer*, Cyprus, in: Langer, Langer on International Tax Planning, 2008, § 144:5.6; *Schaapman*, Cyprus after EU Accession: New Int'l Tax Planning Opportunities (Part II), Tax Notes International 2005, Vol. 39, 615.

1072 *Eynatten*, European Holding Company Tax Regimes: A Comparative Study, European Taxation 2007, 562, 567.

1073 *Taliotis*, Cyprus, in: IBFD, Europe – Corporate Taxation, 2007, Ch. 9.2.

1074 *Taliotis*, Cyprus, in: IBFD, Europe – Corporate Taxation, 2007, Ch. 13.1.1.

1075 *Eynatten*, European Holding Company Tax Regimes: A Comparative Study, European Taxation 2007, 562, 566.

1076 *Eynatten*, European Holding Company Tax Regimes: A Comparative Study, European Taxation 2007, 562, 566.

1077 *Rojas*, Globalization Foes Claim Unbridled Capitalism Breeds Tax Cheats, Tax Notes International 2005, Vol. 40, 148. Ferner, *Diamond/Diamond*, Tax Havens of the World – Hong Kong, 2005, 1, 4; *Law/Tse*, Hong Kong Tax System – The Most Simple Tax System in South East Asia?, Tax Planning International Review 2000, Vol. 27,May, 3-7; *Olesnicky*, Hong Kong, in: Spitz/Clarke, Offshore Service, 2004, HON/12; *IBFD*, Taxes and Investment in Asia and the Pacific – Hong Kong, 2005, 17; *Bentley/Halkyard*, Investing in Hong Kong and Mainland China, Intertax 2003, Vol. 31, 431, 432; *Littlewood*, How Simple Can Tax Law Be ? The Instructive Case of Hong Kong, Tax Notes International 2005, Vol. 38, 689, 690ff.; *Jesch*, Das Steuersystem Hongkongs, IStR 2007, 353, 354.

riales Steuersystem,[1078] welches ausländische Einkünfte von der Bemessungsgrundlage ausnimmt.

Ausländische Einkünfte sind solche, deren zugrundliegender Vertrag weder in Hongkong verhandelt noch erfüllt wurde.[1079] Bloße in Hongkong durchgeführte Hilfstätigkeiten (z.B. Rechnungslegung oder Organisation der Kapitalflüsse) sind allerdings erlaubt.

Alle anderen Geschäftstätigkeiten, die in Hongkong durchgeführt werden, unterliegen der Besteuerung in Hongkong.[1080] Ein spezielles Regime gibt es für *Offshore Funds*,[1081] was ein Grund dafür ist, warum Hongkong eines der größten internationalen Finanzzentren ist.[1082]

1078 *Li/Elliott,* One Country, Two Tax Systems: International Taxation in Hong Kong and Mainland China, IBFD Bulletin for International Taxation 2003, 164, 167-168; *Pouletty/Smith,* The Territorality Principle as Applied in Denmark, France and Hong Kong, Tax Planning International Review 2005, Vol. 32, 17, 19-20; *Littlewood,* How Simple Can Tax Law Be ? The Instructive Case of Hong Kong, Tax Notes International 2005, Vol. 38, 689, 694-696; *Cheung/Wong,* Hong Kong and the Territorial Source of Business Profits, Tax Planning International Review 2007, Vol. 29, December, 3-11. Ferner, *Weng/McGrath/Yun u.a.,* Hong Kong Court Clarifies Income Sourcing Rules, Tax Notes International 2007, Vol. 48, 526-534 über die Bestimmung der Einkunftsquelle.

1079 *Lorenz,* Hongkong: Steuerpolitik 2008, IStR 2007, Länderbereicht Heft 22, 2.

1080 *IBFD*, Taxes and Investment in Asia and the Pacific – Hong Kong, 2005, 21-30; *Langer*, Hong Kong, in: Langer, Langer on International Tax Planning, 2008, § 162:5.1.

1081 *Yin-Sum/Sing,* Tax Incentives in Hong Kong for Offshore Funds and Investment Schemes, International Tax Journal 2007, Vol. 33, Issue, 13-43; *Yip/Chan,* Hong Kong Clarifies Exemption for Offshore Funds, Tax Notes International 2007, Vol. 44, 255-257.

1082 *Langer*, Hong Kong, in: Langer, Langer on International Tax Planning, 2008, § 162:1.8; *Halkyard,* Year in Review – Hong Kong, Tax Notes International 2006, Vol. 44, 1051; *Diamond/Diamond*, Tax Havens of the World – Hong Kong, 2005, 23-33; *Olesnicky/Sieker,* Year in Review: Hong Kong,Tax Notes International 2005, Vol. 37, 48; *Halkyard,* Year in Review – Hong Kong, Tax Notes International 2006, Vol. 41, 55. Kritisch, *Ng,* Hong Kong's Fragrant Safe Harbor for Offshore Funds Roils the Seas for Singapore, Tax Notes International 2006, Vol. 44, 211-222.

Als Teil der »*One Country, Two Systems*«-Politik besitzt die Sonderverwaltungszone Hongkong ein eigenes Rechtssystem sowie fiskalische Souveränität (Art. 108 Basic Law).[1083] Für Zwecke von Doppelbesteuerungsabkommen gilt Hongkong nicht als Teil von China.[1084]

Europäische Investoren in China haben früher eine Zwischenholdinggesellschaft in Mauritius genutzt, um eine Quellensteuerbefreiung für Veräußerungsgewinne nach dem DBA China–Mauritius zu erlangen. Nach einer Änderung des Abkommens im Jahre 2006 gilt diese Befreiung allerdings nur noch für Portfolioinvestitionen.[1085] Dadurch hat der Holdingstandort Mauritius viel an Attraktivität verloren. Ein Nutznießer dieser veränderten Rahmenbedingungen ist der Holdingstandort Hongkong und seiner Rolle als »*Gateway to China*« für multinationale U.S.-amerikanische und europäische Unternehmen.[1086]

Die Vorteile des Holdingstandortes Hongkong sind:[1087]

- keine Besteuerung von Dividendeneinkünften;[1088]
- keine Besteuerung von Veräußerungsgewinnen;[1089]

1083 *Li/Elliott,* One Country, Two Tax Systems: International Taxation in Hong Kong and Mainland China, IBFD Bulletin for International Taxation 2003, 164, 165; *Bentley/Halkyard,* Investing in Hong Kong and Mainland China, Intertax 2003, Vol. 31, 431, 433; *IBFD,* Taxes and Investment in Asia and the Pacific – Hong Kong, 2005, 5; *Qiao-Süß,* Das neue DBA zwischen Hongkong und der VR China und steuerliche Gestaltungsmöglichkeiten, Internationale Wirtschaftsbriefe 2007, Gruppe 2, Fach 6, 101.

1084 *Li/Elliott,* One Country, Two Tax Systems: International Taxation in Hong Kong and Mainland China, IBFD Bulletin for International Taxation 2003, 164, 172-174.

1085 *Becker/Loose,* Für Holdingstandorte ändern sich die Spielregeln, Praxis Internationale Steuerberatung 2006, 310, 311.

1086 *Yip/Jasper/Chan,* Redefining Hong Kong's Position as China's Gatekeeper, Tax Notes International 2007, Vol. 45, 261-272; *Petriccione/Zhang,* Cross-Border Tax Planning for Doing Business in China, Tax Planning International Review 2006, Vol. 33, December, 7, 8; *Kadet/Chan,* Effects of PRC tax on Merger & Acquisition deals, Tax Planning International Review 2007, Vol. 34, October, 7, 8; *de Haen/de Clippele/Ngai u.a.,* Tax treaty creates investment gateway between East and West, International Tax Review 2007, Vol. 18, October, 28-31; *Bentley/Halkyard,* Investing in Hong Kong and Mainland China, Intertax 2003, Vol. 31, 431; *von dem Bongart/Prautzsch,* Die chinesische Körperschaftsteuerreform, IStR 2007, 531, 535; *Becker/Loose,* Für Holdingstandorte ändern sich die Spielregeln, Praxis Internationale Steuerberatung 2006, 310, 311; *Lispher,* Tax-Efficient Investment in China, Tax Notes International 2007, Vol. 48, 765, 767; *Lam/Lau,* P.R.C: Tax Planning for Hong Kong Investors, Tax Notes International 2006, Vol. 41, 1063, 1064.

1087 *Langer,* Hong Kong, in: Langer, Langer on International Tax Planning, 2008, § 162:5.

1088 *Bentley/Halkyard,* Investing in Hong Kong and Mainland China, Intertax 2003, Vol. 31, 431, 433.

1089 *IBFD,* Taxes and Investment in Asia and the Pacific – Hong Kong, 2005, 33; *Bentley/Halkyard,* Investing in Hong Kong and Mainland China, Intertax 2003, Vol. 31, 431, 433; *Olesnicky,* Hong Kong, in: Spitz/Clarke, Offshore Service, 2004, HON/15.

- keine Quellensteuer auf Dividenden und Zinsen;[1090]
- nur geringe Quellensteuer auf Lizenzzahlungen;[1091]
- hochqualifizierte Arbeitskräfte (vor allem im Finanzsektor);
- geringer Körperschaftsteuersatz i.H.v. 16,5%;[1092]
- geringer Einkommensteuersatz für Mitarbeiter der Holdinggesellschaft i.H.v. 15%;[1093]
- Eckpfeiler der »Two Markets Holding Strategy«;[1094]
- sehr gutes Steuerklima.

Die Nachteile sind:

- Hongkonger Gesellschaften fallen oft unter Anti-Missbrauchsvorschriften (z.B. CFC-Regeln) ausländischer Rechtsordnungen; [1095]
- strenge Regeln zum Abzug von Zinsaufwendungen;[1096]
- allgemeine und spezielle Missbrauchsvorschriften;[1097]
- keine Gruppenbesteuerung;
- Stempelsteuer;[1098]

1090 *Langer*, Hong Kong, in: Langer, Langer on International Tax Planning, 2008, § 162:5.1.

1091 *Bentley/Halkyard,* Investing in Hong Kong and Mainland China, Intertax 2003, Vol. 31, 431, 433.

1092 *Lorenz,* Hongkong: Steuerpolitik 2008, IStR 2007, Länderbereicht Heft 22, S. 2; *Langer*, Hong Kong, in: Langer, Langer on International Tax Planning, 2008, § 162:5.1.

1093 *Lorenz,* Hongkong: Steuerpolitik 2008, IStR 2007, Länderbereicht Heft 22, 2; *Alberts,* Hongkong: Steuerrechtsänderungen im Haushaltsgesetzentwurf 2007/ 2008, IStR 2007, Länderbericht, Heft 9, S. 3; *IBFD*, Taxes and Investment in Asia and the Pacific – Hong Kong, 2005, 36-40.

1094 Siehe unten Kapitel 10(XII.).

1095 *de Haen/de Clippele/Ngai u.a.,* Tax treaty creates investment gateway between East and West, International Tax Review 2007, Vol. 18, October, 28-31; *Becker/ Loose,* Für Holdingstandorte ändern sich die Spielregeln, Praxis Internationale Steuerberatung 2006, 310, 312.

1096 *Law/Wong,* Hong Kong: Interest Expense Deduction Rules, Tax Planning International Review 2004, Vol. 31, 17, 18. Vertiefend, *Cheung,* Reform of Hong Kong's Interest Deduction Rules, International Tax Journal 2003, Vol. 29, Issue 2, Spring, 72-96. Ferner, *IBFD*, Taxes and Investment in Asia and the Pacific – Hong Kong, 2005, 23; *Henning,* Steuerrechtsänderungen in Hongkong, Internationale Wirtschaftsbriefe 2005, Gruppe 2, 29, 34; *Fung/Chan,* Companies' Financing Arrangements Legitimate, Tax Notes International 2007, Vol. 46, 1197-1200.

1097 *IBFD*, Taxes and Investment in Asia and the Pacific – Hong Kong, 2005, 51-52; *Halkyard,* Hong Kong's Court of Appeal Considers Antiavoidance Legislation, Tax Notes International 2007, Vol. 47, 161-164. Ferner, *Halkyard,* Year in Review – Hong Kong, Tax Notes International 2006, Vol. 41, 55, 57; *Law/Tsang,* Hong Kong Inland Revenue Department Revises Antiavoidance Guidance, World Tax Daily 26.1.2006, Doc 2006-1416; *Bentley/Halkyard,* Investing in Hong Kong and Mainland China, Intertax 2003, Vol. 31, 431, 433.

1098 Über Strategien zur Vermeidung der Stempelsteuer, *Bentley/Halkyard,* Investing in Hong Kong and Mainland China, Intertax 2003, Vol. 31, 431, 434; *IBFD*, Taxes and Investment in Asia and the Pacific – Hong Kong, 2005, 58.

- (geringe) Gesellschaftsteuer (*capital duty*);[1099]
- Gefahr von Anrechnungsüberhängen;
- nur sehr wenige Doppelbesteuerungsabkommen (Belgien,[1100] Luxemburg,[1101] Thailand,[1102] China[1103]).

Der Wettbewerb mit Singapur um den attraktivsten Holdingstandort Asiens wird auch in Zukunft investorenfreundliche Rahmenbedingungen gewährleisten.[1104]

N. Singapur

Als Pendant zur Konkurrenz zwischen den Holdingstandorten Niederlanden und Luxemburg in Europa versuchen Singapur und Hongkong, Investoren günstige Rahmenbedingungen zu bieten. Singapur bietet ein stabiles auf dem *Common Law* basierendes Rechtssystem und sehr gute politische

1099 *Law,* Hong Kong Budget 2006, Tax Planning International Review 2006, Vol. 33, March, 24, 26.

1100 *Lorenz,* Hongkong: Abkommen mit Belgien, Thailand und Festland-China, IStR 2007, Länderbericht Heft 1, S. 3, 4; *Halkyard,* Year in Review – Hong Kong, Tax Notes International 2006, Vol. 44, 1051, 1052.

1101 *Moons,* Luxembourg, Hong Kong Sign Tax Agreement, Tax Notes International 2007, Vol. 48, 926-928; *de Witte,* Tax Treaty Signed, Tax Planning International Review 2007, Vol. 34, November, 38, 39; *Moons/Baaijens,* Luxemburg: Änderungen bei der Gesellschaftsteuer, IStR 2007, Länderbericht, Heft 21, 4.

1102 *Blanco/Kaewsathit,* Hong Kong Signs Comprehensive Tax Treaty with Thailand, World Tax Daily 30.9.2005, Doc 2005-19843.

1103 *Yip/Jasper/Chan,* Redefining Hong Kong's Position as China's Gatekeeper, Tax Notes International 2007, Vol. 45, 261-272; *Young,* Hong Kong and China DTA makes life easier for investors, International Tax Review 2006, Vol. 17, October, 5; *Nelson,* Interpretation of the China – Hong Kong double tax arrangement, International Tax Review 2007, Vol. 18, September, 94, 95; *Pfaar/Vocke,* China und Hongkong unterzeichnen erweiterte Vereinbarung gegen Doppelbesteuerung, IStR 2007, 510-512; *Lispher,* Tax Audits and Investigations in Hong Kong, China, and Thailand, Tax Notes International 2007, Vol. 48, 953; *Kadet/Chan,* Effects of PRC tax on Merger & Acquisition deals, Tax Planning International Review 2007, Vol. 34, October, 7, 8; *Qiao-Süß,* Das neue DBA zwischen Hongkong und der VR China und steuerliche Gestaltungsmöglichkeiten, Internationale Wirtschaftsbriefe 2007, Gruppe 2, Fach 6, 101-106; *Petriccione/Zhang,* Cross-Border Tax Planning for Doing Business in China, Tax Planning International Review 2006, Vol. 33, December, 7, 8; *Becker/Loose,* Für Holdingstandorte ändern sich die Spielregeln, Praxis Internationale Steuerberatung 2006, 310, 311.

1104 *Lispher,* Hong Kong and Singapore: The Battle of the Budgets, Tax Notes International 2007, Vol. 47, 281-283; *Lispher,* Hong Kong and Singapore: A Tale of Two Budgets, Tax Notes International 2006, Vol. 42, 143-145; *Ng,* Singapore closes in on archrival Hong Kong, Tax Notes International 2004, Vol. 33, 991-994; *Ng,* Singapore's Fiscal 2007 Budget – A Race to the Bottom with Hong Kong, World Tax Daily 28.3.2007, Doc 2007-4940.

und wirtschaftliche Rahmenbedingungen[1105] und ein attraktives Steuersystem.[1106] Grundsätzlich unterliegt nur das in Singapur erwirtschaftete Einkommen der Besteuerung. Wenn ausländische Einkünfte (z.B. Dividenden) nach Singapur ausgeschüttet werden, wird es von der Steuer befreit, soweit es im Ausland einer Mindestbesteuerung von 15% unterlegen hat (*subject-to-tax*).

Singapur wendet ein einstufiges Steuersystem an, in dem Einkommen nur auf der Unternehmensebene und nicht auf der Ebene der Anteilseigner besteuert wird.[1107] Dieses »*One-Tier System*« hat das Anrechnungssystem abgelöst,[1108] welches ein Grund dafür war, warum Singapur nicht als Standort für Holdinggesellschaften attraktiv war.[1109]

Eine weitere Besonderheit Singapurs ist das *Regional Headquarters* (RHQ) Regime, durch das die Ausübung bestimmter Aktivitäten (z.B. Geschäftsführung, Verkauf, Lizenzverwaltung) in Singapur mit einem Steuersatz zwischen 5% und 10% besteuert wird. Das RHQ-Regime bietet einen guten Zugang zu den ostasiatischen (z.B. Malaysia[1110]) und pazifischen Märkten. Die Attraktivität dieses Regimes kann aber durch Funktionsverlagerungsregelungen ausländischer Rechtsordnungen (z.B. Deutschland) gemindert werden.

1105 *Diamond/Diamond*, Tax Havens of the World – Singapore, 2005, 1, 2; *Hwang*, Doing Business in Singapore, 1998, S. 1, 2.

1106 *Iyer*, International Tax Planning under Singapore Domestic Law and Treaties, Asia-Pacific Tax Bulletin 2004, January/February, 92-103; *Leow*, Holding Companies in Asia: An Update, Tax Planning International Review 2003, Vol. 30, June, 11; *Lispher*, A Short Guide to Doing Business in Singapore, Tax Notes International 2006, Vol. 41, 1061, 1062; *IBFD*, Taxes and Investment in Asia and the Pacific – Singapore, 2005, 7, 31-32; *Jin*, Singapore, in: Spitz/Clarke, Offshore Service, 2005, 12-25.

1107 *Teck*, Assessing the impact of Singapore's move to the one-tier corporate tax system on shareholders, International Tax Journal 2006, Vol. 32, Issue 1, 19-28; *Hennig*, The new corporate tax system in Singapore, Intertax 2004, 231-250; *Iyer*, International Tax Planning under Singapore Domestic Law and Treaties, Asia-Pacific Tax Bulletin 2004, January/February, 92, 101.

1108 *Stewart*, The Downfall of Dividend Imputation, Tax Notes International 2008, Vol. 49, 14.

1109 *Hennig*, The new corporate tax system in Singapore, Intertax 2004, 231, 232.

1110 *Teck/Poh*, The New Singapore-Malaysia Tax Treaty, International Tax Journal 2007, Vol. 33, Issue, 31-44.

Zusammenfassend sind die Vorteile des Holdingstandortes Singapur:[1111]

- Beteiligungsertragsbefreiung für ausländische Dividenden;[1112]
- keine Veräußerungsgewinnbesteuerung;[1113]
- keine Quellensteuern aufgrund des »*One-Tier Systems*«;[1114]
- Möglichkeit der Gruppenbesteuerung;[1115]
- keine *Thin Cap*-Regeln;[1116]
- keine CFC-Regeln;[1117]
- internationales Finanzzentrum;
- vielerlei Steueranreize (International Headquarters (IHQ) oder Regional Headquarters (RHQ) Regime);
- hochqualifizierte Arbeitskräfte;
- mit über 55 DBAs ein weites Netzwerk[1118] (u.a. mit Deutschland[1119] und China[1120]),
- geringer Körperschaftsteuersatz von 18%;
- Eckpfeiler der »Two Markets Holding Strategy«;[1121]
- Advance Ruling System;[1122]

1111 *Ghosh/Sandison/Gupta,* Singapore proves itself as attractive jurisdiction and business hub, International Tax Review 2006, Vol. 17, September, 32-35; *Chhabra/ Gandhi/Bur u.a.,* Singapore – Budget 2007 changes, Tax Planning International Review 2007, Vol. 34, December, 25.

1112 *Chua/Ming,* Understanding Singapore's foreign-source income exemption, International Tax Review 2003, Vol. 14 July/August, 18-21; *Ghosh/Sandison/Gupta,* Singapore proves itself as attractive jurisdiction and business hub, International Tax Review 2006, Vol. 17, September, 32, 33; *IBFD*, Taxes and Investment in Asia and the Pacific – Singapore, 2005, 53-55.

1113 *Teck,* Assessing the impact of Singapore's move to the one-tier corporate tax system on shareholders, International Tax Journal 2006, Vol. 32, Issue 1, 19.

1114 *Iyer,* International Tax Planning under Singapore Domestic Law and Treaties, Asia-Pacific Tax Bulletin 2004, January/February, 92, 101; *Ghosh/Sandison/ Gupta,* Singapore proves itself as attractive jurisdiction and business hub, International Tax Review 2006, Vol. 17, September, 32, 34.

1115 *Iyer,* International Tax Planning under Singapore Domestic Law and Treaties, Asia-Pacific Tax Bulletin 2004, January/February, 92, 101; *IBFD*, Taxes and Investment in Asia and the Pacific – Singapore, 2005, 95.

1116 *IBFD*, Taxes and Investment in Asia and the Pacific – Singapore, 2005, 85.

1117 *IBFD*, Taxes and Investment in Asia and the Pacific – Singapore, 2005, 85.

1118 Vertiefend, *Iyer,* International Tax Planning under Singapore Domestic Law and Treaties, Asia-Pacific Tax Bulletin 2004, January/February, 92, 94.

1119 *Dörrfuß/Weidlich,* Neues DBA zwischen Deutschland und Singapur, IStR 2005, 518-523. On the remittance base clause, *Hensel,* Zur Remittance-Base-Klausel im DBA-Singapur, Praxis Internationale Steuerberatung 2006, 58.

1120 *Lispher,* China and the »Good« DTAA Countries, Tax Notes International 2007, Vol. 47, 833, 835; o.V., China and Singapore – Revised Tax Treaty Enters Into Force, Tax Planning International Review 2007, Vol. 34, September, 27.

1121 Siehe unten Kapitel 10(XII.).

1122 *Prabhu/Chay,* Singapore Issues Guidance On Advance Ruling System, Tax Notes International 2005, Vol. 39, 117-119.

- sehr gutes Steuerklima.[1123]

Die Nachteile sind:[1124]

- *Subject-to-Tax*-Beschränkung bei der Beteiligungsertragsbefreiung;[1125]
- negativer Effekt des »*One-Tier-Systems*« auf Holdinggesellschaften, die Anteile an Singapurer Gesellschaften mit Fremdkapital kaufen;[1126]
- kein DBA mit den Vereinigten Staaten;[1127]
- Mantelkaufregelung;[1128]
- keine unilaterale Anrechnung von Steuern auf Zinseinkünfte aus Staaten, mit denen Singapur kein Abkommen abgeschlossen hat.

Aufgrund der dargestellten Vor- und Nachteile eignet sich Singapur vor allem für Geschäftsleitungs- und Finanzierungsholdinggesellschaften. Der Wettbewerb mit Hongkong wird die Rahmenbedingungen in Zukunft weiter verbessern.[1129]

1123 *Prabhu/Chay,* Singapore 2007 Budget Targets Enhancement of Business and Investment, Tax Planning International Review 2007, Vol. 34, March, 21, 22; *Unger,* Singapur: Budget 2007, IStR 2007, Länderbericht, Heft 9, 6, 7; *Ng,* Year in Review – Singapore, Tax Notes International 2006, Vol. 44, 1103; *Sullivan,* Saving in Singapore and The 7-Eleven, Tax Notes International 2006, Vol. 42, 561, 562;*Ng,* Year in Review – Singapore, Tax Notes International 2006, Vol. 41, 98; *Ng,* 2004 Year in Review: Singapore, Tax Notes International 2005, 95; *Honk,* Singapore's 2004 Budget, IBFD Bulletin for International Taxation 2004, 233.

1124 *Ghosh/Sandison/Gupta,* Singapore proves itself as attractive jurisdiction and business hub, International Tax Review 2006, Vol. 17, September, 32-35.

1125 *Teck,* Assessing the impact of Singapore's move to the one-tier corporate tax system on shareholders, International Tax Journal 2006, Vol. 32, Issue 1, 19-22; *Hennig,* The new corporate tax system in Singapore, Intertax 2004, 231, 237, 238; *Ghosh/ Sandison/Gupta,* Singapore proves itself as attractive jurisdiction and business hub, International Tax Review 2006, Vol. 17, September, 32, 33; *IBFD*, Taxes and Investment in Asia and the Pacific – Singapore, 2005, 53-55; *Chua/Ming,* Understanding Singapore's foreign-source income exemption, International Tax Review 2003, Vol. 14 July/August, 18-21.

1126 *Hennig,* The new corporate tax system in Singapore, Intertax 2004, 231, 235.

1127 *Ng,* New U.S. Treaty Trends: Potential Benefits For U.S. Multinationals in Asia, Tax Notes International 2007, Vol. 47, 1077, 1085.

1128 *IBFD*, Taxes and Investment in Asia and the Pacific – Singapore, 2005, 85.

1129 *Ng,* Singapore closes in on archrival Hong Kong, Tax Notes International 2004, Vol. 33, 991-994; *Ng,* Singapore's Fiscal 2007 Budget – A Race to the Bottom with Hong Kong, World Tax Daily 28.3.2007, Doc 2007-4940; *Lispher,* Hong Kong and Singapore: The Battle of the Budgets, Tax Notes International 2007, Vol. 47, 281-283; *Lispher,* Hong Kong and Singapore: A Tale of Two Budgets, Tax Notes International 2006, Vol. 42, 143-145; *Leow,* Singapore's 2005 Budget: Tax Implications for Multi-National Companies, Intertax 2005, 301, 302; *Leow,* Singapore's 2006 Budget, Tax Planning International Review 2006, Vol. 33, March, 16, 17; *Ng,* Hong Kong's Fragrant Safe Harbor for Offshore Funds Roils the Seas for Singapore, Tax Notes International 2006, Vol. 44, 211, 219-221.

O. Bermuda

Bermuda hat sich seit den späten 80er Jahren des letzten Jahrhunderts zu einem *Tax Haven* entwickelt.[1130] Das sehr attraktive Steuersystem, eingebettet in einem stabilen politischen und wirtschaftlichen Klima, entfaltet vor allem gegenüber multinationalen U.S.-amerikanischen Unternehmen einen großen Reiz.[1131] Einen besonders großen Zulauf verzeichnet der Bank- und Versicherungssektor.[1132]

Als sog. *No Tax Haven* erhebt Bermuda keinerlei Ertrags- oder Umsatzsteuern.[1133] Die Staatseinnahmen werden durch Gebühren, Einfuhrzölle, Lohnsteuern[1134] und Verbrauchsteuern generiert.

Besonderer Beliebtheit bei U.S.-amerikanischen Investoren erfreut sich die *Bermuda Exempted Company.* Aber auch eine *Societas Europaea* (SE) kann als Holdinggesellschaft auf Bermuda fungieren, wenn diese über Luxemburg nach Bermuda zuzieht.[1135]

Die Vorteile einer Holdinggesellschaft auf Bermuda sind:[1136]

- keinerlei Ertrags- oder Umsatzbesteuerung auf Bermuda;
- keine CFC-Regeln;
- keine *Thin Cap*-Regeln;
- Möglichkeit zusammen mit Tochtergesellschaften in anderen *Tax Havens* flexible Strukturen zu schaffen.

Die Nachteile sind:

- keinerlei Doppelbesteuerungsabkommen;
- keine Reduzierung von ausländischen Quellensteuern aufgrund einer Richtlinie oder eines Abkommens;

1130 *Bernauer/Styrsky,* Corporate Responses to International Tax Competition, European Journal of International Relations 2004, Vol. 10, 61, 73.

1131 *Langer*, Bermuda, in: Langer, Langer on International Tax Planning, 2008, § 102.1.1.; *Elkinson*, Bermuda, in: Clarke/Spitz, Offshore Service, 2005, S. 20-22; *Diamond/Diamond*, Tax Havens of the World – Bermuda, 2005, S. 4-6; *Ramos,* A Place in the Sun, The Economist 24.2.2007, A Special Report on Offshore Finance, S. 3, 4; *Mooney/Cooke,* Bermuda Pays Dividends, Tax Notes International 2005, Vol. 38, 249-252; *Wassermeyer,* Oasenbericht: Bermuda, IStR 1994, 285-288.

1132 *Langer*, Bermuda, in: Langer, Langer on International Tax Planning, 2008, § 102.1.1.; *Dreßler*, Gewinn- und Vermögensverlagerungen in Niedrigsteuerländer und ihre steuerliche Überprüfung, 2007, S. 148.

1133 *García Heredia,* »The Bermuda Triangle Approach«, European Taxation 2007, 529.

1134 *Langer*, Bermuda, in: Langer, Langer on International Tax Planning, 2008, § 102.5.1.

1135 *Schmidt,* Die Europäische Aktiengesellschaft (SE) als »Fähre« auf die Cayman Islands, DB 2006, 2221, 2222.

1136 *Eynatten,* European Holding Company Tax Regimes: A Comparative Study, European Taxation 2007, 562, 568.

- stetige Auseinandersetzungen mit der OECD[1137] über Fragen des schädlichen Steuerwettbewerbs;
- Wahrnehmungsproblem (*«perception problem«*) bei ausländischen Finanzbehörden und *Stakeholdern*;
- Bermuda Holdinggesellschaft fällt in den Anwendungsbereich einiger ausländischer Anti-Missbrauchsvorschriften (insbesondere CFC-Regeln).[1138]

P. Cayman Islands

Die ehemalige britische Kronkolonie ist eines der größten *Offshore Financial Centers* der Welt und besonders bevorzugt von U.S.-amerikanischen Unternehmen und U.S.-Amerikanern.[1139] Die Cayman Islands sind der fünft größte Bankenstandort der Welt[1140] und beheimaten viele *Hedge Funds*, *Private Equity Funds* und *Pension Funds*.[1141] Der Ruf der Cayman Islands hat nach dem Zusammenbruch des U.S.-amerikanischen Energieversorgers *Enron* stark gelitten. *Enron* hatte auf den Cayman Islands 441 Tochtergesellschaften unterhalten.[1142]

Obwohl die Cayman Islands kein Mitglied der Europäischen Union sind, gelten bestimmte Vorschriften auch für sie. So ist u.a. der *Code of Conduct* zu befolgen.[1143]

1137 Die OECD hatte die Regierung Bermudas gebeten zu erklären, warum Bermuda kein Tax Haven sei. Siehe *ElAmin,* OECD Panel Reportedly Met in Paris to Address Tax Haven Inquiry, World Tax Daily 1998, Vol. 98, 201-7.

1138 Siehe die spanischen Verteidigungsmittel gegen Tax Havens wie Bermuda in *García Heredia,* »The Bermuda Triangle Approach«, European Taxation 2007, 529-536. Bermuda konnte der Einordnung als Tax Haven für Zwecke des spanischen Steuerrechts dadurch entgehen, in dem es eine Vereinbarung zum Informationsaustausch mit Spanien abgeschlossen hatte.

1139 *Langer*, Cayman Islands, in: Langer, Langer on International Tax Planning, 2008, § 104:1.1.; *Sullivan,* Cayman Accounts, Tax Notes 2004, 956-964.

1140 *Owens,* The Global Forum on Taxation's 2006 Progress Report: An Overview, Tax Notes International 2006, Vol. 42, 869; *United States Senate*, Tax Haven Abuses, 1.8.2006, S. 1, Fn. 1. Die Banken auf den Cayman Islands verwalten Spareinlagen i.H.v. $1.5 Billionen. Siehe *Sullivan,* Tax Analysts Offshore Project, Tax Notes International 2007, Vol. 48, 235.

1141 *Sheppard/Sullivan,* Caribbean Hedge Funds, Part 1, Tax Notes International 2008, Vol. 49, 108-118; *Sullivan,* Caribbean Hedge Funds, Part 2, Tax Notes International 2008, Vol. 49, 215-219; *Tartler,* Und ewig lockt die Steueroase, Financial Times Deutschland 20.2.2007, S. 14.

1142 *United States Senate*, Tax Haven Abuses, 1.8.2006, S. 2; *Sullivan,* U.S. Companies Shifting Profits to Tax Havens, Tax Notes International 2004, Vol. 35, 1035, 1036.

1143 *Sommerhalder/Rienks,* Netherlands Antilles Tax Regime Amended to Comply with European Code of Conduct, Journal of International Taxation 2005, Vol. 16, January, 15.

Für internationale Investoren ist die *Exempted Company* interessant, die eine Zusage erhalten kann, dass kein Gesetz geschaffen werden darf, welches eine Erhebung von Ertragsteuern vorsieht. Auch eine *Societas Europaea* (SE) kann als Holdinggesellschaft auf den Cayman Islands tätig sein, vorausgesetzt sie ist über Luxemburg dorthin gezogen.[1144]

Das britische Erbe gewährleistet ein stabiles Rechtssystem sowie sehr gute politische und wirtschaftliche Verhältnisse.[1145]

Die Vorteile einer Holdinggesellschaft auf den Cayman Islands sind:[1146]

- keinerlei Steuern auf Einkommen, Gewinnen, Vermögen oder Veräußerungsgewinnen;[1147] das Staatseinkommen wird über Gebühren, Einfuhrzölle und Stempelsteuern generiert;
- keine CFC-Regeln;[1148]
- keine *Thin Cap*-Regeln;
- Möglichkeit zusammen mit Tochtergesellschaften in anderen *Tax Havens* flexible Strukturen zu schaffen.

Die Nachteile sind:

- keinerlei Doppelbesteuerungsabkommen abgeschlossen;[1149]
- keine Reduzierung von ausländischen Quellensteuern aufgrund einer Richtlinie oder eines Abkommens;
- Wahrnehmungsproblem («*perception problem*«) bei ausländischen Finanzbehörden und *Stakeholdern*;[1150]
- Cayman Islands Holdinggesellschaft fällt in den Anwendungsbereich einiger ausländischer Anti-Missbrauchsvorschriften (insbesondere CFC-Regeln).

1144 *Schmidt,* Die Europäische Aktiengesellschaft (SE) als »Fähre« auf die Cayman Islands, DB 2006, 2221, 2222.

1145 *Obe/Propper*, Cayman Islands, in: Spitz/Clarke, Offshore Service, 2005, S. 12-21; *Diamond/Diamond*, Tax Havens of the World – Cayman Islands, 2005, S.18-20.

1146 *Eynatten,* European Holding Company Tax Regimes: A Comparative Study, European Taxation 2007, 562, 568.

1147 *Obe/Propper*, Cayman Islands, in: Spitz/Clarke, Offshore Service, 2005, S. 21-22; *Langer*, Cayman Islands, in: Langer, Langer on International Tax Planning, 2008, § 104:5.1.

1148 *Gordon,* Controlled Foreign Corporation Rules – A Proposal for the Caribbean, Intertax 2004, Vol. 32, 27, 28.

1149 *Dreßler*, Gewinn- und Vermögensverlagerungen in Niedrigsteuerländer und ihre steuerliche Überprüfung, 2007, S. 152.

1150 *Barnard,* Former Tax Havens Prepared to Lift Bank Secrecy, IBFD Bulletin – Tax Treaty Monitor 2003, January, 9, 10; *Obe/Propper*, Cayman Islands, in: Spitz/Clarke, Offshore Service, 2005, S. 31.

Q. Bahamas

Ein weiteres internationalen Bankenzentrum und bevorzugter Standort von Holdinggesellschaften sind die Bahamas.[1151] Seit 1981 belegt das Bankenzentrum Bahamas den dritten Platz für Euro-Transaktionen; hinter dem Vereinigten Königreich und den Vereinigten Staaten.[1152]

Eine weit verbreitete Rechtsform für Investoren ist die *International Business Company* (IBC). Die Gesellschaft ist für einen Zeitraum von 20 Jahren von allen Steuern inklusive Stempelsteuern befreit.

Als Holdingstandort bieten die Bahamas folgenden Vorteile:
- keine direkten Steuern;
- sehr gutes Steuerklima;
- keine *Thin Cap*-Regeln;
- keine CFC-Regeln;[1153]
- volle CARICOM[1154] Mitgliedschaft;[1155]
- Rechtssystem, welches auf dem britischen *Common Law* basiert.

Die Nachteile sind:
- keinerlei Doppelbesteuerungsabkommen;
- keine Reduzierung von ausländischen Quellensteuern aufgrund einer Richtlinie oder eines Abkommens;
- Wahrnehmungsproblem (*«perception problem«*) bei ausländischen Finanzbehörden und *Stakeholdern*;
- das Steuersystem bietet eine große Angriffsfläche für ausländische Anti-Missbrauchsvorschriften, darunter u.a. die CFC-Regeln der sog. Hochsteuerländer.

R. Panama

In den letzten Jahren hat Panama durch mehrere gesetzgeberische Maßnahmen den Weg dafür geebnet, die Voraussetzungen für einen *Quality Tax Haven* zu schaffen.[1156] Diese Maßnahmen brachten zwei positive Effekte.

1151 *Langer*, Bahamas, in: Langer, Langer on International Tax Planning, 2008, § 103:1.1. und § 103:1.4. Ferner, *Sullivan,* Caribbean Hedge Funds, Part 2, Tax Notes International 2008, Vol. 49, 215-219.

1152 *Dreßler*, Gewinn- und Vermögensverlagerungen in Niedrigsteuerländer und ihre steuerliche Überprüfung, 2007, S. 146.

1153 *Gordon,* Controlled Foreign Corporation Rules – A Proposal for the Caribbean, Intertax 2004, Vol. 32, 27, 28.

1154 CARICOM = Caribbean Community and Common Market.

1155 *Bierlaagh,* CARICOM income tax agreement, IBFD Bulletin for International Taxation 2000, Vol. 54, 99-110.

1156 Über vorherige Reformen, *KPMG*, Investment in Panama, 2006, S. 63.

Zum einen verbesserten sie den Ruf Panamas als Finanzzentrum[1157] und zum anderen förderten sie die wirtschaftliche und soziale Stabilität.[1158]

Traditionell ist Panama bekannt für sein Bankenzentrum und sein Schifffahrtsregister. Geographisch in der Nähe der Vereinigten Staaten gelegen, kann eine Holdinggesellschaft zwei Funktionen für U.S.-amerikanische Investoren gleichzeitig erfüllen:

- Repatriierung von Gewinnen aus Europa und
- Finanzierung von Tätigkeiten in Lateinamerika.

Zu den 120.000 in Panama beheimateten Gesellschaften gehören auch einige große multinationale U.S.-amerikanische Unternehmen. Unter großer (kritischer) öffentlicher Aufmerksamkeit hat die größte Kreuzfahrtgesellschaft der Welt, *Carnival Cruise Lines*, ihre Weltzentrale von Miami nach Panama verlegt. Dieses Beispiel wird regelmäßig in den Vereinigten Staaten in politischen Auseinandersetzungen erwähnt.[1159]

Die Vorteile einer Holdinggesellschaft in Panama sind im Einzelnen:

- das Territorialsystem, welches nur in Panama erwirtschaftete Einkünfte besteuert;[1160]
- dadurch keine Besteuerung von Dividendeneinkünften und Veräußerungsgewinnen im Zusammenhang mit ausländischen Gesellschaften;
- keine CFC-Regeln;
- keine *Thin Cap*-Regeln;
- keine Verrechnungspreisregelungen;
- die *Colon Free Trade Zone*,[1161] die Unternehmen einige Steueranreize bietet.

Die Nachteile sind:

- keine Doppelbesteuerungsabkommen;
- der negative Ruf, welches noch aus der Zeit stammt, als Panama noch als unkooperativer *Tax Haven* auf den Listen der OECD und des FATF stand.[1162]

Allerdings hat Panama Maßnahmen für mehr Transparenz durchgesetzt und Abkommen zum Informationsaustausch abgeschlossen.[1163]

1157 Vgl. *Sullivan*, Ah, Panama, Tax Notes International 2007, Vol. 47, 11-15.

1158 *Agosin/Schneider/Machado*, Two Steps Forward, One Step Back: Mobilizing Resources in Central America, Tax Notes International 2006, Vol. 43, 1055, 1056-1057.

1159 *Weisman*, $236 Million Cruise Ship Deal Criticized, Washington Post 28.9.2005, A01.

1160 *KPMG*, Investment in Panama, 2006, S. 64; *Dreßler*, Gewinn- und Vermögensverlagerungen in Niedrigsteuerländer und ihre steuerliche Überprüfung, 2007, S. 158.

1161 *KPMG*, Investment in Panama, 2006, S. 39-41; *Dreßler*, Gewinn- und Vermögensverlagerungen in Niedrigsteuerländer und ihre steuerliche Überprüfung, 2007, S. 157.

1162 Financial Action Task Force on Money Laundering der G7-Länder.

1163 Ferner, *Rivera Castillo*, Tax Competition and The Future of Panama's Offshore Center, Tax Notes International 2007, Vol. 29, 73, 81-82.

S. Niederländische Antillen

Genauso wie die Cayman Islands müssen auch die Niederländischen Antillen bestimmte EU-Vorschriften wie die Zinsrichtlinie oder den *Code of Conduct* befolgen,[1164] da die Niederländischen Antillen ein Teil des Königreichs Niederlande sind. Die Niederländischen Antillen bestehen aus den beiden Inseln Curacao und Bonaire nördlich von Venezuela, sowie St. Maarten, Saba und St. Eustatius östlich der Jungferninseln und nördlich von Martinique. Bis zur Unabhängigkeit im Jahre 1986 gehörte auch Aruba noch zu den Niederländischen Antillen.[1165]

Erst kürzlich haben die Niederländischen Antillen Maßnahmen zur Verbesserung der steuerlichen Rahmenbedingungen auf den Weg gebracht.[1166] Nach der neuen Rechtslage ergeben sich folgende Vorteile für den Holdingstandort Niederländische Antillen:

- eine umfassende Beteiligungsertrags- und Veräußerungsbefreiung;
- politischer Wille internationalen Standards zu entsprechen, um ein *Quality Tax Haven* zu werden;[1167]
- keine CFC-Regeln;
- keine *Thin Cap*-Regeln;
- sehr gutes Steuerklima.

Die Nachteile sind:

- Körperschaftsteuersatz von 34,5%;
- Es gibt nur ein einziges Doppelbesteuerungsabkommen mit Norwegen. Die Niederländischen Antillen sind vom Anwendungsbereich der niederländischen Doppelbesteuerungsabkommen ausgeschlossen. Es

1164 *van den Brank-van Agtmaal,* Proposed and Enacted Amendments to Netherlands Antilles Tax Law, European Taxation 2007, 82; *Sommerhalder/Rienks,* Netherlands Antilles Tax Regime Amended to Comply with European Code of Conduct, Journal of International Taxation 2005, Vol. 16, January, 15; *Dreßler,* Gewinn- und Vermögensverlagerungen in Niedrigsteuerländer und ihre steuerliche Überprüfung, 2007, S. 153.

1165 Aruba's Offshore-Industrie ist weniger ausgeprägt als die von Curacao. Allerdings gibt es Bemühungen auf Aruba ein Ofshore-Finanzzentrum zu werden. Siehe *Dreßler,* Gewinn- und Vermögensverlagerungen in Niedrigsteuerländer und ihre steuerliche Überprüfung, 2007, S. 154, Fn. 176. Aruba hat eine Vereinbarung zum Informationsaustausch mit den Vereinigten Staaten abgeschlossen. Siehe *Merks,* Categorizing Corporate Cross-Border Tax Planning Techniques, Tax Notes International 2006, Vol. 44, 55, 67, Fn. 85.

1166 *van den Brank-van Agtmaal,* Proposed and Enacted Amendments to Netherlands Antilles Tax Law, European Taxation 2007, 82-89; *Steevensz,* Changes to Netherlands Antilles Profit Tax Ordinance Proposed, World Tax Daily 29.11.2006, Doc 2006-23803.

1167 *Steevensz,* Changes to Netherlands Antilles Profit Tax Ordinance Proposed, World Tax Daily 29.11.2006, Doc 2006-23803.

gibt einen Vertrag mit dem Königreich Niederlande[1168] und eine Vereinbarung zum Informationsaustausch mit den Vereinigten Staaten.[1169] In Zukunft möchten die Niederländischen Antillen auf den Abschluss von Doppelbesteuerungsabkommen hinwirken.
- Die Niederländischen Antillen sind noch auf verschiedenen *Black-Lists* anderer Länder (z.B. Griechenland, Italien, Mexico, Portugal, Spanien und Brasilien). Nach Abschluss von Informationsaustauschvereinbarungen[1170] und der Schaffung von mehr Transparenz[1171] wurden sie bereits von der *Black-List* in Belgien sowie von der OECD-Liste der unkooperativen *Tax Havens* gestrichen.

V. Alternativen

Die oben beschriebenen Holdingstandorte sind grundsätzlich für U.S.-amerikanische Investoren am besten für eine Repatriierung von U.S.-Gewinnen aus Europa geeignet. Allerdings soll im Folgenden kurz auf mögliche Alternativen eingegangen werden.

A. Frankreich

Immer wieder wird Frankreich in der Literatur als attraktiver Holdingstandort beschreiben.[1172] Die Steuerrechtsordnung bietet eine 95%ige Beteiligungsertragsbefreiung,[1173] im Falle einer 5%igen Mindestbeteiligung und 2-jährigen Mindesthaltedauer.

1168 Es handelt sich aber nicht um ein Doppelbesteuerungsabkommen, *van den Brank-van Agtmaal,* Proposed and Enacted Amendments to Netherlands Antilles Tax Law, European Taxation 2007, 82, 88; *Wallbraun,* Fluchtpunkt Amsterdam, Der Spiegel 26.2.2007, 107; *Bierlaagh,* Taxation of intercompany dividends between the Netherlands and the Netherlands Antilles, European Taxation 1997, Vol. 37, 263.

1169 *Bell,* 2002 Netherlands Antilles-U.S. TIEA Enters Into Force, Tax Notes International 2007, Vol. 46, 157. Ferner, *Avi-Yonah,* Globalization, Tax Competition, And the Fiscal Crisis of the Welfare State, Harvard Law Review 2000, Vol. 113, May, 1573, 1580, Fn. 8 und 9.

1170 *García Heredia,* »The Bermuda Triangle Approach«, European Taxation 2007, 529-539.

1171 *van den Brank-van Agtmaal,* Proposed and Enacted Amendments to Netherlands Antilles Tax Law, European Taxation 2007, 82.

1172 *Bardet/Beetschen/Charvériat u.a.*, Les holdings, 2007, S. 157-270 und S. 365-406; *Guionnet-Moalic,* France, a new tax haven for holding companies?, Tax Planning International – European Union Focus 2005, Vol. 7, 7-9; *Schultze,* Frankreich als neuer Holdingstandort, IStR 2005, 730-734.

1173 Im Detail, *Bardet/Beetschen/Charvériat u.a.*, Les holdings, 2007, S. 376-383.

Ein gewichtiger Nachteil des Holdingstandortes Frankreich ist jedoch das Fehlen einer umfassenden Veräußerungsgewinnbefreiung. Grundsätzlich unterliegen Veräußerungsgewinne der normalen Besteuerung mit einem Körperschaftsteuersatz von 33,3%. Allerdings werden Gewinne aus der Veräußerung von Beteiligungen nur mit einem Körperschaftsteuersatz von 8% besteuert. Dies setzt jedoch eine Mindestbeteiligung von 5% oder einen Mindestkaufpreis von €22,8 Millionen sowie eine Mindesthaltedauer von 2 Jahren voraus. Veräußerungsverluste hingegen können von der steuerlichen Bemessungsgrundlage abgezogen werden, wenn die Beteiligung weniger als 2 Jahre gehalten wurde.

Dividendenausschüttungen von Dividenden an eine ausländische Gesellschaft unterliegen einer Quellenbesteuerung i.H.v. 25%, die allerdings im Anwendungsbereich der Mutter-Tochter-Richtlinie oder eines der vielen französischen Doppelbesteuerungsabkommen reduziert werden kann.[1174] Frankreich hat die Mutter-Tochter-Richtlinie mit der Maßgabe einer Mindestbeteiligung von 20% der Stimmrechte und einer Mindesthaltedauer von 2 Jahren umgesetzt.[1175]

Eine Besonderheit des französischen Steuersystems ist die Möglichkeit einer Gruppenbesteuerung sowohl auf rein nationaler Ebene (*régime de l intégration fiscale*)[1176] als auch grenzüberschreitend[1177] (*régime du bénéfice consolidé*).[1178] Die nationale Gruppenbesteuerung setzt eine Mindestbeteiligung von 95% voraus, während für die grenzüberschreitende Gruppenbesteuerung eine Mindestbeteiligung von 50% notwendig ist. Allerdings bedarf die grenzüberschreitende Gruppenbesteuerung der Genehmigung durch das Finanzministerium, das in der Vergangenheit selten eine solche Genehmigung ausgesprochen hat.

Zusammenfassend ergeben sich folgende Vorteile des Holdingstandortes Frankreich:

- 95% Beteiligungsertragsbefreiung;
- nationale und in großen Ausnahmefällen grenzüberschreitende Gruppenbesteuerung;
- weites DBA-Netzwerk.

Wesentliche Nachteile des Holdingstandortes Frankreich sind:

- keine Veräußerungsgewinnbefreiung; nur geminderter Steuersatz auf Gewinne aus der Veräußerung von Beteiligungen;
- Besteuerung von 5% der Dividendeneinkünfte;

1174 Im Detail, *Bardet/Beetschen/Charvériat u.a.*, Les holdings, 2007, S. 389-405.

1175 Ferner gibt es Subject-to-Tax Bestimmungen und andere Anti-Missbrauchsregelungen. Siehe *Bardet/Beetschen/Charvériat u.a.*, Les holdings, 2007, S. 369-370.

1176 Vertiefend, *Bardet/Beetschen/Charvériat u.a.*, Les holdings, 2007, S. 196-217.

1177 Hierzu, *Bardet/Beetschen/Charvériat u.a.*, Les holdings, 2007, S. 384-389.

1178 *Edition Francis Lefebvre*, Groupes de Sociétés 2007-2008, 2006, Rn. 5000-7958. Ferner, *Hirschler/Schindler*, Die österreichische Gruppenbesteuerung als Vorbild für Europa?, IStR 2004, 505, 507; *Richard*, Comparison between UK and French Taxation of Groups of Companies, Intertax 2003, Vol. 31, 20, 28-31.

- keine Abzugsfähigkeit von Finanzierungskosten;
- strenge CFC-Regeln;[1179]
- strenge *Thin Cap*-Regeln.

B. Liechtenstein

Das Fürstentum Liechtenstein weist eine lange Tradition als Finanzzentrum auf. Mit der »Liechtensteiner Stiftung« (seit 1926) sowie dem Institut der Anstalt und unter dem Schutz eines strengen Bankgeheimnisses ist es Liechtenstein gelungen, viele ausländische Investoren anzulocken.[1180] Die attraktiven steuerlichen Rahmenbedingungen führten jedoch dazu, dass Liechtenstein immer wieder von der EU und der OECD scharf kritisiert wurde. Liechtenstein ist neben Monaco und Andorra eines von drei auf der OECD-Liste der unkooperativen *Tax Havens* verbliebenen Länder. Weltweite Aufmerksamkeit erlangte das Steuersystem zuletzt durch den Liechtensteiner Steuerskandal im Jahre 2008.[1181]

Seit längerem gibt es Bemühungen, das Steuersystem im Einklang mit internationalen Standards zu bringen. Zu diesem Zweck wurde die »*FL Tax Roadmap*« entwickelt.[1182]

Dennoch wird Liechtenstein als Standort für Holdinggesellschaften unattraktiv bleiben. Der Reputationsverlust und das daraus resultierende Wahrnehmungsproblem (»*perception problem*«) bei ausländischen Finanzbehörden und *Stakeholdern* ist sehr groß. Außerdem hat Liechtenstein nur ein einziges Doppelbesteuerungsabkommen abgeschlossen (mit Österreich).

1179 *Schönfeld*, Hinzurechnungsbesteuerung und Europäisches Gemeinschaftsrecht, 2005, S. 567ff.

1180 *Dreßler*, Gewinn- und Vermögensverlagerungen in Niedrigsteuerländer und ihre steuerliche Überprüfung, 2007, S. 63.

1181 *Kessler/Eicke*, Germany's Fruit of Liechtenstein's Poisonous Tree, Tax Notes International 2008, Vol. 49, 871-874.

1182 *Wagner*, Liechtenstein: Steuerrechtsreform auf dem Weg, IStR 2007, Länderbericht, Heft 9, S. 4.

C. Jersey

Das Steuersystem[1183] sowie die sonstigen wirtschaftlichen Rahmenbedingungen der Insel Jersey haben ein sehr erfolgreiches Umfeld für Finanzierungsgesellschaften und Versicherungen geschaffen.[1184] Als »Kronbesitz« ist Jersey direkt der britischen Krone unterstellt. Jersey ist zwar kein Mitglied der Europäischen Union, liegt aber im Anwendungsbereich von Maßnahmen der EU wie der Zinsrichtlinie oder dem EU-*Code of Conduct.*[1185] Doppelbesteuerungsabkommen existieren mit dem Vereinigten Königreich und mit Guernsey. Außerdem gibt es Vereinbarungen zum Informationsaustausch mit den Vereinigten Staaten und den Niederlanden.

Für Holdinggesellschaften auf Jersey ist die Nähe zur Finanzindustrie sehr attraktiv.[1186] Daher fungieren Holdinggesellschaften auf Jersey häufig als Finanzierungsgesellschaften.

Am 1. Januar 2009 wird ein zweistufiges Körperschaftsteuersystem eingeführt, was Einfluss auf die Steuerplanung mit sog. *Special Purpose Vehicles* hat.[1187] Das neue Steuersystem ist insbesondere für U.S.-amerikanische Investoren attraktiv, deren Struktur einer Gesellschaft bedarf, die zwar keinen Geschäftssitz im Vereinigten Königreich innehat, aber im Vereinigten Königreich steuerpflichtig ist (z.B. in der Fondsindustrie).[1188] Diese Konstellation wird bislang vor allem durch Cayman Islands Gesellschaften ermöglicht.

Grundsätzlich erhebt Jersey keine Ertrag-, Gewinn- oder Quellensteuern. Nachteilig ist allerdings, dass Holdinggesellschaften auf Jersey häufig im Anwendungsbereich ausländischer CFC-Regeln liegen (auch und vor allem der U.K.-CFC-Regeln).

1183 Siehe den Überblick in *Sullivan,* Offshore Explorations: Jersey, Tax Notes International 2007, Vol. 48, 532- 543 und die Replik der Regierung von Jersey in *Powell,* The Jersey Government Responds, Tax Notes International 2007, Vol. 48, 785-786.

1184 *Sullivan,* Offshore Explorations: Jersey, Tax Notes International 2007, Vol. 48, 532.

1185 *Johnson,* Tax Haven No More?, Tax Notes International 2007, Vol. 45, 1089; *Bater*, Jersey, in: IBFD, Europe – Corporate Taxation, 2007, Ch. 0; *Dreßler*, Gewinn- und Vermögensverlagerungen in Niedrigsteuerländer und ihre steuerliche Überprüfung, 2007, S. 101-106.

1186 *Johnson,* Though This Be Madness, Yet There Is Method In't, Tax Notes International 2007, Vol. 45, 869, 870.

1187 *Johnson,* Though This Be Madness, Yet There Is Method In't, Tax Notes International 2007, Vol. 45, 869-871; *Johnson,* Tax Haven No More?, Tax Notes International 2007, Vol. 45, 1089-1091; *Bater*, Jersey, in: IBFD, Europe – Corporate Taxation, 2007, Ch. 1.6 und 6.

1188 *Johnson,* Though This Be Madness, Yet There Is Method In't, Tax Notes International 2007, Vol. 45, 869, 870.

D. Guernsey

Ein weiterer »Kronbesitz« ist die Kanalinsel Guernsey. Die Versicherungsindustrie ist hinter Bermuda und den Cayman Islands die drittgrößte weltweit. [1189] Es gibt Doppelbesteuerungsabkommen mit Jersey und dem Vereinigten Königreich, die beide einen umfangreichen Informationsaustausch vorsehen. Guernsey erhebt keine Ertrag-, Gewinn- oder Quellensteuern.

E. Isle of Man

Ähnlich wie Jersey ist die Isle of Man ein wichtiger Standort für Finanzierungsgesellschaften.[1190] Als »Kronbesitz« ist die Isle of Man teilunabhängig vom Vereinigten Königreich und kein Mitglied der Europäischen Union. Es gibt ein Doppelbesteuerungsabkommen mit dem Vereinigten Königreich. Grundsätzlich erhebt die Isle of Man keine Ertrag-, Gewinn- oder Quellensteuern.

F. Gibraltar

Die britische Kronkolonie Gibraltar hat sich in den letzten Jahrzehnten einen Ruf als Finanzzentrum aufgebaut.[1191] Gibraltar ist Teil der Europäischen Union (allerdings nicht Teil des Binnenmarktes), so dass alle euro-

1189 Siehe einen Überblick in, *Sullivan,* Offshore Explorations: Guernsey, Tax Notes International 2007, Vol. 48, 241-256 und eine Replik auf diesen Artikel in *Sherman,* Legitimate Reasons to Go Offshore, Tax Notes International 2007, Vol. 48, 1259, 1260. Ferner, *Bater*, Guernsey, in: IBFD, Europe – Corporate Taxation, 2007; *Dreßler*, Gewinn- und Vermögensverlagerungen in Niedrigsteuerländer und ihre steuerliche Überprüfung, 2007, S. 104.

1190 *Whipp,* Isle of Man: International Financial Centre, Tax Planning International Review 2006, Vol. 33, November, 19-23. Im Detail, *Sullivan,* Offshore Explorations: Isle of Man, Tax Notes International 2007, Vol. 48, 729-739; *Bater*, Isle of Man, in: IBFD, Europe – Corporate Taxation, 2007. Ferner, *Langer*, Tax Havens Used For Offshore Companies, in: Langer, Langer on International Tax Planning, 2008, § 40:2.2.

1191 Vertiefend, *Bater*, Gibraltar, in: IBFD, Europe – Corporate Taxation, 2007. Ferner, *Langer*, Tax Havens Used For Offshore Companies, in: Langer, Langer on International Tax Planning, 2008, § 40:2.3; *Langer*, Gibraltar, in: Langer, Langer on International Tax Planning, 2008, § 135:1.1; *Langer*, Tax Havens Used For Offshore Companies, in: Langer, Langer on International Tax Planning, 2008, § 40:2.3.

parechtlichen Vorgaben (insbesondere Richtlinien und Grundfreiheiten) Anwendung finden.[1192]

In Gibraltar unbeschränkt steuerpflichtige Gesellschaften werden mit ihren weltweiten Einkommen und einem Steuersatz von 35% besteuert. Es gibt Pläne für eine Steuersatzsenkung ab dem Jahre 2010.[1193] Keine Steuern werden auf Dividenden- und Zinseinkünfte erhoben, wenn diese nicht nach Gibraltar gezahlt worden.[1194]

Es gibt keine Doppelbesteuerungsabkommen, deren Anwendungsbereich sich auf Unternehmen erstreckt.[1195]

G. Dubai

Dem sog. »*No Tax* Emirat« Dubai ist in den letzten Jahren gelungen, zu einem führenden Finanzzentrum zu werden.[1196] Es ist eines der Emirate der Vereinigten Arabischen Emirate (VAE). Wichtige steuerliche Anreize beinhalten:[1197]

- keine Körperschaftsteuern für 50 Jahre mit der Option auf Verlängerung für weitere 50 Jahre;
- keine Quellensteuern;
- keine Einkommensteuern.

Die Vereinigten Arabischen Emirate haben mehr als 40 Doppelbesteuerungsabkommen abgeschlossen.[1198] Daher ergeben sich für die Repatriierungssteuerplanung vielerlei Möglichkeiten.[1199] Es existiert allerdings kein Doppelbesteuerungsabkommen mit den Vereinigten Staaten. Jedoch ist es mit einer Holdinggesellschaft in Dubai und einer belgischen Finanzierungsgesellschaft aufgrund des DBA Belgien-VAE möglich, steueroptimal Gewinne in die Vereinigten Staaten zu repatriieren.[1200]

1192 *Langer*, Gibraltar, in: Langer, Langer on International Tax Planning, 2008, § 135:1.5.

1193 *Castiel*, Gibraltar Budget Provides Timetable for Corporate Tax Cuts, World Tax Daily 6.7.2007, Doc 2007-15886.

1194 *Langer*, Gibraltar, in: Langer, Langer on International Tax Planning, 2008, § 135:5.1.

1195 *Langer*, Gibraltar, in: Langer, Langer on International Tax Planning, 2008, § 135:5.6.

1196 *Langer*, Dubai, Langer on International Tax Planning, 2008§ 172:1.1.; *Dreßler*, Gewinn- und Vermögensverlagerungen in Niedrigsteuerländer und ihre steuerliche Überprüfung, 2007, S. 184-188.

1197 *Langer*, Dubai, Langer on International Tax Planning, 2008, § 172:1.8 und § 172:5.1.

1198 *Langer*, Dubai, Langer on International Tax Planning, 2008, § 172:5.3.

1199 *Langer*, Dubai, Langer on International Tax Planning, 2008, § 172:5.3.

1200 *Wijnkamp*, Belgium: A tax haven?, Tax Planning International Review 2007, Vol. 34, June, 21, 22.

H. Barbados

Eines der größten Finanzzentren der Karibik ist seit Jahrzehnten die Insel Barbados.[1201] Nach intensiven Verhandlungen mit der OECD und der FATF wurde Barbados von den einschlägigen Listen der unkooperativen *Tax Havens* entfernt.[1202] Trotzdem kämpft Barbados weiterhin mit einem Wahrnehmungsproblem (*perception problem*) bei ausländischen Finanzbehörden und *Stakeholdern*, da immer noch viele sog. »*Red-Flag-Structures*« Barbados einbeziehen.

Barbados wendet ein territoriales Steuersystem an, so dass alle ausländischen Einkünfte von der Bemessungsgrundlage ausgenommen sind. Inländische Einkünfte werden mit 25% besteuert[1203] und es werden keine Quellensteuern erhoben.[1204]

Im Gegensatz zu den anderen karibischen Holdingstandorten hat Barbados einige Doppelbesteuerungsabkommen abgeschlossen.[1205] Alle 14 DBAs beinhalten Informationsaustauschklauseln.[1206] Es gibt u.a. Abkommen mit den Vereinigten Staaten,[1207] den Niederlanden, Österreich,[1208] der Schweiz, Malta und der Volksrepublik China.[1209]

1201 *Langer*, Barbados, in: Langer, Langer on International Tax Planning, 2008, § 107:1.1.

1202 *Zagaris*, The Caribbean – Year in Review 2005, Tax Notes International 2006, Vol. 41, 19, 20; *Zagaris*, The Caribbean – Year in Review 2006, Tax Notes International 2006, Vol. 44, 1019.

1203 *Langer*, Barbados, in: Langer, Langer on International Tax Planning, 2008, § 107:5.1.

1204 *Dreßler*, Gewinn- und Vermögensverlagerungen in Niedrigsteuerländer und ihre steuerliche Überprüfung, 2007, S. 160-161.

1205 Einen Überblick über die Doppelbesteuerungsabkommen von Barbados bieten, *Langer*, Barbados, in: Langer, Langer on International Tax Planning, 2008, § 107:5.6. und *Tadros*, Caribbean Tax Treaties, World Tax Daily 2004, 2004 WTD 236-13.

1206 *Langer*, Barbados, in: Langer, Langer on International Tax Planning, 2008, § 107:5.8.

1207 Über das neue DBA, *Bennett/Dunahoo*, United States and Barbados Sign New Treaty Protocol, Tax Planning International Review 2004, Vol. 31, July, 19, 20-21. Ferner, *Merks*, Categorizing Corporate Cross-Border Tax Planning Techniques, Tax Notes International 2006, Vol. 44, 55, 67, Fn. 86; *Zive/Bristol/Fernandes u.a.*, New Protocol To U.S.-Barbados Income Tax Treaty May Mean Restructuring For Some Foreign Multinationals, Journal of International Taxation 2005, Vol. 16, May, 38, 40.

1208 *Zagaris*, The Caribbean – Year in Review 2006, Tax Notes International 2006, Vol. 44, 1019; *Jirousek*, Doppelbesteuerungsabkommen Österreich – Barbados, Österreichische Steuerzeitung 2006, 318-320.

1209 *Gosselin*, The Barbados-China Tax Treaty, Tax Planning International Review 2006, Vol. 33, September, 27-30.

VI. Zwischenergebnis

Je nachdem wie stark die soeben vorgestellten Vor- und Nachteile im konkreten Fall unter Zuhilfenahme der *Balanced Scorecard* gewichtet werden, entscheidet sich die Wahl des Holdingstandortes.[1210] In der Abbildung 25 sind die wichtigsten Kriterien nochmals zusammengefasst.

1210 *Kessler*, Überlegungen zur Standortwahl einer Euro-Holding aus steuerlicher Sicht, in: Fischer, Grenzüberschreitende Aktivitäten deutscher Unternehmen und EU-Recht, 1997, S. 130, 135, 136.

Abbildung 25: Zusammenfassender Überblick über die Holdingstandorte

Holdingstandort	**Beteiligungs-ertragsbefreiung** **MB=Mindestbeteiligung** **MD= Mindesthaltedauer**	**Veräußerungs-ertragsbefreiung** **MB=Mindestbeteiligung** **MD=Mindesthaltedauer**	**Quellensteuern auf Dividenden** **(1) EU** **(2) Drittstaat(ohne DBA)**	**Abzugsfähigkeit von** **(1)Veräußerungsverlusten;** **(2)TWA auf Beteiligungen**	**Thin Cap-Regeln** **FK/EK-Verhältnis**
Niederlande	100%; MB: 5%	100%; MB: 5%	(1) 0% (2) 15%	(1) Nein (Ausnahme: Liquidations-verluste unter bestimmten VSS (2) Nein	3:1
Luxemburg	100%; MB: 10% oder Kauf-preis > €1.2 Mio.; MD: 1 Jahr	100%; MB: 10% oder Kaufpreis > €6 Mio.; MD: 1 Jahr	(1) 0% (2) 15%	(1) Ja (2) Ja (aber Nachversteuerungsre-gelung)	85:15 (99:1 nach Absprache mit Steuerbehörde)
Österreich	Inlandsfall: 100% *Auslandsfall*: MB: 10%/ MD: 1 Jahr	Inlandsfall: Nein *Auslandsfall*: MB: 10% / MD:1 Jahr	(1) 0% (2) 25%	(1) Inlandsfall: Ja *Auslandsfall*: Nein (Option) (2) Nein	arm's length
Irland	*Inlandsfall*: 100% befreit; *Auslandsfall*: Anrechnung bis zu 100%; MB: 5%	100%; MB: 5%; MD: 12 Monate innerhalb von letzten 2 Jahren	(1) 0% (2) 20%	(1) Grds. Nein (2) Nein (Option)	arm's length (4:1)
Belgien	95%; MB: 10% oder Kauf-preis > €1,2 Mio.; MD: 1 Jahr	100%	(1) 0% (2) 25%	(1) Nein (Ausnahmen) (2) Nein, aber Notional Interest und Patent Income Deduction	1:1 (7:1 low-tax Ausnahme)
Deutschland	100% (5% fiktive nichtab-zugsfähige Betriebsausga-ben)	100% (5% fiktive nicht-abzugsfähige Be-triebsausgaben)	(1) 0% (2) 21.1% (inkl. SolZ); ab. 1.1.2009 § 44a Abs. 9 EStG	(1) Nein (2) Nein	Zinsertrag + 30% EBIT-DA (Ausnahmen)

Vereinigtes Königreich	Inlandsfall: 100% befreit Auslandsfall: bis zu 100% Anrechnung; MB: 10%	100%; MB: 10%; MD: 1 Jahr; strenge Anforderungen ("trading company")	(1) 0% (2) 0%	(1) Nein im Falle von Veräußerungsgewinnbefreiung; sonst: Verrechnung mit Veräußerungsgewinnen (2) Nein	arm's length
Spanien	ETVE: 100%; MB: 5% oder Kaufpreis > €6 Mio., MD: 1 Jahr	ETVE: 100%, MB: 5% oder Kaufpreis > €6 Mio.; MD: 1 Jahr	(1) 0% (2) 18%	(1) Nein (2) Ja (aber Nachversteuerungsregelung)	3:1
Dänemark	100%; MB: 10%; MD: 1 Jahr	100%; MD: 3 Jahre	(1) 0% (2) 28%	(1) Veräußerungsverluste bei Beteiligungen mit Haltedauer von < 3 Jahren können mit Veräußerungsgewinnen verrechnet werden (2) Nein	4:1 + Asset test + EBIT test
Schweiz	95%; MB: 20% oder Kaufpreis > CHF 2 Mio.	100%; MB: 20%; MD: 1 Jahr	(1) 0% (2) 35%	(1) Ja (2) Nein	7:3 (verhandelbar)
Malta	100%; MB: 10%	100%; MB: 10%	(1) 0% (2) 0%	(1) Ja (Verrechnung mit Veräußerungsgewinnen) (2) Nein	Nein
Zypern	100%; MB: 1% + Anti-Missbrauchs-Test	100%	(1) 0% (2) 0%	(1) Nein (2) Nein	Nein

Holdingstandort	Gruppenbesteuerung	DBA-Netzwerk	CFC-Regeln	Anti-Missbrauchsregeln	Steuersatz (KSt), Gesellschaftsteuer (Capital Duty), Stempelsteuer (Stamp Duty)
Niederlande	Ja, national	84	Nein	Ja (vor allem: Zinsabzug)	25,5% KSt
Luxemburg	Ja, national	42	Nein	allgemeine Regeln	22% KSt + 6,25% Gewerbesteuer + 0,5% Capital Duty; 0,5% Vermögensteuer
Österreich	Ja, auch grenzüberschreitend	68	Nein	spezielle Regeln (z.B. Beteiligungsertragsbefreiung)	25% KSt, 1% Capital Duty auf EK- und 0,8% auf FK
Irland	Ja, national	42	Nein	allgemeine + spezielle Regeln	12,5% KSt (trading income); 1% Stamp Duty.
Belgien	Nein	85	Nein	allgemeine + spezielle Regeln	33,99% KSt (inkl. Krisenzuschlag); Capital Duty 25€
Deutschland	Ja, national	88	Ja	allgemeine Regeln, spezielle Anti-Treaty-Shopping Regel	15% KSt, 14% Gewerbesteuer, 0,83% SolZ.
Vereinigtes Königreich	Ja, national; "75% group relief" oder "consortium relief"	110	Ja	case law (z.B. substance-over-form)	30% KSt; 0,5% Stamp Duty;
Spanien	Ja, national	62	Ja	spezielle Regeln	30% KSt / 1% Capital Duty
Dänemark	Ja, auch grenzüberschreitend	75	Ja	spezielle Regeln	28% KSt
Schweiz	Nein	70	Nein	allgemeine + spezielle Regeln	7,83% KSt (Bundesebene) + Kantonsebene Tax; 1% Stamp Duty
Malta	Ja, national; 51%	44	Nein	allgemeine Regeln (gegen allein steuerinduzierte Transaktionen)	35% KSt / 2%-5% Stamp Duty
Zypern	Ja, national; 75%	44	Nein	allgemeine Regeln	10% KSt + 0,6 Capital Duty

Holdingstandort	**Beteiligungs-ertragsbefreiung** **MB=Mindestbeteiligung**	**Veräußerungs-ertragsbefreiung**	**Quellensteuern auf Dividenden**	**Abzugsfähigkeit von** **(1) Veräußerungsverlusten;** **(2) TWA auf Beteiligungen**	**Thin Cap-Regeln** **FK/EK Verhältnis**
Hongkong	nicht steuerbar	nicht steuerbar	0%	(1) Nein (2) Nein	kein bestimmtes FK /EK-Verhältnis; Beschränkungen
Singapur	100%	nicht steuerbar	0%	(1) Nein (2) Nein	kein FK/EK-Verhältnis; Beschränkungen *arm's length*
Bermuda	nicht steuerbar	nicht steuerbar	nicht steuerbar	nicht steuerbar	Nein
Cayman Islands	nicht steuerbar	nicht steuerbar	nicht steuerbar	nicht steuerbar	Nein
Bahamas	nicht steuerbar	nicht steuerbar	nicht steuerbar	nicht steuerbar	Nein
Panama	nicht steuerbar	nicht steuerbar	10%	(1) Nein (2) Nein	Nein
Niederländische Antillen	100%; MB: 5%	100%	nicht steuerbar	(1) Nein (2) Nein	Nein

Holdingstandort	**Gruppenbesteuerung**	**DBA-Netzwerk**	**CFC-Regeln**	**Anti-Missbrauchsregeln**	**Steuersatz (KSt), Gesellschaftsteuer (Capital Duty), Stempelsteuer (Stamp Duty)**
Hongkong	Nein	4	Nein	allgemeine + spezielle Regeln	16,5% KSt; 0.1% Capital Duty
Singapur	Ja	55	Nein	allgemeine + spezielle Regeln	18% KSt; 0,2% Capital Duty
Bermuda	Nein	0	Nein	Nein	0% KSt
Cayman Islands	Nein	0	Nein	Nein	0% KSt
Bahamas	Nein	0	Nein	Nein	0% KSt
Panama	Nein	0	Nein	allgemeine + spezielle Regeln	30%
Niederländische Antillen	Ja	2	Nein	allgemeine + spezielle Regeln	34,5%

Kapitel 8: Chancen und Risiken für die Repatriierung im deutschen Steuerrecht

Im Folgenden werden die wichtigsten Hindernisse des deutschen internationalen Steuerrechts für die Repatriierung von U.S.-amerikanischen Gewinnen aus Deutschland dargestellt.

I. Beteiligungsertragsbefreiung / Veräußerungsgewinnbefreiung

A. Körperschaftsteuerrecht

Auf den ersten Blick ist die körperschaftsteuerliche Beteiligungsgewinnbefreiung in § 8b Abs. 1 KStG bzw. die Veräußerungsgewinnbefreiung in § 8b Abs. 2 KStG sehr vorteilhaft.[1211] Die Vorschriften sehen eine 100%ige Befreiung sowohl für inländische als auch für ausländische Beteiligungen vor, ohne dafür eine Mindestbeteiligungshöhe oder Mindesthaltedauer vorauszusetzen.

Allerdings gelten 5% der Dividendeneinkünfte (§ 8b Abs. 5 KStG) bzw. des Veräußerungsgewinns (§ 8b Abs. 3 KStG) als nicht abzugsfähige Betriebsausgaben, erhöhen somit die steuerliche Bemessungsgrundlage.[1212] Im Ergebnis sind daher grundsätzlich nur 95% steuerfrei.[1213] Damit geht das Risiko von Kaskadeneffekten einher, wenn Dividendenerträge oder Veräußerungsgewinne über mehrere Beteiligungsebenen ausgeschüttet werden. Allerdings sind Kosten, die im Zusammenhang mit der Beteili-

1211 *Kramer*, Host Country Germany, in: Tax Management International Forum, The Definition and Taxation of Dividends, 2007, 34-37; *Djanani/Brähler/Lösel*, German Income Tax, 2007, S. 207, 208. Über die deutsche Beteiligungsertragsbefreiung, *Winhard*, Die Funktionen der abkommensrechtlichen Steuerfreistellung und ihre Auswirkungen auf das deutsche Recht, 2007, S. 15-52. Über die neuesten Modifikationen im Hinblick auf verdeckte Gewinnausschüttungen, *Strnad,* Das Korrespondenzprinzip in § 8, § 8b KStG gemäß JStG 2007, GmbH-Rundschau 2006, 1321-1323; *Grotherr,* Außensteuerrechtliche Bezüge im Jahressteuergesetz 2007, Recht der Internationalen Wirtschaft 2006, 898, 901.

1212 Zu Gestaltungen im Zusammenhang mit der 5%igen »Schachtelstrafe« siehe *Jesse*, Dividenden- und Hinzurechnungsbesteuerung, in: Schaumburg/Piltz, Holdinggesellschaften im Internationalen Steuerrecht, 2002, S. 109, 110ff.

1213 Zur Vereinbarkeit mit dem Europarecht, *Körner,* Europarecht und Beteiligungsaufwendungen, IStR 2006, 376, 378; *Friedrich/Nagler,* Das Urteil Keller-Holding und seine Auswirkungen auf die Abzugsbeschränkungen des § 8b KStG, IStR 2006, 217, 221.

gung stehen, voll abzugsfähig, da § 3c Abs. 1 EStG insoweit nicht anzuwenden ist.

Die Befreiungen gelten jedoch nicht für Anteile, die Finanzdienstleistungsunternehmen bzw. Finanzunternehmen zuzurechnen sind (§ 8b Abs. 7 KStG). Eine Holdinggesellschaft gilt als Finanzdienstleistungsunternehmen bzw. Finanzunternehmen, wenn mit dem Halten der Beteiligungen nur ein kurzfristiger Handelsgewinn beabsichtigt war. Die Finanzverwaltung legt die Tatbestandsvoraussetzungen weit aus,[1214] so dass reine Holdinggesellschaften ohne jegliche Geschäftstätigkeiten Gefahr laufen, unter diese Vorschrift zu fallen.[1215] Um den Vorgaben der Mutter-Tochter-Richtlinie gerecht zu werden, ist § 8b Abs. 7 KStG nicht bei grenzüberschreitenden Fällen anwendbar (§ 8b Abs. 9 KStG).

B. Gewerbesteuer

Grundsätzlich ist die steuerliche Bemessungsgrundlage der Ausgangspunkt für die Ermittlung der Gewerbesteuer (§ 7 GewStG). In §§ 8, 9 GewStG werden jedoch einige Modifikationen vorgenommen. Beispielsweise bestimmen § 8 Nr. 5 GewStG und § 9 Nr. 2a, 7 GewStG[1216], dass die unilaterale Beteiligungsertragsbefreiung für Gewinne aus Anteilen einer Kapitalgesellschaft nicht gilt, wenn die ausschüttende Kapitalgesellschaft keine aktive Geschäftstätigkeit vorweisen kann. In einem solchen Fall könnte sich der Steuerpflichtige aber auf die bilaterale Beteiligungsertragsbefreiung berufen, sofern diese keine Aktivitätsklausel enthält.[1217]

Wenngleich Dividendeneinkünfte nicht der Körperschaftsteuer unterliegen, werden sie gem. § 8 Nr. 5 GewStG zunächst zur gewerbesteuerlichen Bemessungsgrundlage hinzugerechnet. Für ausländische Schachteldividenden gilt die Kürzungsvorschrift des § 9 Nr. 2a, 7 GewStG unter den folgenden Voraussetzungen:

- 15% direkter oder indirekter Anteilsbesitz;[1218]
- während des gesamten Veranlagungszeitraums gehalten;

1214 BMF v. 25. Juli 2002, IV A 2 – S 2759 a – 6/02, BStBl. I 2002, 712.

1215 *Bindl,* Zur Steuerpflicht von Beteiligungserträgen nach § 8b Abs. 7 KStG bei Industrieholdinggesellschaften, DStR 2006, 1817, 1818; *Körner*, Techniken konzerninterner Gewinnverlagerung, 2004, S. 101; *Bader*, Steuergestaltung mit Holdinggesellschaften, 2007, S. 138-142.

1216 Die nationale Kürzungsvorschrift ist nur subsidiär zur internationalen Beteiligungsertragsfreiung in Doppelbesteuerungsabkommen anwendbar.

1217 Vgl. *Schaumburg/Jesse*, Die internationale Holding aus steuerrechtlicher Sicht, in: Lutter, Holding Handbuch, 2004, S. 847, 852 (Fn. 10).

1218 Kritisch zur Erhöhung der Mindestbeteiligungsschwelle von 10% auf 15% für das sog. gewerbesteuerliche »Schachtelprivileg«, *Kessler/Knörzer,* Die Verschärfung der gewerblichen Schachtelstrafe, IStR 2008, 121-124.

- Tochtergesellschaft muss aktive Einkünfte ausschütten, welche aus Aktivitäten i.S.v. § 8 Abs. 1 Nr. 1-6 AStG stammen und/oder
- wenn die Tochtergesellschaft eine Landes- oder eine Funktionsholdinggesellschaft ist, die eine Mindestbeteiligung von 25% in weiteren Beteiligungen über 12 Monaten gehalten hat und von der die Holdinggesellschaft aktive Einkünfte i.S.d. § 8 Abs. 1 Nr. 1-6 AStG erhalten hat oder
- eine Tochtergesellschaft i.S.d. Mutter-Tochter-Richtlinie ist. In einem solchen Falle genügt eine Mindestbeteiligung von 10%.

Darüberhinaus kann im Falle einer Mindestbeteiligung von 15% die Beteiligungsertragsbefreiung auch für Enkelgesellschaften geltend gemacht werden (§ 9 Nr. 7 S. 4 GewStG).[1219] Schließlich gibt es auch eine spezielle unilaterale gewerbesteuerliche Beteiligungsertragsbefreiung, falls ein Doppelbesteuerungsabkommen eine solche vorsieht (§ 9 Nr. 8 GewStG). Diese Vorschrift aber lediglich eine Klarstellungsfunktion.

Sind die Voraussetzungen erfüllt, kommt es im Ergebnis zu einer 95%igen gewerbesteuerlichen Beteiligungsertragsbefreiung. Damit unterliegen 5% der gewerbesteuerlichen Bemessungsgrundlage und einer effektiven Steuerbelastung von 0,83%.[1220]

Falls die Voraussetzungen jedoch nicht erfüllt werden, empfiehlt es sich, die Gewinne nicht auszuschütten, sondern steuerbefreit als Veräußerungsgewinne zu realisieren, da diese nicht der gewerbesteuerlichen Hinzurechnung unterliegen.[1221]

Aufgrund der im Rahmen der Unternehmensteuerreform 2008 geschaffenen unterschiedlichen Beteiligungshöhen für Portfoliobeteiligungen bietet sich eine Auslagerung der Beteiligung auf EU-Holdinggesellschaften an, um in den Genuss der gewerbesteuerlichen Beteiligungsertragsbefreiung zu gelangen (15% im Inland; 10% im Anwendungsbereich der MTRL).[1222]

II. Quellensteuern

Dividendenausschüttungen unterliegen einer Quellensteuer i.H.v. 25% zuzüglich 5,5% Solidaritätszuschlag, was zu einer Gesamtbelastung von

1219 *Ortmann-Babel/Zipfel*, Gewerbesteuerliche Änderungen, in: Ernst & Young/BDI, Unternehmensteuerreform 2008, 2007, S. 199, 212-213; *Schlotter*, Weitere Gegenfinanzierungsmaßnahmen, in: Schaumburg/Rödder, Unternehmensteuerreform 2008, 2007, S. 583, 617-619.

1220 Im Falle eines Hebesatzes von 400%.

1221 *Schlotter*, Weitere Gegenfinanzierungsmaßnahmen, in: Schaumburg/Rödder, Unternehmensteuerreform 2008, 2007, S. 583, 619.

1222 *Kessler/Knörzer*, Die Verschärfung der gewerblichen Schachtelstrafe, IStR 2008, 121-124.

26,375% führt,[1223] falls die Quellensteuer nicht durch die MTRL oder ein Doppelbesteuerungsabkommen reduziert wird (§§ 43ff. EStG).[1224] Seit 1.1.2009 ist § 44a Abs. 9 EStG zu beachten, der eine Erstattung der Quellensteuern um 2/5 der einbehaltenen und abgeführten Kapitalertragsteuer vorsieht. Der Sinn und Zweck dieser Vorschrift ist, den Quellensteuersatz unterhalb des Körperschaftsteuersatzes abzusenken.

Im Anwendungsbereich der Mutter-Tochter-Richtlinie können sämtliche Quellensteuern auf Dividendenausschüttungen eliminiert werden. Dies setzt eine 20%ige[1225] Mindestbeteiligung an der ausschüttenden deutschen Gesellschaft und eine Mindesthaltedauer von 12 Monaten voraus.[1226]

Auch im Revisionsabkommen zwischen Deutschland und den Vereinigten Staaten vom 1. Juni 2006, welches seit 28 Dezember 2007[1227] in Kraft ist, ist eine Quellensteuerreduktion auf 0% vorgesehen.[1228] Allerdings setzt dies eine direkte Mindestbeteiligung von 80% sowie eine 12-monatige Mindesthaltedauer voraus.[1229] Falls diese Voraussetzungen nicht erfüllt sind, besteht die Möglichkeit einer Quellensteuerreduktion auf 5% im Falle einer Mindestbeteiligung von 10%. Ansonsten kommt es lediglich zu einer Quellensteuerreduktion auf 15%.

Allerdings müssen für eine Quellensteuerbefreiung oder -reduzierung zusätzlich noch die Voraussetzungen der verschärften *Limitation-on-Bene-*

1223 *Jackson,* Bundesrat Passes 2008 Tax Bill, Amends Withholding Tax, Tax Notes International 2008, Vol. 49, 36.

1224 *Endres/Schreiber/Dorfmüller,* Holding companies prove worth, International Tax Review 2007, January, 43, 44.

1225 Falls das Land des Dividendenempfängers eine Mindestbeteiligungsvoraussetzung für die Gewährung der Beteiligungsertragsbefreiung von 10% verlangt, genügt reziprok auch in Deutschland eine 10%ige Beteiligung. Zur Zeit ist dies der Fall bei Dividendenzahlungen nach Frankreich, Luxemburg, den Niederlanden und dem Vereinigten Königreich.

1226 Falls die Zahlung vor Ende der 12-Monatsfrist erfolgt, ist eine Dividendenbefreiung dennoch möglich, wenn diese Haltefrist in der Folgezeit erfüllt wird.

1227 *Parillo,* U.S. Senate Ratifies German, Belgian Treaties, Tax Notes International 2007, Vol. 48, 1207-1209.

1228 Siehe ein Beispiel in, *Endres,* Der Verzicht auf Dividenden-Quellensteuern im neuen Steuerabkommen mit den USA, Musterfälle 2006/2007 zum Internationalen Steuerrecht 2006, 23-28.

1229 Eine detaillierte Analyse bieten *Mundaca/O'Connor/Eckhardt,* Overview of 2006 Germany-U.S. Tax Treaty Protocol, Tax Notes International 2006, Vol. 43, 63ff.; *Parillo,* U.S. Senate Ratifies German, Belgian Treaties, Tax Notes International 2007, Vol. 48, 1207, 1208; *Wassermeyer/Schönfeld,* Die Besteuerung grenzüberschreitender Dividendenzahlungen nach dem neuen DBA-USA, DB 2006, 1970ff. Vgl. auch *Miles,* Germany/United States, Tax Planning International Review 2006, Vol. 33, June, 31; *Sheppard,* U.S. and German Officials Discuss New Treaty Protocol, Tax Notes International 2006, Vol. 44, 96; *Swoboda/Dorfmüller,* Neues Protokoll, IStR 2006, Länderbericht, Heft 13/2006, 2, 3.

fits-Klausel in Art. 28 DBA Deutschland-USA erfüllt werden.[1230] Diese setzen u.a. voraus, dass der *Publicly Traded Corporation Test*, *International Headquarters Test* oder *Ownership Test* erfüllt werden.[1231] Durch die Verschärfung der *Limitation-on-Benefits*-Klausel durch das Revisionsabkommen ist die Quellensteuerbefreiung bzw. -reduktion auf Dividenden gem. Art. 10 DBA Deutschland-USA noch schwerer zu handhaben.[1232]

Ebenfalls zu beachten ist, dass eine S-Corporation, d.h. eine aus maximal 100 Anteilseignern bestehende in den Vereinigte Staaten für steuerliche Zwecke als Personengesellschaft fungierende Kapitalgesellschaft, die Quellensteuerbegünstigungen des DBA Deutschland-USA nicht wahrnehmen kann.[1233]

III. Abzugsfähigkeit von Aufwendungen

Während Verluste auf unbestimmte Zeit vorgetragen werden können, gilt sowohl für körperschaftsteuerliche als auch für gewerbesteuerliche Verlustnutzung die sog. Mindestbesteuerung.[1234] In einem ersten Schritt können Verlustvorträge nur bis zu einer Höhe von €1 Million vollumfänglich genutzt werden. Jenseits dieser Grenze können in einem Jahr nur 60% genutzt. Körperschaftsteuerliche Verlustrückträge können bis zu einem Betrag von €511.500,- geltend gemacht werden.[1235] Bei der Gewerbesteuer ist ein Verlustrücktrag nicht möglich.

1230 Siehe auch *Mundaca/O'Connor/Eckhardt,* Overview of 2006 Germany-U.S. Tax Treaty Protocol, Tax Notes International 2006, Vol. 43, 63, 65; *Wassermeyer/ Schönfeld,* Die Besteuerung grenzüberschreitender Dividendenzahlungen nach dem neuen DBA-USA, DB 2006, 1970, 1971. In regard to the old LoB-clause, *Haase,* Limitation-on-Benefits-Clause in the U.S./German Double Taxation Treaty, Tax Planning International Review 2005, Vol. 32, January, 26, 27.

1231 Über die sonstigen Voraussetzungen *Wassermeyer/Schönfeld,* Die Besteuerung grenzüberschreitender Dividendenzahlungen nach dem neuen DBA-USA, DB 2006, 1970, 1971.

1232 *Wassermeyer/Schönfeld,* Die Besteuerung grenzüberschreitender Dividendenzahlungen nach dem neuen DBA-USA, DB 2006, 1970, 1977; *Parillo,* U.S. Senate Ratifies German, Belgian Treaties, Tax Notes International 2007, Vol. 48, 1207, 1208.

1233 Siehe, *Plewka/Renger,* Do S Corporations Have Rights to Germany-U.S. Treaty Benefits?, Tax Notes International 2007, Vol. 45, 349-353.

1234 *Endres/Schreiber/Dorfmüller,* Holding companies prove worth, International Tax Review 2007, January, 43, 45; *Kröner*, Ausländische Verluste im Unternehmensbereich, in: Lüdicke, Europarecht – Ende der nationalen Steuersouveranität, 2006, 127, 144.

1235 *Haase,* Taxing inbound investments in Germany, Tax Planning International Review 2007, Vol. 34, November, 20, 22.

Für die Verlustnutzung ist ferner die Mantelkaufregelung in § 8c KStG zu beachten, die unten näher beschrieben wird.[1236]

Das deutsche Steuerrecht erlaubt weder eine steuerliche Geltendmachung von Veräußerungsverlusten[1237] noch von Teilwertabschreibungen auf Beteiligungen (§ 8b Abs. 3 KStG).[1238] Letztere ist jedoch erlaubt, wenn es sich um ein Finanzunternehmen bzw. ein Finanzdienstleistungsunternehmen i.S.d. § 8b Abs. 7 KStG handelt. Vor dem Jahr 2001 war es im reinen Inlandsfall möglich, Teilwertabschreibungen auf Beteiligungen vorzunehmen. Diese inzwischen geänderte Regelung wurde vom EuGH in der Rechtssache *Rewe Zentralfinanz*[1239] als nicht europarechtskonform erachtet.

Finanzierungskosten sind grundsätzlich abzugsfähig, selbst wenn sie im Zusammenhang mit steuerbefreiten Einkünften stehen (§ 8b Abs. 5 und Abs. 3 KStG). Allerdings könnte der Abzug durch die Zinsschranke in § 8a KStG i.V.m. § 4h EStG eingeschränkt sein.[1240] Obwohl die Entscheidung sich auf eine alte Rechtslage und auf Körperschaften bezieht, ist sie relevant für Personengesellschafts-Holdinggesellschaften und andere Arten von ausländischen Einkünften.[1241]

1236 Siehe Kapitel 8(VIII.)(D.).

1237 Im Detail, *Winhard*, Die Funktionen der abkommensrechtlichen Steuerfreistellung und ihre Auswirkungen auf das deutsche Recht, 2007, S. 52-184.

1238 Kritisch zu den Auswirkungen auf den Holdingstandort Deutschland, *Günkel,* Standortwahl für die europäische Holdinggesellschaft, Wirtschaftsprüfung 2003, S 40, S55. Vgl. auch *Schaumburg/Jesse*, Die internationale Holding aus steuerrechtlicher Sicht, in: Lutter, Holding Handbuch, 2004, S. 847, 908 (Rn. 127). Ferner, *Scholten/Griemla,* Beteiligungsstrukturen im Problemfeld des § 2a EStG, IStR 2007, 306, 313-313; *Scholten/Griemla,* Beteiligungsstrukturen im Problemfeld des § 2a EStG, IStR 2007, 346-351; *Scholten/Griemla,* Beteiligungsstrukturen im Problemfeld des § 2a EStG, IStR 2007, 615-619.

1239 EuGH v. 29. März 2007, C- 347/04 (*Rewe Zentralfinanz*).

1240 *O'Shea,* Further Thoughts on Rewe Zentralfinanz, Tax Notes International 2007, Vol. 46, 134-137; *Rainer,* ECJ Nixes German Restriction on Foreign Subs' Losses, Tax Notes International 2007, Vol. 46, 132-133; *Kramer,* German Tax Provisions at Odds With EC Treaty, Tax Notes International 2007, Vol. 46, 1108; *Röhrbein,* Steuerliche Berücksichtigung von Teilwertabschreibungen, Internationale Wirtschaftsbriefe 2007, Fach 11A, 1141-1150. Ferner, on German goodwill consolidation in general, *Küting,* Der Geschäfts- und Firmenwert in der deutschen Konsolidierungspraxis 2006, DStR 2007, 2025-2031.

1241 *Rainer,* ECJ Nixes German Restriction on Foreign Subs' Losses, Tax Notes International 2007, Vol. 46, 132, 133.

IV. Thin Cap-Regel (Zinsschranke)

Grundsätzlich unterliegen Zinseinkünfte nur dann der beschränkten Steuerpflicht, wenn das Darlehen durch Grundbesitz gesichert ist (§ 49 Abs. 1 Nr. 5c EStG).

Dies war ein wichtiger Grund für den Gesetzgeber, eine *Thin Cap*-Regel in § 8a KStG einzuführen.[1242] In der bis zum 1. Januar 2008 gültigen Fassung gab es einen sog. *Safe Haven*, der keinerlei Zinsabzugsbeschränkungen für Zinszahlungen zwischen nahestehenden Personen statuierte, wenn das Verhältnis zwischen Fremd- und Eigenkapital (*Debt-to-Equity Ratio*) 1,5 zu 1 nicht überstieg. Exzessive Zinszahlungen wurden als versteckte Gewinnausschüttungen angesehen und Zinszahlungen in Dividendenausschüttung umqualifiziert, was mit einem Quellensteuerabzug einherging.[1243] Außerdem gab es eine spezielle Bestimmung für Holdinggesellschaften in § 8a Abs. 4 KStG a.F.,[1244] nach der für Zwecke der Ermittlung des *Safe Havens* keine Buchwertkürzung um den Wert der Beteiligung durchgeführt wurde. Somit wurde den Holdinggesellschaften ein spezieller *Safe Haven* zugestanden, aber ein eigenen *Safe Haven* für deren Tochtergesellschaften verweigert.[1245]

1242 Siehe *Behrens/Schmitt*, Germany Enacts New Thin Capitalisation Rules, Tax Planning International Review 2004, Vol. 3, February, 17ff. Kritisch hinsichtlich der Vereinbarkeit mit dem Europarecht, *Schenke*, Europarechtsliche Achillesferse des § 8a KStG, IStR 2005, 188, 190; *Obser*, § 8a KStG im Inbound-Sachverhalt, IStR 2005, 799, 804.

1243 Das Gesetz sieht einen »Third Party Test« vor, welcher aber in der Praxis selten angewendet wird. Siehe *Endres/Schreiber/Dorfmüller*, Holding companies are key international tax planning tool, International Tax Review 2006, December/January, 46, 47.

1244 Siehe auch the BMF v. 15 Juli 2004, IV A 2 – S 2742a – 20/04, BStBl I 2004, 593, Rn. 38ff.

1245 *Kessler/Düll*, Kaskadeneffekt, Buchwertkürzung und Holdingregelung bei der Fremdfinanzierung, DB 2005, 462, 465; *Prinz*, Gesellschafterfremdfinanzierung von Kapitalgesellschaften, in: Piltz/Schaumburg, Internationale Unternehmensfinanzierung, 2006, S. 21, 48ff.; *Kraft/Kraft*, Grundlagen der Unternehmensbesteuerung, 2006, 164; *Kessler/Gross*, Konzerninterne Anteilsübertragung, WPg 2006, 1548-1555; *Kollruss*, Gesellschafter-Fremdfinanzierung über nachgeschaltete ausländische Personengesellschaften im DBA-Fall, IStR 2007, 131, 135, 136; *Kessler*, Konzerninterne Anteilsübertragung, DB 2005, 2766-2772; *Endres/Schreiber/Dorfmüller*, Holding companies prove worth, International Tax Review 2007, January, 43, 45.

Mit Einführung der Zinsschranke zum 1. Januar 2008 haben sich sowohl Struktur als auch der Anwendungsbereich der deutschen *Thin Cap*-Regel deutlich verändert (§ 8a KStG i.V.m. § 4h EStG).[1246] Im Vergleich zu den in Kapitel 9 beschriebenen U.S.-amerikanischen *Thin Cap-* und *Earnings*

1246 Einen Überblick über die *Zinsschranke* bieten *Kessler/Eicke,* New German Thin Cap Rules – Too Thin the Cap, Tax Notes International 2007, Vol. 47, 263-267; *Möhlenbrock,* Detailfragen der Zinsschranke aus Sicht der Finanzverwaltung, Die Unternehmensbesteuerung 2008, 1-12; *Scheunemann,* New German Tax Rules on Financing Expenses, Intertax 2007, 518-525; *Köhler,* Erste Gedanken zur Zinsschranke nach der Unternehmensteuerreform, IStR 2007, 597-604; *Rödder/Stangl,* Zur geplanten Zinsschranke, DB 2007, 479-486; *Kessler/Köhler/Knörzer,* Die Zinsschranke im Rechtsvergleich, IStR 2007, 418-422; *Köhler*, Zinsschranke – Überblick über die Neuregelung, in: Ernst & Young/BDI, Unternehmensteuerreform 2008, 2007, 107-126; *Eisgruber*, Zinsschranke,Handbuch Unternehmensteuerreform 2008, 2008, 75-105; *Schaden/Käshammer*, Einführung einer Zinsschranke, in: Ernst & Young/BDI, Unternehmensteuerreform 2008, 2007, 127-152; *Töben/Fischer,* Die Zinsschranke – Regelungskonzept und offene Fragen, BB 2007, 974-978; *Schreiber/Overesch,* Reform der Unternehmensbesteuerung, DB 2007, 813, 816-820; *Kessler/Ortmann-Babel/Zipfel,* Unternehmensteuerreform 2008: Die geplanten Änderungen im Überblick, BB 2007, 523, 528-530; *Schaden/Käshammer,* Der Zinsvortrag im Rahmen der Regelungen zur Zinsschranke, BB 2007, 2317-2323; *Herzig/Liekenbrock,* Zinsschranke im Organkreis, DB 2007, 2387-2395; *Hölzl,* Zinsschranke: Fallstricke und Mechanismen,Handbuch Unternehmensteuerreform 2008, 2008, S. 107-126; *Stangl/Hageböke*, Zinsschranke und gewerbesteuerliche Hinzurechnung von Finanzierungsentgelten, in: Schaumburg/Rödder, Unternehmensteuerreform 2008, 2007, S. 447-513; *Eckhardt,* German Lower House Passes Business Tax Package, Tax Notes International 2007, Vol. 46, 985-988; *BDI/KPMG,* Die Behandlung von Finanzierungsaufwendungen, 2007, S. 8-16; *Ehlermann/Nakhai/Hammerschmitt,* Germany Issues Draft of Tax Reform Plans 2008, Tax Planning International Review 2007, February, Vol. 34, 6, 7; *Schaden/Käshammer,* Die Neuregelung des § 8a KStG im Rahmen der Zinsschranke, BB 2007, 2259-2266; *Rohrer/Orth,* Zinsschranke: Belastungswirkungen bei der atypisch ausgeprägten KGaA, BB 2007, 2266-2269; *Kracht,* Gezeitenwechsel bei der Fremdfinanzierung, Praxis Internationale Steuerberatung 2007, 201-208; *Jonas,* Regierungsentwurf eines Unternehmenssteuerreformgesetzes, Wirtschaftsprüfung 2007, 407-411; *Endres/Spengel/Reister,* Auswirkungen der Unternehmensteuerreform 2008, Wirtschaftsprüfung 2007, 478, 485, 486; *Homburg/Houben/Maiterth,* Rechtsform und Finanzierung nach der Unternehmensteuerreform 2008, Wirtschaftsprüfung 2007, 376-381; *Hey,* Verletzung fundamentaler Besteuerungsprinzipien, BB 2007, 1303, 1305, 1306; *Rödl,* Unternehmenssteuerreform 2008, BB 5.3.2007, Erste Seite; *Führich,* Ist die geplante Zinsschranke europarechtskonform?, IStR 2007, 341, 342; *Hornig,* Die Zinsschranke – ein europarechtlicher Irrweg, Praxis Internationale Steuerberatung 2007, 215-220; *Köster,* Zinsschranke: Eigenkapitaltest und Bilanzpolitik, BB 2007, 2278-2284.

Stripping-Regelungen ist der Anwendungsbereich der Zinsschranke viel weiter.[1247]

Die Zinsschranke erlaubt grundsätzlich einen Abzug von Zinsaufwendungen in Höhe des Zinsertrages und darüber hinaus nur bis zur Höhe von 30% des steuerlichen EBITDA (*Earnings Before Interest, Taxes, Depreciation and Amortization)*. Weitergehende Zahlungen sind entweder Gegenstand von einer der drei Ausnahmeregelungen oder können auf unbestimmte Zeit vorgetragen werden. [1248] Um jedoch €1 des Zinsvortrages nutzen zu können, bedarf es eines zusätzlichen EBITDAs von €3,33. Dadurch dass das steuerliche EBITDA die relevante Gewinngröße ist, werden steuerbefreite Dividenden und Veräußerungsgewinne genauso wenig berücksichtigt wie handelsrechtliche Teilwertabschreibungen auf Beteiligungen.[1249]

Im Gegensatz zur Vorgängerregelung sind sowohl Zinszahlungen an nahestehende als auch an nicht nahestehende Personen von der Zinsschranke betroffen. Damit ist Deutschland neben beispielsweise Australien eines der wenigen Länder auf der Welt, in dem auch Bankdarlehen von einer *Thin Cap*-Regel erfasst werden. Außerdem fallen nun auch Personengesellschaften und Einzelunternehmen in den Anwendungsbereich.

Der Anknüpfungspunkt für die Zinsschranke ist nicht die Gesellschaft bzw. das Einzelunternehmen an sich, sondern der Betrieb. Für Zwecke der Zinsschranke gilt eine Organschaft als ein Betrieb.

Wie in Abbildung 26 dargestellt, findet die Zinsschranke keine Anwendung, wenn eine der drei Ausnahmen erfüllt ist:

- Zinssaldo weniger als €1 Million;
- *Konzernklausel*, d.h. wenn der Betrieb nicht oder nur anteilsmäßig zu einem Konzern gehört und zusätzlich bei Kapitalgesellschaften keine schädliche Gesellschafterfremdfinanzierung vorliegt, das bedeutet keine nahestehende Person mehr als 25% der Anteile hält und die Zinszahlungen an diesen mehr als 10% des Zinssaldos ausmachen;
- *Escape*-Klausel, d.h. der Betrieb zu einem Konzern gehört und seine Eigenkapitalquote am Schluss des vorangegangenen Abschlussstichtages gleich hoch oder höher ist als die des Konzerns und zusätzlich bei Kapitalgesellschaften keine schädliche Gesellschafterfremdfinan-

1247 *Kessler/Köhler/Knörzer*, Die Zinsschranke im Rechtsvergleich, IStR 2007, 418, 421, 422. Einen Rechtsvergleich zwischen der Zinsschranke und ausländischen Thin Cap-Regeln befindet sich in *BDI/KPMG*, Die Behandlung von Finanzierungsaufwendungen, 2007, S. 17-42.

1248 *Schaden/Käshammer*, Der Zinsvortrag im Rahmen der Regelungen zur Zinsschranke, BB 2007, 2317-2323; *Rödder/Stangl*, Zur geplanten Zinsschranke, DB 2007, 479, 482; *Köhler*, Erste Gedanken zur Zinsschranke nach der Unternehmensteuerreform, IStR 2007, 597, 603.

1249 *Scheunemann/Socher*, Zinsschranke beim Leveraged Buy-out, BB 2007, 1144, 1145, 1146; *Jonas*, Regierungsentwurf eines Unternehmenssteuerreformgesetzes, Wirtschaftsprüfung 2007, 407, 408.

zierung (s.o.) vorliegt. Allerdings gilt beim Eigenkapitalvergleich eine Toleranzgrenze von 1%. Die relevanten Daten sind der HGB-, IFRS- oder U.S.-GAAP-Bilanz bzw. der Handelsbilanz nach den Bilanzierungsvorschriften eines EU-Mitgliedsstaates zu entnehmen.

- Durch die globale Betrachtung können exzessive Zinszahlungen oder schädliche Gesellschafterfremdfinanzierung in einem noch so kleinen Betrieb, der dem Konzern zuzurechnen ist, eine ansonsten mögliche Abzugsfähigkeit von Zinsen vereiteln.[1250]

Abbildung 26: Zinsschranke

Der gesetzgeberische Zweck hinter der Regelung ist, Unternehmen zu einem in Kapitel 10 näher beschriebenen »*Debt Push Down*« zu zwingen und daher weniger Zinsaufwendungspotential in Deutschland zu schaffen.[1251]

1250 Vgl. *Stangl/Hageböke*, Zinsschranke und gewerbesteuerliche Hinzurechnung von Finanzierungsentgelten, in: Schaumburg/Rödder, Unternehmensteuerreform 2008, 2007, S. 447, 508-510; *Schaden/Käshammer*, Einführung einer Zinsschranke, in: Ernst & Young/BDI, Unternehmensteuerreform 2008, 2007, S. 127, 146.

1251 *Rödder/Stangl,* Zur geplanten Zinsschranke, DB 2007, 479, 480; *Jonas,* Regierungsentwurf eines Unternehmenssteuerreformgesetzes, Wirtschaftsprüfung 2007, 407, 408; *Hey,* Verletzung fundamentaler Besteuerungsprinzipien, BB 2007, 1303, 1304; *Führich,* Ist die geplante Zinsschranke europarechtskonform?, IStR 2007, 341, 342.

Im Gegensatz zur Vorgängerregelung beinhaltet die Zinsschranke eine »Holdingdiskriminierung«, da sie keinen eigenen *Safe Haven* für Holdinggesellschaften vorsieht. Daher ist für Holdinggesellschaften der Gebrauch der *Escape*-Klausel praktisch ausgeschlossen.[1252] Allerdings bieten sich aufgrund der Streichung des § 8a Abs. 6 KStG für Konzernfinanzierungen[1253] neue Möglichkeiten, auf die in Kapitel 10 noch näher eingegangen wird.

Außerdem wirkt sich die Zinsschranke besonders nachteilig auf Unternehmen auf, die kein EBITDA vorweisen können (vor allem Sanierungsfälle) oder grundsätzlich keine Konzernbilanz erstellen, und daher nur mit größtem Aufwand den Eigenkapitalvergleich im Rahmen der *Escape*-Klausel durchführen können (z.B. Private Equity Fonds[1254]).

Durch die Änderung der Rechtsfolge der Umqualifizierung in Dividenden zu einem nunmehr geltenden Zinsvortrag besteht die Gefahr einer temporären Doppelbesteuerung.[1255]

Neben verfassungsrechtlichen Bedenken aufgrund der Verletzung des Nettoprinzips durch die Zinsschranke[1256] bestehen ernsthafte Zweifel an der Europarechtskonformität. Die Gründung einer Organschaft, von der grenzüberschreitend nicht Gebrauch gemacht werden kann,[1257] könnte zur ausnahmsweisen Nichtanwendung der Zinsschranke aufgrund der Kon-

1252 *Kessler/Köhler/Knörzer,* Die Zinsschranke im Rechtsvergleich, IStR 2007, 418, 419; *Mamut/Plansky,* »Zinsschranke« auch für Österreich? Teil 1, Österreichische Steuerzeitung 2007, 396, 398; *Köhler,* Erste Gedanken zur Zinsschranke nach der Unternehmensteuerreform, IStR 2007, 597, 601.

1253 Zur alten Regelung, *Kessler/Gross,* Konzerninterne Anteilsübertragung, WPg 2006, 1548-1555; *Kollruss,* Gesellschafter-Fremdfinanzierung über nachgeschaltete ausländische Personengesellschaften im DBA-Fall, IStR 2007, 131, 135, 136; *Kessler,* Konzerninterne Anteilsübertragung, DB 2005, 2766-2772.

1254 Ausführlich hierzu, *Töben/Fischer,* Fragen zur Zinsschranke aus der Sicht ausländischer Investoren, insbesondere bei Immobilieninvestitionen von Private-Equity-Fonds, Die Unternehmensbesteuerung 2008, S. 149-160.

1255 *Kessler/Ortmann-Babel/Zipfel,* Unternehmensteuerreform 2008: Die geplanten Änderungen im Überblick, BB 2007, 523, 528; *Führich,* Ist die geplante Zinsschranke europarechtskonform?, IStR 2007, 341, 342.

1256 *Schön,* Eine Steuerreform für Siegertypen, Frankfurter Allgemeine Zeitung 15.3.2007, 12. In der Zinsschranke einen Verstoß gegen das Nettoprinzip sehend, *Hey,* Verletzung fundamentaler Besteuerungsprinzipien, BB 2007, 1303, 1305. Ferner, *Scheunemann/Socher,* Zinsschranke beim Leveraged Buy-out, BB 2007, 1144, 1151 und *Lang,* Der Stellenwert des objektiven Nettoprinzips im deutschen Einkommensteuerrecht, Steuer und Wirtschaft 2007, 3, 7, 8.

1257 Vgl. *Führich,* Ist die geplante Zinsschranke europarechtskonform?, IStR 2007, 341, 343, *Töben/Fischer,* Die Zinsschranke – Regelungskonzept und offene Fragen, BB 2007, 974, 977.

zernklausel führen, und stellt daher eine Diskriminierung sowie Beschränkung der Niederlassungsfreiheit und der Kapitalverkehrsfreiheit dar.[1258]

Auch die Vorgaben in der Rechtssache *Cadbury Schweppes*[1259] zur Ausgestaltung von Anti-Missbrauchsvorschriften (»rein künstliche Gestaltungen«) werden nicht erfüllt.[1260]

In der internationalen Steuerplanung sind die verschiedenen Interdependenzen und die in Kapitel 10 näher beschriebenen neuen Planungsmöglichkeiten durch die reformierte Zinsschranke zu beachten. Die Interdependenzen der Zinsschranke mit anderen Normen werden in Abbildung 27 gezeigt. Solche Interdependenzen bestehen mit der *Anti-Treaty-Shopping-*Regel,[1261] der Gewerbesteuer,[1262] den CFC-Regeln[1263] (Hinzurechnungsbesteuerung, vor allem § 8 Abs. 3 AStG und § 10 Abs. 3 AStG),[1264] sowie der Mantelkaufregel[1265].

1258 Im Detail, *Führich,* Ist die geplante Zinsschranke europarechtskonform?, IStR 2007, 341-345. Ferner, *Schreiber/Overesch,* Reform der Unternehmensbesteuerung, DB 2007, 813, 817; *Scheunemann/Socher,* Zinsschranke beim Leveraged Buy-out, BB 2007, 1144, 1151; *Hornig,* Die Zinsschranke – ein europrarechtlicher Irrweg, Praxis Internationale Steuerberatung 2007, 215, 220.

1259 EuGH v. 12. September 2006, C-196/04 (*Cadbury-Schweppes*). Siehe oben Kapitel 6(II.)(B.)(b.)(bb.).

1260 Zweifelnd an einer Rechtfertigung der Beschränkungen durch die Zinsschranke durch das Kohärenzprinzip, das Territorialitätsprinzip oder das Verhältnismäßigkeitsprinzip, *Kofler,* Überlegungen zur steuerlichen Kohärenz, Österreichische Steuerzeitung 2005, 26-30; *Führich,* Ist die geplante Zinsschranke europarechtskonform?, IStR 2007, 341, 343, 344.

1261 Vgl. *Kollruss,* Leerlaufen des § 50d Abs. 3 EStG durch die Zinsschranke, IStR 2007, 780, 781.

1262 *Kessler/Ortmann-Babel/Zipfel,* Unternehmensteuerreform 2008: Die geplanten Änderungen im Überblick, BB 2007, 523, 530; *Schaden/Käshammer*, Einführung einer Zinsschranke, in: Ernst & Young/BDI, Unternehmensteuerreform 2008, 2007, 127, 135; *Ortmann-Babel/Zipfel*, Gewerbesteuerliche Änderungen, in: Ernst & Young/BDI, Unternehmensteuerreform 2008, 2007, 199, 203-204; *Hoffmann/ Rüsch,* Die effektiven Steuersätze nach der Zinsschranke, DStR 2007, 2079-2084.

1263 Siehe *Goebel/Haun,* § 4h EStG und § 8a KStG (Zinsschranke) in der Hinzurechnungsbesteuerung, IStR 2007, 768-774.

1264 Sehr kritisch, in der neuen Regel einen Systembruch sehend, *Goebel/Haun,* § 4h EStG und § 8a KStG (Zinsschranke) in der Hinzurechnungsbesteuerung, IStR 2007, 768, 774.

1265 *Kessler/Eicke,* Losing the Losses – The New German Change-of-Ownership Rule, Tax Notes International 2007, Vol. 48, 1045-1048; *Rödder*, Überblick über die Unternehmensteuerreform 2008, in: Schaumburg/Rödder, Unternehmensteuerreform 2008, 2007, S. 351, 376.

Interdependenzen der Zinsschranke

Anti-Treaty-Shopping-Regel
Gewerbesteuer
• Hinzurechnungen
Zinsschranke
CFC-Regeln
• Niedrigbesteuerung
• Berechnung des Einkommens
Organschaft
Mantelkauf

Abbildung 27: Interdependenzen der Zinsschranke

V. Organschaft

Die Organschaftsregeln in §§ 14ff. KStG erlauben die Verrechnung von Gewinnen und Verlusten zwischen einem Organträger und Organgesellschaften.[1266] Der Organträger[1267] muss an den Organgesellschaften[1268] mindestens 50% der Stimmrechte[1269] halten und für mindestens 5 Jahre einen Ergebnisabführungsvertrag abschließen.[1270] Ein weiterer Vorteil besteht darin, dass Ausschüttungen innerhalb der Organschaft zu keiner »Schachtelstrafe« i.S.d. § 8b Abs. 3 und 5 KStG führen (§ 15 Nr. 2 KStG).

1266 *Endres/Schreiber/Dorfmüller,* Holding companies prove worth, International Tax Review 2007, January, 43, 45. Außerdem *Schaumburg/Jesse*, Die nationale Holding aus steuerrechtlicher Sicht, in: Lutter, Holding Handbuch, 2004, S. 637, 820 (Rn. 268ff.).

1267 Ferner, *Dötsch*, Internationale Organschaft, in: Strunk/Wassermeyer/Kaminski, Gedächtnisschrift für Dirk Krüger, 2006, S. 193, 199; *Grotherr,* Besteuerungsfragen Teil 2, BB 1995, 1561, 1562.

1268 *Kessler/Eicke,* Die Limited – Fluch oder Segen für die Steuerberatung?, DStR 2005, 2101, 2104; *Dötsch*, Internationale Organschaft, in: Strunk/Wassermeyer/Kaminski, Gedächtnisschrift für Dirk Krüger, 2006, S. 193, 194.

1269 *Orth,* Verlustnutzung und Organschaft, Wirtschaftsprüfung 2003, Sonderheft, S13ff.

1270 Vgl. *Göke*, Die ertragsteuerliche Organschaft als Gestaltungsinstrument für Mittelstandskonzerne, 2006, S. 205-232.

Jedoch ist ein Nachteil der deutschen Organschaft, dass im Gegensatz zu den österreichischen Gruppenbesteuerungsregeln eine grenzüberschreitende Verlustverrechnung nicht möglich ist.[1271] Daran hat auch die EuGH-Entscheidung in der Rechtssache *Marks & Spencer* nichts geändert.[1272]

VI. DBA-Netzwerk / Vermeidung von Doppelbesteuerungen

Mit über 85 Doppelbesteuerungsabkommen bietet das deutsche internationale Steuerrecht eine Vielfalt von Möglichkeiten, Doppelbesteuerungen zu vermeiden.[1273] Allerdings wurden jüngst bestimmte Vorschriften ins Visier des Finanzministeriums genommen, u.a. solche in den DBAs mit den Niederlanden und Spanien.[1274] Im materiellen Recht wurden zudem unilaterale *Switch-Over*-Vorschriften in § 50d Abs. 9 EStG eingefügt, die nach Meinung einiger Experten zumindest teilweise einen *Treaty Override* bewirken.[1275]

Außerdem gibt es in ca. 80%[1276] aller deutschen Doppelbesteuerungsabkommen Aktivitätsklauseln, durch die die Freistellungsmethode für Gewinne ausländischer Betriebsstätten oder ausländischer Personengesellschaften dann nicht angewendet wird, wenn nur passive Funktionen erfüllt

1271 Vgl. *Schaumburg/Jesse*, Die internationale Holding aus steuerrechtlicher Sicht, in: Lutter, Holding Handbuch, 2004, S. 847, 852 (Rn. 11), 916 (Rn. 136ff.).

1272 Über eine europarechtskonforme Ausgestaltung der Organschaft, *Pache/Englert*, Grenzüberschreitende Verlustverrechnung deutscher Konzernspitzen, IStR 2007, 47-53.

1273 *Endres/Schreiber/Dorfmüller*, Holding companies prove worth, International Tax Review 2007, January, 43, 45.

1274 *Afhüppe*, Steinbrück prüft alle Steuerabkommen, Handelsblatt 10.9.2007, S. 3.

1275 Siehe oben Kapitel 2(I.)(A.)(f.). Ferner, *Resch*, The New German Unilateral Switch-Over and Subject-to-Tax Rule, European Taxation 2007, 480-483; *Grotherr*, Zum Anwendungsbereich der unilateralen Rückfallklausel gemäß § 50d Abs. 9 EStG, IStR 2007, 265-268; *Vogel*, Neue Gesetzgebung zur DBA-Freistellung, IStR 2007, 225-228; *Salzmann*, Abschied vom Verbot der »virtuellen Doppelbesteuerung?, Internationale Wirtschaftsbriefe 2007, 1465, 1478-1478; *Kollruss*, Gesellschafter-Fremdfinanzierung über nachgeschaltete ausländische Personengesellschaften im DBA-Fall, IStR 2007, 131, 135; *Loose/Hölscher/Althaus*, Anwendungsbereich und Auswirkungen der Einschränkung der Freistellungsmethode, BB 2006, 2724, 2726; *Wagner*, Erträge aus einer stillen Gesellschaft an einer luxemburgischen Kapitalgesellschaft, Die Steuerberatung 2007, 21, 34, 35; *Grotherr*, Außensteuerrechtliche Bezüge im Jahressteuergesetz 2007, Recht der Internationalen Wirtschaft 2006, 898, 909; *Grotherr*, International relevante Änderungen durch das JStG 2007 anhand von Fallbeispielen, Internationale Wirtschaftsbriefe 2006, Gruppe 3, Fach 3, 1445, 1459-1464.

1276 *Wassermeyer*, Kapitel 9: Einzelfragen, in: Wassermeyer/Andresen/Ditz, Betriebsstätten-Handbuch, 2006, 389, 404.

werden.[1277] Statt der Freistellungsmethode wird in solchen Fällen die Anrechnungsmethode angewendet.

Die wichtigsten Doppelbesteuerungsabkommen aus deutscher Sicht sind solche mit Frankreich, den Niederlanden, der Schweiz,[1278] Luxemburg und den Vereinigten Staaten. Durch das Revisionsabkommen mit den Vereinigten Staaten, welches am 28. Dezember 2007 in Kraft getreten ist,[1279] besteht die Möglichkeit einer Quellensteuerbefreiung,[1280] falls die Voraussetzungen der verschärften *Limitations-on-Benefits*-Klausel[1281] in Art. 28

1277 *Kaminski,* Aktivitätsvorbehalte und ihre Bedeutung für die DBA-Anwendung, Steuer und Wirtschaft 2007, 275.

1278 *Kubaile/Suter/Jakob*, Der Steuer- und Investitionsstandort Schweiz, 2006, S. 297-367.

1279 Im Detail, *Shiller,* An American Perspective on the Germany-U.S. Treaty Protocol, Tax Notes International 2008, Vol. 49, 165-179.

1280 *Venuti/Manasuev,* Eligibility for Zero Withholding on Dividends in the New Germany-U.S. Protocol, Tax Notes International 2008, Vol. 49, 181-190; Endres, 2006 780 /id}-264.

1281 *Mundaca/O'Connor/Eckhardt,* Overview of 2006 Germany-U.S. Tax Treaty Protocol, Tax Notes International 2006, Vol. 43, 63ff.; *Haase,* Limitation-on-Benefits-Clause in the U.S./German Double Taxation Treaty, Tax Planning International Review 2005, Vol. 32, January, 26, 27. *Wassermeyer/Schönfeld,* Die Besteuerung grenzüberschreitender Dividendenzahlungen nach dem neuen DBA-USA, DB 2006, 1970ff.; *Hensel,* Das neue Doppelbesteuerungsabkommen mit den USA, Internationale Wirtschaftsbriefe 2006, Fach 8, Gruppe 2, 1431, 1437, 1438. Außerdem, *Debatin/Endres*, The new US/German Double Tax Treaty, 1990), S. 459 und die Checkliste zur Ermittlung, ob eine Berechtigung nach dem DBA vorliegt auf S. 471; *Haase,* Limitation-on-Benefits-Clause in the U.S./German Double Taxation Treaty, Tax Planning International Review 2005, Vol. 32, January, 26, 27; *Debatin,* Das neue Doppelbesteuerungsabkommen mit den USA (Teil 2), DB 1990, 654, 660; *Debatin,* Das neue Doppelbesteuerungsabkommen mit den USA (Teil 1), DB 1990, 598; *Streng,* Treaty Shopping: Tax Treaty »Limitation of Benefits« Issues, Houston Journal of International Law 1992, Vol. 15, 1, 23; *Berman/Hynes,* Limitation on Benefits Clauses in U.S. Income Tax Treaties, Tax Management International Journal 2000, Vol. 29, 692, 700. Siehe U.S. und deutsche Anti-Treaty-Shopping maßnahmen in den jeweiligen Doppelbesteuerungsabkommen in *Haug,* The United States Policy of Stringent Anti-Treaty-Shopping Provisions: A comparative Analysis, Vanderbilt Journal of Transnational Law 1996, Vol. 29, 191, 238, 262; *Eilers/Watkins,* September, Article 28 of the German-U.S. double taxation treaty of 1989: an appropriate solution to the treaty shopping problem?, Tax Planning International 1993, Vol. 20, 15, 16. Ferner, *Sasseville*, Tax Avoidance involving Tax Treaties, in: Lang/Jirousek, Praxis des Internationalen Steuerrechts, 2005, S. 451, 456; *Becker/Thömmes,* Treaty shopping and EC Law, European Taxation 1991, 173; *Thömmes,* US-German tax treaty under examination by the EC Commission, Intertax 1990, 605; *Kofler*, Treaty Shopping, Quota Hopping und Open Skies, in: Lang/Jirousek, Praxis des Internationalen Steuerrechts, 2005, S. 211; *De Carlo/Granwell/van Weeghel,* An Overview of the Limitation on Benefits Article of the New Netherlands-U.S. Income Tax Convention, Tax Management

DBA Deutschland-USA erfüllt werden.[1282] Außerdem wurde in das Revisionsabkommen eine verbindliche Schiedsklausel eingefügt. Eine Besonderheit des Abkommens ist, dass es keine *Tiebreaker*-Regel für Unternehmen gibt.

Eine mögliche Doppelbesteuerung resultiert aus der Absenkung des Körperschaftsteuersatzes von 25% auf 15% im Rahmen der Unternehmensteuerreform 2008. Da viele ausländische Staaten einen höheren Körperschaftsteuersatz erheben als Deutschland, stellt sich die Frage, ob die darüberhinausgehenden ausländischen Steuern auf die Gewerbesteuer angerechnet werden können.

Die unilateralen Anrechnungsvorschriften (§ 26 KStG, § 34c EStG) ermöglichen lediglich eine Anrechnung auf die deutsche Körperschaftsteuer, was zu einer (potentiellen) Doppelbesteuerung führt.

Anders könnte es jedoch sein, wenn ein Doppelbesteuerungsabkommen eine Anrechnung von »Steuern auf Einkommen« vorsieht.[1283] Einerseits kann argumentiert werden, dass eine vollumfängliche Anrechnung die Kehrseite des Prinzips der Besteuerung des Welteinkommens sei und dass die Gewerbesteuer sich immer mehr in Richtung einer Einkommensteuer entwickelt habe. Andererseits besagt der Art. 23A Abs. 2 Nr. 1 OECD-Musterabkommen, dass eine Anrechnung nur einmal erlaubt ist und nicht auf die Körperschaftsteuer *und* die Gewerbesteuer.[1284]

International Journal 1993, Vol. 34, 163, 170; *Kofler*, Treaty Shopping, Quota Hopping und Open Skies, in: Lang/Jirousek, Praxis des Internationalen Steuerrechts 2005, S. 211, 218; *Cordewener/Reimer*, The Future of Most-Favoured-Nation Treatment in EC Tax Law – Part 1, European Taxation 2006, Vol. 46, 239, 247; *De Ceulaer*, Community Most-Favoured-Nation Treatment: One Step Closer to the Multilateralization of Income Tax Treaties in the European Union ?, IBFD Bulletin for International Taxation 2003, 493; *Zester*, Can the Most-Favoured National Principle Influence the Use of Limitation on Benefits Clauses in Tax Treaties ?, Intertax 2006, 143, 147; *Craig*, Open Your Eyes: What the »Open Skies« Cases Could Mean for the US Tax Treaties with the EU Member States, IBFD Bulletin for International Taxation 2003, 63; *Panayi*, Limitation on Benefits and State Aid, European Taxation 2004, 83; *Kofler*, European Taxation Under an »Open«Sky: LoB Clauses in Tax Treaties Between the U.S. and EU Member States, Tax Notes International 2004, Vol. 35, 45, 48; *Kofler*, Treaty Shopping, Quota Hopping und Open Skies, in: Lang/Jirousek, Praxis des Internationalen Steuerrechts, 2005, S. 211, 219; *Haug*, The United States Policy of Stringent Anti-Treaty-Shopping Provisions: A comparative Analysis, Vanderbilt Journal of Transnational Law 1996, Vol. 29, 191, 198; *Berman/Hynes*, Limitation on Benefits Clauses in U.S. Income Tax Treaties, Tax Management International Journal 2000, Vol. 29, 692, 700; *Vogel/Gutmann/Dourado*, Tax treaties between Member States and Third States, EC Tax Review 2006, Vol. 15, 83, 84.

1282 Siehe *Kessler/Eicke*, Hinter dem Horizont – Das neue US-Musterabkommen und die Zukunft der US-Steuerpolitik, IStR 2007, 159-162; *Kessler/Eicke*, Das neue U.S.-Musterabkommen zur Vermeidung der Doppelbesteuerung, Praxis Internationale Steuerberatung 2007, 7-10.

Eine solche Anrechnungsmöglichkeit auf die Gewerbesteuer ist explizit im DBA Deutschland-Australien vorgesehen,[1285] während eine solche im DBA Deutschland-Schweiz explizit untersagt ist.[1286]

Dieses Problem tritt jedoch nicht in *Inbound*-Fällen auf, d.h. wenn beispielsweise ein U.S.-amerikanischer Investor Gewerbesteuer für seine deutsche Betriebstätte zahlt. In einem solchen Fall kann die Steuer im Rahmen des *Foreign Tax Credit*-Systems in den Vereinigten Staaten angerechnet werden.[1287]

VII. CFC-Regeln (Hinzurechnungsbesteuerung)

Die deutschen CFC-Regeln (Hinzurechnungsbesteuerung) wurden von den U.S.-amerikanischen *Subpart F*-Regeln geprägt.[1288] Beide Regime sind Gegenstand von Art. 1 DBA Deutschland-USA.[1289]

Die deutschen CFC-Regeln gelten nicht für reine *Inbound*-Investitionen, d.h. U.S.-amerikanische Investoren müssen die CFC-Regeln nur beachten, wenn sie Deutschland als Holdingstandort nutzen.

Das Handeln der *Tax Havens* hat die deutschen CFC-Regeln geformt.[1290] Die Vorschriften zielen auf niedrigbesteuertes, passives Einkommen von ausländischen Gesellschaften, die mehrheitlich im Besitz deutscher Anteilseigner sind. Sie finden Anwendung wenn die folgenden Voraussetzungen erfüllt sind:[1291]

1283 Kritisch, *Vogel*, Art. 2, in: Vogel/Lehner, DBA-Kommentar, 2003, S. 303, 334 (Rn. 63) und *Vogel*, Art. 23, in: Vogel/Lehner, DBA-Kommentar, 2003, S. 1627, 1737 (Rn. 129), behauptend, dass diese Praxis dem Wortlaut der Vorschrift widerspreche. Ferner, *Kessler/Eicke,* Life Goes On – The Second Life of the German Trade Tax, Tax Notes International 2007, Vol. 48, 279, 282; *Herzig,* Reform der Unternehmensbesteuerung, Wirtschaftsprüfung 2007, 7, 10; *Lang,* Kommunalsteuer und DBA, Steuer und Wirtschaft International 2005, 16-23; *Lang,* »Taxes Covered« – What is a »Tax« according to Article 2 of the OECD Model?, European Taxation 2005, 216-223.

1284 Vgl. *Wassermeyer* in: Debatin/Wassermeyer, DBA, Art. 23 A, Rn. 104.

1285 Nr. 10 lit. e DBA Deutschland-Australien Protokoll.

1286 Art. 24 Abs. 1 Nr. 2 DBA Deutschland-Schweiz.

1287 *Vogel*, Art. 2, in: Vogel/Lehner, DBA-Kommentar, 2003, S. 303, 335 (Rn.65).

1288 *Morgenthaler,* Steueroasen und deutsche Hinzurechnungsbesteuerung, IStR 2000, 289, 290.

1289 *Schönfeld,* Der neue Artikel 1 DBA-USA – Hinzurechnungsbesteuerung und abkommensrechtliche Behandlung von Einkünften steuerlich transparenter Rechtsträger, IStR 2007, 274, 275; *Wagner,* Quo vadis Hinzurechnungsbesteuerung?, Der Konzern 2007, 260-264.

1290 *Morgenthaler,* Steueroasen und deutsche Hinzurechnungsbesteuerung, IStR 2000, 289, 291.

1291 *Haase,* Taxing inbound investments in Germany, Tax Planning International Review 2007, Vol. 34, November, 20, 29.

- ein inländischer Gesellschafter hält direkt oder indirekt mehr als 50% der Anteile an einer ausländischen Gesellschaft (§ 7 AStG) und
- die ausländische Gesellschaft unterliegt einer Niedrigbesteuerung i.H.v. weniger als 25% (§ 8 Abs. 3 AStG) und
- die ausländische Gesellschaft generiert lediglich passive Einkünfte.

Passive Einkünfte sind all jene, die nicht in der abschließenden Auflistung in § 8 Abs. 1 AStG als aktive Einkünfte eingeordnet werden. Grundsätzlich sind aktive Einkünfte solche, für deren Erzeugung ein Unternehmen eine hinreichende substanzielle Ausstattung gewährleisten muss. Die deutschen CFC-Regeln kommen Holdinggesellschaften entgegen, da sie Gewinnausschüttungen von Kapitalgesellschaften gem. § 8 Abs. 1 Nr. 8 AStG als aktive Einkünfte einordnen. Zuweilen fällt die Abgrenzung von aktiven zu passiven Einkünften schwer. In einem solchen Fall kommt es auf die funktionale Betrachtungsweise an.[1292]

Die Rechtsfolge der deutschen CFC-Regeln ist, dass zur steuerlichen Bemessungsgrundlage des inländischen Anteilseigners »fiktive Ausschüttungen« der Zwischengesellschaft hinzugerechnet werden.[1293]

Nach der EuGH-Entscheidung in der Rechtssache *Cadbury Schweppes* erachten einige Autoren die deutsche Hinzurechnungsbesteuerung als europarechtswidrig,[1294] zumal ein Motivtest wie er in den *Cadbury Schweppes* zugrundeliegenden U.K.-Vorschriften im deutschen Recht im Zeit-

1292 *Scheidle,* Die funktionale Betrachtungsweise des AStG in der Bewährungsprobe, IStR 2007, 287, 289; *Dörr/Krauß/Schreiber,* Quellensteuerbefreiung bei Lizenzgebühren auf Grund EG-Richtlinie, IStR 2004, 469-291.

1293 Zur Vermeidung dieser Rechtsfolgen, *Kessler/Becker,* Die atypisch stille Gesellschaft als Finanzierungsalternative zur Reduzierung der Steuerbelastung aus der Hinzurechnungsbesteuerung, IStR 2005, 505-510. Zur Rechtsfolge der *Subpart F*-Regeln *Wassermeyer,* Außensteuergesetz, insbesondere Hinzurechnungsbesteuerung, in: Lüdicke, Europarecht – Ende der nationalen Steuersouveränität, 2006, S. 173, 178; *Haarmann,* Holding und Außensteuerrecht, Wirtschaftsprüfung 2003, S 67; Rättig/Protzen, Holdingbesteuerung, IStR 2000, 548, 549, 550

1294 Hackemann, Kann die Niederlassungsfreiheit vor der Hinzurechnung von Drittstaateneinkünften nach dem AStG schützen?, IStR 2007, 351-360; *Wassermeyer,* Außensteuergesetz, insbesondere Hinzurechnungsbesteuerung, in: Lüdicke, Europarecht – Ende der nationalen Steuersouveränität, 2006, S. 173, 179; *Sullivan/Wallner/Wübbelsmann,* Die deutsche Hinzurechnungsbesteuerung auf dem europäischen Prüfstand, IStR 2003, 6-14; BMF v. 8. Januar 2007, IV B 4 – S 1351 – 1/07, DB 2007, 137

punkt der Entscheidung nicht existierte.[1295] Ein solcher Motivtest gestattet es dem Steuerpflichtigen zu beweisen, dass seine Gestaltung nicht missbräuchlich ist. Ein solches Gegenbeweisrecht wurde inzwischen in einem BMF-Schreiben[1296] zugelassen.[1297] Selbst wenn die Verankerung des Gegenbeweisrechts in einem BMF-Schreiben zulässig wäre, verbleiben Zweifel an der Europarechtskonformität.[1298] Die Modifikationen im Rahmen des Jahressteuergesetzes 2008 hatten auf diese Einschätzung keinen Einfluss, da sie vor allem die Interdependenzen mit der Zinsschranke regelten.[1299]

Hinsichtlich von Wechselwirkungen zwischen Vorschriften in Doppelbesteuerungsabkommen und den deutschen CFC-Regeln ist vor allem § 20 Abs. 1 AStG zu beachten, der ein *Treaty Override* statuiert.[1300]

Außerdem ist § 20 Abs. 2 AStG zu beachten, der eine *Switch-Over*-Regel enthält, nach der statt der Freistellungsmethode die Anrechnungsmethode anzuwenden ist, falls eine ausländische Betriebsstätte Einkünfte i.S.d. §§ 7ff. AStG generiert.[1301] Nach der Entscheidung in *Cadbury-*

1295 *Ehlermann/Kowallik,* What Does Cadbury Schweppes Mean for German CFC Rules?, Tax Notes International 2006, Vol. 42, 671-675; *Lovells's International Tax Team,* Impact of Cadbury Schweppes on CFC Legislation, Tax Planning International Review 2007, Vol. 34, January, 7, 9; *Goebel/Palm,* Der Motivtest – Rettungsanker der deutschen Hinzurechnungsbesteuerung?, IStR 2007, 720; *Wassermeyer/Schönfeld,* »Cadbury Schweppes« und deren Auswirkungen auf die deutsche Hinzurechnungsbesteuerung, GmbH-Rundschau 2006, 1065ff.; *Köhler/Eicker,* Hinzurechnungsbesteuerung- und Wegzugsbesteuerung, DStR 2006, 1871, 1872, 1873.

1296 BMF v. 8. Januar 2007, IV B 4 – S 1351 – 1/07, DB 2007, 137

1297 *Goebel/Palm,* Der Motivtest – Rettungsanker der deutschen Hinzurechnungsbesteuerung?, IStR 2007, 720, 723, 726.

1298 *Köhler/Eicker,* Kritische Anmerkungen zum BMF-Schreiben »Cadbury Schweppes«, DStR 2007, 331-334; *Köplin/Sedemund,* Das BMF-Schreiben vom 8.1.2007, BB 2007, 244-247; *Goebel/Palm,* Der Motivtest – Rettungsanker der deutschen Hinzurechnungsbesteuerung?, IStR 2007, 720, 726; *Rainer/Müller,* Hinzurechnungsbesteuerung nach dem AStG, IStR 2007, 151, 152; *Krogmann/Vitale,* Kritische Würdigung des BMF-Schreibens zu »Cadbury Schweppes«, Internationale Wirtschaftsbriefe 2007, Gruppe 1, Fach 3, 2243-2252; *Köhler/Tippelhofer,* Verschärfung des § 42 AO durch das Jahressteuergesetz 2008?, IStR 2007, 681, 683.

1299 Sehr kritisch, *Goebel/Haun,* § 4h EStG und § 8a KStG (Zinsschranke) in der Hinzurechnungsbesteuerung, IStR 2007, 768-774.

1300 *Kinzl,* Conflicts in the attribution of income to a person – Germany, in: International Fiscal Association, Cahiers de Droit Fiscal International, 2007, S. 267, 278; *Kinzl,* Abkommensberechtigung und persönliche Zurechnung von Einkünften, IStR 2007, 561, 563.

1301 *Kahle,* Ertragsbesteuerung ausländischer Betriebsstätten, IStR 2007, 757, 761; *Goebel/Haun,* § 4h EStG und § 8a KStG (Zinsschranke) in der Hinzurechnungsbesteuerung, IStR 2007, 768, 773.

Schweppes wurde auch diese Vorschrift vom deutschen Gesetzgeber modifiziert.[1302]

Die *Switch-Over*-Regel des § 20 Abs. 2 AStG war Gegenstand der EuGH-Entscheidung in der Rechtssache *Columbus Container* [Abbildung 28].[1303] Der EuGH befand jedoch, dass die Vorschrift weder eine Beschränkung der Niederlassungsfreiheit noch der Kapitalverkehrsfreiheit bewirke.[1304] Allerdings wurde dadurch keinerlei Aussage hinsichtlich der Europarechtskonformität der deutschen CFC-Regeln im Allgemeinen getroffen.

1302 *Kaminski/Strunk/Haase,* Anmerkung zu § 20 Abs. 2 AStG in der Entwurfsfassung des Jahressteuergesetzes 2008, IStR 2007, 726-728; *Franck,* § 20 Abs. 2 AStG auf dem Prüfstand der Grundfreiheiten, IStR 2007, 489-497.

1303 *Kessler/Eicke,* The Egg of Columbus Container, Tax Notes International 2008, Vol. 49, 587-590; *O'Shea,* German CFC Rules Held Compatible With EU Law, Tax Notes International 2007, Vol. 48, 1203-1206; *Wimpissinger,* EC Law and the Cross-Border Transfer of Third-Country Losses, Tax Notes International 2006, Vol. 44, 955; *Thömmes,* Übergang zur Hinzurechnungsmethode bei Betriebsstätten EG-rechtskonform, Internationale Wirtschaftsbriefe 2008, Fach 11A, 1169-1174; *Rainer,* Anmerkung zu Columbus Containers, IStR 2008, 65, 65, 66; *Kleutgens/Müller,* Wird der EuGH profiskalisch?, SteuerConsultant 2008, 26-27. Ferner, *Schnitger,* German CFC legislation pending before the European Court of Justice, EC Tax Review 2006, Vol. 15, Issue 3, 151, 155; *Wassermeyer,* Columbus Container, Schlussantrag, Anmerkung I, IStR 2007, 299; *Franck,* § 20 Abs. 2 AStG auf dem Prüfstand der Grundfreiheiten, IStR 2007, 489-497; *Rainer,* Columbus Container, Schlussantrag, Anmerkung II, IStR 2007, 299; *Seer/Thulfaut/Müller,* Die Rechtsprechung des EuGH auf dem Gebiet der direkten Besteuerung in den Jahren 2005 und 2006, Europäisches Wirtschafts- und Steuerrecht 2007, 289, 306.

1304 *Kessler/Eicke,* The Egg of Columbus Container, Tax Notes International 2008, Vol. 49, 587-590.

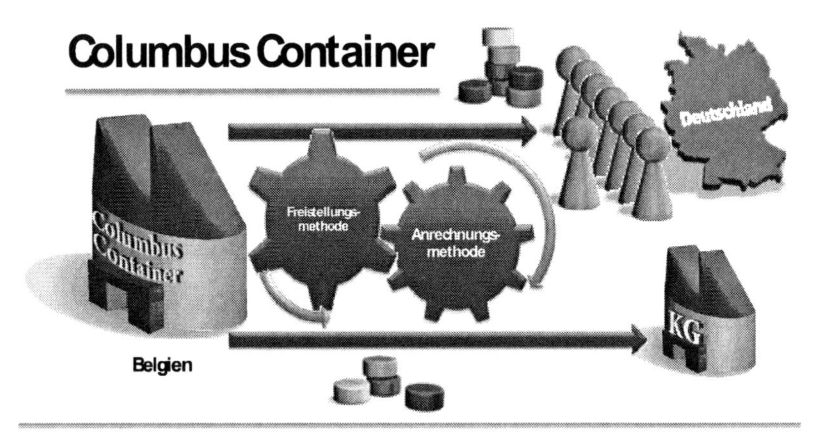
Columbus Container
Columbus Container
Freistellungs-methode
Anrechnungs-methode
Deutschland
KG
Belgien

EuGH
• Switch-Over-Regel in § 20 Abs. 2 AStG ist nicht europarechtswidrig.
• Keine Beschränkung allein dadurch, dass zwei Staaten ihre Besteuerungsrechte ausüben.
• Keine horizontale Betrachtung zur Bestimmung einer Beschränkung.
• In einem nicht oder nur wenig harmonisierten Steuersystem innerhalb der EU steht den Mitgliedsstaaten das Recht zu, die Kriterien für die Besteuerung festzulegen.

Abbildung 28: Columbus Container

VIII. Anti-Missbrauchsregeln

Um missbräuchliches Verhalten zu verhindern, bedient sich das deutsche Steuersystem vor allem der allgemeinen Anti-Missbrauchsvorschrift in § 42 AO[1305] und der *Anti-Treaty-Shopping*-Regel[1306] in § 50d Abs. 3

1305 *Haas*, § 42 AO – ein unkalkulierbares Risiko für die unternehmerische Gestaltungspraxis, in: Kirchhof/Schmidt/Schön/Vogel, Festschrift für Arndt Raupach, 2006, S. 13, 14; *Strobl-Haarmann*, 25 Jahre Rechtsentwicklung um Treaty Shopping in Deutschland, in: Kirchhof/Schmidt/Schön/Vogel, Festschrift für Arndt Raupach, 2006, S. 613, 614.

1306 »Treaty Shopping has been described as the situation where a person who is not entitled to the benefits of a tax treaty makes use – in the widest meaning of the word – of an individual or of a legal person in order to obtain those treaty benefits that are not available directly.« *Larking*, IBFD International Tax Glossary, 4th ed., 2001) S. 367. Ausführlich zu Anti-Treaty-Shopping Vorschriften, *de Graaf*, Designing an anti-treaty shopping provision, EC Tax Review 2008, 12-23; *Haug*, The United States Policy of Stringent Anti-Treaty-Shopping Provisions: A comparative Analysis, Vanderbilt Journal of Transnational Law 1996, Vol. 29, 191;

EStG.[1307] Letztere zielt speziell auf die Verhinderung von Missbrauch eines Doppelbesteuerungsabkommens (dann *Anti-Treaty*-Shopping)[1308] bzw. den Missbrauch einer EU-Richtlinie (dann *Anti-Directive-Shopping*)[1309].[1310]

Beide Missbrauchsvorschriften sind Gegenstand einer reichhaltigen BFH-Rechtsprechung, vor allem in den *Dublin Docks*-, *Stiftungs*- und *Hilversum*-Fällen sowie der *Delaware*-Entscheidung.[1311] Eine Zuordnung der Rechtsprechung zu den beiden Normen erfolgt in Abbildung 29.

Streng, Treaty Shopping: Tax Treaty »Limitation of Benefits« Issues, Houston Journal of International Law 1992, Vol. 15, 1; *Panayi,* Limitation on Benefits and State Aid, European Taxation 2004, 83 S. 83, 84; *Petkova,* Treaty Shopping – The Perspective of National Regulators, Intertax 2004, 543 S. 543, 544; *Becker/ Thömmes,* Treaty shopping and EC Law, European Taxation 1991, 173 S. 173; *Becker/Thömmes,* Treaty Shopping und EG-Recht – Kritische Anmerkungen zu Art. 28 des neuen deutsch-amerikanischen Doppelbesteuerungsabkommens, DB 1991, 566.

1307 *Kinzl,* Conflicts in the attribution of income to a person – Germany, in: International Fiscal Association, Cahiers de Droit Fiscal International, 2007, S. 267, 282-286; *Kinzl,* Abkommensberechtigung und persönliche Zurechnung von Einkünften, IStR 2007, 561, 563, 565; *Strunk,* Erstattung der Kapitalertragssteuer bei zwischengeschalteter ausländischer Basisgesellschaft, Internationale Wirtschaftsbriefe 2005, Gruppe 2, 1253.

1308 Wassermeyer in: Debatin/Wassermeyer, DBA, Art. 1 MA Rn. 65.

1309 *Kessler,* Grundlagen der Steuerplanung mit Holdinggesellschaften, in: Grotherr, Handbuch der internationalen Steuerplanung, 2003, S. 159, 177; *Dreßler,* Gewinn- und Vermögensverlagerungen in Niedrigsteuerländer und ihre steuerliche Überprüfung, 2007, S. 288; *Füger,* Probleme und Zweifelsfragen der Missbrauchsvorschriften bei beschränkter Steuerpflicht, in: Grotherr, Handbuch der internationalen Steuerplanung, 2003, S. 785, 787; *Frotscher,* Internationales Steuerrecht, 2005, S. 49; *Hahn-Joecks* in: Kirchhof/Söhn/Mellinghoff, Einkommensteuergesetz – Kommentar, § 50d EStG, § 50d, Rn. A 30; *Reith,* Internationales Steuerrecht, 2004, S. 168.

1310 Zu den Grundlagen, *de Graaf,* Designing an anti-treaty shopping provision, EC Tax Review 2008, 12-23.

1311 Als Überblick, *Kessler/Eicke,* Closer to Haven? New German Tax Planning Opportunities, Tax Notes International 2006, Vol. 42, 501-521; *Kessler/Eicke,* Neue Gestaltungsmöglichkeiten im Lichte des Treaty-Shoppings, Praxis Internationale Steuerberatung 2006, 23; *Grotherr,* Abgrenzung Teil 1, Internationale Wirtschaftsbriefe 2006, Fach 3, Gruppe 2, 1281ff.; *Grotherr,* Abgrenzung – Teil 2, Internationale Wirtschaftsbriefe 2006, Fach 3, Gruppe 2, 1301ff.; *Niedrig,* Substanzerfordernisse bei ausländischen Gesellschaften, IStR 2003, 474; *Ritzer/Stangl,* Aktuelle Entwicklungen bei den steuerlichen Anforderungen an die Zwischenschaltung ausländischer Kapitalgesellschaften, Finanz-Rundschau 2005, 1063; *Kraft,* Finanzierungsstrukturen im internationalen Konzern auf dem Prüfstand der höchstrichterlichen Rechtsprechung, IStR 2000, 11.

	Inbound	Outbound
§ 42 AO	*Hilversum I* und *II*	*Delaware*-Entscheidung
	Stiftungsfälle I und *II*	*Dublin Docks*-Fälle
§ 50d Abs. 3 EStG	*Hilversum I* und *II*	

Abbildung 29: Anti-Missbrauchsrechtsprechung

A. Allgemeine Anti-Missbrauchsvorschrift (§ 42 AO)

Ursprünglich hat der Gesetzgeber die allgemeine Missbrauchsvorschrift in § 42 AO sehr weitreichend und unbestimmt ausgestaltet.[1312] Erst durch die BFH-Rechtsprechung in den *Stiftungsfällen*[1313] und den *Dublin Docks*-Fällen[1314] wurden die Konturen sichtbar.

Diese sehr weitreichenden Interpretationen des BFH waren ein entscheidender Grund für eine Reform von § 42 AO durch das Jahressteuergesetz 2008.[1315] In der neuen Fassung wurde zum ersten Mal das Tatbestandsmerkmal des »Missbrauchs« näher erläutert (§ 42 Abs. 2 AO). Ein solcher

1312 Über die Geschichte dieser Vorschrift, *Kessler/Eicke,* Closer to Haven? New German Tax Planning Opportunities, Tax Notes International 2006, Vol. 42, 501-521.

1313 BFH v. 27. August 1997, BStBl II 1998, S. 163. Vgl. *Kessler/Eicke,* Closer to Haven? New German Tax Planning Opportunities, Tax Notes International 2006, Vol. 42, 501-521; *Ritzer/Stangl,* Aktuelle Entwicklungen bei den steuerlichen Anforderungen an die Zwischenschaltung ausländischer Kapitalgesellschaften, Finanz-Rundschau 2005, 1063-1068; *Baranowski,* Anmerkung zu BFH Urt. v. 17.11.1997 – Stiftungsfall I, Internationale Wirtschaftsbriefe 1998, Fach 3a, Gruppe 1, 667-668; *Roser,* Anmerkung zu BFH Urteil v. 20.3.2002 – Hilversum I, GmbH-Rundschau 2002, 869, 870. Ferner, *Kessler/Eicke,* Closer to Haven? New German Tax Planning Opportunities, Tax Notes International 2006, Vol. 42, 501-521.

1314 Siehe, *Kessler/Eicke,* Closer to Haven? New German Tax Planning Opportunities, Tax Notes International 2006, Vol. 42, 501-521; *Raupach/Burwitz,* Die Versagung des Schachtelprivilegs, IStR 2000, 385-394; *Philipowski,* IFSC-Gesellschaften im Fadenkreuz der Steuerbehörden, IStR 2003, 547-552; *Wiskemann,* Ir(r)land- Die gemeinschaftsrechtlichen Aspekte der Dublin Docks-Fälle, IStR 2003, 647-648. Ferner in Österreich, *Loukota,* Steuer und Wirtschaft International 2005, 205-212.

1315 *Kessler/Eicke,* Germany's New GAAR – »Generally Accepted Antiabuse Rule«?, Tax Notes International 2008, Vol. 49, 151-153; *Drüen,* »Präzisierung« und »Effektuierung« des § 42 AO, Die Unternehmensbesteuerung 2008, 31-38; *Dörr/Fehling,* Änderung des § 42 AO, Neue Wirtschaftsbriefe 2008, Fach 2, 9671-9682; *von Wedelstädt,* Die Änderungen der Abgabenordnung durch das Jahressteuergesetz 2008, DB 2007, 2558, 2559; *Crezelius,* Vom Missbrauch zum Misstrauen: Zur geplanten Änderung des § 42 AO, DB 2007, 1428-1430; *Köhler/Tippelhofer,* Verliegt vor, wenn eine rechtlich unangemessene Gestaltung gewählt wurde, welche zu einem Steuervorteil führt, für den es keinerlei gesetzlichen Grundlagen gibt. Hierzu bedarf es eines Vergleichs zwischen der von dem Steuerpflichtigen gewählten Gestaltung und einer grundsätzlich angemessenen Gestaltung [Abbildung 30]. Diesbezüglich kann auf die Rechtsprechung des BFH zurückgegriffen werden, der ungemessenen Strukturen Attribute wie »komplex, kompliziert und künstlich« zugeordnet hat.[1316] Allerdings steht dem Steuerpflichtigen ein Gegenbeweisrecht zu, um darzulegen, dass außersteuerliche Gründe für die Struktur oder die Gestaltung ausschlaggebend waren.

Die Reform von § 42 AO beendet auch einen Jahrzehnte währenden Streit hinsichtlich des Verhältnisses zwischen § 42 AO und anderen Missbrauchsvorschriften. Nunmehr folgt der Gesetzgeber dem *Lex Specialis*-Prinzip, demgemäß spezielle Anti-Missbrauchsvorschriften dem § 42 AO vorgehen.

schärfung des § 42 AO durch das Jahressteuergesetz 2008?, IStR 2007, 681-684; *Schnitger,* Änderungen der grenzüberschreitenden Unternehmensbesteuerung sowie des § 42 AO, IStR 2007, 729, 733-737; *Crezelius,* Vom Missbrauch zum Misstrauen: Zur geplanten Änderung des § 42 AO, DB 2007, 1428-1430; *Fischer,* § 42 AO. 1 AO i.d.F. des Entwurfs eines JStG 2008 – ein rechtskultureller Standortnachteil, FR-Ertragsteuerrecht 2007, 857, 863-863; o.V., Union kritisiert Stärkung der Finanzverwaltung, Frankfurter Allgemeine Zeitung 16.7.2007, 11; *Häuselmann,* Referentenentwurf zum Jahressteuergesetz 2008, BB 2007, 1533, 1534; *Ackermann,* Missbrauch von Gestaltungsmöglichkeiten durch die große Koalition, DB 2007, Editorial I, Heft 26; *Ehlermann/Nakhai,* Germany Launches Attack On Tax Planning Structures, Tax Notes International 2007, Vol. 47, 316, 317; *Eckhardt,* Germany to Strengthen Avoidance Rules, Tax Notes International 2007, Vol. 47, 709, 710.

1316 Vgl. BFH v. 19. August 1999 – I R 77/96, BStBl. II 2001, S. 43; BFH v. 1. Februar 2001 – IV R 3/00, BStBl. II 2001, 520.

Allgemeine Anti-Missbrauchsvorschrift

Abbildung 30: § 42 AO

B. *Anti-Treaty-Shopping-Regel*

Nur wenige Steuerrechtsordnungen kennen eine spezielle Anti-Treaty-Shopping-Regel.[1317] Die Existenz der deutschen Anti-Treaty-Shopping-Regel[1318] ist zurückzuführen auf die *Monaco*-Entscheidung[1319] des BFH. In dieser kontroversen[1320] Entscheidung entschied der BFH, dass § 42 AO auf nur beschränkt Steuerpflichtige nicht anwendbar sei.[1321] Obwohl der BFH später seine Meinung änderte,[1322] hielt der Gesetzgeber an der Anti-Treaty-Shopping-Regel fest.

1317 Zu den Grundlagen einer solchen Regelung, *de Graaf,* Designing an anti-treaty shopping provision, EC Tax Review 2008, 12-23.

1318 Eine Analyse der Vorgängerregelung (§ 50d Abs. 1a EStG) bietet, *Thömmes/ Eicker,* Limitiation of Benefits: The German View – Sec. 50d(1a) Individual Income Tax Act and EC Law Issues, European Taxation 1999, Vol. 39, 9.

1319 BFH v. 29. Oktober 1997, BStBl II 1998, S. 235. Ferner, *Strobl-Haarmann*, 25 Jahre Rechtsentwicklung um Treaty Shopping in Deutschland, in: Kirchhof/ Schmidt/Schön/Vogel, Festschrift für Arndt Raupach, 2006, S. 613, 616.

1320 Wassermeyer in: Debatin/Wassermeyer, DBA, Art. 1 MA Rn. 65.

1321 *Kramer,* Host Country Germany, Tax Planning International Forum 2001, Vol. 22, March, 16, 17; *Schaefer/Vree*, 2002 WTD 152-2, German Court Clarifies Substance Standard Under Antiabuse Rules; sehr kritisch, *Wassermeyer* in: Debatin/Wassermeyer, DBA, Art. 1 MA Rn. 65.

1322 BFH v. 29. Oktober 1997, BStBl II 1998, S. 235.

Nicht nur die Tatbestände des § 42 AO und des § 50d Abs. 3 EStG unterscheiden sich stark voneinander, sondern auch deren Rechtsfolgen. Während § 42 AO eine (missbräuchlich) zwischengeschaltete Gesellschaft für steuerliche Zwecke nicht anerkennt, ist diese Gesellschaft in § 50d Abs. 3 EStG zwar steuerlich existent, ihr werden allerdings die begehrten DBA- oder EG-Richtlinien-Vorteile vorenthalten.[1323] Zudem ähnelt die Struktur des § 50d Abs. 3 EStG eher den *Limitation-on-Benefits*-Klauseln in Doppelbesteuerungsabkommen. [1324] Allerdings wird eine missbräuchlich zwischengeschaltete Gesellschaft im Rahmen der *Limitation-on-Benefits* für steuerliche Zwecke nicht anerkannt.[1325]

Auch die Anti-Treaty-Shopping-Regel kann eine reiche Rechtsprechungsgeschichte vorweisen.[1326] Die jüngsten Fälle sind die BFH-Ent-

1323 *Lieber,* Internationale Wirtschaftsbriefe 2005, Fach 3a, Gruppe 1, 1088, 1089; *Strunk,* Erstattung der Kapitalertragssteuer bei zwischengeschalteter ausländischer Basisgesellschaft, Internationale Wirtschaftsbriefe 2005, Gruppe 2, 1253, 1254.

1324 *Plansky/Schneeweiss,* Limitation on Benefits: From the US Model 2006 to the ACT Group Litigation, Intertax 2007, 484-493; *Berman/Hynes,* Limitation on Benefits Clauses in U.S. Income Tax Treaties, Tax Management International Journal 2000, Vol. 29, 692; *Kofler,* Treaty Shopping, Quota Hopping und Open Skies, in: Lang/Jirousek, Praxis des Internationalen Steuerrechts, 2005, S. 211; *Pistone,* Tax Treaties and the Internal Market in the New European Scenario, Intertax 2007, Vol. 35, 75, 78-80.

1325 Was nicht notwendigerweise ein Nachteil ist, *Strunk,* Erstattung der Kapitalertragssteuer bei zwischengeschalteter ausländischer Basisgesellschaft, Internationale Wirtschaftsbriefe 2005, Gruppe 2, 1253.

1326 Siehe im Detail, *Kessler/Eicke,* Closer to Haven? New German Tax Planning Opportunities, Tax Notes International 2006, Vol. 42, 501-521.

scheidungen in *Hilversum I*[1327] und *Hilversum II*[1328]. Letzterer Fall ist in der Abbildung 31 dargestellt.[1329]

1327 BFH v. 20. März 2002, I R 63/99 (*Hilversum I*). Vgl. *Kessler/Eicke,* Closer to Haven? New German Tax Planning Opportunities, Tax Notes International 2006, Vol. 42, 501-521; *Jacob/Klein,* Anmerkung zu BFH Urteil v. 20.3.2002, I R 63/99 – Hilversum I, IStR 2002, 599-602; *Hey,* German Tax Court Revamps Treaty Shopping Law, Tax Notes International 2005, Vol. 40, 122, 124; *Lieber,* Anmerkung zu BFH Urteil v. 20.3.2002, I R 63/99 – Hilversum I, Internationale Wirtschaftsbriefe 2002, Fach 3a, Gruppe 1, 1029-1030; *Füger,* NL-Zwischenholding: Steuerentlastung oder Gestaltungsmissbrauch, Praxis Internationale Steuerberatung 2002, 291-295. In *Hilversum I,* Anteilseigner aus Bermuda (G, 85%), Australien (H, 7,5%) und den Vereinigten Staaten (B, 7,5%) waren an einer Holdinggesellschaft in Bermuda, der G-Ltd., beteiligt. Die G-Ltd. gehörte zu einer niederländischen Zwischenholdinggesellschaft (B.V.), welche wiederum Anteile an einer deutschen GmbH hielt. Die B.V. begehrte die Erstattung von Quellensteuern insoweit als diese die im DBA Deutschland-Niederlande vorgesehenen 5% überschritten hat. Das Bundesamt für Finanzen verweigerte eine Erstattung mit dem Argument, dass es sich bei der B.V. um eine reine Briefkastengesellschaft gehandelt habe. Diese Vermutung basierte darauf, dass die B.V. weder eigene Büros noch Telefonanschlüsse hatte. Vielmehr benutzte die B.V. die Räumlichkeiten und Telekommunikationseinrichtungen einer Schwestergesellschaft und wurde von einem Mehrfachgeschäftsführer geleitet. Außer diesem gab es keine weiteren Angestellten. Der BFH entschied, dass es sowohl an einer wirtschaftlichen Tätigkeit als auch an einem wirtschaftlichen Grund für die Zwischenschaltung der B.V. gemangelt habe, und die Zwischenschaltung daher allein auf steuerlichen Erwägungen beruht habe. Somit wurde eine Erstattung der Quellensteuer nur in Höhe der Differenz zwischen dem normalen Quellensteuersatz von 25% und der DBA-Sätze von 10% (DBA Deutschland-Australien) bzw. 15% (DBA Deutschland-USA) gewährt. G erhielt mangels eines DBAs Deutschland-Bermuda keine Erstattung.

1328 BFH v. 31. Mai 2005, I R 88/04 (*Hilversum II*). Vgl. *Kessler/Eicke,* Closer to Haven? New German Tax Planning Opportunities, Tax Notes International 2006, Vol. 42, 501-521; *Hey,* German Tax Court Revamps Treaty Shopping Law, Tax Notes International 2005, Vol. 40, 122-125. Die Anteilseigner in *Hilversum II* waren fast identisch mit denen in *Hilversum I.* Auch die Struktur war sehr ähnlich. Im Laufe der Expansion der hinten der *Hilversum*-Judikatur stehenden Mediengruppe, wurden zwei niederländische B.V.s ausgegliedert, um als Beteiligungsholding des Konzerns zu fungieren. Beide Gesellschaften waren in den Räumlichkeiten von Konzerngesellschaften untergebracht, wobei die Holdinggesellschaften weder eigenes Personal noch eigene Telekommunikationseinrichtungen vorweisen konnten. Jede dieser Gesellschaften hielt jeweils eine deutsche GmbH und andere europäische Tochtergesellschaften. Andere Konzerngesellschaften betrieben aktive Geschäfte in den Niederlanden. Dies war neben der Tatsache, dass die Verlagerung von Konzerngesellschaften auf die beiden Holdinggesellschaften als eine durchgängige Konzernstrategie einzustufen war, der Hauptgrund dafür, dass der BFH in *Hilversum II* eine Erstattung gewährte. Denn da andere Konzerngesellschaften in den Niederlanden bereits tätig waren, konnte die Missbrauchsvermutung entkräftet werden. Ein weiteres wichtiges Kritierum war, dass die Beteiligungen dauerhaft gehalten wurden.

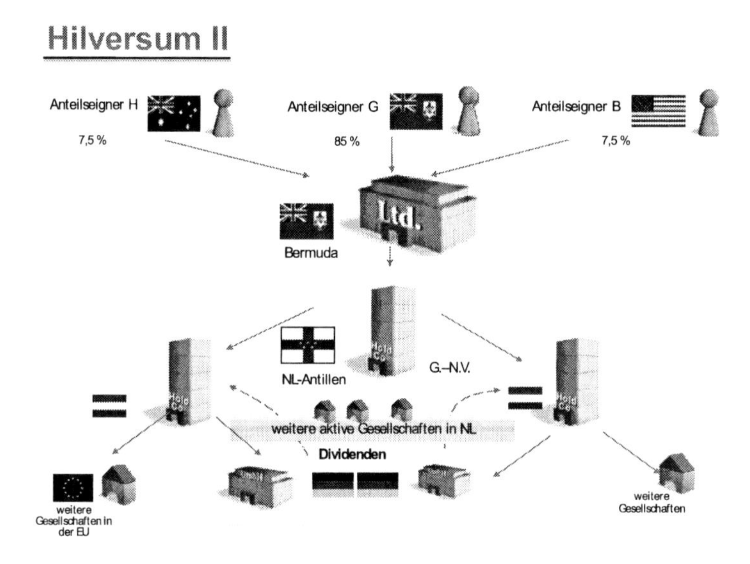

Abbildung 31: Hilversum II

In diesem Fall, der auf der Grundlage der Vorgängerregelung des heutigen § 50d Abs. 3 EStG entschieden wurde, erhielt die Zwischengesellschaft die begehrte Erstattung der Quellensteuern aufgrund der folgenden Gesichtspunkte:

- die Beteiligungen wurden dauerhaft gehalten;
- die Zwischengesellschaften waren funktional unabhängig;
- die Struktur folgte einer durchgängigen Konzernstrategie (Outsourcing von Beteiligungen);
- die Zwischengesellschaft hatte ihren Sitz in einem Land, in dem der Konzern aktive Tätigkeiten verrichtete, was entscheidend den Missbrauchsvorwurf entkräftet hat.

1329 Eine umfangreiche Analyse bieten *Kessler/Eicke,* Closer to Haven? New German Tax Planning Opportunities, Tax Notes International 2006, Vol. 42, 501-521.; *Haarmann/Knödler,* German Supreme Tax Court limits the scope of the German anti-treaty shopping rule, Intertax 2006, Vol. 34, 260ff.; *Hey,* German Tax Court Revamps Treaty Shopping Law, Tax Notes International 2005, Vol. 40, 122. Siehe auch *Ritzer/Stangl*, 2005 WTD 192-2, German Court Eases Antiabuse Rules for Withholding Relief, 2005.

Diese Entscheidungsgründe waren ausschlaggebend für den folgenden Nichtanwendungserlass in Form eines BMF-Schreibens[1330] und die Verschärfung des § 50d Abs. 3 EStG,[1331] welche zum 1. Januar 2007 in Kraft trat. Für Repatriierungen von U.S.-Gewinnen aus Deutschland unter Einbeziehung von Holdinggesellschaften erweist sich die verschärfte *Anti-Treaty-Shopping*-Regelung als das wichtigste Hindernis, weshalb die Neuregelung eine besondere Aufmerksamkeit verdient.

1330 BMF-Schreiben v. 30. Januar 2006, IV B 1-S 2411 – 4/06, IStR 2006, S. 324. Dazu, *Grotherr,* Nichtanwendungserlass zur Hilversum II-Entscheidung des BFH, IStR 2006, 361; *Hergeth/Ettinger,* Nichtanwendungserlass zum Urteil des BFH vom 31.5.2005 zu § 50d Abs.3 EStG, IStR 2006, 307, 308; *Schaefer/Vree*, 2002 WTD 152-2, German Court Clarifies Substance Standard Under Antiabuse Rules. Zu der Rechtsnatur und den Charakteristika von Nichtanwendungserlassen, *Kessler/Eicke,* Staatshaftung für Nichtanwendungserlasse im Steuerrecht, DStR 2006, 1913-1919; *Wieland,* Bedeutung der Rechtsprechung des Bundesfinanzhofs für die Finanzverwaltung, DStR 2004, 1,3; *Lange,* Die Nichtanwendung von Urteilen des BFH durch die Finanzverwaltung, Neue Juristische Wochenschrift 2002, 3657, 3658.

1331 Kritisch, *Kessler/Eicke,* Neue Gestaltungshürden in der Anti-Treaty-Shopping-Regelung des § 50d Abs. 3 EStG, DStR 2007, 781-786; *Kessler/Eicke,* Germany: Treaty Shop Until You Drop, Tax Notes International 2007, Vol. 46, 377-380; *Kessler/Eicke,* Treaty-Shopping – Quo vadis?, IStR 2006, 577-582; *Kessler/Eicke,* Doppel-Holdingstruktur als Schutz vor der Anti-Treaty-Shopping-Regelung des § 50d Abs. 3 EStG, IStR 2007, 526-530; *Kessler/Eicke,* Germany's Anti-Treaty-Shopping Rule: Two-tier holding meets two-tier approach, Tax Planning International Review 2007, May, 2, 3; *Kessler/Eicke,* Zur mittelbaren Entlastungsberechtigung in der Anti-Treaty-Shopping Regelung, Praxis Internationale Steuerberatung 2007, 317-319. Außerdem, *Jakob/Kubaile,* Schweizerischer Holdingstatuts und Novellierung des Treaty Shoppings in Deutschland, IFF Forum für Steuerrecht 2007, 209-227; *Ehlermann/Nakhai,* EC law aspects of revised German anti-treaty shopping rules – part I, European Tax Service (BNA) 2007, January, 10-13; *Ehlermann/Nakhai,* EC law aspects of revised German anti-treaty shopping rules – part II, European Tax Service (BNA) 2007, Febuary, 4-6; *Plewka/Renger,* Verstößt § 50d Abs. 3 EStG tatsächlich gegen die Grundfreiheiten?, GmbH-Rundschau 2007, 1027-1031; *Korts,* Anmerkungen zur Neuregelung des § 50d Abs. 3 EStG, Die Steuerberatung 2007, 362-367; *Eckl,* Tigtening of the German Anti-Treaty-Shopping Rule, European Taxation 2007, Vol. 47, 120-125; *Bron,* Die Europarechtswidrigkeit des § 50d Abs. 3 EStG, DB 2007, 1273-1276; *Kollruss,* Steueroptimale Gewinnrepatriierung unter der verschärften Anti-Treaty-Shopping-Regelung, IStR 2007, 870-876; *Weiske,* Drohende Rechtsfolgen des »Treaty Shopping«, IStR 2007, 314-316; *Endres,* Zur Quellensteuerentlastung bei ausländischen Gesellschaften, Praxis Internationale Steuerberatung 2007, 279-284; *Beußer,* Der neue § 50d Abs. 3 EStG bei Nutzungsvergütungen, IStR 2007, 316-320; *Grotherr,* Außensteuerrechtliche Bezüge im Jahressteuergesetz 2007, Recht der Internationalen Wirtschaft 2006, 898, 906, 907; *Grotherr,* International relevante Änderungen durch das JStG 2007 anhand von Fallbeispielen, Internationale Wirtschaftsbriefe 2006, Gruppe 3, Fach 3, 1445, *Ehlermann/Selack,* Germany to Tighten Anti-

I. Zweck und Ausgestaltung der Regelung

Mit der deutlichen Verschärfung des § 50d Abs. 3 EStG verfolgt der Gesetzgeber den Zweck, eine umfassende Handhabe gegen Steuergestaltungen zu haben, durch die nichtberechtigte Dritte an Abkommens- oder Richtlinienvorteile gelangen. Im Gesetzestext schlägt sich dies zum einen durch die neue Alternativ-Verknüpfung und zum anderen durch die typisierenden Anforderungen an das Vorliegen einer wirtschaftlichen Tätigkeit[1332] nieder. Die Alternativ-Verknüpfung der Tatbestandsmerkmale sieht in § 50d Abs. 3 S. 1 EStG vor, dass eine Erstattung der Kapitalertragsteuer dann verweigert werden kann, wenn entweder ein wirtschaftlicher oder ein sonst beachtlicher Grund *oder* eine eigene Wirtschaftstätigkeit fehlen *oder* die zwischengeschaltete ausländische Gesellschaft nicht mit einem für ihren Geschäftszweck angemessen eingerichteten Geschäftsbetrieb am allgemeinen wirtschaftlichen Verkehr teilnimmt [Abbildung 32].

Treaty-Shopping Rules, Tax Notes International 2006, Vol. 43, 282; *Bünning/Mühle,* Änderung des § 50d Abs. 3 EStG, BB 2006, 2159ff.; *Plewka/Beck,* Tax Planning Under Germany's New Antiavoidance Rule, Tax Notes International 2006, Vol. 44, 617, 618; *Ehlermann/Kowallik,* Germany Tightens Rules for Foreign Holding Companies, Tax Notes International 2007, Vol. 45, 11-17; *Piltz,* Wirtschaftliche oder sonst beachtliche Gründe in § 50d Abs. 3 EStG, IStR 2007, 793-799; *Günkel/Lieber,* Braucht Deutschland eine Verschärfung der Holdingregelung in § 50d Abs. 3 EStG?, DB 2006, 2197-2199; *Welbers,* Anti-treaty-shopping rules to get tougher, International Tax Review 2006, September, Issue 8, 70; *Ritzer/Stangl,* Zwischenschaltung ausländischer Kapitalgesellschaften, GmbH-Rundschau 2006, 757-766; *Wiese/Süß,* Verschärfungen bei Kapitalertragsteuer-Entlastung für zwischengeschaltete ausländische Kapitalgesellschaften, GmbH-Rundschau 2006, 972-976; *Kubaile/Buck,* Das Jahressteuergesetz 2007 hat auch internationale Steuergestaltungen erschwert, Praxis Internationale Steuerberatung 2007, 78, 80-82; *Kempf/Meyer,* Der neu gefasste § 50d Abs. 3 EStG in der Praxis, Deutsche Steuerzeitung 2007, 584-589; *Bendlinger,* Die Holdinggesellschaft im Fadenkreuz der Finanzverwaltung, Österreichische Steuerzeitung 2007, 593, 594; *Korts,* Anmerkungen zum BMF-Schreiben vom 3.4.2007, IStR 2007, 663-665.

1332 *Piltz,* Wirtschaftliche oder sonst beachtliche Gründe in § 50d Abs. 3 EStG, IStR 2007, 793, 796-799.

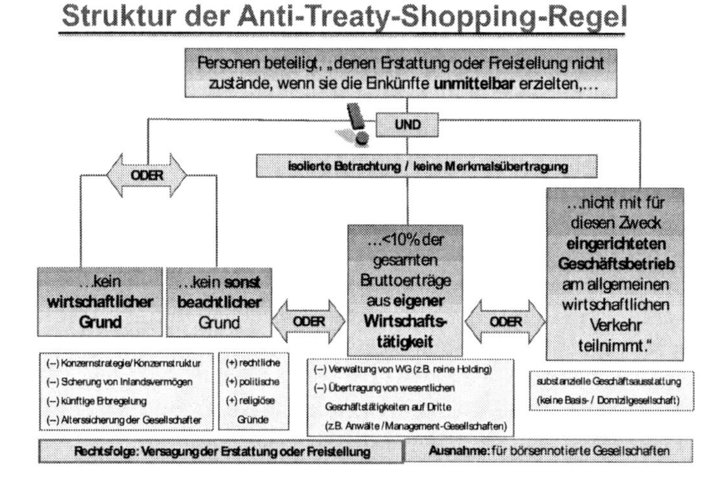

Abbildung 32: § 50d Abs. 3 EStG

II. Eigene Wirtschaftstätigkeit

Von besonderem Interesse ist seither, welche Anforderungen an das Vorliegen einer »eigenen Wirtschaftstätigkeit« (§ 50d Abs. 3 S. 1 Nr. 2 EStG) gestellt werden. Ausweislich des Gesetzestextes soll eine solche fehlen, wenn die ausländische Gesellschaft nicht mehr als 10% ihrer Bruttoerträge aus der Verwaltung von Wirtschaftsgütern erzielt oder ihre wesentlichen Geschäftstätigkeiten auf Dritte überträgt (§ 50d Abs. 3 S. 3 EStG). »Am Markt« erzielte Einkünfte aus Vermögensverwaltung, insbesondere solche aus dem Halten von Beteiligungen an anderen Gesellschaften sind nicht relevant. Demgegenüber liegt eine eigene Wirtschaftstätigkeit vor, wenn »geschäftsleitende Funktionen« für mehr als eine Untergesellschaft z.B. in Form von Managementleistungen ausgeführt werden.

1. Das BMF-Anwendungsschreiben

Klarheit für viele Einzelfragen hat das BMF-Schreiben vom 3. April 2007 gebracht.[1333] Damit die zwischengeschaltete ausländische Gesellschaft eine eigene Wirtschaftstätigkeit entfaltet, muss sie aktiv, ständig und nachhaltig am dortigen »allgemeinen wirtschaftlichen Verkehr« im Rahmen

1333 BMF v. 3. April 2007, IV B 1 – S 2411/07/0002, BStBl. I 2007, 446.

ihrer gewöhnlichen Geschäftstätigkeit teilnehmen. Das ist auch dann der Fall, wenn Dienstleistungen für andere Konzerngesellschaften gegen ein gesondertes, einem Fremdvergleich standhaltenden Entgelt erbracht werden. Ein aktives Beteiligungsmanagement setzt voraus, dass »Beteiligungen von einigem Gewicht« gehalten werden, damit diesen gegenüber geschäftsleitende Funktionen ausgeführt werden können.[1334] Ausschlaggebend ist hierfür nicht eine bestimmte Beteiligungshöhe, sondern ob auf die Beteiligung »tatsächlich Einfluss genommen wird«.[1335] Ein bloßes Halten oder Verwalten reicht nicht.

Genauso wie der Gesetzgeber verlangt auch die Finanzverwaltung eine Ausübung von geschäftsleitenden Funktionen gegenüber mindestens zwei Beteiligungen. Damit sind etwaige Mutmaßungen, ob das Halten einer einzelnen Beteiligung unschädlich ist, wenn gleichzeitig ein wirtschaftlicher oder sonst beachtlicher Grund[1336] vorliegt, einstweilen obsolet. Einen Anlass dafür hat der Bundesfinanzhof in seinem auf Grundlage der alten Rechtslage erlassenen Urteil *Hilversum II*[1337] gegeben.[1338] Insoweit bleibt abzuwarten, ob der BFH den eingeschlagenen Weg weiterverfolgt.

Außerdem verschafft das BMF-Schreiben – zumindest vorläufig – Klarheit darüber, was unter einer »geschäftsleitenden Funktion« zu verstehen ist. Gemeint sind Führungsentscheidungen, die sich durch ihre »langfristige Natur, Grundsätzlichkeit und Bedeutung« gegenüber den geleiteten Gesellschaften auszeichnen.[1339] Indes genügen kurzfristige und ausführungsbezogene Routineentscheidungen diesem Erfordernis genauso wenig wie die Ausübung nur einzelner Geschäftsfunktionen (z.B. Lizenzverwertung). Darüber hinaus liegt eine eigene Wirtschaftstätigkeit auch nicht vor, wenn wesentliche Geschäftstätigkeiten auf Dritte, z.B. Anwaltskanzleien oder Managementgesellschaften ausgelagert werden (*Outsourcing*).

Zum Umfang der eigenen Wirtschaftstätigkeit vermerkt das BMF-Schreiben, dass der aktive, d.h. nicht vermögensverwaltende Bereich der Gesellschaft »nicht unwesentlich« sein darf. Typisiert wird dies mit der 10%-Klausel, wonach der aktive Bereich nicht unwesentlich ist, wenn mit

1334 Das BMF-Schreiben verweist an dieser Stelle auf dem BFH v. 9. Dezember 1980 – VIII R 11/77, BStBl II 1981, S. 339, 341. Vgl. ferner OFD Frankfurt v. 26.10.1983, S 2241 A – 37 –St II 20.

1335 BMF v. 3. April 2007, IV B 1 – S 2411/07/0002, BStBl. I 2007, 446, Tz. 6.2.

1336 *Piltz,* Wirtschaftliche oder sonst beachtliche Gründe in § 50d Abs. 3 EStG, IStR 2007, 793, 796-799.

1337 BFH v. 31. Mai 2005, I R 74, 88/04, BFH/NV, 2005, 1902, 1904-1905.

1338 *Hey,* German Tax Court Revamps Treaty Shopping Law, Tax Notes International 2005, Vol. 40, 122, 124, 125. Vgl. auch die sog. »Flume Theorie«, nach der die Leitung nur einer Tochtergesellschaft nicht zu einer eigenen gewerblichen Betätigung der Mutter führt, »weil die Muttergesellschaft in diesem Fall kein eigenes Unternehmen betreibt, sondern nur das Unternehmen der Tochtergesellschaft betrieben wird«. *Flume*, DB 1959, 1296, 1298.

1339 BMF v. 3. April 2007, IV B 1 – S 2411/07/0002, BStBl. I 2007, 446, Tz. 6.3.

diesem mindestens 10% der Bruttoerträge erzielt werden. Wichtig für die Praxis ist, dass »Dividenden von geleiteten Gesellschaften« zu den (aktiven) Bruttoerträgen zählen.[1340] Auf einen sachlichen Zusammenhang zwischen einer eigenen Wirtschaftstätigkeit und sonstigen Tätigkeiten kommt es nicht an.

Ebenso entscheidend und für die Planungssicherheit in der Praxis förderlich ist die Regelung, dass ein Unterschreiten der 10%-Grenze unschädlich ist, wenn diese in den vorangegangenen drei Wirtschaftsjahren überschritten wurde oder bei einer neu gegründeten Gesellschaft in den drei nachfolgenden Wirtschaftsjahren voraussichtlich überschritten wird.[1341] In jedem Falle muss die Unterschreitung der 10%-Grenze gemeldet werden, falls bereits ein Freistellungsbescheid vorliegt.[1342]

Für den Steuerpflichtigen nachteilig ist die vorgesehene Beweislastumkehr, wonach der Steuerpflichtige dokumentieren muss, dass die Tatbestandsvoraussetzungen des § 50d Abs. 3 Satz 1 Nr. 1 bis 3 EStG nicht vorliegen.[1343]

2. *Einzelfragen*

Der Finanzverwaltung ist zu Gute zu halten, dass es ihr gelungen ist, die meisten Zweifelsfragen im BMF-Schreiben zu lösen. Dennoch bleiben für die Praxis offene Fragen:

a. *10%-Klausel*

Auch das BMF-Schreiben vermag nicht den vielerorts geäußerten Einwand der Europarechtswidrigkeit der 10%-Klausel zu entkräften.[1344] Ratsam ist

1340 BMF v. 3. April 2007, IV B 1 – S 2411/07/0002, BStBl. I 2007, 446, Tz. 7.
1341 BMF v. 3. April 2007, IV B 1 – S 2411/07/0002, BStBl. I 2007, 446, Tz. 7.
1342 BMF v. 3. April 2007, IV B 1 – S 2411/07/0002, BStBl. I 2007, 446, Tz. 15.
1343 BMF v. 3. April 2007, IV B 1 – S 2411/07/0002, BStBl. I 2007, 446, Tz. 13 und 14.
1344 *Kessler/Eicke,* Treaty-Shopping – Quo vadis?, IStR 2006, 577, 581; *Grotherr,* Außensteuerrechtliche Bezüge im Jahressteuergesetz 2007, Recht der Internationalen Wirtschaft 2006, 898, 907; *Bünning/Mühle,* Änderung des § 50d Abs. 3 EStG, BB 2006, 2159, 2163; *Grotherr,* International relevante Änderungen durch das JStG 2007 anhand von Fallbeispielen, Internationale Wirtschaftsbriefe 2006, Gruppe 3, Fach 3, 1445, 1459; *Wiese/Süß,* Verschärfungen bei Kapitalertragsteuer-Entlastung für zwischengeschaltete ausländische Kapitalgesellschaften, GmbH-Rundschau 2006, 972, 975; *Ritzer/Stangl,* Zwischenschaltung ausländischer Kapitalgesellschaften, GmbH-Rundschau 2006, 757, 763; *Günkel/Lieber,* Braucht Deutschland eine Verschärfung der Holdingregelung in § 50d Abs. 3 EStG?, DB 2006, 2197, 2199.

es diesbezüglich, Anleihe an den Maßstäben des EuGH in den Entscheidungen *Denkavit*[1345] und *Cadbury Schweppes*[1346] zu nehmen.

Aus der Rs. *Denkavit* kann abgeleitet werden, dass § 50d Abs. 3 Nr. 2 EStG n.F. grundsätzlich gegen die Niederlassungsfreiheit verstößt, weil das 10%-Erfordernis einer inländischen Zwischenholdinggesellschaft für eine Quellensteuerbefreiung bzw. –erstattung bei Dividendenausschüttungen nicht abverlangt wird.[1347] Ob sich ein solches typisierendes Missbrauchsmerkmal einer europarechtskonformen Rechtfertigung bedienen kann, lässt sich den Wertungen in der Rs. *Cadbury Schweppes* entnehmen. Zwar hat der EuGH in der Rs. *Cadbury Schweppes* typisierende Missbrauchsnormen[1348] grundsätzlich erlaubt. Diese müssen aber zum einen sehr restriktiv gehandhabt werden und sich zum anderen auf »rein künstliche Konstruktionen, die ausschließlich auf eine Umgehung des Steuerrechts gerichtet sind« beziehen. [1349] Das Missbrauchsmerkmal des § 50d Abs. 3 Nr. 2 EStG n.F. ist in seiner jetzigen Ausgestaltung ungeeignet, eine klare Grenze zwischen schützenswerten geschäftsleitenden Holdinggesellschaften und bloßen Briefkastengesellschaften zu ziehen. Dadurch dass geschäftsleitende Holdinggesellschaften immer mit dem Risiko konfrontiert sind, am Ende doch durch das Raster der 10%-Klausel zu fallen, liegt ein nicht gerechtfertigter Eingriff in die Niederlassungsfreiheit vor. Hierbei erweist sich die neu eingeführte Alternativ-Verknüpfung der drei Haupttatbestandsmerkmale als das eigentliche Grundübel. In diesem Zusammenhang vermerkt *Grotherr* zu Recht, dass jedes der drei Haupttatbestandsmerkmale an sich keinen typisierten Missbrauch umschreibt, sondern allenfalls das gehäufte Auftreten dieser Merkmale auf einen Rechtsmissbrauch hindeute.[1350] Daher ist die Kombination aus Alternativ-Verknüpfung und 10%-Klausel weder durch die Rechtsprechung des EuGH noch durch die sekundärrechtliche Norm des Art. 1 Abs. 2 Mutter-Tochter-

1345 EuGH v. 14.12.2006 – Rs. C-170/05 (*Denkavit*). Vgl. auch *Nakhai,* Steuerabzug bei Dividenden an Gesellschaften in anderen EU-Mitgliedstaaten, Internationale Wirtschaftsbriefe 2007, Fach 11A, 1115, 1116, 1122.

1346 Siehe oben Kapitel 6(II.)(B.)(b.)(bb.).

1347 Vgl. den Tenor »Die Artikel 43 EG und 48 EG sind dahin auszulegen, dass sie nationalen Rechtsvorschriften entgegenstehen, die eine gebietsfremde Muttergesellschaft mit einer Steuer auf Dividenden belasten, gebietsansässige Muttergesellschaften aber fast völlig davon befreien und dadurch eine diskriminierende Beschränkung der Niederlassungsfreiheit sind.«

1348 Zu den Typisierungskriterien im Einzelnen, *Wassermeyer/Schönfeld,* »Cadbury Schweppes« und deren Auswirkungen auf die deutsche Hinzurechnungsbesteuerung, GmbH-Rundschau 2006, 1065, 1067, 1068.

1349 EuGH v. 12. September 2006, C-196/04, Tz. 51 u. 55.

1350 *Grotherr,* Außensteuerrechtliche Bezüge im Jahressteuergesetz 2007, Recht der Internationalen Wirtschaft 2006, 898, 909.

Richtlinie[1351] gedeckt. Vielmehr sind mildere, dem Gebot der Verhältnismäßigkeit entsprechende Mittel denkbar, um den mit § 50d Abs. 3 EStG verfolgten legitimen Zweck zu erfüllen. Dazu gehört, die Alternativ-Verknüpfung wieder in eine Kumulativ-Verknüpfung umzuwandeln und selbst bei kumulativer Erfüllung der typisierten Missbrauchsmerkmale einen Gegenbeweis dahingehend zuzulassen, dass es sich nicht um eine rein künstliche Gestaltung handelt.

b. *Geschäftsleitende Holding – Gefahr für Holdingstandort Schweiz?*

Das neue BMF-Schreiben fasst den Begriff der »geschäftsleitenden Holding«[1352] sehr eng, indem es Führungsentscheidungen von langfristiger Natur, Grundsätzlichkeit und Bedeutung für die jeweilige Beteiligungsgesellschaft einfordert. Diese Kriterien können zu einem nicht zu unterschätzenden Stolperstein in der Praxis werden, denn sie stehen diametral dem heutigen Trend dezentral geführter Konzerne entgegen. In der Praxis gilt es daher, jede Zwischenholdinggesellschaft dahingehend zu überprüfen, ob ihr Stab qualifizierter Mitarbeiter diese Funktionen tatsächlich erfüllt.

Einem Zielkonflikt könnten sich nun solche Zwischenholdinggesellschaften gegenübersehen, die in ausländischen Staaten angesiedelt sind, in denen durch spezielle Holdingregimes eine körperschaftsteuerliche Doppelbesteuerung von Gewinnen und Dividenden vermieden wird.

1351 Diese gestattet es zwar den Mitgliedsstaaten, entweder im nationalen Recht oder in DBA zur Verhinderung von Missbräuchen und Steuerhinterziehung eine abweichende Regelung zu treffen, d.h. die Richtlinie nicht anzuwenden. Dies kann aber im Lichte des Europarechts nicht bedeuten, dass die Mitgliedstaaten beliebig den Missbrauchsbegriff definieren können. Vgl. auch *Kessler/Eicke,* Treaty-Shopping – Quo vadis?, IStR 2006, 577, 582.

1352 Der Terminus der »geschäftsleitenden Holding« wurde bislang vor allem im Rahmen des Organschaftsrechts gebraucht (vgl. *Kessler*, Typologie der Betriebsaufspaltung, 1989, S. 132). Der BFH hat verschiedene Ansätze entwickelt, um eine geschäftsleitende Holding zu identifizieren (u.a. BFH v. 17. Dezember 1969, I-252/64, BStBl. II 1970, S. 257; BFH v. 15. April 1970, I-R-122/66, BStBl. II 1970, S. 554; BFH v. 31. Januar 1973, I-R-166/71, BStBl. II 1973, S. 420). Im Rahmen der Organschaft erkennt die Finanzverwaltung eine gewerbliche Tätigkeit der Obergesellschaft an, wenn diese eine einheitliche Leitung von mindestens zwei Unternehmen im Konzern ausübt (BGH v. 16. September 1985, II-Z-R, II-Z-R 275/84, BGHZ 95, 330; BGH v. 20. Februar 1989, II-Z-B 10/88, BGHZ 107, 1). Ein bloßes Halten und Verwalten reicht nicht. Vielmehr ist eine aktive Leitung erforderlich.

Fraglich ist beispielsweise, ob Gesellschaften, die bislang die kantonale schweizerische Holdingbefreiung (sog.[1353] Holdingprivileg[1354]) beanspruchen, nun eine Mehrfachbesteuerung befürchten müssen.[1355] Auf den ersten Blick sieht es so aus, als würden die elementaren Voraussetzungen zur Nutzung des kantonalen schweizerischen Holdingregimes in einem Widerspruch zu § 50d Abs. 3 EStG n.F stehen. Dieses Holdingregime sieht vor, dass keine Steuer auf den Reingewinn bezahlt werden muss, wenn erstens der *primäre* satzungsmäßig verankerte Zweck der Gesellschaft darin besteht, Beteiligungen dauerhaft zu verwalten, zweitens dies *tatsächlich* den Schwerpunkt der Tätigkeit ausmacht und drittens keine Geschäftstätigkeit in der Schweiz ausgeübt wird. Das Gesetz konkretisiert das geforderte tatsächliche Schwergewicht der Beteiligungsfunktion dergestalt, dass die Beteiligungen längerfristig mindestens zwei Drittel der gesamten Aktiva *oder* die Beteiligungserträge längerfristig mindestens zwei Drittel der gesamten Erträge der Gesellschaft ausmachen müssen.[1356]

Problematisch im Verhältnis Deutschland-Schweiz ist nun, dass das reine Verwalten von Beteiligungen gerade nach § 50d Abs. 3 EStG n.F. als

1353 Um eine echte Privilegierung handelt es sich allerdings nur hinsichtlich der Steuerbefreiung von Zinserträgen, wohingegen der Verzicht auf eine Doppelbelastung von Gewinn und Dividende eine international (auch in Deutschland) übliche und steuersystematisch gebotene Maßnahme zur Vermeidung konzernspezifischer Zusatzbelastungen ist.

1354 Art. 28 Abs. 2 StHG: »Kapitalgesellschaften und Genossenschaften, deren statutarischer Zweck zur Hauptsache in der dauernden Verwaltung von Beteiligungen besteht und die in der Schweiz keine Geschäftstätigkeit ausüben, entrichten auf dem Reingewinn keine Steuer, sofern die Beteiligungen oder die Erträge aus den Beteiligungen längerfristig mindestens zwei Drittel der gesamten Aktiven oder Erträge ausmachen.[...]« Vgl. *Kubaile/Suter/Jakob*, Der Steuer- und Investitionsstandort Schweiz, 2006, S. 170 ff.; *Höhn/Waldburger*, Steuerrecht I, 2001-504; *Kubaile,* Die Schweiz zählt in Europa weiterhin zu den ersten Adressen, Praxis Internationale Steuerberatung 2006, 96, 97-100; *Oberson/Hull*, Switzerland in International Tax Law, 2006, S. 60-65; *Bühlmann*, Besteuerung gewerblicher Tätigkeiten in der Schweiz, in: Weigell/Brand/Safarik, Investitions- und Steuerstandort Schweiz, 2007, 31, 49; *Neidhardt,* Swiss Holding Companies, Tax Notes International 2006, Vol. 43, 225, 228; *Rüdisühli,* The Benefits of Swiss Companies in International Tax Planning, Tax Notes International 2006, Vol. 44, 619, 621; *Hull,* New Developments in the Taxation of Holding Companies in Switzerland, Bulletin for International Fiscal Documentation 2003, 537, 539; *Kälin,* Swiss Companies in International Tax Planning, Tax Planning International Review 2005, Vol. 32, September, 7, 8.

1355 Vgl. insbesondere dazu *Jakob/Kubaile,* Schweizerischer Holdingstatuts und Novellierung des Treaty Shoppings in Deutschland, IFF Forum für Steuerrecht 2007, 209, 220; *Jakob/Kubaile,* Missbrauchsnorm greift Holdingstrukturen an, Finanz und Wirtschaft 6.12.2006, 29.

1356 Vgl. auch *Duss/von Ah/Rutishauser*, Art. 28, in: Zweifel/Athanas, Kommentar zum Schweizerischen Steuerrecht, I/1, Bundesgesetz über die Harmonisierung der direkten Steuern der Kantone und Gemeinden (StHG), 2002, 520, Rn. 107.

schädlich erachtet wird.[1357] Außerdem wird die besonders in der Schweiz häufig ausgeübte Holdingfunktion »Lizenzverwertung« explizit nicht als geschäftsleitende Funktion i.S.d. § 50d Abs. 3 EStG n.F. anerkannt.[1358]

Die wichtigste Frage für die Praxis ist daher, ob es einen eine Doppelbesteuerung vermeidenden *Safe Haven* gibt, der es erlaubt, sowohl vom schweizerischen Holdingregime Gebrauch zu machen als auch eine deutsche Quellensteuererstattung zu erhalten. Ein solcher *Safe Haven* wäre gerade kein Privileg, sondern vielmehr eine Voraussetzung für eine ebenso steuerschonende Repatriierung von Beteiligungseinkünften wie im Inlandsfall. Nur so können spezifische Zusatzbelastungen, die sich aus der Konzernstruktur ergeben, vermieden und eine Organisationsform neutrale Besteuerung auch im grenzüberschreitenden Fall sichergestellt werden.[1359]

Entscheidend hierfür ist, ob die im Rahmen des schweizerischen Holdingregimes erlaubte »Geschäftstätigkeit« bzw. die »zulässigen Nebentätigkeiten« das deutsche Tatbestandsmerkmal einer »eigenständigen Wirtschaftstätigkeit« erfüllen.

Das schweizerische Holdingregime verbietet zwar grundsätzlich eine Geschäftstätigkeit, insbesondere eine industrielle, gewerbliche oder kommerzielle Tätigkeit als Produzent oder Anbieter von Waren, immateriellen Wirtschaftsgütern oder Dienstleistungen im allgemeinen schweizerischen Wirtschaftsverkehr.[1360] Aber bestimmte »Nebentätigkeiten« sind zulässig, solange sie *untergeordneten* Charakter haben *oder* mit dem Hauptzweck zusammenhängen wie etwa konzerninterne Dienstleistungen, Konzernleitungsfunktionen oder Finanzierungsfunktionen für Beteiligungsgesellschaften.[1361] Die *Konferenz Steuerharmonisierung* erachtet solche Nebentätigkeiten als zulässig, »die ihren Ursprung zur Hauptsache im Bestreben

1357 M.E. kann die Schädlichkeit eines bloßen Haltens und Verwaltens im Lichte von *Cadbury Schweppes* nicht aufrechterhalten werden, wenn die Holdinggesellschaft eine funktionsadäquate Infrastruktur nachweist.

1358 Vgl. *Duss/von Ah/Rutishauser*, Art. 28, in: Zweifel/Athanas, Kommentar zum Schweizerischen Steuerrecht, I/1, Bundesgesetz über die Harmonisierung der direkten Steuern der Kantone und Gemeinden (StHG), 2002, 520, Rn. 106 und BMF v. 3. April 2007, IV B 1 – S 2411/07/0002, Tz. 6.3.

1359 Vgl. *Kessler*, StbJB 2000/2001, S. 339 ff.

1360 *Jakob/Kubaile,* Schweizerischer Holdingstatuts und Novellierung des Treaty Shoppings in Deutschland, IFF Forum für Steuerrecht 2007, 209, 218-220; *Duss/von Ah/Rutishauser*, Art. 28, in: Zweifel/Athanas, Kommentar zum Schweizerischen Steuerrecht, I/1, Bundesgesetz über die Harmonisierung der direkten Steuern der Kantone und Gemeinden (StHG), 2002, 520, Rn. 112.

1361 *Jakob/Kubaile,* Schweizerischer Holdingstatuts und Novellierung des Treaty Shoppings in Deutschland, IFF Forum für Steuerrecht 2007, 209, 218-220; *Duss/von Ah/Rutishauser*, Art. 28, in: Zweifel/Athanas, Kommentar zum Schweizerischen Steuerrecht, I/1, Bundesgesetz über die Harmonisierung der direkten Steuern der Kantone und Gemeinden (StHG), 2002, 520, Rn. 103; *Richner/Frei/Kaufmann u.a.*, Kommentar zum harmonisierten Zürcher Steuergesetz, 2006, § 73, Rn. 8-12.

haben, die eigenen Beteiligungen zweckmäßig und erfolgreich verwalten zu können«[1362].

Ganz konkret listet die »Weisung der Züricher Finanzdirektion über die Besteuerung von Beteiligungs-, Holding-, Domizil- und gemischten Gesellschaften vom 17. Oktober 2000«[1363] u.a. folgende erlaubte Tätigkeiten auf:

- die Geschäftsführung der Holdinggesellschaft, das eigene Rechnungswesen und Tätigkeiten, die sich aus der gesellschaftsrechtlichen Stellung der Holding ergeben, wie Ausübung von Verwaltungsfunktionen und Teilnahmen an Generalversammlungen,[1364]
- Hilfstätigkeiten für den Konzern, wie typische *Corporate Services* Funktionen (Bereitstellung eines zentralen Führungs- und Reportingsystems für die Konzernorganisation, Rechts- und Steuerberatung auf Konzernebene, Personalberatung im Bereich der Führungskräfte, Konzernfinanzierung durch zentrale Mittelbeschaffung auf dem Kapitalmarkt und Finanzierung von Tochtergesellschaften),[1365]
- die Führung von Tochtergesellschaften, wenn die Tätigkeit im Vergleich zu den beteiligungsbezogenen Aktivitäten geringfügig ist.[1366]

1362 Zitiert in *Duss/von Ah/Rutishauser*, Art. 28, in: Zweifel/Athanas, Kommentar zum Schweizerischen Steuerrecht, I/1, Bundesgesetz über die Harmonisierung der direkten Steuern der Kantone und Gemeinden (StHG), 2002, 520, Rn. 112.

1363 Züricher Finanzdirektion v. 17.10.2000, Weisung der Finanzdirektion über die Besteuerung von Beteiligungs-, Holding-, Domizil- und gemischten Gesellschaften, http://www.steueramt.zh.ch/html/ erlasse_merkblaetter/w_holdingbesteuerung1.htm.

1364 Züricher Finanzdirektion v. 17.10.2000, Weisung der Finanzdirektion über die Besteuerung von Beteiligungs-, Holding-, Domizil- und gemischten Gesellschaften, Ziffer 23.

1365 Züricher Finanzdirektion v. 17.10.2000, Weisung der Finanzdirektion über die Besteuerung von Beteiligungs-, Holding-, Domizil- und gemischten Gesellschaften, Ziffer 24 und 25. Vgl. insbesondere dazu *Jakob/Kubaile,* Schweizerischer Holdingstatuts und Novellierung des Treaty Shoppings in Deutschland, IFF Forum für Steuerrecht 2007, 209, 219; *Jakob/Kubaile,* Missbrauchsnorm greift Holdingstrukturen an, Finanz und Wirtschaft 6.12.2006, 29. Ferner, *Kubaile,* Die Schweiz zählt in Europa weiterhin zu den ersten Adressen, Praxis Internationale Steuerberatung 2006, 96, 97; *Richner/Frei/Kaufmann u.a.*, Kommentar zum harmonisierten Zürcher Steuergesetz, 2006, § 73, Rn. 8.

1366 Züricher Finanzdirektion v. 17.10.2000, Weisung der Finanzdirektion über die Besteuerung von Beteiligungs-, Holding-, Domizil- und gemischten Gesellschaften, Ziffer 26. Außerdem gilt es zu gewährleisten, dass die mit der Führung von Tochtergesellschaften beauftragten Personen zivil- und sozialversicherungsrechtlich bei der Holdinggesellschaft angestellt sind oder der damit verbundene Aufwand der Holdinggesellschaft belastet wird. D.h. es muss im Ergebnis eine Holdinggesellschaft mit untergeordneten Managementaufgaben vorliegen und gerade keine Managementgesellschaft mit Beteiligungen. Vgl. *Richner/Frei/Kaufmann u.a.*, Kommentar zum harmonisierten Zürcher Steuergesetz, 2006, § 73, Rn. 10.

Ferner führt *Waldburger* aus, dass es den Kantonen freistehe,[1367] die *Geschäftstätigkeit in der Schweiz* auf jene Aktivitäten zu beschränken, bei denen die Holdinggesellschaft als Leistungsanbieter oder -nachfrager *am schweizerischen Markt* auftritt.[1368] Einem zwingenden Verbot unterlägen indes Tätigkeiten, durch welche nach außen am schweizerischen Geschäftsverkehr teilgenommen werde. Demgegenüber seien solche Tätigkeiten unschädlich, »die sich als Geschäftsverkehr innerhalb der Unternehmensgruppe darstellen«[1369]. Das bedeutet, dass zulässige Nebentätigkeiten sowohl für ausländische Konzerngesellschaften als auch für ausländische Dritte erbracht werden können. Da wiederum das BMF-Schreiben ausdrücklich Dienstleistungen für andere Konzerngesellschaften zulässt, besteht insoweit ein doppelbesteuerungsvermeidender *Safe Haven*.[1370]

Schließlich ist für schweizerische Zwischenholdinggesellschaften wohl weniger das schweizerische Holdingregime als vielmehr die Substanz die entscheidende Hürde in § 50d Abs. 3 EStG n.F. Letzteres betrifft vor allem solche Finanzierungsholdinggesellschaften, die weder über Fachpersonal verfügen noch konzerninterne Dienstleistungen erbringen.

Bevor der Steuerpflichtige sich für eine Gestaltung im Sinne des in der Abbildung 33 skizzierten *Safe Havens* entscheidet, sei ihm angeraten, sowohl eine verbindliche Auskunft der deutschen Finanzverwaltung als auch einen Vorabbescheid (*Ruling*) der schweizerischen Steuerbehörden einzuholen.[1371] Ferner muss der Steuerpflichtige sich auch darüber bewusst sein, dass das kantonale schweizerische Holdingregime zunehmend ins Visier

1367 Zur Gestaltungsfreiheit der Kantone hinsichtlich ihres Holdingregimes, vgl. Vgl. *Höhn/Waldburger*, Steuerrecht I, 2001, 501.

1368 Zitiert in *Duss/von Ah/Rutishauser*, Art. 28, in: Zweifel/Athanas, Kommentar zum Schweizerischen Steuerrecht, I/1, Bundesgesetz über die Harmonisierung der direkten Steuern der Kantone und Gemeinden (StHG), 2002, 520, Rn. 106.

1369 Zitiert in *Duss/von Ah/Rutishauser*, Art. 28, in: Zweifel/Athanas, Kommentar zum Schweizerischen Steuerrecht, I/1, Bundesgesetz über die Harmonisierung der direkten Steuern der Kantone und Gemeinden (StHG), 2002, 520, Rn. 106.

1370 So auch *Jakob/Kubaile,* Schweizerischer Holdingstatuts und Novellierung des Treaty Shoppings in Deutschland, IFF Forum für Steuerrecht 2007, 209, 224.

1371 *Jakob/Kubaile,* Schweizerischer Holdingstatuts und Novellierung des Treaty Shoppings in Deutschland, IFF Forum für Steuerrecht 2007, 209, 224.

der EU-Kommission gerät, weshalb Modifikationen in der Zukunft nicht mit Sicherheit ausgeschlossen werden können.[1372]

1372 Die EU-Kommission untersucht derzeit das kantonale schweizerische Holdingregime unter dem Gesichtspunkt potenzieller Verletzungen des EU-Schweiz Freihandelsabkommens und des EG-Beihilferechts, weil das Holdingregime den Handel zwischen der EU und der Schweiz verzerre. Es wird damit argumentiert, dass multinationale Unternehmen, die im EU-Raum tätig sind, das EU-Schweiz Freihandelsabkommen und das Holdingregime dazu nutzen, um »unfaire Steuervorteile« zu erlangen. Ein Steuersystem, das zwischen inländischen und ausländischen Einkünften unterscheide, sei nicht akzeptabel. Somit sei Art. 23 Abs. 1 des EU-Schweiz Freihandelsabkommens verletzt. Vgl. European Commission v. 13.2.2007, EU-Switzerland: State aid decision on company tax regimes, IP/07/176 ; *Schmid/Buck/Simonian,* Schweizer Steuerdumping im Visier der EU, Financial Times Deutschland 14.2.2007, 9; *Stock,* Brüssel droht Schweiz im Steuerstreit mit Strafzöllen, Handelsblatt 14.2.2007, 6; *Rossi-Maccanico,* European Commission Requests Repeal of Swiss Preferential Company Tax Regimes, World Tax Daily 15.2.2007, 2007 WTD 32-1. Dies wird freilich von der Schweiz als unbegründet zurückgewiesen, da keine vertraglichen Grundlagen bestünden, die die Schweiz hätte verletzen können. Als Nicht-EU-Mitglied unterliege die Schweiz gerade nicht den strengen Regulierungen des EG-Beihilferechts. Vgl. *Rickman,* Switzerland Rebuts EU Criticism of Company Tax Regimes, World Tax Daily 15.2.2007, 2007 WTD 32-2.

<table>
<tr><th>Holdingregime (CH), aber § 50d Abs. 3 EStG greift</th><th>Doppelbesteuerung vermeidender Safe Haven = Holdingregime (CH) u. QSt-Erstattung (kein § 50d Abs. 3 EStG)</th><th>kein Holdingregime (CH), aber QSt-Erstattung (kein § 50d Abs. 3 EStG)</th></tr>
<tr><td>ausschließliches Verwalten von Beteiligungen und keine Geschäftstätigkeit in der Schweiz</td><td rowspan="6">Problem: Inkongruenz zwischen „zulässigen Nebentätigkeiten“ (CH) und „eigener Wirtschaftstätigkeit“ (D).
Möglicher Safe Haven bei Konzernleitungsfunktionen (Corporate Services) außerhalb des allgemeinen schweizerischen Wirtschaftsverkehrs für Beteiligungen im Ausland. Diese Funktionen müssen unmittelbar mit dem Hauptzweck (Beteiligungsfunktion) zusammenhängen und langfristig, grundsätzlich und bedeutsam für die ausländischen Beteiligungen sein (z.B. Strategie, Erbringung konzerninterner Dienstleistungen).
Wichtig: Vorher im Wege eines Vorabbescheides (Ruling/Schweiz) und einer verbindlichen Auskunft (Deutschland) abklären.</td><td rowspan="6">Konzernleitungsfunktionen, die u.a. im allgemeinen schweizerischen Wirtschaftsverkehr ausgeübt werden, wenn sie langfristig, grundsätzlich und bedeutsam für die ausländischen Beteiligungen sind.</td></tr>
<tr><td>reine Finanzholding</td></tr>
<tr><td>Routineentscheidungen</td></tr>
<tr><td>(geringfügige) Lizenzverwertung</td></tr>
<tr><td>kurzfristige und aufgabenbezogene Aktivitäten, wenn beteiligungsbezogen</td></tr>
<tr><td>Outsourcing</td></tr>
</table>

Abbildung 33: »Holdingprivileg« und § 50d Abs. 3 EStG

c. Teilnahme am allgemeinen wirtschaftlichen Verkehr

Dem BMF-Schreiben ist es gelungen, einen für die Gestaltung in der Praxis nicht zu unterschätzenden Sprengsatz zu entschärfen. Durch die Klarstellung, dass das Merkmal »Beteiligung am allgemeinen wirtschaftlichen Verkehr« auch dann erfüllt ist, wenn Dienstleistungen gegenüber einer oder mehreren Konzerngesellschaften erbracht werden (*Intra-Group-Services*), ist es nicht notwendig, Leistungen am Markt anzubieten.

d. Abrechnung der Intra-Group-Services

Zur Abrechnung der von der Holdinggesellschaft erbrachten *Intra-Group-Services* vermerkt das BMF-Schreiben in Tz. 6.1 lediglich, dass die »Leistungen gegen gesondertes Entgelt erbracht werden und wie gegenüber fremden Dritten abgerechnet werden«.

Mit der im BMF-Schreiben gewählten Formulierung stellt die Finanzverwaltung implizit klar, dass sie allein *Management Service Fees*[1373] und keine Verrechnung im Rahmen von Umlageverträgen[1374] akzeptiert.[1375] Wie beide Abrechnungsarten voneinander unterschieden werden können, er-

1373 Grundlegend, *Engler*, Dienstleistungen, in: Vögele/Borstell/Engler, Handbuch der Verrechnungspreise, 2004, 1217-1302; *Jacobs*, Internationale Unternehmensbesteuerung, 2007, S. 1039-1047; *Borstell*, ABC der Verrechnungspreise, in: Vögele/Borstell/Engler, Handbuch der Verrechnungspreise, 2004, 1, 18; *Schaumburg*, Internationales Steuerrecht, 1998, S. 1243 ff.

1374 *Engler*, Dienstleistungen, in: Vögele/Borstell/Engler, Handbuch der Verrechnungspreise, 2004, 1217, 1302-1351; *Frotscher*, Internationales Steuerrecht, 2005, Rn. 645-665; *Borstell*, ABC der Verrechnungspreise, in: Vögele/Borstell/Engler, Handbuch der Verrechnungspreise, 2004, 1, 25; *Jacobs*, Internationale Unternehmensbesteuerung, 2007, S. 1049f.; *Ebert*, Der Ort der Geschäftsleitung in internationalen Holding-Konzernstrukturen, IStR 2005, 534, 537, 538.

1375 Beide schließen sich gegenseitig aus. Vgl. »Grundsätze für die Prüfung der Einkunftsabgrenzung durch Umlageverträge zwischen international verbundenen Unternehmen« (*Verwaltungsgrundsätze Kostenumlage*), BMF v. 30. Dezember 1999, IV B 4 – S 1341 – 14/99, BStBl I 1999, 1122, Tz. 1. Während bei Management Service Fees konkrete Dienstleistungen abgerechnet werden, erfolgt bei Umlageverträgen eine pauschale Abrechnung betrieblich veranlasster Dienstleistungen. Die Aufteilung erfolgt anhand bestimmter Aufteilungsschlüssel. Vgl. auch *Vögele/Freytag*, Umlageverträge zwischen international verbundenen Unternehmen, Internationale Wirtschaftsbriefe 2001, Fach 10, Gruppe 2, 1493, 1497.

schließt sich aus den »Verwaltungsgrundsätzen Kostenumlage«[1376]. Während die von der Finanzverwaltung verlangten *Management Service Fees* einen Leistungsaustausch darstellen, handelt es sich bei den Umlageverträgen um Leistungserbringungen innerhalb eines Pools.[1377] Beide Alternativen schließen sich gegenseitig aus.[1378]

Die von der Finanzverwaltung nunmehr vorausgesetzten *Management Service Fees* eröffnen einige steuerplanerische Gestaltungsmöglichkeiten, um im Rahmen der Fremdvergleichsbandbreite die 10%-Hürde zu überschreiten.

Allerdings können *Management Service Fees* auch zu einer »Büchse der Pandora« werden, wenn nämlich aufgrund mangelhafter Dokumentation das ohnehin gesteigerte Augenmerk der Betriebsprüfer dazu führt, dass die ganze Gestaltung in sich zusammenfällt.[1379] Im Rahmen von *Management Service Fees* ist beispielsweise umstritten, ob Gesellschafteraufwendungen (*Stewardship Expenses*), d.h. Leistungen, die mit der Wahrnehmung der Gesellschafterrechte, Leitung des Konzerns und Überwachung der Tochtergesellschaften zusammenhängen, verrechnet werden können.[1380] Das ist relevant, denn je intensiver eine Holdinggesellschaft ihren geschäftsleitenden Funktionen nachgeht, desto mehr fällt dieser Aufwandsposten ins Gewicht.

Während die OECD-Verrechnungspreisrichtlinie zwischen nicht verrechenbaren Ausgaben im Zusammenhang mit dem Erwerb und der Verwaltung der Beteiligungen sowie verrechenbaren Tätigkeiten, die dem Ma-

1376 Vgl. dazu *Kuckhoff/Schreiber,* Die neuen Verwaltungsgrundsätze zu den Umlageverträgen (Teil I), IStR 2000, 346, 347; *Baumhoff,* Die Verrechnung von Leistungen zwischen verbundenen Unternehmen mit Hilfe von Konzernumlagen (Teil II), IStR 2000, 731, 736; *Vögele/Scholz/Hoffmann,* Kostenumlageverträge: Verursachungsgerechte Umlage von administrativen Dienstleistungen und Management Services, IStR 2001, 94-96; *Vögele/Freytag,* Kernbereiche der neuen Prüfungsgrundsätze zu Kostenumlagen, IStR 2000, 249-253; *Vögele/Scholz,* Nutzen-Analyse im Rahmen der neuen Kostenumlagegrundsätze, IStR 2000, 155-157; *Vögele,* Prüfungsgrundsätze für Umlageverträge international verbundener Unternehmen, DB 2000, 297-299.

1377 BMF v. 30. Dezember 1999, IV B 4 – S 1341 – 14/99, BStBl I 1999, 1122, Tz. 1.3 und 1.4. Kritisch zu dieser Differenzierung, *Frotscher*, Internationales Steuerrecht, 2005, Rn. 646.

1378 *Oestreicher,* Neufassung der Verwaltungsgrundsätze zur Prüfung der Einkunftsabgrenzung durch Umlageverträge zwischen international verbundenen Unternehmen, IStR 2000, 759, 762.

1379 Vgl. *Przysuski/Lalapet/Swaneveld u.a.*, Management Fees and Other Intra-Group Service Charges: The Pandora's Box of Transfer Pricing, Tax Notes International 2004, Vol. 34, 367, 368.

1380 Dazu *Engler*, Dienstleistungen, in: Vögele/Borstell/Engler, Handbuch der Verrechnungspreise, 2004, 1217, 1234-1238; *Borstell*, ABC der Verrechnungspreise, in: Vögele/Borstell/Engler, Handbuch der Verrechnungspreise, 2004, 1, 24; *Jacobs*, Internationale Unternehmensbesteuerung, 2007, S. 732; *Frotscher*, Internationales Steuerrecht, 2005, Rn. 611-615.

nagement, der Koordination und der Kontrolle des Konzern dienen, differenziert,[1381] ist die Auslegung der deutschen Finanzverwaltung nicht eindeutig.[1382] Schließlich wird es wohl entscheidend darauf ankommen, ob der Steuerpflichtige darlegen kann, dass ein unabhängiges Unternehmen bereit wäre, für die Aktivität zu zahlen oder sie selbst auszuüben.[1383] Die Verrechenbarkeit ist dabei umso wahrscheinlicher, je mehr die Dienstleistung eindeutig abgrenzbar ist und einen Vorteil für die geleitete Gesellschaft (*benefit test*)[1384] erwarten lässt.[1385] In Anlehnung an Tz. 6.3. der »Verwaltungsgrundsätze Einkunftsabgrenzung« wird dies der Fall sein bei Buchhaltung, Beratung in wirtschaftlichen und rechtlichen Angelegenheiten der einzelnen Gesellschaft, Überlassung von Arbeitskräften, Aus- und Fortbildung, soziale Sicherung des Personals, sowie der Koordination der Be-

1381 Vgl. *OECD*, OECD-RL 1995/96/97, Transfer Pricing Guidelines for Multinational Enterprises and Tax Administrators, 1995, Tz. 7.9 und 7.10. Ferner, *Oestreicher,* Neufassung der Verwaltungsgrundsätze zur Prüfung der Einkunftsabgrenzung durch Umlageverträge zwischen international verbundenen Unternehmen, IStR 2000, 759, 760; *Przysuski/Lalapet/Swaneveld u.a.,* Management Fees and Other Intra-Group Service Charges: The Pandora's Box of Transfer Pricing, Tax Notes International 2004, Vol. 34, 367, 371, 390, 391. Zur Bindungskraft der OECD-Richtlinie, *Calderón,* The OECD Transfer Pricing Guidelines as a Source of Tax Law, Intertax 2007, Vol. 35, 4, 23, 24.

1382 *Engler*, Dienstleistungen, in: Vögele/Borstell/Engler, Handbuch der Verrechnungspreise, 2004, 1217, 1235 vermutet in Anlehnung an Tz. 6.3.2 Verwaltungsgrundsätze Einkunftsabgrenzung (Grundsätze für die Prüfung der Einkunftsabgrenzung bei international verbundenen Unternehmen (*Verwaltungsgrundsätze Einkunftsabgrenzung*) BMF v. 23. Februar 1983, IV C 5 – S 1341 – 4/83, BStBl I 1983, 218) und dem dort im unter dem letzten Spiegelstrich genannten Beispiel »Führungsaufgaben« als nicht-verrechenbares Entgelt, eine eher weite Auslegung des nicht-verrechenbaren Gesellschafteraufwands. Andererseits weist er darauf hin, dass in Tz. 4.4 Betriebsstätten-Erlass (BMF v. 24. Dezember 1999, BStBl. I 1999, 1076 ff.) eine Verrechnung von bestimmten Management- und Koordinierungsleistungen zugelassen wird, allerdings exklusive der gesellschaftsrechtlich veranlassten Kosten.

1383 *Engler*, Dienstleistungen, in: Vögele/Borstell/Engler, Handbuch der Verrechnungspreise, 2004, 1217, 1236. Vgl. insbesondere Tz. 7.1. OECD-RL und Tz. 6.2.1 Satz 1 Verwaltungsgrundsätze Einkunftsabgrenzung; *Oestreicher,* Neufassung der Verwaltungsgrundsätze zur Prüfung der Einkunftsabgrenzung durch Umlageverträge zwischen international verbundenen Unternehmen, IStR 2000, 759, 760; *Vögele/Freytag,* Umlageverträge zwischen international verbundenen Unternehmen, Recht der Internationalen Wirtschaft 2001, 172, 173.

1384 *Frotscher*, Internationales Steuerrecht, 2005, Rn. 612; *Engler*, Dienstleistungen, in: Vögele/Borstell/Engler, Handbuch der Verrechnungspreise, 2004, 1217, 1246, 1247; *Jacobs*, Internationale Unternehmensbesteuerung, 2007, S. 732; *Przysuski/Lalapet/Swaneveld u.a.,* Management Fees and Other Intra-Group Service Charges: The Pandora's Box of Transfer Pricing, Tax Notes International 2004, Vol. 34, 367, 393, 394.

1385 *Engler*, Dienstleistungen, in: Vögele/Borstell/Engler, Handbuch der Verrechnungspreise, 2004, 1217, 1236 und 1242—1244.

schaffung von Waren, Material und Ausrüstungsgegenständen.[1386] Sollte ein Drittvergleichspreis nicht vorhanden sein, muss auf die Kostenaufschlagsmethode zurückgegriffen werden. Maximal dürfen die Kosten der Eigenerledigung durch die Konzerngesellschaft angesetzt werden.[1387]

Demgegenüber wird eine Verrechnung scheitern für Kosten der Konzernführung, für den »Rückhalt im Konzern«, rechtliche und organisatorische Vorteile aufgrund der Konzerneingliederung, reine Gesellschafteraufwendungen sowie den Schutz und die Verwaltung von Beteiligungen.[1388]

e. *Komponenten der Bruttoerträge / Verrechenbare Leistungen*

Unter Bruttoerträge werden die Solleinnahmen ohne durchlaufende Posten und ohne eine evtl. gesondert ausgewiesene Umsatzsteuer verstanden.[1389] Diese Verwaltungsdefinition gibt aber keinerlei Aufschluss über die einzelnen qualifizierten Komponenten.

Eine wichtige Erkenntnis des BMF-Schreibens für Zwischenholdinggesellschaften ist, dass Dividenden geleiteter Beteiligungsgesellschaften qualifizierte Bruttoerträge darstellen. Das ist insofern konsequent, als sowohl Gesetzesbegründung als auch BMF-Schreiben darauf verweisen, dass Bruttoerträge solche i.S.v. § 9 AStG [Freigrenze bei gemischten Einkünften] seien. Diese Vorschrift wiederum steht im Kontext des § 8 AStG, wonach Dividendenausschüttungen grundsätzlich zu den aktiven Einkünften zählen.[1390] Der Verweis auf den europarechtswidrigen § 9 AStG, der nur Bruttoerträge aus aktiven Tätigkeiten für Zwecke der Freigrenze anerkennt, ist mehr als unglücklich. Denn wie der Sachverhalt von *Cadbury Schweppes* zeigt, schützt die Niederlassungsfreiheit auch passive Tätigkeiten, solange diese sich nicht als völlig untergeordnet und unwesentlich erweisen.

Ferner stellen Entgelte aus Dienstleistungen, insbesondere solche im Zusammenhang mit dem Management der Beteiligung, qualifizierte Bruttoerträge dar. Doch sind der Verrechenbarkeit von Managementleistungen in entgeltliche Bruttoerträge, wie oben beschrieben, auch Grenzen gesetzt.

1386 BMF v. 23. Februar 1983, IV C 5 – S 1341 – 4/83, BStBl I 1983, 218 »Verwaltungsgrundsätze Einkunftsabgrenzung«, Tz. 6.3.1.

1387 BMF v. 23. Februar 1983, IV C 5 – S 1341 – 4/83, BStBl I 1983, 218 »Verwaltungsgrundsätze Einkunftsabgrenzung«, Tz. 6.4.1.

1388 BMF v. 23. Februar 1983, IV C 5 – S 1341 – 4/83, BStBl I 1983, 218 »Verwaltungsgrundsätze Einkunftsabgrenzung«, Tz. 6.3.2

1389 BMF v. 14. Mai 2004, IV B 4 – S1340-11/04, BStBl I 2004, 3, Tz. 9.0.1

1390 Vgl. auch BMF v. 14. Mai 2004, IV B 4 – S1340-11/04, BStBl I 2004, 3, Tz. 9.0.1. *Bünning/Mühle,* Änderung des § 50d Abs. 3 EStG, BB 2006, 2159, 2161; *Grotherr,* Außensteuerrechtliche Bezüge im Jahressteuergesetz 2007, Recht der Internationalen Wirtschaft 2006, 898, 907.

f. Fehlende Gegenbeweismöglichkeit

Das BMF-Schreiben beinhaltet eine Beweislastumkehr. Europarechtlich geboten wäre aber die Verankerung eines Gegenbeweisrechts gewesen, d.h. die Möglichkeit darzulegen, dass es sich nicht um eine rein künstliche Gestaltung handelt, *obwohl* ein typisierendes Missbrauchskriterium einschlägig ist. Eine geltungserhaltende teleologische Reduktion scheidet aufgrund der Eindeutigkeit des Wortlauts und des vorgetragenen Gesetzeszwecks aus.[1391]

Für den EuGH war die Möglichkeit eines Gegenbeweises in der Rechtssache *Cadbury Schweppes* ein entscheidendes Element für die Europarechtskonformität einer (typisierenden) Missbrauchsvorschrift.[1392] Mit Recht folgerten *Wassermeyer* und *Schönfeld* daraus, dass die deutsche Hinzurechnungsbesteuerung europarechtswidrig ist.[1393] Die neue *Anti-Treaty-Shopping*-Regelung teilt dieses Schicksal.

Dies bringt den Steuerpflichtigen in eine prekäre Situation. Da eine Merkmalsübertragung, d.h. die Zurechnung von Merkmalen von anderen im gleichen Staat ansässigen Konzerngesellschaften gem. § 50d Abs. 3 S. 2. EStG n.F. explizit verboten ist, kann eine Holdinggesellschaft, die aus organisatorischen oder wirtschaftlichen Gründen zwischengeschaltet wurde, nicht beweisen, dass keine künstlichen Gestaltungen zu Grunde liegen.

Wenngleich eine Gegenbeweismöglichkeit allein in einem BMF-Schreiben nicht ausgereicht hätte,[1394] wäre dies wenigstens ein Anfang gewesen. In jedem Falle muss ein solches Recht auch in § 50d Abs. 3 EStG selbst verankert werden.

1391 Exemplarisch dazu ist der FG München Beschluss v. 3.8.2006, IStR 2006, 747 zur vom BMF versuchten geltungserhaltendem Reduktion der deutschen Wegzugsbesteuerung in einem gerade noch EG-rechtmäßigen Ausmaß. Das FG München verwies dabei auch auf die EuGH-Entscheidung v. 26.10.1995 – Rs. C-151/94, Tz. 18 (*Kommission gegen Luxemburg*).

1392 EuGH v. 12.9.2006 – Rs. C-196/04 (*Cadbury Schweppes*), Leitsatz:»[...] Von der Anwendung einer solchen Besteuerungsmaßnahme ist folglich abzusehen, wenn es sich auf der Grundlage objektiver und von dritter Seite nachprüfbarer Anhaltspunkte erweist, dass die genannte beherrschte ausländische Gesellschaft ungeachtet des Vorhandenseins von Motiven steuerlicher Art tatsächlich im Aufnahmemitgliedstaat angesiedelt ist und dort wirklichen wirtschaftlichen Tätigkeiten nachgeht.« Siehe auch Tz. 70.

1393 *Wassermeyer/Schönfeld,* »Cadbury Schweppes« und deren Auswirkungen auf die deutsche Hinzurechnungsbesteuerung, GmbH-Rundschau 2006, 1065, 1069, 1071.

1394 M.E. gebietet das Rechtsstaatsprinzip in der Ausprägung des Gesetzesvorbehalts, dass auch ein solcher (begünstigender) Tatbestand im Gesetz selber verankert werden muss. Vgl. *Lang*, § 4 Rechtsstaatliche Ordnung des Steuerrechts, in: Tipke/Lang, Steuerrecht, 2005, S. 64, 104 (Rn. 160); *Tipke*, StRO, Bd. I, 2000, S. 129.

III. Prüfung der mittelbaren Entlastungsberechtigung

Intensiv wurde in der Praxis die Prüfung der mittelbaren Entlastungsberechtigung im Rahmen der Anti-Treaty-Shopping Regelung des § 50d Abs. 3 EStG diskutiert.[1395] Nachdem das BMF-Schreiben vom 3. April 2007 dazu schwieg, hat sich die Finanzverwaltung exklusiv damit im BMF-Schreiben vom 10. Juli 2007 auseinandergesetzt. Obwohl hiermit für die überwiegende Zahl der Fälle eine hinreichende Rechtssicherheit geschaffen wurde, steht die darin vorgestellte Prüfung im Widerspruch zum Gesetzeswortlaut und Gesetzeszweck und führt daher keinesfalls zu einer vollständigen »Entlastung« der Berater in der Praxis.

1. Entlastungsberechtigung

Der Gesetzeswortlaut verweigert eine Entlastung von der Quellensteuer (Dividenden, Zinsen, Lizenzen) in den Fällen, in denen die subjektive *und* die objektive Entlastungsberechtigung fehlen. An der subjektiven Entlastungsberechtigung fehlt es, *soweit* Personen an der entlastungsbegehrenden Zwischen(holding)gesellschaft beteiligt sind, denen die Erstattung oder Freistellung nicht zustünde, wenn sie die Einkünfte *unmittelbar* erzielen würden. *Zusätzlich* muss es an einem der aufgelisteten objektiven Substanzmerkmale mangeln.

Während nach der alten Fassung die objektiven Substanzmerkmale kumulativ vorliegen mussten, um eine Entlastung zu verweigern, reicht nunmehr das alternative Vorliegen eines der objektiven Merkmale, was zu einer erheblichen Verschärfung für den Steuerpflichtigen führt.

2. BMF-Schreiben vom 10. Juli 2007

Die Finanzverwaltung hat die Frage der Möglichkeit einer (mittelbaren) Entlastungsberechtigung inzwischen durch das BMF-Schreiben vom 10. Juli 2007 wie folgt beantwortet:

Erfüllt die zwischengeschaltete Gesellschaft die Funktionsvoraussetzungen des § 50d Abs. 3 EStG selbst nicht, ist darauf abzustellen, ob eine ihr nachgeschaltete Gesellschaft (mittelbar Beteiligte) die Funktionsvoraussetzungen erfüllt, *sofern* diese persönlich entlastungsberechtigt ist. Das

1395 *Kessler/Eicke,* Zur mittelbaren Entlastungsberechtigung in der Anti-Treaty-Shopping Regelung, Praxis Internationale Steuerberatung 2007, 317-319; *Kessler/Eicke,* Doppel-Holdingstruktur als Schutz vor der Anti-Treaty-Shopping-Regelung des § 50d Abs. 3 EStG, IStR 2007, 526-530.

bedeutet, dass ein Gesellschafter dann nicht (mittelbar) entlastungsberechtigt ist, wenn er

- in einem Nicht-DBA-Staat ansässig ist,
- als außerhalb der EU ansässige Person nicht die Voraussetzungen der einschlägigen Richtlinie erfüllt,
- die Rechtsform einer Gesellschaft hat, diese funktionsschwach i. S. des § 50d Abs. 3 EStG ist und deren Gesellschafter ihrerseits in einem Nicht-DBA-Staat ansässig sind bzw. als außerhalb der EU ansässige Personen nicht die Voraussetzungen der einschlägigen EU-Richtlinien erfüllen oder
- zwar in einem DBA-Staat und/oder innerhalb der EU ansässig ist, aber nicht die Vergünstigungen eines DBA bzw. der einschlägigen EU-Richtlinie geltend machen kann.

Nach dem BMF-Schreiben gilt die Faustregel, dass auf der nächsthöheren Ebene weitergeprüft wird, wenn eine Zwischengesellschaft substanzlos ist, bis in einer Kette von mittelbar subjektiv berechtigen Gesellschaften eine solche gefunden wird, die auch zusätzlich objektiv fiktiv mittelbar entlastungsberechtigt ist. Wird diese Kette hingegen durch einen subjektiv nicht berechtigten mittelbaren Gesellschafter unterbrochen oder findet sich kein mittelbarer Gesellschafter mit den kumulativ vorliegenden Merkmalen einer subjektiven und objektiven Entlastungsberechtigung, bleibt es bei der Quellensteuereinbehaltung.

Damit wird in der Praxis denjenigen Steuerpflichtigen geholfen sein, die aufgrund dieser Stufenprüfung eine fiktive mittelbare Entlastungsberechtigung darlegen können. Diese werden das Ergebnis auch für billig und angemessen halten. Das BMF-Schreiben weißt aber dennoch einige Mängel auf:

Die Stufenprüfung ist mit dem Gesetzeswortlaut in zweierlei Hinsicht nicht zu vereinbaren. Erstens stellt der Wortlaut allein auf den unmittelbar an der Zwischenholding beteiligten Gesellschafter ab. Ein Entlastungsdurchgriff ist nicht vorgesehen. Zweitens liegt ein klarer Verstoß gegen den Gesetzeswortlaut vor, weil die Anwendung des BMF-Schreibens faktisch dazu führt, dass die subjektiven und objektiven Tatbestandsmerkmale nicht durch ein »und«, sondern ein »oder« verknüpft sind. Stünde im Gesetzestext ein »oder« wäre das BMF-Schreiben zumindest im Einklang mit der Gesetzessystematik und des Wortlauts. An dieser Kritik ändert auch die Tatsache nichts, dass eine solche Prüfung auch unter dem gleichgebliebenen Wortlaut nach der alten Rechtslage stattgefunden hat.

Außerdem wird der BMF-Prüfungsmaßstab dem Gesetzeszweck nicht gerecht. Dieser besteht einzig und allein in der Missbrauchsbekämpfung. Von einem Missbrauch kann aber beispielsweise in Fällen nicht die Rede sein, in denen ein U.S.-amerikanischer Investor seine europäischen und außereuropäischen Beteiligungen in einer aktiv geleiteten Cayman Islands

Holdinggesellschaft bündelt. Hinter diesen in der Praxis nicht untypischen Fällen können konzernstrategische, konzernorganisatorische oder Gründe der Konzernfinanzierung stehen. Dennoch wird die komplette Entlastung im Rahmen der BMF-Prüfung verneint und dem U.S.-amerikanischen Investor auch nicht der Anteil an der Quellensteuer erstattet, den er nach dem DBA Deutschland-USA erhalten hätte, wenn er unmittelbar an der deutschen Gesellschaft beteiligt wäre.

Offen bleibt nach dem BMF-Schreiben, ob die Stufenprüfung ebenfalls im Rahmen der Börsenklausel greift. Die Börsenklausel führt dazu, dass die Anti-Treaty-Shopping Regelung nicht anwendbar ist, falls der unmittelbar an der Zwischenholding beteiligte Gesellschafter ein börsennotiertes Unternehmen ist. Die Logik der Stufenprüfung des BMF-Schreibens gebietet es, diese Ausnahme auch auf mittelbar beteiligte börsennotierte Gesellschaften zu erstrecken.

Im Stich gelassen werden auch nach dem BMF-Schreiben die sogenannten »*Sandwich*-Strukturen«. In dieser Struktur hält eine deutsche Muttergesellschaft eine ausländische Zwischenholding, die wiederum an einer deutschen Enkelgesellschaft beteiligt ist. Schüttet diese Enkelgesellschaft an die ausländische Zwischenholding aus, kommt es zu einer definitiven Quellensteuerbelastung der ausländischen Zwischenholding, *soweit* an dieser die deutsche Muttergesellschaft beteiligt ist. Dies liegt daran, dass der deutschen Muttergesellschaft als unmittelbar an der ausländischen Zwischenholding beteiligte Gesellschaft keinerlei Vorteile aus einem Doppelbesteuerungsabkommen oder einer EG-Richtlinie zustehen würde, falls sie die Dividenden von der Enkelgesellschaft direkt erhalten würde. Eine in einem solchen Fall einschlägige körperschaftsteuerliche Anrechnung ist für § 50d Abs. 3 EStG ohne Belang. Daher fehlt es bei der deutschen Muttergesellschaft an der subjektiven Entlastungsberechtigung. Im BMF-Schreiben vom 4. April 2007 wurde das Problem zwar aufgegriffen, aber an der definitiven Belastung festgehalten. Das neue BMF-Schreiben vom 10. Juli 2007 versäumt es, eine Trendwende hin zu einer sachgerechteren Lösung einzuleiten. Dies ist besonders in Fällen von multinationalen Joint-Ventures sehr misslich, weil dort der deutsche Joint-Venture Partner nicht allein über den Standort der Zwischenholding und den Standort der Enkelgesellschaften entscheidet.

IV. Bewertung

Schließlich ist vor allem eines gesichert: Das letzte Wort in diesem hochinteressanten Schlagabtausch zwischen BFH-Urteilen,[1396] Nichtanwendungserlass,[1397] Nichtanwendungsgesetz sowie BMF-Anwendungsschreiben ist noch nicht gesprochen. Nun ist wieder der BFH an der Reihe, der in seiner Revisionsentscheidung »Luxemburg Holding«[1398] Gelegenheit hat, sich zur weniger restriktiven alten Fassung des § 50d Abs. 3 EStG zu äußern. Sollte sich der BFH dafür entscheiden, den Fall dem EuGH vorzulegen und dieser eine Europarechtswidrigkeit feststellen, hätte dies auch einen nicht unerheblichen Einfluss auf die hier beschriebene Neuregelung.

Unabhängigkeit von der Europarechtswidrigkeit lässt sich jedoch feststellen, dass zwar die Gefahr der Anwendung der *Anti-Treaty-Shopping*-Regeln (ATSR) erheblich gestiegen ist, jedoch die steuerliche Belastungswirkung einer daraus resultierenden Verweigerung der Quellensteuerentlastung mit der Unternehmenssteuerreform 2008 gesunken ist, was in Abbildung 34 veranschaulicht wird.

1396 Zur Rechtsprechungsgeschichte *Kessler/Eicke,* Closer to Haven? New German Tax Planning Opportunities, Tax Notes International 2006, Vol. 42, 501-521. Ausschlaggebend für die »Kettenreaktion« war das oben beschriebene BFH-Urteil »Hilversum II«. (BFH v. 31. Mai 2005, IStR 2005, 710. Vgl. die Anmerkungen von *Jacob/Klein,* Anmerkung zu BFH Urteil v. 31.5.2005 – IR 74, 88/04 – Hilversum II, IStR 2005, 711-713; *Gosch,* Praxis Hinweise, BFH-PR 2005, 407-409; *Haarmann,* Anmerkung zu BFH Urteil v. 31.5.2005 – IR 74, 88/04 – Hilversum II, IStR 2005, 713-720; *Lieber,* Anmerkung zu BFH Urteil v. 31.5.2005 – IR 74, 88/04 – Hilversum II, Internationale Wirtschaftsbriefe 2005, Fach 3a, Gruppe 1, 1088-1090; *Jahn,* Erstattung der Kapitalertragssteuer bei zwischengeschalteter ausländischer Basisgesellschaft, Praxis Internationale Steuerberatung 2005, 271-273; *Kessler/Eicke,* Neue Gestaltungsmöglichkeiten im Lichte des Treaty-Shoppings, Praxis Internationale Steuerberatung 2006, 23, 26.

1397 Der Nichtanwendungserlass zum BFH-Urteil *Hilversum II* befindet sich in BMF v. 30. Januar 2006, IV B 1 – S 2411 – 4/06, BStBl I 2006, 166, DStR 2006, 275. Vgl. *Grotherr,* Nichtanwendungserlass zur Hilversum II-Entscheidung des BFH, IStR 2006, 361-367. Ferner die in diesem Zusammenhang in Erwägung zu ziehenden staatshaftungsrechtlichen Folgen in *Kessler/Eicke,* Staatshaftung für Nichtanwendungserlasse im Steuerrecht, DStR 2006, 1913-1919.

1398 FG Köln, Urt. v. 16.3.2006, 2 K 1139/02, Az. des BFH: I R 26/06, IStR 2006, 425. Vgl. auch *Kessler/Eicke,* Treaty-Shopping mit Holding in Luxemburg, Praxis Internationale Steuerberatung 2006, 167-169; *Korts,* Anmerkung zum FG Köln Urteil vom 16.3.2006, IStR 2006, 427-432; *Herlinghaus,* Anmerkung zu FG Köln Urteil vom 16.3.2006, Entscheidungen der Finanzgerichte 2006, 898, 899; *Grotherr,* International relevante Änderungen durch das JStG 2007 anhand von Fallbeispielen, Internationale Wirtschaftsbriefe 2006, Gruppe 3, Fach 3, 1445, 1459.

	vor 2008 ATSR nicht erfüllt	vor 2008 ATSR erfüllt	nach 2008 ATSR nicht erfüllt	nach 2008 ATSR erfüllt
Gewerbesteuer	16,67%	16,67%	14%	14%
Körperschaftsteuer	20,83%	20,83%	15%	15%
Solidaritätszuschlag	1,15%	1,15%	0,83%	0,83%
Quellensteuer	----	9,20%	----	10,53%
Gesamtsteuerbelastung	38,65%	47,85%	29,83%	40,36%

Abbildung 34: Steuerbelastung durch § 50d Abs. 3 EStG

C. *Anzeigepflicht für Steuergestaltungen*

Für internationale Steuerplanungsstrukturen könnte in Zukunft, u.U. sogar rückwirkend,[1399] eine Anzeigepflicht statuiert werden. Zwar wurde ein Entwurf nicht in das Jahressteuergesetz 2008 übernommen,[1400] doch ist damit zu rechnen, dass dieses Vorhaben damit nicht vollständig aufgegeben wurde.

D. *Mantelkaufregelung*

Eine weitere Form von Anti-Missbrauchsvorschriften ist die Mantelkaufregelung.[1401] Mit der Unternehmensteuerreform 2008 wurde der ehemalige § 8 Abs. 4 KStG durch die verschärfte und anders strukturierte Regelung

1399 *Mutén,* Retrospective Tax Law in Europe, Tax Notes International 2007, Vol. 48, 1041-1043.

1400 *Kessler/Eicke,* Transparente Perspektiven für die Finanzverwaltung, BB 2007, 2370-2379; *Kessler/Eicke,* Legal, But Unwanted – The German Tax Planning Disclosure Draft, Tax Notes International 2007, Vol. 48, 577-582; *Flämig,* Der Steuerstaat auf dem Weg in den Überwachungsstaat, DStR 2007, Beihefter zu Heft 44/2007, 1-11.

1401 Über Mantelkaufregelungen im Allgemeinen, *Lederman,* Understanding Corporate Taxation, 2006, S. 349.

in § 8c KStG ersetzt.[1402] Für die Anwendung dieser Vorschrift gelten folgende Voraussetzungen:

- direkte oder indirekte Übertragung von 25%,
- des gezeichneten Kapitals der Mitgliedschaftsrechte, Beteiligungsrechte oder der Stimmrechte an einer Körperschaft oder einer dieser nahestehenden Person oder ähnlich Sachverhalte,
- innerhalb von 5 Jahren rückwirkend von der letzten Erwerb.

Die Rechtsfolgen sind gestuft: Bei einer Erwerb zwischen 25% und 50% kommt es zu einer anteilsmäßigen Eliminierung des Verlustvortrages. Über 50% geht der komplette Verlustvortrag verloren. Auch der Verlustvortrag im Rahmen der Zinsschranke geht verloren [Abbildung 35].

Entgegen der Vorgängerregelung gilt in § 8c KStG das Erwerberprinzip, d.h. es zählen die Übertragungen auf einen bestimmten Erwerber und diesem nahestehende Personen.[1403] Eine Gruppe von Erwerbern mit gleichgerichteten Interessen gilt als ein Erwerber.[1404] Es ist zudem möglich, dass die

1402 *Kessler/Eicke,* Losing the Losses – The New German Change-of-Ownership Rule, Tax Notes International 2007, Vol. 48, 1045-1048; *Lenz,* Der neue § 8c KStG aus Unternehmenssicht, Die Unternehmensbesteuerung 2008, 24-30; *Winkler/Dieterlen*, Neuregelung des Mantelkaufs, in: Ernst & Young/BDI, Unternehmensteuerreform 2008, 2007, S. 153, 154; *Tobin/Eckhardt*, The Implications of the 2008 German Business Tax Reform for US- and Other Non-German-Multinationals,Handbuch Unternehmensteuerreform 2008, 2008, 37, 46-47; *Zerwas/Fröhlich,* § 8c KStG – Auslegung der neuen Verlustabzugsbeschränkung, DStR 2007, 1933; *Esterer*, Die neue Verlustabzugsbeschränkungsregelung,Handbuch Unternehmensteuerreform 2008, 2008, 127-147; *Hans,* Kritik der Neuregelung über die Nutzung körperschaftsteuerlicher Verluste, Finanz-Rundschau 2007, 775.

1403 *Kessler/Eicke,* Losing the Losses – The New German Change-of-Ownership Rule, Tax Notes International 2007, Vol. 48, 1045, 1046; *Rödder*, Überblick über die Unternehmensteuerreform 2008, in: Schaumburg/Rödder, Unternehmensteuerreform 2008, 2007, S. 351, 374; *Hans,* Kritik der Neuregelung über die Nutzung körperschaftsteuerlicher Verluste, Finanz-Rundschau 2007, 775, 777; *Lang,* Die Neuregelung der Verlustabzugsbeschränkung, Deutsche Steuerzeitung 2007, 652, 653; *Suchanek/Herbst,* Wirkungen des neuen § 8c KStG zur Verlustnutzung, Finanz-Rundschau 2007, 863, 864; *von Freeden*, Verlustabzugsbeschränkung bei Körperschaften, in: Schaumburg/Rödder, Unternehmensteuerreform 2008, 2007, S. 521, 529; *Winkler/Dieterlen*, Neuregelung des Mantelkaufs, in: Ernst & Young/BDI, Unternehmensteuerreform 2008, 2007, S. 153, 156-157.

1404 BT-Drs. 16/5491, S. 53; *von Freeden*, Verlustabzugsbeschränkung bei Körperschaften, in: Schaumburg/Rödder, Unternehmensteuerreform 2008, 2007, S. 521, 529.

mehrfache Übertragung eines bestimmten Anteils zur mehrfachen Anwendung der Vorschrift führt.[1405]

Im Gegensatz zur Vorgängerregelung gibt es auch keine Sanierungsklausel.[1406] Eine Ausnahme im Falle einer Sanierung ist nur im Wege eines Billigkeitserlasses vorgesehen.[1407]

Außerdem gibt es keine Konzernklausel, die Übertragungen innerhalb eines Konzerns von der Anwendung ausnimmt.[1408] Daher können Umstrukturierungen innerhalb eines Konzerns mit der Eliminierung von Verlust- und Zinsvorträgen einhergehen.[1409] Der Gesetzgeber begründet das Fehlen einer solchen Klausel mit Problemen bei der Administrierbarkeit der Man-

1405 *Kessler/Eicke,* Losing the Losses – The New German Change-of-Ownership Rule, Tax Notes International 2007, Vol. 48, 1045, 1046; *Neumann,* Die neue Mantelkaufregelung in § 8c KStG, GmbH-Steuerberater 2007, 249, 253; *Lang,* Die Neuregelung der Verlustabzugsbeschränkung, Deutsche Steuerzeitung 2007, 652, 659-660; *Zerwas/Fröhlich,* § 8c KStG – Auslegung der neuen Verlustabzugsbeschränkung, DStR 2007, 1933, 1936; *von Freeden*, Verlustabzugsbeschränkung bei Körperschaften, in: Schaumburg/Rödder, Unternehmensteuerreform 2008, 2007, S. 521, 528, 531.

1406 *Kessler/Eicke,* Losing the Losses – The New German Change-of-Ownership Rule, Tax Notes International 2007, Vol. 48, 1045, 1046; *von Freeden*, Verlustabzugsbeschränkung bei Körperschaften, in: Schaumburg/Rödder, Unternehmensteuerreform 2008, 2007, S. 521, 525; *Zerwas/Fröhlich,* § 8c KStG – Auslegung der neuen Verlustabzugsbeschränkung, DStR 2007, 1933, 1935; *Wiese,* Untergang des Verlust- und Zinsvortrages bei Körperschaften, DStR 2007, 741, 745; *Hans,* Kritik der Neuregelung über die Nutzung körperschaftsteuerlicher Verluste, Finanz-Rundschau 2007, 775, 778; *Lang,* Die Neuregelung der Verlustabzugsbeschränkung, Deutsche Steuerzeitung 2007, 652, 660-661; *Beußer,* Die Verlustabzugsbeschränkung gem. § 8c KStG, DB 2007, 1549, 1551.

1407 Gesetzgebungsbegründung zum Gesetzesentwurf zur Unternehmensteuerreform 2008 BT-Drs. 16/4841, S. 130. Ferner, *von Freeden*, Verlustabzugsbeschränkung bei Körperschaften, in: Schaumburg/Rödder, Unternehmensteuerreform 2008, 2007, S. 521, 525; *Winkler/Dieterlen*, Neuregelung des Mantelkaufs, in: Ernst & Young/BDI, Unternehmensteuerreform 2008, 2007, S. 153, 155.

1408 *Winkler/Dieterlen*, Neuregelung des Mantelkaufs, in: Ernst & Young/BDI, Unternehmensteuerreform 2008, 2007, S. 153, 155; *Bräunig/Welling*, Bewertung aus Sicht der Wirtschaft, in: Ernst & Young/BDI, Unternehmensteuerreform 2008, 2007, S. 274, 291; *Wiese,* Untergang des Verlust- und Zinsvortrages bei Körperschaften, DStR 2007, 741, 744; *Suchanek/Herbst,* Wirkungen des neuen § 8c KStG zur Verlustnutzung, Finanz-Rundschau 2007, 863, 870; *Hans,* Kritik der Neuregelung über die Nutzung körperschaftsteuerlicher Verluste, Finanz-Rundschau 2007, 775, 777; *Lang,* Die Neuregelung der Verlustabzugsbeschränkung, Deutsche Steuerzeitung 2007, 652, 656; *Grube/Behrendt,* § 8c KStG – ein neues Kapitel in der unendlichen Geschichte der Nutzung steuerlicher Verluste, BB 2007, Erste Seite, Heft 33.

1409 *Rödder*, Überblick über die Unternehmensteuerreform 2008, in: Schaumburg/Rödder, Unternehmensteuerreform 2008, 2007, S. 351, 374-375.

telkaufregelung und der Gefahr, dadurch Steuerschlupflöcher zu schaffen.[1410]

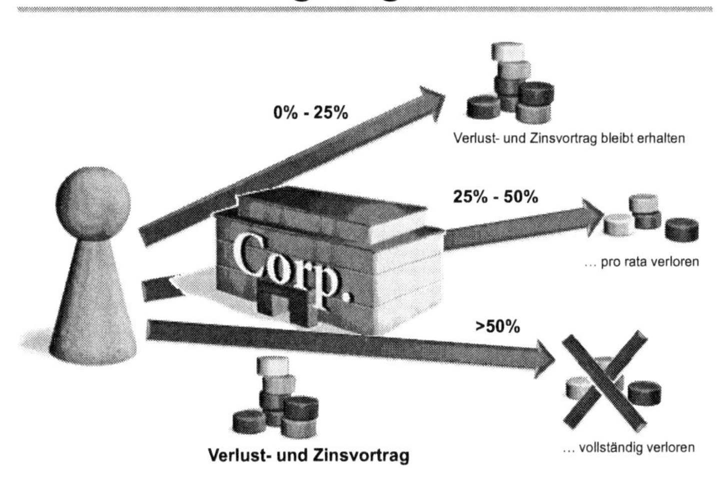

Abbildung 35: Mantelkauf

Die Abbildung 36 zeigt nicht nur, dass die neue Regelung strenger als die Vorgängerregelung in § 8 Abs. 4 KStG ist, sondern auch strenger als die U.S.-amerikanische Mantelkaufregelung in § 382 IRC[1411].

1410 Gesetzgebungsbegründung zum Gesetzesentwurf zur Unternehmensteuerreform 2008, BT-Drs. 16/4841, S. 130

1411 Im Detail, *Lederman*, Understanding Corporate Taxation, 2006, S. 351-362; *Lind/ Schwarz/Lathrope u.a.*, Fundamentals of Business Enterprise Taxation, 2005, S. 821-841; *McDaniel/McMahon/Simmons*, Federal Income Taxation of Corporations, 1999, S. 736-771.

	§ 382 IRC	§ 8c KStG 2008	§ 8 Abs. 4 KStG 2007
Übertragung 25%– 50%	------	pro rata Verlust	------
Übertragung > 50%	pro rata Verlust iHd Geschäftswertes multipliziert mit der „*Long-Term Tax-Exempt Rate*"; Erfordernis der Geschäftsfortführung (2 Jahre)	komplette Eliminierung des Verlust- und Zinsvortrages	komplette Eliminierung des Verlustvortrages
Anknüpfung	nur alle mindestens 5%igen Anteilsübertragungen relevant; Geschäftsfortführung	direkte oder indirekte Übertragung auf einen bestimmten *Erwerber* oder diesem nahestehende Person	nur direkte Anteilsübertragungen relevant + Zuführung neuen Betriebsvermögens
Zeitraum	3 Jahre	5 Jahre	5 Jahre
Relevanz mehrerer Übertragungen innerhalb des Zeitraums	Ja (Zeitraum verkürzt)	Ja	Nein
Konzernklausel	Nein	Nein	grds. Nein (str.), in speziellen Fällen Ja (BMF-Schr.)
Sanierungsklausel	Ja, für bestimmte Typen von Umstrukturierungen	Nein	Ja; Erfordernis der Geschäftsfortführung (5 Jahre)

Abbildung 36: Rechtsvergleich Verlustnutzungsbeschränkungsregeln

IX. Steuersätze und Steuerklima

Durch die Senkung des Körperschaftsteuersatzes von 25% auf 15%[1412] im Rahmen der Unternehmensteuerreform 2008 gilt Deutschland insofern als Niedrigsteuerland.

Die Abbildung 37 zeigt die Belastungsverteilung nach der Reform.

Steuerlast	2007	2008
Gewinn	100,00	100,00
Gewerbesteuer (400%)	./. 16,67	./. 14,00
Körperschaftsteuer	./. 20,83	./. 15,00
Solidaritätszuschlag	./. 1,15	./. 0,83
Gesamtbelastung	38,65	29,83

Abbildung 37: Steuerbelastung in Deutschland

Für Investoren, die Einkünfte generieren, welche nicht zusätzlich der Gewerbesteuer unterliegen, ist Deutschland sehr attraktiv geworden. Zudem erhebt Deutschland keine Gesellschaftsteuer und keine Steuern für die Errichtung von Holdinggesellschaften.[1413] Im Umkehrschluss bedeutet dies, dass die Gewerbesteuer spätestens mit der Unternehmensteuerreform 2008 zur dominanten Unternehmensteuer geworden ist,[1414] was durch Abbildung 38 verdeutlicht wird.

1412 *Schlotter/von Freeden*, Ertragsteuerbelastung von Kapitalgesellschaften und Besteuerung der Anteilseigner, in: Schaumburg/Rödder, Unternehmensteuerreform 2008, 2007, S. 393-408; *Ortmann-Babel/Zipfel*, Besteuerung von Kapitalgesellschaften, in: Ernst & Young/BDI, Unternehmensteuerreform 2008, 2007, S. 71-93; *Zipfel*, Rechtsformwahl, in: Ernst & Young/BDI, Unternehmensteuerreform 2008, 2007, S. 94-100.

1413 *Endres/Schreiber/Dorfmüller*, Holding companies prove worth, International Tax Review 2007, January, 43, 45.

1414 *Kessler/Eicke*, Life Goes On – The Second Life of the German Trade Tax, Tax Notes International 2007, Vol. 48, 279-283. Siehe auch *Herzig*, Die Gewerbesteuer als dominierende Unternehmensteuer, DB 2007, 1541, *Welling*, Gewerbesteuer,Handbuch Unternehmensteuerreform 2008, 2008, S. 239-258. Die deutsche Gewerbesteuer basiert auf dem französischen System der *Patentes*. Vgl. *Zitzelsberger*, Grundlagen der Gewerbesteuer, 1990, S. 16-17 und S. 89-90; *Rodi*, Die Rechtfertigung von Steuern als Verfassungsproblem, 1994, S. 19-20.

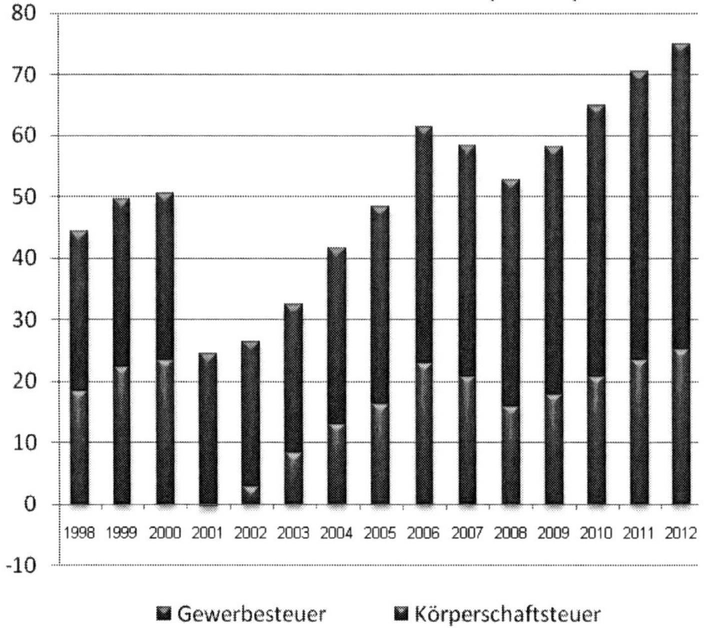

Abbildung 38: Gewerbesteuereinnahmen

Trotz der sehr guten steuerlichen Rahmenbedingungen für Tochtergesellschaften von U.S.-amerikanischen Muttergesellschaften in Deutschland,[1415] gelingt es weder der Steuergesetzgebung noch der Finanzverwaltung nachhaltig Vertrauen und Kooperationswillen zu erzeugen. Dies wird trotz sehr guter Ergebnisse beim AmCham Germany Business Barometer 2008[1416] auch in absehbarer Zukunft ein großes steuerliches Manko des Investitionsstandortes Deutschland sein, welches sich nicht nur auf Investitions- sondern auf Repatriierungsentscheidungen U.S.-amerikanischer Unternehmen in Deutschland auswirkt.

1415 *Endres/Schreiber/Dorfmüller,* Holding companies prove worth, International Tax Review 2007, January, 43, 45-46.

1416 *AmCham Germany/Boston Consulting Group*, Perspektiven zum Wirtschaftsstandort Deutschland, 2008, S. 14.

Kapitel 9: Repatriierungshindernisse im U.S.-amerikanischen Steuerrecht

Für die Repatriierungsplanung ist es entscheidend, die Implikationen durch das U.S.-amerikanische Steuerrecht stets mit einzubeziehen. Relevant sind vor allem die CFC-Regeln, das Anrechnungssystem sowie die DBA-Politik der Vereinigten Staaten.

I. U.S.-CFC-Regeln (Subpart F)

Wie bereits angedeutet, sind die U.S.-amerikanischen CFC-Regeln (*Subpart F*) für die Steuerplanung von größerer Bedeutung als die CFC-Regeln der Holdingstandorte. Die CFC-Regeln heben die Abschirmungswirkung (*deferral*) auf. So sehr die Abschirmungswirkung für multinationale U.S.-amerikanische Unternehmen ein Vorteil ist, löst diese in der U.S.-amerikanischen Gesetzgebung immer wieder Diskussionen aus.[1417] Im Jahre 1962 hat der U.S.-amerikanische Gesetzgeber die CFC-Regeln eingeführt, deren Zweck in erster Linie darin besteht, die Verschiebung von Einkünften zu Basisgesellschaften in *Tax Havens* zu verhindern.[1418] Dabei definieren §§ 951-964 IRC passive Einkünfte sowie andere Einkünfte, deren geographische Quelle leicht manipulierbar ist.

Die passiven Einkünfte müssen von einer *Controlled Foreign Corporation* stammen. Das ist der Fall, wenn die ausländische Gesellschaft mehrheitlich (mehr als 50% der Stimmrechte oder des Unternehmenswertes) U.S.-amerikanischen Anteilseignern gehört. Ein einzelner U.S.-amerikanischer Anteilseigner fällt jedoch nur in den Anwendungsbereich der CFC-Regeln, wenn er weniger als 10% der Stimmrechte besitzt.

Die *Subpart F*-Einkunftsarten sind in § 952 IRC definiert und umfassen u.a. sog. *Foreign Base Company Income* (§ 954 IRC). Dieses besteht aus

1417 Siehe *Graetz*, Foundations of International Income Taxation, 2003, S. 218.

1418 *Graetz*, Foundations of International Income Taxation, 2003, S. 218; *McDaniel/Ault/Repetti*, Introduction to United States International Taxation, 2005, S. 127; *Rubinger/Sherman,* Holding Intagibles Offshore May Produe Tangible U.S. Tax Benefits, Tax Notes International 2005, Vol. 37, 907, 909.

fünf Untergruppen, wovon die folgenden Untergruppen die wichtigsten sind:[1419]

- Foreign Personal Holding Company Income;
- Foreign Base Company Sales Income und
- Foreign Base Company Service Income.[1420]

Unter die Untereinkunftsart *Foreign Personal Holding Company Income* fallen vor allem Dividenden, Zins- und Lizenzzahlungen u.a. bestimmte Veräußerungsgewinne. Sie umfasst auch eine Härtefallregelung in Form einer *Look Through* Regel in § 954(c)(6) IRC, um unbillige Konsequenzen abzufedern.[1421]

Demgegenüber besteht das *Foreign Base Company Sales Income* aus Einkünften im Zusammenhang mit Eigentum, welches von einer nahestehenden Person gekauft oder verkauft wurde. Schließlich umfasst das *Foreign Base Company Service Income* alle Einkünfte im Zusammenhang mit Dienstleistungen, die für oder im Namen einer nahestehenden Person außerhalb des Sitzstaates der *Controlled Foreign Corporation* ausgeführt wurden.

1419 Vertiefend, *Kuntz/Peroni*, US International Taxation, 2008, Ch. B3.05. *Gattegno/Yesnowitz*, Comparison of U.S. Critical Multistate and International Tax Topics: Part II, Tax Planning International Review 2005, Vol. 42, April, 3, 5. Die anderen Gruppen sind »foreign base company shipping income« und »foreign base company oil related income«.

1420 *Anson/Dubert/Chen*, The Substantial Assistance Rules: An Evolution in Subpart F Planning, Tax Notes International 2007, Vol. 48, 695-703.

1421 *Sheppard*, Looking Through the New Look-Thru Rule, Tax Notes International 2006, Vol. 44, 258-262; *Greenwald/Rubinger*, CFC Look-Through: Needed Clarification, Abuses Shut Down, Tax Notes 2007, Vol. 114, 841-846; *Calianno/Collins*, A Sound Approach for Applying the U.S. CFC Look-Through Rule, Tax Notes International 2007, Vol. 45, 685-697; *Sharp/Williams/Simmons u.a.*, A Survey of Current U.S. International Tax Developments, Tax Notes International 2007, Vol. 45, 459, 479; *Nadal*, U.S. IRS Issues Notice on CFC Look-Through Rule, World Tax Daily 12.1.2007, Doc 2007-971; *Ocasal/Lubkin*, New TIPRA CFC Look-Through Rule, Journal of International Taxation 2006, Vol. 17, 10; *Ward*, An Overview of the Tax Increase Prevention and Reconciliation Act of 2005, Practical Tax Lawyer 2006, Vol. 20, 7; o.V., New Tax Law Makes Myriad Changes, Journal of Taxation 2006, Vol. 104, 323, 324.

Sind die Voraussetzungen des *Subpart F* erfüllt, ist die Rechtsfolge eine fiktive Ausschüttung (*deemded distributed*) und sofortige Besteuerung in den Vereinigten Staaten.[1422] Demgegenüber werden operative Verluste, die im Zusammenhang mit den CFC-Einkünften stehen, nicht umgehend für Zwecke der U.S.-amerikanischen Besteuerung einbezogen.[1423]

Das Regime war ein politischer Kompromiss zwischen den Befürwortern einer strengen Kapitalexportneutralität und den Befürwortern einer Kapitalimportneutralität. Erstere wurde vor allem von der Regierung *Kennedy* und letztere wurde vor allem von den Republikanern und multinationalen U.S.-amerikanischen Unternehmen befürwortet.[1424] Der Kompromiss bestand vor allem darin, dass nur *passive* Einkommen von U.S.-amerikanischen Tochtergesellschaften der sofortigen Besteuerung in den Vereinigten Staaten unterliegen.[1425] Daher kann aktives Einkommen stets bis zum Zeitpunkt der Repatriierung von der U.S.-amerikanischen Besteuerung abgeschirmt werden.

Aufgrund vielerlei Modifikationen und Ausnahmen gelten die *Subpart F*-Regeln als die weltweit umfassendsten und kompliziertesten CFC-Regeln.[1426] Dennoch ist es durch Steuerplanung möglich, nicht in den Anwendungsbereich der *Subpart F*-Regeln zu geraten.[1427] Ein wichtiges Hilfsmittel dabei ist die Ausübung der *Check-the-Box-Election* des U.S.-amerikanischen Steuerrechts, indem das Wahlrecht so ausgeübt wird, dass eine ausländische Holdinggesellschaft oder deren Tochtergesellschaften als sog. *Disregarded Entities* der U.S.-amerikanischen Muttergesellschaft gel-

1422 *Bittker/Eustice*, Federal Income Taxation of Corporations and Shareholders, 2005, Ch. 15.61; *McDaniel/Ault/Repetti*, Introduction to United States International Taxation, 2005, S. 114-128; *Doernberg*, International Taxation in a Nutshell, 2007, Ch. 10; *Rogers/Lemanowicz*, United States, in: International Fiscal Association (IFA), Limits on the use of low-tax regimes by multinational businesses, 2001, 903-915; *Mahony/Wenrich*, Controlled Foreign Corporations,Statistics of Income Bulletin, 203-242; *Harrison/Moetell*, United States Anti-Avoidance Rules, in: Spitz/Clarke, Offshore Service, 2006, 1, 23, 24; *Brown/Kaplan*, Incorporating Offshore: Taxation and Asset Protection, U.S. Taxation of International Operations, 6.8.2003, 6167, 6170-C – 6170 E; *Andrews*, Avoiding Antideferral Regimes Through Selctive Use of Trusts, U.S. Taxation of International Operations, 7.8.2002, 6311, 6312, 6316; *Lederman*, Understanding Corporate Taxation, 2006, S. 379-380.

1423 *Belanger/Taylor*, CFC Losses: Structuring Opportunities For Using Them, U.S. Taxation of International Operations, 24.7.2002, 6495.

1424 Zum Hintergrund, *Sweitzer*, Analyzing Subpart F in Light of Check-the-Box, Akron Tax Journal 2005, Vol. 20, 1-7.

1425 Siehe *Desai/Foley/Hines*, Dividend Policy inside the Multinational Firm (2003), EFA 2002 Berlin Meetings Presented Paper, S. 8.

1426 *Sweitzer*, Analyzing Subpart F in Light of Check-the-Box, Akron Tax Journal 2005, Vol. 20, 1, 6.

1427 Beispielsweise *Harty/Sheppard*, Repatriating Subpart F Income, Tax Notes International 2005, Vol. 38, 173-178; *Braiterman*, Intragroup Transactions, Tax Notes 2007, Vol. 115, 567, 575-578.

ten.[1428] Auf diesem Wege kann ein U.S.-amerikanischer Konzern sich die EU-Richtlinien zunutze machen und ihre EU-Tochtergesellschaften quellensteuerfrei finanzieren. Die entsprechende Struktur wird in Kapitel 10 dargestellt.

Da multinationale U.S.-amerikanische Unternehmen oft immaterielle Wirtschaftsgüter in ausländischen Tochtergesellschaften halten,[1429] besteht die Gefahr, dass diese Strukturierung in den Anwendungsbereich der *Subpart F*-Regeln fällt. Daher ist es wichtig, dass in der internationalen Steuerplanung mit Holdinggesellschaften darauf geachtet wird, dass die immateriellen Wirtschaftsgüter Teil einer wirtschaftlichen Geschäftstätigkeit außerhalb der Vereinigten Staaten sind.[1430]

Immer wieder wird in den Vereinigten Staaten darüber diskutiert, die *Subpart F*-Regeln abzuschaffen oder zu ersetzen.[1431] Da die Regeln aber ein Kompromiss sind, würde eine Abschaffung oder Ersetzung eine grundlegende Reform des U.S.-amerikanischen internationalen Steuerrechts erfordern. Ein Vorschlag ist die Aufgabe des Welteinkommensprinzips zugunsten eines territorialen Steuersystems.[1432]

II. Anrechnungssystem (Foreign Tax Credit System)

Das U.S.-amerikanische Anrechnungssystem (*Foreign Tax Credit System* oder FTC- System) ist ein wesentlicher Grund dafür, dass die Abschirmung von Einkünften (*deferral*) ein wichtiges Ziel der U.S.-amerikanischen

1428 *Endres/Dorfmüller,* Holdingstrukturen in Europa, Praxis Internationale Steuerberatung 2001, 94, 96.

1429 Zur Übertragung von immateriellen Wirtschaftsgütern, *Miyatake*, Transfer Pricing and Intangibles – General Report, in: International Fiscal Association, Cahiers de Droit Fiscal International, 2007, S. 17, 28-31.

1430 *Rubinger/Sherman,* Holding Intagibles Offshore May Produe Tangible U.S. Tax Benefits, Tax Notes International 2005d, Vol. 37, 907, 914.

1431 *Sweitzer,* Analyzing Subpart F in Light of Check-the-Box, Akron Tax Journal 2005, Vol. 20, 1, 12ff.; *Sheppard,* Looking Through the New Look-Thru Rule, Tax Notes 2006, 295; o.V., New Tax Law Makes Myriad Changes, Journal of Taxation 2006, Vol. 104, 323; *Ward,* An Overview of the Tax Increase Prevention and Reconciliation Act of 2005, Practical Tax Lawyer 2006, Vol. 20, 7; *Ocasal/Lubkin,* New TIPRA CFC Look-Through Rule, Journal of International Taxation 2006, Vol. 17, 10; *Greenwald/Rubinger,* CFC Look-Through: Needed Clarification, Abuses Shut Down, Tax Notes 2007, Vol. 114, 841-846; *American Bar Association,* International Tax Reform: Objectives and Overview, Tax Notes International 2006, Vol. 43, 317, 271; *Calianno/Gregoire,* CFC Restructuring and Disposition, Journal of International Taxation 2001, Vol. 12, October, 34, 36.

1432 In diesem Sinne, *Sweitzer,* Analyzing Subpart F in Light of Check-the-Box, Akron Tax Journal 2005, Vol. 20, 1, 31, 32.

internationalen Steuerplanung ist.[1433] Seit 1918[1434] fungiert das FTC-System als Eckpfeiler des U.S.-amerikanischen internationalen Steuerrechts.[1435] Es ist zugleich das wichtigste Unterscheidungsmerkmal zwischen anglo-amerikanischen Steuersystemen und allen anderen Steuersystemen.[1436] Das FTC-System basiert auf dem Gedanken der Kapitalexportneutralität,[1437] wonach sowohl inländische als auch ausländische Investitionen, die die gleiche Vorsteuerrendite erwirtschaften, auch die gleiche Nachsteuerrendite erzielen müssen.[1438] Somit ist es aus steuerlicher Sicht gleichgültig, ob im Inland oder im Ausland investiert wird, da alle Einkünfte mindestens mit dem gesetzlichen U.S.-amerikanischen Körperschaftsteuersatz von 35% versteuert werden müssen. Dadurch wird das Ziel verfolgt, eine effiziente Allokation des Kapitals zu bewirken.[1439]

Die Vereinigten Staaten nutzen das FTC-System sowohl unilateral als auch bilateral über eine Verweisung in Doppelbesteuerungsabkommen, in denen sie sich das Recht vorbehalten, ihr Anrechnungssystem einzusetzen.

Das FTC-System, welches in § 901 IRC bis § 908 IRC verankert ist, besteuert zwar die weltweiten Einkünfte einer unbeschränkt steuerpflichtigen

1433 *Ruchelman/van Asbeck/Canalejo u.a.,* A Guide to European Holding Companies Part 1, Journal of International Taxation 2000, August, 38.

1434 Zur Historie des FTC-Systems, *Pollack/Marwick*, Economics of Avoiding Double Taxation of Foreign Source Income, U.S. Taxation of International Operations, 1996, 5051, 5056-5058.

1435 Im Detail, *Bittker/Eustice*, Federal Income Taxation of Corporations and Shareholders, 2005, Ch. 15.21ff.; *McDaniel/Ault/Repetti*, Introduction to United States International Taxation, 2005, S. 87-111. Ferner, *Graetz*, Foundations of International Income Taxation, 2003, S. 157; *Larkins,* Double Tax Relief for Foreign Income, Virginia Tax Review 2001, Vol. 21, Fall, 233, 239; *Styron,* Planning for the U.S. Foreign Tax Credit or Foreign Tax Deduction, Tax Notes International 2007, Vol. 46, 285; *Postlewaite/Donaldson*, International Taxation – Corporate and Individual, 2003, Ch. 6, S. 147- 211.

1436 Einen Rechtsvergleich der Systeme zur Vermeidung von Doppelbesteuerung bietet *Larkins,* Double Tax Relief for Foreign Income, Virginia Tax Review 2001, Vol. 21, Fall, 233, 251ff. Ferner, *Bouma*, Host Country United States, in: Tax Management International Forum, The Definition and Taxation of Dividends, 2007, 66-72.

1437 Dieses Konzept wurde entwickelt von *Musgrave*, United States Taxation of Foreign Investment Income, 1969. Aus moderner Sicht, *Hines,* The Case against Deferral, National Tax Journal 1999, Vol. 52, No. 3, 385, 395-400. Ferner, *Rivera Castillo,* Tax Competition and The Future of Panama's Offshore Center, Tax Notes International 2007, Vol. 29, 73-74; *Doernberg*, International Taxation in a Nutshell, 2007, § 1.04. Ferner, *Fuest/Huber/Mintz*, Capital Mobility and Tax Competition, 2005, S. 7-8.

1438 *Avi-Yonah,* Globalization, Tax Competition, And the Fiscal Crisis of the Welfare State, Harvard Law Review 2000, Vol. 113, May, 1573, 1604-1606; *Larkins,* Double Tax Relief for Foreign Income, Virginia Tax Review 2001, Vol. 21, Fall, 233, 248-250; *Dagan,* National Interest in the International Tax Game, Virginia Tax Review 1998, Vol. 18, Fall, 363, 367.

1439 *Doernberg*, International Taxation in a Nutshell, 2007, § 1.04.

Person, rechnet aber die im Ausland gezahlten Quellensteuern (*Direct FTC*) bzw. die von der ausschüttenden ausländischen Tochtergesellschaft gezahlten Ertragsteuern (*Indirect FTC*) an, um die Gesamtsteuerbelastung auf das U.S.-amerikanische Besteuerungsniveau von 35% heraufzuschleusen.[1440] Ein Problem besteht allerdings darin, dass nur im Ausland gezahlte Ertragsteuern (*income taxes*) anrechenbar sind.[1441]

Das FTC-System beinhaltet für die Repatriierungsplanung zwei Nachteile:

- Erstens, am Ende des Repatriierungsprozesses wird die Steuerbelastung stets bei mindestens 35% liegen und damit oft höher als ohne Repatriierung und
- zweitens, durch Anrechnungsüberhänge kann die Gesamtsteuerbelastung deutlich über 35% liegen.[1442]

Anrechnungsüberhänge entstehen, wenn die ausländischen Steuerzahlungen die Steuern übersteigen, die nach U.S.-amerikanischer Steuerermittlung auf die ausländischen Einkünfte zu zahlen sind.[1443] Die Anrechnungsüberhänge können nicht mit U.S.-amerikanischen Körperschaftsteuern oder inländischen Einkünften verrechneten werden. Sie können jedoch grundsätzlich verrechnet werden (*Cross-Crediting* oder *Worldwide Averaging*), da es keinerlei *Per-Country Limitation* gibt. Das bedeutet, dass Anrechnungsüberhänge von einer ausländischen Einkunftsquelle mit der U.S.-amerikanischen Steuerschuld aus einer anderen ausländischen Einkunftsquelle verrechnet werden können.[1444] Außerdem können Anrechnungsüberhänge ein Jahr zurück und 10 Jahre vorgetragen werden (§ 904(c) IRC).

Das FTC-System erfordert für die Zwecke der Repatriierungsplanung eine andere Herangehens- und Sichtweise als in anderen Bereichen der internationalen Steuerplanung. Denn Steuern, die im Laufe des Repatriierungsprozesses anfallen, sind solange kein Problem, solange sie in den Vereinigten Staaten angerechnet werden können.[1445] Aus diesem Grunde

1440 *Ault,* U.S. exemption/territorial system vs. credit-based system, Tax Notes International 2003, Vol. 32, 725-729; *Gosain*, How to Identify Creditable Foreign Taxes, U.S. Taxation of International Operations, 23.3.2005, 5471, 5472. Ferner, *Altshuler/Newlon*, The Effects of U.S. Tax Policy (1993), NBER Working Paper No. 3925,6.

1441 *Desai/Foley/Hines,* Repatriation Taxes and Dividend Distortions, National Tax Journal 2001, Vol. 54, No. 4, 829, 831.

1442 *Graetz*, Foundations of International Income Taxation, 2003, S. 158.

1443 *Hartzell/Titman/Twite*, Why do forms hold so much cash ? (2005), AFA 2006 Boston Meetings Paper, S. 5.

1444 Siehe *Bittker/Eustice*, Federal Income Taxation of Corporations and Shareholders, 2005, 15.21[3].

1445 Über das Management der FTC-Positionen, *Calianno/Cornett,* Guardian Revisited: Proposed Regs Attack Guardian and Reverse Hybrids, Tax Notes International 2006, Vol. 44, 305.

liegt das Hauptaugenmerk der U.S.-amerikanischen Repatriierungssteuerplanung auf der Vermeidung von Anrechnungsüberhängen. Daher bewertet die U.S.-amerikanische Steuerplanung jeden ausländischen Steueranreiz unter dem Gesichtspunkt, ob dieser geeignet ist, hochversteuerte und niedrigversteuerte ausländische Einkünfte auszugleichen.[1446] In der Praxis wird dafür eine sog. *Mixer Holding Company* eingesetzt.[1447]

Die Anrechnung unterliegt vor allem den folgenden beiden Beschränkungen:

- der Anrechnungsbetrag wird nur bis zu einem Steuersatz von 35% gewährt (*Overall Limitation*);
- die *Basket Limitation* beschränkt die Anrechnung hinsichtlich der Einkunftskategorie, wodurch ein *Cross-Crediting* zwischen aktiven und passiven Einkünften nicht möglich ist.[1448]

A. Overall-Limitation

Die ausländischen Steuern dürfen maximal nur bis zu dem Betrag angerechnet werden, der sich aus der U.S.-amerikanischen Steuerberechnung für die zugrundliegenden ausländischen Einkünfte ergibt (§ 904(a) IRC). Ein Überschreiten dieser *Overall-Limitation* führt zu den oben beschriebenen Anrechnungsüberhängen.

B. Basket Limitation

Als eine zweite Beschränkung fungiert das sog. *Basket System*, das vor allem der Erosion des U.S.-amerikanischen Steuersubstrats entgegenwirken soll.[1449] Das *Basket System* wird als zu komplex und ineffizient kritisiert.[1450]

Vor dem Jahr 2007 gab es neun unterschiedliche Einkunftsgruppen (*baskets*).[1451] Im Jahre 2007 wurden diese auf zwei reduziert. Diese bestehen gem. § 904(d)(1) IRC aus:

1446 *Kudrle/Eden,* The Campaign Against Tax Havens: Will It Last? Will It Work?, Stanford Journal of Law, Business and Finance 2003, Vol. 9, Autumn, 39.

1447 Siehe Kapitel 10(III.).

1448 *Clausing/Avi-Yonah,* Reforming Corporate Taxation in a Global Economy, 2007, The Hamilton Project, Discussion Paper 2007-08, S. 6.

1449 *McDaniel/Ault/Repetti*, Introduction to United States International Taxation, 2005, S. 109, 111.

1450 Siehe *Hines*, Statement Before the Senate Finance Committee on July 15, 2003, S. 5.

1451 Im Detail, *McDaniel/Ault/Repetti*, Introduction to United States International Taxation, 2005, S. 98-111.

- passive category income;
- general category income.

Ein Anrechnungsüberhang in einem *Basket* kann nicht mit einem anderen *Basket* verrechnet werden. Insoweit ist kein *Cross-Crediting* möglich. Durch die Reduzierung der *Baskets* ist nun ein *Cross-Crediting* zwischen anderen Einkünften als zwischen aktiven und passiven Einkünften leichter möglich.[1452]

Insgesamt wird an dem FTC-System kritisiert, dass es Repatriierungen in die Vereinigten Staaten verhindert.[1453] In diesem Zusammenhang wird nicht nur auf die Steuerbefreiung ausländischer Einkünfte in Rechtsordnungen wie in Deutschland, Frankreich und den Niederlanden verwiesen, sondern auch auf die weniger strengen Beschränkungen im Vereinigten Königreich.[1454] Diese Diskussion könnte sogar zu einer umfassenden Reform des FTC-Systems bzw. zu seiner Abschaffung führen.[1455]

III. Check-the-Box-Steuerplanung

Für die Steuerplanung im Zusammenhang mit U.S.-amerikanischen Gesellschaften sind die U.S.-amerikanischen *Check-the-Box Regulations* (U.S. treas. reg. §§ 3301.7701-1 bis -4) von großer Bedeutung.[1456] Das Regime bietet zum einen vielerlei Möglichkeiten für die Steuerplanung mit

1452 *McDaniel/Ault/Repetti*, Introduction to United States International Taxation, 2005, S. 111.

1453 Vgl. die Stellungsnahme im U.S.-amerikanischen Senat von *Ensign*, Testimony Before the Senate Finance Committee on July 15, 2003. *Ensign* sagte: »In the simplest and worst case, a company that is faced with a 35% U.S. tax on a $100 profit can invest $65 dollars in the United States or $100 in a foreign country. Obviously, the foreign investment is the better choice.« *Hines* sieht das FTC-System als ein Nachteil für U.S.-amerikanische Unternehmen im Wettbewerb mit Unternehmen, deren Spitzeneinheit in einem Land ihren Sitz hat, welches die Freistellungsmethode anwendet. Siehe *Hines*, Statement Before the Senate Finance Committee on July 15, 2003, S. 4. Zustimmend, *Bravenec,* Connecting the Dots in U.S. International Taxation, Tax Notes International 2002, Vol. 27, 845, 846, 850.

1454 Siehe *Desai/Foley/Hines,* Repatriation Taxes and Dividend Distortions, National Tax Journal 2001, Vol. 54, No. 4, 829, 831 Fn. 4; *Hines*, Statement Before the Senate Finance Committee on July 15, 2003, S.2-3.

1455 *American Bar Association,* International Tax Reform: Objectives and Overview, Tax Notes International 2006, Vol. 43, 317, 270, 271.

1456 Siehe *Doernberg*, International Taxation in a Nutshell, 2007, S. 471-488; *Djanani/ Brähler,* Internationale Steuerplanung durch Ausnutzung von Qualifikationskonflikten, Steuer und Wirtschaft 2007, 53, 55.

hybriden[1457] und umgekehrt hybriden[1458] Rechtsformen, hält aber zum anderen einige Fallstricke bereit.[1459]

Die *Check-the-Box*-Regeln bieten dem Steuerpflichtigen in bestimmten Grenzen ein Wahlrecht, ob eine Gesellschaft für steuerliche Zwecke als transparent oder als intransparent behandelt werden soll.[1460]

Zu unterscheiden sind die *per se* Körperschaften wie die deutsche AG, die niederländische NV, die französische SA, die britische PLC oder die *Societas Europaea* (SE)[1461], denen kein Wahlrecht zusteht.[1462]

Praktisch relevant wird das Wahlrecht für die deutsche oder Schweizer GmbH,[1463] die österreichische GesmbH, die niederländische BV, die durch einen Antrag auf dem IRS-Formular 8832 für steuerliche Zwecke den Status einer Personengesellschaft oder einer *Disregarded Entity* wählen können.[1464] Eine *Disregarded Entity* wird wie eine Betriebsstätte behandelt. Allerdings ist es für eine Einmann-Körperschaft (z.B. Einmann-GmbH) nicht möglich, den Status einer *Disregarded Entity* zu wählen.

Wenn keine Wahl vorgenommen wurde, gilt die *Default Rule*, nach der eine ausländische Rechtsform, bei der mehrere Gesellschafter existieren und mindestens einer davon persönlich haftet, als Personengesellschaft eingeordnet wird.[1465]

1457 Siehe oben Kapitel 2(I.)(A.)(i.). Ferner, *Bryant*, Using Hybrid Entities in International Business Arrangements, U.S. Taxation of International Operations, 7.10.1998, 7667-7679; *McDaniel/Ault/Repetti*, Introduction to United States International Taxation, 2005, S. 85, 180, 181; *Buzanich,* A Comparison Between the U.S. and OECD Approaches to Hybrid Entities, Tax Notes International 2004, Vol. 36, 71-94.

1458 Siehe oben Kapitel 2(I.)(A.)(i.).

1459 *McDaniel/Ault/Repetti*, Introduction to United States International Taxation, 2005, S. 79; *Holland,* U.S. Check-the-Box Rules in the Cross-Border Context, Tax Notes International 2005, Vol. 39, 255-269.

1460 *McDaniel/Ault/Repetti*, Introduction to United States International Taxation, 2005, S. 6.

1461 T.D. 9235, 70 Federal Register 74658. *Rienstra,* Societas Europaea and Other Entities Added to US Check-the-Box Regulations, European Taxation 2005, 35.

1462 Eine Liste über die Klassifikation ausländischer Gesellschaften ist abgedruckt in U.S. Treas. reg. section 301.7701-2(b)(8).

1463 *Neidhardt,* Swiss Holding Companies, Tax Notes International 2006, Vol. 43, 225, 228.

1464 Im Detail, *Grube,* Foreign Holding Company Structure Using Check-The-Box, Journal of Taxation 2001, January, 5, 6; *Sweitzer,* Analyzing Subpart F in Light of Check-the-Box, Akron Tax Journal 2005, Vol. 20, 1, 9, 10.

1465 *McDaniel/Ault/Repetti*, Introduction to United States International Taxation, 2005, S. 6.

Grundsätzlich ist es vorteilhafter, im Rahmen der internationalen Steuerplanung den Status einer *Disregarded Entity* als den einer Personengesellschaft zu wählen.[1466]

Der Nutzen der *Check-the-Box*-Regeln in der internationalen Steuerplanung ist sehr vielfältig.[1467]

- Förderung von Repatriierungen durch *Debt Push Down* Gestaltungen;[1468]
- Vermeidung der *Subpart F*-Regeln;[1469]
- Konsolidierung von Konzerngesellschaften für steuerliche Zwecke.[1470]

Eine erhöhte Aufmerksamkeit im Bereich der Steuerplanung mit hybriden Gesellschaften wird der U.S.-amerikanischen *S Corporation* zuteil. Die *S Corporation* ist eine Körperschaft mit weniger als 100 natürlichen Personen als Anteilseignern, die eine Körperschaft für handelsrechtliche Zwecke bleibt, aber im Steuerrecht wie eine Personengesellschaft behandelt wird.[1471] Allerdings ist unklar, ob eine *S Corporation* in den Anwendungsbereich des DBA Deutschland-USA fällt.[1472]

IV. U.S.-amerikanische Thin Cap-Regeln

Die U.S.-amerikanischen *Thin-Cap* Regeln ergeben sich aus verschiedenen, nicht zusammenhängenden Passagen der U.S.-amerikanischen Steuerrechtsordnung. Gem. § 385 IRC darf der Finanzminister für Zwecke der Bundesbesteuerung Regulierungen zur Bestimmung der Fremd- und Eigenkapitalquote erlassen. Die Verhältnismäßigkeit eines Zinssatzes ist in § 482 IRC geregelt. Darin ist ein *Safe Harbor* für Zinszahlungen statuiert, die in einer Bandbreite von 100% bis 130% des einschlägigen Leitzinses

1466 *Sweitzer,* Analyzing Subpart F in Light of Check-the-Box, Akron Tax Journal 2005, Vol. 20, 1, 9.

1467 Vertiefend, *Holland,* U.S. Check-the-Box Rules in the Cross-Border Context, Tax Notes International 2005, Vol. 39, 255-269.

1468 Siehe Kapitel 10(VI.) und (VII.).

1469 Siehe auch die inzwischen zurückgenommene Ankündigung einer Verschärfung der *Subpart F*-Regeln in Notice 98-11, Internal Revenue Bulletin 1998, Issue 6, S. 18-19 = http://www.irs.gov/pub/ irs-irbs/irb98-06.pdf. Die Rücknahme befindet sich in Notice 98-35, Internal Revenue Bulletin 1998, Issue 27, S. 35-38 = http://www.irs.gov/pub/irs-irbs/irb98-27.pdf.

1470 Indem Tochtergesellschaften als »disregarded entities« behandelt werden.

1471 § 1361(b) IRC. *Plewka/Renger,* Do S Corporations Have Rights to Germany-U.S. Treaty Benefits?, Tax Notes International 2007, Vol. 45, 349 zitiert eine Statistik aus dem Jahre 2002, nach der 59% aller Unternehmen den S Status gewählt hatten.

1472 *Plewka/Renger,* Do S Corporations Have Rights to Germany-U.S. Treaty Benefits?, Tax Notes International 2007, Vol. 45, 349-353.

liegt.[1473] Jenseits der 130%-Grenze muss der Steuerpflichtige darlegen, dass eine Bank einen höheren Zinssatz verlangt hätte.[1474] Eine finale Hürde stellen schließlich die *Earnings Stripping*-Regeln (§ 163(j) IRC) dar, nach denen ein Zinsabzug aufgrund von Zinszahlungen zwischen nahestehenden Personen auf 50% des angepassten steuerlichen Einkommens (*adjusted taxable income*) in den Fällen beschränkt ist, in denen das Verhältnis von Fremdkapital zu Eigenkapital 1,5:1 (*Debt-to-Equity Ratio*) übersteigt.[1475] Im Falle einer Gruppenbesteuerung ist das Fremdkapital zu Eigenkapital Verhältnis der gesamten Gruppe relevant.[1476] Nichtabzugsfähige Zinsaufwendungen können vorgetragen werden.

V. U.S.-amerikanische Steuerpolitik

Die Leitlinien einer jeden U.S.-Delegation bei der Verhandlung von Doppelbesteuerungsabkommen gibt das U.S.-Musterabkommen vor. Es dient nicht nur als Wegweiser,[1477] sondern auch als Instrument zur Manifestierung der U.S.-amerikanischen Verhandlungsmacht.[1478] Daher darf die Bedeutung dieses Musterabkommens für das internationale Steuerrecht nicht unterschätzt werden.[1479] Genau eine Dekade nach der Veröffentlichung des letzten Modells gab die U.S.-amerikanische Finanzverwaltung

1473 Bei Outbound-Darlehen mindestens 100% der gesetzlichen Rate (§ 7872 IRC).

1474 In jedem Falle muss tatsächlich eine Zinszahlung erfolgt sein (§ 267(a)(2) IRC).

1475 Im Detail, *BDI/KPMG*, Die Behandlung von Finanzierungsaufwendungen, 2007, S. 18-25. Ferner, *Nuernberger/Pelzer*, Gesellschafterfremdfinanzierung einer US-Tochtergesellschaft, Internationale Wirtschaftsbriefe 2003, Fach 8, Gruppe 2, 1245-1254; *Peter*, New Earnings Stripping Provision, Tax Planning International Review 2005, June, 31-32; *Flick*, Verschärfung der amerikanischen Earnings Stripping Regeln, IStR 2002, 802-805; *Boidman/Culbertson/King u.a.*, U.S. Inversions and Earnings Stripping Initiatives, Tax Notes International 2003, Vol. 29, 1157, 1158; *Boidman*, Inversions, Earnings Stripping – Thin Capitalization and Related Matters – An International Perspective, Tax Notes International 2003, Vol. 29, 879, 899-903.

1476 *BDI/KPMG*, Die Behandlung von Finanzierungsaufwendungen, 2007, S. 24.

1477 *Joint Committee on Taxation*, Testimony of the Staff of the Joint Committee on Taxation, 2.2.2006, S. 6; *Committee On Foreign Relations United States Senate – Joint Committee on Taxation*, Explanation of Proposed Protocol to the Income Tax Treaty Between the United States and Sweden, 2.2.2006a, S. 23; *Committee On Foreign Relations United States Senate – Joint Committee on Taxation*, Explanation of Proposed Protocol to the Income Tax Treaty Between the United States and Sweden, 2.2.2006, S. 47.

1478 Über den Einfluss des U.S.-Musterabkommens, *Shannon*, Die Doppelbesteuerungsabkommen der USA – Abkommenspolitik und geltendes Abkommensrecht, 1987, S. 57-71.

1479 So auch *Vogel*, Einl. Art. 1, in: Vogel/Lehner, DBA-Kommentar, 2003, S. 105, 128 Rn. 38.

am 15. November 2006 das neueste U.S.-Musterabkommen[1480] samt Kommentierung[1481] heraus.[1482] Beide Dokumente helfen dem Rechtsanwender, die Modifikationen im neuen deutschen DBA-USA zu verstehen. Im Folgenden werden zunächst die abstrakten Trends der U.S.-amerikanischen Steuerpolitik anhand des U.S.-Musterabkommens dargestellt, bevor auf konkrete Trends der U.S.-amerikanischen Abkommenspraxis eingegangen wird.

A. *Charakteristika des U.S.-Musterabkommens*

Ein wichtiges Ziel der U.S.-Steuerpolitik ist es, die steuerlichen Folgen der Handlungen ihrer international agierenden Unternehmen vorhersehbarer zu machen.[1483] So wird das U.S.-Musterabkommen dazu genutzt, das U.S.-amerikanische Verständnis einer Betriebstätte und ihrer Gewinne, des Missbrauchs und der Methodik für die Vermeidung der Doppelbesteuerung[1484] zu manifestieren. Schon im ersten U.S.-Musterabkommen aus dem Jahre 1976 wurden das Staatsangehörigkeitsprinzip und die Anrechnungsmethode genauso hervorgehoben wie die *Limitation-on-Benefits* Klausel (LoB-Klausel) zur Missbrauchsbekämpfung.[1485]

1480 http://www.treas.gov/offices/tax-policy/treaties.shtml. Nachdem in den Jahren 1977 und 1981 Entwürfe veröffentlicht wurden, folgte ein weiteres U.S.-Musterabkommen im Jahre 1996. Siehe auch, o.V., New U.S. Model Income Tax Convention, Journal of Taxation 2006, Vol. 105, 324; o.V., New US Model Treaty Focuses on Hybrid Entities, World Tax Report 1.12.1996, 1996 WLNR 46243457. Zu den Neuerungen im U.S.-MA 1996, *Tan Majure/Lindholm,* New U.S. Model Treaty Revises Business Profits, Residence Rules, Journal of International Taxation 1996, Vol. 7, 532-539; *Tan Majure/Lindholm,* New U.S. Model Treaty Broadens Scope of Residence and Increases Availability of Benefits to »Fiscally Transparant Entities« and Their Members, Journal of International Taxation 1997, Vol. 8, 164-171.

1481 http://www.treas.gov/offices/tax-policy/treaties.shtml.

1482 Im Detail, *Kessler/Eicke,* Hinter dem Horizont – Das neue US-Musterabkommen und die Zukunft der US-Steuerpolitik, IStR 2007, 159-162; *Kessler/Eicke,* Das neue U.S.-Musterabkommen zur Vermeidung der Doppelbesteuerung, Praxis Internationale Steuerberatung 2007, 7-10.

1483 *Graetz*, Foundations of International Income Taxation, 2003, S. 288.

1484 *Hines,* The Case against Deferral, National Tax Journal 1999, Vol. 52, No. 3, 385, 386-388.

1485 *Plansky/Schneeweiss,* Limitation on Benefits: From the US Model 2006 to the ACT Group Litigation, Intertax 2007, 484-493; *Berman/Hynes,* Limitation on Benefits Clauses in U.S. income tax treaties, Tax Management International Journal 2000, Vol. 29, 692-710; *Wassermeyer*, Art. 28 DBA USA, in: Debatin/Wassermeyer, Doppelbesteuerung, 1997, Rn. 1; *Debatin/Endres*, The new US/German Double Tax Treaty, 1990, Art. 28, Rn. 2; *Wolff*, Art. 1 DBA USA, in: Debatin/Wassermeyer, Doppelbesteuerung, 1997, Rn. 56.

Charakteristisch ist zudem die *Saving Clause* (Art. 1 Abs. 4 U.S.-MA), die den Vereinigten Staaten weiterhin die Besteuerung ihrer Staatsangehörigen und Ansässigen ohne Beschränkung durch ein Doppelbesteuerungsabkommen ermöglicht.[1486] Außerdem enthält das Musterabkommen, genauso wie das DBA Deutschland-USA 2006, Regelungen zu fiskalisch transparenten Gesellschaften.[1487] Vor allem fokussiert das U.S.-Musterabkommen auf eine Besteuerung im Wohnsitzstaat, was u.a. dadurch erkennbar ist, dass Zinsen ausschließlich im Wohnsitzstaat besteuert werden, und dass die Ansässigkeit von Unternehmen eher an den Sitz des Unternehmens als an den Ort der Geschäftsleitung anknüpft. Das U.S.-Musterabkommen erfasst nur Bundessteuern und klammert Landes- und Gemeindesteuern aus.

B. Erkenntnisse aus dem neuen U.S.-Musterabkommen

Das neue U.S.-Musterabkommen berücksichtigt die »evolutionären« Änderungen in der Verhandlungspraxis. Besonders deutliche Veränderungen betreffen die LoB-Klausel und die Quellensteuerreduzierung für REITs. Allerdings ist ein Null-Quellensteuersatz nicht vorgesehen.

I. LoB-Klausel

Die LoB-Klausel dient dazu, die unangemessene Erlangung von Abkommensvorteilen zu verhindern. Im neuen U.S.-Musterabkommen wurde sie grundlegend neu strukturiert und verschärft. Nur in den älteren U.S.-amerikanischen DBAs mit Island und Ungarn fehlt bislang solch eine Klausel. Die derzeit in den Abkommen stehenden Klauseln sind in aller Regel weniger restriktiv als diejenige des neuen U.S.-Musterabkommens. In Artikel XIV des neuen Protokolls zum DBA Deutschland-USA 2006 ist bereits die

1486 Vgl. *Wolff/Eimermann*, Neuerungen im DBA-USA, IStR 2006, 837, 847; *Debatin/Endres*, The new US/German Double Tax Treaty, 1990, Art. 1, Rn. 27; *Shannon*, Die Doppelbesteuerungsabkommen der USA – Abkommenspolitik und geltendes Abkommensrecht, 1987, S. 79-91.

1487 *Schönfeld*, Der neue Artikel 1 DBA-USA – Hinzurechnungsbesteuerung und abkommensrechtliche Behandlung von Einkünften steuerlich transparenter Rechtsträger, IStR 2007, 274, 276-280; *Wolff/Eimermann*, Neuerungen im DBA-USA, IStR 2006, 837, 838. Vgl. dazu auch die Regelungen in den DBA USA-Niederlande und USA-UK in *Mundaca/O'Connor/Murillo*, Treasury's Technical Explanation of Protocol to 1992 U.S.-Netherlands Tax Treaty, U.S. Taxation of International Operations, 15.6.2005, 5485, 5491.

Verschärfung der LoB-Klausel umgesetzt worden.[1488] In Zukunft wird deren Akzeptanz von jedem U.S.-Abkommenspartner verlangt werden. Damit wird das Ziel verfolgt, *Treaty-Shopping* Gestaltungen von nicht Abkommensberechtigten entgegenzuwirken.[1489] Die LoB-Klausel steht in direktem Zusammenhang mit dem Dividendenartikel der jeweiligen DBAs, da sie ein Quellenbesteuerungsverbot oder eine Reduzierung der Quellenbesteuerung außer Kraft setzen kann. In Art. 22 Abs. 1 U.S.-MA 2006 wird der Grundsatz statuiert, dass abkommensbegünstigt nur die in Absatz 2 aufgezählten »qualifizierten Personen« sind. Dazu gehören u.a. natürliche Personen, qualifizierte öffentliche Körperschaften, Pensionsfonds[1490] und andere steuerbefreite Organisationen, aktiv an anerkannten Börsen gehandelte Aktiengesellschaften, von börsennotierten Gesellschaften beherrschte Unternehmen[1491] sowie Unternehmen, die zu mindestens 50% »qualifizierten Personen« gehören und den *base erosion test*

1488 Analytische und grafische Darstellungen dieser neuen Klausel befindet sich in *Wassermeyer/Schönfeld,* Die Besteuerung grenzüberschreitender Dividendenzahlungen nach dem neuen DBA-USA, DB 2006, 1970, 1971; *Wolff/Eimermann,* Neuerungen im DBA-USA, IStR 2006, 837, 839-842; *Kleutgens/Sinewe,* Das geänderte Doppelbesteuerungsabkommen zwischen den USA und Deutschland, Recht der Internationalen Wirtschaft 2006, Beilage 2, 1, 8. *Endres,* Der Verzicht auf Dividenden-Quellensteuern im neuen Steuerabkommen mit den USA, Musterfälle 2006/2007 zum Internationalen Steuerrecht 2006, 23, 25.

1489 *U.S.Treasury Department*, United States Model Technical Explanation Accompanying the United States Model Income Tax Convention of November 15, 2006, 2006, S. 22; *The Economist Intelligence Unit*, 2006, S. 56; *Joint Committee on Taxation*, Testimony of the Staff of the Joint Committee on Taxation, 2.2.2006, S. 3; *Sheppard,* Toward No Taxation of Investment Income Anywhere, Tax Notes International 2007, Vol. 48, 423, 424-425.

1490 So auch neuerdings im DBA-USA. Vgl. *Schnitger,* Die neue LoB-Klausel des Doppelbesteuerungsabkommens Deutschland-USA, Internationale Wirtschaftsbriefe 2006, Gruppe 2, Fach 8, 1439, 1445; *Endres/Wolff,* Musterfälle zum revidierten deutsch-amerikanischen Doppelbesteuerungsabkommen, IStR 2006, 721, 726-728; *Kleutgens/Sinewe,* Das geänderte Doppelbesteuerungsabkommen zwischen den USA und Deutschland, Recht der Internationalen Wirtschaft 2006, Beilage 2, 1, 10; *Kreienbaum/Nürnberger,* Für international operierende Unternehmen praxisrelevante Änderungen durch das Revisionsprotokoll zum DBA-USA, IStR 2006, 806, 809.

1491 Das ist der Fall, wenn (fünf oder weniger) börsennotierte Unternehmen zu mindestens 50% einer solchen aktiv gehandelten Gesellschaft gehören. Falls ein Unternehmen die Anteile nur mittelbar hält, muss dieses Unternehmen in einem der Vertragsstaaten ansässig sein.

bestehen.[1492] Letzterer gewährleistet, dass reine Durchlaufgesellschaften nicht abkommensberechtigt sind. Um den Test zu bestehen, ist es erforderlich, dass keine Fremdkapitalvergütungen an eine Drittstaatengesellschaft gezahlt werden, die mehr als 50% des Rohgewinns der dividendenzahlenden Gesellschaft betragen.

Abkommensbegünstigt ist aber gemäß Absatz 3 auch eine Person, die aktiv Handel in dem anderen Vertragsstaat betreibt oder dort einer Geschäftstätigkeit nachgeht *und* das Einkommen daraus substanziell im Zusammenhang mit dieser Aktivität steht.

Im Vergleich zum U.S.-Musterabkommen 1996 ergeben sich folgende Unterschiede:

Die Ausgestaltung der LoB-Klausel ist insgesamt deutlich komplexer geworden. Die Begrenzung von *Treaty-Shopping*-Gestaltungen zwang die Verfasser zu einer Vielzahl von Modifikationen. Das bedeutet jedoch nicht, dass sie in allen Teilen restriktiver geworden ist. Mithin werden die an dieser Vorgabe angelehnten LoB-Klauseln in den zukünftigen U.S.-Doppelbesteuerungsabkommen eine noch größere Herausforderung für den Rechtsanwender darstellen.

Im U.S.-MA 2006 kommt ein im Vertragsstaat Ansässiger nicht grundsätzlich in den Genuss der Abkommensvergünstigungen, sondern nur als oben beschriebene »qualifizierte Person«. Damit wurde das Regel-Ausnahme-Verhältnis im U.S.-MA 1996 umgekehrt (Abs. 1). Diese Umkehrung wurde bereits in Art. 28 Abs. 1 DBA-USA n.F. umgesetzt.[1493]

Die Qualifikationsschwelle für Unternehmen wurde in Absatz 2 erhöht, so dass ein *regelmäßiger* Handel an irgendeiner anerkannten Börse nicht mehr ausreicht, sondern die Hauptgattung der Aktien muss *primär* an einer Börse des Vertragsstaates, in dem das Unternehmen ansässig ist, gehandelt werden oder der Sitz der Geschäftsleitung in diesem Staat sein (sog. *pu-*

1492 Vgl. Art. 28 Abs. 2 lit. f) DBA-USA n.F. Dazu *Schnitger,* Die neue LoB-Klausel des Doppelbesteuerungsabkommens Deutschland-USA, Internationale Wirtschaftsbriefe 2006, Gruppe 2, Fach 8, 1439, 1447; *Endres/Wolff,* Musterfälle zum revidierten deutsch-amerikanischen Doppelbesteuerungsabkommen, IStR 2006, 721, 722; *Kleutgens/Sinewe,* Das geänderte Doppelbesteuerungsabkommen zwischen den USA und Deutschland, Recht der Internationalen Wirtschaft 2006, Beilage 2, S. 1, 9; *Kreienbaum/Nürnberger,* Für international operierende Unternehmen praxisrelevante Änderungen durch das Revisionsprotokoll zum DBA-USA, IStR 2006, 806, 809.

1493 Zur Auslegung des Tatbestandmerkmals »regelmäßig«, *Wassermeyer*, Art. 28 DBA USA, in: Debatin/Wassermeyer, Doppelbesteuerung, 1997, Rn. 33, der es mit dem steuerlichen Begriff »nachhaltig« i.S. des § 15 Abs. 2 EStG gleichsetzt. Weitere Interpretationsmöglichkeiten in, *Schnitger,* Die neue LoB-Klausel des Doppelbesteuerungsabkommens Deutschland-USA, Internationale Wirtschaftsbriefe 2006, Gruppe 2, Fach 8, 1439, 1442.

blicly-traded corporation test bzw. *international headquarters test*).[1494] Nichtsdestotrotz genügt im deutschen DBA-USA 2006 ein *regelmäßiger*[1495] Handel an einer anerkannten Börse.

Schließlich wird in Absatz 3 das Substanzerfordernis dadurch verschärft, dass dieses in Zukunft allein anhand eines *Facts-and-Circumstances* Tests ermittelt wird. Darüber hinaus bestand im U.S.-MA 1996 die Möglichkeit, die Substanz bei Erfüllung bestimmter Voraussetzungen eines *Safe Harbors* zu fingieren.

II. REITs

Hinsichtlich der Quellensteuerreduzierung im Zusammenhang mit Real Estate Investment Trusts (REITs) sieht das neue U.S.-Musterabkommen einige Änderungen vor.[1496] Im U.S.-MA 1996 wurde eine Quellensteuerreduzierung auf 15% nur ausnahmsweise gewährt, wenn der Nutzungsberechtigte der Dividende eine natürliche Person ist, deren Beteiligung (*interest*) an dem REIT 10% nicht übersteigt (Art. 10 Abs. 3 U.S.-MA 1996). Demgegenüber gewährt Art. 10 Abs. 4 U.S.-MA 2006 diese Vergünstigung, wenn eine der folgenden drei Alternativen erfüllt ist:

- Der Nutzungsberechtigte der Dividenden ist eine natürliche Person oder ein Pensionsfonds, deren Beteiligung an dem REIT 10% nicht übersteigt.
- Die Dividende wird von einem REIT ausgeschüttet, der börsennotiert ist (*publicly-traded corporation test*) *und* der Nutzungsberechtigte an diesen Aktien ist nicht mehr als 5% an dem REIT beteiligt.
- Der Nutzungsberechtigte der Dividenden ist mit weniger als 10% an dem REIT beteiligt *und* der REIT selber ist »diversifiziert«. Letzteres ist dann der Fall, wenn der Wert einer einzelnen Immobilie nicht höher liegt als 10% des gesamten REIT-Vermögens.

1494 Vgl. zum gleichen Tatbestand im neuen DBA-USA, *Schnitger,* Die neue LoB-Klausel des Doppelbesteuerungsabkommens Deutschland-USA, Internationale Wirtschaftsbriefe 2006, Gruppe 2, Fach 8, 1439, 1441; *Kreienbaum/Nürnberger,* Für international operierende Unternehmen praxisrelevante Änderungen durch das Revisionsprotokoll zum DBA-USA, IStR 2006, 806, 809.

1495 Zur Auslegung des Tatbestandmerkmals »regelmäßig«, *Wassermeyer*, Art. 28 DBA USA, in: Debatin/Wassermeyer, Doppelbesteuerung, 1997, Rn. 33, der es mit dem steuerlichen Begriff »nachhaltig« i.S. des § 15 Abs. 2 EStG gleichsetzt. Weitere Interpretationsmöglichkeiten in, *Schnitger,* Die neue LoB-Klausel des Doppelbesteuerungsabkommens Deutschland-USA, Internationale Wirtschaftsbriefe 2006, Gruppe 2, Fach 8, 1439, 1442.

1496 Vgl. dazu auch die Regelung in Art. 10 Abs. 4 DBA-USA n.F. Dazu *Kleutgens/ Sinewe,* Das geänderte Doppelbesteuerungsabkommen zwischen den USA und Deutschland, Recht der Internationalen Wirtschaft 2006, Beilage 2, S. 1, 11.

III. Quellensteuerreduzierung

Für eine Überraschung sorgte, dass trotz starker Lobbyarbeit der Wirtschaftsverbände[1497] und entgegen der aktuellen U.S.-amerikanischen Abkommenspraxis in den neuen U.S.-amerikanischen DBAs[1498] das neue U.S.-Musterabkommen *keinen* Null-Quellensteuersatz auf ausgeschüttete Dividenden vorsieht.[1499] Die Abkommen mit Frankreich und Italien gehören zu den wenigen U.S-amerikanische DBAs mit wichtigen europäischen Handelspartnern, welche keinen Null-Quellensteuersatz beinhalten.[1500]

Für Nutzungsberechtigte, die mindestens 10% der Stimmrechte an der die Dividenden ausschüttenden Gesellschaft besitzen, ist lediglich eine Reduzierung auf 5% möglich (Art. 10 U.S.-MA 2006).

C. Konkrete Trends in der U.S.-amerikanischen Abkommenspraxis

Jenseits der Vorgaben des U.S.-Musterabkommens, sind in der U.S.-amerikanischen Abkommenspraxis weitere Trends erkennbar.[1501] Zu diesen Trends gehört, dass in neueren U.S.-Doppelbesteuerungsabkommen wie beispielsweise im DBA USA-Deutschland[1502] eine *transitional rule* eingefügt wurde, die entgegen der bisherigen Praxis es dem Steuerpflichtigen ermöglicht, die Vorschriften der vorherigen Abkommensversion für weitere 12 Monate anzuwenden. Außerdem wird in Zukunft das Drängen auf einen verstärkten Informationsaustausch eine Schlüsselrolle in der U.S.-Verhandlungspraxis einnehmen.[1503] Damit machen sich die Vereini-

1497 *Reinsch*, Testimony before the Senate Committee on Foreign Relations, 2.2.2006.

1498 Niederlande, Deutschland, Belgien, Australien, Mexiko, Japan, Schweden, Dänemark, Finnland und dem Vereinigten Königreich.

1499 Während bei Japan die Reduktion des Quellensteuersatzes schon ab einer direkten oder indirekten Beteiligung von 50% erfolgt, liegt die Schwelle in den anderen Abkommen bei 80% direkter oder indirekter Beteiligung. Gemeinsam ist allen Regelungen, dass sie zusätzlich eine 12-monatige Haltefrist verlangen.

1500 Allerdings sollen schon bald Verhandlungen über ein neues Protokoll beginnen.

1501 Vgl. auch *Reinsch*, Testimony before the Senate Committee on Foreign Relations, 2.2.2006, S. 4-6; *Mundaca/O'Connor/Schieterman,* New protocol to US-Denmark treaty explained, International Tax Review 2006, Vol. 17, July/August, 45; *Brown*, Testimony before the Senate Committee on Foreign Relations, 2.2.2006

1502 Art. XVII Abs. 5 Protokoll 2006. Vgl. auch *Kleutgens/Sinewe,* Das geänderte Doppelbesteuerungsabkommen zwischen den USA und Deutschland, Recht der Internationalen Wirtschaft 2006, Beilage 2, 1, 15.

1503 *Goulder,* U.S. Tax Officials Talk Up Treaty Arbitration, Tax Notes International 2006, Vol. 45, 17.

gten Staaten eines der Kernelemente der OECD-Initiative zur Schaffung eines *Global Level Playing Fields* zueigen.[1504]

I. LoB-Klauseln

Ganz klar erkennbar ist die Absicht, die LoB-Klauseln in den zukünftigen Verträgen und Protokollen zu verschärfen, um insbesondere auf die Ausuferung des *Treaty-Shoppings*[1505] sowie die Umwandlungen multinationaler U.S.-Unternehmen in ausländische Konzernspitzen (*corporate inversions*)[1506] zu reagieren. Als Vorreiter fungierten hierfür die neuen Doppelbesteuerungsabkommen mit dem Vereinigten Königreich, Schweden,[1507] Deutschland, Niederlanden, Finnland und Dänemark[1508]. Ein Trend ist die restriktivere Gestaltung des *publicly traded test.*[1509] Während es bislang

1504 *Ng,* New U.S. Treaty Trends: Potential Benefits For U.S. Multinationals in Asia, Tax Notes International 2007, Vol. 47, 1077, 108; *Hay,* OECD Global Forum on Tax Information Exchange, Tax Planning International Review 2004, July, Vol. 31, 11; *Oberson,* The OECD Model Agreement on Exchange of Information, IBFD Bulletin – Tax Treaty Monitor 2003, 14; *OECD,* A Process for Achieving a Global Level Playing Field, 2004, S. 2-11; *Avi-Yonah,* Globalization, Tax Competition, And the Fiscal Crisis of the Welfare State, Harvard Law Review 2000, Vol. 113, May, 1573, 1657-1666.

1505 Vgl. zur Verschärfung der nationalen deutschen Regelung in § 50d Abs. 3 EStG, *Kessler/Eicke,* Treaty-Shopping – Quo vadis?, IStR 2006, 577-582. Ferner, *Kessler/Eicke,* Closer to Haven? New German Tax Planning Opportunities, Tax Notes International 2006, Vol. 42, 501-521; *Parillo,* U.S. Treasury Releases International Tax Report, Tax Notes International 2007, Vol. 48, 995, 996.

1506 *Teunissen/Penn/Nauheim u.a.,* What treaty changes mean for companies investing in the US, International Tax Review 2006, Vol. 17, September, 36, 37. Ferner o.V., Drawing Lines around Corporate Inversion, Harvard Law Review 2005, Vol. 118, 2270; *Hartmann,* USA überdenkt Grundsätze ihres internationalen Steuerrechts, DB 2002, 2130; *Merks,* Categorizing Corporate Cross-Border Tax Planning Techniques, Tax Notes International 2006, Vol. 44, 55, 62; *VanderWolk,* The US anti-inversion legislation and regulations, IBFD Bulletin for International Taxation 2006, Vol. 60, 377ff.; *Boidman/Adrion,* The Anarchy of Mechnical Antiavoidance Law, Tax Notes International 2005, Vol. 38, 131ff.; *Dubert,* Accidental Inversions, Journal of International Taxation 2005, Vol. 16, 22ff.; *Blöchle/Dendorfer/Kresge,* Risiken für internationale Umstrukturierungen, IStR 2005, 700ff.; *Desai/Hines,* Tracing the Causes and Consequences of Corporate Inversions, National Tax Journal 2002, Vol. 55, 409ff.

1507 *Bell,* Sweden, U.S. Sign Tax Treaty Protocol, 2006, WTD Doc 2005-20157; *Joint Committee on Taxation,* Testimony of the Staff of the Joint Committee on Taxation, 2.2.2006, S. 2; *Lugar,* Opening Statement for Hearing on Tax Treaties, 2.2.2006, WTD Doc 2006-2094.

1508 *Mundaca/O'Connor/Schieterman,* New protocol to US-Denmark treaty explained, International Tax Review 2006, Vol. 17, July/August, 45, 46.

1509 Vgl. die Neuerung in § 50d Abs. 3 Satz 4 EStG und die möglichen Kollisionen in, *Kessler/Eicke,* Treaty-Shopping – Quo vadis?, IStR 2006, 577-582.

ausreichte, dass das in Frage stehende Unternehmen »regelmäßig« an einer anerkannten Börse gehandelt wurde, ist nunmehr zusätzlich das Bestehen eines von zwei *substantial presence* Tests erforderlich.[1510]

Eine ebenfalls neue U.S.-Abkommenspraxis besteht in der Einfügung von sog. *Derivative Benefits* Klauseln, welche die Abkommen zwischen der Gemeinschaft und den USA multilateralisieren. Eine sog. *Derivative Benefits*-Klausel gewährt »gleichberechtigt Begünstigten« Abkommensvergünstigungen, obwohl die Voraussetzungen der LoB-Klausel nicht erfüllt sind, weil das Unternehmen in ausländischem Besitz ist.[1511] Solch eine Klausel fehlt zwar in allen U.S.-Musterabkommen, wurde aber in Art. 10 Abs. 3 lit. a lit. cc i.V.m. Art. 28 Abs. 3 lit. a DBA-USA n.F. sowie in den neuen U.S.-amerikanischen Abkommen mit Schweden und Dänemark eingefügt. Vorausgesetzt wird dafür, dass an dem dividendenempfangenden Unternehmen höchstens sieben EU-, EWR- oder NAFTA-Angehörige als »gleichberechtigt Begünstigte« mit mindestens 95% der Stimmrechte unmittelbar oder mittelbar beteiligt sind. Auffällig ist, dass, sowohl im neuen deutschen DBA-USA als auch im neuen U.S.-amerikanischen DBA mit Dänemark, Schweizer Staatsangehörige ebenfalls als »gleichberechtigt Begünstigte« angesehen werden. Ob es sich dabei um einen Wandel in der U.S.-amerikanischen Steuerpolitik handelt oder eher spezifische Situationen bestimmter Steuerpflichtiger damit geregelt werden sollen, ist bisweilen unklar.[1512]

Eine definitiv neue U.S.-amerikanischen Steuerpolitik spiegelt die in den U.S.-amerikanischen Doppelbesteuerungsabkommen mit Deutschland, Schweden und Finnland eingefügte *Ownership-/Base Erosion* Alternative wider. In den genannten Abkommen richtet sich die Abkommensberechtigung nun danach, ob sich zumindest die Hälfte der Anteile der Di-

1510 Die Aktien (*share-trading-substantial-presence test*) müssen an einer anerkannten Börse in der EU oder dem EWR gehandelt werden. Als einziges U.S.-DBA mit einem europäischen Handelspartner verlangt das neue deutsche DBA Protokoll einen Aktienhandel im Land des Unternehmenssitzes. Alternativ ist ausreichend, wenn die Ausführung geschäftsleitender Funktionen in einem der Vertragsstaaten stattfindet.

1511 *Mason*, When Derivative Benefits Provisions Don't Apply, Tax Notes International 2006, Vol. 43, 563; *Teunissen/Penn/Nauheim u.a.*, What treaty changes mean for companies investing in the US, International Tax Review 2006, Vol. 17, September, 36, 37; *Endres/Wolff*, Musterfälle zum revidierten deutsch-amerikanischen Doppelbesteuerungsabkommen, IStR 2006, 721, 722; *Schnitger*, Die neue LoB-Klausel des Doppelbesteuerungsabkommens Deutschland-USA, Internationale Wirtschaftsbriefe 2006, Gruppe 2, Fach 8, 1439, 1450; *Kleutgens/Sinewe*, Das geänderte Doppelbesteuerungsabkommen zwischen den USA und Deutschland, Recht der Internationalen Wirtschaft 2006, Beilage 2, 1, 9; *Kreienbaum/Nürnberger*, Für international operierende Unternehmen praxisrelevante Änderungen durch das Revisionsprotokoll zum DBA-USA, IStR 2006, 806, 810.

1512 *Teunissen/Penn/Nauheim u.a.*, What treaty changes mean for companies investing in the US, International Tax Review 2006, Vol. 17, September, 36, 38.

videnden empfangenden Gesellschaft in den Händen eines »qualifizierten Besitzers« befindet *und* die Gesellschaft nicht mehr als 50% ihres Rohgewinns durch Zahlungen an nicht-abkommensberechtigte Personen gemildert hat.[1513] Die Verschärfung besteht darin, dass »qualifizierte Besitzer« herkömmlich Angehörige einer der beiden Vertragsstaaten waren. Nunmehr wird dieses Kriterium nur von Angehörigen des Vertragsstaates erfüllt, in dem die Dividenden empfangende Gesellschaft ansässig ist.

Schließlich tangiert die neue LoB-Klausel auch die EU-Fusionsrichtlinie. Im Falle einer Fusion zwischen zwei Gesellschaften aus EU-Staaten kann es passieren, dass die LoB-Klauseln in bestimmten U.S.-amerikanischen Abkommen Abkommensvorteile verweigert.[1514]

II. Null-Quellensteuersatz

Aus dem Umstand, dass sich die Vereinigten Staaten nicht zu einem Null-Quellensteuersatz durchringen konnten, lässt sich ebenfalls etwas für die zukünftige Verhandlungsstrategie ableiten. Im Rahmen der Verhandlungen für das neue U.S.-Musterabkommen hat das U.S.-Finanzministerium hin und wieder geäußert, dass es einen Null-Quellensteuersatz generell befürwortet. Daraufhin verschlechterten sich die Verhandlungspositionen der U.S.-Delegationen in den jeweiligen Abkommensverhandlungen.[1515] Durch die Beibehaltung des Grundsatzes einer 5%igen Quellensteuerrate haben die die Vereinigten Staaten mit dem Null-Quellensteuersatz eine Art Joker in der Hinterhand, der nur bei jener »Hand voll« Vertragspartnern zum Zuge kommen soll, die die neue und verschärfte LoB-Klausel akzeptieren, die einem besseren Informationsaustausch zustimmen und bei denen die Gesamtbalance des Abkommens eine solche Klausel zulässt.[1516]

Es ist nicht ersichtlich, warum die Aushandlung eines Null-Quellensteuersatzes für den Vertragspartner ein erstrebenswertes Ziel sein soll. Entgegen der U.S.-amerikanischen Darstellung[1517] kann nämlich nicht uneingeschränkt von einer Art Bonus gesprochen werden. Beispielsweise ergeben sich für den Vertragspartner Bundesrepublik Deutschland eher keine Gesamtvorteile. Aufgrund des Null-Quellensteuersatzes im neuen DBA-USA

1513 *Wassermeyer/Schönfeld,* Die Besteuerung grenzüberschreitender Dividendenzahlungen nach dem neuen DBA-USA, DB 2006, 1970, 1973.

1514 *Gnaedinger,* EU Lawyers Discuss Merger Laws, Treaties, and Holding Companies, Tax Notes International 2007, Vol. 45, 1075.

1515 *Bell,* U.S. Senate to Move Quickly on Pending Tax Treaties, WTD 2006-2093, 2006.

1516 *Joint Committee on Taxation*, Testimony of the Staff of the Joint Committee on Taxation, 2.2.2006, S. 2; *Bell*, U.S. Senate to Move Quickly on Pending Tax Treaties, WTD 2006-2093, 2006.

1517 *Goulder,* Treaty Partners Must Earn Zero Withholding, U.S. Treasury's Hicks Says, WTD 2006, Doc 2006-8930.

verzichtet die Bundesrepublik in jedem Fall auf Quellensteuereinnahmen. Dies wiegt aber dann nicht schwer, wenn dadurch Anreize für U.S.-amerikanische Investoren geschaffen werden, wogegen jedoch begründete Zweifel bestehen. Denn einen U.S.-amerikanischen Investor schrecken definitive Steuersätze zumindest für Zwecke der Repatriierung von Gewinnen in die Vereinigten Staaten deutlich weniger ab als multinationale Unternehmen, deren Konzernspitze in einem Land mit Freistellungsmethode zu Hause ist. Bei der Repatriierung von Gewinnen können U.S.-amerikanische Investoren die gezahlten Quellensteuern nämlich im Rahmen des *Foreign Tax Credit* Systems[1518] bis zu einer Höhe von 35% anrechnen lassen. Für die U.S.-amerikanische Steuerplanung geht es daher vor allem darum, durch Gestaltung Anrechnungsüberhänge zu vermeiden.[1519] Einen Investitionsimpuls schafft diese Regelung aus deutscher Sicht deshalb nur für diejenigen multi-nationalen U.S.-amerikanischen Unternehmen, die ihre *Foreign Tax Credits* bereits ausgeschöpft haben und eine zusätzliche Quellensteuer zu einer definitiven Mehrbelastung führen würde.

Im Zusammenhang mit Allokokationstrategien[1520] vermag ein Null-Quellensteuersatz schon eher einen Anreiz setzen, doch letztlich werden die Hauptprofiteure einer solchen Vorschrift der U.S.-Fiskus und der Investitionsstandort USA sein. Ersterer, weil er keine Quellensteuern anrechnen muss, und Letzterer, weil Impulse für Investoren gesetzt werden, deren Konzernspitze in Ländern mit Freistellungsmethode ansässig ist.

III. Verbindliche Schiedsklauseln

Ein ganz neuer Trend ist die Vereinbarung von verbindlichen Schiedsklauseln (*Arbitration Clause*)[1521] in U.S.-Doppelbesteuerungsabkommen.[1522]

1518 §§ 901-908 Internal Revenue Code. Vgl. *Bittker/Eustice*, Federal Income Taxation of Corporations and Shareholders, 2005, 15.62 -15.77; *Avi-Yonah*, U.S. International Taxation, 2002, S. 253 ff.

1519 Zum Beispiel durch Zwischenschaltung einer Holdinggesellschaft, die als »Mixer-Company« fungiert. Vgl. *Endres/Dorfmüller,* Holdingstrukturen in Europa, Praxis Internationale Steuerberatung 2001, 94, 96; *Endres,* Typische Holdingstrukturen anhand von Beispielsfällen, Wirtschaftsprüfung 2003, S 56, S58; *Kudrle/Eden,* The Campaign Against Tax Havens: Will It Last? Will It Work?, Stanford Journal of Law, Business and Finance 2003, Vol. 9, Autumn, 39.

1520 *Kessler*, Die Euro-Holding, 1996, S. 82, 91.

1521 Vgl. *Morgan,* New Developments in the Resolution of International Tax Disputes, Tax Notes International 2006, Vol. 43, 77, 84; *Morgan,* Arbitration Clauses in International Tax Treaties Benefit Developing States, Tax Notes International 2006, Vol. 31, 681, 682; *Sheppard,* Treasury Talks Up Treaty Arbitration, Tax Notes International 2007, Vol. 45, 233, 234.

1522 Zum Verständigungs- und Schiedsverfahren insbesondere, *Krämer,* Das neue BMF-Schreiben zum internationalen Verständigungs- und EU-Schiedsverfahren, Internationale Wirtschaftsbriefe 2007, Gruppe 2, Fach 3, 1331-1344.

Obwohl eine solche Klausel im neuen U.S.-Musterabkommen fehlt, wird sie in Zukunft eine große Rolle bei DBA-Verhandlungen spielen.[1523] Den Anfang machte das neue deutsche DBA-USA , welches in Art. 25 Abs. 5 DBA-USA ein verbindliches Schiedsverfahren für den Fall vorsieht, dass im Rahmen eines Verständigungsverfahrens i.S.v. Art. 25 Abs. 1 DBA-USA innerhalb von zwei Jahren keine Einigung über die Auflösung eines Doppelbesteuerungskonflikts gefunden wurde.[1524] Damit wird vor allem den Interessen multinationaler U.S.-amerikanischer Unternehmen Rechnung getragen, die zur Erhöhung der Planungssicherheit eine solche Regelung erbeten haben.[1525] Das Schiedsgericht besteht aus drei Schiedsrichtern, wovon jeweils einer von Deutschland und den Vereinigten Staaten entsandt wird. Auf einen dritten Schiedsrichter müssen sich diese Staaten einigen. Während der Schiedsspruch für die beteiligten Staaten verbindlich ist, steht es dem Steuerpflichtigen frei, ihn abzulehnen.

D. Folgerungen

Es ist unübersehbar, dass sich die neue U.S.-Steuerpolitik der Bekämpfung des *Treaty Shoppings* verschrieben hat. Mit der verschärften und komplexeren LoB-Klausel im neuen U.S.-Musterabkommen haben die Vereinigten Staaten nunmehr eine Handhabe, Investoren aus Drittstaaten effektiv sowohl die Abkommensberechtigung als auch die Abkommensbegünstigungen zu verwehren.[1526] Die Verhandlungsmacht der Vereinigten Staaten wird dafür sorgen, dass in Zukunft in allen U.S.-amerikanischen Doppelbesteuerungsabkommen diese Restriktionen greifen.

Die Signale hinsichtlich der Gewährung eines Null-Quellensteuersatzes bleiben zweideutig. Einerseits soll dieser nur einer »Hand voll« Vertragspartner zu Gute kommen, was angesichts der bereits zweistelligen Zahl an U.S.-amerikanischen Doppelbesteuerungsabkommen mit Null-Quellen-

1523 *Goulder,* U.S. Tax Officials Talk Up Treaty Arbitration, Tax Notes International 2006, Vol. 45, 17.

1524 Hierzu ausführlich *Niznik,* The Arbitration Clause in Recent U.S. Tax Conventions, Tax Notes International 2007, Vol. 45, 791-793; *Goulder,* U.S. Lawmakers Warm to Mandatory Arbitration, Tax Notes International 2007, Vol. 47, 314-316; *Puls/Nientimp,* Das neue Schiedsverfahren nach dem DBA-USA, Recht der Internationalen Wirtschaft 2006, 673-678 und *Wolff/Eimermann,* Neuerungen im DBA-USA, IStR 2006, 837, 846. Ferner, *Endres/Wolff,* Musterfälle zum revidierten deutsch-amerikanischen Doppelbesteuerungsabkommen, IStR 2006, 721, 729; *Kleutgens/Sinewe,* Das geänderte Doppelbesteuerungsabkommen zwischen den USA und Deutschland, Recht der Internationalen Wirtschaft 2006, Beilage 2, 1, 14.

1525 *Teunissen/Penn/Nauheim u.a.,* What treaty changes mean for companies investing in the US, International Tax Review 2006, Vol. 17, September, 36, 37.

1526 *Parillo,* U.S. Treasury Releases International Tax Report, Tax Notes International 2007, Vol. 48, 995, 996.

steuersatz Makulatur ist. Andererseits ist nicht verständlich, warum die Vereinigten Staaten propagieren, dass sich die U.S.-amerikanischen Abkommenspartner diese Regelung erst einmal verdienen müssen.

Für die Steuerpraxis sind diese Aussichten zweischneidig. Den Gesellschaften, die im Visier der Verschärfungen liegen, namentlich Durchlauf- oder Briefkastengesellschaften, wird ein noch rauerer Wind entgegen wehen. Demgegenüber brechen für andere Gesellschaften und deren Gesellschafter rosigere Zeiten an, wenn es ihnen gelingt, die Früchte des Null-Quellensteuersatzes oder des verbindlichen Schiedsverfahrens zu ernten.

VI. Reformvorschläge für das U.S.-amerikanische internationale Steuerrecht

Aufgrund der Komplexität des U.S.-amerikanischen Steuerrechts gibt es seit längerem Bestrebungen, das Steuersystem einfacher zu machen und Steuervorteile zu reduzieren.[1527] Ein Kritikpunkt ist auch der mit 35% relativ hohe Körperschaftsteuersatz.[1528] Obwohl multinationalen U.S.-amerikanischen Unternehmen einem Durchschnittssteuersatz von (nur) 25% unterliegen,[1529] spielt die nominale Höhe eines gesetzlichen Steuerwettbewerbs für die Attraktivität eines Standortes eine große Rolle.[1530]

Jüngst wurde für bestimmte Einkunftsarten die Abschaffung der Anrechnungsmethode zugunsten der Freistellungmethode[1531] bzw. eine umfassende Reform des FTC-Systems diskutiert.[1532] Zu den konkreten Re-

1527 *Weiner,* U.S. Corporate Tax Reform: All Talk, No Action, Tax Notes International 2007, Vol. 47, 800, 801, 803, 804, 808. »The top three corporate tax preferences are first, the expensing of R&E expenditures, second, the deferral of income from CFCs, and third the deduction for U.S. production activities.«

1528 Siehe oben Kapitel 2(I.).

1529 *Weiner,* U.S. Corporate Tax Reform: All Talk, No Action, Tax Notes International 2007, Vol. 47, 800, 806.

1530 *Edwards,* Is the U.S. Corporate Tax in the Laffer Zone, Tax Notes International 2007, Vol. 48, 1243-1246; *Sheppard,* Ending Deferral Without Repatriating Losses, Tax Notes International 2007, Vol. 48, 996-1001 und die Replik auf diesen Artikel in, *Tittle,* International Tax Reform: Response to Sheppard, Tax Notes International 2007, Vol. 48, 1261-1262.

1531 *Weiner,* Tackling Business Tax Reform in the U.S. and EU, Tax Notes International 2008, Vol. 49, 17, 18; *American Bar Association,* Report of the Task Force on International Tax Reform, Tax Lawyer 2006, Vol. 59, No. 3, 649, 718-795; *Nadal,* ABA Task Force Releases Report on U.S. International Tax Reform, Tax Notes International 2007, Vol. 45, 114.

1532 *American Bar Association,* Report of the Task Force on International Tax Reform, Tax Lawyer 2006, Vol. 59, No. 3, 649, 692-717 und 756-776;

formvorschlägen gehört die Einführung einer *Per-Country-Limitation*, um den exzessiven Einsatz des *Cross-Crediting* zu verhindern.[1533]

Außerdem gibt es Überlegungen, das *Subpart F*-Regime zu reformieren.[1534] Vorgeschlagen wurde u.a., die Abschirmwirkung für Einkünfte aus *Tax Havens* vollständig zu eliminieren.[1535] Die Befürworter dieses Vorschlages mussten allerdings eingestehen, dass eine solche Maßnahme dem Zweck einer Reform des U.S.-amerikanischen internationalen Steuerrechts zuwiderläuft, nämlich die Stärkung der Wettbewerbsfähigkeit multinationaler U.S.-amerikanischer Unternehmen.[1536]

Schließlich wird auch diskutiert, ob die Vereinigten Staaten zu einem Territorialsystem wechseln sollten.[1537] Eine solch fundamentale Reform würde nicht nur die Repatriierungspraxis multinationaler U.S.-amerikanischer Unternehmen stark verändern, sondern auch eine Revision der U.S.-amerikanischen *Thin Cap*-Regeln erfordern.[1538]

1533 *American Bar Association,* Report of the Task Force on International Tax Reform, Tax Lawyer 2006, Vol. 59, No. 3, 649, 672, 675.

1534 *American Bar Association,* Report of the Task Force on International Tax Reform, Tax Lawyer 2006, Vol. 59, No. 3, 649, 777-812.

1535 *Nadal,* ABA Task Force Releases Report on U.S. International Tax Reform, Tax Notes International 2007, Vol. 45, 114, 115.

1536 *American Bar Association,* Report of the Task Force on International Tax Reform, Tax Lawyer 2006, Vol. 59, No. 3, 649, 811.

1537 *Weiner,* U.S. Corporate Tax Reform: All Talk, No Action, Tax Notes International 2007, Vol. 47, 800, 809.

1538 *Weiner,* U.S. Corporate Tax Reform: All Talk, No Action, Tax Notes International 2007, Vol. 47, 800, 810.

Kapitel 10: Strukturen

Auf der Basis der voranstehenden Analyse ergeben sich eine Reihe von steueroptimalen Strukturen. Eine kleine Auswahl davon soll im Folgenden dargestellt werden. Es liegt in der Natur solcher Struktur, dass sie stets dahingehend überprüft werden müssen, ob sich die zu Grunde liegende Rechtslage geändert hat. In einem solchen Falle bedarf es der Anpassung oder einer umfassenden Umstrukturierung.

I. Repatriierung ohne Quellensteuern

A. Situation

Die Vermeidung von Quellensteuern ist eine der primären Aufgaben der internationalen Steuerplanung. Denn Quellensteuern sind in zweierlei Hinsicht nachteilig: Zum einen sind sie definitiv, d.h. sie können nicht durch anderweitige Maßnahmen zurückerlangt werden und zum anderen führen sie aus U.S.-amerikanischer Sicht zu Anrechnungsüberhängen.[1539] In Strukturen, in denen die Spitzeneinheit ihren Sitz in einem Land hat, welches die Freistellungsmethode anwendet, bedeutet eine Reduzierung der Quellensteuer gleichzeitig eine geringere Gesamtsteuerbelastung.

B. Lösung

Eine Repatriierung von Dividenden ohne Quellensteuern ist unter der Maßgabe möglich, dass innerhalb der EU die Dividenden zunächst in ein Land geleitet werden, welches in einem Doppelbesteuerungsabkommen mit den Vereinigten Staaten einen Nullquellensteuersatz für Dividendenausschüttungen abgeschlossen hat. Dafür ist entscheidend, dass die unilateralen Voraussetzungen im Lichte der Mutter-Tochter-Richtlinie erfüllt werden. In einem zweiten Schritt kann das Doppelbesteuerungsabkommen genutzt werden, um die Dividenden quellensteuerfrei in die Vereinigten Staaten zu repatriieren. Auch hierfür müssen die Mindestvoraussetzungen

1539 *Kessler*, Überlegungen zur Standortwahl einer Euro-Holding aus steuerlicher Sicht, in: Fischer, Grenzüberschreitende Aktivitäten deutscher Unternehmen und EU-Recht, 1997, S. 130, 153; *Endres*, Typische Holdingstrukturen anhand von Beispielsfällen, Wirtschaftsprüfung 2003, S56, S57.

(Beteiligungshöhe und Haltefrist) sowie die *Limitation-on-Benefits*-Klausel erfüllt werden. Ein Nullquellensteuersatz wurde beispielsweise in den U.S.-amerikanischen Doppelbesteuerungsabkommen mit Deutschland, den Niederlanden und Belgien vereinbart [Abbildung 39]. Aber auch das Vereinigte Königreich wäre geeignet, da es unilateral keine Quellensteuer auf Dividendenausschüttungen erhebt.

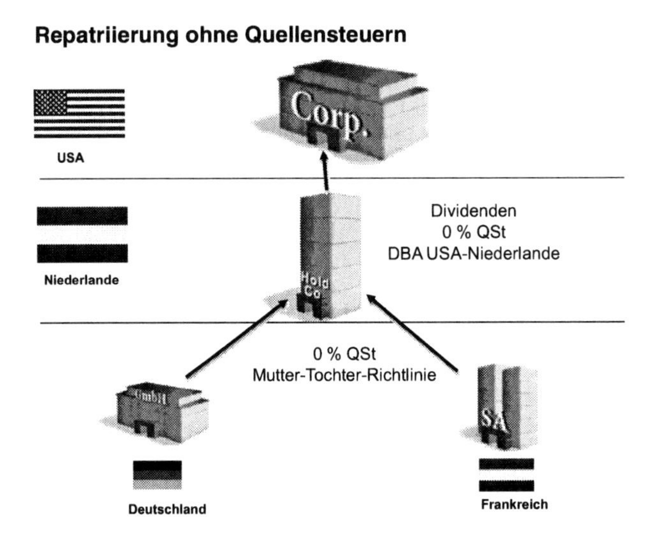

Abbildung 39: Struktur – Repatriierung ohne Quellensteuern

II. Repatriierung ohne Quellensteuern mit einer Betriebsstättenholding

A. Situation

Auch mit einer Betriebsstättenholding lassen sich Quellensteuern vermeiden.

B. Lösung

Anstatt Gewinne über Tochtergesellschaften zu repatriieren, kann auch eine Betriebsstättenholding genutzt werden. Zunächst muss ein EU-Mitgliedsstaat gesucht werden, der eine Befreiung von ausländischen Betriebsstättengewinnen gewährleistet.[1540]

In Deutschland kann die Betriebsstättenholding eine »Euro-Holding« halten und mit dieser eine Organschaft begründen. Dadurch können sowohl die »Euro-Holding« als auch die Betriebsstättenholding aufgrund der Beteiligungsertragsbefreiung in § 8b Abs. 1 KStG Dividenden steuerfrei vereinnahmen [Abbildung 40]. Ein möglicher Kaskadeneffekt aufgrund der »Schachtelstrafe« in § 8b Abs. 5 KStG kann durch die Gründung einer Organschaft zumindest teilweise vermieden werden. Die »Schachtelstrafe« muss dann nur einmal in Kauf genommen werden (§ 15 Nr. 2 KStG).

Der Gewinntransfer von der Betriebsstättenholding auf die U.S.-amerikanische Spitzeneinheit ist steuerlich unbeachtlich, solange keine U.S.-amerikanische *Branch Profits Tax* anfällt.[1541] Bei dieser Struktur muss der Steuerpflichtige darlegen, dass ein funktionaler Zusammenhang zwischen den Aktivitäten der Betriebsstättenholding und der Holdinggesellschaft besteht.[1542] Dafür muss die Betriebsstättenholding hinreichend Substanz aufweisen, indem sie Aktivitäten wie Marketing, Beteiligungscontrolling oder Vertriebsaufgaben übernimmt.

1540 Vgl. *Kessler*, Überlegungen zur Standortwahl einer Euro-Holding aus steuerlicher Sicht, in: Fischer, Grenzüberschreitende Aktivitäten deutscher Unternehmen und EU-Recht, 1997, S. 130, 160.

1541 Über die U.S. Branch Profits Tax, *Brown,* Reforming the Branch Profits Tax to Advance Neutrality, Virginia Tax Review 2006, Vol. 25, No. 4, Spring, 1219, 1224-1229.

1542 *Kessler*, Überlegungen zur Standortwahl einer Euro-Holding aus steuerlicher Sicht, in: Fischer, Grenzüberschreitende Aktivitäten deutscher Unternehmen und EU-Recht, 1997, 130, 161; *Kessler/Schmidt/Teufel,* GmbH & Co. KG als attraktive Rechtsformalternative für eine deutsche Euro-Holding, IStR 2001, 265, 270-272.

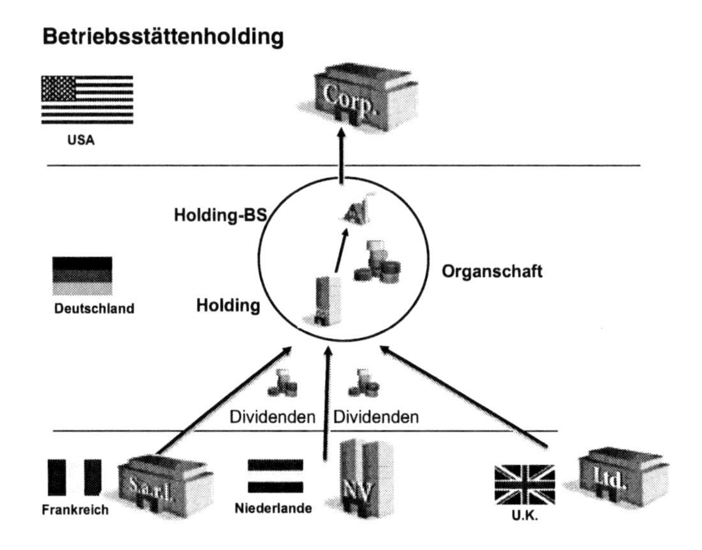

Abbildung 40: Struktur – Betriebsstättenholding

III. Vermeidung von Anrechnungsüberhängen

A. Situation

Ein weiteres Ziel der internationalen Steuerplanung ist die Vermeidung von Anrechnungsüberhängen. Durch die FTC-*Baskets* ist ein *Cross-Crediting* zwischen passiven (meist niedrig besteuerten Einkünften) und aktiven Einkünften nicht möglich. Daher müssen Holdingstrukturen einer U.S.-amerikanischen Spitzeneinheit eine steueroptimale Dividendenausschüttung ermöglichen. Dies ist mit einer einzigen Holdinggesellschaft aber nur schwer möglich.[1543]

B. Lösung: »Hi-Low« Struktur

Eine steueroptimale Repatriierungspolitik »dosiert« die Dividendenausschüttungen in einer Art und Weise, dass keine Anrechnungsüberhänge entstehen. Um flexibler Dividendenausschüttungen durchführen zu können, d.h. immer dann, wenn Gewinnrepatriierungen bei der Spitzeneinheit

1543 *Endres/Dorfmüller,* Holdingstrukturen in Europa, Praxis Internationale Steuerberatung 2001, 94, 96.

benötigt werden, sollten zwei Holdinggesellschaften gegründet werden; beispielsweise in den Niederlanden (BV 1 und BV 2). Alle Tochtergesellschaften dieser Holdinggesellschaften sollten für Zwecke der *Check-the-Box*-Regeln als *Disregarded Entity* (Betriebsstätte) eingeordnet werden [Abbildung 41].[1544] Wenn die Anrechnungssituation der Spitzeneinheit in den Vereinigten Staaten es zulässt, können niedrigbesteuerte Einkünfte von der BV 1 als Dividenden ausgeschüttet werden. Andernfalls schüttet die BV 2 hochbesteuerte Einkünfte als Dividenden aus. Darüberhinaus kann eine der BV 2 Tochtergesellschaften ein Darlehen an die U.S.-amerikanische Spitzeneinheit vergeben, welches gem. § 956 IRC als Dividende angesehen wird.

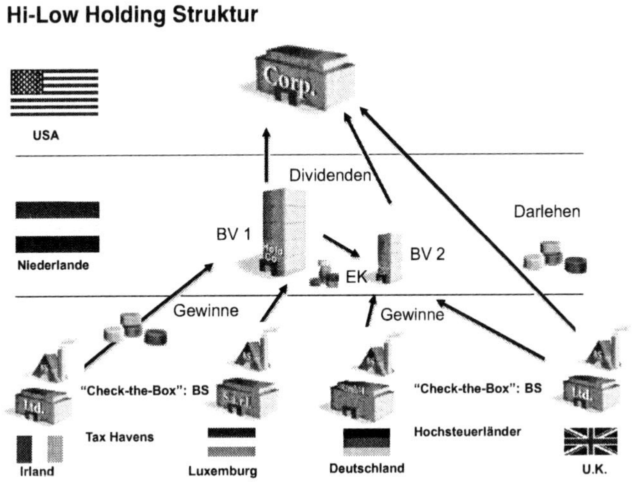

Abbildung 41: Struktur – Hi-Low

IV. Holding- und Finanzierungsgesellschaft

A. Situation

Die folgende Struktur kombiniert die Planungstechniken Einkunftsverlagerung und Umformung von Einkünften, um die Quellensteuerbelastung zu reduzieren.

1544 *Endres,* Typische Holdingstrukturen anhand von Beispielsfällen, Wirtschaftsprüfung 2003, S56, S58.

B. Lösung

Für diese Struktur werden eine Holdinggesellschaft und eine Finanzierungsgesellschaft eingesetzt. Die Holdinggesellschaften sollte ihren Sitz innerhalb der Europäischen Union in einem Land mit liberalen oder gar keinen *Thin Cap*-Regeln haben (z.B. Belgien). Die Finanzierungsgesellschaft könnte in den Niederlanden ihren Sitz haben [Abbildung 42], weil die niederländischen Steuerbehörden einen Vorabentscheid (*advanced ruling*) zur Höhe der steuerbaren Zinseinnahmen gewähren. Anstatt die Dividenden direkt aus Belgien als Dividenden in die Vereinigten Staaten auszuschütten, können Gewinne in Zinsen umgewandelt und auf die Finanzierungsgesellschaft transferiert werden. Diese kann die zusätzliche Liquidität zur Finanzierung von Konzerngesellschaften nutzen oder diese Gewinne in Form von Zinsen an die U.S.-amerikanische Muttergesellschaft repatriieren.

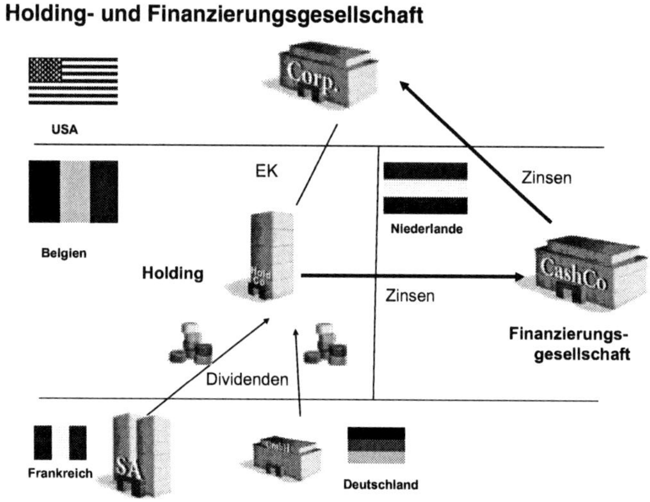

Abbildung 42: Struktur – Finanzierungsgesellschaft

V. »Double Dip« mit deutscher Personengesellschaft

In der internationalen Steuerplanung werden häufig Personengesellschaften eingesetzt. Insbesondere die GmbH & Co. KG und die stille Gesellschaft[1545] sind sehr gebräuchlich.[1546] Die Komplementär-GmbH kann zudem als umgekehrt hybride[1547] Gesellschaft i.S.d. U.S.-amerikanischen *Check-the-Box*-Regeln ausgestaltet werden.

A. Situation

Wenn Aufwendungen für steuerliche Zwecke zweifach geltend gemacht werden können, wird von einem »*Double Dip*« gesprochen. In einem solchen Falle erhöht sich der repatriierbare Betrag. Für multinationale U.S.-amerikanische Unternehmen bietet sich der Einsatz einer Personengesellschaft, z.B. einer GmbH & Co. KG, zur Realisierung eines solchen »*Double Dips*« an. Ein wichtiges Element dieser Strukturen ist das Sonderbetriebsvermögen.[1548] Eine Struktur könnte so aussehen, dass die U.S.-amerikanische Gesellschaft als Gesellschafter der Komplementär-GmbH fungiert, welche 0% der Anteile an der KG hält. Gleichzeitig ist die U.S.-amerikanische Gesellschaft Kommanditist der GmbH, der 100% der Anteile hält.

1545 Siehe beispielsweise *Jacobs*, Internationale Unternehmensbesteuerung, 2007, S. 463; *Kessler*, Die stille Beteiligung als Instrument der Steuergestaltung nach der Unternehmenssteuerreform, in: Herzig/Günkel/Niemann, Steuerberaterjahrbuch 2002/2003, S. 375-415; *Kollruss*, Die hybride Kapitalgesellschaft – Gestaltungen zur doppelten Verlustverwertung (Double-Dipping) im Verhältnis Deutschland – USA, IStR 2004, 735, 737.

1546 Über Double-Dip-Strukturen, *Kollruss*, Die hybride Kapitalgesellschaft – Gestaltungen zur doppelten Verlustverwertung (Double-Dipping) im Verhältnis Deutschland – USA, IStR 2004, 735-741; *Kessler*, Die stille Beteiligung als Instrument der Steuergestaltung nach der Unternehmenssteuerreform, in: Herzig/Günkel/Niemann, Steuerberaterjahrbuch 2002/2003, S. 375-406; *Jänisch/Klein*, Inbound Finanzierung von Großbritannien nach Deutschland über eine KG Holding Struktur, BB 2007, 696-700; *Kollruss*, Die neuen Organschaftsregeln in den Niederlanden und Double-Dip-Strukturen für deutsche Outbound-Investitionen, IStR 2004, 5-10.

1547 Siehe *Djanani/Brähler*, Internationale Steuerplanung durch Ausnutzung von Qualifikationskonflikten, Steuer und Wirtschaft 2007, 53, 55, 56. Ferner, *VanderWolk*, How to Use Tax Treaties in International Tax Planning, U.S. Taxation of International Operations, 19.4.2000, 5279, 5292.

1548 Vgl. *Müller*, Double-Dip-Modelle bei deutschen Personengesellschaften, IStR 2005, 181-187; *Endres/Schreiber/Dorfmüller*, Holding companies are key international tax planning tool, International Tax Review 2006, December/January, 46, 49.

Bei Personengesellschaften werden Aufwendungen nicht direkt bei den Gesellschaftern berücksichtigt, sondern zunächst auf der Ebene der Personengesellschaft im Sonderbetriebsvermögen.[1549] Die Gewinnermittlung erfolgt einheitlich und gesondert für jeden Gesellschafter (§ 179 AO).

B. Lösung

Die vorgeschlagene Struktur macht sich zwei Charakteristika des deutschen Steuerrechts zunutze. Zum einen die transparente Besteuerung von Personengesellschaften und zum anderen § 8b Abs. 6 KStG, der eine Beteiligungsertragsbefreiung inklusive 5%iger »Schachtelstrafe« (§ 8b Abs. 5 KStG) auch für Personengesellschaften gewährt.

Wenn eine U.S.-amerikanische Gesellschaft die unten dargestellte Struktur implementiert, kann sie Zinsaufwendungen zweifach steuerlich geltend machen.

Zunächst vergibt die U.S. Corp. I ein Darlehen an die U.S. Corp. II (*intra-group loan*). Die Zinszahlungen sind bei der U.S. Corp. II abzugsfähig. Wenn die U.S. Corp. II dieses Darlehen dazu nutzt, als Kommanditist in eine deutsche GmbH & Co. KG zu investieren (Sonderbetriebsvermögen II), können die Zinsaufwendungen nochmals im Rahmen des Sonderbetriebsvermögens in Deutschland abgezogen werden. Dadurch mindert sich die Gesamtsteuerbelastung der U.S. Corp. II in ihrer Funktion als Kommanditist der GmbH & Co. KG.[1550] Um diese steuerliche Wirkung zu optimieren, bietet sich die Errichtung einer Organschaft an, wodurch die Verluste der GmbH & Co. KG mit den Gewinnen der Tochtergesellschaften verrechnet werden können [Abbildung 43]. In einem solchen Falle ist es wichtig, dass die GmbH & Co. KG eine wirtschaftliche Tätigkeit ausführt (z.B. Dienstleistungen), um als Organträger fungieren zu können.[1551] Ein Nutzen dieser GmbH & Co. KG-Holdingstruktur besteht zum einen darin, dass mangels einer deutschen *Branch Profits Tax* eine Repatriierung ohne Quellensteuern möglich ist und zum anderen, dass die ausländischen Einkünfte bis zur Repatriierung von der U.S.-amerikanischen Besteuerung abgeschirmt werden können. Das setzt eine entsprechende *Check-the-Box-*

1549 *Müller,* Double-Dip-Modelle bei deutschen Personengesellschaften, IStR 2005, 181, S. 276. Siehe auch *Ismer/Kost,* Sondervergütungen unter dem DBA-USA, IStR 2007, 120-124.

1550 Vgl. *Endres/Schreiber/Dorfmüller,* Holding companies are key international tax planning tool, International Tax Review 2006, December/January, 46, 49; *Kessler/Schmidt/Teufel,* GmbH & Co. KG als attraktive Rechtsformalternative für eine deutsche Euro-Holding, IStR 2001, 265-274.

1551 Die Struktur funktioniert auch mit Kanada, Frankreich und Schweden, so *Endres/Schreiber/Dorfmüller,* Holding companies are key international tax planning tool, International Tax Review 2006, December/January, 46, 49.

Wahl voraus, um die GmbH & Co. KG steuerlich als umgekehrt hybride Gesellschaft (in diesem Falle als Körperschaft) zu behandeln. Die in Deutschland gezahlten Steuern können in den Vereinigten Staaten angerechnet werden.[1552] Allerdings gibt es auch in dieser Struktur ein paar Fallstricke.[1553] Insbesondere ist auf Beschränkungen durch geänderte Gesetze und Doppelbesteuerungsabkommen zu achten.[1554]

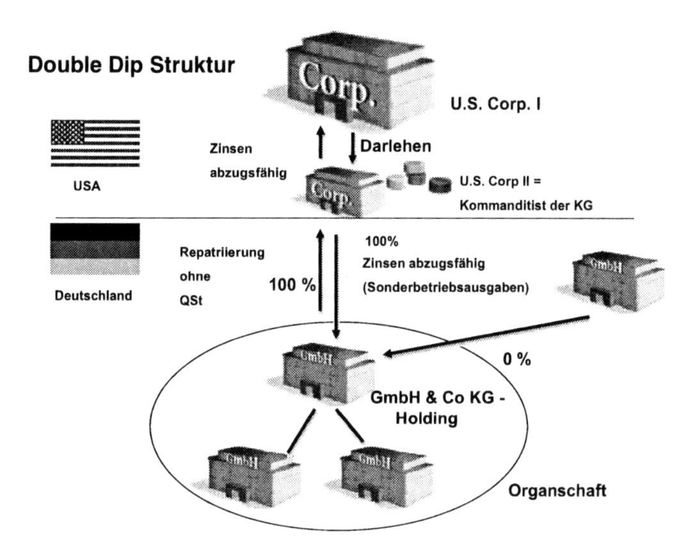

Abbildung 43: Struktur – Double Dip

VI. *Check-the-Box: Repatriierung via »Debt Push Down«*

A. *Situation*

Die *Check-the-Box*-Regeln eröffnen einige Möglichkeiten zur steueroptimalen Repatriierung. Denkbar ist eine Struktur mit einer deutschen AG

1552 *Müller,* Double-Dip-Modelle bei deutschen Personengesellschaften, IStR 2005, 181, S. 276; *Kowallik*, Typische Investitionsstrukturen, in: Grotherr, Handbuch der internationalen Steuerplanung, 2003, S. 835, 847.

1553 *Kollruss,* Die hybride Kapitalgesellschaft – Gestaltungen zur doppelten Verlustverwertung (Double-Dipping) im Verhältnis Deutschland – USA, IStR 2004, 735, 736-737.

1554 Vgl. *Plewka/Beck,* German Tax Issues for Hybrid Forms of Financing, Tax Notes International 2006, Vol. 44, 375; *Müller,* Double-Dip-Modelle bei deutschen Personengesellschaften, IStR 2005, 181, 184-186.

(OpCo) und einer deutschen GmbH (spätere Holdinggesellschaft), die beide einer U.S.-amerikanischen Muttergesellschaft gehören.

B. Lösung

In der unten stehenden Struktur wird die deutsche GmbH zunächst für *Check-the-Box*-Zwecke als *Disregarded Entity* (Betriebsstätte) eingestuft. Anschließend kauft sie mit aufgenommenem Fremdkapital die deutsche OpCo [Abbildung 44]. Dadurch wird es der U.S.-amerikanischen Muttergesellschaft ermöglicht, Gewinne steuerfrei aus Deutschland zu repatriieren und Zinsaufwendungen in Deutschland zu generieren. Allerdings muss diese Struktur so gestaltet werden, dass sie mit der Zinsschranke im Einklang steht.[1555]

Check-the-Box: Repatriierung via Debt Push Down

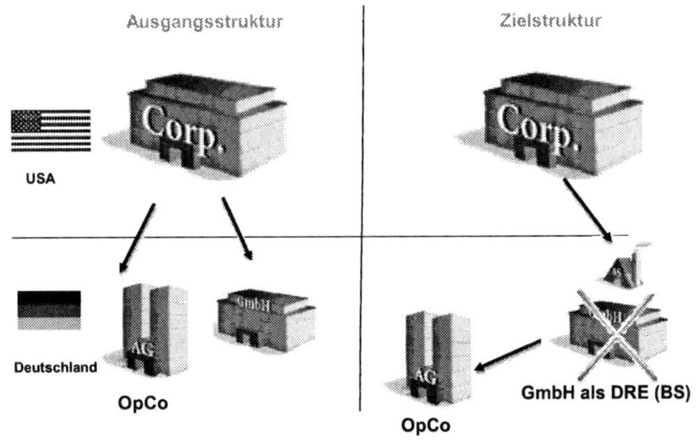

Abbildung 44: Struktur – Debt Push Down I

1555 Siehe oben Kapitel 8(IV.).

VII. Vermeidung der Zinsschranke via »Debt Push Down«

A. Situation

Wie bereits beschrieben,[1556] hat die Einführung der Zinsschranke Repatriierungen aus Deutschland durch Einkunftsverlagerung und Umwandlung von Einkünften schwieriger gemacht.

Grundsätzlich werden Zinsabzüge auf zwei unterschiedlichen Wegen durchgeführt:[1557] Auf der einen Seite kann eine deutsche Muttergesellschaft eine ausländische Tochtergesellschaft mit Eigenkapital ausstatten, die wiederum der Muttergesellschaft ein Darlehen gewährt, was Zinsaufwand für die Muttergesellschaft erzeugt. Auf der anderen Seite kann die deutsche Muttergesellschaft ein Darlehen bei einer Bank aufnehmen und damit ihre Tochtergesellschaften finanzieren. Das Bankdarlehen verursacht ebenfalls (abzugsfähigen) Zinsaufwand.

B. Lösung

Statt der deutschen Muttergesellschaft ein Darlehen in Höhe von 1000 zu geben, gibt die Bank der Muttergesellschaft nur ein Darlehen in Höhe von 300, was im Einklang mit der Zinsschranke steht. Zwei weitere Darlehen würden an die Zwischenholdinggesellschaften in den Niederlanden und dem Vereinigten Königreich vergeben [Abbildung 45]. Letztlich entspricht diese Finanzierungsstruktur dem Gesetzeszweck der Zinsschranke, nämlich weniger Zinsaufwendungspotential in Deutschland zu schaffen.

1556 Siehe oben Kapitel 8(IV.).
1557 Vgl. *Rödder/Stangl,* Zur geplanten Zinsschranke, DB 2007, 479.

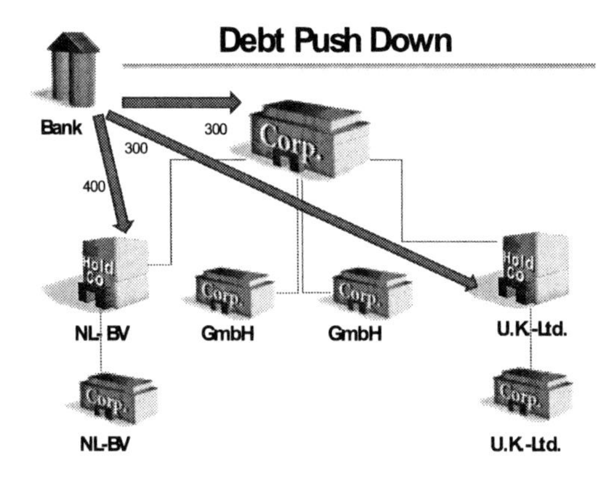

Abbildung 45: Struktur – Debt Push Down II

VIII. Schweizer Finanzierungsbetriebsstätte

A. Situation

Schweizer Holdinggesellschaften werden häufig zur Konzernfinanzierung eingesetzt. Um dieser Aufgabe möglichst steueroptimal nachzukommen, ist der Einsatz einer Schweizer Finanzierungsbetriebsstätte zusammen mit einer Luxemburger Holdinggesellschaft ein klassisches Gestaltungsinstrument.[1558]

B. Lösung

In dieser Struktur besitzt die Schweizer Holdinggesellschaft eine mit Eigenkapital finanzierte Luxemburger Finanzierungs- bzw. Holdinggesellschaft sowie weitere Tochtergesellschaften (u.a. in Deutschland). Die Luxemburger Finanzierungs- bzw. Holdinggesellschaft unterhält eine Betriebsstätte in der Schweiz [Abbildung 46]. Diese Betriebsstätte führt Dienstleistungen für operative Tochtergesellschaften der Schweizer Holdinggesellschaft aus. Solche Finanzdienstleistungen können beispielsweise die Darlehensvergabe, *Cash Management*, *Factoring* und *Leasing* sein.[1559]

1558 Vgl. *Diamond/Diamond*, Tax Havens of the World – Switzerland, 2006, S. 32-34.
1559 *Kubaile/Suter/Jakob*, Der Steuer- und Investitionsstandort Schweiz, 2006, S. 187-189.

Diese Struktur ist aus dreierlei Gründen vorteilhaft:

- Erstens, die Zinseinkünfte der Schweizer Finanzierungsbetriebsstätte unterliegen nur einer Steuerbelastung zwischen 1,5% und 7% durch die Möglichkeit eines »fiktiven Zinsabzuges« (*deemed interest deduction*). Dieser gestattet es, Finanzierungskosten (*notional interest*) für Kapital was vom Stammhaus zur Verfügung gestellt wurde, abzuziehen.[1560]
- Zweitens, die Einkünfte der Schweizer Finanzierungsbetriebstätte sind unilateral und bilateral steuerbefreit im Sitzstaat des Stammhauses (z.B. Luxemburg).[1561]
- Drittens, ein weiterer Grund für die niedrige Steuerlast der Schweizer Finanzierungsbetriebsstätte ist, dass diese in ein spezielles Steuerregime in der Schweiz eingebunden werden kann (z.B. steuerliche Behandlung wie eine Verwaltungsgesellschaft).

Allerdings bedarf es auch bei dieser Struktur einer sorgfältigen Planung, da es diverse Fallstricke gibt.[1562]

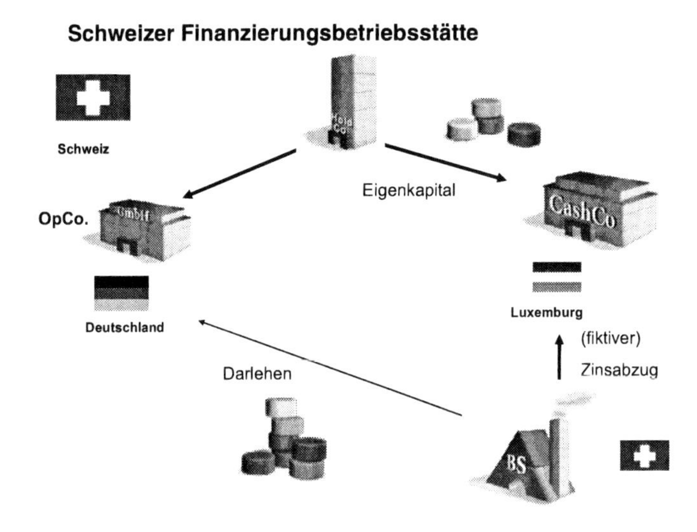

Abbildung 46: Struktur – Schweizer Finanzierungsbetriebsstätte

1560 *Kubaile/Suter/Jakob*, Der Steuer- und Investitionsstandort Schweiz, 2006, S. 187-189; *Kälin,* Swiss Companies in International Tax Planning, Tax Planning International Review 2005, Vol. 32, September, 7, 10, 11.

1561 Andere Länder, die in den Abkommen mit der Schweiz die Freistellungsmethode vereinbart haben sind u.a. Island, Österreich, Spanien, Ungarn und Polen.

1562 Zu beachten ist die jüngst geänderte österreichische Verwaltungspraxis zur Schweizer Finanzierungsbetriebsstätte Siehe *Rosenberger,* Schweizer Finanzierungsbetriebsstätte, Steuer und Wirtschaft International 2007, 550-557.

IX. Check-the-Box: Vermeidung der Subpart F-Regeln

Durch die *Check-the-Box*-Regeln werden Gestaltungen ermöglicht, durch die die *Subpart F*-Regeln vermieden werden können.

A. Situation

Der Einsatz einer ausländischen Holdinggesellschaft allein reicht nicht, um außerhalb des Anwendungsbereiches der *Subpart F*-Regeln zu agieren. Denn Zinsen, Lizenzgebühren und Dividenden, die von den (ausländischen) Tochtergesellschaften an die (ausländische) Holdinggesellschaft gezahlt werden, können grundsätzlich *Subpart F*-Einkünfte darstellen.

B. Lösung

Zunächst müssen die Tochtergesellschaften der Holdinggesellschaft für Zwecke der *Check-the-Box*-Regeln als *Disregarded Entity* (Betriebsstätte) eingeordnet werden. Dadurch werden Dividendeneinkünfte nicht zu *Subpart F*-Einkünften, sondern als einfacher Gewinntransfer von einer ausländischen Betriebsstätte behandelt. Die Einkünfte der *Disregarded Entity* werden direkt der Holdinggesellschaft zugeordnet [Abbildung 47].[1563]

Es gab Pläne der IRS diese Art der *Check-the-Box*-Planung zu unterbinden. Diese wurden aber zurückgezogen.[1564]

1563 *Grube,* Foreign Holding Company Structure Using Check-The-Box, Journal of Taxation 2001, January, 5, 6, 7; *Sweitzer,* Analyzing Subpart F in Light of Check-the-Box, Akron Tax Journal 2005, Vol. 20, 1, 10.

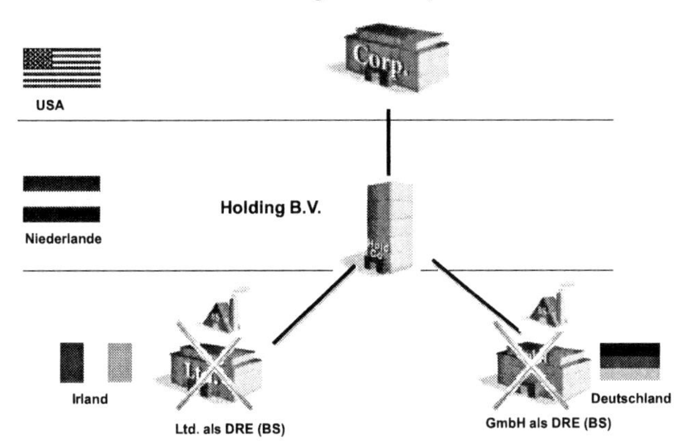

Abbildung 47: Struktur – Check-the-Box und Subpart F

X. Vermeidung der deutschen Anti-Treaty-Shopping-Regel (50d Abs. 3 EStG)

A. Situation

In der jüngeren Vergangenheit gab es nur wenige steuergesetzgeberische Maßnahmen in Deutschland, die so einen großen Einfluss auf die internationale Steuerplanung in Deutschland hatten wie die Verschärfung der Anti-Treaty-Shopping-Regeln in § 50d Abs. 3 EStG.[1565] Danach kann die Erstattung oder Reduzierung der Quellensteuer verweigert werden, wenn an der die Erstattung bzw. Reduzierung begehrende ausländische Gesellschaft Personen beteiligt sind, denen die Erstattung bzw. Reduzierung nicht zustünde, wenn sie direkt an der Dividenden ausschüttenden deutschen Gesellschaft beteiligt gewesen wären (subjektiver Test), *und*

- für die Einschaltung der ausländischen Gesellschaft weder wirtschaftliche oder sonst beachtliche Gründe vorlagen *oder*
- die ausländische Gesellschaft nicht mehr als 10% ihrer gesamten Bruttoerträge des betreffenden Wirtschaftsjahres aus eigener Wirtschaftstätigkeit erzielt *oder*

1564 *Sweitzer*, Analyzing Subpart F in Light of Check-the-Box, Akron Tax Journal 2005, Vol. 20, 1, 10, 11.

1565 Siehe oben Kapitel 8(VIII.)(B.).

- die ausländische Gesellschaft nicht mit einem für ihren Geschäftszweck angemessenen eingerichteten Geschäftsbetrieb am allgemeinen wirtschaftlichen Verkehr teilnimmt (objektiver Test).

B. Lösung 1: Repatriierung via »Two-Tier Struktur«

Fraglich ist, wie viele Ebenen für die Prüfung des subjektiven Tests einbezogen werden (Prüfung der mittelbaren Entlastungsberechtigung). Auch wenn das inzwischen erschienene oben beschriebene[1566] BMF-Schreiben[1567] eine »Stufenlösung« nahelegt, ist dies weder überzeugend noch zwingend.

Denn sowohl der Gesetzeswortlaut und der Gesetzeszweck als auch Aussagen der Finanzverwaltung in den BFH Fällen *Hilversum I* und *Hilversum II* legen einen sog. »*Two-Tier Approach*« nahe.

Danach ist es denkbar, durch die Zwischenschaltung einer weiteren Holdinggesellschaft die Tatbestandsvoraussetzungen des § 50d Abs. 3 EStG nicht zu erfüllen. In einer solchen Doppelholdingstruktur, z.B. in Luxemburg, könnte die Oberholdinggesellschaft als ein Art »Super-Holding« fungieren, und alle EU-Einkünfte einer multinationalen U.S.-amerikanischen Muttergesellschaft sammeln, um diese schließlich zu repatriieren [Abbildung 48].[1568] Dennoch ist darauf hinzuweisen, dass diese Struktur nicht der derzeitigen Verwaltungsauffassung und der herrschenden Auslegung des § 50d Abs. 3 EStG in der Praxis entspricht.

1566 Siehe oben Kapitel 8(VIII.)(B.)(II.)(1.).

1567 BMF v. 10. Juli 2007, IStR 2007, 555.

1568 *Kessler/Eicke,* Germany's Anti-Treaty-Shopping Rule: Two-tier holding meets two-tier approach, Tax Planning International Review 2007, May, 2, 3; *Kessler/ Eicke,* Doppel-Holdingstruktur als Schutz vor der Anti-Treaty-Shopping-Regelung des § 50d Abs. 3 EStG, IStR 2007, 526-530.

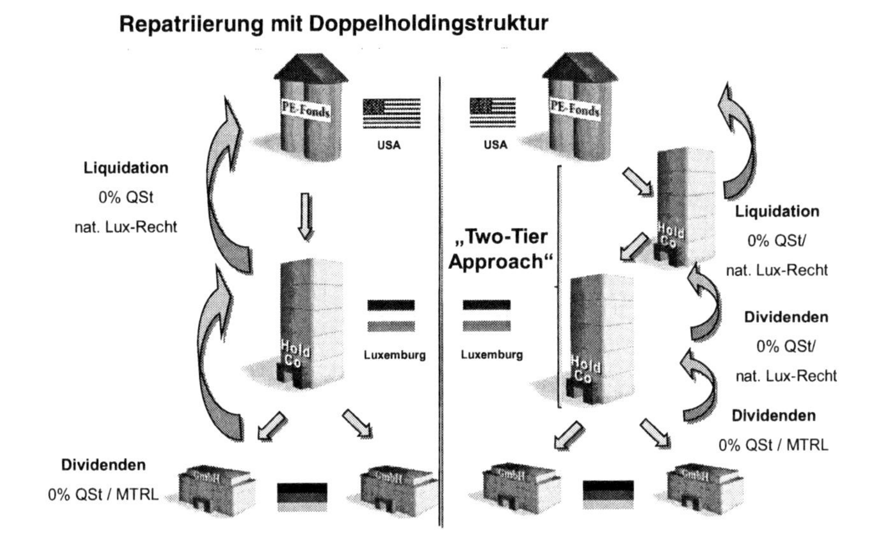

Abbildung 48: Struktur – Doppelholding

C. Lösung 2: Repatriierung mit einer deutschen Personengesellschaft oder Betriebsstätte

Eine weitere Möglichkeit, um die Anti-Treaty-Shopping-Regel zu vermeiden, ist der Einsatz einer deutschen Personengesellschaft oder Betriebsstätte, die wiederum von einer ausländischen Gesellschaft gehalten wird [Abbildung 49]. Der Anwendungsbereich des § 50d Abs. 3 EStG erstreckt sich nicht auf Personengesellschaften oder Betriebsstätten.

Eine Schwierigkeit bei der Umsetzung der unten aufgezeigten Struktur ist die Darlegung eines funktionalen Zusammenhangs zwischen den Aktivitäten der Personengesellschaft bzw. Betriebsstätte und dem Halten der Beteiligung(en).[1569] Falls die deutsche Personengesellschaft bzw. Betriebsstätte als Organträger fungiert, ist zudem eine gewerbliche Tätigkeit erforderlich.

1569 Siehe oben Kapitel 2(II.)(B)(b.).

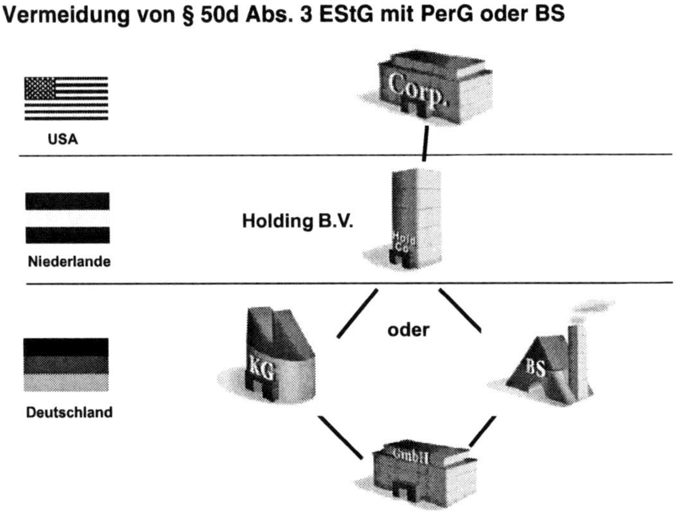

Vermeidung von § 50d Abs. 3 EStG mit PerG oder BS

USA
Corp.
Niederlande
Holding B.V.
Deutschland
KG
oder
BS
GmbH

Abbildung 49: Struktur –
Vermeidung von § 50d Abs. 3 EStG mit PersG oder BS

D. Lösung 3: Zwischenschaltung einer operativen Holdinggesellschaft

Falls möglich, kann eine bereits existierende, hinreichend mit Substanz ausgestattete Holdinggesellschaft zwischen die ausschüttende deutsche Gesellschaft und die bislang die Dividenden empfangene ausländische Gesellschaft geschaltet werden.

F. Lösung 4: Vermeidung der Anti-Treaty-Shopping Regel durch die Zinsschranke

Dadurch dass sich die Rechtsfolge der deutschen *Thin Cap*-Regel verändert hat, eröffnen sich Planungsmöglichkeiten zur Vermeidung der Anti-Treaty-Shopping-Regel. Während früher exzessive Zinszahlungen in Dividenden umqualifiziert wurden, gibt es nun im Rahmen der Zinsschranke einen Verlustvortrag. Mangels Umqualifizierung unterliegen die exzessiven Zinsen auch keiner Quellensteuer mehr. Dies eröffnet neue Planungsstrukturen für fremdfinanzierte M&A-Transaktionen, wie die unten stehende Struktur zeigt. Die Cayman Islands Gesellschaft finanziert die deutsche GmbH, welche wiederum eine deutsche Gesellschaft erwirbt [Abbildung 50]. Auf die Zinszahlungen werden keine Quellensteuern erhoben. Die Zinseinkünfte werden auf den Cayman Islands nicht besteuert. Letztlich beträgt die steuerliche Gesamtbelastung dieser Strukturierung 21,93%.[1570] Eine Gefahr besteht allerdings darin, dass die Cayman Islands Gesellschaft in den Anwendungsbereich der U.S.-amerikanischen *Subpart F*-Regeln fällt.[1571]

Vermeidung von § 50d Abs. 3 EStG mit Zinsschranke

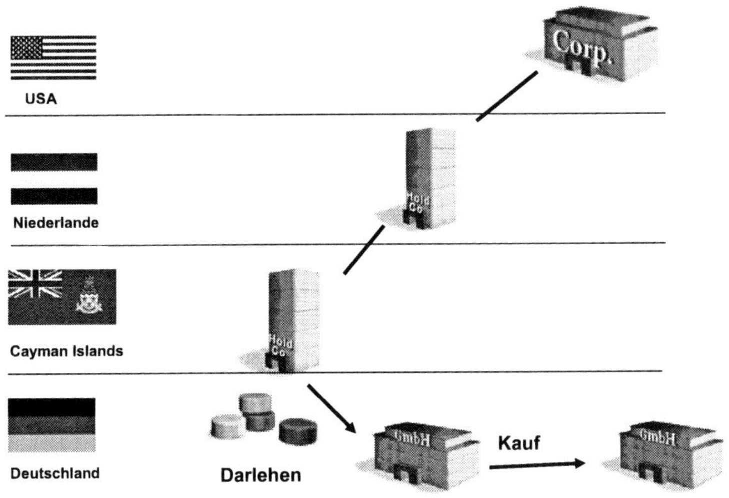

Abbildung 50: Struktur – § 50d Abs. 3 EStG und Zinsschranke

XI. Repatriierung mit Zinsschranke und CFC-Regeln

A. Situation

Ein weiterer positiver Effekt der Regelungen zur Zinsschranke lässt sich im Zusammenspiel mit den deutschen CFC-Regeln (Hinzurechnungsbesteuerung) erzeugen. Ein wichtiges Element dieser Struktur ist die Tatsache, dass die Zinsschranke im Gegensatz zur Vorgängerregelung keinerlei

1570 Vgl. *Kollruss,* Leerlaufen des § 50d Abs. 3 EStG durch die Zinsschranke, IStR 2007, 780, 781.

1571 Siehe oben Kapitel 9(I.).

Restriktionen hinsichtlich Konzernfinanzierungen[1572] enthält. Dadurch können Darlehen und Zinszahlungen als Repatriierungsinstrument eingesetzt werden.

B. Lösung

In der dargestellten Struktur wird eine deutsche GmbH von einer niederländischen B.V. finanziert, die wiederum von einer multinationalen U.S.-amerikanischen Gesellschaft gehalten wird. Das Darlehen ist für den Kauf von gegenwärtigen oder neuen Konzerngesellschaften bestimmt. Durch die Abschaffung des § 8a Abs. 6 KStG a.F. löst diese Finanzierung keinerlei steuerlichen Folgen aus. Die verbleibende Restriktion in dieser Struktur bestimmt, dass ein Zinsabzug auf die Höhe des Zinsertrages zuzüglich 30% des EBITDA beschränkt ist, falls keine Ausnahme einschlägig ist.

In diesen Grenzen können Gewinne der deutschen Gesellschaft als Zinszahlungen steuerfrei zur niederländischen B.V. geleitet werden, die diese Mittel an die U.S.-amerikanische Gesellschaft ausschüttet [Abbildung 51]. Wichtig ist, dass die deutsche GmbH und die von ihr gekauften Konzerngesellschaften als Personengesellschaften oder *Disregarded Entities* für Zwecke der U.S.-amerikanischen *Check-the-Box*-Regeln eingeordnet werden.

Da die Zinsschranke nicht für die Berechnung der Niedrigbesteuerung (§ 8 Abs. 3 AStG) im Rahmen der deutschen Hinzurechnungsbesteuerung angewendet wird,[1573] kann auch eine Finanzierungsgesellschaft mit Sitz in einem *Tax Haven* eingesetzt werden. Eine solche Finanzierungsgesellschaft muss aber im Einklang mit den U.S.-amerikanischen *Subpart F*-Regeln stehen.[1574]

1572 Siehe oben Kapitel 8(IV.).
1573 Im Detail oben Kapitel 8(IV.)
1574 Siehe Ch. 9(I.).

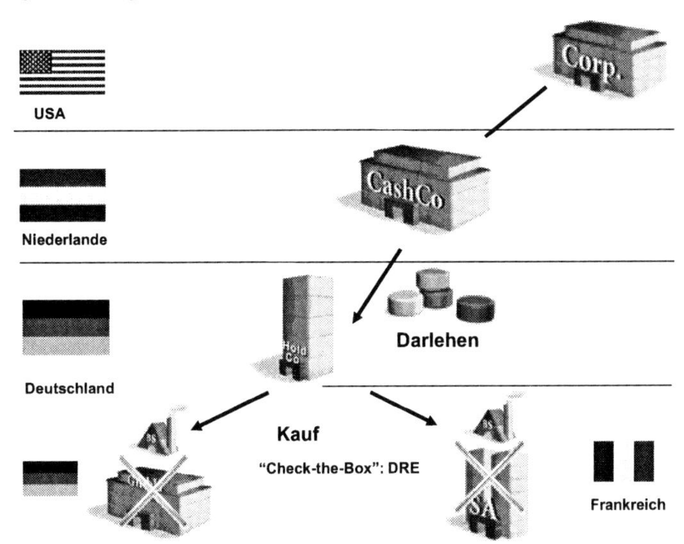

Abbildung 51: Struktur – Zinsschranke und CFC

XII. »Two Markets Holding Strategy« mit einer »Welt-Holding«

A. Situation

Für multinationale U.S.-amerikanische Unternehmen, die sowohl auf dem europäischen als auch auf den asiatischen Markt agieren, bietet sich eine Doppelholdingstruktur an, die eine steueroptimale Repatriierung sämtlicher Gewinne in die Vereinigten Staaten ermöglicht. Als Grundüberlegung hierfür dienen zum einen die engen Beziehungen zwischen der Volksrepublik China (*Mainland China*) und der Sonderverwaltungszone Hongkong (»*One Country, Two Systems*«) und zum anderen das sich im Aufbau befindliche DBA-Netzwerk Hongkongs sowie das bereits ausgeprägte DBA-Netzwerk Singapurs. Das Problem für U.S.-amerikanische Investoren besteht darin, dass die Vereinigten Staaten weder mit Hongkong noch mit Singapur ein Doppelbesteuerungsabkommen abgeschlossen haben.

B. Lösung

Die hier eingeführte »*Two Markets Holding Strategy*« sieht vor, dass ein U.S.-amerikanisches Unternehmen *Regional Headquarters* in Hongkong und/oder Singapur gründet, um die Gewinne der Tochtergesellschaften im asiatisch-pazifischen Raum zu bündeln. Sowohl Hongkong als auch Singapur wenden ein territoriales Steuersystem an.

Aufgrund der DBAs Hongkong-VR China, Hongkong-Belgien[1575] und Hongkong-Luxemburg sowie VR China-Singapur und der Vielzahl von Doppelbesteuerungsabkommen von Singapur mit europäischen Staaten[1576] bestehen einige Möglichkeiten der steueroptimalen Ausschüttung von Gewinnen in der Volksrepublik China nach Europa. Allerdings gilt für Ausschüttungen von VR China nach Hongkong oder Singapur, dass mindestens 5% Quellensteuer in der VR China einbehalten werden.[1577]

Die belgische oder Luxemburger Holdinggesellschaft kann somit nicht nur die Gewinne aus dem europäischen Raum, sondern auch die Gewinne aus dem asiatisch-pazifischen Raum bündeln und ggf. quellensteuerfrei in die Vereinigten Staaten repatriieren [Abbildung 52]. Dadurch wird die belgische oder Luxemburger »Euro-Holding« zu einer »Welt-Holding«.

1575 Art. 10 Abs. 2 DBA Belgien-Hongkong; 12 Monate Mindesthaltefrist; 25 Mindestbeteiligungshöhe.

1576 Bspw. Art. 10 Abs. 3 DBA Belgien-Singapur.

1577 Art. 10 Abs. 2 DBA VR China-Hongkong; Art. 10 Abs. 2 DBA VR China-Singapur. In beiden Vorschriften wird das Quellenbesteuerungsrecht auf 5% beschränkt.

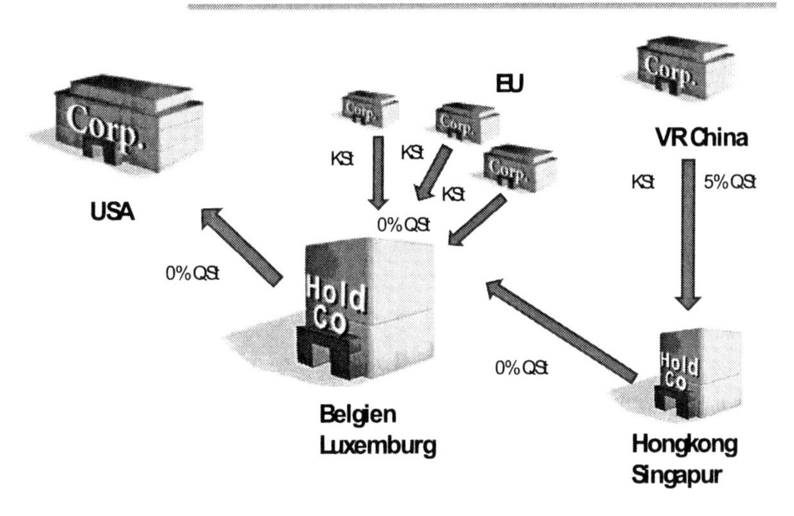

Abbildung 52: Struktur – Two Markets Holding Strategy

Kapitel 11: Zusammenfassende Würdigung und Ausblick

Am Ende einer Reise durch die wichtigsten Holdingstandorte dieser Welt gibt es vielerlei Erkenntnisgewinne. Diese umfassen nicht nur die Mannigfaltigkeit der Repatriierungsmöglichkeiten, sondern auch die vielen Hindernisse in der Repatriierungsplanung.

Die ganzheitliche Analyse der einzelnen Planungsüberlegungen soll ein Wegweiser darstellen, um eine geeignete Repatriierungsstruktur unter Einbeziehung von Holdinggesellschaften zu finden. Wenngleich die rechtlichen Rahmenbedingungen in den einzelnen Standorten sich ändern werden, gibt es eine Reihe von Analysebereiche, die konstant bzw. nicht eines stetigen Modifikationsprozesses ausgesetzt sind. Mit der Modularisierung dieses Buches wurde diesem Umstand Rechnung getragen. Die schnelllebigen Bereiche der Repatriierungsplanung mit Holdinggesellschaften wurden in die Kapitel 7 bis 10 integriert.

Internationale Steuerplanung

Die internationale Steuerplanung ist nicht nur ein legitimes Mittel, sondern auch eine Pflicht für multinationale Unternehmen, um Kosten effektiv zu senken und damit die Wettbewerbsfähigkeit zu stärken. Steuern sind deshalb in diesem Zusammenhang relevant, weil sie einen beachtlichen Kostenfaktor darstellen. Das Recht, im Rahmen der durch die Steuerrechtsordnungen zugelassenen Möglichkeiten Steuern und damit Kosten einzusparen, ist durch die höchstrichterliche Rechtsprechung anerkannt.

Wenn ein Unternehmen sich dafür entscheidet, grenzüberschreitend Güter und Dienstleistungen anzubieten, geht stets die Gefahr damit einher, dass Tatbestände erfüllt werden, die zu einer Doppelbesteuerung führen. Diese Doppelbesteuerung zu vermeiden, ist nicht nur ein primäres Ziel der internationalen Steuerplanung, sondern auch eine wichtige Aufgabe zur Eliminierung von Hindernissen im Welthandel. Die internationale Steuerplanung muss Strukturen entwickeln, die nicht nur dem Geschäftsumfeld gerecht werden, sondern auch hinreichend Substanz aufweisen, um jedem Missbrauchsverdacht entgegenwirken zu können. Substanz, steuerplanerische Zielsetzungen und Geschäftsumfeld stehen nicht selten in einem Zielkonflikt zueinander. Als Regel lässt sich aber statuieren, dass je näher diese drei Eckpfeiler der internationalen Steuerplanung im konkreten Fall beieinanderliegen, desto geringer ist das Risiko, dass die Struktur für steuerliche Zwecke nicht anerkannt wird.

Ein paar wenige Rechtsordnungen, wie die der Vereinigten Staaten, das Vereinigte Königreich und Australien haben sehr restriktive Anzeigepflichten eingeführt, um missbilligten Strukturen und Tendenzen in der der internationalen Steuerplanung zeitnah entgegenwirken zu können. Auch in Deutschland wurde eine solche Anzeigepflicht diskutiert. Dennoch gilt, dass nicht die Steuerplanung das Problem ist, sondern vor allem die unsystematischen (nationalen) Steuergesetze, die vielerlei Lücken aufweisen und damit Möglichkeiten für die Steuerplanung erst schaffen. Zudem ist ein internationaler Handel in einer Welt mit hunderten, meist nicht aufeinander abgestimmten Steuerrechtsordnungen ein noch größeres Wagnis, wenn dieser Handel oder die Dienstleistungen nicht von einer sorgfältigen internationalen Steuerplanung begleitet wird.

Vergleichbar der Tektonik der Kontinentalplatten werden sich durch die ständigen fiskalischen Änderungen innerhalb der Steuerrechtsordnungen und deren Abgrenzung untereinander, willkürlich neue Lücken ergeben, die auch in Zukunft die Lebensader der Steuerarbitrage darstellen werden. Die tektonischen Schwankungen sind nichts anderes als gelebte Gestaltungsfreiheiten souveräner Steuerrechtsordnungen. Dabei beinhaltet die Entstehung von sog. »weißen Einkünften« in den allermeisten Fällen die Entscheidung einer anderen Rechtsordnung, ihr Besteuerungsrecht nicht ausüben zu wollen. Dies gilt es zu respektieren. Mit der Implementierung einer Art »Frühwarnsystem« durch eine Flut von Informationen dem entgegen wirken zu wollen, stellt den ohnmächtigen Versuch dar, diese Realität zu negieren. Stattdessen sollten sog. Hochsteuerstaaten dazu übergehen, sich einem fairen globalen Steuerwettbewerb zu stellen.

Daher gilt, dass die wichtigsten Elemente für einen Ausgleich der Interessen zwischen internationaler Steuerplanung und Steuerstaat sowohl besser gestaltete Steuergesetze als auch Vertrauen, Kommunikation und Kooperationswille sind.

Repatriierung

Obwohl Repatriierungen von ausländischen Gewinnen meist weniger steueroptimal sind als die Allokation von ausländischen Gewinnen, konnte in dieser Schrift dargelegt werden, dass zum einen ein großer Bedarf für repatriiertes Kapital bei multinationalen U.S.-amerikanischen Unternehmen besteht und zum anderen wie solche Repatriierungsstrategien und –strukturen aussehen können. Dabei wurde auch auf die Hindernisse in diesem Prozess eingegangen, die aus U.S.-amerikanischer Sicht vor allem in dem U.S.-amerikanischen Anrechnungssystem (*Foreign Tax Credit System*) und den U.S.-amerikanischen CFC-Regeln (*Subpart F*) liegen.

Diese Strategien und Strukturen sind immer dann relevant, wenn der U.S.-amerikanische Gesetzgeber keine zeitlich begrenzten Steueranreize wie zuletzt in dem dargestellten § 965 IRC implementiert.

Globaler Steuerwettbewerb

Ein wichtiges Element in der Repatriierungssteuerplanung ist der globale Steuerwettbewerb. Ob dieser Prozess ein Fluch oder ein Segen ist, liegt im Auge des Betrachters. Ganzheitlich betrachtet ist er aber eher ein Segen, weil er für eine effiziente Allokation des Kapitals sorgt und den globalen Handel erleichtert. Für multinationale U.S.-amerikanische Unternehmen ist der globale Steuerwettbewerb ohne Zweifel vorteilhaft, wenngleich das U.S.-amerikanische Anrechnungssystem viele der Vorteile im Zeitpunkt der Repatriierung wieder eliminiert.

Komplexe Holdingsstrukturen sind eine der Folgen des globalen Steuerwettbewerbs und der diesen Wettbewerb einschränkenden Anti-Missbrauchsregeln, mit denen sog. Hochsteuerländer versuchen der Erosion ihrer Bemessungsgrundlagen entgegenwirken. Diese Schrift hat in diesem Zusammenhang die Initiativen der OECD und der EU beschrieben und herausgestellt, dass diese nicht nur inkongruent sind, sondern teilweise entgegengesetzte Ziele verfolgen. Auch die Mittel, mit denen die »schädlichen« Exzesse des Steuerwettbewerbs begegnet werden, sind sehr unterschiedlich. Während die OECD mit ihrem Prinzip des »*peer pressures*« beachtliche Erfolge erzielt hat, begegnet die EU diesem Wettbewerb mit ihren Beihilfevorschriften sowie Richtlinien. Letztere dienen allerdings in erster Linie der Harmonisierung der Steuersysteme in den EU-Mitgliedsstaaten, wo auch das Hauptaugenmerk steuerrechtlicher Maßnahmen in der EU liegt. Allerdings hat diese Schrift auch gezeigt, dass der zukünftige Harmonisierungsprozess innerhalb der EU sehr viele Hindernisse zu überwinden hat. Zu unterschiedlich sind die Interessen der Mitgliedsstaaten und zu unbeweglich sind die Positionen, zumal sich inzwischen viele Mitgliedsstaaten dem Steuerwettbewerb verschrieben haben. Der nächste anvisierte Meilenstein, eine konsolidierte einheitliche körperschaftsteuerliche Bemessungsgrundlage (CCCTB), könnte genau an dieser Gemengelage scheitern. Ungern nur werden Staaten wie beispielsweise Irland zugunsten eines einheitlichen Systems einen Wettbewerbsvorteil aufgeben wollen. Die Einführung einer CCCTB würde für den Repatriierungsprozess U.S.-amerikanischer Unternehmen in Europa mehr Planungssicherheit, aber weniger Planungsmöglichkeiten bewirken.

Die Schrift hat auch gezeigt, dass Deutschland als sog. Hochsteuerland vom Steuerwettwerb und vom Harmonisierungsprozess profitiert. Dadurch dass einige *Tax Havens* in unmittelbarer geographischer Nähe liegen, können viele Investitionen steueroptimiert werden. Deshalb wirkt sich das für sich genommen investitionsabschreckende, komplexe und überdurchschnittlich belastende deutsche Steuersystem nicht als gravierender Standortnachteil aus, so dass für Standortentscheidungen Deutschlands Stärken wie die sehr gute Infrastruktur, hochqualifizierte Arbeitskräfte und der große Verbrauchermarkt, noch mehr in den Vordergrund treten können.

Holdinggesellschaften

Ferner wurde in dieser Schrift dargestellt, dass der Repatriierungsprozess und die dazu gehörigen Strukturen sehr häufig Holdinggesellschaften einbeziehen. Dennoch ist der Einsatz einer Holdinggesellschaft allein keine Garantie für einen steueroptimierten Repatriierungsprozess. Vielmehr schafft die Zwischenschaltung einer Holdinggesellschaft zunächst eine weitere Besteuerungsebene, von der die Gefahr einer Doppelbesteuerung ausgeht. Diese Schrift hat die notwendigen Kriterien herausgearbeitet, die letztlich entscheidend für einen steueroptimierten Repatriierungsprozess sind. Allerdings reicht die einmalige Anwendung dieser Kriterien nicht für den erfolgreichen Einsatz einer Holdinggesellschaft aus. Die Struktur und der Prozess bedürfen einer ständigen Rechtmäßigkeitskontrolle (*tax compliance*) und einer Optimierung in Form eines *Benchmarkings*. Ansonsten erhöht sich die Gefahr, dass der Einsatz einer Holdinggesellschaft zu einer Steuermehrbelastung führt.

Holdingstandorte

In Kapitel 7 dieser Schrift wurden 27 Holdingstandorte dargestellt, die sich für eine Repatriierung von U.S.-amerikanischen Gewinnen aus Deutschland potentiell eignen. Als besonders attraktiv haben sich solche Holdingstandorte herausgestellt, die nicht nur stets darauf bedacht sind, Investoren steuerliche Anreize zu bieten, sondern auch eine langjährige Tradition als zuverlässiger Steuerstandort in einem kooperativen Klima vorweisen können. Während in Europa die Niederlande, Luxemburg und mit wenigen Einschränkungen die Schweiz ihre herausragenden Positionen seit vielen Jahren verteidigen, entstehen in Hongkong und Singapur gegenwärtig hervorragende Bedingungen für Holdinggesellschaften. Gerade bei den genannten Standorten ist für den U.S.-amerikanischen Investor die Gefahr gering, dass sich an dieser Steuerpolitik in Zukunft etwas ändern wird. Der größte Änderungsdruck ist nicht interner, sondern externer Natur in Form von Maßnahmen der Europäischen Union. Diese Schrift hat sämtliche relevanten Einflussfaktoren des EG-Steuerrechts auf die Ausgestaltung der mitgliedsstaatlichen Rahmenbedingungen für Holdinggesellschaften aufgezeigt.

Um einen im konkreten Fall steueroptimalen Holdingstandort zu finden, wurde in dieser Schrift das »*Balanced Scorecard Model for Holding Company Decision-Making*« vorgestellt. Es dient nicht nur als Leitfaden, sondern auch als Argumentationsbasis für die Entscheidungsfindung.

Falls es an einem Holdingstandort wider erwarten doch zu einem steuerpolitischen Wandel kommt, ist die hohe Standortelastizität von Holdinggesellschaften von großem Vorteil. Im Vergleich zu Industrieunternehmen verursacht der Standortwechsel einer Holdinggesellschaft viel geringere Transaktionskosten. In der jüngsten Vergangenheit gab es Unternehmen, für die eine bessere Lebensqualität und geringfügig günstigere steuerliche Rahmenbedingungen ausreichten, um innerhalb Europas den Holdingstandort zu wechseln.

Treaty Shopping

Eine der wichtigsten Planungstechniken ist das sog. *Treaty Shopping*, bei dem möglichst steueroptimale Dividendenrouten zur Repatriierung von ausländischen Gewinnen genutzt werden. Schafft es der Steuerpflichtige jedoch nicht, hinreichend Substanz darzulegen, gerät er meist in den Anwendungsbereich allgemeiner Anti-Missbrauchsregeln bzw. in Deutschland einer speziellen *Anti-Treaty-Shopping*-Regel. Diese Vorschrift stellte vor ihrer Reform nur ein geringes Hindernis für Repatriierungen von U.S.-amerikanischen Gewinnen aus Deutschland dar. Seit 2007 ist § 50d Abs. 3 EStG jedoch eine der größten Hindernisse. Ganz gleich wie fehlerhaft die Auslegung dieser Norm auch sein mag, der Steuerpflichtige ist gut beraten, seine Steuerplanung in Einklang mit dieser Vorschrift zu bringen. Betroffen sind hiervon aber nicht nur U.S-amerikanische Unternehmen, die ihre Investitionen in Deutschland über Luxemburg und Bermuda strukturieren, sondern auch sog. »Sandwich-Strukturen«, in denen eine deutsche Tochtergesellschaft einer U.S.-amerikanischen Muttergesellschaft eine ausländische Holdinggesellschaft hält, welche wiederum eine deutsche Gesellschaft hält. In einem solchen Fall wird die Quellensteuerbelastung bei einer Dividendenausschüttung der Enkel- an die Tochtergesellschaft definitiv. Oft gelingt es durch eine geeignete Standortwahl diese Folge zu verhindern. Doch im Falle von *Joint Ventures* und M&A-Transaktionen ist die Gefahr groß, dass diese Rechtsfolge auftritt, weil die Standortentscheidung für die Holdinggesellschaft nicht allein getroffen wird bzw. sich der »Macht des Faktischen« fügen muss.

Das Pendant zur unilateralen *Anti-Treaty-Shopping* Vorschrift ist im bilateralen Kontext die *Limitation-on-Benefits*-Klausel in Doppelbesteuerungsabkommen. Der Trend der U.S.-amerikanischen DBA-Politik geht sehr eindeutig in die Richtung einer weiteren Verschärfung dieser Klausel, was erst kürzlich im Revisionsabkommen zwischen den Vereinigten Staaten und Deutschland geschehen ist. Eine Struktur mit einer *Limitation-on-Benefits*-Klausel in Einklang zu bringen, stellt eine große Herausforderung für die internationale Steuerplanung dar.

Im Rahmen dieser Schrift wurden nicht nur die Mechanismen dieser Anti-Missbrauchsvorschriften dargestellt, sondern auch Strukturen für den Umgang mit ihnen aufgezeigt.

Weitere Hindernisse

Neben der speziellen Missbrauchsvorschrift in § 50d Abs. 3 EStG gilt es ferner einige andere Hindernisse des deutschen Steuerrechts bei der Repatriierung von U.S.-amerikanischen Gewinnen aus Deutschland zu beachten. Dazu zählen neben der reformierten allgemeinen Missbrauchsvorschrift des § 42 AO auch die unilaterale *Switch-Over*-Vorschrift in § 50d Abs. 9 EStG. Diese Schrift hat ebenfalls herausgestellt welche Beschränkungen die Zinsschranke für den Repatriierungsprozess bereit hält, aber auch welche Chancen durch die Neugestaltung der Abzugsbeschränkung für Zinsaufwendungen entstehen.

BASIC Model

Um eine steuerplanerische Maßnahme im Allgemeinen und den Repatriierungsprozess unter Einbeziehung von Holdinggesellschaften im Besonderen begleiten und handhaben zu können, wurde das BASIC-Modell vorgestellt. Es begleitet den internationalen Steuerplaner bei den chronologisch abzuarbeitenden Schritten *Benchmarking*, *Analysis, Strategy, Implementation* und *Compliance*. Das Modell führt nicht nur im Prozess, sondern hilft auch Fallstricke zu vermeiden.

Struktur: Two Markets Holding Strategy

Neben anderen dargestellten Strukturen wurde auch die »*Two Markets Holding Strategy*« vorgestellt. Diese Struktur dient multinationalen U.S.-amerikanischen Investoren, Gewinne sowohl aus dem asiatisch-pazifischen als auch aus dem europäischen Raum über Holdinggesellschaften in Hongkong, Singapur, Belgien und Luxemburg steueroptimal in die Vereinigten Staaten zu repatriieren. Auf diesem Wege kann die Luxemburger oder belgische »Euro-Holding« zu einer »Welt-Holding« umgestaltet werden.

Am Ende des Tages ist es weder möglich, pauschal eine konkrete Repatriierungsstruktur noch einen steueroptimalen Holdingstandort zu identifizieren. Diese Schrift hat jedoch die Kriterien und Schritte dargestellt, mit denen für jeden individuellen Fall eine steueroptimale Lösung für die Repatriierung von U.S.-amerikanischen Gewinnen aus Deutschland unter Einbeziehung von Holdinggesellschaften in einer sich ständig wandelnden Steuerwelt gefunden werden kann.

Rechtsprechung und Verwaltungsanweisungen

Deutschland

Rechtsprechung

BVerfGE v. 14. April1959, Bd. 9, 237, 249;

BFH v. 17.Dezember 1969, I-252/64, BStBl. II 1970, S. 257
BFH v. 15. April1970, I-R-122/66, BStBl. II 1970, S. 554
BFH v. 11. März 1970 – I B 50/68, BStBl. II 1970, 569
BFH v. 23. März 1972 – I R 128/70, BStBl. II 1972, 948
BFH v. 31. Januar 1973, I-R-166/71, BStBl. II 1973, 420
BFH v. 25. Februar 1976 – I R 150/73, BStBl. II 1976, 454, BB 1976, 774
BFH v. 9. Dezember 1980 – VIII R 11/77, BStBl II 1981, S. 339, 341.
BGH v. 16. September 1985, II-Z-R, II-Z-R 275/84, BGHZ 95, 330
BGH v. 20. Februar 1989, II-Z-B 10/88, BGHZ 107, 1
BFH v. 30. August 1995, I R 112/94, IStR 1996, 81
BFH v. 20. Mai 1997 VIII B 109/96, HFR 1997, 750, 751
BFH v. 27. August 1997, BStBl II 1998, 163
BFH v. 29. Oktober 1997, BStBl II 1998, 235
BFH v. 19. August 1999 – I R 77/96, BStBl. II 2001, 43
BFH v. 29. November 2000, I R 84/99, IStR 2001, 185
BFH v. 1. Januar 2001 – IV R 3/00, BStBl. II 2001, 520
BFH v. 20. März 2002, I R 63/99
BFH v. 7. August 2002 – I R 10/01, IStR 2002, 775
BFH v. 17. Dezember 2003, I R 47/02, IStR 2004, 692
BFH v. 31. Mai 2005, I R 88/04
BFH Vorlage v. 28. Juni 2006, I R 84/04 (beim EuGH als Rs. C-414/06 *Lidl Belgium*).
FG Münster v. 2. Juni 2006, IStR 2006, 711
FG Köln v. 16. März 2006, 2 K 1139/02, Az. des BFH: I R 26/06, IStR 2006, 425

BMF-Schreiben und OFD-Verfügung

BMF v. 23. Februar 1983, IV C 5 – S 1341 – 4/83, BStBl I 1983, 218
BMF v. 24. Dezember 1999, BStBl. I 1999, 1076
BMF v. 30. Dezember 1999, IV B 4 – S 1341 – 14/99, BStBl I 1999, 1122
BMF v. 25 Juli 2002, IV A 2 – S 2759 a – 6/02, BStBl. I 2002, 712
BMF v. 19. März 2004, IV B 4 – S 1301 USA – 22/04, DB 2004, 902

BMF v. 14. Mai 2004, IV B 4 – S1340-11/04, BStBl I 2004, 3
BMF v. 15 Juli 2004, IV A 2 – S 2742a – 20/04, BStBl I 2004, 593
BMF v. 30. Januar 2006, IV B 1-S 2411 – 4/06, IStR (2006), 324
BMF v. 8. Januar 2007, IV B 4 – S 1351 – 1/07, DB 2007, 137
BMF v. 8. Januar 2007, IV B 4 – S 1351 – 1/07, DB 2007, 137
BMF v. 3. April 2007, IV B 1 – S 2411/07/0002, BStBl. I 2007, 446
OFD Frankfurt v. 26. Oktober 1983, S 2241 A – 37 –St II 20

EuGH

EuGH v. 20 Juli 1991, C-60/90 (*Polysar*)
EuGH v. 17. Juli 1997, C-28/95 (*Leur-Bloem*)
EuGH v. 12 Mai 1998, C-336/96 (*Gilly*)
EuGH v. 21. September 1999, C-307/97 (*Saint Gobain*)
EuGH v. 13. April 2000, C-251/98 (*Baars*)
EuGH v. 14 November 2000, C-142/99 (*Floridienne und Berginvest*)
EuGH v. 8. März 2001, C-397/98 und C-410/98 (*Metallgesellschaft*)
EuGH v. 27. September 2001, C-16/00 (*Cibo Participations*)
EuGH v. 17 Oktober 2002, C-339/99 (*Energie Steiermark Holding AG*)
EuGH v. 17. Oktober 2002, C-71/00 (*Develop*)
EuGH v. 17. Oktober 2002, C-138/00 (*Solida Raiffeisen*)
EuGH v. 21. November 2002 – C-436/00 (*X und Y*)
EuGH v. 12. Dezember 2002, C-324/00 (*Lankhorst-Hohorst*)
EuGH v. 18. September 2003, C-168/01 *(Bosal*)
EuGH v. 25. September 2003, C-58/01 (*Océ van der Grinten*)
EuGH v. 7. September 2004, C-319/02 (*Manninen*)
EuGH v. 5. Juli 2005, C-376/03 (*D*)
EuGH v. 23. Dezember 2005, C-470/04 (*Marks & Spencer*)
EuGH v. 12. Januar 2006, C-294/03 (*Senior Engineering Investments BV*)
EuGH v. 21. Februar 2006, C-255/02 (*Halifax*)
EuGH v. 23. Februar 2006, C-471/04 (*Keller Holding*)
EuGH v. 7. September 2006, C-470/04 (*N*)
EuGH v. 12. September 2006, C-196/04, (*Cadbury Schweppes*)
EuGH v. 3. Oktober 2006, C-452/04 (*Fidium Finanz*)
EuGH v. 12. Dezember 2006, C-374/04 (*Test Claimants in the ACT Group Litigation*)
EuGH v. 12. September 2006, C-196/04 (*Cadbury Schweppes*).
EuGH v. 12. Dezember 2006, C-446/04 (*Test Claimants in the FII Group Litigation*)
EuGH v. 14. Dezember 2006, C-170/05 (*Denkavit Internationaal*)
EuGH v. 6. März 2007, C-292/04 (*Meilicke*)
EuGH v. 13. März 2007, C-524/04 (*Test Claimants in the Thin Cap Group Litigation*)
EuGH v. 29. März 2007, C- 347/04 (*Rewe Zentralfinanz*)
EuGH v. 10. Mai 2007, C-492/04 (*Lasertec*)
EuGH v. 24. Mai 2007, C-157/05 (*Holböck*)

EuGH v. 5. Juli 2007, C- 321/05 (*Kofoed*)
EuGH v. 18. Juli 2007, C-231/05 *(Oy AA*)
EuGH v. 4. November 2007, C-415/06 (*Stahlwerk Ergste Westig*)
EuGH v. 8. November 2007, C-279/05 (*Amurta*)
EuGH Fall C-414/06 (*Lidl Belgium*)

Niederlande

Supreme Court v. 1. April 2005, Case 37.032, V-N 2005/20.14.
Court of Appeals of Amsterdam v. 2. März 2005, Case 04/2310, V-N 2005/16.9.

Schweiz

EStV Kreisschreiben Nr. 9 v. 9 Juli 1998, Auswirkungen des Bundesgesetzes über die Reform der Unternehmensbesteuerung 1997 auf die Steuerermässigung auf Beteiligungserträgen von Kapitalgesellschaften und Genossenschaften
EStV Kreisschreiben Nr. 10 v. 10. Juli 1998, ASA 67, S. 117 und 206
Züricher Finanzdirektion v. 17.10.2000, Weisung der Finanzdirektion über die Besteuerung von Beteiligungs-, Holding-, Domizil- und gemischten Gesellschaften, http://www.steueramt.zh.ch/html/erlasse_merkblaetter/w_holdingbesteuerung1.htm

Österreich

BMF v. 28. März 2006, BMF-010206/0048-VI/10/2006
BMF v. 14. März 2003, GZ 10 5004/1-IV/10/03.

Vereinigte Staaten

U.S. treas. reg. §§ 3301.7701-1 bis -4 (*Check-the-Box*)
Notice 98-11, Internal Revenue Bulletin 1998, Issue 6, pp. 18-19
= http://www.irs.gov/pub/irs-irbs/irb98-06.pdf.
Notice 98-35, Internal Revenue Bulletin 1998, Issue 27, S. 35-38
=http://www.irs.gov/pub/irs-irbs/irb98-27.pdf.
Notice 2005-38, Internal Revenue Bulletin v. 31. Mai 2005 (Guidance zu § 965 IRC)
= http://www.irs.gov/irb/2005-22_IRB/ar07.html#d0e545

Literaturverzeichnis

Abery, Elaine: The OECD and Harmful Tax Practices, Tax Notes International 2007, Vol. 46, 823-851

Achatz, Markus/Tumpel, Michael: § 9 Abs. 1 KStG, in: Quantschnigg/Achatz/Haidenthaler/ Trenkwalder/Tumpel (Hrsg.), Gruppenbesteuerung – Kommentar und systematische Darstellungen, Wien 2005, 1-20

Ackermann, Günther: Missbrauch von Gestaltungsmöglichkeiten durch die große Koalition, DB 2007, Editorial I, Heft 26

Adonnino, Pietro: Some Thoughts on the EC Arbitration Convention, European Taxation 2003, Vol. 43, 403-408

Afhüppe, Sven: Steinbrück prüft alle Steuerabkommen, Handelsblatt 10.9.2007, 3

Agosin, Manuel/Schneider, Aaron/Machado, Roberto: Two Steps Forward, One Step Back: Mobilizing Resources in Central America, Tax Notes International 2006, Vol. 43, 1055-1061

Aitken, Roopa: The »Thin Cap« End of the Wedge?, Tax Planning International Review 2006, Vol. 33, August, 12

Alber, Siegbert: Auswirkungen des europäischen Rechts auf das mitgliedsstaatliche Steuerecht, in: Ernst & Young (Hrsg.), EuGH-Rechtsprechung Ertragsteuerrecht, Bonn 2005, 35-47

Alberts, Wolfgang: Das Steuerrecht Großbritanniens 2006/2007, Internationale Wirtschaftsbriefe 2006, Gruppe 2, Fach 5, 437-448

Alberts, Wolfgang: Das Steuerrecht Irlands 2005/2006, Internationale Wirtschaftsbriefe 2006, Gruppe 2, Fach 5, 87-92

Alberts, Wolfgang: Grossbritannien, in: Mennel/Förster (Hrsg.), Steuern in Europa, Amerika und Asien, Herne 2007, 1-112

Alberts, Wolfgang: Hongkong: Steuerrechtsänderungen im Haushaltsgesetzentwurf 2007/2008, Internationales Steuerrecht 2007, Länderbericht, Heft 9, 3

Albring, Susan M./Dzuranin, Ann C./Mills, Lillian F.: Tax Savings on Repatriations of Foreign Earnings Under the U.S. Jobs Act, Tax Notes International 2005, Vol. 39, 933-951

Allen, George: Testimony of George Allen: An Examination of U.S. Tax Policy and Its Effect on the Domestic and International Competitiveness of U.S.- Owned Foreign Operations, http://finance.senate.gov/hearings/testimony/2003test/071503gatest.pdf

Almendral, Violetta Ruiz: Tax Avoidance and the European Court of Justice: What is at Stake for European General Anti-Avoidance Rules ?, Intertax 2005, Vol. 33, 562-583

Almond, John A./Sullivan, Martin A.: U.S. Drug Firms Park Increasing Share of Profits in Low-Tax Countries, Tax Notes International 2004, Vol. 35, 1143-1149

Altenburger, Peter: Host Country Switzerland, in: Tax Management International Forum (Hrsg.), The Definition and Taxation of Dividends, Washington 2007, 57-60

Altshuler, Rosanne: Recent Developments in the Debate of Deferral, Tax Notes 2000, 255-268

Altshuler, Rosanne/Grubert, Harry: Repatriation Taxes, Repatriation Strategies and Multinational Financial Policy, Journal of Public Economics 2003, Vol. 87, 73-108

Altshuler, Rosanne/Grubert, Harry: Taxpayer Response to Competitive Tax Policies and Tax Policy Responses to Competitive Taxpayers: Recent Evidence, Tax Notes International 2004, Vol. 34, 1349-1362

Altshuler, Rosanne; Grubert, Harry; Newlon, T. Scott: Has U.S. Investment Abroad Become More Sensitive to Tax Rates ?, http://papers.nber.org/papers/w6383.pdf

Altshuler, Rosanne;Newlon, T. Scott: The Effects of U.S. Tax Policy on the Income Repatriation Patterns of U.S. Multinational Corporations, http://www.nber.org/papers/w3925.pdf

Altshuler, Rosanne; Newlon, T. Scott; Randolph, William C.: Do Repatriation Taxes Matter ? Evidence from the Tax Returns of U.S. Multinationals, http://www.nber.org/papers/ w4667.pdf, 1994

Ambrosanio, Maria Flavia/Caroppo, Maria Serena: Eliminating Harmful Tax Practices in Tax Havens: Defensive Measures by Major EU Countries and Tax Haven Reforms, Canadian Tax Journal 2005, Vol. 53, 685-719

AmCham Germany/Boston Consulting Group: Perspektiven zum Wirtschaftsstandort Deutschland – Ergebnisse des V. AmCham Business Barometer, 2008

American Bar Association: International Tax Reform: Objectives and Overview, Tax Notes International 2006, Vol. 43, 317-331

American Bar Association: Report of the Task Force on International Tax Reform, Tax Lawyer 2006, Vol. 59, No. 3, 649-812

Ammelung, Ulrich: Ausländische Finanzierungsgesellschaften und Cash-Pools, in: Piltz/ Schaumburg (Hrsg.), Internationale Unternehmensfinanzierung, Köln 2006, 71-98

Ammelung, Ulrich/Ruhser, Anne-Kathrin: Aktuelle Steueraspekte bei der Implementierung von Cash-Management-Systemen, Deutsches Steuerrecht 2003, 1999-2005

Andersen, Peter S.: Denmark, in: IBFD (Hrsg.), Europe – Corporate Taxation, Amsterdam 2007

Andrews, William Lee: Avoiding Antideferral Regimes Through Selctive Use of Trusts, U.S. Taxation of International Operations, New York 7.8.2002, 6311-6324

Anson, Tim/Dubert, Carl/Chen, Matthew: The Substantial Assistance Rules: An Evolution in Subpart F Planning, Tax Notes International 2007, Vol. 48, 695-703

Arnold, Brian J./McIntyre, Michael J. International Tax Primer, 2. Auflage, The Hague/ London/New York 2002

Arnold, Wolf-Dieter/Fellner, Karl Werner/Fraberger, Friedrich: Transfer Taxes and Stamp Duties in Austria, IBFD Bulletin for International Taxation 2004, Vol. 58, Number 8/9, 442-449

Arthur, Stephen: Holding Companies; Effective Use of Finance; Harmful Tax Competition, Tax Planning International Review 2000, Vol. 27, September, 20-24

Atzler, Elisabeth: Luxemburg lockt Hedge-Fonds, Financial Times Deutschland 20.3.2007, 19

Auerbach, Alan J.: Wealth Maximization and the Cost of Capital, Quarterly Journal of Economics 1979, Vol. 93, 433-446

Aujean, Michel: Steuerkoordination in Wirtschaftsunionen und gemeinsamen Märkten, Internationales Steuerrecht 2005, 561-562

Ault, Hugh J.: Tax competition: What (if anything) to do about it?, International and comparative taxation: essays in honour of Klaus Vogel 2002, 1-8

Ault, Hugh J.: U.S. exemption/territorial system vs. credit-based system, Tax Notes International 2003, Vol. 32, 725-729

Aurelio, Massimiano: An Analysis of the 2005 Amendments to the Merger Directive, Intertax 2006, Vol. 34, 333-352

Autzen, Thomas Die ausländische Holding-Personengesellschaft, Berlin 2006

Avi-Yonah, Reuven S.: Globalization, Tax Competition, And the Fiscal Crisis of the Welfare State, Harvard Law Review 2000, Vol. 113, May, 1573-1676

Avi-Yonah, Reuven S. U.S. International Taxation – Cases and Materials, New York 2002

Avi-Yonah, Reuven S.: Formulary Apportionment: Response to Weiner, Tax Notes International 2007, Vol. 47, 49-50

Bader, Axel Steuergestaltung mit Holdinggesellschaften, 2. Auflage, Herne 2007

Badot, Antoine: Luxembourg Parliament Approves Individual, Corporate Tax Reforms for 2008, World Tax Daily 18.1.2008, Doc 2008-836

Bakker, Hans/van de Rijt, W. M. J. A.: Netherlands corporate income tax reform 2007 – bill »Working on profit«, Bulletin for International Taxation 2006, Vol. 60, 308-315

Baldwin, Richard E.;Krugman, Paul: Agglomeration, Integration and Tax Harmonization, http://www.nber.org/papers/w9290

Baranowski, Karl-Heinz: Anmerkung zu BFH Urt. v. 17.11.1997 – Stiftungsfall I, Internationale Wirtschaftsbriefe 1998, Fach 3a, Gruppe 1, 667-668

Bardet, Henri/Beetschen, Ariane/Charvériat, Anne/Gouthière, Bruno: Les holdings, 4. Auflage, Paris 2007

Bärenz, Uwe/Veith, Amos: New Developments in Taxation of Venture Capital and Private Equity Funds in Germany, Tax Notes International 2004, Vol. 33, 731-737

Barlow, E. R./Wender, Ira. T.: Foreign Investment and Taxation, New Jersey 1955

Barnard, Johan: Former Tax Havens Prepared to Lift Bank Secrecy, IBFD Bulletin – Tax Treaty Monitor 2003, January, 9-13

Baron, Richard: Compliance and Avoidance in the United Kingdom, Tax Planning International Review 2006, Vol. 33, October, 16-18

Baron, Richard: Tax Policy-Making in the United Kingdom, Tax Planning International Review 2006, Vol. 33, November, 23-25

Bater, Paul: Gibraltar, in: IBFD (Hrsg.), Europe – Corporate Taxation, Amsterdam 2007

Bater, Paul: Guernsey, in: IBFD (Hrsg.), Europe – Corporate Taxation, Amsterdam 2007

Bater, Paul: Isle of Man, in: IBFD (Hrsg.), Europe – Corporate Taxation, Amsterdam 2007

Bater, Paul: Jersey, in: IBFD (Hrsg.), Europe – Corporate Taxation, Amsterdam 2007

Baucus, Max/Grassley, Charles E.: Finance Leaders Sending GAO Investigations To Check Out Cayman Islands Office Building, Tax Analysts 2007, Doc 2007-13469

Baumann, Stephan: Corporate Tax Reform Influences Switzerland's International Competitiveness as a Holding Company Location, European Taxation 1999, 62-68

Baumann, Stephan: Switzerland's Unilateral and International Measures Against Tax Treaty Abuse, Tax Notes International 2003, Vol. 30, 279-283

Baumhoff, Hubertus: Die Verrechnung von Leistungen zwischen verbundenen Unternehmen mit Hilfe von Konzernumlagen (Teil II), Internationales Steuerrecht 2000, 731-736

Baumhoff, Hubertus/Ditz, Xaver/Greinert, Markus: Auswirkungen des Unternehmensteuerreformgesetzes 2008 auf die Ermittlung internationaler Verrechnungspreise, Deutsches Steuerrecht 2007, 1461-1467

Bauschatz, Peter: Die Einpersonen-GmbH & Co. KGaA als Holdinggesellschaft, Deutsche Steuerzeitung 2007, 39-44

Bax, Arthur/Claes, Steven: The New Belgium-US Income Tax Treaty – An Analysis, European Taxation 2007, 347-356

BDI/KPMG: Die Behandlung von Finanzierungsaufwendungen – Ein Vergleich der in Deutschland geplanten Zinsschranke mit den Regelungen in den USA, Frankreich und den Niederlanden, Berlin 2007

Becker, Helmut/Thömmes, Otmar: Treaty shopping and EC Law, European Taxation 1991, 173-177

Becker, Helmut/Thömmes, Otmar: Treaty Shopping und EG-Recht – Kritische Anmerkungen zu Art. 28 des neuen deutsch-amerikanischen Doppelbesteuerungsabkommens, DB 1991, 566-568

Becker, Jan/Hölscher, Sebastian/Loose, Thomas: Impact of ECJ's Cadbury Schweppes Decision on German Tax Planning, Tax Notes International 2007, Vol. 45, 879-880

Becker, Jan Dierk/Loose, Thomas: Für Holdingstandorte ändern sich die Spielregeln, Praxis Internationale Steuerberatung 2006, 310-314

Becker, Johannes/Fuest, Clemens: Internationalization and Business Tax Revenue – Evidence from Germany, 2007

Becker, Johannes/Fuest, Clemens: Optimal Tax Policy When Firms are Internationally Mobile, 2007

Becker, Johannes/Fuest, Clemens: Quality versus Quantity – The Composition Effect of Corporate Taxation on Foreign Direct Investment, CESifo Working Paper 2007, No. 2126

Becker, Johannes/Fuest, Clemens:Tax Competition – Greenfield Investment versus Mergers and Acquisitions, Cologne 2007

Becker, Johannes/Fuest, Clemens: Tax Enforcement and Tax Havens under Formula Apportionment, FiFo-CPE Discussion Papers 2007, No. 07-8

Becker, Johannes/Fuest, Clemens/Spengel, Christoph: Konzernsteuerquote und Investitionsverhalten, zfbf 2006, 730-742

Becker-Christensen, Anne/Klemp, Maj-Britt/Hansen, Anders Oreby/Bjornholm, Nikolaj: Tax Reform Focuses on Interest Limitations, CFC Rules, Tax Notes International 2007, Vol. 46, 440-447

Behrens, Stefan/Schmitt, Rainer: Germany Enacts New Thin Capitalisation Rules, Tax Planning International Review 2004, Vol. 3, February, 17-22

Belanger, Peter/Taylor, Gail: CFC Losses: Structuring Opportunities For Using Them, U.S. Taxation of International Operations, New York 24.7.2002, 6495-6500

Bell, Kevin A.: Sweden, U.S. Sign Tax Treaty Protocol, 2006, WTD Doc 2005-20157

Bell, Kevin A.: U.S. Senate to Move Quickly on Pending Tax Treaties, WTD 2006-2093, 2006

Bell, Kevin A.: 2002 Netherlands Antilles-U.S. TIEA Enters Into Force, Tax Notes International 2007, Vol. 46, 157

Beltjens, Ren/Saussoy, Serge: The 2002 Luxembourg Tax Reform, Tax Planning International Review 2002, April, 8-15

Benard, Yohann: Fraude à la loi et Treaty Shopping: que penser de la décision Bank of Scotland?, Revue de Jurisprudence Fiscale 2007, 319-327

Bendlinger, Stefan: Die Holdinggesellschaft im Fadenkreuz der Finanzverwaltung, Österreichische Steuerzeitung 2007, 593-597

Bennett, Alison/Stimmel, Katherine M.: Finance Approves 19-2 Export Tax Bill with More Manufacturing, Subpart F Relief, Daily Tax Report (BNA), Vol. 191, October 2 2003, GG 1-GG 2

Bennett, Mary C./Dunahoo, Carol A.: United States and Barbados Sign New Treaty Protocol, Tax Planning International Review 2004, Vol. 31, July, 19-21

Bentley, Duncan/Halkyard, Andrew: Investing in Hong Kong and Mainland China, Intertax 2003, Vol. 31, 431-449

Bergmann, Horst/Hirschler, Klaus/Rödler, Friedrich/Kornberger, Matthias: Tax Treatment of Holding Companies in Austria, IBFD Bulletin for International Taxation 2004, Vol. 58, Number 8/9, 418-425

Berman, Daniel M./Hynes, John L.: Limitation on Benefits Clauses in U.S. income tax treaties, Tax Management International Journal 2000, Vol. 29, 692-710

Bernauer, Thomas/Styrsky, Vit: Adjustment or Voice ? Corporate Responses to International Tax Competition, European Journal of International Relations 2004, Vol. 10, 61-94

Bernstein, Jack: GAAR and Treaty Shopping – An International Perspective, Tax Notes International 2005, Vol. 37, 1107-1110

Bessard, Pierre: The Swiss Tax System: Key Features and Lessons for Policymakers, Tax Notes International 2007, Vol. 46, 1317-1330

Beußer, Thomas: Der neue § 50d Abs. 3 EStG bei Nutzungsvergütungen, Internationales Steuerrecht 2007, 316-320

Beußer, Thomas: Die Verlustabzugsbeschränkung gem. § 8c KStG im Unternehmensteuerreformgesetz 2008, DB 2007, 1549-1553

Bhattacharya, Sudipto: Imperfect Information, Dividend Policy, and »The Bird in the Hand« Fallacy, Bell Journal of Economics 1979, Vol. 10, 259-270

Bierlaagh, Huub: Unilateral relief from double taxation revised, Intertax 1989, 245-251

Bierlaagh, Huub: Permanent establishments, the separate enterprise fiction: is it a fact?, Intertax 1992, 156-160

Bierlaagh, Huub: Taxation of intercompany dividends between the Netherlands and the Netherlands Antilles under the BRK, European Taxation 1997, Vol. 37, 263-265

Bierlaagh, Huub: The CARICOM income tax agreement for the avoidance of (double) taxation?, IBFD Bulletin for International Taxation 2000, Vol. 54, 99-110

Binder, Ulrike/Jünemann, Michael/Merz, Friedrich/Sinewe, Patrick Die Europäische Aktiengesellschaft (SE), Wiesbaden 2007

Bindl, Elmar: Zur Steuerpflicht von Beteiligungserträgen nach § 8b Abs. 7 KStG bei Industrieholdinggesellschaften, Deutsches Steuerrecht 2006, 1817-1823

Bittker, Boris I./Eustice, James S. Federal Income Taxation of Corporations and Shareholders, 7th. Auflage, Boston 2005

Bjornholm, Nikolaj/Becker-Christensen, Anne: Denmark Extends Scope of Anti-Avoidance Rules, European Taxation 2006, 504-505

Bjornholm, Nikolaj/Becker-Christensen, Anne: The New Danish Tax Consolidation Regime, European Taxation 2006, 47-49

Bjornholm, Nikolaj/Hansen, Anders Oreby Denmark in International Tax Planning, Amsterdam 2005

Bjornholm, Nikolaj/Klemp, Maj-Britt: Denmark Prepares Large-Scale Tax Reforms, Tax Planning International 2007, Vol. 48, 223-225

Bjornholm, Nikolaj/Thiersen, Inger Toft: New Danish Limitations on Interest Deductions, European Taxation 2007, 589-592

Blanco, Evan/Kaewsathit, Tanapone: Hong Kong Signs Comprehensive Tax Treaty with Thailand, World Tax Daily 30.9.2005, Doc 2005-19843

Blessing, Peter H.: Bringing It All Back Home: Earnings Repatriations Under the U.S. Jobs Act, Tax Notes International 2004, Vol. 36, 625-639

Blöchle, Daniel/Dendorfer, Will/Kresge, Theodore: Neue US-Gesetzgebung – sog. Anti-Inversion Regeln – birgt Risiken für internationale Umstrukturierungen, Internationales Steuerrecht 2005, 700-704

Blumers, Wolfgang: Funktionsverlagerung per Transferpaket, BB 2007, 1757-1763

Blumers, Wolfgang: Zur möglichen Holdingfunktion einer ausländischen Tochter-Personengesellschaft, DB 2007, 312-314

Blumers, Wolfgang: Funktionsverlagerung, Handbuch Unternehmensteuerreform 2008, Münster 2008, 177-204

Bobeldijk, Arco C. P./Hofman, Arthur W.: Dutch Thin Capitalization Rules from 2004 Onwards, Intertax 2004, Vol. 32, 254-261

Bogaerts, Raf: Corporate Tax Reform Influences Luxembourg's International Competitiveness as Holding Company Location, European Taxation 2002, Vol. 42, 380-293

Boidman, Nathan: Inversions, Earnings Stripping – Thin Capitalization and Related Matters – An International Perspective, Tax Notes International 2003, Vol. 29, 879-904

Boidman, Nathan/Adrion, Harold: The Anarchy of Mechnical Antiavoidance Law – The U.S. Inversions Legislation and Canadians, Tax Notes International 2005, Vol. 38, 131-139

Boidman, Nathan/Culbertson, Robert E./King, Jaime E./Hicks, Harry J. III/Lightman, E. Daniel/Wollman, Diana L.: U.S. Inversions and Earnings Stripping Initiatives: A Forum for International Commentary (Part 2 of 5), Tax Notes International 2003, Vol. 29, 1157-1156

Boidman, Nathan/et al: M&A Forum: Can Stockholders Avoid Target Country Tax on a Cross- Border Share-for-Share Acquisition or Merger?, Tax Notes International 2004, Vol. 34, 1015-1028

Böing, Christian Steuerlicher Gestaltungsmissbrauch in Europa – Eine rechtsvergleichende Untersuchung von Konzeptionen zur Bekämpfung des Gestaltungsmissbrauchs, Hamburg 2006

Boitelle, Thierry V. A.: Recent Swiss Treaty Developments, Tax Notes International 2007, Vol. 46, 1239-1243

Bolkestein, Frits: The future of European tax policy, EC Tax Review 2002, Vol. 11, 19-21

Bolton, Clare: The Role of Tax Benchmarking, Tax Planning International Review 2004, June, Vol. 31, 21-23

Bon, Willem/Mol-Verver, Suzanne: Set-off of losses, in: Loyens & Loeff (Hrsg.), Dutch Corporation Tax Act 2007 in focus, 2005, 33-35

Bonn/Schmitt/Steichen: Doing Business in Luxembourg, Luxembourg City 2005

Borgsmidt, Kirsten: Leitgedanken der EuGH-Rechtsprechung zu den Grundfreiheiten in Steuerfällen – eine Bestandsaufnahme, Internationales Steuerrecht 2007, 802-809

Borstell, Thomas: ABC der Verrechnungspreise, in: Vögele/Borstell/Engler (Hrsg.), Handbuch der Verrechnungspreise, 2. Auflage, München 2004, 1-31

Bouma, Herman B.: Host Country United States, in: Tax Management International Forum (Hrsg.), The Definition and Taxation of Dividends, Washington 2007, 66-72

Bouzoraa, Dali: The Parent-Subsidiary Directive: Denkavit's lessons, European Taxation 1997, 14-19

Bracewell-Milnes, Barry: Uses of Tax Havens, Intertax 2000, Vol. 28, Issue 11, 406-407

Bracewell-Milnes, Barry: Is Tax Avoidance Harmful?, Intertax 2003, Vol. 31, 96

Bracewell-Milnes, Barry: The Cost of Harmony, Intertax 2004, Vol. 32, 458-459

Bradford, David F.: The Incidence and Allocation Effects of a Tax on Corporate Distributions, Journal of Public Economics 1981, Vol. 15, 1-22

Braiterman, Andrew H.: Intragroup Transactions: The Kinder, Gentler Subpart F, Tax Notes 2007, Vol. 115, 567-578

Brandtner, Urs Bernd/Busch, Jochen: Germany Revises Taxation Of Private Capital Investments, Tax Notes International 2007, Vol. 47, 205-207

Brassem, Edwin: »Patents Box« Now Final, Tax Planning International Review 2007, Vol. 34, February, 27

Bratton, William W.: The New Dividend-Puzzle, Georgetown Law Journal 2005, Vol. 93, 845-896

Bräunig, Klaus/Welling, Berthold: Bewertung aus Sicht der Wirtschaft, in: Ernst & Young/BDI (Hrsg.), Unternehmensteuerreform 2008 – Änderungen – Zweifelsfragen – Gestaltungsmöglichkeiten, Bonn/Berlin 2007, 274-306

Bravenec, Lorence L.: Connecting the Dots in U.S. International Taxation, Tax Notes International 2002, Vol. 27, 845-850

Brekelmans, Jean-Baptiste: Luxembourg, Tax Notes International 2006, Vol. 44, 1072-1074

Brekelmans, Jean-Baptiste: Luxembourg's Law on Specialized Investment Funds, Tax Notes International 2007, Vol. 46, 1139-1143

Brennan, Geoffrey/Buchanan, James M. The Power to Tax: Analytical Foundations of a Fiscal Constitution, Indianapolis, IN 1980

Brinker, Thomas M. Jr.: Comparing U.S. and U.K. CFC Rules, Journal of International Taxation 2003, Vol. 14, May, 18-23

Brinker, Thomas M. Jr./Sherman, W. R.: Relief from International double taxation: the basics, Journal of International Taxation 2005, Vol. 16, March, 16-21

Briones, Luis/García, Pilar: Host Country Spain, in: Tax Management International Forum (Hrsg.), The Definition and Taxation of Dividends, Washington 2007, 51-56

Brock, Rüdiger: Die Schweiz als Holdingstandort: Auswirkungen der Unternehmenssteuerreform, Praxis Internationale Steuerberatung 2000, 220-222

Brokelind, Cécile: Ten years of application of the Parent-Subsidiary Directive, EC Tax Review 2003, Vol. 12, 158-166

Brokelind, Cécile: The Proposed Amendments to the Parent-Subsidiary Directive: Some Progress ?, European Taxation 2003, Vol. 43, 451-456

Bron, Jan Frederik: Die Europarechtswidrigkeit des § 50d Abs. 3 EStG unter Berücksichtigung von Missbrauchsvorbehalten im Gemeinschaftsrecht, DB 2007, 1273-1276

Brown, Edward D./Kaplan, Eric R.: Incorporating Offshore: Taxation and Asset Protection, U.S. Taxation of International Operations, New York 6.8.2003, 6167-6170

Brown, Fred B.: Reforming the Branch Profits Tax to Advance Neutrality, Virginia Tax Review 2006, Vol. 25, No. 4, Spring, 1219-1294

Brown, Patricia A. Testimony of Patricia A. Brown, Deputy International Tax Counsel (Treaty Affairs), United States Department of the Treasury before the Senate Committee on Foreign Relations, WTD Doc 2006-2092. Auflage, Washington 2-2-2006

Bruckner, Karl: Gruppenbesteuerung – Top oder Flop? – Die neue Firmenwertabschreibung beim Share Deal, Österreichische Steuerzeitung 2005, 257-262

Bruckner, Karl: Gruppenbesteuerung – Top oder Flop? – Möglichkeiten der Verlustverwertung im Rahmen der neuen Gruppenbesteuerung, Österreichische Steuerzeitung 2005, 227-231

Brumbaugh, David L.: Tax Exemption for Repatriated Foreign Earnings: Proposals and Analysis, http://www.thememoryhole.org/crs/more-reports/RL32125.pdf

Bruns, Silke: Fragen im Bereich der Diskriminierungsverbote (IFA/OECD), Internationales Steuerrecht 2007, 579-582

Bryant, Jeff: Using Hybrid Entities in International Business Arrangements, U.S. Taxation of International Operations, New York 7.10.1998, 7667-7679

Buchenau, Martin/Fröndhoff, Bert: Trickreiche Umwandlung, Handelsblatt 26.6.2007, 2

Bühlmann, Jörg R.: Besteuerung gewerblicher Tätigkeiten in der Schweiz, in: Weigell/Brand/Safarik (Hrsg.), Investitions- und Steuerstandort Schweiz, 2. Auflage, München/Bern 2007, 31-51

Bullinger, Patrick: Änderung der Mutter-Tochter-Richtlinie ab 2005: Erweiterung des Anwendungsbereichs und verbleibende Probleme, Internationales Steuerrecht 2004, 406-412

Bünning, Martin: Germany: Use of Partnership and Other Hybrid Instruments in Cross-Border Transactions, Intertax 2003, Vol. 31, 401-408

Bünning, Martin: Germany: Recent Developments Affecting the Structuring of Private Equity and Venture Capital Funds, Intertax 2005, 35-43

Bünning, Martin/Mühle, Anja: Jahressteuergesetz 2007: Der Regierungsentwurf zur Änderung des § 50d Abs. 3 EStG, BB 2006, 2159-2165

Burgstaller, Eva/Schilcher, Michael: Subject-to-Tax Clauses in Tax Treaties, European Taxation 2004, Vol.44, 266-276

Burki, Nico/Reinarz, Peter: The Taxation of Holding, Domiciliary and Auxilliary Companies in Switzerland, IBFD Bulletin 1996, 351-358

Buzanich, Herbert: A Comparison Between the U.S. and OECD Approaches to Hybrid Entities, Tax Notes International 2004, Vol. 36, 71-94

Calderón, Jose: The OECD Transfer Pricing Guidelines as a Source of Tax Law: Is Globalization Reaching the Tax Law?, Intertax 2007, Vol. 35, 4-29

Calianno, Joseph M./Collins, Martin J.: Notice 2007-9: A Sound Approach for Applying the U.S. CFC Look-Through Rule, Tax Notes International 2007, Vol. 45, 685-697

Calianno, Joseph M./Cornett, J. Michael: Guardian Revisited: Proposed Regs Attack Guardian and Reverse Hybrids, Tax Notes International 2006, Vol. 44, 305-316

Calianno, Joseph M./Gregoire, Brent J.: CFC Restructuring and Disposition: How International Provisions alter the General Rules, Journal of International Taxation 2001, Vol. 12, October, 34-46

Carramschi, Bruno Macorin: Exit Taxes and the OECD Model Convention: Compatibility and Double Taxation Issues, Tax Notes International 2008, Vol. 49, 283-293

Cary, William L.: Federalism and Corporate Law: Reflections Upon Delaware, Yale Law Journal 1974, Vol. 83, 663-705

Castiel, Michael: Gibraltar Budget Provides Timetable for Corporate Tax Cuts, World Tax Daily 6.7.2007, Doc 2007-15886

Cavalier, Georges A.: Redesigning Heaven: Tax Haven Reform in The Netherlands Antilles, Tax Notes International 2005, Vol. 38, 1009-1019

Cerioni, Luca: Harmful Tax Competition Revisited: Why not Purely Legal Perspective under EC Law ?, European Taxation 2005, Vol. 45, 267-281

Cerioni, Luca: The Introduction of Comprehensive Approaches to Business Taxation: At the Root of Competition and Discrimination Dilemmas or ... The Long and Winding Road to a Solution? – Part 1, European Taxation 2005, 541-559

Cerioni, Luca: The Introduction of Comprehensive Approaches to Business Taxation: At the Root of Competition and Discrimination Dilemmas or ... The Long and Winding Road to a Solution? – Part 2, European Taxation 2006, 13, 28

Cerioni, Luca: The Possible Introduction of Common Consolidated Base Taxation via Enhanced Cooperation: Some Open Issues, European Taxation 2006, Vol. 46, 187-196

Chéruy, Christian: Belgium Extends Dividend Withholding Tax Exemption, Tax Notes International 2007, Vol. 45, 217-218

Chetcuti Dimech, Frank: Tax Planning in Malta, Tax Planning International 2006, Special Report: Offshore Tax Planning, 49-52

Cheung, Daniel K. C.: Reform of Hong Kong's Interest Deduction Rules, International Tax Journal 2003, Vol. 29, Issue 2, Spring, 72-96

Cheung, Daniel K. C./Wong, Percy: Hong Kong and the Territorial Source of Business Profits, Tax Planning International Review 2007, Vol. 29, December, 3-11

Chhabra, Sunit/Gandhi, Nand Singh/Bur, Lim Pek/Salleh, Rasida Mohd/Chuan, Yeoh Lian: Singapore – Budget 2007 changes: Parliament passes Income Tax (Amendment No 2) Bill 2007, Tax Planning International Review 2007, Vol. 34, December, 25-26

Chown, John: Eliminating Tax Obstacles for Cross-Border Operations, Tax Notes International 2007, Vol. 46, 563-571

Christian Aid The Shirts Off Their Backs: How Tax Policies Fleece the Poor, London 2005

Chua, Low Hwee/Ming, Wong Chee: Understanding Singapore's foreign-source income exemption, International Tax Review 2003, Vol. 14 July/August, 18-21

Clark, Braedon: Limitation on Benefits: Changing Forms in the New US-UK Tax Treaty, European Taxation 2003, 97-99

Clarke, Giles Offshore Tax Planning, 9th ed. Auflage, London 2002, Offshore Tax Planning

Clausing, Kimberly A./Avi-Yonah, Reuven S.: Reforming Corporate Taxation in a Global Economy – A Proposal to Adopt Formulary Apportionment, 2007, The Hamilton Project, Discussion Paper 2007-08

Cleave, Brian/Bater, Paul/Woodward, Colin: United Kingdom, in: IBFD (Hrsg.), Europe – Corporate Taxation, Amsterdam 2007

Clemons, Roy The Who, Why and What of the One-Time Tax Holiday for Repatriations Provided by the American Jobs Creation Act of 2004, 2007

Cloer, Adrian/Lavrelashvili, Nino: Erneute Bestätigung der Marks & Spencer – Rechtsprechung bei finnischer Konzernbesteuerung – alte Fragen bleiben ungeklärt, neue kommen hinzu, Recht der Internationalen Wirtschaft 2007, 777-781

Cnossen, Sijbren: Reform and Coordination of Corporation Taxes in the European Union: An Alternative Agenda, Tax Notes International 2003, Vol. 34, 1327-1347

Committee On Foreign Relations United States Senate – Joint Committee on Taxation Explanation of Proposed Protocol to the Income Tax Treaty Between the United States and France, JCX-2-06. Auflage, Washington 2-2-2006a

Committee On Foreign Relations United States Senate – Joint Committee on Taxation Explanation of Proposed Protocol to the Income Tax Treaty Between the United States and Sweden, JCX-1-06. Auflage, Washington 2-2-2006b

Confédération Fiscale Européenne: Opinion Statement of the CFE Task Force on ECJ Cases on the Judgment in the Case of Marks & Spencer plc v. Halsey (Case C-446/03) – Judgment Delivered 13 December 2005, European Taxation 2007, Vol. 47, 51-54

Corabi, Giampaolo/Giavolucci, Daniela: Tax Planning and Business Internationalisation, Tax Planning International Review 2001, Vol. 27, November, 7-11

Cordewener, Axel Europäische Grundfreiheiten und nationales Steuerrecht, Köln 2002

Cordewener, Axel: EG-rechtliche Meistbegünstigungspflicht im Steuerrecht: Aktuelle und potenzielle Fallgestaltungen, in: Cordewener/Enchelmaier/Schindler (Hrsg.), Meistbegünstigung im Steuerrecht der EU-Staaten, München 2006, 123-149

Cordewener, Axel/Kofler, Georg/Schindler, Clemens Philipp: Free Movement of Capital, Third Country Relationships and National Tax Law: An Emerging Issue before the ECJ, European Taxation 2007, Vol. 47, 107-119

Cordewener, Axel/Reimer, Ekkehart: The Future of Most-Favoured-Nation Treatment in EC Tax Law – Did the ECJ Pull the Emergency Brake without Real Nead? – Part 1, European Taxation 2006, Vol. 46, 239-249

Cordewener, Axel/Schnitger, Arne: Europarechtliche Vorgaben für die Vermeidung der internationalen Doppelbesteuerung im Wege der Anrechnungsmethode, Steuer und Wirtschaft 2006, 50-78

Cornelisse, Rob: Discrimination between debt and equity, in: Loyens & Loeff (Hrsg.), Dutch Corporation Tax Act 2007 in focus, 2005, 26-28

Couch, Malcolm: Cross-Border Tax Cooperation: Why Some Approaches Don't Work, Tax Notes International 2007, Vol. 45, 237-242

Council of the European UnionCouncil Conclusions on Co-ordinating Member States' direct tax systems in the Internal Market, 2792nd Economic and Financial Affairs Council MeetingWTD Doc 2007-274427.3.07

Courage, Christoph: Die Holdingregelung im spanischen Steuerrecht, Recht der Internationalen Wirtschaft 1996, 675-678

Craig, Adam: Open Your Eyes: What the »Open Skies« Cases Could Mean for the US Tax Treaties with the EU Member States, IBFD Bulletin for International Taxation 2003, 63-74

Crezelius, Georg: Vom Missbrauch zum Misstrauen: Zur geplanten Änderung des § 42 AO, DB 2007, 1428-1430

Cullen, Pat/Forde, Evelyn: Ireland moves ahead as a holding company location, International Tax Review 2004, March, 21-23

Cullinane, John: Better ways for lawmakers to tackle tax avoidance, Financial Times 25.1.2007, 12

Cunningham, William T.: Ireland's New Holding Company Regime, IBFD Bulletin for International Taxation 2004, December, 542-545

Curmi, Chris: Malta – Pre-Budget Document 2007 Highlights Proposed Changes, Tax Planning International Review 2006, Vol. 33, September, 25-26

Cusi, Jose Maria: Spain focuses on anti-avoidance, International Tax Review 2007, Vol. 18, February, 30-31

Dagan, Tsilly: National Interest in the International Tax Game, Virginia Tax Review 1998, Vol. 18, Fall, 363-416

Dagnese, Napoleao: Is Brazil 'developed'? : termination of the Brazil-Germany tax treaty, Intertax 2006, 195-198

Dautzenberg, Norbert: Die Mutter-Tochter-Richtlinie in der geänderten Form ab dem 1.1.2005, Steuern- und Bilanzpraxis 2005, 254-261

De Carlo, Joseph/Granwell, Alan W./van Weeghel, Stef: An Overview of the Limitation on Benefits Article of the New Netherlands-U.S. Income Tax Convention, Tax Management International Journal 1993, Vol. 34, 163-172

De Ceulaer, Stefaan: Community Most-Favoured-Nation Treatment: One Step Closer to the Multilateralization of Income Tax Treaties in the European Union ?, IBFD Bulletin for International Taxation 2003, 493-502

de Graaf, Arnaud: Designing an anti-treaty shopping provision: an alternative approach, EC Tax Review 2008, 12-23

de Haen, Kurt/de Clippele, Phillippe/Ngai, Jeremy/Wong, Kenneth: Tax treaty creates investment gateway between East and West, International Tax Review 2007, Vol. 18, October, 28-31

de Hosson, Fred: On the Controversial Role of the European Court in Corporate Tax Cases, Intertax 2006, Vol. 34, 294-304

de la Cueva González-Cotera, Álvaro/Pons Gasulla, Elia: Spain, in: IBFD (Hrsg.), Europe – Corporate Taxation, Amsterdam 2007

de Sousa da Câmara, Francisco/Santiago, Bruno: Thoughts on Portugal's New Disclosure Rules, Tax Notes International 2007, Vol. 48, 757-759

de Wit, Michiel/Tilanus, Viola: Dutch Thin Capitalization Rules »EU Proof« ?, Intertax 2004, Vol. 32, 187-192

de Wit, Ruben: Dutch Hybrid Entity Provision Relaxed for U.S. Investors, Tax Notes International 2005, Vol. 39, 207-209

de Witte, Dirk: Luxembourg and Hong Kong SAR: Tax Treaty Signed, Tax Planning International Review 2007, Vol. 34, November, 38-39

Dean, Miles: New Capital Gains Tax Exemption, Tax Planning International Review 2002, Vol. 29, May, 8-11

Debatin, Helmut: Das neue Doppelbesteuerungsabkommen mit den USA (Teil 1), DB 1990, 598-603

Debatin, Helmut: Das neue Doppelbesteuerungsabkommen mit den USA (Teil 2), DB 1990, 654-661

Debatin, Helmut/Endres, Dieter The new US/German Double Tax Treaty, München 1990

Degrève, Sandrine/Molitor, Roger: Tax Competition – Current Trends for Company Taxation in Europe, Tax Notes International 2006, Vol. 41, 299-306

Dehjia, Vivek H.;Genschel, Philipp: Tax Competition in the European Union, http://www.mpi-fg-koeln.mpg.de/pu/mpifg_dp/dp98-3.pdf, 1998

Delaurière, Jérome: Does Denkavit Signal the End of Withholding Tax?, Tax Notes International 2007, Vol. 45, 303-305

Delputte, Barbara: WHT on Dividends in the E.U.: Impact of the Second Denkavit Case (C-170/05), Tax Planning International Review 2007, Vol. 34, 8-9

Denys, Lieven A.: The ECJ Case Law on Cross-Border Dividends Revisited, European Taxation 2007, Vol. 47, 221-237

Desai, Mihir A.; Foley, C. Fritz; Hines, James R: Dividend Policy inside the Firm, http://papers.nber.org/papers/w8698.pdf

Desai, Mihir A.; Foley, C. Fritz; Hines, James R: Dividend Policy inside the Multinational Firm, http://papers.ssrn.com/sol3/papers.cfm?abstract_id=317040

Desai, Mihir A.; Foley, C. Fritz; Hines, James R: Economic Effects of Regional Tax Havens, http://www.nber.org/papers/w10806.pdf

Desai, Mihir A./Foley, C. Fritz/Hines, James R: Repatriation Taxes and Dividend Distortions, National Tax Journal 2001, Vol. 54, no. 4, 829-851

Desai, Mihir A./Foley, C. Fritz/Hines, James R: A Multinational Perspective on Capital Structure Choice and Internal Capital Markets, Journal of Finance 2004, Vol. 59, 2457-2487

Desai, Mihir A./Foley, C. Fritz/Hines, James R: Do tax havens divert economic activity?, Economic Letters 2006, Vol. 90, 219-224

Desai, Mihir A./Foley, C. Fritz/Hines, James R: Taxation and Multinational Activity: New Evidence, New Interpretations, BEA Survey of Current Business, 2006

Desai, Mihir A./Foley, C. Fritz/Hines, James R: The demand for tax haven operations, Journal of Public Economics 2006, Vol. 90, 513-531

Desai, Mihir A./Hines, James R: Expectations and Expatriations: Tracing the Causes and Consequences of Corporate Inversions, National Tax Journal 2002, Vol. 55, 409-440

Deutsch, Robert/Friezer, Mark/Fullerton, Ian/Gibson, Margaret/Hanley, Peter/Snape, Trevor Australian Tax Handbook 2005, Sydney 2005

Deutsche Bundesbank: Die Entwicklung der Kapitalverflechtung der Unternehmen in Deutschland mit dem Ausland von Ende 1998 bis Ende 2001, in: Deutsche Bundesbank (Hrsg.), Monatsbericht Juni 2003, Frankfurt 2003, 51-67

Dharmapala, Dhammika/Hines, James R: Which Countries Become Tax Havens?, NBER Working Paper Series 2006, Working Paper No. 12802; http://www.nber.org/papers/w12802.pdf

Diamond, Liam: PwC U.S. European Tax Group Update -- EU-Approved Irish Holding Co. Regime, Other Changes, Make Ireland More Attractive For MNC Investment, Journal of International Taxation 2005, Vol. 16, January, 14

Diamond, Walter H./Diamond, Dorothy B. Tax Havens of the World – The Netherlands, Vol. 2, Loose-Leaf. Auflage, 2004

Diamond, Walter H./Diamond, Dorothy B. Tax Havens of the World – Bermuda, Vol.1. Auflage, Newark / San Francisco 2005

Diamond, Walter H./Diamond, Dorothy B. Tax Havens of the World – Cayman Islands, Vol.1. Auflage, Newark / San Francisco 2005

Diamond, Walter H./Diamond, Dorothy B. Tax Havens of the World – Hong Kong, Vol.2. Auflage, Newark / San Francisco 2005

Diamond, Walter H./Diamond, Dorothy B. Tax Havens of the World – Singapore, Vol.3. Auflage, Newark / San Francisco 2005

Diamond, Walter H./Diamond, Dorothy B. Tax Havens of the World – Ireland, Vol. 2, Loose-Leaf. Auflage, 2006

Diamond, Walter H./Diamond, Dorothy B. Tax Havens of the World – Luxembourg, Vol. 2, Loose-Leaf. Auflage, 2006

Diamond, Walter H./Diamond, Dorothy B. Tax Havens of the World – Switzerland, Vol. 3, Loose-Leaf. Auflage, 2006

Dikmans, Sylvia: New Netherlands Corporate Income Tax Provisions for 2007, European Taxation 2007, 158-167

Distaso, Marcello/Russo, Raffaele: The EC Interest and Royalties Directive – A Comment, European Taxation 2004, Vol. 44, 143-154

Djanani, Christiana/Brähler, Gernot: Internationale Steuerplanung durch Ausnutzung von Qualifikationskonflikten -dargestellt am Verhältnis Deutschland-USA, Steuer und Wirtschaft 2007, 53-63

Djanani, Christiana/Brähler, Gernot Internationales Steuerrecht, 4. Auflage, Wiesbaden 2007

Djanani, Christiana/Brähler, Gernot/Hartmann, Thomas: Die Finanzverwaltung und die autonome Abkommensauslegung – zugleich Besprechung des BMF-Schreibens vom 19.3.2004, IStR 2004, 351, Internationales Steuerrecht 2004, 481-485

Djanani, Christiana/Brähler, Gernot/Lösel, Christian German Income Tax, Frankfurt 2007

Doernberg, Richard L. International Taxation in a Nutshell, 7th. Auflage, St. Paul, Minn. 2007

Doernberg, Richard L./van Raad, Kees: Hybrid Entities and the U.S. Model Income Tax Treaty, Tax Notes 1999, Vol. 19, 1651-1662

Dölker, Angelika/Ribbrock, Martin: Die Kapitalverkehrsfreiheit im Verhältnis zu Drittstaaten – nun gefestigte EuGH-Rechtsprechung, BB 2007, 1928-1932

Domingo Pérez, Guillem/Albert Farré, Joan: Andorran Tax Reform Aims to Eliminate Tax Haven Label, World Tax Daily 2007, 2007 WTD 99-7

Dörfler, Olvier/Ribbrock, Martin: Grenzüberschreitende Verluste, Wegzugsbesteuerung sowie Koordinierung von steuerlichen Regelungen im Binnenmarkt – eine Bestandsaufnahme, BB 2008, 304-309

Dorfmüller, Pia: Tax Planning for U.S. MNCs with EU Holding Companies, The Hague 2003

Dörr, Ingmar/Fehling, Daniel: Änderung des § 42 AO, Neue Wirtschaftsbriefe 2008, Fach 2, 9671-9682

Dörr, Ingmar/Krauß, Rolf/Schreiber, Susanne: Quellensteuerbefreiung bei Lizenzgebühren auf Grund EG-Richtlinie: Wann handelt der Gesetzgeber?, Internationales Steuerrecht 2004, 469-475

Dörrfuß, Peter/Weidlich, Thomas: Neues DBA zwischen Deutschland und Singapur, Internationales Steuerrecht 2005, 518-523

Dötsch, Ewald: Internationale Organschaft, in: Strunk/Wassermeyer/Kaminski (Hrsg.), Gedächtnisschrift für Dirk Krüger – Unternehmensteuerrecht und Internationales Steuerrecht, Bonn 2006, 193-211

Douma, Sjoerd: The Three Ds of Direct Tax Jurisdiction: Disparity, Discrimination and Double Taxation, European Taxation 2006, Vol. 46, 522-533

Dourado, Ana Paula: From the Saint-Gobain to the Metallgesellschaft case: scope of non-discrimination of permanent establishments in the EC Treaty and the most-favoured-nation clause in EC Member States tax treaties, EC Tax Review 2002, Vol. 11, 147-156

Dreßler, Günter Gewinn- und Vermögensverlagerungen in Niedrigsteuerländer und ihre steuerliche Überprüfung, 4. Auflage, Neuwied 2007

Drüen, Klaus-Dieter: »Präzisierung« und »Effektuierung« des § 42 AO durch das Jahressteuergesetz 2008?, Die Unternehmensbesteuerung 2008, 31-38

Dubert, Carl: Accidental Inversions, Journal of International Taxation 2005, Vol. 16, 22-26

Duncan, James A.: General Report, in: International Fiscal Association (Hrsg.), Tax treatment of hybrid financial instruments in cross-border transactions, The Hague 2000, 21-34

Dunisch, Jürgen: Die Schweiz am Pranger, Frankfurter Allgemeine Zeitung 28.2.2007, 13

Duss, Marco/von Ah, Julia/Rutishauser, Frank: Art. 28, in: Zweifel/Athanas (Hrsg.), Kommentar zum Schweizerischen Steuerrecht, I/1, Bundesgesetz über die Harmonisierung der direkten Steuern der Kantone und Gemeinden (StHG), 2. Auflage, Basel/Genf/München 2002, 520-576

Dutch Ministry of Finance: Netherlands Updates Treaty Priorities, World Tax Daily 16.3.2007, Doc 2007-6876

Eberhartinger, Eva/Pummerer, Erich: Tochterkapitalgesellschaft, Betriebsstätte und österreichische Gruppenbesteuerung, Steuer und Wirtschaft 2007, 64-77

Eberhartinger, Eva/Quantschnigg, Peter/Rief, Roland: Determination of Company Profits in Austria, IBFD Bulletin for International Taxation 2004, Vol. 58, Number 8/9, 408-417

Ebert, Sabine: Der Ort der Geschäftsleitung in internationalen Holding-Konzernstrukturen, Internationales Steuerrecht 2005, 534-540

Eckert, Jean-Blaise: Tax planning in Switzerland, European Tax Service (BNA) 2007, January, 4-10

Eckhardt, Thomas: German Lower House Passes Business Tax Package, Tax Notes International 2007, Vol. 46, 985-990

Eckhardt, Thomas: Germany to Strengthen Avoidance Rules, Tax Notes International 2007, Vol. 47, 709-711

Eckl, Petra: Tigtening of the German Anti-Treaty-Shopping Rule, European Taxation 2007, Vol. 47, 120-125

Economie Suisse Wettbewerb und Dynamik in der Steuerpolitik: Internationaler Vergleich wichtiger Reformen und Rückschlüsse für die Schweiz, Zurich 2005

Edition Francis Lefebvre Belgique – juridique – fiscal – social – comtable, 7. Auflage, Levallois 2006

Edition Francis Lefebvre Groupes de Sociétés 2007-2008, 2006

Edwards, Chris: Is the U.S. Corporate Tax in the Laffer Zone, Tax Notes International 2007, Vol. 48, 1243-1246

Ehlermann, Christian/Kowallik, Andreas: What Does Cadbury Schweppes Mean for German CFC Rules?, Tax Notes International 2006, Vol. 42, 671-675

Ehlermann, Christian/Kowallik, Andreas: Germany Tightens Rules for Foreign Holding Companies, Tax Notes International 2007, Vol. 45, 11-17

Ehlermann, Christian/Kowallik, Andreas/Luthra, Tim/Nakhai, Katja: Advantages and Pitfalls of the Societas Europaea in Germany and Beyond, Tax Notes International 2006, Vol. 41, 357-365

Ehlermann, Christian/Nakhai, Katja: EC law aspects of revised German anti-treaty shopping rules – part I, European Tax Service (BNA) 2007, January, 10-13

Ehlermann, Christian/Nakhai, Katja: EC law aspects of revised German anti-treaty shopping rules – part II, European Tax Service (BNA) 2007, Febuary, 4-6

Ehlermann, Christian/Nakhai, Katja: Germany Launches Attack On Tax Planning Structures, Tax Notes International 2007, Vol. 47, 316-319

Ehlermann, Christian/Nakhai, Katja/Hammerschmitt, Susanne: Germany Issues Draft of Tax Reform Plans 2008, Tax Planning International Review 2007, February, Vol. 34, 6-7

Ehlermann, Christian/Selack, Nicola: Germany to Tighten Anti-Treaty-Shopping Rules, Tax Notes International 2006, Vol. 43, 282-283

Eicker, Klaus/Obser, Ralph: The impact of the Swiss-EC Agreement on intra-group dividend, interest and royalty payments, EC Tax Review 2006, Vol. 15, Issue 3, 134-146

Eicker, Klaus/Obser, Ralph: Highlights 2006 der EuGH-Rechtsprechung im Bereich der direkten Steuern, Internationale Wirtschaftsbriefe 2007, Gruppe 2, Fach 11, 761-768

Eilers, Stephan: Override of tax treaties under the domestic legislation of the U. S. and Germany, Tax Management International Journal 1990, Vol. 19, 295-304

Eilers, Stephan: Substanzerfordernis an ausländische Finanzierungsgesellschaften, in: Gocke/Gosch/Lang (Hrsg.), Körperschaftsteuer, Internationales Steuerrecht, Doppelbesteuerung – Festschrift für Franz Wassermeyer, München 2005, 323-332

Eilers, Stephan/Watkins, Maureen: Article 28 of the German-U.S. double taxation treaty of 1989: an appropriate solution to the treaty shopping problem?, Tax Planning International 1993, Vol. 20, 15-20

Eimermann, Dieter: OECD: Konferenz in Berlin zum schädlichen Steuerwettbewerb, Internationales Steuerrecht 2005, Beilage 1, 1

Eisgruber, Thomas: Zinsschranke, Handbuch Unternehmensteuerreform 2008, Münster 2008, 75-105

ElAmin, Ahmed: OECD Panel Reportedly Met in Paris to Address Tax Haven Inquiry, World Tax Daily 1998, Vol. 98, 201-7

Elgood, Tony: What is Tax Risk?, Tax Planning International Review 2004, June, Vol. 31, 3-7

Elkinson, Jeffrey P.: Bermuda, in: Clarke/Spitz (Hrsg.), Offshore Service, London 2005

Elschner, Christina/Lammersen, Lothar/Overesch, Michael/Schwager, Robert The Effective Tax Burden of Companies and on Highly Skilled Manpower: Tax Policy Strategies in a Globalized Economy, Discussion Paper No. 05-31. Auflage, Mannheim 2005

Elschner, Christina/Overesch, Michael: Die steuerliche Standortattraktivität für Investitionen und hochqualifizierte Arbeitskräfte im internationalen Vergleich, DB 2006, 1017-1022

Elsweier, Frank: Dutch Experience with European Developments: the Story of Dr. Jekyll and Mr. Hyde Continues..., Intertax 2006, Vol. 34, 186-194

Emmeluth, Christian: Host Country Denmark, Tax Planning International Forum 2005, Vol. 26, September 2005, 11-16

Emmeluth, Christian: Host Country Denmark, in: Tax Management International Forum (Hrsg.), The Definition and Taxation of Dividends, Washington 2007, 27-29

Enchelmaier, Stefan: Meistbegünstigung im EG-Recht – Allgemeine Grundsätze –, in: Cordewener/Enchelmaier/Schindler (Hrsg.), Meistbegünstigung im Steuerrecht der EU-Staaten, München 2006, 93-121

Endres, Dieter: Internationaler Vergleich von Konsolidierungs- und Organschaftsvorschriften, Wirtschaftsprüfung 2003, Sonderheft, 35-S40

Endres, Dieter: Steueraspekte internationaler Joint Ventures, in: Grotherr (Hrsg.), Handbuch der internationalen Steuerplanung, 2. Auflage, Herne/Berlin 2003, 193-216

Endres, Dieter: Typische Holdingstrukturen anhand von Beispielsfällen, Wirtschaftsprüfung 2003, 56-S 63

Endres, Dieter: Zahlreiche Gestaltungschancen durch den verschärften Steuerwettbewerb, Recht der Internationalen Wirtschaft 2004, Beilage 1, 1

Endres, Dieter: Reduktion der Konzernsteuerquote durch internationale Steuerplanung, in: Oestreicher (Hrsg.), Internationale Steuerplanung – Beiträge zu einer Ringveranstaltung an der Universität Göttingen im Sommersemester 2003, Herne/Berlin 2005, 163-190

Endres, Dieter: Der Verzicht auf Dividenden-Quellensteuern im neuen Steuerabkommen mit den USA, Musterfälle 2006/2007 zum Internationalen Steuerrecht 2006, 23-28

Endres, Dieter: Zur steueroptimalen Vergabe von Eigen- oder Fremdkapital ins Ausland, Praxis Internationale Steuerberatung 2006, 255-258

Endres, Dieter: Zur Quellensteuerentlastung bei ausländischen Gesellschaften, Praxis Internationale Steuerberatung 2007, 279-284

Endres, Dieter/Dorfmüller, Pia: Holdingstrukturen in Europa, Praxis Internationale Steuerberatung 2001, 94-103

Endres, Dieter/Schreiber, Christoph/Dorfmüller, Pia: Holding companies are key international tax planning tool, International Tax Review 2006, December/January, 46-49

Endres, Dieter/Schreiber, Christoph/Dorfmüller, Pia: Holding companies prove worth, International Tax Review 2007, January, 43-46

Endres, Dieter/Spengel, Christoph/Reister, Timo: Neu Maß nehmen: Auswirkungen der Unternehmensteuerreform 2008, Wirtschaftsprüfung 2007, 478-489

Endres, Dieter/Wolff, Ulrich: Musterfälle zum revidierten deutsch-amerikanischen Doppelbesteuerungsabkommen, Internationales Steuerrecht 2006, 721-729

Engel, Dietmar: Großbritannien: Ausweitung der Anzeigepflicht für Steuergestaltungen, Internationales Steuerrecht 2006, Länderbericht Heft 17/2006, 1-2

Engler, Gerhard: Dienstleistungen, in: Vögele/Borstell/Engler (Hrsg.), Handbuch der Verrechnungspreise, 2. Auflage, München 2004, 1217-1376

Englisch, Joachim: The European Treaties' implications for Direct Taxes, Intertax 2005, Vol. 33, 310-335

Englisch, Joachim: Meistbegünstigung im EG-Steuerrecht: Der Weg in Chaos, in: Cordewener/Enchelmaier/Schindler (Hrsg.), Meistbegünstigung im Steuerrecht der EU-Staaten, München 2006, 163-192

Englisch, Joachim: Verfassungsrechtliche und steuersystematische Kritik der Abgeltungssteuer, Steuer und Wirtschaft 2007, 221-240

Englisch, Joachim/Schütze, Alexandra: The Implementation of the EC Parent-Subsidiary Directive in Germany – Recent Developments and Unresolved Issues, European Taxation 2005, Vol. 45, 488-499

Ensign, John: Testimony of John Ensign: An Examination of U.S.Tax Policy and Its Effect on the Domestic and International Competitiveness of U.S.- Owned Foreign Operations,
http://finance.senate.gov/hearings/testimony/2003test/071503jetest.pdf

Erkis, Gülsen Die Besteuerung der Europäischen (Aktien-) Gesellschaft – Societas Europaea (SE), Hamburg 2006

Ernst & Young New Tax Treatment of Headquarter and Holding Companies in Ireland, Dublin 2004

Ernst & Young EuGH – Rechtsprechung Ertragsteuerrecht – Grundlagen, Kommentierte Entscheidungen, Checkliste, Bonn 2005

Esterer, Fritz: Die neue Verlustabzugsbeschränkungsregelung, §8c KStG, Handbuch Unternehmensteuerreform 2008, Münster 2008, 127-147

EuGH v. 23.2.2006, 238, Keller-Holding: Abzug von Finanzierungsaufwendungen, die in wirtschaftlichem Zusammenhang mit Dividenden stehen, die von einer in einem anderen Mitgliedsstaat ansässigen Tochtergesellschaft gezahlt werden, Internationales Steuerrecht 235

European Commission v. 13.2.2007, EU-Switzerland: State aid decision on company tax regimes, IP/07/176

European Commission Staff Company Taxation in the Internal Market, COM (2001) 582. Auflage, Brussels 2001

Evans, David/Delahunty, Liam: ECJ Decision: Cadbury Schweppes and the U.K. CFC Rules, Tax Planning International Review 2006, September, 11-12

Evans, David/Delahunty, Liam: E.U. perspective on U.K. CFC Rules, Tax Planning International Review 2007, Vol. 34, September, 15-18

Eynatten, Wim: European Holding Company Tax Regimes: A Comparative Study, European Taxation 2007, 562-570

Fama, Eugene F.;French, Kenneth R.: Disappearing Dividends: Changing Firm Charcteristics or Lower Propensity to Pay«, http://papers.ssrn.com/sol3/papers.cfm?abstract_id= 203092

Fantozzi, Augusto: The Applicability of State Aid Rules to Tax Competition Measures: A Process of »de facto« Harmonization in the Tax Field ?, in: Schön (Hrsg.), Tax Competition in Europe, Amsterdam 2003, 121-132

Feider, Marc: Luxembourg provides a private equity platform, in: Euromoney (Hrsg.), International Financial Law Review: Supplement: The 2005 Guide to Private Equity and Venture Capital, London 2005, 35-37

Ferris, Tim: The Substantial Shareholdings Exemption: International Context and Comparisons, Tax Planning International Review 2006, Vol. 33, October, 10-13

Feteris, M. W. C./Gimbrère, J. A./van Muijen, G. J. Holdingstructuren, Deventer 1991

Finkenzeller, Martin/Spengel, Christoph: Company Taxation in the New Member States: Impact on Location Decisions by Multinationals, European Taxation 2004, 342-354

Finkenzeller, Martin/Spengel, Christoph: Company Taxation in the New Member States: Impact on Location Decisions by Multinationals, European Taxation 2004, Vol. 44, 343-354

Fischer, Peter: § 42 AO. 1 AO i.d.F. des Entwurfs eines JStG 2008 – ein rechtskultureller Standortnachteil, FR-Ertragsteuerrecht 2007, 857, 863

Fischer-Zernin, Justus/Medlar, Ciaràn: Irland, in: Mennel/Förster (Hrsg.), Steuern in Europa, Amerika und Asien, Herne 2003

Flämig, Christian: Der Steuerstaat auf dem Weg in den Überwachungsstaat, Deutsches Steuerrecht 2007, Beihefter zu Heft 44/2007, 1-11

Fleming, J. Clifton/Peroni, Robert J.: Eviscerating the U.S. Foreign Tax Credit Limitations and Cutting the Repatriation Tax – What's ETI Repeal Got to Do With It?, Tax Notes 2004, 1393-1415

Flick, Hans: Wenn, dann aber richtig: Warum die Verschärfung der amerikanischen Earnings Stripping Regeln durch den American Competitiveness and Corporate Accountability Act gegen das DBA D-USA verstoßen würde, Internationales Steuerrecht 2002, 802-805

Flick, Hans: Ins Steuerparadies, Zeitschrift für Steuer- und Erbrechtspraxis 2004, 4-7

Flick, Hans/Janka, Wolfgang: Steuerliche Charakteristika der U.S. Holdinggesellschaft (Teil I), Deutsches Steuerrecht 1991, 1037-1042

Flick, Hans/Janka, Wolfgang: Steuerliche Charakteristika der U.S. Holdinggesellschaft (Teil II), Deutsches Steuerrecht 1991, 1069-1075

Flore, Ingo: Online ins Steuerparadies?, Kommunikation & Recht 1999, 163-167

Foddanu, Frauke Maren: Geplante Steuerreform in den Niederlanden, Praxis Internationale Steuerberatung 2006, 268-270

Fontana, Renata: The Uncertain Future of CFC Regimes in the Member States of the European Union – Part 1, European Taxation 2006, Vol. 46, 256-267

Fontana, Renata: Conference Report: The EU and Third Countries: Direct Taxation, 13-14 October 2006, Vienna, Intertax 2007, 589-597

Fontana, Renata: Direct Investments and Third Countries: Things are Finally Moving...in the Wrong Direction, European Taxation 2007, 431-436

Fornaes, Allan: Denmark Introduces Revised Corporate Tax Bill, Tax Notes International 2007, Vol. 46, 137-139

Förster, Hartmut: Der OECD-Bericht zur Ermittlung des Betriebsstätten-Gewinns (Teil I), Internationale Wirtschaftsbriefe 2007, Gruppe 2, Fach 10, 1929-1938

Forsthoff, Ulrich: EuGH versus Europäischer Gesetzgeber – oder Freiheiten über alles? Urteil in der Rs. C-471/04, Keller-Holding vom 23.2.2006 in diesem Heft S. 235, Internationales Steuerrecht 2006, 222-224

Fort, Eric: Luxemburg, in: Mennel/Förster (Hrsg.), Steuern in Europa, Amerika und Asien, Herne 2007

Fortuin, Alexander: Denkavit Internationaal: The Procedural Issues, European Taxation 2007, Vol. 47, 239-243

Fortuin, Alexander: The Influence of European Law on Direct Taxation – Recent and Future Developments, European Taxation 2007, Vol. 47, 144-148

Franck, Jens-Uwe: § 20 Abs. 2 AStG auf dem Prüfstand der Grundfreiheiten – Anmerkung zu den Schlussanträgen des Generalanwalts Mengozzi in der Rechtssache C-298/06 (Columbus), Internationales Steuerrecht 2007, 489-497

Frank, Andrea: EuGH: Großmutterzuschuss gesellschaftsteuerpflichtig!, Österreichische Steuerzeitung 2006, 63-65

Frankfurter Allgemeine Zeitung: Verlagerung aus Steuergründen, 19.5.2006, 22

Friedman, Milton/et al: Economists Urge U.S. President to Reject OECD Initiative, World Tax Daily 2001, 2001 WTD 107-31

Friedrich, Katja/Nagler, Jürgen: Das EuGH-Urteil in der Rs. C-471/04, Keller-Holding vom 23.2.2006 in diesem Heft S. 235 und seine Auswirkungen auf die Abzugsbeschränkungen des § 8b KStG, Internationales Steuerrecht 2006, 217-221

Frischmuth, Markus: UntStRefG 2008 und Verrechnungspreise nach § 1 AStG n.F., Internationales Steuerrecht 2007, 485-489

Frotscher, Gerrit Internationales Steuerrecht, 2. Auflage, München 2005

Frotscher, Gerrit: Über das (steuerliche) Unbehagen an der Europäisierung und Internationalisierung, Internationales Steuerrecht 2007, 568-573

Frotscher, Gerrit: Grundfragen der Funktionsverlagerung, FR-Ertragsteuerrecht 2008, 49-57

Fuchs, Harald: Status quo der Meistbegünstigung im Europäischen Steuerrecht, Österreichische Steuerzeitung 2007, 32-37

Fuest, Clemens/Huber, Bernd: Why do countries combine the exemption system for taxation of foreign profits with domestic double taxation relief?, Journal of International Economics 2004, Vol. 62, 219-231

Fuest, Clemens/Huber, Bernd/Mintz, Jack: Capital Mobility and Tax Competition, 2005

Fuest, Winfried/Huber, Bernd: Steuern als Standortfaktor im internationalen Wettbewerb – Beiträge zur Wirtschafts- und Sozialpolitik, Köln 1999

Füger, Rolf: NL-Zwischenholding: Steuerentlastung oder Gestaltungsmissbrauch, Praxis Internationale Steuerberatung 2002, 291-295

Füger, Rolf: Probleme und Zweifelsfragen der Missbrauchsvorschriften bei beschränkter Steuerpflicht, in: Grotherr (Hrsg.), Handbuch der internationalen Steuerplanung, 2. Auflage, Herne/Berlin 2003, 785-819

Führich, Gregor: Ist die geplante Zinsschranke europarechtskonform?, Internationales Steuerrecht 2007, 341-345

Führich, Gregor: Exit Taxation and ECJ Case Law, European Taxation 2008, 10-19

Fung, Gary/Chan, Finsen: Companies' Financing Arrangements Legitimate, Court of Appeal Says, Tax Notes International 2007, Vol. 46, 1197-1200

Gahleitner, Gerald/Edthaler, Johannes: Holdingbesteuerung in Österreich – Ein Überblick und aktuelle Themen, Der Konzern 2007, 577-589

Gammie, Malcolm: The impact of the Marks & Spencer case on US-European planning, Intertax 2005, 485-489

García Heredia, Alejandro: »The Bermuda Triangle Approach«: The Spanish Reaction to Uncooperative and Low-Tax Countries, European Taxation 2007, 529-536

Gassner, Wolfgang: Company Taxation in the Internal Market – An Austrian Perspective, European Taxation 2002, Vol. 42, 317-321

Gassner, Wolfgang/Haidenthaler, Werner: Group Taxation in Austria, Steuer und Wirtschaft International 2004, 434-440

Gattegno, Jerrold S./Yesnowitz, Jamie C.: Comparison of U.S. Critical Multistate and International Tax Topics: Part I, Tax Planning International Review 2005, Vol. 32, March, 3-11

Gattegno, Jerrold S./Yesnowitz, Jamie C.: Comparison of U.S. Critical Multistate and International Tax Topics: Part II, Tax Planning International Review 2005, Vol. 42, April, 3-11

Geerling, Tobias/Kost, Sebastian: Deutsche Investments in ausländische Private Equity Fonds bzw. inländische Parallelfonds und die Folgen für die Besteuerung des »Carried Interests«, Internationales Steuerrecht 2005, 757-762

Gehriger, Pierre-Oliver: Holding- und Finanzgesellschaften als Instrumente der Internationalen Steuerplanung, Archiv für Schweizerisches Abgabenrecht (ASA) 2003, 433-485

Genschel, Philipp Steuerharmonisierung und Steuerwettbewerb in der Europäischen Union, Frankfurt a.M. 2002

Gérard, Marcel: A Closer Look at Belgium's Notional Interest Deduction, Tax Notes International 2006, Vol. 41, 449-453

Geurts, Matthias: Die neue Abgeltungsteuer – das Ende einer steuerinduzierten Kapitalanlage?, Deutsche Steuerzeitung 2007, 341-347

Ghosh, Abhijt/Sandison, David/Gupta, Mahip: Singapore proves itself as attractive jurisdiction and business hub, International Tax Review 2006, Vol. 17, September, 32-35

Gibbins, Mark/Blazejová, Zuzana: Recent Changes to the Slovak Tax System, European Taxation 2005, Vol. 46, 262-264

Giegerich, Thomas W.: Repatriations Under the American Jobs Creation Act: The Clock's Ticking, Tax Notes International 2005, Vol. 39, 733-759

Gille, Michael: Missbrauchstypisierungen im neuen Umwandungssteuerrecht: Verstoß gegen die Fusionsrichtlinie?, Internationales Steuerrecht 2007, 194-198

Gnaedinger, Chuck: EU Lawyers Discuss Merger Laws, Treaties, and Holding Companies, Tax Notes International 2007, Vol. 45, 1075-1076

Gnaedinger, Chuck: EU Officials Address Direct Tax Coordination Initiative, Tax Notes International 2007, Vol. 46, 426-430

Gnaedinger, Chuck: The Worldwide Explosion of Private Equity Funds, Tax Notes International 2007, Vol. 45, 1174-1177

Gnaedinger, Chuck/Weiner, Joann M.: EU Businesses Want Common Tax Base, Tax Notes International 2007, Vol. 48, 7-11

Goebel, Sören/Haun, Jürgen: § 4h EStG und § 8a KStG (Zinsschranke) in der Hinzurechnungsbesteuerung, Internationales Steuerrecht 2007, 768-774

Goebel, Sören/Palm, Annette: Der Motivtest – Rettungsanker der deutschen Hinzurechnungsbesteuerung?, Internationales Steuerrecht 2007, 720-726

Göke, Elena Die ertragsteuerliche Organschaft als Gestaltungsinstrument für Mittelstandskonzerne, Köln 2006

Gordon, Debbie Ann: Controlled Foreign Corporation Rules – A Proposal for the Caribbean, Intertax 2004, Vol. 32, 27-40

Görl, Maximilian: Art. 5, in: Vogel/Lehner (Hrsg.), DBA – Doppelbesteuerungsabkommen – Kommentar, 4. Auflage, München 2003

Gosain, Vikram A.: How to Identify Creditable Foreign Taxes, U.S. Taxation of International Operations, New York 23.3.2005, 5471-5480

Gosch, Dietmar: Kein Ausschluss der Kapitalertragsteuererstattung bei Zwischenschaltung einer funktionslosen Gesellschaft – Praxis Hinweise, BFH-PR 2005, 407-409

Gosch, Dietmar: Vielerlei Gleichheiten – Das Steuerrecht im Spannungsfeld von bilateralen, supranationalen und verfassungsrechtlichen Anforderungen, Deutsches Steuerrecht 2007, 1553-1565

Gosselin, Gilles: The Barbados-China Tax Treaty: Its Business Application, Tax Planning International Review 2006, Vol. 33, September, 27-30

Goulder, Robert: Bad Jokes, Bad Cases, and Bad Law From the ECJ, Tax Notes International 2006, Vol. 44, 247-250

Goulder, Robert: Treaty Partners Must Earn Zero Withholding, U.S. Treasury's Hicks Says, WTD 2006, Doc 2006-8930

Goulder, Robert: U.S. Tax Officials Talk Up Treaty Arbitration, Tax Notes International 2006, Vol. 45, 17-19

Goulder, Robert: Ireland's Low Tax Rates Inspire U.K. Pols, Tax Notes International 2007, Vol. 47, 795-796

Goulder, Robert: U.K. Eyes Participation Exemption, World Tax Daily 12.4.2007, Doc 2007-9361

Goulder, Robert: U.S. Lawmakers Warm to Mandatory Arbitration, Tax Notes International 2007, Vol. 47, 314-316

Goulder, Robert: U.S. Senate Committee Ratifies Pending Treaty Instruments, World Tax Daily 1.11.2007, Doc 2007-24326

Goulder, Robert/Weiner, Joann M.: OECD Official Promotes Benefits of Information Exchange, Tax Notes International 2007, Vol. 45, 1194-1195

Gouthière, Bruno: French Anti-Abuse Rules International Tax Legislation: Recent Developments, European Taxation 2006, Vol. 46, 514-521

Graaf, Frank/de Vos, Frank: The Netherlands: Positive Developments in Law / Tax and the Impact on SPVs, Tax Planning International Review 2007, Vol. 34, January, 19-23

Graetz, Michael J.: Foundations of International Income Taxation, New York 2003

Graham, John: The Netherlands, in: Spitz/Clarke (Hrsg.), Offshore Service, Issue 82, Issue 77, Vol. 3, Loose-Leaf. Auflage, 2005, NTH/1-NTH/23

Greenbank, Ashley: Host Country United Kingdom, in: Tax Management International Forum (Hrsg.), The Definition and Taxation of Dividends, Washington 2007, 61-65

Greenwald, Lewis J./Rubinger, Jeffrey: CFC Look-Through: Needed Clarification, Abuses Shut Down, Tax Notes 2007, Vol. 114, 841-846

Greggi, Marco: Taxation of Royalties in an EU Framework, Tax Notes International 2007, Vol. 46, 1149-1164

Greinert, Markus: Verrechnungspreise und Funktionsverlagerungen, in: Schaumburg/ Rödder (Hrsg.), Unternehmensteuerreform 2008, München 2007, 541-582

Griffith, Rachel/Klemm, Alexander: What has Been the Tax Competition Experience of the Last 20 Years ?, Tax Notes International 2004, Vol. 34, 1299-1316

Groen, Gerrit/van der Linden, Arjan/Stalenhoef, Dirk/van Beekhoff, Willem: The Netherlands: Government Discusses Pending Bill that will Strengthen the Dutch Investment Climate, Tax Planning International Review 2006, Vol. 33, September, 3-6

Groen, Gerrit/van der Linden, Arjan/Stalenhoef, Dirk/van Beekhoff, Willem: Finance Secretary Proposes Change In Antierosion Rules, Tax Notes International 2007, Vol. 48, 659

Gröhs, Bernhard: Unternehmerische Steuerstrategien bei der Standortwahl und Österreichs Standortpolitik, in: Thömmes/Lang/Schuch (Hrsg.), Investitions- und Steuerstandort Österreich, München/Wien 2005, 3-14

Grosse-Halbuer, Andreas: Gelb-blaues Wunder, Wirtschaftswoche 8.5.2006, 72-88

Grotherr, Siegfried: Besteuerungsfragen und -probleme bei der Einschaltung inländischer Holdinggesellschaften im grenzüberschreitenden Konzern (Teil 1), BB 1995, 1510-1517

Grotherr, Siegfried: Besteuerungsfragen und -probleme bei der Einschaltung inländischer Holdinggesellschaften im grenzüberschreitenden Konzern (Teil 2), BB 1995, 1561-1569

Grotherr, Siegfried: Grundlagen der internationalen Steuerplanung, in: Grotherr (Hrsg.), Handbuch der internationalen Steuerplanung, 2. Auflage, Herne/Berlin 2003, 3-28

Grotherr, Siegfried: Außensteuerrechtliche Bezüge im Jahressteuergesetz 2007, Recht der Internationalen Wirtschaft 2006, 898-914

Grotherr, Siegfried: Die Abgrenzung der eigenwirtschaftlich tätigen Kapitalgesellschaft von der funktionslosen Briefkastengesellschaft im Spiegel der neueren BFH-Rechtsprechung – Teil 1, Internationale Wirtschaftsbriefe 2006, Fach 3, Gruppe 2, 1281-1300

Grotherr, Siegfried: Die Abgrenzung der eigenwirtschaftlich tätigen Kapitalgesellschaft von der funktionslosen Briefkastengesellschaft im Spiegel der neueren BFH-Rechtsprechung – Teil 2, Internationale Wirtschaftsbriefe 2006, Fach 3, Gruppe 2, 1301-1324

Grotherr, Siegfried: International relevante Änderungen durch das JStG 2007 anhand von Fallbeispielen, Internationale Wirtschaftsbriefe 2006, Gruppe 3, Fach 3, 1445-1464

Grotherr, Siegfried: Keine deutsche Kapitalertragsteuerentlastung bei Einschaltung einer ausstattungslosen Zwischenholdinggesellschaft im Ausland – Nichtanwendungserlass zur Hilversum II-Entscheidung des BFH, Internationales Steuerrecht 2006, 361-367

Grotherr, Siegfried: Funktionsweise und Zweifelsfragen der neuen Zinsschranke 2008, Internationale Wirtschaftsbriefe 2007, Gruppe 3, Fach 3, 1489-1508

Grotherr, Siegfried: Zum Anwendungsbereich der unilateralen Rückfallklausel gemäß § 50d Abs. 9 EStG, Internationales Steuerrecht 2007, 265-268

Grube, Frank/Behrendt, Lars: § 8c KStG – ein neues Kapitel in der unendlichen Geschichte der Nutzung steuerlicher Verluste, BB 2007, Erste Seite, Heft 33

Grube, Pat: Putting Tiered Entities Into A Foreign Holding Company Structure Using Check-The-Box, Journal of Taxation 2001, January, 5-12

Grubert, Harry/Mutti, John: Taxes, Tariffs and Transfer Pricing in Multinational Corporate Decision Making, Review of Economics and Statistics 1991, Vol. 73, 285-293

Grubert, Harry/Mutti, John: Do Taxes Influence Where U.S. Corporations Invest?, National Tax Journal 2000, Vol. 53 no. 4, 825-840

Grubert, Harry/Slemrod, Joel: The Effects of Taxes on Investment and Income Shifting to Puerto Rico, The Review of Economics and Statistics 1998, Vol. 80, 365-373

Guilloteau, Francois: Luxembourg Passes New Venture Capital Fund Legislation, Tax Planning International Review 2007, June, Vol. 31, 12-13

Guionnet-Moalic, Claire: France, a new tax haven for holding companies?, Tax Planning International – European Union Focus 2005, Vol. 7, 7-9

Gundel, Günter: Steuergestaltung bei der Einschaltung internationaler Finanzierungsgesellschaften in die Finanzierung deutscher internationaler Konzerne, in: Schaumburg (Hrsg.), Steuerrecht und steuerorientierte Gestaltungen im Konzern, Köln 1998, 131-175

Günkel, Manfred: Standortwahl für die europäische Holdinggesellschaft, Wirtschaftsprüfung 2003, S 40-S 56

Günkel, Manfred: Standortwahl für Konzernfinanzierungsgesellschaften – Eine Betrachtung aus der Sicht einer deutschen Muttergesellschaft, Wirtschaftsprüfung 2003, S186-S191

Günkel, Manfred/Lieber, Bettina: Braucht Deutschland eine Verschärfung der Holdingregelung in § 50d Abs. 3 EStG?, DB 2006, 2197-2199

Gupta, Sunil: Subject-to-Tax Clauses in Tax Treaties, in: Stefaner/Züger (Hrsg.), Tax Treaty Policy and Development, Wien 2005, 177-200

Gutmann, Daniel: The Transfer of the Registered Office of a European Company. Some Tax Thoughts from a French Perspektive, Intertax 2006, Vol. 34, 255-259

Haarmann, Wilhelm: Holding und Außensteuerrecht, Wirtschaftsprüfung 2003, S 67-S 75

Haarmann, Wilhelm: Anmerkung zu BFH Urteil v. 31.5.2005 – IR 74, 88/04 – Hilversum II, Internationales Steuerrecht 2005, 713-720

Haarmann, Wilhelm/Knödler, Christoph: German Supreme Tax Court limits the scope of the German anti-treaty shopping rule and redefines substance requirements for foreign companies, Intertax 2006, Vol. 34, 260-262

Haarmann, Wilhelm/Schüppen, Matthias: Die Entscheidung des EuGH vom 17.10.1996 zur Mutter-/Tochterrichtlinie – ein »historisches Ereignis« wirft Schatten, DB 1996, 2569-2572

Haas, Franz Josef: Der Missbrauchstatbestand des § 42 AO – ein unkalkulierbares Risiko für die unternehmerische Gestaltungspraxis, in: Kirchhof/Schmidt/Schön/Vogel (Hrsg.), Festschrift für Arndt Raupach: Steuer- und Gesellschaftsrecht zwischen Unternehmerfreiheit und Gemeinwohl, Köln 2006, 13-26

Haas, Wolfgang: Praxisbericht Konzernfinanzierung, in: Piltz/Schaumburg (Hrsg.), Internationale Unternehmensfinanzierung, Köln 2006, 179-200

Haase, Florian F.: Limitation-on-Benefits-Clause in the U.S./German Double Taxation Treaty, Tax Planning International Review 2005, Vol. 32, January, 26-28

Haase, Florian F.: German Corporate Exit Taxes: Corporate Law Requirements for the Place of Management in Germany, Tax Planning International Review 2006, Vol. 33, March, 7-9

Haase, Florian F.: Taxing inbound investments in Germany: Basic principles, practical issues, risks, Tax Planning International Review 2007, Vol. 34, November, 20-29

Habers, Frederik: How the 2007 corporate tax reforms will work, International Tax Review 2006, Vol. 17, 62-64

Haccius, Charles: The Irish Corporation Tax Revolution, IBFD Bulletin for International Taxation 2000, 122-132

Haccius, Charles: Ireland in International Tax Planning, Amsterdam 2004

Hackemann, Tim: Kann die Niederlassungsfreiheit vor der Hinzurechnung von Drittstaateneinkünften nach dem AStG schützen?, Internationales Steuerrecht 2007, 351-360

Hahn, Hartmut: Gestaltungsmissbrauch und europäisches Steuerrecht – zugleich ein Kommentar zu EuGH 21.2.2006, Rs C-255/02, Halifax plc ua/Commissioners of Customs and Excise, Österreichische Steuerzeitung 2006, 399-404

Hahn-Joecks, Gabriele in: Kirchhof/Söhn/Mellinghoff, Einkommensteuergesetz – Kommentar: Kommentar, 135. Erg. Loseblatt, Heidelberg 2003

Halkyard, Andrew: Year in Review – Hong Kong, Tax Notes International 2006, Vol. 44, 1051-1053

Halkyard, Andrew: Year in Review – Hong Kong 2005, Tax Notes International 2006, Vol. 41, 55-58

Halkyard, Andrew: Hong Kong's Court of Appeal Considers Antiavoidance Legislation, Tax Notes International 2007, Vol. 47, 161-164

Halla-Villa Jimenez, Natalie J: Wahl der geeigneten Holdingstruktur – eine rechtsvergleichende Analyse der Holdingsstandorte Spanien, Deutschland, Österreich und Luxemburg, Recht der Internationalen Wirtschaft 2003, 589-598

Halla-Villa Jimenez, Natalie J.: Die spanische Holdinggesellschaft (ETVE) – Ein attraktives Instrument zur internationalen Steuerplanung, Internationale Wirtschaftsbriefe 2003, Fach 5, Gruppe 2, 283-288

Hallerberg, Mark: Tax Competition in Wilhelmine Germany and Its Implications for the European Union, World Politics 1996, Vol. 48, 324-357

Hans, Adrian: Unternehmensteuerreform 2008: Kritik der Neuregelung über die Nutzung körperschaftsteuerlicher Verluste (§ 8c KStG), Finanz-Rundschau 2007, 775-781

Hansen, Nico/Kessler, Anke: The Political Geography of Tax H(e)avens and Tax Hells, American Economic Review 2001, Vol. 91, Issue 4, 1103-1115

Harris, David/Slemrod, Joel/Morck, Randall/Yeung, Bernard: Income Shifting in U.S. Multinational Corporations, NBER Working Paper Series 2006, No. 3924, 1-44

Harrison, Ellen K./Moetell, Michael C.: United States Anti-Avoidance Rules, in: Spitz/Clarke (Hrsg.), Offshore Service, Issue 77, Vol. 3, Loose-Leaf. Auflage, 2006, 1-50

Hartman, David G.: Tax Policy and Foreign Direct Investment, http://www.nber.org/papers/ w0689.pdf

Hartman, David G.: Tax Policy and Foreign Direct Investment in the United States, National Tax Journal 1984, Vol. 37, No. 4, 475-487

Hartman, David G.: Tax Policy and Foreign Direct Investment, Journal of Public Economics 1985, Vol. 26, 107-121

Hartmann, Jürgen: USA überdenkt Grundsätze ihres internationalen Steuerrechts – Parallelen zur detuschen (EU) Steuersituation, DB 2002, 2130-2133

Harty, Scott A./Sheppard, Hale E.: Repatriating Subpart F Income: A Fresh Look at Electing to Be Taxed as a Corporation, Tax Notes International 2005, Vol. 38, 173-178

Hartzell, Jay C.; Titman, Sheridan; Twite, Garry: Why do forms hold so much cash ? A Tax-based explanation, http://papers.ssrn.com/sol3/papers.cfm?abstract_id=654881

Haslinger, Katharina: Die Besteuerung von Dividenden – EuGH bestätigt Kritik an geltender Rechtslage, Steuer und Wirtschaft International 2007, 175-186

Hasseldine, John/Hite, Peggy: Key Determinants of Compliance and Noncompliance, Tax Notes International 2007, Vol. 48, 771-781

Haug, Simone M: The United States Policy of Stringent Anti-Treaty-Shopping Provisions: A comparative Analysis, Vanderbilt Journal of Transnational Law 1996, Vol. 29, 191-286

Haun, Jürgen Hybride Finanzierungsinstrumente im deutschen und US-amerikanischen Steuerrecht – Ein Analyse ihres grenzüberschreitenden Einsatzes aus steuersystematischer und ökonomischer Sicht, Frankfurt am Main 1996

Haun, Jürgen/Reiser, Hagen: Anwendung der Doppelbesteuerungsabkommen auf Personengesellschaften – eine erste Analyse, GmbH-Rundschau 2007, 915-922

Hauold, Peter: Der Holdingstandort Österreich, in: Thömmes/Lang/Schuch (Hrsg.), Investitions- und Steuerstandort Österreich, München/Wien 2005, 39-62

Häuselmann, Holger: Referentenentwurf zum Jahressteuergesetz 2008, BB 2007, 1533-1536

Hay, Richard J.: U.S. Destabilises Assault on Offshore Centres, Tax Planning International Review, Vol. 28, September, 3-12

Hay, Richard J.: OECD Global Forum on Tax Information Exchange, Tax Planning International Review 2004, July, Vol. 31, 11-12

Hay, Richard J.: OECD Level Playing Field Report Released: Consensus or Conflict?, Tax Planning International Review 2006, Vol. 33, June, 3-10

Heidmeier, Friederike: Die Gesellschaftsformen des US-amerikanischen Rechts, Internationale Wirtschaftsbriefe 2003, Fach 8, Gruppe 3, 341-358

Heinrich, Johannes: Nichtabzugsfähige Aufwendungen und Ausgaben, in: Quantschnigg/ Achatz/Haidenthaler/Trenkwalder/Tumpel (Hrsg.), Gruppenbesteuerung – Kommentar und systematische Darstellungen, Wien 2005, 361-380

Helminen, Marjaana: Freedom of Establishment and Oy AA, European Taxation 2007, 490-498

Henke, Ulf/Lang, Michael: Qualifizierung ausländischer Rechtsgebilde am Beispiel der Delaware LLC, Internationales Steuerrecht 2001, 514-520

Hennig, Norbert: Bye bye imputation, welcome one-tier: The new corporate tax system in Singapore, Intertax 2004, 231-250

Henning, Norbert: Steuerrechtsänderungen in Hongkong, Internationale Wirtschaftsbriefe 2005, Gruppe 2, 29-42

Hensel, Christian: Das neue Doppelbesteuerungsabkommen mit den USA, Internationale Wirtschaftsbriefe 2006, Fach 8, Gruppe 2, 1431-1438

Hensel, Christian: Die Kündigung des DBA-Brasilien und die Folgen, Internationale Wirtschaftsbriefe 2006, Gruppe 2, Fach 8, 493-496

Hensel, Christian: Zur Remittance-Base-Klausel im DBA-Singapur, Praxis Internationale Steuerberatung 2006, 58

Hergeth, Armin/Ettinger, Jochen: Nichtanwendungserlass zum Urteil des BFH vom 31.5.2005 zu § 50d Abs.3 EStG, Internationales Steuerrecht 2006, 307-309

Herlinghaus, Andreas: Anmerkung zum FG Köln Urteil vom 16.3.2006, Entscheidungen der Finanzgerichte 2006, 898-899

Herrmann, Harald: Die Einordnung ausländischer Gesellschaften im Ertragssteuerrecht am Beispiel der US-amerikanischen Limited Liability Company, Recht der Internationalen Wirtschaft 2004, 445-451

Herzig, Norbert: Harmonisierung der steuerlichen Gewinnermittlung in der Europäischen Union, Steuer und Wirtschaft 2006, 156-164

Herzig, Norbert: Steuerliche Gewinnermittlung und handelsrechtliche Rechnungslegung, Internationales Steuerrecht 2006, 557-560

Herzig, Norbert: Die Gewerbesteuer als dominierende Unternehmensteuer, DB 2007, 1541-1543

Herzig, Norbert: Reform der Unternehmensbesteuerung, Wirtschaftsprüfung 2007, 7-14

Herzig, Norbert: Eckpunkte der Unternehmensteuerreform 2008, Handbuch Unternehmensteuerreform 2008, Münster 2008, 12-36

Herzig, Norbert/Dempfle, Urs: Konzernsteuerquote, betriebliche Steuerpolitik und Steuerwettbewerb, DB 2002, 1-8

Herzig, Norbert/Liekenbrock, Bernhard: Zinsschranke im Organkreis, DB 2007, 2387-2395

Herzig, Norbert/Wagner, Thomas: Die Besteuerung von Auslandsengagements spanischer Holdinggesellschaften: Erweitertes Holdingsprivileg, Hinzurechnungsbesteuerung und Gestaltungsmöglichkeiten, Internationales Steuerrecht 2003, 222-228

Hey, Friedrich E. F.: Stellung der US (Delaware) Limited Liability Company im internationalen Steuerecht, in: Burmester/Endres (Hrsg.), Aussensteuerrecht, Doppelbesteuerungsabkommen und EU-Recht im Spannungsverhältnis – Festschrift für Helmut Debatin, München 1997, 121-151

Hey, Friedrich E. F.: German Tax Court Revamps Treaty Shopping Law, Tax Notes International 2005, Vol. 40, 122-125

Hey, Johanna: Harmonisierung der Unternehmensbesteuerung in Europa, Köln 1997

Hey, Johanna: Steuerplanungssicherheit als Rechtsproblem, Köln 2002

Hey, Johanna: National Report Germany, in: Schön (Hrsg.), Tax Competition in Europe, Amsterdam 2003, 253-278

Hey, Johanna: Verletzung fundamentaler Besteuerungsprinzipien durch die Gegenfinanzierungsmaßnahmen des Unternehmensteuerreformgesetzes 2008, BB 2007, 1303-1309

Hey, Johanna: Wettbewerb der Rechtsordnungen oder Europäisierung des Steuerrechts?, in: Reimer/u.a. (Hrsg.), Europäisches Gesellschafts- und Steuerrecht, München 2007, 295-311

Hey, Johanna/Bauersfeld, Heide: Die Besteuerung der Personen(handels)gesellschaften in den Mitgliedsstaaten der Europäischen Union, der Schweiz und den USA, Internationales Steuerrecht 2005, 649-657

Hickley, Loughlin: Corporations Slow to Adopt Integrated Tax Reporting whilst Multinational Trend Towards Low Tax Regimes Accelerates, Tax Planning International Review 2006, Vol. 33, May 2006, 15

Hickley, Loughlin: Tax Risk Management – The Tolerance Factor, Tax Notes International 2006, Vol. 44, 609-611

Hicks, Hal: Overview of Inversion Transactions: Selected Historical, Contemporary, and Transactional Perspectives, Tax Notes International 2003, Vol. 30, 899-925

Hines, James R: No Place Like Home: Tax Incentives and the Location of R&D by American Multinationals, http://www.nber.org/papers/W4574.pdf

Hines, James R: Tax Policy and the Activities of Multinational Corporations, http://www.nber.org/papers/W5589.pdf

Hines, James R: Testimony of James R. Hines Jr. : An Examination of U.S.Tax Policy and Its Effect on the Domestic and International Competitiveness of U.S.- Owned Foreign Operations, http://finance.senate.gov/hearings/testimony/2003test/071503JHines.pdf

Hines, James R: The Case against Deferral: A Deferential Reconsideration, National Tax Journal 1999, Vol. 52, no. 3, 385-404

Hines, James R: International Tax Policy Forum – Introduction, Tax Notes International 2004, Vol. 34, 1295-1297

Hines, James R: Corporation Taxation and International Competition, Ross School of Law Business Paper 2005, No. 1026, 1-46

Hines, James R: Do Tax Havens Flourish?, NBER / Tax Policy & the Economy 2005, Vol. 19, Issue 1, 65-99

Hines, James R/Hubbard, R. Glenn: Coming Home to America: Dividend Repatriations by U.S. Multinationals, NBER Working Paper Series 1989, Working Paper No. 2931; http://www.nber.org/papers/w2931.pdf, 1-34

Hines, James R./Rice, Eric M.: Fiscal Paradise: Foreign Tax Havens and American Business, http://www.nber.org/papers/w3477.pdf

Hinnekens, Luc: Compatibility of bilateral tax treaties with European Community Law. The rules, EC Tax Review 1994, Vol. 3, 146-166

Hinny, Pascal: Steuerliche Aspekte der bilateralen Verträge zwischen der Schweiz und der Europäischen Union, in: Lüdicke (Hrsg.), Europarecht – Ende der nationalen Steuersouveränität, Köln 2006, 46-82

Hintsanen, Lari/Pettersson, Kennet: The implications of the ECJ holding the denial of Finnish imputation credits in cross-border situations to be incompatible with the EC Treaty in the Manninen case, European Taxation 2007, 130-137

Hirschler, Klaus/Schindler, Clemens Philipp: Die österreichische Gruppenbesteuerung als Vorbild für Europa?, Internationales Steuerrecht 2004, 505-512

HMRC: Disclosure of tax avoidance schemes: Summary of the disclosure rules, http://www.hmrc.gov.uk/aiu/summary-disclosure-rules.htm, 29.9.2007

Hoaglund, Larissa: Malta Negotiating Tax Treaty With United States, 9 Other Countries, World Tax Daily 24.1.2007, Doc 2007-1856

Hofbauer, Ines: Aktuelles aus dem Bereich »Harmful Tax Competition« – Der 2004-Progress Report, Steuern und Wirtschaft International 2004, 238-240

Hofbauer, Ines Das Prinzip der Meistbegünstigung im grenzüberschreitenden Ertragsteuerecht, Wien 2005

Hofbauer, Ines: Most-Favoured-Nation Clauses in Double Taxation Conventions – A Worldwide Overview, Intertax 2005, 445-453

Hoffman, Stephen A./Amacher, Karin: The Evolution of Tax-Advantaged Intercompany Lending Programs, Tax Notes International 2007, Vol. 46, 513-516

Hoffmann, Wolf-Dieter: Steueroptimales Ausschüttungsverhalten und Repatriierungsstrategien, in: Grotherr (Hrsg.), Handbuch der internationalen Steuerplanung, 2. Auflage, Herne/Berlin 2003, 503-521

Hoffmann, Wolf-Dieter/Rüsch, Christian: Die effektiven Steuersätze nach der Zinsschranke, Deutsches Steuerrecht 2007, 2079-2084

Höhn, Ernst/Waldburger, Robert Steuerrecht, Band I: Grundlagen – Grundbegriffe – Steuerarten, 9. Auflage, Bern/Stuttgart/Wien 2001

Hoi Ki Ho, Daniel/Tze Yiu Lau, Peter: Perspectives on Foreign Direct Investment Location Decisions: What Do We Know and Where Do We Go from Here?, International Tax Journal 2007, Vol. 33, May/June, 39-48

Holland, Douglas: U.S. Check-the-Box Rules in the Cross-Border Context, Tax Notes International 2005, Vol. 39, 255-269

Höller, Christian: Der Steuermagnet verliert seine Kraft, Financial Times Deutschland 31.1.2007, 12

Hölzl, Michael: Zinsschranke: Fallstricke und Mechanismen, Handbuch Unternehmensteuerreform 2008, Münster 2008, 107-126

Homburg, Stefan/Houben, Henriette/Maiterth, Ralf: Rechtsform und Finanzierung nach der Unternehmensteuerreform 2008, Wirtschaftsprüfung 2007, 376-381

Honk, Lee Fook: Singapore's 2004 Budget – To Create Opportunities for Businesses and Entrepreneurs, IBFD Bulletin for International Taxation 2004, 233-237

Hornig, Marcus: Die Zinsschranke – ein europrarechtlicher Irrweg, Praxis Internationale Steuerberatung 2007, 215-220

Horsburgh, Karl: Luxembourg, in: Spitz/Clarke (Hrsg.), Offshore Service, London 2005, 1-33

Houde, Marie-France: OECD Investment Policy Reviews, http://www.oecd.org/dataoecd/23/ 10/14840525.pdf

Hrehorovska, Lucia: Tax Harmonization in the European Union, Intertax 2006, 158-166

Huber, Markus Frank/Blum, Matthew S.: Limitation on Benefits Under Article 22 of The Switzerland-U.S. Tax Treaty, Tax Notes International 2005, Vol. 39, 547-568

Hufbauer, Gary Clyde/Grieco, Paul: Senator Kerry on Corporate Tax Reform: Right Diagnosis, Wrong Prescription, in: Institute for International Economics (Hrsg.), Policy Brief April 2004 – Number PB04-3, Washington 2004, 1-14

Hull, Howard R.: New Developments in the Taxation of Holding Companies in Switzerland, Bulletin for International Fiscal Documentation 2003, 537-541

Hull, Howard R.: The Dividend Withholding Tax and Net Remittance Procedures in Switzerland, IBFD Bulletin for International Taxation 2005, 152-156

Hull, Howard R./Teuscher, Hannes: Treaty Relief in Switzerland on Outbound Investment, IBFD Bulletin for International Taxation 2001, February, 52-61

Hundt, Florenz: Entwicklung des deutschen Mißbrauchsverständnisses bei grenzüberschreitenden Gestaltungen, in: Gocke/Gosch/Lang (Hrsg.), Körperschaftssteuer, Internationales Steuerrecht, Doppelbesteuerung – Festschrift für Franz Wassermeyer, München 2005, 153-176

Huygen, Werner/Moreau, Peter/Claes, Steven/Rampen, Luc: Belgium-U.S. Treaty Introduces Key Changes, Tax Notes International 2008, Vol. 49, 213-215

Hwang, Michael: Doing Business in Singapore, 1998

Ibarra, Marilyn/Koncz, Jennifer: Direct Investment Positions for 2006, BEA Survey of Current Business, 2007

IBFD: Taxes and Investment in Asia and the Pacific – Hong Kong, Amsterdam 2005

IBFD: Taxes and Investment in Asia and the Pacific – Singapore, Amsterdam 2005

International Law Commission: Yearbook of the International Law Commission, Geneva 1978

Ismer, Roland/Kost, Sebastian: Sondervergütungen unter dem DBA-USA – Zugleich Anm. zum Urteil des FG Baden-Württemberg, EFG 2006, 677 (nrkr.), Internationales Steuerrecht 2007, 120-124

Iyer, Shanker: International Tax Planning under Singapore Domestic Law and Treaties, Asia-Pacific Tax Bulletin 2004, January/February, 92-103

Jabloner, Clemens/Korinek, Karl/Moser, Daniela/Rzeszut, Johann: Protection of Taxpayers' Rights in the Courts of Austria, IBFD Bulletin for International Taxation 2004, Vol. 58, Number 8/9, 460-466

Jackson, Randall: Bundesrat Passes 2008 Tax Bill, Amends Withholding Tax, Tax Notes International 2008, Vol. 49, 36-37

Jackstein, Claus-Dieter: Das deutsche Steuerrecht im Wettbewerb mit ausländischen Steuersystemen, in: Burmeister/Endres (Hrsg.), Außensteuerrecht Doppelbesteuerungsabkommen und EU-Recht im Spannungsverhältnis – Festschrift für Helmut Debatin, München 1997, 179-206

Jacob, Friedhelm/Klein, Martin: Anmerkung zu BFH Urteil v. 20.3.2002, I R 63/99 – Hilversum I, Internationales Steuerrecht 2002, 599-602

Jacob, Friedhelm/Klein, Martin: Anmerkung zu BFH Urteil v. 31.5.2005 – IR 74, 88/04 – Hilversum II, Internationales Steuerrecht 2005, 711-713

Jacobs, Otto H: Internationale Unternehmensbesteuerung, 6. Auflage, München 2007

Jacobs, Otto H/Spengel, Christoph/Stetter, Thorsten/Wendt, Carsten: EU Company Taxation in Case of a Common Tax Base: A Computer-based Calculation and Comparison Using the Enhanced Model of the European Tax Analyser, Intertax 2005, Vol. 33, 414-428

Jacobs, Otto H/Spengel, Christoph/Stetter, Thorsten/Wendt, Carsten: EU Company Taxation in Case of a Common Tax Base: A Computer-based Calculation and Comparison Using the Enhanced Model of the European Tax Analyser, Intertax 2005, 414-428

Jahn, Ralf: Erstattung der Kapitalertragssteuer bei zwischengeschalteter ausländischer Basisgesellschaft, Praxis Internationale Steuerberatung 2005, 271-273

Jakob, Walter/Kubaile, Heiko: Missbrauchsnorm greift Holdingstrukturen an, Finanz und Wirtschaft 6.12.2006, 29

Jakob, Walter/Kubaile, Heiko: Schweizerischer Holdingstatuts und Novellierung des Treaty Shoppings in Deutschland, IFF Forum für Steuerrecht 2007, 209-227

Janeba, Eckhard;Schjelderup, Guttorm: Why Europe Should Love Tax Competition – And The U.S. Even More So, http://www.nber.org/papers/w9334

Jänisch, Christian/Klein, Thomas: Inbound Finanzierung von Großbritannien nach Deutschland über eine KG Holding Struktur – Anwendungsfall von § 14 Abs. 1 Satz 1 Nr. 5 KStG?, BB 2007, 696-700

Jann, Martin/Schuch, Josef/Toifl, Gerald: Austria, in: IBFD (Hrsg.), Europe – Corporate Taxation, Amsterdam 2007

Jeffers, Agatha E./Yang, James G. S./Kleinfeld, Denis/Linder, Carl: New Requirements for Tax Incentives in U.S. Possessions, International Tax Journal 2006, Fall, 29-37

Jenzen, Holger: Internationale Funktionsverlagerungen – Die Besteuerung von Gewinnpotentialen bei grenzüberschreitenden Funktionsverlagerungen im Konzern, Internationale Wirtschaftsbriefe 2007, Fach 2, 9419-9438

Jesch, Thomas: Das Steuersystem Hongkongs – eine Einführung, Internationales Steuerrecht 2007, 353-357

Jesse, Lenhard: Dividenden- und Hinzurechnungsbesteuerung, in: Schaumburg/Piltz (Hrsg.), Holdinggesellschaften im Internationalen Steuerrecht, Köln 2002, 109-163

Jin, Yang Eu: Singapore, in: Spitz/Clarke (Hrsg.), Offshore Service, London 2005

Jirousek, Heinz: Doppelbesteuerungsabkommen Österreich – Barbados, Österreichische Steuerzeitung 2006, 318-320

Jirousek, Heinz/Schuch, Josef/Sutter, Franz: Unilateral Relief from Double Taxation in Austria, IBFD Bulletin for International Taxation 2004, Vol. 58, Number 8/9, 372-381

Joecks, Wolfgang: Steuerhinterziehung bei Auslandsgeschäften, in: Strunk/Wassermeyer/ Kaminski (Hrsg.), Gedächtnisschrift für Dirk Krüger – Unternehmensteuerrecht und Internationales Steuerrecht, Bonn 2006, 69-91

Johnson, Trevor: U.K. Tax Update: No Hiding Place, Tax Notes International 2005, Vol. 38, 29-31

Johnson, Trevor: Defining the Elephant, Tax Notes International 2006, Vol. 43, 497-500

Johnson, Trevor: Tax Haven No More?, Tax Notes International 2007, Vol. 45, 1089-1091

Johnson, Trevor: Though This Be Madness, Yet There Is Method In't, Tax Notes International 2007, Vol. 45, 869-871

Joint Committee on Taxation: Testimony of the Staff of the Joint Committee on Taxation before the Senate Committee on Foreign Relations Hearing on the proposed Tax Protocols with Sweden and France and the proposed Tax Treaty with Bangladesh, JCX-8-06, WTD Doc 2006-2064. Auflage, Washington 2-2-2006

Jonas, Bernd: Finanzierung von Holdinggesellschaften, in: Schaumburg/Piltz (Hrsg.), Holdinggesellschaften im Internationalen Steuerrecht, Köln 2002, 179-193

Jonas, Bernd: Regierungsentwurf eines Unternehmenssteuerreformgesetzes – Interview mit Bernd Jonas, Wirtschaftsprüfung 2007, 407-411

Jörißen, Ann-Erika: Die US-amerikanische Limited Liability Company (LLC) und ihre steuerrechtliche Einordnung für die Zwecke der deutschen Besteuerung, Internationale Wirtschaftsbriefe 2004, Fach 3, Gruppe 2, 1109-1118

Joseph, Ghislain T: European holding companies in a changing tax environment, International Tax Journal, Vol. 18, No. 4 (Fall 1992), 1-6

JP Morgan: An update on repatriation legislation, http://www.medicaldevices.org/ public/ issues/documents/JPMorganOnePageUpdate5.06.04.pdf

Jung, Marcel R.: The Switzerland-EC Agreement on the Free Movement of Persons: Measures Equivalent to Those in the EC Treaty – A Swiss Income Tax Perspective, European Taxation 2007, 508-528

Jungnitz, Susanne: »Fiscale eenheid« in den Niederlanden – Vorbild für eine Reform der Gruppenbesteuerung in Deutschland?, Internationales Steuerrecht 2006, 266-272

Kadet, Jeffery/Chan, William: Effects of PRC tax on Merger & Acquisition deals, Tax Planning International Review 2007, Vol. 34, October, 7-9

Kahle, Holger: Steuergestaltung bei international tätigen Personengesellschaften, Steuer und Wirtschaft 2005, 61-70

Kahle, Holger: Aktuelle Entwicklungen der Ertragsbesteuerung ausländischer Betriebsstätten, Internationales Steuerrecht 2007, 757-764

Kälin, Christian H.: Swiss Companies in International Tax Planning, Tax Planning International Review 2005, Vol. 32, September, 7-12

Kaminski, Bert: Aktivitätsvorbehalte und ihre Bedeutung für die DBA-Anwendung, Steuer und Wirtschaft 2007, 275-284

Kaminski, Bert/Strunk, Günther/Haase, Florian F.: Anmerkung zu § 20 Abs. 2 AStG in der Entwurfsfassung des Jahressteuergesetzes 2008, Internationales Steuerrecht 2007, 726-728

Karayan, John E./Swenson, Charles W./Neff, Joseph W.: Strategic Corporate Tax Planning, Hoboken, New Jersey 2002

Kaufmann, John: Effect of Foreign Currency Translation On U.S. Repatriations of Foreign Income, Tax Notes International 2005, Vol.38, 607-613

Keller, Thomas Unternehmensführung mit Holdingkonzepten, 2. Auflage, Stuttgart 1993

Keller, Thomas: Die Führung der Holding, in: Lutter (Hrsg.), Holding Handbuch, 4. Auflage, Köln 2004, 121-174

Kemmeren, Eric: Pending Cases by Dutch Courts I:The Van Dijk and Bujura Cases, in: Lang/Schuch/Staringer (Hrsg.), ECJ – Recent Developments in Direct Taxation, Wien 2006, 219-260

Kempf, Andreas/Bandl, Michael: Hat Treaty Override in Deutschland eine Zukunft?, DB 2007, 1377-1381

Kempf, Andreas/Meyer, Annette: Der neu gefasste § 50d Abs. 3 EStG in der Praxis, Deutsche Steuerzeitung 2007, 584-589

Kessler, Wolfgang: Die stille Beteiligung als Instrument der Steuergestaltung nach der Unternehmenssteuerreform, in: Herzig/Günkel/Niemann (Hrsg.), Steuerberaterjahrbuch 2002/2003, Köln , 375-415

Kessler, Wolfgang: Typologie der Betriebsaufspaltung – Treuhandschaft, Mitunternehmerschaft und Vermögensverwaltung, Wiesbaden 1989

Kessler, Wolfgang: Holdingstandort Luxemburg, Internationales Steuerrecht 1995, 11-16

Kessler, Wolfgang: Die Euro-Holding, München 1996

Kessler, Wolfgang: Überlegungen zur Standortwahl einer Euro-Holding aus steuerlicher Sicht, in: Fischer (Hrsg.), Grenzüberschreitende Aktivitäten deutscher Unternehmen und EU-Recht, Köln 1997, 130-164

Kessler, Wolfgang: Holdinggesellschaften und Kooperationen in Europa, in: Schaumburg (Hrsg.), Steuerrecht und steuerorientierte Gestaltungen im Konzern, Köln 1998, 177-226

Kessler, Wolfgang: Deutschland als Holdingstandort, in: Herzig/Günkel/Niemann (Hrsg.), Steuerberater-Jahrbuch 2000/2001, Köln 2000, 339-383

Kessler, Wolfgang: Internationale Holdingstandorte, in: Schaumburg/Piltz (Hrsg.), Holdinggesellschaften im Internationalen Steuerrecht, 1. Auflage, Köln 2002, 67-108

Kessler, Wolfgang: Grundlagen der Steuerplanung mit Holdinggesellschaften, in: Grotherr (Hrsg.), Handbuch der internationalen Steuerplanung, 2. Auflage, Herne/Berlin 2003, 159-185

Kessler, Wolfgang: Ausländische Betriebstättenverluste, in: Lehner (Hrsg.), Verluste im nationalen und Internationalen Steuerrecht, München 2004, 83-114

Kessler, Wolfgang: Steuerliche Besonderheiten von SE-Holdinggesellschaften, in: Herzig (Hrsg.), Besteuerung der Europäischen Aktiengesellschaft, Köln 2004, 119-134

Kessler, Wolfgang: Konzerninterne Anteilsübertragung – Erste Analyse des geplanten BMF-Schreibens zu § 8a Abs. 6 KStG, DB 2005, 2766-2772

Kessler, Wolfgang: Gruppenbesteuerungssysteme im internationalen Vergleich, in: Strunk/ Wassermeyer/Kaminski (Hrsg.), Gedächtnisschrift für Dirk Krüger – Unternehmensteuerrecht und Internationales Steuerrecht, Bonn 2006, 235-253

Kessler, Wolfgang/Achilles, Charlotte/Huck, Friederike: Die Europäische Aktiengesellschaft im Spannungsfeld zwischen nationalem Steuergesetzgeber und EuGH, Internationales Steuerrecht 2003, 715-720

Kessler, Wolfgang/Becker, Jan Dierk: Die atypisch stille Gesellschaft als Finanzierungsalternative zur Reduzierung der Steuerbelastung aus der Hinzurechnungsbesteuerung, Internationales Steuerrecht 2005, 505-540

Kessler, Wolfgang/Daller, Rico: Dänemark: Verschärfung der Gruppenbesteuerung, Internationales Steuerrecht 2005, Länderbericht, Heft 15, 2-3

Kessler, Wolfgang/Daller, Rico: Gruppenbesteuerungssysteme im internationalen Vergleich, taxlex 2005, 218-225

Kessler, Wolfgang/Daller, Rico: Die österreichische Gruppenbesteuerung aus der Sicht ausländischer Gruppenmitglieder – investitionsentscheidungsbeeinflussende Faktoren, Internationales Steuerrecht 2006, 289-296

Kessler, Wolfgang/Dorfmüller, Pia: Gestaltungsstrategien bei internationaler Steuerplanung mit Holdinggesellschaften, Praxis Internationale Steuerberatung 2001, 177-185

Kessler, Wolfgang/Dorfmüller, Pia: Holdingstandort Großbritannien – eine attraktive Alternative?, Internationales Steuerrecht 2003, 228-235

Kessler, Wolfgang/Düll, Sebastian: Kaskadeneffekt, Buchwertkürzung und Holdingregelung bei der Fremdfinanzierung – Beteiligungsbegriff i.S. von § 8a Abs. 2 und Abs. 4 KStG ?, DB 2005, 462-466

Kessler, Wolfgang/Eicke, Rolf: Die Limited – Fluch oder Segen für die Steuerberatung?, Deutsches Steuerrecht 2005, 2101-2108

Kessler, Wolfgang/Eicke, Rolf: Arbeitsplätze aus dem Steuerparadies: Neue US-Subpart F-Regel schafft Anreize zur Repatriierung von Gewinnen aus Tax Havens in die USA – Ein Vorbild für Deutschland?, Internationales Steuerrecht 2006, 1-6

Kessler, Wolfgang/Eicke, Rolf: Closer to Haven? New German Tax Planning Opportunities, Tax Notes International 2006, Vol. 42, 501-521

Kessler, Wolfgang/Eicke, Rolf: Neue Gestaltungsmöglichkeiten im Lichte des Treaty-Shoppings, Praxis Internationale Steuerberatung 2006, 23-29

Kessler, Wolfgang/Eicke, Rolf: Treaty-Shopping – Quo vadis? Kritische Anmerkungen zum § 50d Abs. 3 EStG-E, Internationales Steuerrecht 2006, 577-582

Kessler, Wolfgang/Eicke, Rolf: Treaty-Shopping mit Holding in Luxemburg, Praxis Internationale Steuerberatung 2006, 167-169

Kessler, Wolfgang/Eicke, Rolf: Warten auf den Wandel – Staatshaftung für Nichtanwendungserlasse im Steuerrecht, Deutsches Steuerrecht 2006, 1913-1919

Kessler, Wolfgang/Eicke, Rolf: Anzeigepflicht für Steuergestaltungen nach § 138a AO durch das JStG 2008 – Transparente Perspektiven für die Finanzverwaltung, BB 2007, 2370-2379

Kessler, Wolfgang/Eicke, Rolf: Back to BASIC – Stages of International Tax Planning or: Getting the Grip on a Rock Road, Intertax 2007, 355-359

Kessler, Wolfgang/Eicke, Rolf: Das neue U.S.-Musterabkommen zur Vermeidung der Doppelbesteuerung, Praxis Internationale Steuerberatung 2007, 7-10

Kessler, Wolfgang/Eicke, Rolf: Doppel-Holdingstruktur als Schutz vor der Anti-Treaty-Shopping-Regelung des § 50d Abs. 3 EStG, Internationales Steuerrecht 2007, 526-530

Kessler, Wolfgang/Eicke, Rolf: Germany's Anti-Treaty-Shopping Rule: Two-tier holding meets two-tier approach, Tax Planning International Review 2007, May, 2-3

Kessler, Wolfgang/Eicke, Rolf: Germany's Corporate Tax Reform – The Road Not Taken, Tax Notes International 2007, Vol. 46, 1135-1137

Kessler, Wolfgang/Eicke, Rolf: Germany's Partnership Tax Regime: A Response to U.S. Check-the-Box Regs?, Tax Notes International 2007, Vol. 47, 587-591

Kessler, Wolfgang/Eicke, Rolf: Germany: Treaty Shop Until You Drop, Tax Notes International 2007, Vol. 46, 377-380

Kessler, Wolfgang/Eicke, Rolf: Hinter dem Horizont – Das neue US-Musterabkommen und die Zukunft der US-Steuerpolitik, Internationales Steuerrecht 2007, 159-162

Kessler, Wolfgang/Eicke, Rolf: Legal, But Unwanted – The German Tax Planning Disclosure Draft, Tax Notes International 2007, Vol. 48, 577-582

Kessler, Wolfgang/Eicke, Rolf: Life Goes On – The Second Life of the German Trade Tax, Tax Notes International 2007, Vol. 48, 279-283

Kessler, Wolfgang/Eicke, Rolf: Losing the Losses – The New German Change-of-Ownership Rule, Tax Notes International 2007, Vol. 48, 1045-1048

Kessler, Wolfgang/Eicke, Rolf: Neue Gestaltungshürden in der Anti-Treaty-Shopping-Regelung des § 50d Abs. 3 EStG, Deutsches Steuerrecht 2007, 781-786

Kessler, Wolfgang/Eicke, Rolf: New German Thin Cap Rules – Too Thin the Cap, Tax Notes International 2007, Vol. 47, 263-267

Kessler, Wolfgang/Eicke, Rolf: Out of Germany: The New Function Shifting Regime, Tax Notes International 2007, Vol. 48, 53-56

Kessler, Wolfgang/Eicke, Rolf: Welcome to the German Dual Income Tax, Tax Notes International 2007, Vol. 47, 837-841

Kessler, Wolfgang/Eicke, Rolf: Zur mittelbaren Entlastungsberechtigung in der Anti-Treaty-Shopping Regelung, Praxis Internationale Steuerberatung 2007, 317-319

Kessler, Wolfgang/Eicke, Rolf: Germany's Fruit of Liechtenstein's Poisonous Tree, Tax Notes International 2008, Vol. 49, 871-874

Kessler, Wolfgang/Eicke, Rolf: Germany's New GAAR – »Generally Accepted Antiabuse Rule«?, Tax Notes International 2008, Vol. 49, 151-153

Kessler, Wolfgang/Eicke, Rolf: Lidl Belgium – Revisiting Marks & Spencer on the Branch Level, Tax Notes International 2008, Vol. 49

Kessler, Wolfgang/Eicke, Rolf: The Egg of Columbus Container: German Budget Sunny Side up, Not Scrambled, Tax Notes International 2008, Vol. 49, 587-590

Kessler, Wolfgang/Eicker, Klaus/Obser, Ralph: Die Schweiz und das Europäische Steuerrecht, Internationales Steuerrecht 2005, 658-669

Kessler, Wolfgang/Eicker, Klaus/Schindler, Jörg: Hinzurechnung von Dauerschuldzinsen nach § 8 Nr. 1 GewStG verstößt gegen die Zins-/Lizenzgebühren Richtlinie, Internationales Steuerrecht 2004, 678-680

Kessler, Wolfgang/Gross, Alexander: Konzerninterne Anteilsübertragung – Anmerkungen zum BMF-Schreiben vom 19.09.2006, WPg 2006, 1548-1555

Kessler, Wolfgang/Huck, Friederike: Der (zwangsweise) Weg in den Betriebsstättenkonzern am Beispiel der Hinausverschmelzung von Holdinggesellschaften, Internationales Steuerrecht 2006, 433-441

Kessler, Wolfgang/Huck, Friederike: Steuerliche Aspekte der Gründung und Sitzverlegung der Europäischen Aktiengesellschaft – Geltende und zukünftige Rechtslage, Der Konzern 2006, 352-363

Kessler, Wolfgang/Jehl, Melanie: Kritische Analyse der Zentralfunktion des Stammhauses, Internationale Wirtschaftsbriefe 2007, Gruppe 2, Fach 10, 1977-1988

Kessler, Wolfgang/Knörzer, Daniel: Die Verschärfung der gewerblichen Schachtelstrafe – erneute Diskriminierung inländischer Holdinggesellschaften?, Internationales Steuerrecht 2008, 121-124

Kessler, Wolfgang/Köhler, Stefan/Knörzer, Daniel: Die Zinsschranke im Rechtsvergleich: Problemfelder und Lösungsansätze, Internationales Steuerrecht 2007, 418-422

Kessler, Wolfgang/Ortmann-Babel, Martina/Zipfel, Lars: Unternehmensteuerreform 2008: Die geplanten Änderungen im Überblick, BB 2007, 523-534

Kessler, Wolfgang/Petersen, Torben: Steuerplanung mit Comtax, Internationales Steuerrecht 2007, 815-818

Kessler, Wolfgang/Schmidt, Wolfgang/Teufel, Tobias: GmbH & Co. KG als attraktive Rechtsformalternative für eine deutsche Euro-Holding, Internationales Steuerrecht 2001, 265-274

Kessler, Wolfgang/Spengel, Christoph: Checkliste potenziell EG-rechtswidriger Normen des deutschen direkten Steuerrechts – Update 2008, DB 2008, Beilage 2, 1-30

Kiekebeld, Ben J./Smit, Daniel S.: Cross-Border Loss Relief in the EU: Uncertainty Remains After Oy AA, Tax Notes International 2007, Vol. 48, 1149-1151

Kiekebeld, Ben J./Smit, Daniel S.: The Free Movement of Capital and the Taxation of Third-Country Investments, Tax Notes International 2007, Vol. 47, 761-763

King, Mervyn A. Public Policy and the Corporation, London 1977

Kinnegim, Godfried: European Commission Approves Dutch Patent Box Tax Regime, World Tax Daily 2.2.2007, Doc 2007-2620

Kinzl, Ulrich-Peter: Zuordnung von Kapitalgesellschaftsbeteiligungen zu ausländischen Betriebsstätten und Grundfreiheiten, Internationales Steuerrecht 2005, 693-699

Kinzl, Ulrich-Peter: Generalthema II: Abkommensberechtigung und persönliche Zurechnung von Einkünften, Internationales Steuerrecht 2007, 561-567

Kinzl, Ulrich-Peter: Germany, in: International Fiscal Association (Hrsg.), Conflicts in the attribution of income to a person, Vol. 92b. Auflage, Rotterdam 2007, 267-289

Kleineidam, Hans-Jochen: Die abkommensrechtliche Behandlung von Erträgen aus Beteiligungen im ausländischen Betriebsstättenvermögen oder: Ist der Betriebsstättenvorbehalt gerechtfertigt?, Internationales Steuerrecht 2004, 1-5

Kleutgens, Ingo/Müller, Susan: Wird der EuGH profiskalisch?, SteuerConsultant 2008, 26-27

Kleutgens, Ingo/Sinewe, Patrick: Das geänderte Doppelbesteuerungsabkommen zwischen den USA und Deutschland – Einzelaspekte und Praxishinweise, Recht der Internationalen Wirtschaft 2006, Beilage 2, 1-15

Kleyboldt, Juliane/Fricova, Eva: EU-Erweiterung: Slowakei: Steuersystem mit einer »Flat-Rate« – 19% Steuersatz für Körperschaft-, Einkommen- und Umsatzsteuer, Recht der Internationalen Wirtschaft 2004, Beilage 1, 11-12

Knebel, Andreas/Kunze, Michael: Die Abgeltungsteuer nach dem Unternehmensteuerreformgesetz 2008 – Ein Überblick, Internationale Wirtschaftsbriefe 2007, Gruppe 3, Fach 3, 1509-1516

Knobbe-Keuk, Brigitte: Die Einwirkung der Freizügigkeit und der Niederlassungsfreiheit auf die beschränkte Steuerpflicht, Europäische Zeitschrift für Wirtschaftsrecht 1991, 649-658

Knobbe-Keuk, Brigitte: The EC corporate tax directives – anti abuse provisions, direct effect, German implementation law, Intertax 1992, 485-494

Knoll, Leonhard/Wenger, Ekkehard: The New German Refrom Act: A Critical Assessment, Tax Notes International 2007, Vol. 47, 353-356

Kofler, Georg: European Taxation Under an »Open«Sky: LoB Clauses in Tax Treaties Between the U.S. and EU Member States, Tax Notes International 2004, Vol. 35, 45-89

Kofler, Georg: Generalanwaltung zur Kapitalverkehrsfreiheit und Meistbegünstigung bei DBA-Anwendung, Österreichische Steuerzeitung 2004, 558-563

Kofler, Georg: Manninen: Kapitalverkehrsfreiheit verpflichtet zur grenzüberschreitenden Anrechnung ausländischer Körperschaftsteuer, Österreichische Steuerzeitung 2004, 582-586

Kofler, Georg: Océ van der Grinten: Gestattet die Mutter-Tochter-RL eine abkommensrechtlich vorgesehene Quellenbesteuerung?, Österreichische Steuerzeitung 2004, 28-31

Kofler, Georg: Das Ende vom Anfang der gemeinschaftsrechtlichen Meistbegünstigung, Österreichische Steuerzeitung 2005, 432-438

Kofler, Georg: Einige Überlegungen zur steuerlichen Kohärenz nach dem Urteil des EuGH in der Rs Manninen, Österreichische Steuerzeitung 2005, 26-30

Kofler, Georg: Treaty Shopping, Quota Hopping und Open Skies. Die gemeinschaftrechtliche Problematik von Limitation-on-Benefits-Klauseln in Doppelbesteuerungsabkommen mit den Vereinigten Staaten, in: Lang/Jirousek (Hrsg.), Praxis des Internationalen Steuerrechts: Festschrift für Helmut Loukota zum 65. Geburtstag, Wien 2005, 211-240

Kofler, Georg: Marks & Spencer: Bedingte Verpflichtung zur Hereinnahme von Verlusten ausländischer Tochtergesellschaften, Österreichische Steuerzeitung 2006, 48-56

Kofler, Georg: Wer hat das Sagen im Steuerrecht – EuGH (Teil 1), Österreichische Steuerzeitung 2006, 106-114

Kofler, Georg: Wer hat das Sagen im Steuerrecht – EuGH (Teil 2), Österreichische Steuerzeitung 2006, 154-165

Kofler, Georg: Doppelbesteuerungsabkommen und Europäisches Gemeinschaftsrecht, Wien 2007

Kofler, Georg/Schindler, Clemens Philipp: »Dancing with Mr D«: The ECJ's Denial of Most-Favoured-Nation Treatment in the »D« case, European Taxation 2005, 530-540

Köhler, Stefan: Aktuelles Beratungs-Know-how Internationales Steuerrecht, Deutsches Steuerrecht 2005, 227-232

Köhler, Stefan: Hybride Finanzierungen über die Grenze, in: Piltz/Schaumburg (Hrsg.), Internationale Unternehmensfinanzierung, Köln 2006, 137-178

Köhler, Stefan: Erste Gedanken zur Zinsschranke nach der Unternehmensteuerreform, Internationales Steuerrecht 2007, 597-604

Köhler, Stefan: Zinsschranke – Überblick über die Neuregelung, in: Ernst & Young/BDI (Hrsg.), Unternehmensteuerreform 2008 – Änderungen – Zweifelsfragen – Gestaltungsmöglichkeiten, Bonn/Berlin 2007, 107-126

Köhler, Stefan/Eicker, Klaus: Wichtige EuGH-Entscheidungen zur Hinzurechnungsbesteuerung- und Wegzugsbesteuerung, Deutsches Steuerrecht 2006, 1871-1875

Köhler, Stefan/Eicker, Klaus: Kritische Anmerkungen zum BMF-Schreiben »Cadbury Schweppes« vom 8.1.2007, Deutsches Steuerrecht 2007, 331-334

Köhler, Stefan/Tippelhofer, Martina: Kapitalverkehrsfreiheit auch in Drittstaatenfällen? Zugleich Anmerkung zu den Entscheidungen des EuGH in den Rechtssachen Lasertec (C-492/04) und Hölböck (C-157/05) sowie zum BMF-Schreiben v. 21.3.2007 (IV B 7 – G 1424/0), Internationales Steuerrecht 2007, 645-649

Köhler, Stefan/Tippelhofer, Martina: Verschärfung des § 42 AO durch das Jahressteuergesetz 2008? – Zum unterschiedlichen Missbrauchsbegriff nach deutschem und europäischen Steuerrecht, Internationales Steuerrecht 2007, 681-684

Köhler, Thomas: Doppelbesteuerungsabkommen gestern, heute, morgen – wenn der Fiskus zweimal klingelt, in: Strunk/Wassermeyer/Kaminski (Hrsg.), Gedächtnisschrift für Dirk Krüger – Unternehmensteuerrecht und Internationales Steuerrecht, Bonn 2006, 3-18

Kokott, Juliane/Henze, Thomas: Ist der EuGH -noch- ein Motor für die Konvergenz der Steuersysteme?, BB 2007, 913-918

Kolb, Andreas: Aktuelle Entwicklungen im schweizerisch-deutschen Verhältnis, in: Gocke/Gosch/Lang (Hrsg.), Körperschaftssteuer, Internationales Steuerrecht, Doppelbesteuerung – Festschrift für Franz Wassermeyer, München 2005, 757-770

Kolb, Andreas: Schweiz, in: Mennel/Förster (Hrsg.), Steuern in Europa, Amerika und Asien, Herne 2005

Kollruss, Thomas: Die hybride Kapitalgesellschaft – Gestaltungen zur doppelten Verlustverwertung (Double-Dipping) im Verhältnis Deutschland – USA, Internationales Steuerrecht 2004, 735-741

Kollruss, Thomas: Die neuen Organschaftsregeln in den Niederlanden und Double-Dip-Strukturen für deutsche Outbound-Investitionen, Internationales Steuerrecht 2004, 5-10

Kollruss, Thomas: Gesellschafter-Fremdfinanzierung über nachgeschaltete ausländische Personengesellschaften im DBA-Fall: Weiße Einkünfte und Gestaltung im Rahmen des fremdfinanzierten konzerninternen Beteiligungserwerbs, Internationales Steuerrecht 2007, 131-137

Kollruss, Thomas: Leerlaufen des § 50d Abs. 3 EStG durch die Zinsschranke, Internationales Steuerrecht 2007, 780-781

Kollruss, Thomas: Steuergestaltung im Rahmen der Gesellschafter-Fremdfinanzierung, Gewinnrepatriierung und Verlustnutzung, Herne 2007

Kollruss, Thomas: Steueroptimale Gewinnrepatriierung unter der verschärften Anti-Treaty-Shopping-Regelung des § 50d Abs. 3 EStG i.d.F. JStG 2007 unter Berücksichtigung der Zinsschranke, Internationales Steuerrecht 2007, 870-876

Kollruss, Thomas: Weiße und graue Einkünfte bei Outbound-Finanzierung einer ausländischen EU-Tochterkapitalgesellschaft nach Europarecht und dem JStG 2007, BB 2007, 467-477

Köplin, Manfred/Sedemund, Jan: Das BMF-Schreiben vom 8.1.2007 – untauglich, die EG-Rechtswidrigkeit der deutschen Hinzurechnungsbesteuerung nach Cadbury Schweppes zu beseitigen!, BB 2007, 244-247

Körner, Andreas Techniken konzerninterner Gewinnverlagerung, Baden-Baden 2004

Körner, Andreas: Europarecht und Beteiligungsaufwendungen (Zugleich Anmerkung zu EuGH, U. v. 23.02.2006 – Rs. C-471/04 – »Keller Holding«), Internationales Steuerrecht 2006, 376-378

Korts, Petra: Anmerkungen zur Neuregelung des § 50d Abs. 3 EStG – Unter Berücksichtigung des BMF-Schreibens vom 3.4.2007, Die Steuerberatung 2007, 362-367

Korts, Sebastian: Anmerkung zum FG Köln Urteil vom 16.3.2006, Internationales Steuerrecht 2006, 427-432

Korts, Sebastian: Anmerkungen zum BMF-Schreiben vom 3.4.2007: Entlastungsberechtigung ausländischer Gesellschaften; Anwendung des § 50d Abs. 3 EStG in der Fassung des Jahressteuergesetzes 2007, Internationales Steuerrecht 2007, 663-665

Kostenbauder, Daniel: Statement of Daniel Kostenbauder: An Examination of U.S.Tax Policy and Its Effect on the Domestic and International Competitiveness of U.S.-Owned Foreign Operations, http://www.senate.gov/~finance/hearings/testimony/2003test/071 503Kosten.pdf

Köster, Oliver: Zinsschranke: Eigenkapitaltest und Bilanzpolitik, BB 2007, 2278-2284

Kovács, László: Tax Harmonisation versus tax competition in Europe, 2005

Kovács, László: Tax policy coordination for more growth and employment the EU agenda – Speech of the EU Commssioner at the Economiesuisse tax symposium »Dynamics of International Tax Competition« in Zürich on October 21, 2005, 2005

Kovács, László: The Future of EU Tax Policy, in: Lüdicke (Hrsg.), Europarecht – Ende der nationalen Steuersouveranität, Köln 2006, 1-8

Kowallik, Andreas: Typische Investitionsstrukturen für Direktinvestitionen von US-Unternehmen in Europa, in: Grotherr (Hrsg.), Handbuch der internationalen Steuerplanung, 2. Auflage, Herne/Berlin 2003, 835-848

KPMG: Investment in Panama, 5. Auflage, Panama City 2006

Kracht, Robert: Unternehmensteuerreform 2008: Gezeitenwechsel bei der Fremdfinanzierung, Praxis Internationale Steuerberatung 2007, 201-208

Kraft, Cornelia/Kraft, Gerhard: Grundlagen der Unternehmensbesteuerung, 2. Auflage, Wiesbaden 2006

Kraft, Ernst-Thomas: Entstehung der Holding, in: Lutter (Hrsg.), Holding Handbuch, 4. Auflage, Köln 2004, 43-120

Kraft, Gerhard: Betriebswirtschaftliche und steuerplanerische Gestaltungsüberlegungen bei Implementierung und Beendigung internationaler Holdingstrukturen, Deutsches Steuerrecht 1999, 1540-1544

Kraft, Gerhard: Finanzierungsstrukturen im internationalen Konzern auf dem Prüfstand der höchstrichterlichen Rechtsprechung, Internationales Steuerrecht 2000, 11-14

Kramer, Jörg-Dietrich: Host Country Germany, Tax Planning International Forum 2001, Vol. 22, March, 16-18

Kramer, Jörg-Dietrich: Finance Ministry Publishes Exit Tax Proposals, Tax Notes International 2006, Vol. 42, 1108-1110

Kramer, Jörg-Dietrich: German Tax Provisions at Odds With EC Treaty, Tax Notes International 2007, Vol. 46, 1108-1110

Kramer, Jörg-Dietrich: Host Country Germany, in: Tax Management International Forum (Hrsg.), The Definition and Taxation of Dividends, Washington 2007, 34-37

Kramer, Jörg-Dietrich: Is the Nondeductibility of Foreign Losses Compatible With the EC Convention?, Tax Notes International 2007, Vol. 45, 1221-1224

Krämer, Ralph: Das neue BMF-Schreiben zum internationalen Verständigungs- und EU-Schiedsverfahren, Internationale Wirtschaftsbriefe 2007, Gruppe 2, Fach 3, 1331-1344

Kratzer, Hubert: Steuerliche Holdingregelungen in den zehn neuen EU-Ländern im Überblick, Wirtschaft und Recht in Osteuropa 2005, 174-179

Krawitz, Norbert/Büttgen-Pöhland, Dagmar: Zwischenschaltung von EU-Auslandsholding-gesellschaften als steuerorientiertes Gestaltungsinstrument bei der Finanzierung inländischer Konzernbeteiligungen, Finanz-Rundschau 2003, 877-890

Kreienbaum, Martin/Nürnberger, Eckart: Für international operierende Unternehmen praxisrelevante Änderungen durch das Revisionsprotokoll zum DBA-USA, Internationales Steuerrecht 2006, 806-811

Kriek, Rutger: Cyprus enhances its appeal for investment funds, International Tax Review 2006, Vol. 17, July/August, 28-31

Kriek, Rutger: Tax planning opportunities involving Cypriot companies under the new Dutch participation exemption and new Dutch anti-abuse provisions, Tax Planning International 2007, October, 8-13

Kriek, Rutger/Drijer, Hans: Cypriot companies go Dutch for tax planning, International Tax Review 2007, Vol. 18, September, 23-26

Krogmann, Catherin/Vitale, Andrea: Kritische Würdigung des BMF-Schreibens zu »Cadbury Schweppes«, Internationale Wirtschaftsbriefe 2007, Gruppe 1, Fach 3, 2243-2252

Kröner, Michael: Ausländische Verluste im Unternehmensbereich, in: Lüdicke (Hrsg.), Europarecht – Ende der nationalen Steuersouveranität, Köln 2006, 127-162

Kröner, Michael/Benzel, Ute: Konzernsteuerquote – Die Ertragsteuerbelastung in der Wahrnehmung durch die Kapitalmärkte, in: Kessler/Kröner/Köhler (Hrsg.), Konzernsteuerrecht – Organisation – Recht – Steuern, München 2004, § 15

Kröner, Michael/Esterer, Fritz: Entscheidend sind die Anreize, Handelsblatt 25.8.2006, 8

Kroppen, Heinz-Klaus/Rasch, Stephan/Eigelshoven, Axel: Die Behandlung der Funktionsverlagerungen im Rahmen der Unternehmensteuerreform 2008 und der zu erwartenden Verwaltungsgrundsätze-Funktionsverlagerung, Internationale Wirtschaftsbriefe 2007, Gruppe 1, Fach 3, 2201-2229

Krupsky, Kenneth J.: Belgium Enhances Its International Tax Attractiveness, Tax Management International Journal 2006, Vol. 35, Issue 9, 461-462

Kubaile, Heiko: Steueroptimale Direktinvestitionen am Beispiel Schweiz, Informationen über Steuern und Wirtschaft (INF) 2000, 363-368

Kubaile, Heiko: Die Schweiz zählt in Europa weiterhin zu den ersten Adressen, Praxis Internationale Steuerberatung 2006, 96-102

Kubaile, Heiko/Buck, Christian: Das Jahressteuergesetz 2007 hat auch internationale Steuergestaltungen erschwert, Praxis Internationale Steuerberatung 2007, 78-84

Kubaile, Heiko/Suter, Roland/Jakob, Walter: Der Steuer- und Investitionsstandort Schweiz, Herne/Berlin 2006

Kube, Hanno: EuGH und Steuerrecht – Steuerrechtliche Probleme bei Ausübung der Grundfreiheiten, in: Reimer/u.a. (Hrsg.), Europäisches Gesellschafts- und Steuerrecht, München 2007, 225-248

Kuckhoff, Harald/Schreiber, Rolf: Die neuen Verwaltungsgrundsätze zu den Umlageverträgen (Teil I), Internationales Steuerrecht 2000, 346-352

Kudrle, Robert T./Eden, Lorraine: The Campaign Against Tax Havens: Will It Last? Will It Work?, 68, Stanford Journal of Law, Business and Finance 2003, Vol. 9, Autumn-37

Kuntz, Joel D./Peroni, Robert J. US International Taxation, New York 2008

Küting, Karlheiz: Der Geschäfts- und Firmenwert in der deutschen Konsolidierungspraxis 2006 – Ein Beitrag zur empirischen Rechnungslegungsforschung, Deutsches Steuerrecht 2007, 2025-2031

Lacroix, Ivor/Lor, Laurens: The Proposed Changes to the Level Playing Field of Dutch Interest Deductions, Tax Planning International Review 2007, Vol. 33, July, 7-11

Lady, Todd C.: Qualified Foreign Corporations: Taxing Foreign Corporation Dividends At Net Capital Gains Rates, Tax Management International Journal, Vol. 33, 339-357

Lam, Calvin/Lau, Annie: P.R.C: Tax Planning for Hong Kong Investors, Tax Notes International 2006, Vol. 41, 1063-1064

Lambooij, Machiel/Peelen, Sacha: The Netherlands Holding Company – Past and Present, IBFD Bulletin for International Taxation 2006, August/September, 335-343

Lamers, Auke W. G./Stevens, Ton: Classification of Foreign Entities and Classification Conflicts: Netherlands' Developments, Intertax 2005, 240-248

Lammel, Stefan/Reimer, Ekkehart: Europäisches Unternehmenssteuerrecht. Eine Einführung, in: Reimer/u.a. (Hrsg.), Europäisches Gesellschafts- und Steuerrecht, München 2007, 165-191

Lammersen, Lothar/Schwager, Robert: Die steuerliche Attraktivität der Schweiz als Unternehmensstandort im internationalen und interregionalen Vergleich, Internationales Steuerrecht 2004, 741-749

Landau, Todd/Sommerhalder, Ruud: U.S. Jobs Act Repatriations: European and Asian Considerations, Tax Notes International 2005, Vol. 40, 259-264

Lang, Bianca: Die Neuregelung der Verlustabzugsbeschränkung gem. § 8c KStG durch das Unternehmensteuerreformgesetz 2008, Deutsche Steuerzeitung 2007, 652-663

Lang, Joachim: § 4 Rechtsstaatliche Ordnung des Steuerrechts, in: Tipke/Lang (Hrsg.), Steuerrecht, 18. Auflage, Köln 2005, 64-130

Lang, Joachim: Der Stellenwert des objektiven Nettoprinzips im deutschen Einkommensteuerrecht, Steuer und Wirtschaft 2007, 3-15

Lang, Michael: Preface, in: Lang (Hrsg.), Avoidance of Double Non-Taxation, Wien 2003, 5-6

Lang, Michael: General Report, in: International Fiscal Association (Hrsg.), Double non-taxation, Rotterdam 2004, 73-119

Lang, Michael: Vermeidung der Doppelbesteuerung und der doppelten Nichtbesteuerung als Auslegungsmaxime für Doppelbesteuerungsabkommen?, in: Haarmann (Hrsg.), Auslegung und Anwendung von Doppelbesteuerungsabkommen, Köln 2004, 83-99

Lang, Michael: »Taxes Covered« – What is a »Tax« according to Article 2 of the OECD Model?, European Taxation 2005, 216-223

Lang, Michael: Das EuGH-Urteil in der Rechtssache D. – Gerät der Motor der Steuerharmonisierung ins Stottern?, Steuern und Wirtschaft International 2005, 365-375

Lang, Michael: Kommunalsteuer und DBA, Steuer und Wirtschaft International 2005, 16-23

Lang, Michael: Marks & Spencer und die Auswirkungen auf das Steuerrecht der Mitgliedsstaaten, Steuer und Wirtschaft International 2005, 255-260

Lang, Michael: Betriebsstättenvorbehalt und Ansässigkeitsstaat, in: Kirchhof/Schmidt/Schön/Vogel (Hrsg.), Festschrift für Arndt Raupach- Steuer- und Gesellschaftsrecht zwischen Unternehmerfreiheit und Gemeinwohl, Köln 2006, 601-625

Lang, Michael: Doppelte Verlustberücksichtigung und Gemeinschaftsrecht – am Beispiel der Betriebsstättengewinnermittlung, Internationales Steuerrecht 2006, 550-554

Lang, Michael: Is the ECJ Heading in a New Direction?, European Taxation 2006, 421-430

Lang, Michael: The community law framework for »Exit Taxes« in light of the opinion of advocate general Kokott in the N. case, Steuer und Wirtschaft International 2006, 213-226

Lang, Michael: The Marks & Spencer Case – The Open Issues Following the ECJ's Final Word, European Taxation 2006, 54-67

Lang, Michael: Wer hat das Sagen im Steuerrecht? Die Bedeutung des OECD-Steuerausschusses und seiner Working Parties, Österreichische Steuerzeitung 2006, 203-210

Lang, Michael: Das EuGH-Urteil in der Rechtssache D. – Gerät der Motor der Steuerharmonisierung ins Stottern?, Steuer und Wirtschaft International 2007, 365-375

Lang, Michael: DBA und Personengesellschaften – Grundfragen der Abkommensauslegung, Internationales Steuerrecht 2007, 606-609

Lang, Michael: Die Beschränkung der zeitlichen Wirkung von EuGH-Urteilen im Lichte des Urteils Meilicke, Internationales Steuerrecht 2007, 235-244

Lang, Michael/Lüdicke, Jürgen/Riedweg, Peter: Steueranrechnung und Betriebsstättendiskriminierungsverbot der DBA bei Dreieckssachverhalten, Internationales Steuerrecht 2006, 73-78

Lang, Michael/Reich, Markus/Schmidt, Christian: Personengesellschaften im Verhältnis Deutschland-Österreich-Schweiz, Internationales Steuerrecht 2007, 1-7

Lange, Hans-Friedrich: Die Nichtanwendung von Urteilen des BFH durch die Finanzverwaltung – Nichtanwendungserlass und Nichtveröffentlichung, Neue Juristische Wochenschrift 2002, 3657-3661

Langer, Marshall J.: Bahamas, in: Langer (Hrsg.), Langer on International Tax Planning, Loose-Leaf; Release No. 13, May, Chapter 103. Auflage, 2008

Langer, Marshall J.: Barbados, in: Langer (Hrsg.), Langer on International Tax Planning, Loose-Leaf; Chapter 107. Auflage, 2008

Langer, Marshall J.: Belgium, in: Langer (Hrsg.), Langer on International Tax Planning, Loose-Leaf. Auflage, 2008

Langer, Marshall J.: Bermuda, in: Langer (Hrsg.), Langer on International Tax Planning, Loose-Leaf; Chapter 102. Auflage, 2008

Langer, Marshall J.: Cayman Islands, in: Langer (Hrsg.), Langer on International Tax Planning, Loose-Leaf; Chapter 104. Auflage, 2008

Langer, Marshall J.: Cyprus, in: Langer (Hrsg.), Langer on International Tax Planning, Loose-Leaf; Chapter 144. Auflage, 2008

Langer, Marshall J.: Dubai, Langer on International Tax Planning, Loose-Leaf; Chapter 172. Auflage, 2008

Langer, Marshall J.: Gibraltar, in: Langer (Hrsg.), Langer on International Tax Planning, Loose-Leaf; Chapter 135. Auflage, 2008

Langer, Marshall J.: Hong Kong, in: Langer (Hrsg.), Langer on International Tax Planning, Loose-Leaf; Chapter 162. Auflage, 2008

Langer, Marshall J.: Ireland, Langer on International Tax Planning, Loose-Leaf, Chapter 137. Auflage, 2008

Langer, Marshall J.: Luxembourg, Langer on International Tax Planning, Loose-Leaf, Chapter 139. Auflage, 2008

Langer, Marshall J.: Malta, in: Langer (Hrsg.), Langer on International Tax Planning, Loose-Leaf; Chapter 147. Auflage, 2008

Langer, Marshall J.: Netherlands, in: Langer (Hrsg.), Langer on International Tax Planning, Loose-Leaf; Release No. 13, May, Chapter 138. Auflage, 2008

Langer, Marshall J.: Switzerland, Langer on International Tax Planning, Loose-Leaf, Chapter 141. Auflage, 2008

Langer, Marshall J.: Tax Havens Used For Offshore Companies, in: Langer (Hrsg.), Langer on International Tax Planning, Loose-Leaf. Auflage, 2008

Langer, Marshall J.: Why Tax Havens Exist – The Growth of Excessive Taxation, in: Langer (Hrsg.), Langer on International Tax Planning, Loose-Leaf. Auflage, 2008, 1:2-1:2.8

Larking, Barry: IBFD International Tax Glossary, 4. Auflage, Amsterdam 2001

Larkins, Ernest R.: Double Tax Relief for Foreign Income: A Comparative Study of Advanced Economies, Virginia Tax Review 2001, Vol. 21, Fall, 233-274

Laule, Gerhard: Die Harmonisierung des europäischen Steuerrechts, Internationales Steuerrecht 2001, 297-306

Law, Yvonne: Hong Kong Budget 2006, Tax Planning International Review 2006, Vol. 33, March, 24-26

Law, Yvonne/Tsang, Martin: Hong Kong Inland Revenue Department Revises Antiavoidance Guidance, World Tax Daily 26.1.2006, Doc 2006-1416

Law, Yvonne/Tse, Constant: Hong Kong Tax System – The Most Simple Tax System in South East Asia?, Tax Planning International Review 2000, Vol. 27,May, 3-7

Law, Yvonne/Wong, Fergus: Hong Kong: Interest Expense Deduction Rules, Tax Planning International Review 2004, Vol. 31, 17-18

Lederman, Alan S./Hirsh, Bobbe: ACJA replaces tax incentive for exports with a domestic production tax break and a one-time DRD, Journal of Taxation 2005, Vol. 102, 6-26

Lederman, Leandra: Understanding Corporate Taxation, 2. Auflage, Newark 2006

Leegaard, Thor: Taxation of Corporate Shareholders in the Nordic Countries – Part 2, European Taxation 2007, 178-186

Legendre, Xénia/Kabbaj, Hicham: Substance Over Form in France and the Bank of Scotland Decision, Tax Notes International 2007, Vol. 46, 171-174

Lehner, Gerhard/Bruckner, Karl/Quantschnigg, Peter/Gierlinger, Bernadette/Kofler, Herbert: Tax Reform Policy in Austria, IBFD Bulletin for International Taxation 2004, Vol. 58, Number 8/9, 354-363

Lehner, Moris: Germany, in: International Fiscal Association (Hrsg.), Tax avoidance / Tax evasion, The Hague 1983, 193-210

Lehner, Moris: Einl. Art. 1, in: Vogel/Lehner (Hrsg.), DBA – Doppelbesteuerungsabkommen -Kommentar, 4. Auflage, München 2003, 188-200

Lehner, Moris: Das Territorialitätsprinzip im Licht des Europarechts, in: Gocke/Gosch/Lang (Hrsg.), Körperschaftssteuer, Internationales Steuerrecht, Doppelbesteuerung – Festschrift für Franz Wassermeyer, München 2005, 241-262

Lenehan, Orla: Tolley's Taxation of the Republic of Ireland, London 2004

Lenz, Christofer/Gerhard, Torsten: Das »Grundrecht auf steueroptimale Gestaltung« – Ist der Regierungsentwurf zu § 42 AO mit der Gestaltungsfreiheit des Steuerpflichtigen vereinbar?, DB 2007, 2429, 2434

Lenz, Martin: Der neue § 8c KStG aus Unternehmenssicht, Die Unternehmensbesteuerung 2008, 24-30

Leow, Edmund: Holding Companies in Asia: An Update, Tax Planning International Review 2003, Vol. 30, June, 11-12

Leow, Edmund: Singapore's 2005 Budget: Tax Implications for Multi-National Companies, Intertax 2005, 301-302

Leow, Edmund: Singapore's 2006 Budget: Tax Implications for Private Banking, Tax Planning International Review 2006, Vol. 33, March, 16-17

Levin, Carl/Coleman, Norm/Obama, Barack: Levin, Coleman, Obama Introduce Stop Tax Haven Abuse Act, Tax Analysts 2007, Doc 2007-4365

Levine, Pierre La lutte contre l'evasion fiscale des caratére international en l'absense et en presence de conventions internationales, Paris. Auflage, 1988

Ley, Ursula: Tarifbegünstigung für nicht entnommene Gewinne gemäß § 34a EStG – Eine erste Analyse ausgewählter Teile des im Entwurf vorliegenden BMF-Schreibens, Die Unternehmensbesteuerung 2008, 13-23

Li, Jinyan/Elliott, Denise: One Country, Two Tax Systems: International Taxation in Hong Kong and Mainland China, IBFD Bulletin for International Taxation 2003, 164-180

Lieber, Bettina: Anmerkung zu BFH Urteil v. 20.3.2002, I R 63/99 – Hilversum I, Internationale Wirtschaftsbriefe 2002, Fach 3a, Gruppe 1, 1029-1030

Lieber, Bettina: Anmerkung zu BFH Urteil v. 31.5.2005 – IR 74, 88/04 – Hilversum II, Internationale Wirtschaftsbriefe 2005, Fach 3a, Gruppe 1, 1088-1090

Liefmann, Robert: Beteiligungs- und Finanzierungsgesellschaften – Eine Studie über den Effektenkapitalismus in Deutschland, den Vereinigten Staaten, der Schweiz, England, Frankreich und Belgien, 3. Auflage, Jena 1921

Liefmann, Robert Beteiligungs- und Finanzierungsgesellschaften – Eine Studie über den Effektenkapitalismus, 5. Auflage, Jena 1931

Lier, Peter/Kraan, Paul R. C.: Host Country Netherlands, in: Tax Management International Forum (Hrsg.), The Definition and Taxation of Dividends, Washington 2007, 47-50

Lind, Stephen A./Schwarz, Stephen/Lathrope, Daniel J./Rosenberg, Joshua D. Fundamentals of Business Enterprise Taxation – Cases and Materials, 3. Auflage, New York 2005

Lippmann, Michael H./Amitay, Sharlene E.: How will the American Jobs Creation Act of 2004 affect State and Local Taxes ?, Journal of Taxation 2005, Vol. 102, 161-166

Lispher, Laurence E.: A Short Guide to Doing Business in Singapore, Tax Notes International 2006, Vol. 41, 1061-1062

Lispher, Laurence E.: Hong Kong and Singapore: A Tale of Two Budgets, Tax Notes International 2006, Vol. 42, 143-145

Lispher, Laurence E.: China and the »Good« DTAA Countries, Tax Notes International 2007, Vol. 47, 833-836

Lispher, Laurence E.: Hong Kong and Singapore: The Battle of the Budgets, Tax Notes International 2007, Vol. 47, 281-283

Lispher, Laurence E.: Tax Audits and Investigations in Hong Kong, China, and Thailand, Tax Notes International 2007, Vol. 48, 953-956

Lispher, Laurence E.: Tax-Efficient Investment in China, Tax Notes International 2007, Vol. 48, 765-769

List, Heinrich: Der Missbrauch von Gestaltungsmöglichkeiten des Rechts aus der Sicht des § 42 AO und des Gemeinschaftsrechts, DB 2007, 131-133

Littlewood, Michael: How Simple Can Tax Law Be ? The Instructive Case of Hong Kong, Tax Notes International 2005, Vol. 38, 689-702

Locher, Peter: Einführung in das internationale Steuerrecht der Schweiz, 3. Auflage, Bern 2005

Loncarevic, Igor: Economic relevance of Double Taxation Conventions, in: Stefaner/Züger (Hrsg.), Tax Treaty Policy and Development, Wien 2005, 17-38

Loose, Thomas/Hölscher, Sebastian/Althaus, Moritz: Jahressteuergesetz 2007: Anwendungsbereich und Auswirkungen der Einschränkung der Freistellungsmethode, BB 2006, 2724, 2726

Lor, Laurens: The Netherlands: Dutch Corporate Tax Income Tax 2007, Tax Planning International Review 2007, Vol. 34, January, 14

Lorenz, Michael: Hongkong: Abkommen mit Belgien, Thailand und Festland-China, Internationales Steuerrecht 2007, Länderbericht Heft 1, 3-4

Lorenz, Michael: Hongkong: Steuerpolitik 2008, Internationales Steuerrecht 2007, Länderbericht Heft 22, 2-3

Loukota, Helmut: Einschaltung ausländischer Basisgesellschaften – Interposition of Foreign Base Companies, Steuer und Wirtschaft International 2005, 205-212

Loukota, Helmut/Jirousek, Heinz: Steuerfragen International Band 6, Wien 2004

Loukota, Helmut/Jirousek, Heinz: Doppelbesteuerung und Gemeinschaftsrecht, Steuer und Wirtschaft International 2007, 295-301

Loukota, Helmut/Seitz, Wolfgang/Toifl, Gerald: Austria's Tax Treaty Policy, IBFD Bulletin for International Taxation 2004, Vol. 58, Number 8/9, 364-371

Lovells's International Tax Team: Impact of Cadbury Schweppes on CFC Legislation, Tax Planning International Review 2007, Vol. 34, January, 7-10

Lowell, Cym H.: Inversion Transactions: Tax Revision Yes, Tax Evasion No, U.S. Taxation of International Operations, New York 26.12.2002, 9415-9426

Loyens & Loeff: AG Concludes Dividend Withholding Tax Exemption for Intercompany Dividend, Tax Planning International Review 2006, Vol. 33, July, 25

Lüdemann, Lars Die Steuerplanung der multinationalen Unternehmung unter besonderer Berücksichtigung der deutschen Hinzurechnungsbesteuerung nach §§ 7-14 AStG, Hamburg 2005

Lugar, Richard G.: Senate Committee On Foreign Relations Chairman Richard G. Lugar Opening Statement for Hearing on Tax Treaties: Bangladesh, France and Sweden, 2.2.2006, WTD Doc 2006-2094

Lutter, Marcus: Begriff und Erscheinungsformen der Holding, in: Lutter (Hrsg.), Holding Handbuch, 4. Auflage, Köln 2004, 1-29

Lutter, Marcus/Trölitzsch, Thomas: Haftungsfragen in der Holding, in: Lutter (Hrsg.), Holding Handbuch, 4. Auflage, Köln 2004, 267-309

Lutz, Georg: Schweiz, in: International Fiscal Association (IFA) (Hrsg.), Limits on the use of low-tax regimes by multinational businesses: current measures and emerging trends, Deventer, Niederlande 2001, 841-867

Mahony, Lee/Wenrich, Jason: Controlled Foreign Corporations, Statistics of Income Bulletin, Winter 2002-2003, Vol. 22, Number 3. Auflage, Washington , 203-242

Maisto, Guglielmo: Shaping EU Company Tax Policy: Amending the Tax Directives, European Taxation 2002, Vol. 42, 287-302

Maisto, Guglielmo: The 2003 amendments to the EC parent Subsidiary Directive: What's next ?, EC Tax Review 2004, Vol. 13, 164-181

Malherbe, Jacques: Host Country Belgium, in: Tax Management International Forum (Hrsg.), The Definition and Taxation of Dividends, Washington 2007, 3-9

Mamut, Marie-Ann/Plansky, Patrick: »Zinsschranke« auch für Österreich? Überlegungen zur Abzugsfähigkeit von Zinsen für fremdfinanzierte Beteiligungserwerbe (Teil 1), Österreichische Steuerzeitung 2007, 396-399

Mamut, Marie-Ann/Plansky, Patrick: »Zinsschranke« auch für Österreich? Überlegungen zur Abzugsfähigkeit von Zinsen für fremdfinanzierte Beteiligungserwerbe (Teil 2), Österreichische Steuerzeitung 2007, 425-430

Manduca, Andrew/Booker, Malcolm/Curmi, Chris/Alden, Marc/Captur, Nick/Torregiani, Conrad Cassar: Malta – Parliament Approves Tax Reform, Tax Notes International 27.3.2007, Vol. 46, 34-36

Mankiw, Gregory N.: Grundzüge der Volkswirtschaftslehre, 2. Auflage, Stuttgart 2001

Markham, Michelle: Tax in a Changing World: The Transfer Pricing of Intangible Assets, Tax Notes International 2005, Vol. 40, 895-906

Markou, Pieris/Taliotis, Antonis: Cyprus: a genuine EU contender, International Tax Review 2007, Vol. 18, June, 44-46

Marsch-Barner, Reinhard: Die Holding-SE, in: Lutter (Hrsg.), Holding Handbuch, 4. Auflage, Köln 2004, 933-967

Marseden, Keith: »Is Tax Competition Harmful ?«, European Tax Forum, 1998

Martens, Wil: Participation exemption, in: Loyens & Loeff (Hrsg.), Dutch Corporation Tax Act 2007 in focus, 2005, 29-32

Mason, Ruth: When Derivative Benefits Provisions Don't Apply, Tax Notes International 2006, Vol. 43, 563-567

Masterson, Jackie: Ireland – Holding Company Regimes, International Tax Review 2005, April, 21-24

Mataloni, Raymond J. Jr.: A Guide to BEA Statistics on U.S. Multinational Companies, Survey of Current Business 1995, 38-55

Mataloni, Raymond J. Jr.: Operations of U.S. Multinational Companies, BEA Survey of Current Business, 2007

Mauer, Laurence J/Scaperlanda, Anthony: Remittances from U.S. Direct Foreign Investment in the European Community, Economia Internazionale 1972, Vol. 25, 33-43

McCreevy, Charlie: Tax and Competitiveness in an EU Context, WTD Doc 2005-22624, 2005

McDaniel, Paul R./Ault, Hugh J./Repetti, James R. Introduction to United States International Taxation, 5. Auflage, The Hague 2005

McDaniel, Paul R./McMahon, Martin J./Simmons, Daniel L. Federal Income Taxation of Corporations, 2. Auflage, New York 1999

McGonagle, Caitriona: Ireland attracts HQs and holding companies, International Tax Review 2004, November, 38-39

McLoughlin, Kevin: Ireland – Year in Review, Tax Notes International 2004, Vol. 37, 56-58

McLoughlin, Kevin: Ireland's 2007 Finance Bill Offers Corporate Tax Relief, World Tax Daily 5.2.2007, 2007 WTD 24-1

Meilicke, Wienand: Nachlese zum EuGH-Urteil vom 6.3.2007 – Rs. C-292/04, Meilicke, DB 2007, 650-651

Melchior, Jürgen: Unternehmensteuerreform 2008 und Abgeltungsteuer, Internationales Steuerrecht 2007, 1229-1237

Menck, Thomas: Grundlagen, in: Mössner/u.a. (Hrsg.), Steuerrecht international tätiger Unternehmen, 3. Auflage, Köln 2005, 1-64

Merks, Paulus: Dutch Dividend Withholding Tax in Corporate Cross-border Scenarios, Dividend Stripping and Abuse-of-Law (Part I), Intertax 2003, Vol. 31, 450-461

Merks, Paulus: Categorizing Corporate Cross-Border Tax Planning Techniques, Tax Notes International 2006, Vol. 44, 55-67

Merks, Paulus: Corporate Tax and the Global Village, Intertax 2006, Vol. 34, 26-31

Merks, Paulus: Tax Evasion, Tax Avoidance and Tax Planning, Intertax 2006, Vol. 34, 272-281

Merkt, Hanno/Göthel, Stephan: US-amerikanisches Gesellschaftsrecht, 2. Auflage, Frankfurt am Main 2006

Mertes, Horst/Hagen, Alexander: Einführung einer Abgeltungsteuer, in: Ernst & Young/ BDI (Hrsg.), Unternehmensteuerreform 2008 – Änderungen – Zweifelsfragen – Gestaltungsmöglichkeiten, Bonn/Berlin 2007, 216-253

Metzler, Vanessa E.: Einfluss der Doppelbesteuerungsabkommen auf das Rangverhältnis der Grundfreiheiten des EG-Vertrags, Österreichische Steuerzeitung 2007, 441-444

Meussen, Gerard T. K.: National Report Netherlands, in: Schön (Hrsg.), Tax Competition in Europe, Amsterdam 2003, 337-364

Meussen, Gerard T. K.: The Advocate General's Opinion in the »D« Case: Most-Favoured-Nation Treatment and the Free Movement of Capital, European Taxation 2005, 52-55

Meussen, Gerard T. K.: Cadbury Schweppes: The ECJ Significantly Limits the Application of CFC Rules in the Member States, European Taxation 2007, Vol. 47, 13-18

Meussen, Gerard T. K.: Denkavit Internationaal: The Practical Issues, European Taxation 2007, Vol. 47, 244-247

Miles, Andrew: Co-ordination Centres: Advocate General Calls for all to Continue until 2010, Tax Planning International Review 2006, Vol. 33, March, 23

Miles, Andrew: Germany/United States, Tax Planning International Review 2006, Vol. 33, June, 31

Miller, Pete: Taxpayers should take notice of new EU company structure, International Tax Review 2006, December/January, 84-87

Mitchell, Daniel J.: OECD Funding: Setting the Record Straight, Tax Notes International 2006, Vol. 44, 285-287

Mitchell, Daniel J.: The Moral Case for Tax Havens, Liberales Institute 2006, Occasional Paper 24, 1-32

Miyatake, Toshio: General Report, in: International Fiscal Association (Hrsg.), Transfer Pricing and Intangibles, Vol. 92a. Auflage, Rotterdam 2007, 17-38

Moerman, Sébastien: The Main Characteristics of Tax Havens, Intertax 1999, Vol. 27, Issue 10, 368-375

Möhlenbrock, Rolf: Detailfragen der Zinsschranke aus Sicht der Finanzverwaltung, Die Unternehmensbesteuerung 2008, 1-12

Molitor, Roger/Mathey, Tim: The growing importance of Luxembourg in the private equity market, International Tax Review 2005, September, 43-46

Möller, Matthias: Förderung von Private Equity und Venture Capital durch geplante Verbesserung der steuerlichen Rahmenbedingungen, BB 2006, 971-974

Mongan, John/Johal, Amrit: Tax Planning with European Holding Companies, Journal of International Taxation 2005, Vol. 16, 49

Mooney, Kerri L./Cooke, David W. P: Bermuda Pays Dividends: Using Bermuda Companies to Repatriate Profits or Restructure, Tax Notes International 2005, Vol. 38, 249-252

Moons, Peter: Luxembourg, Hong Kong Sign Tax Agreement, Tax Notes International 2007, Vol. 48, 926-928

Moons, Peter/Baaijens, Gaby: Luxemburg: Änderungen bei der Gesellschaftsteuer und der Fondsbesteuerung, neue DBA, Internationales Steuerrecht 2007, Länderbericht, Heft 21, 4

Morgan, James: Arbitration Clauses in International Tax Treaties Benefit Developing States, Tax Notes International 2006, Vol. 31, 681-691

Morgan, James: New Developments in the Resolution of International Tax Disputes, Tax Notes International 2006, Vol. 43, 77-85

Morgan, James: Cross-Border Regulation of Tax Shelters: The Implied Economic Substance Doctrine, Tax Notes International 2007, Vol. 48, 387-395

Morgenthaler, Gerd: Steueroasen und deutsche Hinzurechnungsbesteuerung, Internationales Steuerrecht 2000, 289-295

Mors, Matthias: Tax Competition in Europe – An EU Perspective, in: Schön (Hrsg.), Tax Competition in Europe, Amsterdam 2003, 141-152

Morton, Paul: Challenges for a listed multinational enterprise doing business in Europe, EC Tax Review 2006, Vol. 15, Issue 3, 132-133

Moss, Mitchell/Gillham, George: Controlled Foreign Companies Legislation and the Abuse of Law, Tax Planning International Review 2006, December, 3-7

Müller, Johann The Netherlands in International Tax Planning, Amsterdam 2005

Müller, Johann: EC Formally Requests that Spain and Malta Abolish Certain Tax Incentives Under State Aid Rules, Tax Planning International Review 2006, Vol. 33, June, 10-11

Müller, Johann: Keller Holdings GmbH (Case C-471/04), Tax Planning International Review 2006, Vol. 33, March, 24

Müller, Johann: The Netherlands: Supreme Court Misses Opportunity in Foreign Entity Classification, Tax Planning International Review 2006, Vol. 33, July, 19-20

Müller, Johann: The Netherlands – 2007 Taxplan Discussed in Parliament, Tax Planning International Review 2007, Vol. 33, January, 20

Muller, Johann H.: The Dutch Interest Limitation Rules: A Solution That's Worse Than the Problem ?, Tax Notes International 2005, Vol. 39, 1083-1086

Müller, Michael A.: Die GmbH & Co. KG als Europa-Holding, Frankfurt 2004

Müller, Michael A.: Double-Dip-Modelle bei deutschen Personengesellschaften, Internationales Steuerrecht 2005, 181-187

Müller, Michael A.: Double-Dip-Modelle bei deutschen Personengesellschaften, IStR 2005, 181-187

Mundaca, Michael/O'Connor, Margaret/Murillo, Jose: Treasury's Technical Explanation of Protocol to 1992 U.S.-Netherlands Tax Treaty, U.S. Taxation of International Operations, New York 15.6.2005, 5485-5492

Mundaca, Michael/O'Connor, Peg/Schieterman, Jill: New protocol to US-Denmark treaty explained, International Tax Review 2006, Vol. 17, July/August, 45-47

Mundaca, Michael/O'Connor, Margaret/Eckhardt, Thomas: Overview of 2006 Germany-U.S. Tax Treaty Protocol, Tax Notes International 2006, Vol. 43, 63-76

Musgrave, Peggy B.: United States Taxation of Foreign Investment Income: Issues and Arguments, Cambridge/MA/USA 1969

Mutén, Leif: Retrospective Tax Law in Europe, Tax Notes International 2007, Vol. 48, 1041-1043

Mutscher, Axel/Power, Tom: Steuerliche Konsequenzen und Gestaltungsüberlegungen bei der Entsendung von Mitarbeitern nach Irland, Internationales Steuerrecht 2002, 411-416

Mutter, Christoph: Die Holdinggesellschaft als reziproker Familienpool – Pflichten nach WpHG und WpÜG, Deutsches Steuerrecht 2007, 2013-2018

Nadal, Lisa M.: Canadian Report Ranks Tax Competitiveness of 81 Countries, World Tax Daily 29.9.2006, Doc 2006-20300

Nadal, Lisa M.: Global Tax Rates Lower, U.S. Rates Still High, KPMG Reports, Tax Notes International 2006, Vol. 44, 511-512

Nadal, Lisa M.: OECD's Owens Addresses Economic Effects of Tax Havens, Tax Notes International 2006, Vol. 44, 931-932

Nadal, Lisa M.: ABA Task Force Releases Report on U.S. International Tax Reform, Tax Notes International 2007, Vol. 45, 114-115

Nadal, Lisa M.: Hedge Funds Hindered by Change in U.S. Tax Law, War Against Tax Havens, Tax Analysts 2007, Doc 2007-7762

Nadal, Lisa M.: Progressivity Should Be Priority, Say Former Treasury Secretaries, Tax Notes International 2007, Vol. 46, 1210-1211

Nadal, Lisa M.: Proposed Reforms Would Make U.K. an Attractive Holding Location, Practitioner Says, World Tax Daily 19.7.2007, 2007 WTD 139-1

Nadal, Lisa M.: Report Sheds Light on Netherlands' Tax Haven Problems, Tax Notes International 2007, Vol. 46, 1192-1193

Nadal, Lisa M.: U.S. IRS Issues Notice on CFC Look-Through Rule, World Tax Daily 12.1.2007, Doc 2007-971

Nadal, Lisa M./Parillo, Kristen A.: Socially Responsible Taxation – Much Ado About Nothing?, Tax Notes International 2007, Vol. 47, 791-796

Nakhai, Katja: Steuerabzug bei Dividenden an Gesellschaften in anderen EU-Mitgliedstaaten, Internationale Wirtschaftsbriefe 2007, Fach 11A, 1115-1122

Neidhardt, Stephan: What Taxpayers Need to Know About Swiss Holding Companies, Tax Notes International 2006, Vol. 43, 225-228

Nelson, Stephen: Interpretation of the China – Hong Kong double tax arrangement, International Tax Review 2007, Vol. 18, September, 94-95

Netram, Christopher M.: Earnings Repatriation Guidance Praised, but Questions Remain, Tax Notes International 2005, 306-307

Neumann, Ralf: Die neue Mantelkaufregelung in § 8c KStG – Verlustabzugsbeschränkungen nach der Unternehmensteuerreform 2008, GmbH-Steuerberater 2007, 249-254

Neumann, Steffen: Rückwirkungen des Binnenmarktes auf die nationale und supranationale Gesetzgebung, in: Oestreicher (Hrsg.), Internationale Steuerplanung – Beiträge zu einer Ringveranstaltung an der Universität Göttingen im Sommersemester 2003, Herne/Berlin 2005, 225-256

New York State Bar Association Tax Section: The U.S. Temporary Dividends Received Deduction, Tax Notes International 2005, Vol. 39, 53-65

New York Times: American Ingenuity, Irish Residence, 17.11.2005, 30

Newey, Robert: The New UK Relief for Disposals of Substantial Shareholdings, European Taxation 2002, 482-486

Newey, Robert: Inland Revenue Guidance on the New Substantial Shareholdings Relief, European Taxation 2003, 61-63

Ng, Linda L.: Singapore closes in on archrival Hong Kong, Tax Notes International 2004, Vol. 33, 991-994

Ng, Linda L.: 2004 Year in Review: Singapore, Tax Notes International 2005, 95-96

Ng, Linda L.: Hong Kong's Fragrant Safe Harbor for Offshore Funds Roils the Seas for Singapore, Tax Notes International 2006, Vol. 44, 211-222

Ng, Linda L.: Year in Review – Singapore, Tax Notes International 2006, Vol. 44, 1103-1104

Ng, Linda L.: Year in Review – Singapore 2005, Tax Notes International 2006, Vol. 41, 98-99

Ng, Linda L.: New U.S. Treaty Trends: Potential Benefits For U.S. Multinationals in Asia, Tax Notes International 2007, Vol. 47, 1077-1092

Ng, Linda L.: Singapore's Fiscal 2007 Budget – A Race to the Bottom with Hong Kong, World Tax Daily 28.3.2007, Doc 2007-4940

Ngoy, J. Mukadi: The Paradox of Tax Havens: Consequences of the Subjective Approach, Journal of International Taxation 2001, Vol. 12, 34-39

Niedrig, Hans-Peter: Substanzerfordernisse bei ausländischen Gesellschaften, Internationales Steuerrecht 2003, 474-482

Niemann, Rainer: Wirkungen der Abschnittsbesteuerung auf internationale Investitions- und Repatriierungsentscheidungen, zfbf 2006, Vol. 58, 928-957

Niznik, Michal: EU Corporate Tax Harmonization: Road to Nowhere?, Tax Notes International 2006, Vol. 44, 975-994

Niznik, Michal: The Arbitration Clause in Recent U.S. Tax Conventions, Tax Notes International 2007, Vol. 45, 791-793

Nolz, Wolfgang/Kuttin, Michael/Tumpel, Michael: The Influence of EU Tax Law on Austria, IBFD Bulletin for International Taxation 2004, Vol. 58, Number 8/9, 382-391

Nov, Avi: Tax Competition: An Analysis of the Fundamental Arguments, Tax Notes International 2005, Vol. 37, 323-333

Nov, Avi: Tax Incentives for Foreign Direct Investment: The Drawbacks, Tax Notes International 2005, Vol. 38, 263-271

Nowotny, Clemens: Fremdfinanzierung im Konzern nach dem StRefG 2005, in: Quantschnigg/Achatz/Haidenthaler/Trenkwalder/Tumpel (Hrsg.), Gruppenbesteuerung – Kommentar und systematische Darstellungen, Wien 2005, 339-359

Nuernberger, Eckhart/Pelzer, Dirk: Gesellschafterfremdfinanzierung einer US-Tochtergesellschaft, Internationale Wirtschaftsbriefe 2003, Fach 8, Gruppe 2, 1245-1254

O'Connell, Susan: Ireland, in: Spitz/Clarke (Hrsg.), Offshore Service, Issue 77, Vol. 2, Loose-Leaf. Auflage, 2006

O'Connor, Joan: The Current Tax Environment: Impact for Irish Business, Tax Planning International Review 2006, Vol. 33, June, 17-23

O'Donnell, Keith: SOPARFIs take advantage of participation exemption, International Tax Review 2006, June, 74-76

O'Donnell, Keith/Chambers, Paul: Luxembourg moves to hold place in international tax planning, International Tax Review 2005, September, 29-31

O'Donnell, Keith/Grencon, Laurent/Nonnenkamp, Samantha: The Luxembourg investment fund industry : a continuing success story, European Tax Service 2007, May, 15-19

O'Donnell, Keith/Nonnenkamp, Samantha: Why Holding 1929 structures must end, International Tax Review 2006, September, 71-72

O'Reilly, Michael F./Caroll, Brian A.: Carroll's Tax Planning in Ireland, London 1986

O'Shea, Tom: From Avoir Fiscal to Marks & Spencer, Tax Notes International 2006, Vol. 42, 587-612

O'Shea, Tom: Dividend Taxation Post-Manninen: Shifting Sands or Solid Foundations?, Tax Notes International 2007, Vol. 45, 887-918

O'Shea, Tom: Further Thoughts on Rewe Zentralfinanz, Tax Notes International 2007, Vol. 46, 134-137

O'Shea, Tom: German CFC Rules Held Compatible With EU Law, Tax Notes International 2007, Vol. 48, 1203-1207

O'Shea, Tom: Holböck: Austrian Dividend Tax Rules Found Compatible With the EC Treaty, Tax Notes International 2007, Vol. 46, 1131-1134

O'Shea, Tom: Tax Harmonization vs. Tax Coordination in Europe: Different Views, Tax Notes International 2007, Vol. 46, 811-814

O'Shea, Tom: Thin Cap GLO and Third-Country Rights: Which Freedom Applies?, Tax Notes International 2007, Vol. 46, 371-375

O'Shea, Tom: Third Country Not Entitled to Freedom of Establishment Rights Under EC Treaty, World Tax Daily 2007, 2007 WTD 102-1

O'Shea, Tom: ECJ Strikes Down Dutch Taxation of Dividends, Tax Notes International 2008, Vol. 49, 103-107

Obe, Anthony Travers/Propper, Anna-Marie: Cayman Islands, in: Spitz/Clarke (Hrsg.), Offshore Service, London 2005

Oberson, Xavier: The OECD Model Agreement on Exchange of Information – a Shift to the Applicant State, IBFD Bulletin – Tax Treaty Monitor 2003, 14-17

Oberson, Xavier/Hull, Howard R. Switzerland in International Tax Law, 3. Auflage, Amsterdam 2006

Obser, Ralph: § 8a KStG im Inbound-Sachverhalt – eine EG-rechtliche Beurteilung, Internationales Steuerrecht 2005, 799-804

Ocasal, Christopher/Lubkin, Greg: New TIPRA CFC Look-Through Rule: Time to Begin Tailored Tax Planning-One Size Does Not Fit All, Journal of International Taxation 2006, Vol. 17, 10

OECD: International tax avoidance and evasion – Four related studies, Paris 1987

OECD: Transfer Pricing Guidelines for Multinational Enterprises and Tax Administrators, Paris 1995

OECD: Harmful Tax Competition – An Emerging Global Issue, Paris 1998

OECD: 2000 Report, Paris 2000

OECD: A Process for Achieving a Global Level Playing Field, Paris 2004

OECD: The OECD's Project on Harmful Tax Practices: The 2004 Progress Report, Paris 2004

OECD: Discussion Draft of the Report on the Attribution of Profits to Permanent Establishments, Paris 2005

OECD: Report on the Attribution of Profits to Permanent Establishments, Paris 2006

OECD: Tax Co-operation: Towards a Level Playing Field – 2006 Assessment by the Global Forum on Taxation, Paris 2006

Oestreicher, Andreas: Neufassung der Verwaltungsgrundsätze zur Prüfung der Einkunftsabgrenzung durch Umlageverträge zwischen international verbundenen Unternehmen, Internationales Steuerrecht 2000, 759-768

Oestreicher, Andreas: Einfluss der Besteuerung auf betriebswirtschaftliche Entscheidungen international tätiger Unternehmen, in: Oestreicher (Hrsg.), Internationale Steuerplanung – Beiträge zu einer Ringveranstaltung an der Universität Göttingen im Sommersemester 2003, Herne/Berlin 2005, 59-88

Oestreicher, Andreas/Spengel, Christoph: Tax Harmonization in Europe: The Determination of Corporate Taxable Income in the Member States, European Taxation 2007, 437-451

Offermanns, René: Belgium, in: IBFD (Hrsg.), Europe – Corporate Taxation, Amsterdam 2007

Offermanns, René: Luxembourg, in: IBFD (Hrsg.), Europe – Corporate Taxation, Amsterdam 2007

Oho, Wolfgang/Hagen, Alexander/Lenz, Thomas: Zur geplanten Einführung einer Abgeltungsteuer im Rahmen der Unternehmensteuerreform 2008, DB 2007, 1322-1326

Olesnicky, Michael: Hong Kong, in: Spitz/Clarke (Hrsg.), Offshore Service, London 2004

Olesnicky, Michael/Sieker, Steven: Year in Review: Hong Kong, Year in Review: Hong Kong, Tax Notes International 2005, Vol. 37, 48-51

Orlov, Mykola: The Concept of Tax Haven: A Legal Analysis, Intertax 2004, Vol. 32, 95-111

Orth, Manfred: Verlustnutzung und Organschaft, Wirtschaftsprüfung 2003, Sonderheft, S13-S35

Ortmann-Babel, Martina/Zipfel, Lars: Besteuerung von Kapitalgesellschaften, in: Ernst & Young/BDI (Hrsg.), Unternehmensteuerreform 2008 – Änderungen – Zweifelsfragen – Gestaltungsmöglichkeiten, Bonn/Berlin 2007, 71-93

Ortmann-Babel, Martina/Zipfel, Lars: Gewerbesteuerliche Änderungen, in: Ernst & Young/BDI (Hrsg.), Unternehmensteuerreform 2008 – Änderungen – Zweifelsfragen – Gestaltungsmöglichkeiten, Bonn/Berlin 2007, 199-215

Osterweil, Eric: Reform of Company Taxation in the EU Internal Market, European Taxation 2002, Vol. 42, 271-275

Ottosen, Arne Mollin/Hansen, Lars Cort: Amendments to Denmark's Holding Company, CFC and Captive Insurance Company Regimes, IBFD Bulletin for International Taxation 2001, 361-364

o.V.: New US Model Treaty Focuses on Hybrid Entities, World Tax Report 1.12.1996, 1996 WLNR 46243457

o.V.: Paradise well and truly lost, Economist 22.12.2001, Vol. 361, 39-41

o.V.: Drawing Lines around Corporate Inversion, Harvard Law Review 2005, Vol. 118, 2270-2290

o.V.: New Tax Law Makes Myriad Changes, Journal of Taxation 2006, Vol. 104, 323-325

o.V.: New U.S. Model Income Tax Convention, Journal of Taxation 2006, Vol. 105, 324

o.V.: China and Singapore – Revised Tax Treaty Enters Into Force, Tax Planning International Review 2007, Vol. 34, September, 27

o.V.: Union kritisiert Stärkung der Finanzverwaltung, Frankfurter Allgemeine Zeitung 16.7.2007, 11

Owens, Jeffrey: The OECD Work on Tax Havens, http://www.law.wayne.edu/mcintyre/text/Treaty_Class/oecd_work_on_tax_havens.pdf, 8.7.2002

Owens, Jeffrey: Abusive Tax Shelter: Weapons of Tax Destruction?, Tax Notes International 2005, Vol. 41, 873-876

Owens, Jeffrey: International Taxation: Meeting the Challenges – The Role of the OECD, European Taxation 2006, Vol. 46, 555-558

Owens, Jeffrey: The Global Forum on Taxation's 2006 Progress Report: An Overview, Tax Notes International 2006, Vol. 42, 869-878

Paardekooper, Willem Jan/Brassem, Edwin/Gommers, Edwin: The Netherlands to Introduce 10 Percent Corporate Tax Rate for Patented Intangible Assets, Tax Planning International Review 2006, Vol. 33, October, 4-9

Pache, Sven/Englert, Max: »Das Spiel ist aus!« – Kein positives Signal des EuGH für ein binnenmarkt-orientiertes Konzernbesteuerungsrecht, Internationales Steuerrecht 2007, 844-850

Pache, Sven/Englert, Max: Grenzüberschreitende Verlustverrechnung deutscher Konzernspitzen – Ist die Organschaft noch zu retten?, Internationales Steuerrecht 2007, 47-53

Palan, Ronen P./Abbott, Jason/Deans, Phil State Strategies in the global Political Economy, 1996

Panayi, Christiana: Limitation on Benefits and State Aid, European Taxation 2004, 83-98

Panayi, Christiana: Treaty Shopping and Other Tax Arbitrage Opportunities in the European Union: A Reassessment – Part 1, European Taxation 2006, Vol. 46, 104-110

Panayi, Christiana: Treaty Shopping and Other Tax Arbitrage Opportunities in the European Union: A Reassessment – Part 2, European Taxation 2006, Vol. 46, 139-155

Panayi, Christiana: Recent Developments regarding the OECD Model Convention and EC Law, European Taxation 2007, 452-465

Panayi, Christiana: The Protection of Third-Country Rights in Recent EC Case Law, Tax Notes International 2007, Vol. 45, 659-666

Panayi, Christiana: The Common Consolidated Corporate Tax Base – Issues for Member States Opting Out and Third Countries, European Taxation 2008, 114, 123

Parillo, Kristen A.: Professional Enablers and The Offshore Sector, Tax Notes International 2007, Vol. 48, 331-333

Parillo, Kristen A.: Steinbrück Accuses Ireland of Unfair Tax Practices, Tax Notes International 2007, Vol. 46, 1197

Parillo, Kristen A.: U.S. Senate Ratifies German, Belgian Treaties, Tax Notes International 2007, Vol. 48, 1207-1209

Parillo, Kristen A.: U.S. Treasury Releases International Tax Report, Tax Notes International 2007, Vol. 48, 995-996

Pedersen, Bente Moll: The Holding Company Regime in Denmark, IBFD Bulletin for International Taxation 2000, 30-33

Peeters, Bernard: The Belgian Corporate Tax Reform and the Participation Exemption, Intertax 2003, 287-298

Peter, Alexander F.: New Earnings Stripping Provision, Tax Planning International Review 2005, June, 31-32

Peter, Willeme/Schutz, Godfried: Dutch reforms can deliver for investors, International Tax Review 2006, Vol. 18, December/January, 28-31

Peter-Szerenyi, Linda: The OECD's Artificial Approach to Tax Havens – Part 1, Journal of International Taxation 2003, Vol. 14, February, 14-24

Peter-Szerenyi, Linda: The OECD's Artificial Approach to Tax Havens – Part 2, Journal of International Taxation 2003, Vol. 14, March, 10-20

Peters, Cees/Gooijer, Jan: The Free Movement of Capital and Third Countries: Some Observations, European Taxation 2005, Vol. 45, 475-481

Petkova, Svetozara: Treaty Shopping – The Perspective of National Regulators, Intertax 2004, 543-550

Petriccione, Mario/Zhang, William: Cross-Border Tax Planning for Doing Business in China, Tax Planning International Review 2006, Vol. 33, December, 7-9

Petritz, Michael: Most-Favoured-Nation Treatment – an Infringement of Fundamental Concepts in Tax Treaties?, in: Stefaner/Züger (Hrsg.), Tax Treaty Policy and Development, Wien 2005, 127-150

Petrov, Daniel P.: Prisoners No More: State Investment Relocation Incentives and the Prisoners' Dilemma, Case W.Res.Journal of International Law 2001, Vol. 33, 71-110

Pfaar, Michael/Vocke, Detlef: China und Hongkong unterzeichnen erweiterte Vereinbarung gegen Doppelbesteuerung, Internationales Steuerrecht 2007, 510-512

Philipowski, Rüdiger: Einmal Missbrauch, immer Missbrauch? – IFSC-Gesellschaften im Fadenkreuz der Steuerbehörden, Internationales Steuerrecht 2003, 547-552

Pichler, Peter/Stockinger, Johann: Ökonomische Wirkungen der Gruppenbildung, in: Quantschnigg/Achatz/Haidenthaler/Trenkwalder/Tumpel (Hrsg.), Gruppenbesteuerung – Kommentar und systematische Darstellungen, Wien 2005, 381-409

Pietrek, Mechthild: Irland – eine interessante Alternative als Holdingstandort?, Internationales Steuerrecht 2006, 521-524

Piltz, Detlev: Wirtschaftliche oder sonst beachtliche Gründe in § 50d Abs. 3 EStG, Internationales Steuerrecht 2007, 793-799

Pimentel, Miguel Cortez: »D«istortion of the Common Market? Analysis and Future Perspectives of the MF Clause within the EC Law, Intertax 2006, Vol. 34, 485-501

Pinto, Carlo Tax Competition and EU Law, The Hague 2003

Pipinga, Demetra: The Continuing advantages of Cyprus in International Tax Planning, European Taxation 2008, 21-30

Pistone, Pasquale: National Treatment for All Non-resident EU Nationals: Looking Beyond the D Decision, Intertax 2005, 412-413

Pistone, Pasquale: The Impact of European Law on the Relations with Third Countries in the Field of Direct Taxation, Intertax 2006, Vol. 34, 234-244

Pistone, Pasquale: Expected and Unexpected Developments of European Integration in the Field of Direct Taxes, Intertax 2007, Vol. 35, 70-74

Pistone, Pasquale: General Report, in: Lang/Pistone (Hrsg.), The EU and Third Countries: Direct Taxation, Wien 2007, 15-55

Pistone, Pasquale: Tax Treaties and the Internal Market in the New European Scenario, Intertax 2007, Vol. 35, 75-81

Plansky, Patrick/Schneeweiss, Hermann: Limitation on Benefits: From the US Model 2006 to the ACT Group Litigation, Intertax 2007, 484-493

Plasschaert, Sylvain R. F.: Further Thoughts on the »European Union Company Income Tax« and its First Cousins, European Taxation 2002, Vol. 42, 336-345

Plewka, Harald/Beck, Karin: German Tax Issues for Hybrid Forms of Financing, Tax Notes International 2006, Vol. 44, 375-377

Plewka, Harald/Beck, Karin: Tax Planning Under Germany's New Antiavoidance Rule, Tax Notes International 2006, Vol. 44, 617-618

Plewka, Harald/Renger, Stefan: Do S Corporations Have Rights to Germany-U.S. Treaty Benefits?, Tax Notes International 2007, Vol. 45, 349-353

Plewka, Harald/Renger, Stefan: Verstößt § 50d Abs. 3 EStG tatsächlich gegen die Grundfreiheiten?, GmbH-Rundschau 2007, 1027-1031

Pollack, Lawrence A./Marwick, Peat: Economics of Avoiding Double Taxation of Foreign Source Income, U.S. Taxation of International Operations, New York 1996, 5051-5059

Polster, Beatrix: Limitation-on-Benefits-Clauses, in: Stefaner/Züger (Hrsg.), Tax Treaty Policy and Development, Wien 2005, 303-328

Pons, Thierry: The Denkavit Internationaal Case and Its Consequences: The Limit between Distortion and Discrimination?, European Taxation 2007, Vol. 47, 214-220

Portner, Rosemarie: The U.S. Model Treaty From a German Perspective, Tax Notes International 2007, Vol. 47, 359-363

Postlewaite, Philip F./Donaldson, Samuel A. International Taxation – Corporate and Individual, 2003

Pouletty, Mathieu/Smith, Neil: The Territorality Principle as Applied in Denmark, France and Hong Kong, Tax Planning International Review 2005, Vol. 32, 17-20

Powell, Colin: Tax Analysts Offshore Project: The Jersey Government Responds, Tax Notes International 2007, Vol. 48, 785-786

Prabhu, Ajit/Chay, Chan Huang: Singapore Issues Guidance On Advance Ruling System, Tax Notes International 2005, Vol. 39, 117-119

Prabhu, Ajit/Chay, Chan Huang: Singapore 2007 Budget Targets Enhancement of Business and Investment, Tax Planning International Review 2007, Vol. 34, March, 21-22

PriceWaterhouseCoopers Holding Companies in Ireland, Dublin 2006

PriceWaterhouseCoopers/Zentrum für Europäische Wirtschaftsforschung International Taxation of Expatriates – Survey of 20 Tax and Social Security Regimes and Analysis of Effective Tax Burdens on International Assignments, Mannheim 2005

Prinz zu Hohenlohe, Franz/Heurung, Rainer/Oblau, Markus: Änderungen des Unternehmenssteuerrechts durch das Richtlinien-Umsetzungsgesetz, Recht der Internationalen Wirtschaft 2005, 433-436

Prinz, Ulrich: Gesellschafterfremdfinanzierung von Kapitalgesellschaften, in: Piltz/ Schaumburg (Hrsg.), Internationale Unternehmensfinanzierung, Köln 2006, 21-70

Przysuski, Martin: Tax Reform Brings Transfer Pricing Changes, Tax Notes International 2007, Vol. 47, 230

Przysuski, Martin/Lalapet, Srini/Swaneveld, Hendrik/Paul, Pallavi: Management Fees and Other Intra-Group Service Charges: The Pandora's Box of Transfer Pricing, Tax Notes International 2004, Vol. 34, 367-432

Puls, Michael/Nientimp, Axel: Das neue Schiedsverfahren nach dem DBA-USA, Recht der Internationalen Wirtschaft 2006, 673-678

Pummerer, Erich: Gruppenbesteuerung aus Sicht der Betriebswirtschaftlichen Steuerlehre, Österreichische Steuerzeitung 2004, 456-459

Qiao-Süß, Fei: Das neue DBA zwischen Hongkong und der VR China und steuerliche Gestaltungsmöglichkeiten, Internationale Wirtschaftsbriefe 2007, Gruppe 2, Fach 6, 101-106

Quaghebeur, Marc: Belgian Supreme Court Limits Application of Statutory Antiavoidance Rule, World Tax Daily 22.12.2005, Doc 2005-25677

Quaghebeur, Marc: Belgium Clarifies Issues Regarding Repatriation of Profits in Treaty with Hong Kong, World Tax Daily 8.4.2005, Doc 2005-7169

Quaghebeur, Marc: Capital Gains on Shareholdings: Developments in Belgium, Tax Notes International 2006, Vol. 42, 251-252

Quaghebeur, Marc: Advance Tax Rulings in Belgium, Tax Notes International 2007, Vol. 45, 53-55

Quaghebeur, Marc: Belgian Parliament Ratifies Belgium-U.S. Tax Treaty, Tax Notes International 2007, Vol. 46, 768-776

Quaghebeur, Marc: Belgium Use Tax Treaties to Attract Investment, World Tax Daily 2007, Doc 2007-6224

Quaghebeur, Marc: ECJ to Examine Belgian Dividend Tax Regime, Tax Notes International 2007, Vol. 48, 34-35

Quaghebeur, Marc: ECJ to Examine Belgian Participation Exemption, Tax Notes International 2007, Vol. 45, 1182-1184

Quaghebeur, Marc: ECJ to Examine Belgian Withholding Rules, Tax Notes International 2007, Vol. 48, 32-33

Quirke, Liam/Walsh, Anthony: Ireland as a Holding Company Regime, International Tax Review 1999, June, 46

Radaelli, Claudio M.: The code of conduct against harmful tax competition: open method of coordination in disguise ?, Public Administration 2003, Vol. 81, 513-532

Rademakers, Roderik/Swets, Michiel: New Degree on the Classification and Tax Treatment of Foreign (Hybrid) Entities in the Netherlands, European Taxation 2005, 171-180

Rädler, Albert J.: Recent Trends in European and International Taxation, Intertax 2004, Vol. 32, 365-376

Rädler, Albert J.: Meistbegünstigung im Binnenmarkt, in: Cordewener/Enchelmaier/Schindler (Hrsg.), Meistbegünstigung im Steuerrecht der EU-Staaten, München 2006, 213-216

Rainer, Anno: Anmerkung I: Test Claimants in the Thin Cap Group Litigation, Internationales Steuerrecht 2007, 259-260

Rainer, Anno: Columbus Container, Schlussantrag, Anmerkung II, Internationales Steuerrecht 2007, 299-300

Rainer, Anno: ECJ Nixes German Restriction on Foreign Subs' Losses, Tax Notes International 2007, Vol. 46, 132-133

Rainer, Anno: ECJ Rules on Finnish Intragroup Transfers, Intertax 2007, 598-599

Rainer, Anno: Anmerkung zu Columbus Containers, Internationales Steuerrecht 2008, 65-66

Rainer, Anno/Müller, Stefan: Hinzurechnungsbesteuerung nach dem AStG, Anm. zum BMF-Schreiben v. 8.1.2007, IV B 4 – S1351 – 1/07, Internationales Steuerrecht 2007, 151-152

Rainer, Anno/Roels, Jan/Thömmes, Otmar/van den Hurk, Hans/Weening, Gerben: ECJ Rejects Scope of CFC Legislation, Intertax 2006, 636-639

Ramos, Joanne: A Place in the Sun, The Economist 24.2.2007, A Special Report on Offshore Finance, 3-16

Rättig, Horst/Protzen, Peer Daniel: Holdingbesteuerung nach derzeit geltendem und kommendem Außensteuergesetz, Internationales Steuerrecht 2000, 548-557

Raupach, Arndt/Burwitz, Gero: Die Versagung des Schachtelprivilegs für Beteiligungen an irischen unlimited companies durch die Irland-Urteile des BFH, Internationales Steuerrecht 2000, 385-394

Rehm, Helmut/Feyerabend, Hans-Jürgen/Nagler, Jürgen: Die Renaissance der grenzüberschreitenden Verlustverrechnung, Internationales Steuerrecht 2007, 7-16

Rehm, Helmut/Nagler, Jürgen: Anmerkung zu EuGH, U. v. 23.02.2006 – Rs. C-471/04 – (Recht einer Muttergesellschaft auf Abzug der Aufwendungen für ihre Beteiligungen; Nichtabzugsfähigkeit der Finanzierungsaufwendungen, die in wirtschaftlichem Zusammenhang mit steuerfreien Dividenden stehen; FA Offenbach-Land ./. Keller Holding GmbH), DB 2006, 591-593

Rehm, Helmut/Nagler, Jürgen: Neues von der grenzüberschreitenden Verlustverrechnung, Internationales Steuerrecht 2008, 129-139

Reimer, Ekkehart: Der deutsche Nationalbericht zum IFA-Kongress 2005 in Buenos Aires, Generalthema I: Quelle und Ansässigkeit – Neuausrichtung der Prinzipien, Internationales Steuerrecht 2004, 816-818

Reinoud, Heico: Structuring Private Equity Investments In the Netherlands, Tax Notes International 2007, Vol. 47, 67-71

Reinsch, William A. Testimony of William A. Reinsch, President, National Foreign Trade Council on the Ratification of an Income Tax Treaty and Various Protocols before the Senate Committee on Foreign Relations, WTD Doc 2006-2107. Auflage, Washington 2-2-2006

Reith, Thomas Internationales Steuerrecht, München 2004

Renner, Bernhard: Briefkastenfirmen und internationaler Gestaltungsmissbrauch – Erscheinungsformen und ihre Bekämpfung, in: Lang/Jirousek (Hrsg.), Praxis des Internationalen Steuerrechts: Festschrift für Helmut Loukota zum 65. Geburtstag, Wien 2005, 399-423

Resch, Richard: The New German Unilateral Switch-Over and Subject-to-Tax Rule, European Taxation 2007, 480-483

Resch, Richard: The German Tax Reform 2008 – Part 1, European Taxation 2008, 99-106

Rhode, Alan M.: Common Consolidated Corporate Tax Base: The state of the art, Tax Planning International Review 2007, Vol. 34, November, 9-14

Richard, Julie: Comparison between UK and French Taxation of Groups of Companies, Intertax 2003, Vol. 31, 20-39

Richner, Felix/Frei, Walter/Kaufmann, Stefan/Meuter, Hans Ulrich Kommentar zum harmonisierten Zürcher Steuergesetz, 2. Auflage, Zürich 2006

Rickman, Johnathan: Manager of Rock Group U2 Defends Tax Move, World Tax Daily 22.9.2006, Doc 2006-19807

Rickman, Johnathan: Rock Group U2 to Avoid Impending Irish Cap on Tax-Free Income for Artists, World Tax Daily 9.8.2006, Doc 2006-14972

Rickman, Johnathan: Switzerland Rebuts EU Criticism of Company Tax Regimes, World Tax Daily 15.2.2007, 2007 WTD 32-2

Riedel, Donata: Konzerne fordern einheitliche EU-Steuern, Handelsblatt 24.9.2007, 4

Rienks, Saskia: An EU View on the New Protocol to the Tax Treaty between the US and the Netherlands, Intertax 2004, Vol. 32, 567-577

Rienstra, J. G.: Societas Europaea and Other Entities Added to US Check-the-Box Regulations, European Taxation 2005, 35-36

Ritzer, Claus/Stangl, Ingo: Aktuelle Entwicklungen bei den steuerlichen Anforderungen an die Zwischenschaltung ausländischer Kapitalgesellschaften, Finanz-Rundschau 2005, 1063-1068

Ritzer, Claus;Stangl, Ingo: German Court Eases Antiabuse Rules for Withholding Relief, 2005

Ritzer, Claus/Stangl, Ingo: Zwischenschaltung ausländischer Kapitalgesellschaften – Aktuelle Entwicklungen im Hinblick auf § 50d Abs. 3 EStG und § 42 AO, GmbH-Rundschau 2006, 757-766

Rivera Castillo, Rafael: Tax Competition and The Future of Panama's Offshore Center, Tax Notes International 2007, Vol. 29, 73-90

Rödder, Thomas: Deutsche Unternehmensbesteuerung im Visier des EuGH, in: Gocke/Gosch/Lang (Hrsg.), Festschrift für Franz Wassermeyer: Körperschaftsteuer, Internationales Steuerrecht, Doppelbesteuerung, München 2005, 163-178

Rödder, Thomas: Überblick über die Unternehmensteuerreform 2008, in: Schaumburg/Rödder (Hrsg.), Unternehmensteuerreform 2008, München 2007, 351-392

Rödder, Thomas/Schönfeld, Jens: Meistbegünstigung und EG-Recht: Anmerkung zu EuGH vom 5.7.2005, C-376/03 («D«), Internationales Steuerrecht 2005, 523-527

Rödder, Thomas/Stangl, Ingo: Zur geplanten Zinsschranke, DB 2007, 479-486

Rodi, Michael Die Rechtfertigung von Steuern als Verfassungsproblem, München 1994

Rödl, Christian: Unternehmenssteuerreform 2008: Internationale Wettbewerbsfähigkeit zu Lasten von Familienunternehmen?, BB 5.3.2007, Erste Seite

Rogers, John E./Lemanowicz, Edward P.: United States, in: International Fiscal Association (IFA) (Hrsg.), Limits on the use of low-tax regimes by multinational businesses: current measures and emerging trends, Deventer, Niederlande 2001, 903-927

Rohatgi, Roy Basic International Taxation – Volume 1 – Principles of International Taxation, 2. Auflage, London 2005

Rohatgi, Roy Basic International Taxation – Volume 2 – Practice of International Taxation, 2. Auflage, London 2007

Röhrbein, Jens: EuGH-Urteil Denkavit International BV: Bedeutung für die deutsche Kapitalertragsteuer und für deutsche Unternehmen mit Auslandsbeteiligungen, Recht der Internationalen Wirtschaft 2007, 194-200

Röhrbein, Jens: Steuerliche Berücksichtigung von Teilwertabschreibungen auf Beteiligungen an ausländischen Tochtergesellschaften, Internationale Wirtschaftsbriefe 2007, Fach 11A, 1141-1150

Rohrer, Oswald/Orth, Tilmann: Zinsschranke: Belastungswirkungen bei der atypisch ausgeprägten KGaA, BB 2007, 2266-2269

Rojas, Warren: Globalization Foes Claim Unbridled Capitalism Breeds Tax Cheats, Tax Notes International 2005, Vol. 40, 148-149

Rojas, Warren: U.S. Treasury Fleshes Out Earnings Repatriation Framework, Tax Notes International 2005, Vol. 39, 291-292

Rolfe, Dean: Tax efficiency features in new SICAR structure, International Tax Review 2004, Vol. 15, Issue 7, 25-28

Romano, Carlo: Holding Company Regimes in Europe: A Comparative Survey, European Taxation 1999, 257-269

Ronfeldt, Thomas/Werlauff, Erik: CFC Rules Go Up in Smoke – with Retroactive Effect, Intertax 2007, Vol. 35, 45-48

Rosembuj, Tulio: Harmful Tax Competition, Intertax 1999, Vol. 27, Issue 10, 316-334

Rosenbach, Georg: Steuerliche Parameter für die internationale Standortwahl und ausländische Holdingstandorte, in: Lutter (Hrsg.), Holding Handbuch, 4. Auflage, Köln 2004, 968-1045

Rosenberger, Florian: Schweizer Finanzierungsbetriebsstätte: Rechtfertigt der AOA eine Änderung der Verwaltungspraxis?, Steuer und Wirtschaft International 2007, 550-557

Roser, Frank: Anmerkung zu BFH Urt. v. 20.3.2002 – Hilversum I, GmbH-Rundschau 2002, 869-871

Roser, Frank: Anmerkung zu BFH Urteil v. 20.3.2002 – Hilversum I, GmbH-Rundschau 2002, 869-871

Rosmalen, Norbert J. T.: The Netherlands: The Preferred Country to Establish an Intermediate Holding Company, Tax Planning International Review 2006, Vol. 32, 21-25

Rossi, Marco Q.: An Italian Perspective on the Beneficial Ownership Concept, Tax Notes International 2007, Vol. 45, 1117-1134

Rossi, Pierpaolo: European Commission Asks Malta to Abolish Preferential Tax Regimes, World Tax Daily 23.3.2006, Doc 2006-5551

Rossi, Pierpaolo: European Commission Tells Luxembourg to Repeal Exempt Holdings Regime, World Tax Daily 17.8.2006, 2006 WTD 159-4

Rossi, Pierpoalo: Luxembourg's Holding Regime Under EC Review, Tax Notes International 2006, Vol. 41, 513-514

Rossi-Maccanico, Pierpaolo: European Commission Requests Repeal of Swiss Preferential Company Tax Regimes, World Tax Daily 15.2.2007, 2007 WTD 32-1

Rousselle, Olivier/Liebman, Howard M.: The Doctrine of the Abuse of Community Law: The Sword of Damocles Hanging over the Head of EC Corporate Tax Law?, European Taxation 2006, Vol. 46, 559-564

Rowe, Kevin: Anti-inversion rule threatens foreign tax structuring plans, International Tax Review 2006, December/January, 63-65

Rubinger, Jeffrey: Converting Low-Taxed Income into »Qualified Dividend Income« for U.S. Taxpayers, Tax Notes International 2004, Vol. 35, 91-105

Rubinger, Jeffrey/Sherman, William B.: Dividends received from qualified foreign corporations – Recent developments change the landscape, Tax Management International Journal, Vol. 34, 97-104

Rubinger, Jeffrey/Sherman, William B.: Holding Intangibles Offshore May Produce Tangible U.S. Tax Benefits, Tax Notes International 2005, Vol. 37, 907-914

Ruchelman, Stanley/van Asbeck, Ewout/Canalejo, Guillermo/Heyvaert, Werner/Mcgowan, Michael T./Neidhardt, Stephan: A Guide to European Holding Companies Part 1: Denmark, Luxembourg, And Switzerland, Journal of International Taxation 2000, August, 38-46

Ruchelman, Stanley/van Asbeck, Ewout/Canalejo, Guillermo/Heyvaert, Werner/Mcgowan, Michael T./Neidhardt, Stephan: A Guide to European Holding Companies Part 2: Belgium, The Netherlands, And Spain, Journal of International Taxation 2001, January, 22-31

Ruchelman, Stanley/van Asbeck, Ewout/Canalejo, Guillermo/Heyvaert, Werner/Mcgowan, Michael T./Neidhardt, Stephan: A Guide to European Holding Companies Part 3: United Kingdom, Journal of International Taxation 2001, Vol. 12, March, 20-27

Ruding, Onno: The past and the future of EU corporate tax, EC Tax Review 2005, Vol. 14, 2-3

Rüdisühli, Heini: The Benefits of Swiss Companies in International Tax Planning, Tax Notes International 2006, Vol. 44, 619-623

Russo, Raffaele: The OECD Approach to Partnerships – Some Critical Remarks, European Taxation 2003, Vol. 43, 123-128

Russo, Raffaele: The 2005 OECD Model Convention and Commentary: An Overview, European Taxation 2005, 560-578

Russo, Raffaele: Partnerships and Other Hybrid Entities and the EC Corporate Direct Tax Directives, European Taxation 2006, 478-486

Russo, Raffaele/Offermanns, René: The 2005 Amendments to the EC Merger Directive, European Taxation 2006, Vol. 46, 250-257

Rust, Alexander/Reimer, Ekkehart: Treaty Override im deutschen internationalen Steuerrecht, Internationales Steuerrecht 2005, 843-849

Safarik, Frantisek J.: Swiss Supreme Court Judgment Facilitates Outbound Transfer of Participations, European Taxation 2005, Vol. 45, 167-168

Saïac, Julien: Deduction of Losses Incurred in Another Member State by a Non-Resident Subsidiary following Marks & Spencer, European Taxation 2007, 550-561

Salzmann, Stephan: Abschied vom Verbot der »virtuellen Doppelbesteuerung? – § 50d Abs. 9 EStG als nationale switch-over-Klausel, Internationale Wirtschaftsbriefe 2007, 1465, 1478

Sánchez, Elena González/Fluxà, Juan Franch: The Transfer of the Seat of and the Freedom of Establishment for Companies in the European Union: An Analysis of ECJ Case Law and the Regulation on the Statute for a European Company, European Taxation 2005, Vol. 45, 219-231

Saß, Gert: Zur Begrenzung der nationalen Ausgestaltung der Körperschaftsteuersysteme durch den EuGH, DB 2007, 1327-1331

Sasseville, Jacques: Tax Avoidance involving Tax Treaties, in: Lang/Jirousek (Hrsg.), Praxis des Internationalen Steuerrechts: Festschrift für Helmut Loukota zum 65. Geburtstag, Wien 2005, 451-464

Schaapman, Arjan: Cyprus after EU Accession: New Int'l Tax Planning Opportunities (Part I), Tax Notes International 2005, Vol. 39, 537-540

Schaapman, Arjan: Cyprus after EU Accession: New Int'l Tax Planning Opportunities (Part II), Tax Notes International 2005, Vol. 39, 615-618

Schaden, Michael/Käshammer, Daniel: Der Zinsvortrag im Rahmen der Regelungen zur Zinsschranke, BB 2007, 2317-2323

Schaden, Michael/Käshammer, Daniel: Die Neuregelung des § 8a KStG im Rahmen der Zinsschranke, BB 2007, 2259-2266

Schaden, Michael/Käshammer, Daniel: Einführung einer Zinsschranke, in: Ernst & Young/BDI (Hrsg.), Unternehmensteuerreform 2008 – Änderungen – Zweifelsfragen – Gestaltungsmöglichkeiten, Bonn/Berlin 2007, 127-152

Schaefer, Thomas/Vree, Thorsten: German Court Clarifies Substance Standard Under Antiabuse Rules

Schäfer-Elmayer, Pascal: Besteuerung einer in Deutschland ansässigen Holding in der Rechtsform SE (Societas Europaea), Frankfurt am Main 2007

Schaffner, Jean: Grundzüge des Schachtelprivilegs, Praxis Internationale Steuerberatung 2007, 25-28

Schaffner, Jean: Luxembourg Replaces 1929 Holding Company Regime, World Tax Daily 2007, Doc 2007-11286

Schaumburg, Harald: Internationales Steuerrecht, Köln 1998

Schaumburg, Harald: Hinzurechnungsbesteuerung und Abkommensberechtigung als Probleme internationaler Joint Ventures, in: Schaumburg (Hrsg.), Internationale Joint Ventures, Stuttgart 1999, 357-399

Schaumburg, Harald: Steuerliche Gestaltungsziele in- und ausländischer Holdinggesellschaften, in: Schaumburg/Piltz (Hrsg.), Holdinggesellschaften im Internationalen Steuerrecht, 1. Auflage, Köln 2002, 1-66

Schaumburg, Harald/Jesse, Lenhard: Die internationale Holding aus steuerrechtlicher Sicht, in: Lutter (Hrsg.), Holding Handbuch, 4. Auflage, Köln 2004, 847-931

Schaumburg, Harald/Jesse, Lenhard: Die nationale Holding aus steuerrechtlicher Sicht, in: Lutter (Hrsg.), Holding Handbuch, 4. Auflage, Köln 2004, 637-846

Scheffler, Eberhard: Vor- und Nachteile der Holding, in: Lutter (Hrsg.), Holding Handbuch, 4. Auflage, Köln 2004, 30-42

Scheidle, Helmut: Die funktionale Betrachtungsweise des AStG in der Bewährungsprobe, Internationales Steuerrecht 2007, 287-291

Schenke, Ralf: Die Position der Finanzverwaltung zur Gesellschafter-Fremdfinanzierung im Outbound-Fall – Europarechtliche Achillesferse des § 8a KStG, Internationales Steuerrecht 2005, 188-192

Scherer, Thomas B. Doppelbesteuerung und Europäisches Gemeinschaftsrecht: Auswirkungen des Gemeinschaftsrechts auf die Anwendung der Doppelbesteuerungsabkommen und des Außensteuerrechts, München 1995

Scheunemann, Marc P.: New German Tax Rules on Financing Expenses, Intertax 2007, 518-525

Scheunemann, Marc P./Socher, Oliver: Zinsschranke beim Leveraged Buy-out, BB 2007, 1144-1151

Schindler, Clemens Philipp: Austrian Grandparent Contributions and Capital Duty, Tax Notes International 2007, Vol. 48, 385-386

Schlotter, Carsten: Weitere Gegenfinanzierungsmaßnahmen, in: Schaumburg/Rödder (Hrsg.), Unternehmensteuerreform 2008, München 2007, 583-619

Schlotter, Carsten/von Freeden, Arne: Ertragsteuerbelastung von Kapitalgesellschaften und Besteuerung der Anteilseigner, in: Schaumburg/Rödder (Hrsg.), Unternehmensteuerreform 2008, München 2007, 393-408

Schmid, Fidelius/Buck, Tobias/Simonian, Haig: Schweizer Steuerdumping im Visier der EU, Financial Times Deutschland 14.2.2007, 9

Schmidt, Christian: Personengesellschaften im internationalen Steuerrecht nach dem OECD-Bericht »The Application of the OECD Model Tax Convention to Partnerships« und den Änderungen im OECD-MA und im OECD-Kommentar im Jahre 2000, Internationales Steuerrecht 2001, 489-497

Schmidt, Jessica: »Offshore in drei Zügen« – Die Europäische Aktiengesellschaft (SE) als »Fähre« auf die Cayman Islands, DB 2006, 2221-2222

Schmidt, Lutz/Heinz, Carsten: Gruppenbesteuerung im internationalen Vergleich – Darstellung verschiedener Gruppenbesteuerungsmodelle in Europa – Teil 1, Die Steuerberatung 2006, 60-66

Schmidt, Lutz/Heinz, Carsten: Gruppenbesteuerung im internationalen Vergleich – Darstellung verschiedener Gruppenbesteuerungsmodelle in Europa – Teil 2, Die Steuerberatung 2006, 141-144

Schmidt-Ahrens, Lutz: Steuerplanung aus Sicht eines international tätigen Unternehmens, in: Oestreicher (Hrsg.), Internationale Steuerplanung – Beiträge zu einer Ringveranstaltung an der Universität Göttingen im Sommersemester 2003, Herne/Berlin 2005, 143-161

Schnitger, Arne: Die Kapitalverkehrsfreiheit im Verhältnis zu Drittstaaten – Vorabentscheidungsersuchen in den Rs. van Hilten, Fidium Finanz AG und Lasertec, Internationales Steuerrecht 2005, 493-504

Schnitger, Arne: Die neue LoB-Klausel des Doppelbesteuerungsabkommens Deutschland-USA, Internationale Wirtschaftsbriefe 2006, Gruppe 2, Fach 8, 1439-1458

Schnitger, Arne: German CFC legislation pending before the European Court of Justice – abuse of the law and revival of the most-favoured-nation-clause?, EC Tax Review 2006, Vol. 15, Issue 3, 151-160

Schnitger, Arne: Änderungen der grenzüberschreitenden Unternehmensbesteuerung sowie des § 42 AO durch das geplante Jahressteuergesetz 2008 (JStG 2008), Internationales Steuerrecht 2007, 729-737

Schnittker, Helder: Steuersubjektqualifikation ausländischer hybrider Rechtsgebilde, Steuer und Wirtschaft 2004, 39-50

Scholten, Gerd/Griemla, Stefan: Beteiligungsstrukturen im Problemfeld des § 2a EStG – Der einstufige Grundfall, Internationales Steuerrecht 2007, 306, 313

Scholten, Gerd/Griemla, Stefan: Beteiligungsstrukturen im Problemfeld des § 2a EStG – Der mehrstufige Kombinationsfall, Internationales Steuerrecht 2007, 346-351

Scholten, Gerd/Griemla, Stefan: Beteiligungsstrukturen im Problemfeld des § 2a EStG – Die Abgrenzung einer fast ausschließlich aktiven Tätigkeit nach § 2a Abs. 2 EStG, Internationales Steuerrecht 2007, 615-619

Schön, Wolfgang: Tax Competition in Europe – The National Perspective, European Taxation 2002, Vol. 42, 490-500

Schön, Wolfgang: The European Commission's Report on Company Taxation: A Magic Formula for European Taxation ?, European Taxation 2002, Vol. 42, 276-286

Schön, Wolfgang: Tax Competition in Europe – General Report, in: Schön (Hrsg.), Tax Competition in Europe, Amsterdam 2003, 1-42

Schön, Wolfgang: Der Kapitalverkehr mit Drittstaaten und das internationale Steuerrecht, in: Gocke/Gosch/Lang (Hrsg.), Körperschaftssteuer, Internationales Steuerrecht, Doppelbesteuerung – Festschrift für Franz Wassermeyer, München 2005, 489-522

Schön, Wolfgang: Attribution of Profits to PEs and the OECD 2006 Report, Tax Notes International 2007, Vol. 46, 1059-1072

Schön, Wolfgang: Eine Steuerreform für Siegertypen, Frankfurter Allgemeine Zeitung 15.3.2007, 12

Schön, Wolfgang: Group Taxation and the CCCTB, Tax Notes International 2007, Vol. 48, 1063-1080

Schönfeld, Jens: Die Fortbestandsgarantie des Art. 57 Abs. 1 EG im Steuerrecht : Anmerkung zu FG Hamburg vom 9.3.2004, VI 279/01, EFG 2004, 1573, Internationales Steuerrecht 2005, 410-414

Schönfeld, Jens: Hinzurechnungsbesteuerung und Europäisches Gemeinschaftsrecht, Köln 2005

Schönfeld, Jens: Doppelbesteuerung und EG-Recht, Steuer und Wirtschaft 2006, 79-84

Schönfeld, Jens: Abgeltungsteuer und Kapitalertragsteuer, in: Schaumburg/Rödder (Hrsg.), Unternehmensteuerreform 2008, München 2007, 621-669

Schönfeld, Jens: Anmerkung II: Test Claimants in the Thin Cap Group Litigation, Internationales Steuerrecht 2007, 260-261

Schönfeld, Jens: Der neue Artikel 1 DBA-USA – Hinzurechnungsbesteuerung und abkommensrechtliche Behandlung von Einkünften steuerlich transparenter Rechtsträger, Internationales Steuerrecht 2007, 274-281

Schönfeld, Jens: Reaktion der britischen Regierung auf »Cadbury Schweppes«: Geplante Änderungen der britischen CFC-Rules und deren Vereinbarkeit mit EG-rechtlichen Vorgaben, Internationales Steuerrecht 2007, 199-202

Schreiber, Ulrich/Overesch, Michael: Reform der Unternehmensbesteuerung, DB 2007, 813-820

Schult, Eberhard/Freyer, Thomas: Steuerplanung für die Praxis – Programmgestützte Steueroptimierung, Berlin 2004

Schultze, Pascal: Frankreich als neuer Holdingstandort, Internationales Steuerrecht 2005, 730-734

Schumacher, Andreas: Die Europäische Aktiengesellschaft – Perspektiven der grenzüberschreitenden Umstrukturierung, in: Oestreicher (Hrsg.), Internationale Steuerplanung – Beiträge zu einer Ringveranstaltung an der Universität Göttingen im Sommersemester 2003, Herne/Berlin 2005, 257-279

Schwedhelm, Rolf/Kamps, Heinz-Willi: Germany's Corporate Interest Limitation Rule, Tax Notes International 2007, Vol. 48, 1061-1062

Schwenke, Michael: Die Kapitalverkehrsfreiheit im Wandel? Eine erste Analyse neuer Entwicklungen in der Rechtsprechung des EuGH, Internationales Steuerrecht 2006, 748-754

Scott, Cordia: OECD Targets Additional Financial Centers in Tax Haven Crackdown, World Tax Daily 2004, Doc 2004-11848

Scott, Cordia: Rolling Stones Get Satisfaction From Tax Breaks, World Tax Daily 3.8.2006, Doc 2006-14547

Sedemund, Jan: Qualifikationskonflikte bei Ausschüttungen von in den USA ansässigen Kapitalgesellschaften, Recht der Internationalen Wirtschaft 2006, 533-540

Sedlaczek, Stefan: Verlustbehandlung bei Kapitalgesellschaften und Konzernen in Belgien – ein Überblick, Internationale Wirtschaftsbriefe 2006, Gruppe 2, Fach 5, 263-268

Sedlaczek, Stefan: Verlustbehandlung bei Kapitalgesellschaften und Konzernen in den Niederlanden – ein Überblick, Internationale Wirtschaftsbriefe 2006, Gruppe 2, Fach 5, 435-440

Sedlaczek, Stefan: Verlustbehandlung bei Kapitalgesellschaften und Konzernen in Irland – Ein Überblick, Internationale Wirtschaftsbriefe 2006, Gruppe 2, Fach 5, 93-98

Sedlaczek, Stefan: Verlustbehandlung bei Kapitalgesellschaften und Konzernen in Luxemburg – ein Überblick, Internationale Wirtschaftsbriefe 2006, Fach 5, Gruppe 2, 167-170

Sedlaczek, Stefan: Verlustbehandlung bei Kapitalgesellschaften und Konzernen in Österreich – ein Überblick, Internationale Wirtschaftsbriefe 2007, Gruppe 2, Fach 5, 701-710

Seer, Roman/Kahler, Björn/Rüing, Heike/Thulfaut, Kai: Die Rechtsprechung des EuGH auf dem Gebiet der direkten Besteuerung in den Jahren 2003 und 2004, Europäisches Wirtschafts- und Steuerrecht 2005, 289-309

Seer, Roman/Thulfaut, Kai/Müller, Peter: Die Rechtsprechung des EuGH auf dem Gebiet der direkten Besteuerung in den Jahren 2005 und 2006, Europäisches Wirtschafts- und Steuerrecht 2007, 289-310

Selling, Heinz-Jürgen: Deutschland im Steuerwettbewerb der Staaten – Einige steuerpolitischen Überlegungen, Internationales Steuerrecht 2000, 225-232

Selling, Heinz-Jürgen: Steuerharmonisierung im europäischen Binnenmarkt – Ein Überblick, Internationales Steuerrecht 2000, 417-423

Shannon, Harry A. Die Doppelbesteuerungsabkommen der USA – Abkommenspolitik und geltendes Abkommensrecht, München 1987,

Sharp, William M./Williams, Mark E./Simmons, Sherwin/Clermont, Paul M.: A Survey of Current U.S. International Tax Developments, Tax Notes International 2007, Vol. 45, 459-514

Sheppard, Hale E.: Reduced Tax Rates on Foreign Dividends Under JGTRRA: Ambiguities and Opportunities (Part 1), U.S. Taxation of International Operations, New York 29.12.2004, 9498-G-9498-H.15

Sheppard, Hale E./Harty, Scott A.: Reduced Tax Rates on Foreign Dividends Under JGTRRA: Ambiguities and Opportunities (Part 2), U.S. Taxation of International Operations, New York 29.12.2004, 9498-I-9498-J.6

Sheppard, Hale E./Harty, Scott A.: The Evolving Treatment of Qualified Foreign Dividends, Journal of International Taxation 2005, Vol. 16, 28

Sheppard, Lee A.: U.S. Repatriation Amnesty And Other Bad Ideas, Tax Notes International 2003, Vol. 31, 860-866

Sheppard, Lee A.: Offshore Investments: Don't Ask, Don't Tell, Tax Notes International 2005, Vol. 39, 209-216

Sheppard, Lee A.: Looking Through the New Look-Thru Rule, Tax Notes 2006, 295-299

Sheppard, Lee A.: Looking Through the New Look-Thru Rule, Tax Notes International 2006, Vol. 44, 258-262

Sheppard, Lee A.: Monetizing Old Europe, Tax Notes International 2006, Vol. 44, 587-590

Sheppard, Lee A.: U.S. and German Officials Discuss New Treaty Protocol, Tax Notes International 2006, Vol. 44, 96-98

Sheppard, Lee A.: U.S. Withholding Tax Policy: Don't Ask, Don't, Part 2, Tax Notes International 2006, Vol. 42, 554-560

Sheppard, Lee A.: Ending Deferral Without Repatriating Losses, Tax Notes International 2007, Vol. 48, 996-1001

Sheppard, Lee A.: Government Officials Try to Save Corporate Tax Base, Tax Notes International 2007, Vol. 46, 647

Sheppard, Lee A.: Technical Problems With The CCCTB, Tax Notes International 2007, Vol. 46, 978-985

Sheppard, Lee A.: Toward No Taxation of Investment Income Anywhere, Tax Notes International 2007, Vol. 48, 423-428

Sheppard, Lee A.: Treasury Talks Up Treaty Arbitration, Tax Notes International 2007, Vol. 45, 233-234

Sheppard, Lee A./Sullivan, Martin A.: Offshore Explorations: Caribbean Hedge Funds, Part 1, Tax Notes International 2008, Vol. 49, 108-118

Sheppard, Lee A./Weiner, Joann M.: Kovács and Steinbrück Promote EU Tax Reform, Tax Notes International 2007, Vol. 46, 766-767

Sherman, H. A.: Legitimate Reasons to Go Offshore, Tax Notes International 2007, Vol. 48, 1259-1260

Shiller, Rostyslav I.: An American Perspective on the Germany-U.S. Treaty Protocol, Tax Notes International 2008, Vol. 49, 165-179

Simpson, Glenn R.: Irish subsidiary lets Microsoft slash taxes in U.S. and Europe; Tech and drug firms move key intellectual property to low-levy island haven, Wall Street Journal Europe 7.11.2005, A1

Sinai, Allen: Macroeconomic Effects of a Temporary Reduction in the Tax Rate on Repatriation of Foreign Subsidiary Earnings, http://www.medicaldevices.org/publicPDFs/ FinalSinaReport10.21.03.pdf,

Sinewe, Patrick: Recognition of US. Corporations in Germany, Tax Notes International 2005, Vol. 37, 313-314

Sinn, Hans-Werner: Taxation and the Birth of Foreign Subsidiaries, http://www.nber.org/papers/w3519.pdf

Skkar, Arvid A.: Permanent Establishment, Deventer 1991

Smit, Daniel S.: Capital movement and direct taxation: the effect of the non-discrimination principles, EC Tax Review 2005, Vol. 14, 128-139

Smits, Jeroen: Deductibility of Costs in Connection with a Participation in the Capital of a Subsidiary, European Taxation 2005, 359-361

Soler Roch, Maria Teresa: Tax residence of the SE, European Taxation 2004, Vol. 44, 11-15

Soler Roch, Maria Teresa: The reform of a tax code: the experience of the Spanish General Tax Act (Ley General Tributaria), British Tax Review 2004, 234-247

Soler Roch, Maria Teresa: Corporate tax in the EU: a never-ending story ?, EC Tax Review 2005, Vol. 14, 116-118

Sommerhalder, Ruud/Rienks, Saskia: PwC U.S. European Tax Group Update -- Netherlands Antilles Tax Regime Amended to Comply with European Code of Conduct, Journal of International Taxation 2005, Vol. 16, January, 15

Speidel, Roland/Widinski, Margit: Überblick über die Unternehmensteuerreform 2008 in Deutschland, Österreichische Steuerzeitung 2007, 422-424

Spencer, David E.: Harmful Tax Practices: 2004 OECD Progress Report, Journal of International Taxation 2004, Vol. 15, September, 38-51

Spengel, Christoph: Konzernsteuerquoten im internationalen Vergleich – Bestimmungsfaktoren und Implikationen für die Steuerpolitik, in: Oestreicher (Hrsg.), Internationale Steuerplanung – Beiträge zu einer Ringveranstaltung an der Universität Göttingen im Sommersemester 2003, Herne/Berlin 2005, 89-125

Spengel, Christoph: IFRS als Ausgangspunkt der steuerlichen Gewinnermittlung in der Europäischen Union – Steuerbelastungskonsequenzen im Länder- und Branchenvergleich, DB 2006, 681-687

Spengel, Christoph: Common corporate consolidated tax base – don't forget the tax rates!, EC Tax Review 2007, Vol. 16, 118-120

Spengel, Christoph: Gewinnermittlung und Bemessungsgrundlage als eigentliches Problem des Steuerwettbewerbs, in: Reimer/u.a. (Hrsg.), Europäisches Gesellschafts- und Steuerrecht, München 2007, 253-290

Spengel, Christoph/Braunagel, Ralf U.: EU-Recht und Harmonisierung der Konzernbesteuerung in Europa, Steuer und Wirtschaft 2006, 34-49

Spierts, E. M. S.: Die niederländische Besteuerung hybrider Tochtergesellschaften, Internationale Wirtschaftsbriefe 2005, Gruppe 2, 409-410

Spierts, E. M. S.: Steuerreform 2007 in den Niederlanden, Internationale Wirtschaftsbriefe 2005, Fach 5, Gruppe 2, 425-428

Spierts, E. M. S.: Steueränderungen in den Niederlanden, Internationale Wirtschaftsbriefe 2007, Gruppe 2, Fach 5, 461-466

Springael, Brent: Belgium Proposes Royalty Tax Deduction, Tax Notes International 2007, Vol. 46, 423-424

Stangl, Ingo/Hageböke, Jens: Zinsschranke und gewerbesteuerliche Hinzurechnung von Finanzierungsentgelten, in: Schaumburg/Rödder (Hrsg.), Unternehmensteuerreform 2008, München 2007, 447-520

Staringer, Claus: Der Einfluss der Gruppenbesteuerung auf die Unternehmensorganisation, Österreichische Steuerzeitung 2005, 495-502

Staringer, Claus: Kann die Gruppenbesteuerung wieder abgeschafft werden? Zum rechtlichen Rahmen einer Rücknahme der Reform der Konzernbesteuerung in Österreich, Österreichische Steuerzeitung 2006, 493-498

Staringer, Claus: Where Does Foreign Loss Utilization Go in Europe?, Steuer und Wirtschaft International 2007, 5-11

Starita, Mario: The SICAR: a New Luxembourg Vehicle for Private Equity and Venture Capital Investments, Intertax 2006, 418-422

Steevensz, Emile G.: Changes to Netherlands Antilles Profit Tax Ordinance Proposed, World Tax Daily 29.11.2006, Doc 2006-23803

Stefaner, Markus/Weninger, Patrick J.: Gruppenbesteuerung und Gemeinschaftsrecht, Steuer und Wirtschaft International 2004, 441-449

Steichen, Alain: National Report Luxembourg, in: Schön (Hrsg.), Tax Competition in Europe, Amsterdam 2003, 313-336

Steichen, Alain: Tax Competition in Europe or Taming of Leviathan, in: Schön (Hrsg.), Tax Competition in Europe, Amsterdam 2003, 43-120

Steiner, Gerhard: Aggressive Steuerplanung – oder wo das Geld hinfließt, Steuer und Wirtschaft International 2007, 308-313

Steiner, Gerhard/Jirousek, Heinz Index Internationales Steuerrecht – Betriebsstätten, Wien 2006

Steinmo, Sven: The End of Redistribution ? International Pressures and Domestic Tax Policy Choices, Challenge 1994, Vol. 37, 3-17

Stepholt, Ralf/Bascopé, Hugo/Hering, Alexander: Die Gruppenbesteuerung in Spanien, Internationales Steuerrecht 2006, 441-447

Stevens, Guy.: Capital Mobility and the International Firm, in: Machlup/Salant/Tarshis (Hrsg.), The International Mobility and Movement of Capital, New York 1972

Stevens, Ton/Lamers, Auke W. G.: Classification conflicts : the cross-border tax treatment of the profit share of limited partners, European Taxation 2004, Vol. 44, 155-164

Steward, Richard B.: Environmental Regulation and International Competitiveness, Yale Law Journal 1993, Vol. 102, 2039-2106

Stewart, David D.: Harmful Tax Competition in the United States, Tax Notes International 2007, Vol. 48, 824-826

Stewart, David D.: The Downfall of Dividend Imputation, Tax Notes International 2008, Vol. 49, 14-15

Stock, Oliver: Brüssel droht Schweiz im Steuerstreit mit Strafzöllen, Handelsblatt 14.2.2007, 6

Storckmeijer, Alexandra: Effective Place of Management of Foreign Companies in Switzerland: Judgment Rendered, Tax Planning International Review 2004, Vol. 31, August, 13-14

Stoyanov, Kaloyan: Switzerland, in: Spitz/Clarke (Hrsg.), Offshore Service, Issue 77, Vol. 3, Loose-Leaf. Auflage, 2006

Streng, William P.: Treaty Shopping: Tax Treaty »Limitation of Benefits« Issues, Houston Journal of International Law 1992, Vol. 15, 1-60

Streu, Volker: Der Einsatz einer inländischen Zwischenholding in der internationalen Konzernsteuerplanung, in: Grotherr (Hrsg.), Handbuch der internationalen Steuerplanung, 2. Auflage, Herne/Berlin 2003, 139-159

Strnad, Oliver: Das Korrespondenzprinzip in § 8, § 8b KStG gemäß JStG 2007, GmbH-Rundschau 2006, 1321-1323

Strobl-Haarmann, Elisabeth: 25 Jahre Rechtsentwicklung um Treaty Shopping in Deutschland, in: Kirchhof/Schmidt/Schön/Vogel (Hrsg.), Festschrift für Arndt Raupach: Steuer- und Gesellschaftsrecht zwischen Unternehmerfreiheit und Gemeinwohl, Köln 2006, 613-626

Strunk, Günther: Domizilgesellschaften in der Steuerplanung, Internationale Wirtschaftsbriefe 2005, Gruppe 2, 1253-1258

Strunk, Günther/Bös, Sylvia: German Tax Authority's View of PE Taxation, Tax Notes International 2003, Vol. 32, 351-353

Strunk, Günther/Kaminski, Bert: Aktuelle Entwicklungen bei der Besteuerung von ausländischen Betriebsstätten und Personengesellschaften in Abkommensfällen, Internationales Steuerrecht 2003, 181-187

Styron, W. Joey: Planning for the U.S. Foreign Tax Credit or Foreign Tax Deduction, Tax Notes International 2007, Vol. 46, 285-288

Suchanek, Markus/Herbst, Christian: Auslegungsfragen zum DBA-USA: Die Zuordnung von Beteiligungen zum Betriebsstättenvermögen, Internationales Steuerrecht 2007, 620-627

Suchanek, Markus/Herbst, Christian: Unternehmensteuerreform 2008: fatale Wirkungen des neuen § 8c KStG zur Verlustnutzung bei Körperschaften und der Auslaufvorschrift zu § 8 Abs. 4 KStG, Finanz-Rundschau 2007, 863-873

Sulkowski, Alex/Nonnenkamp, Samantha: Luxembourg, in: International Tax Review (Hrsg.), World Tax Supplement, London 2007, 272-283

Sullivan, Martin A.: Tax Amnesty International: U.S. Relief for Prodigal Profits, Tax Notes International 2003, Vol. 30, 742-747

Sullivan, Martin A.: Data Show U.S. Companies Shifting Profits to Tax Havens, Tax Notes International 2004, Vol. 35, 1035-1046

Sullivan, Martin A.: Latest U.S. IRS Data show Jump in Tax Haven Profits, Tax Notes International 2004, Vol. 36, 202-203

Sullivan, Martin A.: Shifting of Profits Offshore Costs U.S. Treasury $ 10 Billion or More, Tax Notes International 2004, Vol. 36, 13-17

Sullivan, Martin A.: U.S. Citizens Hide Hundreds of Billions in Cayman Accounts, Tax Notes 2004, 956-964

Sullivan, Martin A.: U.S. Multinationals move more profits to Tax Havens, Tax Notes International 2004, Vol. 33, 690-693

Sullivan, Martin A.: The IRS Multibillion-Dollar Subsidy for Ireland, Tax Notes International 2005, Vol. 39, 296-300

Sullivan, Martin A.: A Challenge to Conventional International Tax Wisdom, Tax Notes International 2006, Vol. 44, 813-823

Sullivan, Martin A.: Democratic Senators Eye Offshore Profits, Tax Notes International 2006, Vol. 41, 517-520

Sullivan, Martin A.: Drug Firms Move Profits To Save Billions, Tax Notes International 2006, Vol. 43, 539-542

Sullivan, Martin A.: On Corporate Tax Reform, Europe Surpasses the U.S., Tax Notes International 2006, Vol. 42, 855-859

Sullivan, Martin A.: Saving in Singapore and The 7-Eleven, Tax Notes International 2006, Vol. 42, 561-565

Sullivan, Martin A.: Tax Incentives and Economists, Tax Notes International 2006, Vol. 42, 96-103

Sullivan, Martin A.: U.S. Drug Firms Bring Home $ 98 Billion, Tax Notes International 2006, Vol. 42, 321-322

Sullivan, Martin A.: U.S. High-Tech Companies' Tax Rates Falling, Tax Notes International 2006, Vol. 43, 1033-1036

Sullivan, Martin A.: Ah, Panama, Tax Notes International 2007, Vol. 47, 11-15

Sullivan, Martin A.: Offshore Explorations: Guernsey, Tax Notes International 2007, Vol. 48, 241-256

Sullivan, Martin A.: Offshore Explorations: Isle of Man, Tax Notes International 2007, Vol. 48, 729-739

Sullivan, Martin A.: Offshore Explorations: Jersey, Tax Notes International 2007, Vol. 48, 532-543

Sullivan, Martin A.: Offshore Explorations: Switzerland, Tax Notes International 2007, Vol. 48, 1107-1118

Sullivan, Martin A.: Tax Analysts Offshore Project, Tax Notes International 2007, Vol. 48, 235-240

Sullivan, Martin A.: Caribbean Hedge Funds, Part 2, Tax Notes International 2008, Vol. 49, 215-219

Sullivan, Matthew/Wallner, Robert/Wübbelsmann, Stephan: Die deutsche Hinzurechnungsbesteuerung auf dem europäischen Prüfstand, Internationales Steuerrecht 2003, 6-14

Swagers, Johan: The Netherlands – Government presents tax measures for 2008, Tax Planning International Review 2007, Vol. 34, October, 31-32

Sweitzer, Cynthia Ram: Analyzing Subpart F in Light of Check-the-Box, Akron Tax Journal 2005, Vol. 20, 1-33

Swoboda, Thomas/Dorfmüller, Pia: Neues Protokoll zur Änderung des Abkommens vom 29.8.1989 zwischen der Bundesrepublik Deutschland und den Vereinigten Staaten von Amerika, Internationales Steuerrecht 2006, Länderbericht 13/2006, 2-3

Tadros, Paul: Caribbean Tax Treaties Create Unique Opportunities for Foreign Investment, World Tax Daily 2004, 2004 WTD 236-13

Tahon, Marc/Bogaerts, Raf: Belgium: Amendments to the Participation Exemption Regime, Tax Planning International Review 2002, Vol. 29, December, 15-17

Taliotis, Antonis: Cyprus, in: IBFD (Hrsg.), Europe – Corporate Taxation, Amsterdam 2007

Tan Majure, Kimberly J./Lindholm, Nancy S.: New U.S. Model Treaty Revises Business Profits, Residence Rules, Journal of International Taxation 1996, Vol. 7, 532-539

Tan Majure, Kimberly J./Lindholm, Nancy S.: New U.S. Model Treaty Broadens Scope of Residence and Increases Availability of Benefits to »Fiscally Transparant Entities« and Their Members, Journal of International Taxation 1997, Vol. 8, 164-171

Tartler, Jens: Und ewig lockt die Steueroase, Financial Times Deutschland 20.2.2007, 14

Tartler, Jens: Unternehmen für europaweit einheitliche Steuern, Financial Times Deutschland 25.9.2007, 14

Tax Justice Network International Tax Us If You Can – The True Story of a Global Failure, London 2005

Teather, Richard The Benefits of Tax Competition, London, The Institute of Economic Affairs

Teck, Tan How: Assessing the impact of Singapore's move to the one-tier corporate tax system on shareholders, International Tax Journal 2006, Vol. 32, Issue 1, 19-28, 46

Teck, Tan How/Poh, Simon: The New Singapore-Malaysia Tax Treaty, International Tax Journal 2007, Vol. 33, Issue, 31-44

Teixeira, Glória: Tax Systems and Non-Discrimination in the European Union, Intertax 2006, 34, 50-53

Terra, Ben/Kajus, Julie: European VAT Directives – Volume 4, Amsterdam 2005

Terra, Ben/Wattel, Peter: European Tax Law, 4. Auflage, London/Boston/The Hague 2005

Teunissen, Oscar/Nauheim, Steve/Arora, Puneet: How to reduce US tax on qualified dividends: dividends from qualified foreign corporations received by US non-corporate shareholders will benefit from maximum reduced income tax rate of 15%, International Tax Review, Vol. 15, 26-29

Teunissen, Oscar/Penn, Oren/Nauheim, Steve/Semenov, Dmitri: What treaty changes mean for companies investing in the US, International Tax Review 2006, Vol. 17, September, 36-39

The Economist: A Place in the Sun – A special report on offshore finance, 24.2.2007

The Economist Intelligence Unit: Country Commerce – United States of America, London 2006, Country Commerce – United States of America

Theisen, Manuel René: Der Konzern: betriebswirtschaftliche und rechtliche Grundlagen, 2. Auflage, Stuttgart 2000

Theisen, Manuel René: Finanzwirtschaft der Holding, in: Lutter (Hrsg.), Holding Handbuch, 4. Auflage, Köln 2004, 468-522

Thömmes, Otmar: US-German tax treaty under examination by the EC Commission, Intertax 1990, 605

Thömmes, Otmar: European Court of Justice decides case regarding implementation of Parent-Subsidiary Directive, Intertax 1997, 32-33

Thömmes, Otmar: The European Company – Will it Succeed or Will it Fail?, Intertax 2003, Vol. 31, 388-389

Thömmes, Otmar in: Commentary on the Parent/Subsidiary Directive: Kommentar, Amsterdam 2006

Thömmes, Otmar: Seminar D: Abkommensberechtigung und »Limitation on Benefits« (LoB-Klauseln), Internationales Steuerrecht 2007, 577-579

Thömmes, Otmar: Verpflichtung zur Anrechnung ausländischer Körperschaftsteuer – keine zeitliche Beschränkung der Urteilswirkungen, Internationale Wirtschaftsbriefe 2007, Fach 11A, 1131-1136

Thömmes, Otmar: Übergang zur Hinzurechnungsmethode bei Betriebsstätten EG-rechtskonform, Internationale Wirtschaftsbriefe 2008, Fach 11A, 1169-1174

Thömmes, Otmar/Eicker, Klaus: Limitiation of Benefits: The German View – Sec. 50d(1a) Individual Income Tax Act and EC Law Issues, European Taxation 1999, Vol. 39, 9-13

Thömmes, Otmar/Nakhai, Katja: New Case Law on Anti-Abuse Provisions in Germany, Intertax 2005, Vol. 33, 74-79

Thömmes, Otmar/Nakhai, Katja: Ende der Hinzurechnungsbesteuerung in Europa, Internationale Wirtschaftsbriefe 2006, Fach 11a, 1065-1070

Tipke, Klaus: Die Steuerrechtsordnung, Band I, 2. Auflage, Köln 2000

Titgemeyer, Marion/Risken, Oliver: Einkommensbegriff und Einkommensermittlung gemäß Internal Revenue Code of the United States of America, Recht der Internationalen Wirtschaft 2007, 497-503

Tittle, Martin B.: Toward a Negative Definition of Tax Incentives, Tax Notes International 2006, Vol. 42, 403-406

Tittle, Martin B.: International Tax Reform: Response to Sheppard, Tax Notes International 2007, Vol. 48, 1261-1262

Töben, Thomas/Fischer, Hardy: Die Zinsschranke – Regelungskonzept und offene Fragen, BB 2007, 974-978

Töben, Thomas/Fischer, Hardy: Fragen zur Zinsschranke aus der Sicht ausländischer Investoren, insbesondere bei Immobilieninvestitionen von Private-Equity-Fonds, Die Unternehmensbesteuerung 2008, 149-160

Tobin, James J.: An Analysis of the Low Tax Repatriation Provision Enacted by the American Jobs Creation Act of 2004 and of Notice 2005-10, Tax Management International Journal 2005, Vol. 34, 211-218

Tobin, Jim/Eckhardt, Thomas: The Implications of the 2008 German Business Tax Reform for US- and Other Non-German-Multinationals, Handbuch Unternehmensteuerreform 2008, Münster 2008, 37-50

Tolin, Jeffrey J.: International Aspects of Dividend Rate Reduction Under 2003 Jobs Act, U.S. Taxation of International Operations, New York 24.3.2004, 9498-F-9498-F.7

Tooma, Rachel: Tax Planning in Australia: When is Aggressive Too Aggressive?, Tax Notes International 2006, Vol. 42, 427-442

Torregiani, Conrad Cassar: Malta, the Imputation System and the European Union, European Taxation 2006, 402-405

Torregiani, Conrad Cassar: Malta, in: IBFD (Hrsg.), Europe – Corporate Taxation, Amsterdam 2007

Tuerff, Timothy/Morrison, Philip/Cohen, Harrison: Congress Introduces Retroactive Technical Corrections to AJCA, Intertax 2005, Vol. 33, 98-99

U.S.Congress, Joint Committee on Taxation: The U.S. International Tax Rules: Background and Selected Issues Relating to the Competitiveness of U.S. Businesses Abroad, JCX-68-03, July 14, 2003, 39-42

U.S.Senate Committee on Finance: Offshore Tax Evasion: Stashing Cash Overseas, 3.5.2007

U.S.Treasury Department United States Model Technical Explanation Accompanying the United States Model Income Tax Convention of November 15, 2006, Washington 2006

Uckmar, Victor: General Report, in: International Fiscal Association (Hrsg.), Tax avoidance / Tax evasion, The Hague 1983, 15-54

Unger, Knut: Singapur: Budget 2007, Internationales Steuerrecht 2007, Länderbericht, Heft 9, 6-8

United States Senate Tax Haven Abuses: The enablers, the tools and secrecy, Washington 1-8-2006

Urse, Michael F./Fowler, Tadd A./Collins, Martin J. Utilizing the Homeland Investment Act in 2005, New York

Valenzia, Kevin: Malta, International Tax Review 2007, 2007 World Tax Supplement, 295-301

Valová, Denisa/Bodenloher, Christian/Koch, Dirk: Die Rückfallklausel in Doppelbesteuerungsabkommen, Internationales Steuerrecht 2002, 405-407

van Beers, Jeroen F. P.: Have Your Cake and Eat It Too: New Regulations for Limitation Dutch Dividend Withholding Tax, Intertax 2004, Vol. 32, 250-254

van den Brande, Eva: The Merger Directive amended: the final version, EC Tax Review 2005, Vol. 14, 119-127

van den Brank-van Agtmaal, Wendela M. M.: Proposed and Enacted Amendments to Netherlands Antilles Tax Law, European Taxation 2007, 82-89

van den Tillaart, Robert/Behnes, Stephan: Niederlande: Steuerreform 2007, Internationales Steuerrecht 2007, Länderbericht 1/2007, 5-7 *van den Tillaart, Robert/van Dijk, Remmel*: Interest deduction in the Netherlands: Part I, Tax Planning International Review 2007, Vol. 34, September, 3-7

van den Tillaart, Robert/van Dijk, Remmel: Interest deduction in the Netherlands: Part II, Tax Planning International Review 2007, Vol. 34, October, 3-6

van der Deijl, Martijn/van Holthuijsen, Wouter: New Protocol Between the United States and the Netherlands: An International Comparison, Tax Planning International Review 2004, Vol. 31, August, 3-10

van der Donk, Olaf/Hemels, Sigrid: Dutch Parliament Approves Corporate Tax Package, Tax Notes International 2006, Vol. 44, 727-733

van der Stoel, Eric: Year in Review 2005 – The Netherlands, Tax Notes International 2006, Vol. 41, 82-83

van Dijk, Peter/Wurzer, Peter/Greeven, Cees-Frans: The Netherlands – Participation Exemption, Tax Planning International Review 2007, Vol. 34, April, 25-26

van Haaren, J. S. A./van Haaren-Nieboer, I. J.: Netherlands, in: IBFD (Hrsg.), Europe – Corporate Taxation, Amsterdam 2007

van Raad, Kees: In a world where classical and integration systems coexist, Article 10 OECD Model should not disregard the underlying corporation income tax, Intertax 1995, 15-21

van Raad, Kees: The impact of the EC Treaty's fundamental freedoms provisions on the EU Member States' taxation in border-crossing situations – current state of affairs, EC Tax Review 1995, Vol. 4, 190-201

van Raad, Kees: Interpretation and application of tax treaties by Tax Courts, European Taxation 1996, Vol. 36, 3-7

van Raad, Kees: International coordination of tax treaty interpretation and application, International and comparative taxation: essays in honour of Klaus Vogel 2002, 217-230

van Raad, Kees: Revisiting a 1981 perspective on EC non-discrimination rules in income tax matters, British Tax Review 2006, 318-321

van Raad, Kees: Nondiscrimination from the perspective of the OECD Model and the EC Treaty: structural and conceptual issues, Comparative Fiscal Federalism: comparing the European Court of Justice and the US Supreme Court's tax jurisprudence 2007, 55-66

Van Roekel, Remko: Cyprus in International Holding and Group Finance Structures, Journal of International Taxation 2005, Vol. 16, 41-43

van Thiel, Servaas: A Slip of the European Court in the D-case (C-376/03): Denial of the Most-Favoured-Nation Treatment because of the Absense of Similarity?, Intertax 2005, 454-457

van Thiel, Servaas: Why the ECJ Should Interpret Directly Applicable European Law as a Right to Intra-Community Most-Favoured-Nation Treatment – Part 1, European Taxation 2007, 263-269

van Weeghel, Stef/van den Berg, Jean-Paul: The New US-Netherlands Tax Treaty Protocol, European Taxation 2004, Vol.44, 386-395

van Wettum, Willem/Beversm, Jurjen/van Minnen, Rinze: The Netherlands: Corporate Income Tax Reform 2007, Tax Planning International Review 2006, Vol. 33, June, 12-14

VanderWolk, Jefferson: How to Use Tax Treaties in International Tax Planning, U.S. Taxation of International Operations, New York 19.4.2000, 5279-5295

VanderWolk, Jefferson: The US anti-inversion legislation and regulations, IBFD Bulletin for International Taxation 2006, Vol. 60, 377-382

Vanhaute, Patrick A. A.: Belgium in International Tax Planning, Amsterdam 2004

Vanistendael, Frans: Impact of European tax law on tax treaties with third countries, EC Tax Review 1999, Vol. 8, 163-170

Vanistendael, Frans: Tax revolution in Europe: the impact of non-discrimination, European Taxation 2000, Vol. 40, 3-7

Vanistendael, Frans: A comparative and economic approach to equality in European Taxation, in: Gocke/Gosch/Lang (Hrsg.), Festschrift für Franz Wassermeyer – Körperschaftsteuer – Internationales Steuerrecht – Doppelbesteuerung, München 2005, 523-541

Vanistendael, Frans: Halifax and Cadbury Schweppes: one single European theory of abuse in tax law?, EC Tax Review 2006, Vol. 15, 192-195

Vanistendael, Frans: Denkavit Internationaal: The Balance between Fiscal Sovereignty and the Fundamental Freedoms?, European Taxation 2007, Vol. 47, 210-213

Vanpeteghem, Rik/Van Hove, Pascal: Belgium to End Dividend Withholding for Treaty Parents, Tax Notes International 2006, Vol. 44, 415-416

Velasco, Sonia: ECJ to Rule on Spanish Infringement Of Capital Duty Directive, Tax Notes International 2007, Vol. 48, 454-455

Venuti, John/Manasuev, Alexej: Eligibility for Zero Withholding on Dividends in the New Germany-U.S. Protocol, Tax Notes International 2008, Vol. 49, 181-190

Verbeek, Patricia: GlaxoSmithKline and the IRS: Will $8 Billion Change Hands?, Tax Notes International 2005, Vol. 40, 330-332

Verbist, Hugo/Weihmann, Lars-Volkmar: Belgien: 80%ige Minderung der steuerlichen Bemessungsgrundlage bei Patenteinkommen, Internationales Steuerrecht 2007, Länderbericht, Heft 11, 2-3

Vernon, Raymond In the Hurricane´s Eye: The Troubled Prospects of Multinational Enterprises, Cambridge,MA / London 1998

Vetter, Jochen: Konzernweites Cash Management – Rechtliche Schranken und Risiken, in: Lutter (Hrsg.), Holding Handbuch, 4. Auflage, Köln 2004, 310-339

Vogel, Klaus: Art. 2, in: Vogel/Lehner (Hrsg.), DBA – Doppelbesteuerungsabkommen - Kommentar, 4. Auflage, München 2003, 303-335

Vogel, Klaus: Art. 23, in: Vogel/Lehner (Hrsg.), DBA – Doppelbesteuerungsabkommen -Kommentar, 4. Auflage, München 2003, 1627-1794

Vogel, Klaus: Einl. Art. 1, in: Vogel/Lehner (Hrsg.), DBA – Doppelbesteuerungsabkommen -Kommentar, 4. Auflage, München 2003, 105-188

Vogel, Klaus: Völkerrechtliche Verträge und innerstaatliche Gesetzgebung, Internationales Steuerrecht 2005, 29-30

Vogel, Klaus: Neue Gesetzgebung zur DBA-Freistellung, Internationales Steuerrecht 2007, 225-228

Vogel, Klaus/Gutmann, Daniel/Dourado, Ana Paula: Tax treaties between Member States and Third States: »reciprocity« in bilateral tax treaties and non-discrimination in EC Law, EC Tax Review 2006, Vol. 15, 83-94

Vögele, Alexander: Prüfungsgrundsätze für Umlageverträge international verbundener Unternehmen, DB 2000, 297-299

Vögele, Alexander/Freytag, Ulf: Kernbereiche der neuen Prüfungsgrundsätze zu Kostenumlagen – Poolkonzept, Aktivierung, Quellensteuer und Eintritts-Austrittszahlungen, Internationales Steuerrecht 2000, 249-253

Vögele, Alexander/Freytag, Ulf: Umlageverträge zwischen international verbundenen Unternehmen – Abgrenzung von Hilfs- und Hauptfunktionen, Recht der Internationalen Wirtschaft 2001, 172-175

Vögele, Alexander/Freytag, Ulf: Umlageverträge zwischen international verbundenen Unternehmen – Wesen und Zweifelsfragen, Internationale Wirtschaftsbriefe 2001, Fach 10, Gruppe 2, 1493-1500

Vögele, Alexander/Scholz, Christian M.: Nutzen-Analyse im Rahmen der neuen Kostenumlagegrundsätze: Ein methodischer Überblick, Internationales Steuerrecht 2000, 155-157

Vögele, Alexander/Scholz, Christian M./Hoffmann, Kathrin: Kostenumlageverträge: Verursachungsgerechte Umlage von administrativen Dienstleistungen und Management Services, Internationales Steuerrecht 2001, 94-96

von Ah, Julia: Änderungen im Unternehmensteuerrecht der Schweiz, Internationale Wirtschaftsbriefe 2007, Gruppe 2, Fach 5, 663-672

von dem Bongart, Freiherr Titus/Prautzsch, Alexander: Die chinesische Körperschaftsteuerreform – ein Schritt in eine neue Ära?, Internationales Steuerrecht 2007, 531-537

von Freeden, Arne: Verlustabzugsbeschränkung bei Körperschaften, in: Schaumburg/Rödder (Hrsg.), Unternehmensteuerreform 2008, München 2007, 521-540

von Uckermann, Ruprecht: Besteuerung von Basisgesellschaften in den USA und in Deutschland, Köln 2005

von Wedelstädt, Alexander: Die Änderungen der Abgabenordnung durch das Jahressteuergesetz 2008, DB 2007, 2558-2561

von Wuntsch, Michael/Bach, Stefan/Trabold, Harald Wertmanagement und Steuerplanung in der globalen Wirtschaft, München 2006

Wagner, Jürgen: Liechtenstein: Steuerrechtsreform auf dem Weg, Internationales Steuerrecht 2007, Länderbericht, Heft 9, 4

Wagner, Siegfried: Die Abgeltungsteuer, Die Steuerberatung 2007, 313-329

Wagner, Siegfried: Erträge aus einer stillen Gesellschaft an einer luxemburgischen Kapitalgesellschaft, Die Steuerberatung 2007, 21-35

Wagner, Siegfried: Quo vadis Hinzurechnungsbesteuerung? – Welche Bedeutung kommt dem BMF-Schreiben vom 8.1.2007 zu?, Der Konzern 2007, 260-264

Waldburger, Robert: National Report Switzerland, in: Schön (Hrsg.), Tax Competition in Europe, Amsterdam 2003, 471-478

Waldens, Stefan: Fallstricke bei Funktionsverlagerungen nach der Unternehmensteuerreform 2008, Praxis Internationale Steuerberatung 2007, 209-214

Waldens, Stefan/Foddanu, Frauke Maren: Steuerliche Organschaft in den Niederlanden: Neue Chancen für internationale Konzerne, Praxis Internationale Steuerberatung 2004, 91-95

Waldens, Stefan/Sedemund, Jan: Steuern steuern durch Prinzipalstrukturen: Ist nach Cadbury Schweppes nunmehr fast alles möglich?, Internationales Steuerrecht 2007, 450-457

Wallbraun, Swantje: Fluchtpunkt Amsterdam, Der Spiegel 26.2.2007, 107

Wallner, Beate: New Perspectives for Austrian Holding Companies, Tax Notes International 2007, Vol. 47, 367-371

Walsh, Mary: Ireland climbs rankings or holding company locations, International Tax Review 2006, June, 70-72

Ward, John: The General Anti-Avoidance Rule in Ireland, IBFD Bulletin for International Taxation 2003, 558-566

Ward, John: Ireland, in: IBFD (Hrsg.), Europe – Corporate Taxation, Amsterdam 2007

Ward, Robert E.: An Overview of the Tax Increase Prevention and Reconciliation Act of 2005, Practical Tax Lawyer 2006, Vol. 20, 7

Warner, Philip J. Luxembourg in International Tax Planning, 2. Auflage, Amsterdam 2004

Wartenburger, Lucas: Die Bedeutung des Gemeinschaftsrechts für innergemeinschaftliche Steueroasen, Internationales Steuerrecht 2001, 397-402

Wassermeyer, Franz in: Debatin/Wassermeyer (Hrsg.), DBA – Kommentar zum OECD-Musterabkommen, München

Wassermeyer, Franz: Art. 28 DBA USA, in: Debatin/Wassermeyer (Hrsg.), Doppelbesteuerung, München 1997

Wassermeyer, Franz: Investitionen inländischer Kapitalgesellschaften im Ausland, in: Streck (Hrsg.), Grenzüberschreitende Steuerplanung, Bonn 1999, 41-68

Wassermeyer, Franz: Außensteuergesetz, insbesondere Hinzurechnungsbesteuerung, in: Lüdicke (Hrsg.), Europarecht – Ende der nationalen Steuersouveränität, Köln 2006, 173-190

Wassermeyer, Franz: Kapitel 9: Einzelfragen, in: Wassermeyer/Andresen/Ditz (Hrsg.), Betriebsstätten-Handbuch, Köln 2006, 389-418

Wassermeyer, Franz: Columbus Container, Schlussantrag, Anmerkung I, Internationales Steuerrecht 2007, 299

Wassermeyer, Franz: Die Anwendung der Doppelbesteuerungsabkommen auf Personengesellschaften, Internationales Steuerrecht 2007, 413-417

Wassermeyer, Franz: Die Erzielung von Drittstaateneinkünften über eine schweizerische Personengesellschaft, Internationales Steuerrecht 2007, 211-212

Wassermeyer, Franz: Modernes Gesetzgebungsniveau am Beispiel des Entwurfs zu § 1 AStG, DB 2007, 535-539

Wassermeyer, Franz: Funktionsverlagerung – Statement, FR-Ertragsteuerrecht 2008, 67-68

Wassermeyer, Franz/Schönfeld, Jens: Die Besteuerung grenzüberschreitender Dividendenzahlungen nach dem neuen DBA-USA, DB 2006, 1970-1978

Wassermeyer, Franz/Schönfeld, Jens: Die EuGH-Entscheidung in der Rechtssache »Cadbury Schweppes« und deren Auswirkungen auf die deutsche Hinzurechnungsbesteuerung, GmbH-Rundschau 2006, 1065-1073

Wassermeyer, Wolf: IStR-Oasenbericht: Bermuda, Internationales Steuerrecht 1994, 285-288

Waters, Mike: A Tax Treaty for Europe? Most-Favoured Nation and the Outcome of the »D« and Bujara Cases in the European Court of Justice, European Taxation 2005, 347-351

Wathelet, Melchior: Refus d'harmonisation fiscale et condamnations de la Cour de justice: cohabitiation diabolique ?, Revue de Jurisprudence Fiscale 2005, 469-482

Weber, Dennis: The Bosal Holding Case: Analysis and Critique, EC Tax Review 2003, 220-230

Weber, Dennis: CTA 2007. Removing EU law problem areas, in: Loyens & Loeff (Hrsg.), Dutch Corporation Tax Act 2007 in focus, 2005, 38-68

Weber, Dennis: Most-Favoured-Nation Treatment under Tax Treaties Rejected in the European Community: Background and Analysis of the D case, Intertax 2005, 429-444

Weber, Dennis: In Search of a (New) Equilibrium Between Tax Sovereignty and the Freedom of Movement Within the EC, Intertax 2006, 585-616

Weber, Dennis: Pending Cases before Dutch Courts: »Bosal Holding« with third countries, in: Lang/Schuch/Staringer (Hrsg.), ECJ – Recent Developments in Direct Taxation, Wien 2006, 261-276

Wehnert, Oliver: Generalthema I: Verrechnungspreise und immaterielle Wirtschaftsgüter, Internationales Steuerrecht 2007, 558-561

Weimar, Robert/Grote, Klaus-Peter: Rechtsfragen zur GbR als Holding, Informationen über Steuern und Wirtschaft (INF) 2003, 233-238

Weiner, Joann M.: Dividend Repatriation and Domestic Reinvestment, Tax Notes International 2007, Vol. 48, 827-828

Weiner, Joann M.: Exempting Foreign Profits From Taxation in the U.K., Tax Notes International 2007, Vol. 47, 214-220

Weiner, Joann M.: Formulary Apportionment: The Way to Tax Profits In the EU, Tax Notes International 2007, Vol. 47, 322-329

Weiner, Joann M.: How the OECD and the U.S. Learned to Get Along with the Tax Havens, Tax Notes International 2007, Vol. 46, 229-239

Weiner, Joann M.: Redirecting the Debate on Formulary Apportionment, Tax Notes International 2007, Vol. 46, 1213-1220

Weiner, Joann M.: U.S. Corporate Tax Reform: All Talk, No Action, Tax Notes International 2007, Vol. 47, 800-812

Weiner, Joann M.: Tackling Business Tax Reform in the U.S. and EU, Tax Notes International 2008, Vol. 49, 17-21

Weiner, Joann M./Ault, Hugh J.: The OECD's report on harmful tax competition, National Tax Journal 1998, Vol. LI, 601-608

Weiske, Anja: § 50d Abs. 3 EStG – Drohende Rechtsfolgen des »Treaty Shopping«, Internationales Steuerrecht 2007, 314-316

Weisman, Jonathan: $236 Million Cruise Ship Deal Criticized, Washington Post 28.9.2005, A01

Welbers, Hartwig: Anti-treaty-shopping rules to get tougher, International Tax Review 2006, September, Issue 8, 70

Welling, Berthold: Gewerbesteuer, Handbuch Unternehmensteuerreform 2008, Münster 2008, 239-258

Welling, Berthold/Tiemann, Konstantin: Funktionsverlagerung im Widerstreit mit internationalen Grundsätzen, FR-Ertragsteuerrecht 2008, 68-71

Weng, Lee Chee/McGrath, Sarah/Yun, Davy/Chan, Finsen: Hong Kong Court Clarifies Income Sourcing Rules, Tax Notes International 2007, Vol. 48, 526-530

Westberg, Björn: Consolidated Corporate Tax Bases for EU-Wide Acitivities: Evaluation of Four Proposals Presented by the European Commission, European Taxation 2002, Vol. 42, 321-330

Wheeler, Joanna C.: The attribution of income to a person for tax treaty purposes, IBFD Bulletin for International Taxation 2005, Vol. 59, 477-488

Wheeler, Joanna C.: General Report, in: International Fiscal Association (Hrsg.), Conflicts in the attribution of income to a person, Vol. 92b. Auflage, Rotterdam 2007, 17-58

Whipp, Charlie: Isle of Man: International Financial Centre, Tax Planning International Review 2006, Vol. 33, November, 19-23

Whitehead, Simon: Cross-Border Group Relief: The Next Generation, Tax Notes International 2006, Vol. 43, 1063-1066

Wiedermann-Ondrej, Nadine: Neue Rechtslage in den USA – Beteiligungsertragsbefreiung für ausländische Dividenden, Zeitschrift für österreichisches Steuerrecht 2005, 149-150

Wiedermann-Ondrej, Nadine: Voraussetzungen für dic begünstigte Repatriierung ausländischer Gewinne in die USA, Österreichische Steuerzeitung 2005, 174-176

Wieland, Joachim: Bedeutung der Rechtsprechung des Bundesfinanzhofs für die Finanzverwaltung, Deutsches Steuerrecht 2004, 1-5

Wienbracke, Mike: Anzeigepflicht von Steuergestaltungen: Britisches Modell als Vorbild für deutsche Regelungen?, Deutsche Steuerzeitung 2007, 664-668

Wienke, Klaus: Modelle der Steuerplanung – Steuerplanung im Zusammenhang mit der Entstehung von Aventis, in: Oestreicher (Hrsg.), Internationale Steuerplanung – Beiträge zu einer Ringveranstaltung an der Universität Göttingen im Sommersemester 2003, Herne/Berlin 2005, 127-142

Wiese, Götz: Untergang des Verlust- und Zinsvortrages bei Körperschaften, Deutsches Steuerrecht 2007, 741-745

Wiese, Götz/Süß, Stefan: Verschärfungen bei Kapitalertragsteuer-Entlastung für zwischengeschaltete ausländische Kapitalgesellschaften – Änderungen des § 50d Abs. 3 EStG durch den Entwurf eines Jahressteuergesetzes 2007, GmbH-Rundschau 2006, 972-976

Wijnen, Willem: The new US/Netherlands double taxation convention: an introductory note, IBFD Bulletin for International Taxation 1993, Vol. 47, 74-83

Wijnen, Willem: Towards a new UN Model?, IBFD Bulletin for International Taxation 1998, Vol. 52, 135-143

Wijnen, Willem/Magenta, Marco: The UN Model in practice, IBFD Bulletin for International Taxation 1997, Vol. 51, 574-585

Wijnkamp, Stephan: Belgium: A tax haven?, Tax Planning International Review 2007, Vol. 34, June, 21-24

Wilde, Heiko: Joint Venture: Rechtliche Erwägungen für und wider die Errichtung eines Gemeinschaftsunternehmens, DB 2007, 269-274

Wilke, Kay-Michael: Tücken der Kapitalverkehrsfreiheit und Niederlassungsfreiheit bei der Stillhalteklausel, Praxis Internationale Steuerberatung 2007, 195-196

Wilks, Simon/Arenstein, Alan/Greenfield, Phil: Do UK Tax Planning Disclosure Developments Imply a General Change of Approach by Tax Authorities?, European Taxation 2007, 47-50

Willens, Robert: American Jobs Creation Act Includes Eclectic Mix of Provisions Impacting Investors, Daily Tax Report (BNA) 14.10.2004, J 1

Willens, Robert: Repatriating Earnings Accumulated Outside of U.S. – Notice 2005-38 Clarifies Many Areas of Uncertainty, paves Way for Repatriations to Commence in Earnest, Daily Tax Report (BNA) 16.5.2005, 93, 1

Wilmanns, Jobst: Besteuerung von Funktionsverlagerungen – Ein internationaler Vergleich, DB – Status: Recht 2007, 201-202

Wilson, John Douglas: Theories of Tax Competition, National Tax Journal 1999, Vol. 52, 269-304

Wimpissinger, Christian: EC Law and the Cross-Border Transfer of Third-Country Losses, Tax Notes International 2006, Vol. 44, 955-973

Winandy, Jean-Pierre: Luxembourg tailors its tax law to European fashion, EC Tax Review, 2004/1, 7-10

Winhard, Christoph Andreas Die Funktionen der abkommensrechtlichen Steuerfreistellung und ihre Auswirkungen auf das deutsche Recht – insbesondere zur Problematik der Abzugsfähigkeit von Auslandsverlusten aus freigestellten Einkünften, Hamburg 2007, Die Funktionen der abkommensrechtlichen Steuerfreistellung und ihre Auswirkungen auf das deutsche Recht

Winkeljohann, Norbert/Weihmann, Lars-Volkmar: Finanzierungseinkünfte in Belgien und den Niederlanden aus Sicht deutscher Unternehmen, Die Unternehmensbesteuerung 2008, 161-168

Winkler, Hartmut/Dieterlen, Anja: Neuregelung des Mantelkaufs, in: Ernst & Young/BDI (Hrsg.), Unternehmensteuerreform 2008 – Änderungen – Zweifelsfragen – Gestaltungsmöglichkeiten, Bonn/Berlin 2007, 153-163

Wiskemann, Jörg: Ir(r)land- Die gemeinschaftsrechtlichen Aspekte der Dublin Docks-Fälle, Internationales Steuerrecht 2003, 647-648

Witt, Carl-Heinz: Die Konzernbesteuerung, Köln 2006

Wittendorff, Jens: Denmark – Possible Corporate Tax Rate Cuts and Anti-Avoidance Measures, Tax Planning International Review 2007, Vol. 34, February, 25

Wittendorff, Jens: Parliament Enacts Corporate Tax Reform Bill, Tax Notes International 2007, Vol. 46, 1105

Wolff, Ulrich: Art. 1 DBA USA, in: Debatin/Wassermeyer (Hrsg.), Doppelbesteuerung, München 1997

Wolff, Ulrich/Eimermann, Dieter: Neuerungen im DBA-USA: Änderungsprotokoll vom 1. Juni 2006 zum DBA-USA 1989 und dem Protokoll dazu, Internationales Steuerrecht 2006, 837-848

World Economic Forum: Global Competitiveness Report 2005-2006, Geneva 2005

Wunder, Haroldene F.: International Corporate Tax Reform or »Race to the Bottom«?, Tax Notes International 2007, Vol. 47, 465-479

Wüthrich, Rolf: Switzerland, in: IBFD (Hrsg.), Europe – Corporate Taxation, Amsterdam 2007

Wüthrich, Rolf: Switzerland, in: IBFD (Hrsg.), The Taxation of Companies in Europe, Loose-Leaf. Auflage, Amsterdam 2008

Yilmaz, Yesim: Tax Havens, Tax Competition, and Economic Performance, Tax Notes International 2006, Vol. 43, 587-594

Yin-Sum, Samuel Chan/Sing, John Lee Wai: Tax Incentives in Hong Kong for Offshore Funds and Investment Schemes, International Tax Journal 2007, Vol. 33, Issue, 13-43

Yip, Patrick/Chan, Finsen: Hong Kong Clarifies Exemption for Offshore Funds, Tax Notes International 2007, Vol. 44, 255-257

Yip, Patrick/Jasper, Tony/Chan, Finsen: Redefining Hong Kong's Position as China's Gatekeeper: The New DTA, Tax Notes International 2007, Vol. 45, 261-272

Young, Tom: Hong Kong and China DTA makes life easier for investors, International Tax Review 2006, Vol. 17, October, 5

Ysebaert, Coen/Bafort, Marc: Belgium Issues Guidance on Dividends Received From Hong Kong, Tax Notes International 2008, Vol. 49, 223-224

Zagaris, Bruce: The Caribbean – Year in Review 2005, Tax Notes International 2006, Vol. 41, 19-21

Zagaris, Bruce: The Caribbean – Year in Review 2006, Tax Notes International 2006, Vol. 44, 1019-1021

Zalasinski, Adam: Article 24(1) of the OECD Model Convention and the Exclusion of MFN Treatment – A Comment on the OECD Public Discussion Draft, Intertax 2007, 460-472

Zalasinski, Adam: Case-Law-Based Anti-Avoidance Measures in Conflict with Proportionality Test – Commont on the ECJ Decision in Kofoed, European Taxation 2007, 571-576

Zee, Howell H.: World Trends in Tax Policy: A Economic Perspective, Intertax 2004, Vol. 32, 352-364

Zemanek, Holger: Halle Institute for Economic Research: Investitions- und Finanzierungsverhalten multinationaler Unternehmen: Diskussion Paper Nr. 197, http://www.iwh-halle.de/d/publik/disc/197.pdf, 2004

Zerwas, Peter/Fröhlich, Sebastian: § 8c KStG – Auslegung der neuen Verlustabzugsbeschränkung, Deutsches Steuerrecht 2007, 1933-1940

Zester, Anitza: Can the Most-Favoured National Principle Influence the Use of Limitation on Benefits Clauses in Tax Treaties ?, Intertax 2006, 143-150

Zielke, Rainer: Internationale Steuerplanung zur Optimierung der Konzernsteuerquote, DB 2006, 2585-2594

Zielke, Rainer: Die Unternehmensteuerreform 2007/2008 auf Malta, Internationale Wirtschaftsbriefe 2007, Gruppe 2, Fach 5, 37-52

Zielke, Rainer: Internationale Steuerplanung nach der Unternehmensteuerreform 2008, DB 2007, 2781-2791

Zipfel, Lars: Rechtsformwahl, in: Ernst & Young/BDI (Hrsg.), Unternehmensteuerreform 2008 – Änderungen – Zweifelsfragen – Gestaltungsmöglichkeiten, Bonn/Berlin 2007, 94-100

Zitzelsberger, Heribert: Grundlagen der Gewerbesteuer, Köln 1990

Zive, Janette/Bristol, Ian/Fernandes, Steve/Payne, James: New Protocol To U.S.-Barbados Income Tax Treaty May Mean Restructuring For Some Foreign Multinationals, Journal of International Taxation 2005, Vol. 16, May, 38-62

Zschiegner, Hans: Das Einkommensteuerrecht der USA (III), Internationale Wirtschaftsbriefe 2002, Gruppe 2, 1195-1224

Zschiegner, Hans: Das Einkommensteuerrecht der USA (IV), Internationale Wirtschaftsbriefe 2003, Gruppe 2, 1225-1244